Ultramar Sul

Juan Salinas
Carlos De Nápoli

Ultramar Sul

A última operação secreta do Terceiro Reich

A fuga submarina de dirigentes nazistas para a Argentina e o afundamento do cruzador *Bahia*

Obra editada no âmbito do Programa *Sur* de Apoio às Traduções do Ministério das Relações Exteriores, Comércio Internacional e Culto da República Argentina

Tradução
Sérgio Lamarão

Revisão técnica
Comandante Francisco Eduardo Alves de Almeida,
docente da Escola de Guerra Naval

CIVILIZAÇÃO BRASILEIRA

Rio de Janeiro
2010

Os autores são representados por Mercedes Casanovas Agencia Literaria S.L., Iradier, 24, 08017, Barcelona, telefone 34-93-212-47-91 e fax 34-93-4179037

PROJETO GRÁFICO DE MIOLO
Evelyn Grumach e João de Souza Leite

DIAGRAMAÇÃO
Abreu's System

CIP-BRASIL. CATALOGAÇÃO-NA-FONTE
SINDICATO NACIONAL DOS EDITORES DE LIVROS, RJ

Salinas, Juan José
S16u Ultramar Sul: A última operação secreta do Terceiro Reich – A fuga submarina de dirigentes nazistas para a Argentina e o afundamento do cruzador Bahia/ Juan Salinas, Carlos De Nápoli; tradução Sérgio Lamarão. – Rio de Janeiro: Civilização Brasileira, 2010.

Tradução de: Ultramar Sur: la última operación secreta del Tercer Reich
Inclui bibliografia
ISBN 978-85-200-0915-4

1. Guerra Mundial, 1939-1945 – Operações navais – Submarinos. 2. Guerra Mundial, 1939-1945 – Operações navais alemãs. 3.Nazistas – Argentina – História – Séc. XX. 4. Guerra Mundial, 1939-1945 – História diplomática. I. Nápoli, Carlos De, 1950-. II. Título.

10-2851 CDD: 940.53
CDU: 94(100)"1939/1945"

Texto revisado segundo o novo Acordo Ortográfico da Língua Portuguesa.

Direitos desta edição adquiridos pela
EDITORA CIVILIZAÇÃO BRASILEIRA
Um selo da
EDITORA JOSÉ OLYMPIO LTDA.
Rua Argentina 171 – 20921-380 – Rio de Janeiro, RJ – Tel.: 2585-2000

Seja um leitor preferencial Record.
Cadastre-se e receba informações sobre nossos lançamentos e nossas promoções.

Atendimento e venda direta ao leitor:
mdireto@record.com.br ou (21) 2585-2002

Impresso no Brasil
2010

Aos 336 marinheiros do *Bahia*, incluindo os quatro últimos
norte-americanos vítimas dos nazistas, cujos assassinatos
são negados por motivos inconfessáveis.

À memória do capitão José Luis D'Andrea Mohr,
que deu o exemplo.

Ao comandante da Marinha do Brasil Roberto Gomes Cândido,
que percebeu o que havia acontecido e por quê.

A Macarena e Iñaki, que iluminam o novo século.

"O manancial de rumores não se esgotou. Esses rumores baseiam-se em um radiograma do Serviço de Informações Navais da Kriegsmarine, encontrado depois da guerra, que Bormann tinha enviado ao seu ajudante Hummel em 22 de abril de 1945: 'Estou de acordo com a proposta de transferência para Übersee Süd' (literalmente, Ultramar Sul)..."

SIMON WIESENTHAL, *Justiça não é vingança*

Sr. Hitler ou Himmler se apresentassem, oferecendo a rendição incondicional (...) a resposta mais provável era que seus companheiros matassem Hitler ou o fizessem desaparecer, e que outro conjunto de pessoas oferecesse a rendição incondicional.

WINSTON CHURCHILL, *A Segunda Guerra Mundial*

"...o público aguarda explicações de ficção barata... se non è vero, è ben trovato. *(...) O destino de todos os 1.171 submarinos (alemães) postos em serviço antes de maio de 1945 é conhecido. Dois e somente dois se dirigiram para a Argentina (...) é impossível provar que algum outro submarino nazista tenha chegado às costas argentinas. Uma hipótese dessa natureza é, certamente, improvável."*

RONALD NEWTON, informe final da Ceana
(Comissão de Esclarecimento das Atividades Nazistas na Argentina), 1988

"...julgo válidas todas as hipóteses e cotejos formulados com base em documentação bastante sólida e fidedigna."

CONTRA-ALMIRANTE LÚCIO TORRES DIAS, único oficial sobrevivente do afundamento do cruzador *Bahia*, em referência à dita catástrofe.
Resposta a Carlos De Nápoli, junho de 2002

"Infelizmente eu não era dotado de uma memória feliz."

HEINZ SCHÄFFER, tenente de fragata da Kriegsmarine
(capitão de fragata para a Marinha argentina), *El secreto del U-977*

Sumário

PRÓLOGO À EDIÇÃO BRASILEIRA

Perguntas e respostas.

"Hitler fugiu? Fugiu num submarino?" Desde a publicação deste livro na Argentina, há oito anos,[1] aonde quer que vamos nos fazem essas perguntas. Por sorte, sem o tom acusatório com que martelaram repetidas vezes os tripulantes dos U-Boote que se renderam, de surpresa, em Mar del Plata, em julho e agosto de 1945, mais de três meses depois de terminada a guerra na Europa.

Essas mesmas perguntas, juntamente com as relacionadas à sua suposta responsabilidade no afundamento do cruzador brasileiro *Bahia*, seriam repetidas até a exaustão aos jovens oficiais destes submarinos, o U-530 e o U-977, em campos de detenção de prisioneiros de guerra alemães, em Washington e Londres.

Essas perguntas também foram feitas muitas vezes, mas já sem tanta ênfase, aos jornalistas que percorreram o litoral marítimo argentino, recolhendo novos e surpreendentes testemunhos de avistamentos de submarinos para um documentário até agora inédito.[2]

Ainda que com as informações disponíveis não pareça sensato acreditar que Hitler e seus próximos tenham podido viajar naqueles U-Bootes, ninguém sabe o quê ou quem desembarcou nas praias de Miramar ou Mar del Sur poucas horas antes de sua rendição. E — como será visto — pôde-se estabelecer, indiscutivelmente, que chegaram às costas da província de Buenos Aires ou da Patagônia pelo menos outros três submarinos (é quase certo que foram mais), dois dos quais desembarcaram clandestinamente perto de Necochea. Assim o testemunharam, perante uma comissão do

Congresso argentino, oficiais alemães que disseram ter assistido, de terra, a essas manobras, ao término das quais chegaram a terra firme uns 80 camaradas, alguns dos quais pareciam ser altos dirigentes do regime deposto.[3]

Quanto a Hitler e sua mulher, Eva Braun, para não entrar em polêmicas estéreis, basta recordar o óbvio (embora, curiosamente, quase sempre isso não seja registrado): que jamais houve cadáveres, razão pela qual, tal como ordenam as leis alemãs, ambos foram dados por mortos logo depois de passada mais de uma década desde o momento de seu desaparecimento.[4]

A ORIGEM DA ESPÉCIE

A história da morte de Hitler em Berlim começou a ser difundida no dia 1º de maio de 1945, quando o sucessor designado pelo próprio Hitler, o grande-almirante Karl Dönitz, declarou, pela Rádio Hamburgo: "Nosso *Führer* caiu valentemente, lutando nas barricadas de Berlim contra as hordas criminosas soviéticas."

Em seu livro de memórias *Diez anos y veinte dias*,[5] Dönitz reconheceu ter seguido as instruções recebidas em um radiograma, embora tenha admitido que acrescentara a referência à morte heroica por conta própria, para não afundar ainda mais o moral das tropas e da população alemã. Assim, aqueles que, no mundo inteiro, leram jornais e ouviram notícias pelo rádio que anunciavam a morte de Hitler em combate foram enganados. Porque o Exército Vermelho não havia encontrado nem restos nem rastros do destronado *Führer*, mas apenas vários sinais para induzir seus oficiais ao erro, como o cadáver, muito fotografado, de um cozinheiro gordinho, com as meias remendadas, que tinha um bigodinho semelhante ao de Hitler.

Os aliados anglo-saxões não podiam dar crédito à notícia da morte de Hitler, nem mesmo que o inimigo jurasse de pés juntos. Nem sequer tinham podido entrar em Berlim, que estava nas mãos dos soviéticos. Porém, ainda assim, a maioria dos meios de comunicação difundiu acriticamente o boato. Os dirigentes dos dois países deixaram que o boato circulasse, porque isso funcionava para eles. Eximia-os de ter que se desfazer em explicações.

Stalin sempre negou que, ao ocupar Berlim, suas tropas tivessem encontrado os cadáveres de Hitler e Eva Braun. Pelo contrário, desde o início expressou suas fundadas suspeitas de que ambos tivessem fugido em um ou vários submarinos, e que deviam ter fugido com a cumplicidade britânica. E se, a princípio, julgou que eles tivessem rumado para o Japão, por ocasião da Conferência de Potsdam precisou que haviam fugido para a Espanha ou para a Argentina.

RUMO AO JAPÃO?

Dias antes da rendição da Alemanha, em 12 de abril de 1945, morreu o presidente Franklin Delano Roosevelt, que, em criança, havia contraído poliomelite e, havia alguns anos, estava paralítico, o que naquela época, quando a TV ainda engatinhava, fora ocultado com êxito do público. Seu sucessor, Harry Truman, sabendo da boa relação que o presidente falecido havia construído com Stalin e consolidado em Yalta, e do protagonismo que nessa empreitada havia tido seu principal assessor e amigo, Harry Hopkins, pediu a ele que viajasse até Moscou para ajudá-lo a estabelecer a agenda da nova conferência de cúpula que, por decisão de Stalin, seria realizada em Potsdam, nas cercanias de Berlim, e afinar suas posições diante da iminente Conferência de San Francisco, na qual seria criada a Organização das Nações Unidas.

Hopkins, que estava com um câncer que logo o mataria, abandonou sua convalescença para cumprir essa última missão. Seu amigo, o laureado jornalista, dramaturgo, roteirista e espião Robert E. Sherwood, exumaria suas anotações e os registros oficiais e com eles descreveria os encontros de Hopkins com Stalin — que, como mostra de deferência, visitou-o imprevistamente no dia de sua chegada, 25 de maio, no hotel em que acabava de se hospedar — em seu *Roosevelt y Hopkins. Una historia íntima. La eminencia gris de la Casa Blanca:*[6]

A minuta da reunião que mantiveram no dia seguinte descreve que Stalin e Hopkins abordaram muitos temas. Stalin, cujo Exército havia ocupado Berlim e toda a Prússia, queixou-se extensa e amargamente da tentativa britânica de instaurar um governo anticomunista na Polônia. Depois de marcar distância dos Estados Unidos em relação a Winston Churchill neste tema, Hopkins referiu-se ao desejo de Truman de reunir-se com Stalin no curto prazo, à iminente formação do Comitê Aliado de Controle da Alemanha, à guerra no Pacífico, às futuras relações com a China e o instou, respeitosamente, a declarar guerra ao Japão. Houve troca de cortesias e formalidades até que chegou a hora em que Hopkins afirmou que "tinha confiança que os russos poderiam encontrar o cadáver de Hitler".

"O marechal Stalin respondeu que, na sua opinião, Hitler não tinha morrido, e que ele se encontrava escondido em algum lugar. Manifestou que os médicos soviéticos acreditavam ter identificado os cadáveres de Göbbels e de seu motorista, mas que ele, pessoalmente, duvidava inclusive da morte de Göbbels. Todo o assunto lhe parecia estranho e as histórias referentes a enterros e exéquias fúnebres, muito duvidosas. Disse que, na sua opinião, Bormann, Göbbels, Hitler e provavelmente Krebs haviam escapado e estavam escondidos.

"O senhor Hopkins disse que já sabia que os alemães tinham submarinos muito grandes, mas que não tinha localizado as pistas de ninguém. Acrescentou que esperava que pudéssemos descobrir Hitler onde quer que ele estivesse."

"O marechal Stalin retrucou que também lhe constava que aqueles submarinos tinham indo e vindo entre a Alemanha e o Japão, transportando para o Japão, a partir da Alemanha, ouro e valores negociáveis. Acrescentou que isso acontecera com a conivência da Suíça. Declarou que havia ordenado a seu serviço secreto investigar o assunto desses submarinos, mas que até então não tinha sido possível encontrar rastro algum deles, de maneira que pensava que Hitler e companhia podiam tê-los usado para transferir-se para o Japão", observou Sherwood.

Ele não estava muito errado em suas suspeitas. Um mês e meio depois, em 10 de julho, o U-530 emergiu diante da base naval de Mar del Plata e se entregou.

PARA A ESPANHA E/OU ARGENTINA

Uma semana depois — ao iniciar-se com um coquetel a conferência de cúpula de Potsdam e enquanto dois novos submarinos fantasmas percorriam a costa argentina em direção ao sul, perante centenas de testemunhas —, assim que Truman e Stalin foram apresentados, Stalin disse ao presidente dos Estados Unidos que Hitler e sua comitiva haviam escapado em um submarino, e, afinando a pontaria, precisou que o haviam feito "ou para a Espanha, ou para a Argentina".

Assim que pôde, Truman repassou a conversa ao novo secretário de Estado, James Byrnes, presente na recepção. Byrnes quis confirmar que o presidente não havia entendido mal e foi ao encontro de Stalin. Após o suave entrechocar ritual de suas taças, perguntou-lhe pelo paradeiro de Hitler e obteve idêntica resposta. O fato foi narrado por Truman em uma carta que escreveu à sua esposa;[7] por Byrnes, em suas memórias[8] e abordado recentemente pelo historiador Michael Beschloss,[9] sempre com total coincidência. Depreende-se daí, e com clareza, que os norte-americanos sabiam, como os soviéticos, que Hitler, sua mulher e alguns estreitos colaboradores haviam evaporado, e que muito provavelmente tinham escapado em um submarino ou para a Espanha do Generalísimo Francisco Franco ou para a Argentina. E que todos suspeitavam, com maior ou menor veemência, que a mão de Churchill estava por detrás de seu desaparecimento. Isto é, sabiam o que logo dezenas de historiadores minimizariam quando não pronta e completamente negariam: que Churchill — que havia simpatizado com o poder nazista em ascensão até pouco antes da eclosão da guerra, e que com ele competia em matéria de racismo e anticomunismo — concordava com Hitler no fato de que a Alemanha e o Reino Unido deveriam unir-se para enfrentar o inimigo comum, a União Soviética.[10]

Foi nesse contexto que Truman instruiu o FBI para que investigasse o assunto, o que deu como resultado um grosso dossiê de 741 páginas, sobre muitas das quais – apesar de mais de meio século e da Ata de Liberdade de Informação (FOIA, em sua sigla em inglês) – continua exercendo uma férrea censura, às vezes de *absolutamente todo* o texto do documento, incluindo remetente e receptor.

SAINDO DE CENA EM SILÊNCIO

Essas averiguações rapidamente se cruzaram com as gestões do conde Folke Bernadotte, representante da Cruz Vermelha sueca, que havia tentado chegar a um acordo com o *Reichführer* Henrich Himmler, chefe máximo das SS, a fim de que este aceitasse substituir o *Führer* e negociasse a rendição do Terceiro Reich.

Nessa ocasião, Hitler era como um vaso chinês no meio de uma mudança: ninguém sabia onde colocá-lo.

Os jornalistas haviam tornado públicas as negociações entre Bernadotte e Himmler, cujo nó era a saída de Hitler de cena, mas cujo universo era muito mais abrangente, como ficaria evidente quando viesse à luz a longa série de fugas para a América do Sul de dirigentes nazistas munidos de passaportes da Cruz Vermelha.

Tão veementes eram as acusações que se levantaram contra Bernadotte que ele se apressou em escrever e publicar um livro para se defender. Com *El final*[11] procurou "esclarecer" seus sinistros acordos com Himmler. Acrescentou que as condições que havia imposto a Himmler para formar um governo de transição (que, insistiu, concebia como de existência muito curta) entre o Terceiro Reich e o novo governo que os aliados teriam de impor eram:

"Himmler devia declarar que, estando o *Führer* enfermo e impossibilitado de continuar dirigindo o destino de seu povo, ele tomava em seu nome as rédeas do governo (...) [devia] proceder à imediata dissolução do Partido Nazista e declarar demissionários todos os funcionários que pertenciam ao partido (...) ordenar a imediata suspensão das atividades dos chamados homens-lobos"[12] e oferecer "garantias de que procederia ao traslado dos prisioneiros escandinavos à Suécia", plano que — justificou — acreditava que "jamais poderia ser aprovado por Himmler"... mas sem que se entenda por que acreditava em tal coisa, uma vez que, como se verá, um governo como o descrito teria de ser encabeçado seguidamente pelo grande-almirante Karl Dönitz.

Bernadotte assinava embaixo, explicitamente, do pensamento classista do velho reitor da Universidade de Colúmbia, Nicholas Murrey Butler,[13] que havia explicado que "o mundo se divide em três categorias de pessoas: uma pequeníssima minoria que produz os acontecimentos, um grupo maior que os executa procurando não afastar-se demasiadamente daquela planificação e uma vasta maioria que jamais saberá o que na verdade ocorreu".

Essa filosofia era compartilhada por Churchill, que torcia a boca quando se referia ao "populacho". E como Stalin expressava a qualquer um que quisesse escutá-lo suas veementes suspeitas de que Churchill teria facilitado a fuga de Hitler, Churchill ordenou que urdisse um relato da morte do *Führer* que tapasse a boca, uma história apta para o consumo das multidões.

O encarregado foi, logicamente, o serviço de espionagem. E o escolhido, um agente qualificado, o major e historiador Hugh Trevor-Roper.

Impedido de entrevistar os principais colaboradores de Hitler que haviam sobrevivido (que tinham sido detidos pelos soviéticos), Trevor-Roper redigiu, com base em um único depoimento de importância, o peremptório informe segundo o qual Hitler teria se suicidado em seu *bunker* berlinense, mastigando uma ampola de cianureto e disparando um tiro. A partir desse informe, e atendendo à solicitação de seus superiores, escreveu em seguida um best seller, *The last days of Hitler*, que rapidamente foi traduzido para os principais idiomas, o que consolidou em todo o planeta a firme crença naquele suposto suicídio.

QUEM TEVE A IDEIA E DEU A ORDEM

No prólogo, Trevor-Roper explicou por que dedicou o livro a Dick White, chefe do Intelligence Bureau.

"Para completar os dados obtidos na investigação levada a cabo para esclarecer as circunstâncias que cercaram a morte de Hitler, tive que recorrer a muitos amigos, tanto ingleses quanto americanos, que me ajudaram na composição deste livro e aos quais quero agradecer aqui por sua cooperação. Porém, como alguns deles ainda estão na ativa, estou seguro de que os demais me perdoarão por incluí-los a todos nesta expressão impessoal de reconhecimento geral e por mencionar um único nome, já familiar para a maioria: o do meu amigo Dick White, que era brigadeiro e mandava no Intelligence Bureau na época em que a morte de Hitler continuava sendo um mistério. Foi ele quem concebeu a ideia dessa investigação, e em Bad Oeynhausen, no mês de setembro de 1945, *instou-me a colocá-la em execução*. Desde então, animou-me a escrever este relato, prestando-me constante ajuda em cada problema (e foram muitos) sobre o qual tive de consultá-lo. Ele é assim, em certo sentido, o primeiro pai e a parteira deste livro; por isso é a ele que eu dedico este livro. H.R.T.-R. Christ Church, Oxford, 25 de outubro de 1946."

Também o marechal da Real Air Force (RAF), lorde Arthur W. Tedder, delegado entre 1943 e 1945 no comando conjunto das Forças Aliadas (isto é, o oficial britânico de maior hierarquia que integrava o Estado-Maior do general Eisenhower), prefaciou a obra. "Mister Trevor-Roper, *em sua qualidade de oficial do Intelligence Bureau*, entregou-se com entusiasmo à tarefa de descobrir, um por um, todos os passos de Hitler durante as últimas semanas de vida", destacou.[14]

Quase quatro décadas depois, em 1983, como já se verá, o insensível Trevor-Roper certificou a autenticidade de uns supostos diários íntimos de Hitler naquilo que acabou sendo a maior fraude cometida contra os meios de imprensa de toda a história.

HITLER VIROU MULHER

Durante anos, os meios de comunicação continuaram assegurando à crédula opinião pública que, embora o cadáver de Hitler não tivesse sido conservado, ao menos pôde se guardar um pedaço de crânio no qual se via o furo produzido por sua pistola, prova irrefutável de seu suicídio.

Pois bem, o tal pedaço de crânio pertencia, na verdade, a uma mulher jovem.

A notícia deu a volta ao mundo no final de setembro passado. Removida a pedra fundamental sobre a qual se erigiu penosamente a história oficial acerca do fim do *Führer*, a mesma desmoronou.

Um estudo feito pela Universidade de Connecticut (Uconn) reviveu velhas "interrogações sobre a morte de Hitler", informou a Associated Press, posto que aquela que até então se acreditava ser a caveira do *Führer* era a de uma mulher de entre 20 e 40 anos.

A jornalista Jane Mills, que assinou o despacho, recordou que o pedaço de caveira objeto de estudo tinha um furo de bala e fora utilizado até a exaustão para embasar "a teoria de que Hitler tomou cianureto e disparou contra si mesmo em seu *bunker*" e calar, assim, "as especulações de que pôde ter escapado", as quais, sem dúvida, assinalou, "persistiram durante décadas".[15]

A história oficial havia sustentado como dogma até então que um prático de dentista que havia atendido o *Führer*, feito prisioneiro pelos russos, havia garantido, pelos ajustes feitos nos molares, sem margem de erro, que a referida ossada era de Hitler.

O crânio incompleto foi exumado de um arquivo secreto do extinto poder soviético em 1993 e apresentado pelo governo russo ao mundo com estardalhaço no ano 2000. Desde então, foi exibido como troféu supremo do que Moscou chama de "a grande guerra patriótica".

Como outros especialistas, o arqueólogo e osteólogo Nick Bellantoni, da Uconn, suspeitou desde o primeiro momento que esse pedaço de crânio fosse feminino. "Os ossos pareciam muito finos. Os de homem tendem a ser mais robustos. E as suturas onde se juntam as placas do crânio pareciam corresponder a alguém com menos de 40 anos, e Hitler tinha 56", explicou.[16]

Depois de ouvi-lo, sua colega Linda Strausbaugh, diretora do Centro de Genética Aplicada da Unconn, propôs-lhe realizar uma análise de DNA do osso, com a condição, é claro, de que pudessem conseguir uma boa mostra.

Bellantoni viajou com esse propósito a Moscou, onde conseguiu uma amostra óssea e também do sofá no qual, supostamente, Hitler e sua resplandecente esposa, Eva Braun, teriam se suicidado. "Eu tinha a referência das fotos que os soviéticos haviam tirado do sofá em 1945 e estive vendo exatamente os mesmos restos nos fragmentos de madeira e tela que tinha diante de mim", comentou. Depois de obter uma mostra do tecido, examinou o pedaço de crânio. Embora a parte exterior estivesse carbonizada, conseguiu obter uma boa amostra do interior.

E foi assim que a doutora Strausbaugh e sua equipe do laboratório da universidade, em Storrs, puseram mãos à obra. Verificaram que o sangue que havia manchado o sofá era de um homem, mas que já não se podia ir mais além nas averiguações.[17] Com relação ao crânio, puderam determinar, por seu DNA, que havia pertencido a uma mulher jovem. A notícia foi divulgada por um documentário do History Channel que ganhou o sugestivo título de *A fuga de Hitler*.

Quando lhe perguntaram se o osso podia ter pertencido a Eva Braun — que no momento de seu desaparecimento tinha 33 anos —, Bellantoni relembrou que nunca houve nenhuma informação e sequer o menor rumor acerca de que ela houvesse disparado um tiro.

"Cientistas e historiadores discutiram durante muito tempo sobre a autenticidade do que (se considerava) era a prova definitiva de que Hitler havia disparado um tiro na cabeça depois de tomar uma ampola de cianureto em 30 de abril de 1945 para evitar cair nas mãos dos soviéticos", assim começa o despacho com o qual a agência Europa Press deu a notícia.

Os supostos restos de Hitler, recordou, "foram armazenados em segredo durante décadas, até que em 1970 a KGB os incinerou e lançou as cinzas a um rio. Unicamente a mandíbula, um fragmento de crânio e os pedaços de sofá impregnados com restos de sangue foram preservados até os nossos dias".

"Agora" — vaticinou a Europa Press — "a história da morte de Hitler terá que ser reescrita como um mistério, e os teóricos da conspiração poderão voltar a especular que, depois de tudo, Hitler não morreu no *bunker*."

"A história da morte de Hitler deverá ser reescrita como um mistério, e aqueles a favor de teorias conspirativas dirão que talvez (Hitler) não tenha morrido", exagerou o conservador *Daily Mail*. É que, se continuasse vivo, Hitler teria... 120 anos!

Mais além dessa involuntária demonstração de humor negro (Hitler tinha prognosticado que o Reich durararia mil anos, mas não há evidências de que ele se acreditasse um Matusalém), desde o começo havia razões tão simples como contundentes para descrer que esse pedaço de crânio tivesse pertencido a ele. É que vivem nos Estados Unidos vários parentes seus por parte de mãe, e nunca houve, pelo que se sabe, nenhuma tentativa de se cotejar seus DNA com o do controvertido osso.

O CONTEXTO

A partir de Stalingrado, a derrota da Alemanha era algo extemamente previsível, mas tardou a consumar-se por mais de dois longos anos, o que possibilitou uma ampla série de negociações secretas — algumas das quais ainda permanecem sob sete chaves, que é como a Grã-Bretanha age em relação a tudo o que diz respeito "aos submarinos-fantasmas de Hitler".

Quando ainda defendia a neutralidade diante das potências em guerra, em 1939, o presidente Roosevelt determinou que fossem feitos estudos detalhados a respeito das potencialidades e vulnerabilidades do Terceiro Reich, com vistas a uma eventual entrada dos Estados Unidos na guerra europeia. Chegou-se à conclusão de que o calcanhar de aquiles germânico era a falta de petróleo, e que para atingi-lo bastava bombardear suas refinarias.

A derrota em Stalingrado não só impediu que Hitler viesse a controlar as grandes jazidas de petróleo do Cáucaso, como também tornou a queda das jazidas e destilarias romenas de Ploesti uma mera questão de tempo.

Os bombardeios às refinarias e às fábricas de gasolina sintética fizeram com que logo os aviões, tanques, caminhões e submarinos produzidos pela Alemanha mal pudessem se mover por falta de combustível.

Com a Wehrmacht à beira da paralisia, o avanço soviético tornou-se incontrolável, o que assustou o *establishment* britânico e o primeiro-ministro Churchill, que estava obcecado tanto pelas tendências socialistas do "populacho" inglês como pela possibilidade de a União Soviética vir a controlar quase todo o continente.

Em sua monumental *A Segunda Guerra Mundial*,[18] obra pela qual ganhou, em 1957, o Prêmio Nobel de Literatura, Churchill reconheceu, sem rodeios, que no início de 1945 Hitler havia deixado de ser o inimigo principal do débil Império e esse posto havia sido ocupado pela URSS, cujo avanço para o oeste era imprescindível deter:

"A Rússia comunista e as democracias ocidentais haviam perdido o inimigo comum, que era praticamente o único laço entre elas. Na continuação, o imperialismo russo e o credo comunista não viram mais limites ao seu progresso e à dominação final (...) Eu não contaria esta história agora, quando tudo está claro e à luz do dia, se não fosse porque a conheci e a senti quando isso ainda era obscuro e quando o triunfo profuso não fazia mais do que intensificar a íntima escuridão dos assuntos humanos.

"Os pontos decisivos e práticos de estratégia e política que procurava (...) eram:

Primeiro: que a Rússia soviética se havia convertido em um perigo mortal para o mundo livre.

Segundo: que era necessário criar, de imediato, uma nova frente contra seu avanço.

Terceiro: que essa frente devia se situar o mais longe possível.

Quarto: que Berlim era o primeiro e verdadeiro objetivo dos exércitos anglo-norte-americanos.

E finalmente e sobretudo, alcançar um compromisso sobre todas as questões principais entre o leste e o oeste na Europa, antes que os exércitos das democracias se fundissem ou que os aliados ocidentais cedessem parte dos territórios alemães que haviam conquistado, ou, como logo poderia se escrever, libertado da tirania totalitária."

Foi nesse contexto que se iniciaram as negociações secretas entre os aliados anglo-saxões e os nazistas com o objetivo de impedir que o Exército Vermelho chegasse ao Mediterrâneo e, principalmente, ao Atlântico. Para tal, a primeira coisa a se evitar era que ele se apoderasse da Península da Jutlândia, isto é, da Dinamarca, o que, inclusive, podia posibilitar-lhe o controle da Groenlândia, uma possessão dinamarquesa.

Com este objetivo, Churchill estimulou um tácito armistício com as tropas alemãs que ocupavam a Holanda, que foi disfarçada de ajuda humanitária. Alegando que os holandeses haviam começado a morrer de fome, os Aliados asseguraram, através da Cruz Vermelha, alimentos e combustível aos ocupantes com a única condição de que estes distribuíssem uma parte substancial dos víveres entre a população civil. Deste modo, garantiram que a Wehrmacht permanecesse em condições de combater se os soviéticos entrassem na Dinamarca. Com a retaguarda guarnecida, os britânicos continuaram o seu avanço em direção a Lübeck. A partir de então, aconteceriam sucessivos acordos secretos. Primeiro em relação ao norte da Itália e depois ao norte da Alemanha.

O período que vai desde a rendição da Alemanha até a hecatombe de Hiroshima, os meses de maio, junho, julho e princípios de agosto de 1945, é particularmente interessante, já que Churchill e seus aliados nos Estados Unidos redobraram suas pressões na tentativa de forçar a continuação da guerra contra a União Soviética.

O presidente Roosevelt resistiu a essas pressões até a sua morte. Em 10 de abril, dois dias antes de seu falecimento, Churchill concluiu a série de trocas de correspondência com uma carta na qual lhe informou de seu pacto com os nazistas que ocupavam a Holanda, o que antes sempre havia negado com veemência: "... começaram as conversações com (Arthur) Seyss-Inquiart, alto comissário nazista. Ficou acertado que interromperíamos o ataque na direção oeste. Por seu lado, ele teria de parar a inundação [do território holandês, situado abaixo do nível do mar — Nota dos Autores], suspenderia todas as medidas de repressão contra os habitantes e auxiliaria na introdução de abastecimentos de socorro. Havíamos acumulado já grandes quantidades destes, e foram usados todos os meios por terra, mar e ar para entregá-los rapidamente. Foi, certamente, o melhor acordo possível".[19]

Ao invés de sitiar e acossar as tropas nazistas que ocupavam a Holanda, Churchill lhes garantia tranquilidade e lhes enviava víveres para que não lhes passasse pela cabeça a ideia de render-se, fosse por desmoralização, fosse por fome. Nesse contexto é que devem ser considerados tanto o desaparecimento de Hitler quanto a transferência da nata da combalida força submarina alemã para a Noruega e seu moribundo despacho para o alto-mar. Tratava-se, em outras palavras, da Operação Übersee Süd, cujos traços, em linhas gerais, eram conhecidos por Churchill antes que fosse colocada em execução, visto que ele mesmo reconheceu haver feito "conjecturas sobre o porvir. Se Hitler ou Himmler se apresentassem oferecendo a rendição incondicional (...), teria que responder-lhes que não (mas o) mais provável era que os companheiros de Hitler o matassem, ou desaparecessem com ele, e que outro grupo de pessoas oferecesse a rendição incondicional".[20]

MANTOS, CORTINAS E TELÕES

No Reino Unido continua em vigor a mais completa censura sobre tudo que diz respeito à fuga de nazistas em submarinos para a Argentina (foi imposto o segredo máximo de 70 anos, mediante o qual, teoricamente, a documentação deveria ser aberta a consulta em cinco anos), porém, indícios precisos e concordantes sugerem que Churchill e o Almirantado sabiam da fuga e fizeram vista grossa, dando corpo aos ditos populares *Ao inimigo que foge, ponte de prata* e *Soldado que foge serve para outra guerra*, na perspectiva de que era iminente a eclosão de uma nova guerra mundial na qual os aliados anglo-saxões e os alemães lutariam juntos para perfurar "a cortina de ferro" e submeter o inimigo comunista.

A operação — chamada Crossword (palavras cruzadas) pelos britânicos e Sunrise (Amanhecer) pelo Office of Strategic Services (OSS, antecessora da CIA) — teve início quando, em meados de abril de 1945, Hitler dividiu em dois seus combalidos exércitos, com um comando ao norte e outro ao sul, o que implicou que seus representantes oficiosos começassem a negociar as rendições, no norte com Folke Bernadotte (que se reportava aos britânicos) e ao sul com Allen Welsh Dulles, irmão mais novo do secretário de Estado norte-americano John Foster Dulles e chefe da OSS na Europa, com base em Berna, Suíça. Essas negociações, narradas por Dulles em *The Secret Surrender*,[21] que foram cuidadosamente ocultadas e negadas ao agonizante presidente Roosevelt, incluíam a possibilidade de se reverter as alianças e que os aliados anglo-saxões e os alemães passassem a lutar juntos contra a União Soviética. Talvez o governo de Churchill tenha feito coisas muito embaraçosas nesse sentido, o que explicaria um segredo tão bem guardado.

Todavia, este não é, evidentemente, o caso da Argentina, onde, muito surpreendentemente, o Ministério da Defesa ratificou, no ano pasado, o segredo militar imposto sobre a busca dos U-Bootes afundados na costa argentina. Interrogada em um encontro casual por um dos autores sobre os motivos pelos quais havia tomado essa medida, a ministra Nilda Garré limitou-se a informar que o fizera a pedido da Armada.

Em 1997, por ordem do presidente Carlos Menem, a Armada mobilizou recursos significativos para buscar os U-Bootes afundados em frente à Caleta de los Loros, na chamada "Operação Calypso". Em um informe enviado à ministra Garré em 2006, a Armada assinalou que, apesar de ter localizado dois pontos com uma extraordinária concentração de minério de ferro, o resultado da busca fora "negativo". E esclareceu que se referia à "presença de obstáculos no fundo, não assentados nas cartas náuticas, que constituem perigo para a navegação".

O jornalista Abel Basti — que há muitos anos procura localizar os U-Bootes perdidos e acredita que os destroços estão cobertos pela areia, e por isso não constituem obstáculos à navegação — ficou muito descontente com a resposta. Por esse motivo, em 2008, amparado no Decreto 1.172/03 de Acesso à Informação Pública, pediu mais detalhes sobre a busca. Diante disso, surpreendentemente, o chefe da Armada interveio, atribuindo à busca caráter de "segredo militar" com o pueril argumento de que, se não agisse assim, "se exteriorizariam pistas sobre a vulnerabilidade ou aspectos críticos do sistema de defesa nacional". Essa bobagem foi referendada pelo Ministério da Defesa e, embora o funcionário que a assinou tenha deixado o cargo no começo de 2010, continua em vigor.[22]

Ao dar a notícia, o jornalista Nahuel Coca destacou que enquanto a Marinha assegura desconhecer a existência de submarinos afundados no litoral argentino, no Museu de Kiel, Alemanha, "encontra-se em exibição um mapa do mundo que marca com cruzes os lugares nos quais jazem os marinheiros germânicos dentro de seus 'ataúdes de aço'. E uma enorme cruz vermelha sobre o Golfo de San Matías assinala que, em águas argentinas, há pelo menos um U-Boot afundado".[23]

E o desrespeito ainda é maior porque, em outros assuntos, mais graves e recentes, o governo argentino sustenta um critério antagônico ao que foi seguido no que concerne aos U-Bootes afundados em seu litoral. Assim, nos primeiros dias de janeiro de 2010, através do Decreto nº 4/10, decidiu acabar com qualquer restrição ao acesso público a toda documentação e informação vinculada com a ação repressiva das Forças Armadas na última ditadura (1976-1983), com o impecável argumento de que, "passados mais de 25 anos de restabelecido o Estado democrático não é possível continuar permitindo a inaccessibilidade de tal informação e documentação, sob o argumento do caráter de 'segredo de Estado' ou qualquer outra classificação de segurança que impeça o conhecimento da história recente, cerceando o direito de a sociedade conhecer o seu passado". Argumento que se aplica perfeitamente ao caso dos U-Bootes afundados.

A PATAGÔNIA, UMA OBSSESSÃO

Não cabem dúvidas de que, desde seus primórdios, o Terceiro Reich manifestou enorme interesse na Patagônia e na Antártida. Há, inclusive, indícios de que o *Führer* considerava, já na primeira metade dos anos 1930, a possibilidade de dotar-se de um refúgio na Patagônia argentina.[24]

Livros e filmes documentários em preparação sustentam, trazendo novos testemunhos e informações, que, tal como suspeitava Stalin, Hitler conseguiu fugir, primeiro para a Espanha e em seguida para a Argentina. Pelo que foi divulgado, Basti prepara um livro — ao que parece intitulado *El exilio de Hitler* — no qual afirma, baseado em uma lista de passageiros escrita em um papel com timbre da Gestapo, a polícia política nazista — que Hitler escapou de Berlim em um avião, no dia 26 de abril de 1945, rumo à sua cidade natal de Linz, na Áustria. No dia seguinte, viajou com sua mulher e um séquito de uma dúzia de acompanhantes — entre eles seu cunhado, o SS Hermann Fegelein, o secretário-geral do partido, Martin Bormann, e o chefe da Gestapo, Heinrich Müller (a inconsistente história oficial afirma que Bormann morreu quando tentava escapar do *Führerbunker*, e que antes Müller havia fuzilado Fegelein por ordem de Hitler antes de evaporar no ar) — em um Junker 290 para Barcelona, de onde teria se transferido para a Galícia. Ali, finalmente, teriam embarcado em um submarino para a Argentina.

Nada temos a dizer, exceto adiantar que há testemunhos muito impressionantes da suposta presença de Hitler na Argentina. Por exemplo, o de Catalina Gamero, criada de Walter e Ida Eichhorn, donos do Hotel Edén de La Falda, nazistas de primeiríssima hora e fortíssimos defensores de Hitler, o qual tinha por eles a mesma consideração que por seus parentes mais queridos.[25] E acrescentar que embora a Operação Ultramar Sul tenha sido originalmente concebida para a fuga de Hitler, parece pouco factível que ele e sua mulher tenham chegado à Argentina nos U-Bootes que aportaram no país, aberta ou clandestinamente, em meados de 1945. Parece uma tarefa materialmente impossível manter um personagem tão conhecido fora da vista da tripulação. E a não ser que ele tenha sido eliminado imediatamente, tampouco parece lógico que um segredo semelhante pudesse ter sido mantido. Essa avaliação experimentaria uma reviravolta copernicana, é claro, se fosse encontrado um U-Boote afundado nas proximidades da costa, servindo de sarcófago à sua tripulação.

Se tudo isso é matéria de febris especulações, com a evidência aqui reunida poucas dúvidas podem ficar de que o cruzador *Bahia* foi torpedeado por um dos submarinos alemães fugitivos, possivelmente o U-977. Até hoje, a história oficial continua afirmando que a maior tragédia da história naval do Brasil resultou... de uma série de negligências e sandices concatenadas, que teriam feito com que um tripulante desconhecido do próprio cruzador disparasse contra o paiol que armazenava, na popa, as cargas de profundidade supostamente imunes aos disparos de armas de fogo. Essa versão ofende a memória do comandante Garcia D'Ávila e seus desventurados homens, que não morreram por serem incapazes e incompetentes, mas sim devido a um ataque pérfido e traiçoeiro. Uma versão injusta para com o histórico de combate da Marinha brasileira contra os U-Bootes incursores, incluindo os que penetraram em suas águas uma vez terminada a guerra, tal como demonstrou a perseguição realizada pelo torpedeiro *Babitonga*.

Até quando uma mentira tão escandalosa poderá ser mantida de pé? Durante 56 anos a US Navy sustentou, contra todas as evidências, o vento e as marés, que a pequena fragata *USS Eagle 56* afundou devido à explosão acidental de sua caldeira e não pelo torpedeamento de um submarino alemão que seus náufragos puderam avistar de muito perto. Entretanto, acabou sendo obrigada a reconhecer tacitamente que, durante todo esse tempo, enganou a opinião pública. A Marinha do Brasil encontra-se em condições muito mais propícias para iniciar a revisão da história do afundamento do *Bahia*, uma vez que foi ela mesma, e não um particular, que publicou, há muitos anos, o trabalho do capitão de mar e guerra Roberto Gomes Cândido (a quem foi dedicado este livro, desde a sua primeira edição), cimentando a hipótese de seu torpedeamento.

As absurdas versões oficiais acerca do sucedido em de setembro de 2001 em Nova York e Washington, bem como, anteriormente, aquelas relativas aos atentados antijudeus cometidos em Buenos Aires em 1992 e 1994 (a partir de cuja investigação os autores foram conhecidos) carecem de maiores comentários. É imprescindível que a CIA (fundada em 1947 como sucessora do Office of Strategic Services, OSS) e o MI-6 abram seus arquivos; que o FBI libere o texto suprimido do grosso dossiê sobre a suposta fuga de Hitler; que a Marinha do Brasil reconheça que o *Bahia* foi torpedeado e que, por conseguinte, a US Navy também se veja obrigada a reconhecer que naquele infausto 4 de julho de 1945, Dia da Independência dos Estados Unidos, morreram os últimos norte-americanos — os jovens radiotelegrafistas do *Bahia* — vitimados pelos nazistas.

Em vários sentidos, a persistência do ocultamento do motivo pelo qual o *Bahia* foi posto a pique é ainda mais surpreendente que o ocultamento das circunstâncias que cercaram o desaparecimento de Hitler. Porque parece mais simples descerrar o véu no caso do naufrágio. E se será muito difícil e talvez impossível obter alguma certeza sobre onde e como morreu Hitler, pudemos reconstruir com suficientes detalhes a última operação secreta do Terceiro Reich, pensada para que o destronado *Führer* encontrasse refúgio na vasta e pouco povoada Patagônia argentina.

Juan Salinas e Carlos De Nápoli
Buenos Aires, fevereiro de 2010

NOTAS

1. Desde então também foi publicado na Colômbia, Espanha e Itália.
2. Da produtora Cuatro Cabezas. O título provisório do documentário, baseado neste livro, é *La última misión* e contém revelações importantes. Por exemplo, que quando se entregou em Mar del Plata, o segundo submarino, o U-977, estava abarrotado de víveres e provisões de origem portuguesa.
3. Os declarantes, antigos tripulantes do encouraçado de bolso *Graf Spee*, afundado diante do porto de Montevidéu em 1939, estavam, supostamente, desde então, reclusos em centros de internação. Porém, o regime era tão frouxo que, na prática, saíam deles quando bem entendiam.

4. O diretor de cinema Win Wenders criticou acidamente seu colega Oliver Hirschbiegel por não mostrar, em *Der Untergang* (filme lançado na Argentina como *La caída* ["A queda"]), o momento do suposto suicídio de Hitler e Eva Braun. Hirschbiegel respondeu que se havia baseado nas memórias de uma das secretárias de Hitler, Traudl Jungue, que, por sua vez, admitiu não ter presenciado a cena. Ninguém a presenciou, e, à exceção de três SS que eram os mais próximos colaboradores do *Führer* (e cujos testemunhos se contradisseram em diversos e importantes aspectos), tampouco ninguém pôde assegurar que os corpos retirados dali fossem cadáveres, nem que tivessem sido incinerados.
5. Caralt, Barcelona, 1959.
6. *Los livros de nuestro tempo*, José Janés, Barcelona, 1950.
7. A carta original e uma cópia podem ser consultadas na Truman Library e nos US National Archives & Records Administration (NARA).
8. *Speaking Frankly*, Harper & Brothers Publishers, Nova York, 1947.
9. *The Conquerors: Roosevelt, Truman and the Destruction of Hitler's Germany 1941-1945*, Simon & Schuster, Nova York, 2002.
10. Cf. *El pacto Churchill-Hitler*, Carlos De Nápoli, Norma, Buenos Aires, 2007.
11. Cujo subtítulo é *Consecuencias políticas de mis conferencias humanitarias, tenidas en Alemania durante la primavera de 1945*. Emecé Editores SA, Buenos Aires, outubro de 1945, 173 p.
12. Os homens-lobo, os guerrilheiros nazistas que supostamente fustigariam a retaguarda das tropas de ocupação.
13. Que recebeu o Prêmio Nobel da Paz em 1921, *ex aequo* com Jane Addams.
14. Cf. edição de Pan Books Ltd., Londres, 1952.
15. Despacho da AP, datado de 29 de setembro, na pequena cidade de New Haven, Connecticut.
16. Despacho da agência Europa Press datado de 30 de setembro. Cita declarações do arqueólogo ao *Daily Mail*.
17. Despacho da agência Efe datado de 29 de setembro e enviado de Nova York.
18. Peuser, Buenos Aires, 1957.
19. *La Segunda Guerra Mundial*. Tomo VI, "Gloria y Tragedia", Peuser, Buenos Aires, p. 401 e seguintes.
20. Opus cit., p. 310.
21. Publicado em 1966 em Nova York por Harper & Row, foi reeditado em 2006 por The Lyons Press, Guilford.
22. Despacho do subsecretário de Planejamento Estratégico e Política Militar José Luis Sersale, o funcionário exonerado. Folhas 73-77. Cópia em poder dos autores.
23. "Los submarinos nazis son secreto de Estado", no diário *Crítica de la Argentina*, de 14 de setembro de 2009.

24. Cf. *Nazis en el sur. La expansión alemana sobre el Cono Sur y la Antártida.* Carlos De Nápoli. Norma, Buenos Aires, 2005.
25. Ver, por exemplo, "La Falda tiene su secreto nazis", por Jorge Camarasa, em *La Nación* de 27 de julho de 1998 (http://www.lanacion.com.ar/nota.asp?nota_id=104816)

PRIMEIRA PARTE Os últimos dias do *Führerbunker*

Diante do incontrolável avanço soviético, no fim de 1944 Hitler viu-se obrigado a abandonar a Toca do Lobo, seu quartel-general na Prússia Oriental — um complexo composto por oito *bunkers* de cimento, rodeados por prédios de madeira — oculto no meio do bosque de Görliz, próximo ao povoado de Rastenburg. Ali, em 20 de julho, o coronel Claus Schenk Graf von Stauffenberg, um aristocrata mutilado na África, havia tentado assassiná-lo com uma bomba e iniciar um golpe de Estado.

Embora não oferecesse as comodidades do Berghof, seu lar em Berchtesgaden, nem ao menos as do Ninho da Águia, seu refúgio inexpugnável talhado na Montanha do Sal (Obersalzberg), que ficava nas proximidades, Hitler se havia afeiçoado a esse "cruzamento de mosteiro e campo de concentração".[1]

Quer porque em seus tempos de clandestinidade na juventude conseguira que o chamassem de *Herr Wolff* (Senhor Lobo) e a considerava sua toca, quer porque acreditasse que ter sobrevivido àquele atentado era um sinal auspicioso ou porque tivera plena consciência de que era o símbolo de um Reich que havia ousado fazer uma guerra em duas frentes, a necessidade de deixar a Toca do Lobo o fez mergulhar em profunda meditação.

Durante a lúgubre viagem de trem que empreendeu em 20 de novembro, Hitler ordenou que as janelas do vagão fossem vedadas para que não visse a destruição que se estendia à sua passagem. Foi então que admitiu, pela primeira vez, perante aqueles que se haviam convertido nos únicos e íntimos colaboradores e a quem consultava diariamente — o secretário do partido, Martin Bormann, e o ministro de Propaganda e Mobilização Total, Joseph Goebbels —, que talvez a Alemanha perdesse a guerra.

Nessa ocasião, havia vários meses que a inteligência americana tinha informes precisos e concordantes que afirmavam que Hitler planejava fugir para a Argentina. O autor desses documentos era D.M. Ladd, um qualificado agente de contrainteligência.[2] Como especialista do FBI em contraespionagem, havia sido o principal inquisidor dos agentes desembarcados de submarinos alemães em território americano, no curso da Operação Pastorius.

Em 4 de setembro de 1944, Ladd havia enviado ao veterano diretor do FBI, John Edgar Hoover, um informe intitulado "Possível voo de Hitler para a Argentina". Depois de lembrar que "muitos observadores políticos" de Buenos Aires estavam de acordo em acreditar que "Hitler e seus sequazes" buscariam refúgio na Argentina, onde "uma grande colônia alemã" poderia escondê-los, mencionava como possível esconderijo uma estância dirigida pelo conde de Luxburg, encarregado das relações públicas da espionagem alemã desde a Primeira Guerra Mundial.

A mensagem de Ladd também afirmava que aquelas acusações eram tão persistentes e antigas que, tempos atrás, havia iniciado "uma investigação coordenada pelo FBI ao redor do mundo" que arriscava "datas, horas e rumos" daquele plano e que essa investigação havia sido "enviada a outras agências governamentais" para que fossem recolhidas informações complementares. Com efeito, o Office of Strategic Services (OSS), com base no qual, em 1947, a CIA ganharia forma, estava colocando em marcha um programa denominado Safehaven (porto seguro), com o objetivo, segundo definiam seus manuais, de "acompanhar o movimento de fundos e pessoas físicas alemães escondidas em países europeus e de outros continentes".

Após aqueles rodeios, Ladd destacou o persistente silêncio do governo argentino diante das reiteradas "acusações de que o país serviria de ponto terminal para Hitler, depois de um voo sem escalas de 7.376 milhas de Berlim a Buenos Aires, em um avião construído especialmente com essa finalidade, ou como passageiro de uma longa viagem de submarino".

Alheio a esses movimentos, assim que se recuperou de uma operação de pólipos na garganta, Hitler dedicou-se a preparar seu último contra-ataque, com o qual esperava reverter o curso da guerra. Fez isso primeiramente de Berlim e, a partir de 10 de dezembro, do quartel ocidental de Adlerhosrt, perto de Ziegenberg.

Era sua última oportunidade militar. Hitler havia se proposto recuperar o porto belga de Antuérpia, por meio do qual lançaria sua ofensiva na planície das Ardenas, onde o Primeiro Exército dos Estados Unidos defendia uma frente de 160 quilômetros.

Para evitar que a Grã-Bretanha enviasse reforços, ordenou o lançamento sobre Londres de mísseis V-1, transportando, cada um, uma tonelada de explosivos. A onda de "bombas voadoras" ceifou cerca de seis mil vidas e deixou 40 mil pessoas feridas. Com os britânicos transitoriamente imobilizados, o início da ofensiva foi um êxito. Porém, apesar de o Sexto Exército Panzer SS e a Wehrmacht (Forças Armadas) terem feito, em apenas cinco dias, 25 mil prisioneiros e terem colocado fora de combate 375 tanques Sherman, a Luftwaffe — a Força Aérea alemã — perdeu 227 dos 1.040 aviões que colocou em ação, mais da metade por fogo antiaéreo próprio. A falta de notificação daqueles voos à artilharia foi um erro colossal de coordenação.

Em princípios de janeiro, o general de cinco estrelas Dwight Eisenhower iniciou a contraofensiva, e na metade do mês rompeu as forças alemãs, colocando-as em debandada. Três dias depois, o Exército Vermelho retomou o seu avanço. A sorte do Terceiro Reich estava decidida.

UM CASTELO DE PAPEL

Hitler viu-se diante de uma alternativa: organizar sua última resistência em Berlim ou em Obersalzberg. Regressou a Berlim e instalou-se no *bunker* da Chancelaria, construção que depois da guerra adquiriria um *status* mítico.

O *Führerbunker* havia sido concebido para proteger seus ocupantes de ataques aéreos. E embora estivesse preparado para suportar o impacto direto dos projéteis mais potentes, qualquer defesa contra um ataque terrestre seria dominada em minutos: os sitiadores só teriam de fazer ir pelos ares a torre de ventilação ou aproveitá-la para espalhar gases no interior. As saídas de emergência, ainda que previssem algumas possibilidades defensivas, foram pensadas para uma fuga — uma delas chegava até o Rio Havel, através dos túneis do metrô — e eram vulneráveis a um ataque de infantaria.

Durante o julgamento de Nuremberg, o ex-ministro nazista de Produção, Armas e Munição Albert Speer referiu-se explicitamente ao tema. Esse arquiteto extremamente competente — um homem cujo vínculo com Hitler era tão maduro e emotivamente estreito que alguns estudiosos se atrevem a qualificá-lo de natureza homossexual — assegurou que havia fantasiado a ideia de eliminar seu *Führer*, a fim de poupar o povo alemão de sofrimentos inúteis. Concluiu que a maneira mais simples seria lançar uma granada de gás venenoso pelo tubo de ventilação, que ficava ao nível do chão. E disse mais: que, quando decidiu perpetrar o atentado, se encontrou com aqueles que haviam construído, nesse lugar, uma torre de cimento de uns três metros de altura. O episódio foi retratado pelo documentário de ficção que reuniu os incidentes mais importantes do processo.[3]

É provável que Speer jamais tenha tido intenções verdadeiras de assassinar Hitler, mas, no que diz respeito à sua descrição do lugar, não mentiu. Inspeções *in situ* feitas por funcionários da República Democrática Alemã e da União Soviética nos anos 1980, quando o *Führerbunker* foi desenterrado e exposto à luz do sol, permitiram comprovar que, se houvessem sido lançadas por essa torre, as granadas teriam caído diretamente nos aposentos reservados ao *Führer*.

No dia seguinte à instalação de Hitler no *bunker* da Chancelaria, os soviéticos ocuparam Varsóvia e em Budapeste libertaram cerca de 80 mil judeus. A ofensiva do Exército Vermelho entrava em sua última etapa. Consciente de que quase tudo estava perdido e depositando suas escassas esperanças nas negociações secretas entabuladas com os aliados anglo-saxões, Hitler começou a ditar para Bormann um texto político em 4 de fevereiro. Ao atacar a União Soviética com o objetivo de "estourar o abscesso comunista, abriguei a esperança de suscitar uma reação no bom sentido de parte dos ocidentais. Eu lhes proporcionava a ocasião, sem participar dela [a guerra], de contribuir para uma obra de salubridade, reservando apenas a nós o cuidado de desintoxicar o Ocidente", explicou.

A Inglaterra bem que poderia ter-se consagrado "por inteiro à saúde do seu Império". Se isso tivesse ocorrido, "a Alemanha, com sua retaguarda muito bem resguardada, poderia lançar-se por completo a consumar o que constituía sua tarefa essencial, a meta da minha vida e a razão de ser do nacional-socialismo: o aniquilamento do bolchevismo".

Nesse caso, a Alemanha teria obtido, e talvez ainda pudesse garantir, "a conquista de grandes espaços a leste, que deveriam assegurar o porvir do povo alemão". Porque era, sublinhou, "na direção do leste, sempre para o leste, para onde devemos canalizar os excessos de nossa natalidade", pois "é essa a direção indicada pela natureza para a expansão dos germânicos", porque "a dureza do clima que esses lugares encerram dá-nos a possibilidade de conservar suas qualidades de homens duros".

Sem dúvida, depois de atentar para a amarga realidade, Hitler afirmou que a "Inglaterra não dirigiu a própria guerra, fez a guerra que lhe foi imposta pelos implacáveis Aliados". Ainda assim, e apesar de reconhecer que "nos achamos no último quarto de hora", abrigava uma pequena esperança: "Temos diante de nós uma coalizão disparatada, reunida pelo ódio e pelos zelos. (...) Uma coalizão não constitui uma realidade estável. Uma coalizão não existe mais do que pela vontade de alguns homens. Que desapareça um Churchill de repente e tudo pode mudar! (...) Ainda podemos nos apoderar da vitória em um só golpe. (...) Oxalá nos seja concedido o tempo indispensável para essa ação..."

O *Führer* fez uma pausa em suas regurgitações para informar, em 18 de fevereiro, a quem logo nomearia como seu sucessor, o delgado grande-almirante da Kriegsmarine (Marinha de Guerra) Karl Dönitz, sua intenção de denunciar a Convenção de Genebra sobre prisioneiros de guerra, subscrita em 1929. Sabia que, particularmente no que dizia respeito aos soviéticos, eles a haviam violado a tal extremo que milhões de prisioneiros haviam sido assassinados ou tinham morrido de fome. Queria, portanto, ensaiar uma defesa histórica de sua decisão. Dönitz deveria avaliar, em caráter de urgência, as vantagens e desvantagens de dar esse passo. No dia seguinte, na presença do general Alfred Jodl e de um representante do ministro das Relações Exteriores, Joachim Ribbentrop, Dönitz lhe respondeu que "as desvantagens superam as vantagens: o melhor é fazer o que for preciso sem ruído e salvando as aparências perante o estrangeiro". Dito de outro modo: caso a Convenção fosse violada, o melhor era fazê-lo em silêncio e negá-lo.

REUNIÃO DE CÚPULA

No final de fevereiro, o ameaçador polvo da derrota manchava todos os rincões da aterrorizada e exausta Berlim. No hospital da Luftwaffe, junto ao Zoológico, o coronel Hans Rudel convalescia da amputação de sua perna direita. O magro e louro militar, que acabava de completar 29 anos, era o ás da aviação alemã. O *Führer* havia criado para ele uma condecoração especial, a Cruz de Ferro com Folhas de Carvalho, ouro, diamantes e espadas. A medalha recompensava suas 2.530 missões bem-sucedidas pilotando os frágeis caças Stuka, nos quais havia destruído cerca de 500 tanques inimigos, para não mencionar o afundamento do encouraçado soviético *Marata*, de 23 mil toneladas. Aquela façanha, que teve como cenário a Baía de Kronsdat, era recordada com nostalgia, pois quando aconteceu, em 1941, o curso da guerra favorecia nitidamente a Alemanha.

Não havia dúvida quanto à fidelidade de Rudel e à sua adesão inquebrantável à doutrina nazista. O homem que anos depois os nostálgicos do Terceiro Reich proclamariam *Führer* — o mesmo que se radicaria na cidade argentina de Córdoba e que seria frequentemente recebido por Juan Domingo Perón, tanto durante o longo exílio quanto em 1973, ao iniciar o último e breve governo — havia sido antes da guerra, entre 1933 e 1938, piloto do trimotor Junker 52 que o *Führer* usava e em quem depositava uma confiança quase cega. Para Hitler, poder-se-ia dizer, Rudel era um fetiche.

Naquele aposento tenuemente iluminado pelo pálido sol invernal, o convalescente recebeu a visita do general Robert Ritter von Greim, chefe do Sexto Esquadrão com sede em Munique, que chegou acompanhado de um casal muito desigual: a miúda comandante Hanna Reitsch e o corpulento coronel austríaco dos comandos Otto Skorzeny.

Hanna Reitsch, primeira piloto da força e veterana de cem combates, era tão — ou ainda mais — famosa quanto Rudel, em relação ao qual tinha até a vantagem de pilotar a última joia da Luftwaffe: os novos Messerschmitdt (Me-262). As primeiras unidades desse avião tinham entrado em serviço havia poucos meses, com um atraso desesperador por causa da obsessão de Hitler de convertê-los em bombardeiros quando haviam sido concebidos como caças. Reitsch também era piloto de provas do Fieseler (Fi103-RI), uma versão tripulada da bomba voadora V-1, reconversão que havia sido impulsionada por Skorzeny.

Quanto a este, exímio paraquedista e chefe de espiões, célebre por ter libertado Benito Mussolini da prisão aliada nos Abruzzos, a quase dois mil metros de altura, havia protagonizado outras ações surpreendentes por sua audácia, muitas delas à frente dos comandos que operavam por detrás das linhas inimigas, falando inglês e vestidos com uniformes americanos. Sua última proeza fora o sequestro, em outubro de 1944, do filho do regente da Hungria, a quem retirou de seu palácio em Budapeste, nas barbas dos guardas, envolvido em um tapete.

De acordo com as memórias de Rudel e de Reitsch, a conversa girou em torno da possibilidade técnica de aterrissar um helicóptero no teto do hospital em condições de escuridão extrema. O hospital da Luftwaffe ficava no interior de uma das seis torres de concreto que constituíam a defesa antiaérea do Centro de Berlim: gigantescos cubos de cimento armado de cinco mil metros quadrados de base e 40 metros de altura, em cujos tetos a artilharia antiaérea se posicionava. O helicóptero escolhido era, naturalmente, um Focke Achgelis Drache (Fa 223/S), com capacidade para transportar 900 quilos de carga ou nove adultos.

Hanna Reitsch tinha experiência de sobra na pilotagem desse tipo de máquina. Já em 1939 havia feito exibições no centro da cidade — até em estádios fechados — com um autogiro, o antecessor de marca ibérica de helicópteros como o Fa 223/S, com o qual treinara, poucas semanas atrás, obedecendo a ordens de Greim.

UM DIÁLOGO CRUCIAL

Em seu interessante livro *Hitler's secret life* (A vida secreta de Hitler), o britânico Gleen B. Infield, veterano piloto da Royal Air Force (RAF), afirma que o *Führer* planejava escapar de Berlim de helicóptero. O italiano Patrick Burnside, autor de *El escape de Hitler*, assegura que, diante do fracasso desse plano, ele conseguiu deixar Berlim em um avião que o transportou até a Noruega; que continuou sua fuga em um submarino até a Patagônia e que viveu em diferentes localidades dessa região até sua morte, no fim dos anos 1950. Burnside destaca que, de acordo com a ata da reunião celebrada em 23 de março no *Führerbunker*, ocorreu um diálogo muito sugestivo entre Hitler e os generais Wilhelm Burgdorf, ajudante-chefe da Wehrmacht, e Nicolas, oficial de ligação da Luftwaffe e sobrevivente do atentado a bomba de Von Stauffenberg.

BURGDORF — O ministro Goebbels solicita autorização para converter o eixo Leste-Oeste em pista de fuga. Seria necessário retirar os postes da rua e alargar o eixo dos dois lados ao atravessar o Tiergarten.

HITLER — Sim, pode fazê-lo, mas não creio que seja necessário alargá-lo.

BURGDORF — Posso dar o seu consentimento ao ministro Goebbels?

HITLER — Sim, mas não vejo motivo para o alargamento. Não vamos aterrissar um Goliat...

BELOW — Mas os Ju-52 vão aterrissar na escuridão, os postes vão causar problemas...

HITLER — Está bem. Pode retirá-los.

O "eixo Leste-Oeste" era o largo e curto bulevar Unter den Linden (Avenida das Tílias), o único "aeroporto" acessível a partir do *bunker*. Mencionado em inúmeros poemas e canções, e hoje cenário de frenéticas *raves*, o bulevar estava a poucas quadras da Chancelaria e, ao contrário de outras artérias centrais, mantinha-se praticamente intacto.

Infield assinala que, com efeito, durante a primeira semana de abril, Hitler ordenou que se completassem os preparativos para executar a Operação Harém, isto é, a evacuação da maior parte do pessoal da Chancelaria para Berchtesgaden. Entre esses preparativos, ordenou ao seu piloto pessoal, Hans Baur, retirar os postes da Avenida das Tílias. "No total, Baur dispunha de dez aviões para a evacuação; alguns deles se encontravam em um hangar subterrâneo de Templehof e outros em Gatow, aeroportos que ainda podiam ser usados", assinala Burnside.

Martin Bormann, que então se havia convertido na sombra de Hitler, tomou nota de outras declarações do *Führer* de importante significado. Em 2 de abril, escreveu, Hitler reconheceu a iminente derrota da Alemanha e predisse que "só restarão no mundo duas grandes potências capazes de enfrentar uma à outra: os Estados Unidos e a Rússia soviética. (...) As leis da história e da geografia impulsionarão esses oponentes a uma prova de força, quer seja militar ou nos campos da economia ou da ideologia. (...) Ambas as potências descobrirão, mais cedo ou mais tarde, que necessitam do apoio da única grande nação sobrevivente da Europa: o povo alemão", vaticinou.

NEGOCIAÇÕES AUTORIZADAS

Hitler recebeu na quarta-feira, 18 de abril, o general Ernst Kaltenbrunner, seu conterrâneo austríaco, coordenador do RSHA (Reichssicherheitsauptamt, Escritório Central para a Segurança do Reich), e o tenente-general SS Karl Wolff, responsável pela segurança e pela polícia na Itália. Ambos eram nazistas fanáticos.

Como lugar-tenente do *Reichführer* Henrich Himmler, chefe máximo do RSHA e da temida SS (Schutzstaffel, Seção de Proteção do partido) e coordenador de todos os serviços secretos do Reich, Wolff havia ajudado a planejar os campos de extermínio e até, como ficaria provado no julgamento de Nuremberg, havia felicitado o responsável pela SS, expressando-lhe sua "alegria porque cinco mil membros do 'povo eleito' vão para Treblinka diariamente". Especialista na "guerra suja" da retaguarda, Wolff era, além disso, o sustentáculo da república títere que Mussolini presidia em Saló e quem tinha dado ordens taxativas de interrogar sob tortura e em seguida fuzilar qualquer suspeito de ser guerrilheiro.

A reunião havia sido marcada logo depois que Wolff admitira abertamente, perante Himmler e Kaltenbrunner, seus contatos com Allen Welsh Dulles, chefe do OSS na Europa. Dulles — que se tornaria célebre como chefe da CIA ao apoiar o bem-sucedido golpe financiado pelas companhias petrolíferas que, em 1954, entronizou o xá Rezha Palevi no Irã — se reportava diretamente a Washington.

Himmler permaneceu impassível ao ouvir as palavras de Wolff, mas Kaltenbrunner admitiria que ficara em dúvida entre felicitá-lo ou fuzilá-lo... Talvez porque temesse que Wolff pusesse em evidência seus contatos com Dulles. Kaltenbrunner deve ter gaguejado algo ou então seu rosto feroz, coberto de cicatrizes, teria denunciado suas emoções contrastantes. O certo é que Wolff, ágil de corpo, propôs resolver o assunto perante o *Führer*.

Kaltenbrunner aceitou. Durante a reunião, Wolff recordou as instruções que Hitler lhe havia passado em fevereiro para que tentasse abrir canais de negociação com o inimigo: "Consegui fazê-lo e, por intermédio de Dulles, estou preparando conversações com Churchill e Truman", anunciou, exultante. Hitler não só não o censurou como também, tratando-o carinhosamente de Wolffchen (lobinho), instou-o a apressar as negociações. O nome-chave de Wolff para o OSS era *Critic*, e ele chamava de *Genesis* a linha direta entre o seu quartel-general em Roma e o de Dulles em Berna.

Essas negociações inspirariam a vasta operação batizada Sunrise (amanhecer) pelo OSS e a operação Crossword (palavras cruzadas) pelo Intelligence Service, cuja existência seria negada, a despeito de todas as evidências, pelos Estados Unidos e pela Grã-Bretanha durante mais de quatro décadas e que consistiu, basicamente, na transferência, para esses países, do potencial humano e tecnológico do Terceiro Reich, no marco de uma aliança implícita contra a União Soviética.

ANIVERSÁRIO

Hans Rudel chegou ao *Führerbunker* na quinta-feira 19, na parte da tarde. O começo da sexta-feira encontrou-o junto a Hitler e um reduzido grupo de íntimos erguendo copos de champanhe no brinde pelo 56º aniversário do *Führer*.

Quando Hitler despertou, como era seu costume, por volta do meio-dia, compreendeu que não tinha absolutamente nada para festejar. Enquanto presidia uma reunião conjunta do gabinete e do Estado-Maior da Wehrmacht, a artilharia soviética "celebrava" a efeméride bombardeando pela primeira vez o centro de Berlim a partir dos arrabaldes do leste. Entre os sibilos e estrondos das bombas, foi confirmado durante a reunião que o Exército americano havia cruzado o Elba e ocupado Nuremberg; que o Exército Vermelho avançava pelo sul, ultrapassando o Danúbio, e que, pelo oeste, as tropas britânicas avançavam.

A angústia apertava as gargantas. O nervosismo era tamanho, recordaria a secretária particular de Hitler, Traudl Jünge, que naquele momento praticamente todos se atreveram a fumar na presença do *Führer*, apesar de saberem que o tabaco o incomodava.

Foi então que Hitler fez algo que ninguém imaginava: teatralmente, anunciou que renunciava à chefia militar e à condução da guerra. Ato contínuo, sem esperar que seu atordoado auditório recobrasse o fôlego, determinou a divisão do Reich em dois: o do norte, sob o comando do grande-almirante Dönitz, e o do sul, a encargo do marechal Albert Kesselring. Consequentemente, ordenou que se dividisse o Estado-Maior da Wehrmacht: um para o norte, com sede no Porto de Plön, e outro no sul, em Berchtesgaden.

Quando recuperaram a fala, os participantes da reunião, encabeçados pelo marechal Wilhem Keitel, chefe do OKW (Alto-Comando Militar) da *Wehrmacht*, lhe rogaram, em coro, que abandonasse Berlim e seguisse para Berchtesgaden. Era uma ideia sensata, pois, escavado na montanha, o Ninho da Águia era infinitamente mais seguro do que o *Führerbunker*.[4] Mas Hitler, enfurecido, bradou-lhes: "Como posso dirigir os movimentos da tropa na batalha decisiva se estou pensando em colocar-me a salvo? O destino decidirá se tenho de morrer em Berlim ou se posso encontrar um refúgio no último momento." E, para calar qualquer tipo de protesto, arrematou: "Decidirei mais tarde o que devo fazer."

O grande-marechal Hermann Göring — que, nos últimos tempos, se havia entregado decididamente ao álcool e à comida para pagar suas penas —, sucessor legal de Hitler, caso este morresse ou fosse capturado pelos Aliados, partiu nessa mesma noite para as montanhas bávaras, lugar para onde, dois meses antes, precavidamente, havia enviado sua família. *Fat Boy* — como o OSS o denominava cifradamente — retirou-se sem se reunir a sós com Hitler e sem que este se despedisse dele.

Quem se retirou em seguida foi Dönitz, que devia assumir o comando no norte e prosseguir a luta... e as negociações. "O fato de Hitler ter-lhe outorgado poderes plenipotenciários para emitir na zona norte as ordens importantes para o Estado e o partido, além de para a Wehrmacht, era uma mostra da grande estima em que ele o tinha por tê-lo apoiado incondicionalmente na decisão de lutar até o fim e pela esperança de uma continuação da guerra submarina", aponta o historiador Ian Kershaw em sua monumental biografia de Hitler. Também sem uma despedida formal, o arquiteto Speer tomou a direção de Hamburgo, onde tinha o seu escritório.

Supostamente, um dia mais tarde, sábado 21, à noite, Hitler teria morrido "por conta da explosão de uma máquina infernal", quando se encontrava em seus aposentos, rodeado de colaboradores, conforme um forte rumor que chegou a Paris e que seria narrado, de forma detalhada, pela agência United Press.[5]

Nesse sábado teve início uma diáspora que logo alcançou a categoria de debandada. Durante os três dias seguintes, cerca de 20 voos partiram dos aeródromos de Gatow e Staaken, transferindo para Berchtesgaden a maior parte do pessoal. "Veículos apinhados de bolsas e maletas saíam em meio ao estrondo da artilharia, que fazia lembrar quão perto estava o Exército Vermelho. Carros corriam no meio da noite para os aviões que os esperavam, atravessando muros de fumaça que brotavam de edifícios em chamas, entre ruínas sombrias e anciãos do Volksturm que levantavam barricadas", descreve Kershaw.

A partir desse dia, a permanência de Hitler no *Führerbunker* é um ato de fé, cujo "texto sagrado" não é outro senão o testemunho de seus fanáticos acólitos, que juram tê-lo acompanhado até a hora de sua morte.

UMA DEFESA DE VELHOS, MENINOS E ESTRANGEIROS

O Volksturm, um corpo que reunia veteranos da Primeira Guerra e adolescentes, criado em outubro de 1944 e tendo como único lema "aguentar" — *starre verteidigung* —, era a principal defesa de Berlim. Além deles, dela participavam veteranos estrangeiros — franceses, espanhóis, letões, romenos etc. — da campanha da Rússia. Nenhuma unidade importante da Wehrmacht permanecia acantonada na capital do Reich.

Durante a manhã do domingo 22, o centro da cidade tremia sob o fogo da artilharia soviética. Hitler pediu que o colocassem em contato com o chefe de Operações do Estado-Maior da Luftwaffe, general Karl Koller, que lhe confirmou que os obuses estavam caindo perto do *bunker*. O *Führer* pediu informação sobre o número de aviões disponíveis ao sul da cidade, mas a interrupção da conversa telefônica deixou-o sem resposta. Quando, por fim, as comunicações foram restabelecidas, indagou a Koller por que no dia anterior os aviões baseados nos arredores de Praga não haviam entrado em ação. Koller respondeu que essa base sofria permanente fogo aliado, impossibilitando a decolagem dos aviões. "Todos os chefes da Luftwaffe terão que ser enforcados imediatamente", uivou Hitler, recordaria o aviador.

O *Führer* jogou suas últimas cartadas militares ao ordenar um contra-ataque dos Panzers do general SS Felix Steiner, que havia recebido como reforço um conjunto de forças heterogêneas, entre elas tropas que só contavam com armamento leve, enviadas às pressas pela Luftwaffe e, em quantidades homeopáticas, pela Kriegsmarine. "Todo comandante que preservar forças será executado no prazo de cinco horas! Você tem de garantir, com sua própria cabeça, que até o último homem seja liberado!", urrou Hitler a Koller. Depois, o *Führer* pôs-se em contato com Steiner, a quem advertiu que tinha proibido terminantemente retroceder para o oeste e que os oficiais que o fizessem deveriam ser fuzilados no ato: "Berlim e sua vida dependem do estrito cumprimento desta ordem!", disse a Koller, que o escutou gritar.

Hitler também ordenou a imediata retirada das tropas colocadas a cem quilômetros ao sul da capital, como reforço para as unidades que já combatiam nos subúrbios de Berlim contra os tanques soviéticos. Tinha de ganhar tempo.

CATARSE

Na sessão informativa da tarde do domingo 22, Hitler inteirou-se de que as tropas do marechal soviético Georgi Zhukov não só estavam apertando o cerco sobre a cidade pelo sul como também haviam penetrado nos arrabaldes do norte. Isso o deixou fora de si. Explodiu e chamou, aos berros, seus generais de mentirosos e traidores. De acordo com o relato de Kershaw, ordenou que todos se retirassem da sala, exceto o marechal Keitel e os generais Jodl, Hans Krebs — que havia substituído Heinz Guderian como chefe do Estado-Maior do Exército — e Wilhelm Burgdorf, aos quais continuou repreendendo durante mais de meia hora. E, em sua catarse, disse palavras que ficaram ecoando nos ouvidos dos presentes: "A guerra está perdida."

"Hitler representou uma cena que assustou e hipnotizou todos que a presenciaram. Começou a ofegar, sacudiu a cabeça como se estivesse tendo um ataque e percorreu a sala de conferências, de um lado a outro, em passadas largas, enquanto gritava, delirava e agitava freneticamente o braço direito. Essa cena durou vários minutos. De repente, parou, deixou cair o queixo, abriu a boca e dirigiu o olhar para um ponto distante. Passaram-se minutos antes que voltasse a se mover e, quando o fez, saiu sem dirigir a palavra a ninguém", descreve Infield.

Enquanto os quartéis do OKW em Zossen e Berchtesgaden eram informados de que o *Führer* havia sofrido uma crise de nervos, Hitler conversava despreocupadamente com Goebbels e em seguida, sucessivamente, com Jodl, sua secretária Traudl Jünge, sua nutricionista — o *Führer* era vegetariano — e a mulher de Bormann. As três mulheres disseram que ele estava sereno.

Segundo Infield, com seu ataque histérico, Hitler pretendia averiguar "em quem podia confiar e em quem não podia" e fez isso porque tinha "um plano secreto" que "esperava pôr em prática muito em breve". Ofereceu a sua secretária e a sua nutricionista — na presença de Eva Braun e da mulher de Bormann, que foi quem contou o sucedido — partir em um avião que sairia dentro de uma hora rumo ao sul.

"Tudo está perdido. Já não há esperança", disse-lhes. Mas as mulheres lhe rogaram para permanecer com ele até o fim.

LUZ VERDE

Hitler atendeu, em seguida, a chamadas telefônicas de Himmler e Dönitz, mas se desconhece o conteúdo dessas conversas. Enquanto Hitler lhes passava instruções telefônicas, Goebbels ordenou que duas Mercedes-Benz levassem para o interior do *bunker* sua mulher, Magda, e os seis filhos do casal. Todos tinham nomes que começavam com "h" em homenagem a Hitler: Helga (12 anos), Hilde (11), Helmuth (dez), Holde (oito), Hedde (seis) e Heidi (quatro). Depois, ordenou que se telegrafasse a Dönitz, a Himmler e ao Alto-Comando da Luftwaffe para que alistasse a maior quantidade possível de homens e os enviassem a Berlim para participar da defesa da capital, que chamou, grandiloquentemente, de a "batalha alemã do destino".

Diante das súplicas de Keitel, Hitler autorizou-o a partir para o oeste com a missão de entrevistar o general Walther Wenck e apressar sua retirada para o sul da cidade para tentar deter a vanguarda soviética. Esse pedido merece um comentário: à frente de um exército de recrutas, Wenck deveria resistir ao avanço americano no Elba, mas o certo é que, depois de tomada a região industrial do Ruhr, centro carbonífero e siderúrgico da Alemanha, as tropas americanas não haviam tentado avançar para o oeste. Desde meados de março essa frente não registrava combates.

Hitler estava tão tranquilo que se ocupou pessoalmente de que Keitel comesse antes de partir. Enquanto isso, Bormann enviou a seu ajudante, o doutor Helmut Hummel, um radiograma no qual lhe informava:

"Estou de acordo com a proposta de transferência para o *Übersse Süd*", literalmente, Ultramar Sul. Seja porque acreditasse sinceramente que a Dinamarca "seria o refúgio das populações alemãs do oeste, deslocadas pelo avanço das tropas soviéticas", como crê a historiadora Marlis Steinert, seja porque a considerava uma escala em seu plano de fuga, Hitler ordenou que a Luftwaffe mantivesse a qualquer preço um corredor livre entre Berlim e a fronteira dinamarquesa.

Não há dúvida de que na segunda-feira 23, de manhã, enquanto eram queimados papéis e documentos das caixas-fortes do *bunker*, "Hitler havia recuperado a compostura", assegura Kershaw. Estava sereno quando se despediu do Estado-Maior do Sul, que partiu para Munique em 15 ruidosos Junkers 52. Como o general Krebs, Hitler estimava que ainda era possível retardar a queda da capital em mais quatro dias.

GÖRING CAI EM DESGRAÇA

Em Berchtesgaden, ansioso por negociar os termos de rendição com os aliados anglo-americanos — acreditava que assim salvaria sua cabeça —, Göring telegrafou ao *bunker* solicitando instruções sobre se devia assumir o comando. "Meu *Führer*: Dada sua decisão de permanecer em seu posto na fortaleza de Berlim, aprova que eu tome imediatamente em minhas mãos a direção total do Reich, dispondo de plenos poderes no interior e no exterior, como seu delegado, de acordo com seu decreto de 29 de junho de 1941? Se não receber resposta até as dez desta noite, considerarei que você perdeu sua liberdade de ação, que estão dadas as condições fixadas em seu decreto e atuarei da melhor maneira no interesse de nossa pátria e de nosso povo. Conheça os sentimentos que experimento por você nesta hora, a mais grave de minha vida. Faltam-me as palavras para expressá-los. Que Deus o proteja e o ajude. Seu leal Hermann Göring."

Bormann ficou furioso. Rogou a Hitler que ordenasse sua imediata execução. O *Führer*, que parecia ausente, não chegou a tanto. Porém, instigado por Bormann e Goebbels, ordenou que Göring fosse destituído de todos os cargos. Nessa tarde, Bormann respondeu ao telegrama do já ex-*Reichmarschall*, acusando-o de traição, e enviou outro telegrama à SS ordenando que o detivesse. Também nessa mesma tarde, Eva Braun escreveu do *bunker* para sua irmã Gretel: "Ainda há possibilidades, não obstante, é óbvio que não podemos permitir que nos capturem vivos."

VISITA MISTERIOSA

Anoitecia quando o ministro Speer chegou inesperadamente. Havia tentado viajar de automóvel a partir de Hamburgo, porém teve de desistir porque os soviéticos controlavam a rodovia. Fez então um malogrado voo de dez horas, primeiro até o Aeroporto de Reichlin, em Mecklenburg, e dali até o de Gatow, a oeste de Berlim, onde conseguiu embarcar em um aviãozinho Fieseler Storch que fez uma arriscada aterrissagem na Avenida das Tílias.

Normalmente, e tal como havia feito esse pequeno avião, as aterrissagens eram realizadas pelo Portão de Brandemburgo e as decolagens eram iniciadas na Coluna da Vitória. Fazia mais de um mês que, por decisão de Hitler, os postes da avenida tinham sido retirados, o que permitia que aviões de maior envergadura, como o Ju-52, operassem.

Os motivos da frustrada viagem de Speer não são claros. Kershaw crê que ele se arriscou naquele voo "absolutamente desnecessário e perigoso" com o único e sentimental propósito de despedir-se do *Führer*. Já de acordo com Burnside, a viagem estava relacionada com os preparativos da fuga que estavam sendo amadurecidos.

O próprio Speer escreveu que, quando ficaram a sós, Hitler lhe manifestou que Göring podia continuar negociando a rendição. "Uma pessoa vale tanto quanto outra: em suma, a guerra já está perdida." O último encontro, acrescentou Speer, durou dez minutos.

É curioso que o prolífico Speer dedicasse tão poucas palavras à última reunião. Apenas comentou que Hitler estava em plena posse de suas faculdades mentais e que se tratou de uma despedida quase anódina, sem dramas. Hitler pediu sua opinião sobre se devia permanecer em Berlim ou deslocar-se para Berchtesgaden, e como Speer respondeu que acreditava mais prudente sua permanência no *bunker*, mudou abruptamente de assunto e adotou "imediatamente aquele tom burocrático, por trás do qual podia esconder qualquer coisa".

Hitler "me falou de Dönitz, perguntando-me o que pensava de sua capacidade". Speer disse que experimentou nesse momento "a nítida sensação de que não fazia alusão a Dönitz casualmente" e que ele lhe expressou sua opinião, muito favorável ao grande-almirante. Hitler se dispunha a nomear Dönitz seu sucessor, mas Speer nada comenta a esse respeito. Em troca, escreveu, sem ser muito preciso, que Hitler lhe expressara, nesse último encontro, como quem comenta uma banalidade, sem ênfase, sua decisão de suicidar-se.

De madrugada, após reunir-se a sós com Eva Braun e beberem juntos uma garrafa de Möet & Chandon acompanhada de massas e doces, Speer apertou a mão de Hitler e deixou o *bunker*, levando, ao que tudo indica, uma mensagem para Dönitz.

UM HIDROAVIÃO

Que missão Hitler havia confiado a seu amigo íntimo? *La Segunda Guerra Mundial*, da editora Time-Life, destaca no volume "Vitória na Europa" que, antes de encontrar-se com Dönitz, Speer se dirigiu ao Ministério da Produção, em Hamburgo, onde se reuniu com o general da Luftwaffe Werner Baumbach, chefe da Luft Transportestaffel, a frota aérea do governo. E acrescenta que Baumbach, "um homem alto, louro, charmoso, com a aparência de uma foto de propaganda do nazista arquetípico", que após a guerra se radicaria na Argentina — onde morreria ao precipitar-se no Rio da Prata com o avião que pilotava —, tinha colocado à disposição "um hidroavião no norte da Noruega, carregado com provisões para seis meses". Supõe-se que essa aeronave estava preparada para "voar até a Groenlândia", onde Speer e Baumbach pensavam em se refugiar. Mas o certo é que, chegada a hora da verdade, ambos viajaram a Plön e se puseram à disposição de Dönitz.

A tomada de Berlim pelos soviéticos começou formalmente na terça-feira 24. Russos e mongóis haviam avançado até as estações do metrô Anhalt e Potsdam, mas não conseguiram interromper as comunicações entre o *bunker* e as exaustas tropas do 56º Corpo de Tanques, que, sob o comando do general Helmuth Weidling — a quem Hitler dera o presente de grego de nomear comandante militar da cidade —, acabavam de chegar a Berlim, depois de retirar-se do Oder.

No dia seguinte, as tropas soviéticas e americanas se encontraram no Mulde, cortando as forças de defesa em dois. Ao inteirar-se de que haviam surgido divergências entre os comandantes russos e americanos, Hitler exclamou eufórico: "A cada dia, a cada hora que passa pode eclodir uma guerra entre os bolcheviques e os anglo-saxões!"

CHEGAM OS PILOTOS

Nessa ocasião, Hitler havia chamado ao *Führerbunker* os ases da Luftwaffe: Greim, Rudel e Hanna Reitsch. Na manhã da quinta-feira 26, o general e a piloto apresentaram-se no Aeroporto de Reichlin. Segundo Infield, pretendiam voar para Berlim "no único helicóptero disponível" — ao que parece, uma referência a um dos Fa 223/S já descritos —, mas se depararam com a infeliz novidade de que "havia sido danificado, nesse mesmo dia, por uma rajada de metralhadora de caças americanos".

Greim e Reitsch não se deram por vencidos e ao entardecer conseguiram decolar para Gatow num Focke Wulf (Fw 190A-8/U1), um avião de treinamento de dois lugares, pilotado por um sargento, que, em suas memórias, Reitsch chama, sugestivamente, de "sargento B". Muitos anos depois, em 1972, a revista *Domenica del Corriere* identificaria o piloto como o sargento Jürgen Bosser. Segundo Burnside, Bosser se radicou até a morte na província argentina de Rio Negro.

Miúda como uma menina, Hanna, que levava sua Cruz de Ferro sobre um suéter negro de gola alta, conseguiu acomodar-se no exíguo espaço entre os assentos do pequeno avião. Aquele foi um voo tão breve quanto letal e se iniciou no meio de uma impressionante escolta de dezenas de ruidosos caças. "Não me lembrava de ter visto tantas máquinas juntas no céu nos últimos meses", escreveu Reitsch. Sete daqueles caças foram abatidos pelos Aliados, mas a aeronave conseguiu escapar dos ataques e chegar a Gatow.

Ali embarcaram num lento e solitário Fieseler Storch (Fi 156-D1). Quem o pilotou foi o general Greim, que cruzou a baixa altura o Rio Havel e tomou a direção do Estádio Olímpico. Na altura do estádio passaram planando sobre tropas soviéticas que tentaram atingi-los com armas leves. Um dos projéteis feriu Greim no pé direito, mas Reitsch assumiu o comando e conseguiu aterrissar na Avenida das Tílias, nas proximidades do Portão de Brandemburgo. A aterrissagem ocorreu no exato momento em que o avião ficava sem combustível. Ali mesmo requisitaram, apontando uma arma, um automóvel e com ele chegaram à Chancelaria. Depois de descrever a entrada de Greim no *bunker* "mancando com dificuldade", Kershaw afirma que o general "ainda não sabia por que estava ali".

Esse comentário contraria o senso comum. Por que acreditar que Greim e Reitsch enfrentaram todos aqueles riscos só para despedir-se do *Führer*? Hitler os havia convocado — a eles dois e a Rudel — com dois dias de antecedência. Rudel, já com uma prótese ortopédica, voou desde a frente tcheca até Berlim num Heinkel 111, mas, em razão do intenso canhoneio soviético, teve de fazer um desvio até Reichlin, a uns 30 quilômetros da capital. Dali telefonou para o *bunker* para transmitir a Greim uma grata novidade: depois de atravessar incólume o fogo cruzado das baterias soviéticas, um Ju-52 acabava de aterrissar na Avenida das Tílias.

"A notícia de que um Ju-52 havia aterrissado no eixo Leste-Oeste caiu como um milagre. Foi por essa razão que Rudel ligou de Reichlin", recordaria Hanna Reitsch com discrição.

MANICÔMIO

Assim que se encontrou com os recém-chegados, Hitler promoveu Greim a marechal de campo e chefe da Luftwaffe em substituição a Göring. Em seguida, os três "entraram no escritório do *Führer* e mantiveram uma longa conversa secreta", narra Infield. No fim, tanto Greim quanto Reitsch, relata Kershaw, "estavam entusiasmados", porque Hitler os havia convencido de que "nem tudo estava perdido".

O autor de *Hitler* afirma também que o general Koller telefonou ao *bunker* para se colocar à disposição de Greim. "Não podemos perder a fé. Tudo acabará bem. O encontro com o *Führer* e sua fortaleza me infundiu um vigor novo e extraordinário. Isso é como a fonte da juventude", recordaria Koller, em comentário feito a Greim. Koller ficou estupefato. Era tanta a euforia de Greim que por um momento, relatou, acreditou ter entrado em "um manicômio".

Nesse momento, já se combatia corpo a corpo, casa a casa e esquina a esquina, a pouco mais de 500 metros da Chancelaria. E a defesa das imediações do *bunker* estava nas mãos de um punhado de estrangeiros das Waffen SS — dinamarqueses, franceses da Divisão Carlos Magno e espanhóis da Divisão Azul —, jovens imberbes das Juventudes Hitleristas e velhos veteranos da Primeira Guerra integrantes do Volksturm. A força mais sólida era um grupo de 600 adolescentes munidos de granadas, que tentava impedir a passagem dos blindados soviéticos pela Ponte de Wansee. A maioria perderia a vida no esforço, muitos esmagados pelos tanques.

O otimismo de Greim teria parecido uma coisa de louco até mesmo para o nazista mais fanático, e não só por conta do que sucedia no mundo exterior: segundo algumas testemunhas, na sexta-feira 27 Hitler vagava pelos corredores subterrâneos que interconectavam os diferentes *bunkers* em estado quase hipnótico, enquanto projéteis de artilharia explodiam nos jardins da Chancelaria. O Exército Vermelho tinha dado início à sua segunda grande ofensiva.

HIMMLER E FEGELEIN

Heinz Lorenz, seu novo porta-voz,[6] trouxe Hitler de volta à realidade ao informar-lhe que um despacho da Reuters lido pela BBC e confirmado pela Rádio Estocolmo assegurava que já havia algum tempo Himmler vinha negociando com os Aliados a capitulação do Reich. Hitler ficou enfurecido e procurou imediatamente o SS Hermann Fegelein — virtualmente seu cunhado, pois se havia casado recentemente com Gretel, irmã de Eva Braun —, que fazia a ligação com Himmler. Suas coisas estavam ali, mas ele não.

Segundo a história oficial, a leitura dos papéis de Fegelein permitiu confirmar os contatos do *Reichführer* Himmler com o conde Folke Bernadotte, vice-presidente da Cruz Vermelha da Suécia e parente próximo do rei da Inglaterra. Sob o pretexto de negociar a entrega de prisioneiros de nacionalidade norueguesa e dinamarquesa, Himmler se havia reunido com Bernadotte três vezes: em 19 de fevereiro e em 2 de abril, no hospital militar de Hohenlychen, perto de Berlim, e na noite de 23 de abril, no consulado da Suécia em Lübeck, onde havia estado na companhia do general SS Walter Schellenberg, chefe do SD (Sicherheitsdienst, Serviço de Segurança e Informação do Partido Nazista).

A esse último encontro também esteve presente Norbert Masur, representante do Conselho Judeu Mundial. Diante dessa testemunha, Himmler propôs a Bernadotte a capitulação imediata da Wehrmacht aos anglo-saxões, esclarecendo, porém, que não capitularia diante dos soviéticos. Em outras palavras, a proposta implicava que britânicos e americanos rompessem seu acordo com os soviéticos, segundo o qual não se aceitaria outra rendição que não fosse incondicional e em ambas as frentes ao mesmo tempo. Bernadotte quis saber que atitude assumiria Hitler, que se havia transformado no grande obstáculo a qualquer acordo. Himmler disse que Hitler se encontrava "tão doente que talvez já estivesse morto e no máximo só poderia viver dois dias". E Schellenberg acrescentou que Hitler havia sofrido "um derrame cerebral e que Himmler, portanto, se achava em condições de exercer plena autoridade".[7]

À espera de uma resposta, Himmler afastou-se e, com a colaboração do marechal Keitel, começou a esboçar no papel um disparatado governo pós-Hitler. E, em sua insensatez, acreditava que ele mesmo poderia presidi-lo.

A notícia dessas negociações chegou à agência Reuters, cujos teletipos a difundiram nas primeiras horas do sábado 28. De acordo com a história oficial, nessa mesma noite uma comissão de membros da Gestapo (Geheime Staatpolizei, Polícia Secreta do Estado) e mais os majores SS Johann Rattenhuber e Otto Günsche, o alto e louro secretário particular de Hitler, encontraram Fegelein em seu apartamento da Bleibtreustrasse. Günsche relataria que Fegelein estava bêbado, vestido com trajes civis e com uma amiga, e que sobre a cama desfeita havia maletas e nelas dinheiro suficiente para tentar uma fuga da Alemanha. Quando lhe informaram que estava preso, Fegelein telefonou para o *bunker* e conseguiu comunicar-se com Eva Braun, com quem tinha uma boa relação, e implorou-lhe que intercedesse a seu favor. Porém, apesar das palavras tranquilizadoras da cunhada, Fegelein, disse Günsche, foi conduzido para o *bunker* e encerrado em um cômodo, ficando à disposição de Hitler.

Também nessa mesma noite Himmler, falando por telefone com Dönitz, negou que tivesse feito gestões no sentido de uma capitulação. Ainda assim, Bormann telegrafou a Karl-Jesko Otto von Puttkamer, o oficial de ligação de Hitler com o OKM (Oberkommando der Marine, Alto-Comando da Marinha). Puttkamer havia sido enviado ao Ninho das Águias de Obersalzberg para destruir misteriosos documentos que não deveriam cair em mãos do inimigo, relacionados, ao que parece, a operações secretas em curso. Na mensagem, Bormann se queixava de que "em vez de enviar rapidamente as tropas que deveriam nos libertar, os que têm autoridade guardam silêncio. A lealdade abriu caminho à traição. Nós continuamos aqui. A Chancelaria do Reich já é um montão de ruínas".

A história oficial assegura que de manhã, plenamente confirmado o oferecimento de Himmler a Bernadotte, um Hitler que só conseguia balbuciar que se tratava "da traição mais vergonhosa da história da humanidade", depois de reunir-se com Bormann e Goebbels, exigiu a presença de Fegelein. Cobriu-o de insultos, humilhou-o e por fim ordenou ao chefe da Gestapo, Heinrich Müller, que o fuzilasse nos jardins.

Sem colocar em dúvida nem a ordem nem a execução, Infield refere-se ao "estranho caso" Fegelein. Assinala que Hitler teria ordenado sua morte apesar dos insistentes pedidos de Eva Braun, que lhe havia recordado que a irmã esperava um filho do condenado. Depois de destacar que nunca foi explicado de modo satisfatório como Fegelein pensava escapar "enquanto estava amancebado com uma loura", Infield aponta que "informações posteriores indicam que existiam motivos muito diferentes para que Hitler o quisesse morto". Fegelein teria descoberto que o *bunker* ocultava um dublê de Hitler, segredo que teria compartilhado com a amante nessa última noite de farra, sexo e álcool.

Burnside argumenta que a única coisa que se pode comprovar é que desde que saíram para os jardins da Chancelaria não se voltou a ver, vivo ou morto, nem Fegelein nem o seu suposto carrasco, "Gestapo" Müller. O certo é que, antes de desaparecer, Müller destruiu o arquivo que registrava suas impressões digitais e fez colocar em uma tumba que continha ossos de duas mulheres e um menino uma lápide que dizia: "A nosso querido pai Heinrich Müller. Nascido em 28-4-1899, morto em Berlim em maio de 1945."

Burnside considera duvidoso que Hitler tenha tomado a decisão de fuzilar Fegelein em uma conversa com Goebbels e Bormann, segundo sustenta a história oficial, pois, como afirma Albert Zoller em *Douze ans auprés d'Hitler*, Fegelein não só era íntimo de Bormann, era "seu único amigo". Ademais, insiste, nessa mesma noite Eva Braun escreveu à sua irmã Gretel, mas a carta não faz referência alguma nem ao fuzilamento nem tampouco à detenção do marido.

Os acontecimentos de 29 de abril são tão confusos que algumas fontes suspeitam até que Hitler abandonou o *Führerbunker* nesse mesmo dia.

DOIS AVIÕES

Na mesma noite em que ficou furioso ao saber do oferecimento que Himmler fizera a Bernadotte sem ter sido consultado, Hitler disse a Hanna Reitsch que tinha confiança de que poderia ganhar pelo menos mais 24 horas antes que tudo desabasse. A piloto afirma que, além do Ju-52, um pequeno avião Arado 96 tinha conseguido aterrissar no Eixo e estava pronto para decolar. Reitsch deixou o *bunker* com Greim na noite do domingo 29 nesse aviãozinho, ao que parece pilotado pelo mesmo sargento Bosser que os havia trazido. Ela lembra que ao despedir-se da mulher de Goebbels, Magda a abraçou e lhe suplicou, chorando, para que "tentássemos o impossível para conseguir uma salvação". "A responsabilidade moral dependia de Greim", acrescentou, misteriosa.

Dessas palavras surge a hipótese de que os Goebbels ainda conservavam alguma esperança de fugir com seus filhos no Ju-52. Essa conjectura se fortalece porque Magda, escreveu Reitsch, entregou-lhe duas cartas: uma sua e outra de seu marido para Harald, o filho mais velho de Magda, fruto de um casamento anterior: "Só sei que sairemos com glória e honra, vivos ou mortos", declarava a seu enteado o ministro de Propaganda e Mobilização Total.

O Ju-52 era o modelo de avião que Hitler usava habitualmente. Com pouco peso, podia decolar após um breve taxiamento de 200 metros e aos 300 alcançar uma altura de 15 metros. Porém, o marechal Greim, ferido no pé direito, negou-se a tentar usá-lo, argumentando que não tinham a menor possibilidade de escapar do fogo soviético.

Nessas condições, segundo o relato de Reitsch, ela foi levada em um blindado, com Greim, para o Portão de Brandemburgo, onde se encontrava o Arado. Uma metralhadora soviética danificou o tanque e por isso tiveram de percorrer a última parte do curto trajeto a pé. Apesar desses contratempos, conseguiram decolar rumo ao norte. Se conseguiram fazê-lo sem ser abatidos foi porque dezenas de Me-262, o orgulho da Luftwaffe, combatiam no céu com os caças inimigos, impedindo-os de atacar o frágil aviãzinho, que, de outro modo, teria sido uma presa fácil.

Nesse momento, os Me-262 encontravam-se, em sua maioria, voando sobre os céus de Berlim com a missão de manter aberto um corredor para o norte, para a Península de Jutlândia, em direção à Dinamarca. Com esse objetivo, haviam se concentrado recentemente na Jagdverband 44, com base em Salzburgo-Maxglam, que passava, assim, de uma esquadrilha de 25 unidades a quase uma centena. O general Adolf Galland — um dos muitos oficiais superiores da Luftwaffe que iriam se radicar na Argentina sob a proteção de Perón — havia recebido, em 29 de abril, "ordem expressa do *Führerbunker* de cobrir, com todos os seus Me-262, Berlim e o Nordraum, o espaço aéreo para a Dinamarca", destaca Burnside, que também assinala que essa ordem foi emitida "depois do casamento de Hitler".

TESTAMENTOS

Com efeito, naquela ocasião, segundo a história oficial, Hitler acabava de casar-se. Porém, há algumas dúvidas a esse respeito porque, embora se suponha que Reitsch e Greim tenham deixado o *bunker* no domingo 29 — certa ocasião, Reitsch chegou mesmo a afirmar que haviam partido na segunda-feira 30 —, as memórias da piloto, surpreendentemente, não fazem o menor comentário sobre o acontecimento, que teria ocorrido na última hora do dia 28.

Ao anoitecer desse sábado, narra Infield, Eva Braun recebeu uma nota de agradecimento de um jovem ordenança das Waffen SS, Hermann Grossman. Dois dias antes, ela havia intercedido para que Hitler o autorizasse a se casar e até o convenceu a assistir ao casamento. "Quando recebeu a nota de agradecimento, Eva se encontrou com Hitler e, emocionada, leu-a: 'Agora, se morrer em combate, morrerei feliz porque recebi permissão para me casar com a minha amada e o *Führer* me cumprimentou pessoalmente', escrevera o ordenança. Hitler não disse uma palavra; só fitou Eva, enquanto ela levava a nota ao peito e murmurava: 'Sou tão feliz por eles.' Eva voltou para sua cadeira, do outro lado do cômodo, mas Jünge (a secretária do *Führer*) viu que Hitler pôs-se de pé de repente e caminhou até ela. Inclinou-se e sussurrou algo em seu ouvido. Eva pareceu emocionada por suas palavras. Hitler sorriu, moveu a cabeça para tranquilizá-la e saiu. Eva, sorrindo amplamente, foi até Jünge e lhe disse: 'Esta noite você vai chorar.'"

Ao que parece, Hitler havia decidido casar-se. Pouco antes, durante uma pausa do bombardeio soviético, recordaria Jünge, Eva se atrevera a sair aos jardins da Chancelaria. Ali admirou a estátua ilesa de uma sílfide. Ao voltar para os porões, pediu-a como presente a Adolf, que lhe respondeu com indignação que a estátua era propriedade do Estado, isto é, do povo alemão.

O casamento teria sido a maneira que Hitler encontrara para reconciliar-se com Eva. Depois de prometer-lhe que se casariam em poucas horas, Hitler começou a ditar a *fraülein* Jünge seus testamentos, político e privado. O primeiro é uma reiteração de escritos feitos em anos anteriores. A destacar apenas suas expressões de ressentimento em relação a Himmler e aos generais: "Oxalá venha a fazer parte em algum momento da honra dos oficiais do Exército alemão, como já acontece com os de nossa Marinha, o ato de que render uma região ou uma cidade é impossível e possam testemunhar sua fidelidade ao dever até a morte"; menções a seu iminente fim: "decidi, pois, permanecer em Berlim e dar-me voluntariamente à morte"; e à que foi, com sobras, a maior das várias obsessões que marcaram a sua vida: "Sobretudo encomendo (...) a cuidadosa observância das leis da raça e a resistência implacável à judiaria internacional, eterno veneno das nações."

As cláusulas práticas reservaram a maior surpresa até para os moradores do *bunker*: Hitler nomeou Dönitz seu sucessor, embora não lhe tenha concedido o título de *Führer*, mas sim o de presidente do Reich, cargo que havia caído em desuso desde a morte do marechal Von Hindenburg em 1934. Por certo, um dia antes da morte de Hindenburg a investidura de presidente do Reich e de chanceler fundiu-se na pessoa de Hitler. Se Dönitz foi nomeado *somente* presidente do Reich, fica claro que Hitler reservou para si a condição de *Führer*.

Além disso, nomeou Dönitz chefe supremo da Wehrmacht e ministro da Guerra, confirmou a subida de Greim à chefia da Luftwaffe, destituiu formalmente "os traidores" Himmler e Göring de todas as suas funções e expulsou-os do partido. Também nomeou Goebbels chanceler e concedeu títulos, a essa altura puramente honoríficos, a Bormann e a outros fiéis.

Quanto ao testamento privado, Hitler já havia ditado outros, o último deles fazia muito pouco tempo. O novo incluía a refulgente novidade de anunciar sua intenção de casar-se com Eva Braun, que tinha então 33 anos, a quem descreveu como "a mulher que, depois de muitos anos de leal amizade, veio por sua própria vontade a esta cidade quase totalmente sitiada para compartilhar o meu destino".

A BODA

À última hora da noite, diz a história oficial, Hitler casou-se com uma Eva radiante de felicidade. O *Führer* determinou que a cerimônia fosse assistida por somente oito pessoas, entre elas Goebbels e Bormann, que oficiaram como testemunhas, o general Krebs e a mulher do ministro de Propaganda e Mobilização Total. A boda foi celebrada, ao que parece, na Sala de Mapas, onde Goebbels convocou o *guamtsleiter* — juiz de paz — Walter Wagner, que, em épocas melhores, dirigia o Registro Civil de Berlim.

Eva trajava o vestido favorito de Hitler, preto, de seda, com bordado rosa, sapatos de camurça pretos, colar de pérolas e relógio de platina com brilhantes no lugar de números. Segundo a versão oficial, a cerimônia terminou pouco depois da meia-noite e Wagner, depois de observar que no registro de matrimônio faltava a data, consultou seu relógio, escreveu "domingo, 29", isto é, o dia que acabava de iniciar-se, deixou o *bunker* e desapareceu para sempre.

Quem observa as reproduções do registro de casamento depara-se com uma mancha de tinta no lugar da data. Se a cerimônia foi realizada, tal como parece, não se pode afirmar com segurança quando. A única coisa certa é que aconteceu sem flores. Jünge enfatizou em *Blins Spot-Hitler's Secretary*, a longa entrevista filmada por André Héller e Othmar Schmiderer, que Hitler ficava aborrecido quando via flores cortadas. Acredite-se ou não, dizia que elas estavam mortas e que ele gostava da vida.

Depois do casamento foi servido um jantar no qual se bebeu champanhe e os recém-casados dançaram uma música tocada num acordeão. Aproximadamente duas horas depois da meia-noite, Hitler pediu desculpas e se reuniu em particular com sua secretária, com quem teria corrigido os testamentos. Antes do amanhecer, com a permissão de Hitler, o general Von Below saiu do *bunker*. Supõe-se que tenha ido se encontrar com o marechal Keitel, a quem Hitler enviara uma carta. Below diria mais tarde que não conseguiu se reunir com Keitel e que, por medo, decidiu destruir essa carta. Segundo o pouco que podia recordar, Hitler repetia nela seus elogios à Marinha, atribuía o fracasso da Luftwaffe exclusivamente a Göring, estigmatizava o Estado-Maior do Exército de desleal e traidor e marcava, como objetivo estratégico supremo, continuar lutando para conseguir territórios no leste.

Na metade da manhã desse domingo, enquanto Hitler ainda dormia, as tropas soviéticas ocuparam o Zoológico. Pouco depois um leão e uma zebra passeavam pelo Reichstag (o Parlamento). Eva, que luzia de bom humor ao levantar-se, pediu que a chamassem de *Frau* (senhora).

Por volta das 16h, continua a versão oficial, Hitler anunciou que, salvo ocorresse um milagre, ele e a mulher se suicidariam. Ordenou ao seu médico que distribuísse ampolas de cianureto entre os aterrorizados hóspedes do *Führerbunker* e que comprovasse a eficácia do veneno em sua amada cachorra Blondi.

Depois de receber um telegrama da Reuters que informava que Benito Mussolini e sua amante Clara Petacci, detidos pelos guerrilheiros quando tentavam escapar para a Suíça, haviam sido sumariamente julgados, fuzilados e seus cadáveres pendurados de cabeça para baixo numa praça de Milão, Hitler insistiu em que não cairia nas mãos de seus inimigos, nem vivo nem morto.

Hans Baur, seu piloto pessoal, lhe teria rogado então, pela última vez, que escapasse para a Argentina ou para o Japão, lembrando-lhe que tinha preparado um avião para tentar a decolagem. Hitler, porém, recusou a oferta. Segundo Burnside, o avião não era o Ju-52, mas sim um moderno Junkers de seis motores (Ju-390 V2) que alcançava uma velocidade de cruzeiro de 500 quilômetros por hora e 9.700 de autonomia, aparato com o qual Hitler havia estado a ponto de bombardear Nova York.[8] Burnside acrescenta que o *Führer* rechaçou a proposta do angustiado Baur porque tinha outro plano, muito amadurecido, e que não incluía os seus pilotos habituais, que, a fim de não despertar suspeitas, deviam necessariamente permanecer em Berlim.

Às 22h, o general Weidling informou ao *bunker* que suas tropas perdiam forças e, o que é pior, a munição estava acabando. Calculou que poderiam resistir apenas mais 24 horas. Rogou ao *Führer* que lhe permitisse tentar abrir uma brecha entre os sitiadores soviéticos para facilitar uma fuga. Hitler lhe respondeu que embora autorizasse a saída de pequenos grupos — o teria feito por escrito —, jamais toleraria uma capitulação.

E teria acrescentado: "Não tenho intenção de deixar-me capturar pelos soviéticos, que me exibiriam como uma peça de museu."

Às 3h15 de terça-feira 30, Bormann enviou uma mensagem a Dönitz que terminava assim: "O *Führer* lhe ordena que aja de imediato e sem compaixão com os traidores. P.S.: O *Führer* está vivo e dirige a defesa de Berlim."

A CERIMÔNIA DO ADEUS

Burnside insiste que as instruções de Hitler — que Speer, Greim e Reitsch teriam transmitido a Dönitz já ungido comandante supremo da Wehrmacht — incluíam a de manter toda a atividade aérea possível sobre Berlim e o norte de Alemanha, até a fronteira com a Dinamarca. Ao que parece, trata-se de uma informação que Burnside conhece de primeira mão desde pequeno, porque um dos pilotos envolvidos foi seu pai. Essa teria sido a origem de seu interesse na artificiosa história oficial sobre a morte de Hitler.

Que continua assim: de manhã, muito cedo para seus hábitos, Hitler levantou-se, barbeou-se e vestiu-se com uma camisa verde e um novo uniforme preto, sobre o qual colocou sua Cruz de Ferro de Segunda Classe e sua medalha aos feridos na guerra de 1914-1918, condecorações pelas quais sentia intenso afeto. Aproximadamente às 10h pediu ao mordomo e chefe do pessoal de serviço do *bunker*, major SS Heinz Linge — que, geralmente, o despertava depois do meio-dia —, que averiguasse as últimas notícias. Linge entrou em contato com o comandante militar do *bunker*, general Mohnke, que informou que, a um alto preço, os soviéticos haviam sido contidos praticamente nas mesmas posições que ocupavam ao cair da noite. Ao menos por esse dia continuariam respirando.

Já quase não restava oxigênio: o Reich havia sido reduzido a uns cem hectares de escombros. Em um ambiente fúnebre, ao meio-dia, reuniram-se os generais Krebs — ex-adido militar em Moscou, que, como falava russo, se encarregava de parlamentar com os sitiadores — Burgdorf, Mohnke e Weidling. Do encontro também participaram Bormann e Goebbels. Propuseram retirar Hitler do *bunker* no único blindado que sobrava, protegido pelo fogo de 200 adolescentes das Juventudes Hitleristas. Mas o *Führer* se negou.

A história oficial assegura que, em troca, ordenou ao secretário particular, major SS Günsche, que conseguisse 200 litros de nafta. "Deverá comprovar que os preparativos foram feitos de maneira satisfatória e que tudo ocorra como ordenei", teria dito. O major SS Erich Heinz Kempka — seu motorista e encarregado do parque automotor —, o major Linge e o comandante Baur teriam ajudado Günsche a aspirar com mangueiras o combustível dos tanques dos veículos que encontraram, até reunir uns 170 litros em nove latões. Ao menos, muitos anos depois, Kempka, Linge e Günsche acabariam concordando que fora assim que as coisas tinham acontecido.

Eva Braun havia colocado um vestido azul com bolinhas brancas, meias cinzentas e sapatos italianos. O marido acompanhou-a ao refeitório, no piso superior, mas inesperadamente desistiu de almoçar com Eva e retirou-se para despachar. Pouco depois, por volta das 14h30, mudou de opinião e comeu espaguete com molho de tomate junto às secretárias e à nutricionista vegetariana, com quem conversou animadamente sobre trivialidades.

Em seguida, Hitler teria se despedido de Linge e de Baur. Teria presenteado o piloto com o retrato de seu ídolo, Frederico II da Prússia, o Grande, e pedido que se encarregasse do epitáfio de sua tumba, que conteria o seguinte sarcasmo: "Foi vítima de seus generais."

Após uma nova rodada de despedidas, já passadas as 15h, e depois de um último encontro de Eva Braun com Jünge e Magda Goebbels — continua a história oficial —, Hitler e a mulher se retiraram para seus aposentos. Nesse momento, Goebbels ordenou "desocupar a área", em referência tanto ao *bunker* subterrâneo quanto aos jardins, de modo que todos os guardiães e sentinelas abandonassem o lugar. Só permaneciam no *Führerbunker* altos oficiais e o pessoal imprescindível. O corpulento Günsche se postou na porta do escritório de Hitler, antessala de seu despacho, com a missão de garantir que ninguém incomodasse o chefe. Günsche recordaria que se fez então um silêncio quase total, só perturbado pelo zumbido do motor da ventilação.

Os aposentos de Hitler estavam a 15 metros debaixo da terra. À esquerda do salão de espera diante do qual Günsche montava guarda encontrava-se a sala de estar onde o *Führer* se reunia habitualmente com os chefes militares. Do outro lado do corredor, de 2,70m de largura por seis de comprimento, havia três cômodos, originariamente destinados ao alojamento dos médicos, ao consultório e à enfermaria. E no fim do curto corredor, na frente das dependências de Hitler, uma escada circular de 13 degraus levava à parte superior, que constava de quatro ambientes para cozinha e despensas, quatro dormitórios para convidados e dois cômodos usados como depósito.

Inesperadamente, Magda Goebbels aproximou-se de Günsche com o semblante preocupado. Ninguém sabe o que conversaram, porém a história oficial afirma que Goebbels, Bormann e o general Krebs os escutaram gritar. Segundo o relato do robusto Günsche, aquelas três supostas testemunhas jamais testemunharam, Magda se empenhava em ver Hitler, mas, por causa de sua negativa em franquear-lhe a passagem, discutiram. Günsche disse que, diante da cega determinação da mulher, cedeu e permitiu que ela entrasse no escritório. Ele mesmo, declarou, bateu na porta.

Quando a porta se abriu, "Günsche entrou na sala, captando o último momento da vida de Hitler. Disse que Hitler estava de pé, diante do retrato de Frederico II (o mesmo com que se supõe tinha presenteado Baur) e junto da sua mesa de despacho", descreveu Peré Bonnín em *Los últimos días de Hitler*. "Günsche disse que não viu Eva Braun e que ela talvez se encontrasse no banheiro, pois ouviu funcionar a latrina." Hitler, recordou Günsche, olhou-o surpreso e um instante depois lhe perguntou: "O que você quer?" "Respondi que *Frau* Goebbels desejava falar-lhe com urgência. Aparentemente irritado, passou na minha frente e se dirigiu a ela, que estava na antecâmara."

Günsche concluiu seu relato assim: "Chorando, Magda Goebbels apelou a Hitler pela última vez. 'Meu *Führer*, não há realmente uma outra solução?', murmurou. Hitler olhou-a tristemente nos olhos. 'Não', disse-lhe. E voltou a fechar a porta, dessa vez para sempre."

A interpretação usual dessa cena diz que *Frau* Goebbels implorou ao *Führer*, por quem tinha devoção, que não se suicidasse. Sem dúvida, e ainda aceitando que essa conversa tenha ocorrido tal qual Günsche a recordou, Magda Goebbels talvez tenha pedido por seus filhos, que, alheios ao drama cuja sombra começava a apoderar-se do *bunker*, almoçavam tardiamente no piso superior, em companhia de *Fraülein* Jünge. É o que crê Burnside: que de acordo com o plano original Hitler pensava em fugir na companhia de Eva Braun, Bormann, os Goebbels e seus filhos em um helicóptero que foi avariado antes de ter podido voar para Berlim. Assim, quando no sábado 28 o "plano secreto de evasão devia ter entrado em sua fase final", eclodiu uma crise no *bunker*.

Embora até então a frota governamental a cargo do general Baumbach dispusesse de três Fa-223 Drache, "um aparelho de pá dupla que podia levar um grupo de nove comandos", o único "capaz de voar foi avariado pelos russos" em Reichlin "e os dois restantes foram encontrados pelos anglo-americanos depois da queda de Berlim", sustenta Burnside.

A impossibilidade de escapar de helicóptero impôs que se tentasse fazê-lo no Ju-52, mas, explica Burnside, essa possibilidade também se frustrou pela negativa de Greim. As esperanças dos Goebbels de modificar essa negativa dariam sentido à frase de Hanna Reitsch: "A responsabilidade moral dependia de Greim."

O último marechal-chefe do que restava da Luftwaffe teria argumentado que o trimotor era muito ruidoso e necessariamente chamaria a atenção dos soviéticos e que com tanta carga era impossível elevá-lo por sobre o Portão de Brandemburgo, o que já era difícil com o avião vazio. Ainda que, por milagre, o conseguisse, o Ju-52 roçaria lentamente as copas das árvores e receberia o fogo cruzado dos fuzis russos, para não falar de seus canhões antiaéreos. Acertá-lo e derrubá-lo seria uma brincadeira de criança, teria dito.

Entre a cruz e a espada, afirma Burnside, Hitler teria tomado a decisão de salvar-se sozinho. Ou, melhor dizendo, com a mulher. O pesquisador italiano sustenta que o casal não só não se suicidou como iniciou uma peculiar viagem de bodas. Mais uma lua de fel do que de mel. Porque o Terceiro Reich havia desmoronado para sempre.

CAI O PANO

A história oficial sobre a morte de Hitler começou a ser escrita às 22h20 da quarta-feira 1º de maio de 1945, quando, lacônico, o grande-almirante Dönitz anunciou pela rádio oficial alemã "a morte heroica" do *Führer*. Informou também que assumia a presidência do Reich. Um comunicado da Wehrmacht acrescentou que Hitler havia morrido combatendo "à frente dos heroicos defensores da capital do Reich (...) contra a barbárie bolchevique".

A tão sucintas mensagens a agência soviética Tass respondeu com um despacho em que afirmava que a notícia não era mais do que "uma artimanha fascista" que buscava "dar ao *Führer* os meios para abandonar a cena e retirar-se para trás dos bastidores".

Porta-vozes da Chancelaria britânica declararam que a versão sobre "a morte heroica de Hitler durante a defesa de Berlim" não passava de "uma bobagem" e o circunspecto *The New York Times* publicou a seguinte manchete: "Hitler morto na Chancelaria, dizem os nazistas."

O telegrama remetido por Goebbels a Dönitz, recebido em Plön às 15h18 de 1º de maio, dizia: "O *Führer* morreu ontem, às 15h30. Testamento 29 de abril designa você presidente do Reich; o ministro do Reich, doutor Goebbels, chanceler do Reich; o ministro do Reich (Arthur), Seyss-Inquiart, ministro das Relações Exteriores. Por ordem do *Führer*, o testamento foi enviado de Berlim a você, ao marechal de campo (Ferdinand) Schörner, para sua conservação e publicação. O *Reichsleiter* Bormann pensa em ir vê-lo hoje para informar-lhe da situação. O momento e a forma do anúncio à imprensa e às tropas ficam nas suas mãos. Confirme o recebimento."

Isso quer dizer que, segundo Goebbels, Hitler havia morrido em 30 de abril, não no dia 29. Kershaw arrisca que o telegrama teve de ser enviado com atraso, porque Goebbels e Bormann tentaram uma rendição diante dos soviéticos sem consultar Dönitz e que, depois de quase 24 horas de demora, o enviaram com a data original. Talvez tenha sido assim, mas o certo é que na trilha das suposições o surpreendente telegrama no qual Goebbels — que, segundo a história oficial, já havia decidido eliminar a sua descendência e suicidar-se, tarefa que se assegura que cometeu tão logo caiu a noite — refere-se a si mesmo na terceira pessoa, o que põe em dúvida quem tenha sido seu redator, parece uma mensagem cifrada. *Führer gestern 15.30 verschieden. Testament vom 29.4...*, começava. Por que não suspeitar que fizesse referência à Operação Ultramar Sul e, por exemplo, aos submarinos U-530 e U-294?

Os Estados Unidos e a Inglaterra solicitaram reservadamente que a União Soviética confirmasse a morte de Hitler, porém as tropas russas que ocuparam o *bunker* da Chancelaria não encontraram o cadáver.

E também não encontraram os objetos de valor de Hitler e de Eva Braun — relógios, joias —, embora seja razoável supor que esses bens poderiam ter sido guardados como suvenires pelos assistentes do *Führer* ou como troféus pelas tropas soviéticas. Tampouco apareceu a arma com a qual Hitler teria disparado. O único sinal que restava era um sofá empapado de sangue.

Nessas condições, o negociador americano do futuro *status* de Berlim, Harry Hopkins, disse que em 26 de maio Stalin lhe confessara que achava que Hitler havia escapado e que, num novo encontro, em 6 de junho, insistiu: "Estou convencido de que Hitler está vivo." Muitos testemunhos coincidem em que, nesse momento, o líder soviético acreditava que Hitler e sua mulher tinham se refugiado na zona de Berlim ocupada pelos britânicos e que estes os protegiam.

O general Berzarin, chefe militar soviético de Berlim, arriscou que Hitler "se esconde na Europa, provavelmente na Espanha". Em 15 de junho, quando o interrogaram por conta das declarações dos chefes militares soviéticos, o general Eisenhower admitiu suas dúvidas sobre o suicídio.

VARIAÇÕES DE UMA CENA

O que havia acontecido? Erich Kempka fora capturado pelos aliados ocidentais, enquanto Günsche e Linge estavam nas mãos dos soviéticos. As confissões de uns não eram do conhecimento do outro, de modo que os problemas, as contradições e as mentiras começaram a evidenciar-se, sobretudo quando os testemunhos foram confrontados.

Kempka, que desconhecia as declarações de seus camaradas, prestou depoimento aos seus captores anglo-saxões em 20 de maio. O major SS declarou que Hitler e Eva Braun se haviam suicidado durante as primeiras horas de 13 de abril. Também assegurou que o *Führer* havia disparado contra si com sua pistola Walther e que ele mesmo, com os majores Günsche e Linge, havia retirado os corpos para fora do *bunker* e os havia cremado, ato que também fora assistido por Martin Bormann e dois ajudantes de campo.

Mais tarde, pressionado pelos testemunhos coincidentes acerca de que em 13 de abril e ainda muitos dias depois Hitler parecia bastante saudável, Kempka se corrigiu e disse que o suicídio havia acontecido dois dias depois do casamento do *Führer*, isto é, em 30 de abril. Nessa ocasião, admitiu também que só havia visto, do suposto cadáver de Hitler, os sapatos e parte das calças, já que um lençol cobria o corpo.

Nessa ocasião, seus inquisidores já sabiam que Linge havia declarado aos soviéticos que Hitler tinha disparado contra a têmpora esquerda e que haviam retirado seu corpo do *bunker* envolto numa manta felpuda. Diante de novas perguntas, Kempka recordou-se subitamente de que o que cobria o corpo de Hitler era, na verdade, uma manta, e não um lençol.

Os soviéticos também fizeram saber que Günsche, chefe da guarda pessoal do *Führer*, afirmava que Hitler havia disparado contra si na têmpora direita e que ele mesmo havia puxado o cadáver de Eva Braun, embora tenha reconhecido que não conseguira ver seu rosto, coberto pelo cabelo. Os dois corpos, declarou, foram reduzidos a cinzas e enterrados a apenas um metro da entrada do *bunker*, aproveitando a cratera que a queda de um obus havia deixado, tapada depois por uma niveladora.

Burnside afirma que em um raio de 30 metros da entrada do *bunker* não se detectaram vestígios de crateras produzidas pelo impacto de obuses, mas sim uma valeta em forma de "L" de 60 centímetros de largura, cavada com vistas a erigir um muro de proteção da porta, como o confirmava a descoberta de uma betoneira no lugar. E acrescenta que nessa valeta foram encontrados efetivamente dois corpos semiqueimados de um homem e de uma mulher, que, segundo tudo indica, pertenciam a Joseph e Magda Goebbels.

Quanto aos testemunhos de Kempka, Günsche e Linge, Burnside os desqualifica por corresponder a "membros da Leibstandarte SS Adolf Hitler, um corpo de elite nascido como guarda pretoriana, que logo passou a constituir uma divisão da Waffen SS, a Adolf Hitler, a única cujo estandarte jamais foi encontrado". As três supostas testemunhas, enfatiza, serviam pessoalmente ao *Führer* desde antes do início da guerra e eram de sua absoluta confiança.

Segundo a história oficial, Hitler se suicidou após as 15h30 da segunda-feira junto à vistosa mulher, e foi Linge que tomou a iniciativa de entrar no cômodo depois que se ouviu um estampido de arma de fogo e de esperar uns dez minutos, durante os quais, afirmou, nada se escutou.

Linge disse que entrou cautelosamente no pequeno escritório acompanhado por Bormann e que se deparou com os corpos de Adolf e Eva Hitler, sentados juntos no pequeno sofá. Ela, assegurou, desabada à esquerda do *Führer*. De seus corpos emanava um aroma intenso de amêndoas-amargas, o odor característico do ácido prússico — cianureto. A cabeça de Hitler tombava inerte; de um buraco em sua têmpora direita gotejava sangue e a seus pés viu sua pistola Walther 7,65 folheada a ouro.

O relato que Kershaw oferece em sua portentosa obra se baseia na história oficial elaborada originariamente pelo major do serviço de inteligência britânico Hugh R. Trevor-Roper, publicada com o título *Hitlers Letzte Tage* (*Os últimos dias de Hitler*), relato que se articula com o testemunho de Kempka, completado muito depois com as declarações de Linge e Günsche. Com apoio nas mesmas fontes, Infield descreve a cena com algumas variantes e conclui de modo curioso: "Hitler se achava caído em uma extremidade do sofá azul e branco; o sangue lhe corria pelo rosto como consequência da bala de sua pistola Walther 7,65, disparada depois de ingerir o veneno. No outro extremo do sofá, Eva estava reclinada como se dormisse. Tinha junto a si sua pequena pistola, que não havia sido disparada. Hitler estava morto... Ou não?"

As dúvidas surgem naturalmente: quem deu fé do suicídio eram três SS fanáticos, e suas versões só acabaram coincidindo ao cabo de muitos anos, em um relato único que chamamos de história oficial. Segundo esta, os três SS carregaram os corpos para fora, subindo os 48 degraus que conduziam à superfície. Sem dúvida, os cadáveres não tinham sido envoltos em lençóis nem mantas, como haviam dito, mas sim, como Kempka terminou por reconhecer, em grandes tapetes.[9]

Segundo a versão unificada dos três SS, o cabelo tapava as feições da suposta Eva Braun. Kempka admitiu não só que em nenhum momento havia visto o rosto de Hitler como também que apenas havia conseguido observar seus sapatos e a parte inferior da calça. O suposto cadáver de Hitler tinha o pé direito dobrado para dentro, uma posição que, comentou, Hitler costumava adotar durante suas longas viagens de carro. Tratar-se-ia de uma rigidez notável para um cadáver ainda recente.

Por outro lado, como assinala Kershaw, "quando as chamas consumiram os cadáveres (...) nem um único de seus seguidores mais próximos foi testemunha". A falta absoluta de testemunhos confiáveis e de provas faz com que a hipótese do suicídio e da cremação posterior dos corpos de Hitler e sua mulher seja, antes de qualquer outra coisa, e como já se adiantou, um ato de fé.

Para sustentar a história da cremação foi preciso recorrer a outros SS. Por exemplo, a Erich Mansfeld, que admitiu que lhe haviam ordenado desocupar a saída do *bunker*, mas acrescentou que, apesar de se encontrar a quase cem metros da entrada, havia visto como, junto à torre de guarda do escritório do *Führer*, dois corpos eram vítimas das chamas. Burnside assinala que do lugar em que Mansfeld se encontrava as copas das frondosas árvores do jardim impediam por completo a visão da entrada do *bunker* e que, de qualquer modo, dessa distância é impossível distinguir fisonomias.

Um de seus companheiros, Hermann Karnau, afirmou que a cremação ocorreu às 18h e que depois ele e Mansfeld encontraram os cadáveres carbonizados, encolhidos e irreconhecíveis e que um se converteu em cinzas tão logo o tocou com o pé. Ao avaliar esse testemunho, Kershaw destaca que Karnau deu "versões contraditórias em distintos momentos, como muitas outras testemunhas do *bunker*".

Günsche e Linge, sob tortura na prisão moscovita de Lubianka, terminaram por reconhecer que declararam que Hitler havia se suicidado com o único propósito de encobrir sua fuga e que, ainda que não soubessem onde ele se encontrava, por algumas frases ouvidas no *bunker* conjecturavam que poderia estar na Espanha ou na Argentina.

HIPÓTESES INQUIETANTES

A batalha pelo Reichstag encerrou o último dia de abril na Königsplatz. Segundo Burnside, aterrissar e decolar do eixo Leste-Oeste da Avenida das Tílias continuava sendo possível de tarde e as probabilidades de êxito eram sensivelmente maiores à noite, quando as tropas soviéticas descansavam. Ele destaca que Hanna Reitsch datou sua saída do *bunker* no domingo 29 de abril; que declarou que havia partido com Greim em um Arado pilotado pelo "sargento B"; e que suas últimas e sibilinas palavras, publicadas em 1979, pouco antes de falecer, foram: "Várias lendas se teceram em torno do meu voo. Eu não poderia, talvez, ter escondido Hitler em algum lugar?"

Indo contra essa hipótese — na qual, destaca Infield, "os interrogadores americanos, que acusaram Reitsch de planejar e executar a fuga de Hitler da cidade", acreditaram —, Burnside arrisca que minutos depois de a fogueira em que, hipoteticamente, se consumiam os cadáveres do casal Hitler começou a arder, às 16h15, um novo Ju-52 aterrissou no centro de Berlim para carregar combustível. E que enquanto esperavam que essa tarefa fosse completada, seus dois tripulantes, um engenheiro e um oficial de artilharia, viram o mesmíssimo *Führer* diante de um Arado, que, de acordo com sua descrição, poderia ser o modelo 234 B, de duas turbinas, ou o novo tipo C, um excepcional bombardeiro tático de quatro turbinas.

Burnside afirma que os tripulantes do Ju-52 viram Hitler rodeado por um grupo de altos oficiais com os quais, por uns 15 minutos, discutiu, gesticulando com veemência. E conjectura que ele devia estar comunicando-lhes sua decisão de fugir com Eva Braun. Essa cena, insiste, foi narrada no *Diario Ilustrado* de Santiago do Chile de 14 de janeiro de 1948 e objeto de um editorial dois dias mais tarde, no semanário chileno *Zig Zag*.

Em todo caso, Burnside, com pleno conhecimento dos aviões da Luftwaffe, informa que as duas versões dos Arado eram seguras para tentar uma fuga, pois, ao contrário dos outros aviões "a propulsão" da época, podiam pousar em pistas acidentadas graças ao seu sólido trem de aterrissagem e porque seu taxiamento para a decolagem era muito rápido, caso não levassem a carga de explosivos.

Ambos os aviões, informa, tinham uma grande cabine para os pilotos, espaço suficiente para duas pessoas em seu amplo compartimento de carga, uma autonomia de 1.400 quilômetros na versão B e de 1.650 na C e uma velocidade de 700 a 800 quilômetros por hora, a dez mil e 11 mil metros de altura. Trata-se de comodidades semelhantes às que oferecem os atuais *jets* executivos, que os tornavam inalcançáveis pelos caças aliados.

Claro que se o general Kurt von Bredow havia escrito no fim de março que o combustível que se conseguia no *bunker* mal dava para encher um isqueiro, não se entende como o Arado em que Von Greim e Reitsch chegaram conseguiu decolar, nem como uma caravana de automóveis pôde sair depois da suposta queima dos cadáveres de Hitler e Eva Braun em direção a Flensburg, onde Dönitz havia instalado seu efêmero governo. Qualquer investigação sobre esse assunto crucial não só não dissipa, mas aumenta as dúvidas: segundo a história oficial, os latões vazios que os soviéticos encontraram perto da entrada do *Führerbunker* eram parte dos usados para reunir o combustível necessário para a cremação. Sem dúvida, averiguações feitas *in situ* nos anos 1980 por um dos autores indicam que esses recipientes se encontravam ali desde quando as obras de fortificação da entrada do *bunker* foram abandonadas.

Como já foi explicado, o *bunker* foi construído prevendo ataques aéreos, não terrestres. Assim, quando as tropas soviéticas começaram a sitiar Berlim, resolveu-se erguer uma improvisada muralha de defesa, da qual só se haviam cavado as fundações. Um dos pedreiros a quem o general Burgdorf encomendou a obra recordou que, embora houvesse ferro e madeira em abundância, retirados das casas destruídas pelos bombardeios, faltava cimento. Para fazer funcionar o misturador, haviam conseguido aproximadamente 200 litros de combustível, que conservavam em latões. Como o cimento não aparecia e o assédio soviético tornava-se cada vez mais forte, os operários abandonaram a obra, mas levaram o combustível com eles. As legendas das fotos publicadas asseguravam que aqueles latões haviam sido usados para cremar os corpos de Hitler e Eva Braun, afirmou o velho pedreiro, porém não era verdade, porque esses recipientes estavam vazios, razão pela qual os operários não os haviam levado. Destacou que nessas fotos se observam claramente as madeiras que pensavam usar para erguer a construção. E, como se podia verificar, não estavam quebradas nem queimadas, o que teria acontecido se o lugar tivesse sido bombardeado de modo a pulverizar os cadáveres, tal como afirmam alguns historiadores.

Tão logo fizeram Hanna Reitsch prisioneira, os interrogadores americanos do OSS acusaram-na de ter facilitado a fuga de Hitler. Reitsch se gabou de não se contradizer, repetindo sempre que havia saído do *bunker* e de Berlim na noite do domingo 29 de abril. Porém, numa série de notas que publicou anos depois em *News Chronicle*, afirmou que ela e Von Greim abandonaram o local na madrugada de 30 de abril, ou seja, apenas meio dia antes do suposto suicídio de Hitler e da mulher. Burnside acredita que o voo pode perfeitamente ter partido no anoitecer dessa segunda-feira, ou, melhor ainda, na parte da noite, quando não apenas os lobos, mas todos os gatos são pardos. Porém, um denso mistério continua envolvendo a decolagem do último avião que partiu do eixo Leste-Oeste: o Arado 26 que tirou Greim e Reitsch do inferno.

SUICÍDIOS EXCEPCIONAIS

À meia-noite da segunda-feira 30, após determinar por rádio uma trégua com a vanguarda dos sitiadores sob o comando do general Vassili Chuikov, o general Krebs reuniu-se com o comandante soviético para parlamentar, tendo então lhe comunicado que Hitler havia morrido.

Krebs regressou ao *Führerbunker* às 13h da terça-feira 1º de maio, data cara à ideologia proletária, na qual Stalin esperava obter a rendição incondicional da Alemanha. Ao entrar no *bunker*, Krebs não encontrou nem Hitler, nem Eva, nem os cadáveres. O local estava desolado. Não restava quase ninguém, exceto os feridos impossibilitados de escapar. A débil resistência dos velhos e adolescentes do Volksturm havia cessado, e a cidade estava à mercê da pilhagem dos vencedores.

Aqueles a quem Krebs havia deixado ilesos horas antes não se haviam suicidado, mas sim fugido, numa desesperada tentativa de burlar o cerco dos vencedores, propósito que, certamente, poucos conseguiram. Deprimido, talvez sentindo-se usado, Krebs suicidou-se horas depois. Quando os soviéticos chegaram ao *Führerbunker*, os únicos cadáveres de dirigentes nazistas que encontraram com inquestionáveis sinais de suicídio foram o seu e o de Burgdorf.

O início da trégua foi o momento ideal para a fuga. Os mais decididos saíram às 22h. Seu plano era simples: seguir os túneis previstos para a fuga até os do metrô e sair um pouco mais ao norte, na estação Frierichstrasse, a poucos metros do Rio Spree. Nesse ponto ainda se resistia ao avanço soviético. Tentariam cruzar o rio e dirigir-se para o noroeste até atravessar as linhas russas. Se conseguissem, depois cada um ficaria entregue à própria sorte.

Os primeiros grupos conseguiram cruzar o rio pela ponte de pedestres paralela à de Weidendammer. Os que chegaram depois esbarraram com uma barreira antitanques recém-instalada pelos soviéticos, que dispararam contra eles, obrigando-os a retroceder.

Bormann, o chefe das Juventudes Hitleristas Arthur Axmann e o cirurgião do *Führer*, Ludwig Stumpfegger, entre outros que saíram às 23h, retrocederam até encontrar uma pequena formação de blindados alemães que tentava abrir passagem através da ponte a partir do sul. Porém, quando o tanque que liderava o conjunto foi alcançado e se deteve em meio à fumaça e a falhas do motor, desistiram.

Bormann e Stumpfegger decidiram atravessar Invalidienstrasse na direção oeste. Axmann foi para o leste, mas cruzou com uma patrulha russa e retrocedeu em busca de seus companheiros. Mais tarde, diria que os encontrou atrás da ponte que corta as vias férreas: estendidos de boca para cima, mortos, embora sem feridas visíveis.

Axmann conseguiu sair de Berlim e refugiar-se nas montanhas da Baviera, onde foi capturado seis meses mais tarde. Foi então que declarou ter reconhecido os cadáveres de Bormann e Stumpfegger. Como os corpos do secretário-geral do Partido Nazista e do cirurgião não haviam sido identificados, ninguém acreditou nele. De fato, Bormann foi o único condenado à forca à revelia no julgamento de Nuremberg.

Entre as cem pessoas que estavam nos *bunkers* interconectados — o *Führerbunker* e o que servia de moradia do pessoal de serviço —, aproximadamente um terço morreu quando tentava sair da cidade, outro terço caiu nas mãos dos soviéticos e o restante conseguiu sair de Berlim pelo oeste. Desses, a imensa maioria foi detida mais cedo ou mais tarde pelas forças anglo-americanas. Além de Krebs, Burgdorf e algum outro, aqueles que ainda permaneciam saudáveis nos *bunkers* tentaram burlar o cerco soviético, o que descarta uma decisão coletiva de suicidar-se.

Por que os Goebbels esperaram um dia inteiro depois do pretenso suicídio de Hitler para sacrificar os filhos e em seguida se matar? É possível que tenham aguardado até ter a absoluta certeza de que a fuga no Ju-52 era impossível. Numerosos testemunhos coincidem que ambos acreditavam nas temerárias afirmações da propaganda que Goebbels — autor da célebre máxima "minta, minta, que algo ficará" — emitia, entre elas, e especialmente, que os soviéticos matavam sistematicamente os filhos dos dirigentes nazistas capturados, tal como haviam feito com os do czar.

FIASCO

Às 7h de 2 de maio, o general Weidling, responsável pela defesa de Berlim, dirigiu-se resolutamente ao posto de comando do general Chuikov a fim de entregar a cidade e deter a carnificina. Já haviam morrido mais de 300 mil moradores e defensores e as tropas asiáticas e mongóis, que constituíam a vanguarda — ou bucha de canhão — do Exército Vermelho, se haviam entregue ao saque e à violação das louras alemãs que não tomaram a precaução de partir para o oeste. Weidling firmou rapidamente a capitulação e emitiu a seus homens uma última mensagem: o juramento de lealdade pessoal a Hitler já não os obrigava. E, certamente, não lhes comunicou que Hitler havia morrido lutando; transmitiu-lhes uma mensagem muito mais obscura e que deixava transparecer decepção: "Na segunda-feira, o *Führer*, a quem todos juramos lealdade, deixou-nos na mão."

Ao descrever esses feitos, o vasto *Diccionario enciclopédico de la guerra*, redigido sob a direção do general espanhol López Muñiz, professor da Escola Superior do Exército franquista, resume-os em três breves frases. "Em 2 de maio o general Weidling confirmou a petição de rendição incondicional, terminando a batalha. Hitler, que havia estabelecido seu posto de comando em Berlim, desapareceu nos últimos dias. Parece que se suicidou em 1º de maio."

Passaram-se mais de duas semanas antes que Skorzeny, um dos fugitivos mais procurados, caísse em mãos dos americanos. Com o correr dos anos, terminaria por assessorar e treinar um corpo de elite do Exército americano, de grande destaque na Guerra do Vietnã, os "boinas-verdes", cujos oficiais assessoram hoje as tropas de elite da Polícia Federal argentina.

Skorzeny — que foi julgado e absolvido em Nuremberg, visitou a Argentina em seguida e no fim de 1948 radicou-se na Espanha — gostava de recordar em sua casa madrilenha, onde exibia uma foto autografada de Juan Perón, que seus captores lhe perguntavam insistentemente onde Hitler havia se escondido. "Se eu tivesse ido embora com Hitler, não teria regressado à Alemanha para entregar-me prisioneiro", dizia a quem lhe perguntava. Gabava-se de tê-los convencido. Soube que havia conseguido, vangloriou-se, "quando um deles exclamou: 'Hitler não teria aberto mão de ter ao seu lado o homem que libertou Mussolini.'"

Quando lhe perguntaram como teria retirado Hitler de Berlim, Skorzeny semicerrou os olhos e disse, lacônico: "Com um hidroavião que pousou uns poucos minutos sobre o Rio Havel." Na realidade, uma das passagens comunicava a Chancelaria com o túnel do metrô, que, por sua vez, cruzava o rio. Seria portanto interessante saber com certeza o destino do hidroavião e das provisões que o general Baumbach tinha reservado na Noruega para tentar escapar.

Se Hitler tivesse fugido de Berlim de hidroavião, um piloto — um especialista que se encontrava na Noruega — seria claramente suspeito. Trata-se do capitão de corveta Rolf Thomsen, que, na ocasião, estava prestes a completar 30 anos. Formado em 1936, foi transferido em outubro de 1938 para a Luftwaffe, especializando-se como aviador naval. Durante mais de três anos atuou em diferentes esquadrões, inclusive o Kampfgeschwader 26, único da força dotado de hidroaviões torpedeiros. Ali, tornou-se um exímio piloto dos excelentes Heinkel HE 115, um bimotor com capacidade para seis a sete pessoas que podia decolar em apenas 200 metros em qualquer espelho d'água e até na neve.

Em abril de 1943, Thomsen regressou à Kriegsmarine para fazer o curso de comando de submarinos (U-Bootes — Unterseeboots). No fim de janeiro de 1944, assumiu o comando do U-1202, um submarino da classe VII-C pertencente à 8ª Flotilha com base em Danzig, com o qual fez duas patrulhas no Atlântico Norte. Segundo os registros da Kriegsmarine, Thomsen afundou sete barcos grandes nessas patrulhas, mas ao término da guerra descobriu-se que todos os afundamentos, salvo um, eram uma impostura.

Quando, em janeiro de 1945, a 8ª Flotilha se dissolveu e os U-Bootes que a compunham abandonaram Danzig para somar-se à 11ª Flotilha com base no porto norueguês de Bergen, Dönitz condecorou-o com a Cruz de Ferro de Primeira Classe, em reconhecimento àqueles afundamentos apócrifos. E isso não foi tudo. Em 29 de abril — no momento em que se supõe que Hitler se preparava para suicidar-se e o grande-almirante para substituí-lo — Dönitz concedeu-lhe a Grã-Cruz do Cavaleiro com Folhas de Carvalho. A propósito de quê? Ninguém sabe.

Tampouco se sabe se Thomsen recebeu a condecoração nesse mesmo dia ou nos seguintes. Em todo caso, obteve-a nas últimas horas da guerra. Conserva-se uma foto da cerimônia realizada em Bergen: Thomsen exibe-se com as suas duas condecorações, tendo à sua direita aqueles que o condecoraram em nome de Dönitz: o capitão de mar e guerra Hans Rudolf Rösing — chefe de operações de submarinos em áreas especiais, como o Ártico, o Mediterrâneo, o Mar Negro... e os Mares do Sul — e o chefe da 11ª Flotilha, o famoso capitão de fragata Heinrich Lehmann-Willenbrock, que, em fevereiro de 1942, havia afundado, numa única patrulha, sete embarcações, num total de 49.490 toneladas.[10] Atrás, incompreensivelmente, um oficial sorri de orelha a orelha.

Thomsen celebrou o trigésimo aniversário em 6 de maio em Bergen. Quatro dias depois, com Lehmann-Willenbrock, caiu prisioneiro dos britânicos, que os interrogaram durante oito meses e um ano, respectivamente.

Assim que recuperou a liberdade, Lehmann-Willenbrock dedicou-se a recuperar barcos afundados no Reno.[11] Com o dinheiro presumidamente obtido com essa atividade, mandou construir um veleiro que batizou de *Magellan*[12] e empreendeu com ele uma viagem supostamente recreativa, em companhia de dois ex-camaradas, rumo a Buenos Aires, onde participou de uma grande regata.

UM SILÊNCIO DE 20 ANOS

O que os russos encontraram quando tomaram o *Führerbunker*? Um despacho da Reuters datado de 5 de julho de 1945 em Berlim dizia que "um oficial do Estado-Maior do marechal Zhukov", depois de percorrer as dependências do *Führerbunker* com o correspondente da agência britânica, lhe confiou que "não encontramos traços de qualquer corpo que se pareça com o de Eva Braun" e comentava que "estamos tão convencidos de que o corpo achado não é o de Hitler que mandamos os especialistas enterrarem-no de volta no jardim".

Desde então o poder soviético afundou-se num mutismo que durou 20 anos. O véu começou a se descerrar apenas em 1965, quando o marechal Chuikov, chefe das tropas que haviam ocupado o *Führerbunker*, publicou um livro de memórias. "Afirmo que quando os soldados do VIII Exército da Guarda entraram no pátio da Chancelaria do Reich, na manhã de 2 de maio de 1945, viram uma alfombra fumegante na qual se encontrava o cadáver calcinado de Hitler", dizia.

Quem tinha sido o chefe do grupo de inteligência do Exército Vermelho especificamente encarregado de buscar o paradeiro de Hitler e de seus lugares-tenentes, o então tenente-coronel da reserva Ivan Klimenko, concedeu uma entrevista à agência de notícias Novosti na qual se referiu ao livro de Chuikov. Klimenko não disse que o velho marechal fora um tonto. Disse, simplesmente, que o achado ocorrera, na verdade, dois dias mais tarde, em 4 de maio. "Da terra assomavam um par de pernas desnudas e a extremidade de uma manta cinza. Cavamos e logo pudemos retirar desse lugar os cadáveres chamuscados de um homem e de uma mulher seminua", relatou Klimenko. Nesse momento, acreditava-se que o cadáver de Hitler estava sendo exibido no interior do *bunker*, porém, como logo seria esclarecido, esse corpo pertencia a um cozinheiro da antiga Chancelaria, grosseiramente caracterizado como o *Führer*, destacando-se o mesmo traseiro e o bigodinho. Uma foto visivelmente retocada do cadáver do infortunado cozinheiro foi publicada em inumeráveis oportunidades como se fosse o do *Führer*. E, aliás, continua sendo.

Como pensava que o corpo de Hitler já fora encontrado, Klimenko se despreocupou da identidade dos cadáveres e ordenou que voltassem a enterrá-los no mesmo lugar, a fim de exumá-los no dia seguinte. Quando isso foi feito, e para sua surpresa, "os guardas alemães que mandamos buscar para identificar os restos nos asseguraram que tínhamos perante nossos olhos os cadáveres de Hitler e de Eva Braun".

Pouco tempo depois Lew Besymenski, um ex-agente do GRU — serviço de inteligência militar soviético —, completou a versão que seria oficial até o colapso da União Soviética em 1989. Besymenski tornou pública uma ata datada de 5 de maio de 1945, redigida e assinada pelo tenente Alexei Alexandrovitch, do Smersch — Smert Spionam, ou Morte aos Espiões, o serviço de contraespionagem do GRU —, e por dois soldados às suas ordens, na qualidade de testemunhas. O dito documento dá conta da descoberta de dois corpos "semiconsumidos pelo fogo, o que tornou totalmente impossível a sua identificação sem dados complementares". Da leitura da ata se depreende que Alexandrovitch nem sequer considerou a possibilidade de que os corpos pertencessem a Hitler e à mulher.

Foi Besymenski, em um livro publicado na década de 1950 com o inequívoco título *La muerte de Hitler*, quem estabeleceu a seguinte cronologia: Klimenko e seus homens chegaram ao Reichstag em 2 de maio com quatro prisioneiros, um dos quais indicou o lugar onde foram descobertos os cadáveres de Goebbels e sua mulher. Em 3 de maio, os soviéticos acharam dentro do *bunker* os cadáveres do general Hans Krebs e dos seis filhos do casal Goebbels, a quem seus pais teriam ordenado envenenar. Em 4 de maio, em uma cratera produzida por uma explosão no jardim, e entre papéis queimados, viram um par de pernas cobertas por uma manta cinzenta que pertenciam a um cadáver de homem e ao se puxar a manta descobriu-se o corpo de uma mulher. Voltaram a enterrar os cadáveres no mesmo lugar até o dia seguinte. Ao desenterrá-los em 5 de maio, encontraram debaixo dos corpos dois cães, achado que, certamente, a ata de Alexandrovitch não menciona.

RECONHECIMENTOS

Segundo Klimenko, os corpos estavam parcialmente carbonizados e eram irreconhecíveis. O masculino, afirmou, tinha um só testículo, apresentava fraturas gravíssimas, faltavam-lhe as extremidades e parte do crânio: "Na boca tinha fragmentos de uma ampola que, a julgar pelo odor de amêndoas-amargas, continha cianureto." E quanto ao da mulher, se bem que conservasse todos os membros, estava crivado de balas de metralhadora.

Pouco depois, ao mostrar esses cadáveres a um grupo de prisioneiros alemães para que os identificassem, um deles disse que o masculino pertencia a Hitler.

O prisioneiro que fez a identificação, informou Besymenski, foi o vice-almirante Hans Erich Voss, oficial de ligação entre Hitler e seu sucessor, Dönitz, cujo "governo" continuava funcionando na base naval de Flensburg.[13]

Para Infield é evidente que "os russos não puderam encontrar o cadáver de Hitler nem o de sua amante", e não admitiram isso. "Não queriam perder prestígio, razão pela qual houve controvérsias consideráveis entre as autoridades soviéticas em Moscou e Stalin", que estava convencido de que o general Chuikov queria "acalmá-lo com a declaração de que um cadáver que haviam encontrado na Chancelaria era o de Hitler". Chuikov havia se apressado em difundir o reconhecimento do suposto cadáver de Hitler, feito pelo vice-almirante Voss, o que havia indignado Stalin, que acreditava que o lugar-tenente de Dönitz atuava em conivência com os britânicos.

Nessas condições, em 8 de junho, quando se comemorou um mês da rendição formal do Terceiro Reich em Berlim, o marechal Zhukov, chefe supremo das tropas soviéticas que haviam ocupado a cidade, e o general Floyd Parks — que logo seria confirmado como chefe da região berlinense, cujo controle seria passado aos Estados Unidos — deram uma entrevista coletiva à imprensa com outros chefes militares. Zhukov reconheceu na ocasião que "nós não encontramos o corpo de Hitler", que, pelo que sabia, Hitler havia conseguido escapar de avião e que por enquanto seus serviços de informação haviam "concluído de maneira indiscutível" que, poucas horas após o suposto suicídio, um submarino alemão de grande autonomia se havia lançado ao mar em Hamburgo, levando uma mulher na tripulação.

SAÍDA DE KIEL

Um próspero empresário genovês, Renzo Zanasi, foi, em sua juventude, oficial submarinista e chegou a receber a Cruz de Ferro das mãos de Dönitz. Ele estava em Kiel nos últimos dias de abril de 1945 quando viu "que todos os submarinos em condições de fazê-lo" zarpavam em direção ao Estreito de Skagerrak, que separa a Dinamarca da Suécia e da Noruega. Ele se lembrava bem disso, afirmou a Burnside, porque quis ir com eles, mas lhe explicaram que não restava um único lugar livre.

Zanasi contou a seu compatriota Burnside que muito depois, nos anos 1950, conheceu em Buenos Aires Otto Nagel, um alemão que vivia em Quilmes, o bairro residencial ribeirinho ao sul da cidade, conhecido internacionalmente pela cervejaria que leva o seu nome.[14]

Celebrando sua condição comum de submarinistas com vinho, numa animada conversa, descobriram que haviam estado em Kiel na mesma época. Nagel recordou que havia servido na 8ª Flotilha com base em Danzig até a queda desse porto nas mãos dos soviéticos em janeiro de 1945, que seu U-Boote havia zarpado de Kiel integrando um comboio de submarinos das classes IX e XXI e que isso havia acontecido um dia antes de Dönitz anunciar pelo rádio “a queda” de Hitler, isto é, a segunda-feira 30 de abril. Não há dúvida de que se tratava de uma partida de última hora, pois no dia seguinte, terça-feira 1º de maio, a RAF bombardeou sistematicamente o porto de Kiel, que na quarta-feira ficou totalmente destruído.

As declarações de Nagel e Zanasi sobre um comboio em que havia muitos submarinos da classe XXI estão de acordo com as informações disponíveis. A 8ª Flotilha — de treinamento — contava com muitos submarinos da nova classe: a totalidade dos 30 construídos nos estaleiros F. Schichau GmbH de Danzig, a série que vai do U-3501 ao U-3530, inclusive. Quando, durante os últimos meses da guerra, essa flotilha foi absorvida pela 5ª de combate com base em Kiel, da qual já fazia parte uma dúzia de submarinos desse tipo — a série que vai do U-4701 ao U-4712, montada e lançada à água nos estaleiros locais F. Krupp Germaniawerft AGm —, quase todos eles se dirigiram ao novo destino. Com isso, a 5ª Flotilha passou a dispor de aproximadamente 40 submarinos da nova classe.

A história oficial assegura que nenhum U-Boote da classe XXI combateu nem cruzou o Atlântico e que só havia dois em condições de fazê-lo. Esta última afirmação é uma mentira intencional. O comboio que Zanasi viu partir de Kiel e no qual Nagel seguia tinha como destino a Noruega, e os melhores desses submarinos, incluindo pelo menos meia dúzia do tipo XXI, foram incorporados à 11ª Flotilha de combate, com base em Bergen.

A flotilha já contava com sete submarinos desse tipo — U-2502, U-2503, U-2506, U-2511, U-2513, U-2518 e U-3008.[15] Desse modo, no começo de maio de 1945, um seleto grupo de U-Bootes, incluindo uma dúzia de submarinos da classe XXI, reuniu-se nesse abrigado e formoso porto, entre fiordes escarpados, refúgio no qual os antigos vikings se sentiam a salvo de qualquer inimigo.

A maior parte dos comandantes de U-Bootes, obedecendo à ordem geral de Dönitz, afundou suas embarcações por volta de 5 de maio, data na qual se materializou a rendição formal do grande-almirante aos aliados anglo-saxões. De resto, uns poucos foram afundados pelos Aliados em torno dessa data, outros tantos se renderam em portos ingleses ou noruegueses, mais ainda restavam alguns submarinos sobre os quais não há informação alguma, nem sequer indícios factíveis sobre sua sorte.

Nagel contou a Zanasi que o comboio abandonou Kiel navegando para o Mar do Norte e que mais tarde atravessou o Atlântico rumo ao sul. Em determinado ponto o comboio se desfez e seus integrantes se separaram. O submarino que ele tripulava navegou alguns dias mais solitariamente, até que, pouco antes de se completarem três meses de travessia, chegou a um porto natural em meio a uma paisagem erma da Patagônia argentina, onde, além da tripulação, desembarcaram "pessoas muito importantes".

Zanasi disse a Burnside que a história que Nagel relatara lhe interessava profundamente porque, pouco antes, em Valparaíso, lera que Hitler e a mulher haviam escapado de avião de Berlim e seguido até o povoado dinamarquês de Tonder — perto da fronteira, uma travessia de meia hora — e que, imediatamente, continuaram a fuga em um submarino. Embora não pudesse precisar em que jornal havia lido aquela reportagem, recordava que dizia que Hitler vivia na Patagônia argentina. Quando comentou isso com Nagel, acrescentou, o alemão calou-se repentinamente e se negou a continuar falando sobre o assunto.

NOTAS

1. Assim definiu o complexo, com cáustico humor, o general Alfred Jodl, último chefe do Estado-Maior alemão, pouco antes de ser enforcado em Nuremberg.
2. D.M. Ladd, um dos principais colaboradores do todo-poderoso diretor do Federal Bureau of Investigation (FBI), John Edgar Hoover, se converteria, em pouco tempo, em nada menos do que no chefe de inteligência do bureau e em um dos principais promotores da histeria anticomunista conhecida como maccarthismo. Em 1947, considerou a pretensão de os jogadores negros serem admitidos na Liga Nacional de Beisebol parte de um complô comunista e em seguida, convencido de que se tratava de uma nova e ultrassecreta arma da União Soviética, embarcou no estudo dos óvnis, com forma de pratinhos verdes, recorrentemente avistados no deserto do Novo México.

3. *Julgamento em Nuremberg* (1961), de Stanley Kramer, com Spencer Tracy, Burt Lancaster, Richard Widmark, Montgomery Clift, Maximillian Schell, Judy Garland, Marlene Dietrich e William Shatner nos papéis principais. Uma bela crítica de José Pablo Feinmann sobre esse filme pode ser lida em *Página 12* de 14 de agosto de 1999 ou em *ar.geocities.com/veaylea2000/feinmann/laculpa_delos_pueblos14-8-99*.
4. O Ninho da Águia tinha fama de ser praticamente inacessível; sua entrada estava protegida por enormes portas de bronze maciço, dispunha de um sofisticado sistema para impedir a penetração de gases; bombardeá-lo do ar era, se não impossível, extremamente difícil.
5. As versões, todas diferentes, eram incontáveis. Um despacho da United Press proveniente de Londres, datado de 2 de maio e que reproduzia uma notícia do *News Chronicle*, publicado por *La Prensa* no dia seguinte, dizia que, conforme "círculos bem informados de Paris", Hitler e vários de seus colaboradores haviam morrido na noite de 21 de abril, ao produzir-se "uma formidável explosão" no "apartamento privado" do *Führer*, situado "na casamata B-X" do "quartel-general subterrâneo do Tiergarten".
6. Proveniente da agência estatal de informação DNB (Deutsches Nachrichtenbüro), Lorenz havia substituído Otto Dietrich em março.
7. Os pormenores dessa reunião foram revelados à imprensa pelo secretário interino de Estado americano Joseph C. Grew, em 2 de maio, em Washington. A informação fora transmitida por Bernadotte ao ministro das Relações Exteriores da Suécia e este, de imediato, a repassou aos embaixadores dos Estados Unidos e da Grã-Bretanha. As declarações de Himmler e Schellenberg, esclareceu Grew, provinham textualmente do telegrama com que o embaixador Herschel Johnson colocou o presidente Truman a par. Ver despacho da United Press reproduzido por *La Prensa* em 3 de maio.
8. Em janeiro, um Ju-390 havia alcançado em segredo as cercanias da Grande Maçã e regressou sem contratempo após um voo de 32 horas sem escalas.
9. O motivo da resistência dos três majores SS a admitir que os corpos de Hitler e de sua mulher haviam sido transportados envoltos em tapetes parece óbvio. Pouco antes, um comando dirigido por Skorzeny havia sequestrado o príncipe herdeiro do trono húngaro retirando-o do palácio real de Budapeste dentro de um tapete.
10. Lehmann-Willenbrock (1911-1986) afundou 25 navios, somando 183.223 toneladas. Recebeu a Grã-Cruz do Cavaleiro e as Folhas de Carvalho em 1941. *Wolf Packs* assim o apresenta: "Descendente de uma família de pequenos fazendeiros, ruivo, o jovem Heinrich Lehmann-Willenbrock teve seu primeiro contato com o treinamento militar em um orfanato dos arredores de Berlim. Apelidado *Recke*, palavra que significa 'guerreiro valente', converteu-se em um marinheiro completo." As andanças de Lehmann-Willenbrock no U-61 foram o tema central de *Das Boote*, um best seller escrito por Lothar Günther Buchheim.

No filme homônimo de Wolfang Petersen, com Jürgen Prochnov como protagonista, descreve-se o ambiente claustrofóbico da guerra submarina. Em 1959, no comando do cargueiro *Inga Bastian*, Lehmann-Willenbrock resgatou 57 sobreviventes do incêndio do navio brasileiro *Comandante Lyra*. A partir de 1961 foi comandante de um barco de investigação nuclear, o *Otto Hahn*. Nos anos 1970 recebeu a Cruz Federal do Mérito e durante muitos anos foi presidente da associação de ex-tripulantes de submarinos com sede em Bremen, que atualmente leva o seu nome.

11 Em sociedade com outro veterano dos Mares do Sul e formador de comandantes de U-Bootes, o capitão de mar e guerra Karl-Friedrich Merten.

12 Por causa de Fernão de Magalhães, navegante português a serviço da Espanha, que, em 1520, depois de invernar cinco meses no Golfo de São Julião, descobriu o estreito austral que une o Atlântico ao Pacífico. O nome escolhido por Lehmann-Willenbrock não pode ser mais sugestivo, já que antes de chegar à Patagônia Magalhães fizera uma escala nas Ilhas de Cabo Verde, da mesma forma que o comboio de U-Bootes da Operação Ultramar Sul que dirigiu, em sua primeira etapa, a partir de Bergen.

13 Voss assegurava ter ouvido Hitler dizer: "Ainda que eu pudesse me salvar, não o faria. O comandante afunda com o seu barco." Por certo, durante seus últimos dias no *bunker*, Voss havia escrito em seu diário: "Há algo aqui que é aplicável a todos: não queremos fugir." Não obstante, na hora da verdade, ele escapou, mas o pegaram.

14 Nome que originalmente pertencia a uma tribo de aguerridos indígenas da região de Tucumã, que os espanhóis submeteram e levaram acorrentados, ao longo de milhares de quilômetros, até as margens do Prata no século XVII.

15. Curiosamente, nenhum desses submarinos foi afundado por sua tripulação em cumprimento à ordem geral dirigida aos comandantes de U-Bootes pelo grande-almirante Dönitz. E, à exceção do U-2503 — afundado por um ataque aéreo em 4 de maio de 1945 —, os cinco restantes, da mesma forma que o U-3017 da 4ª Flotilha de treinamento, com base em Stettin, também em condições de combater, passaram íntegros e sem danos às mãos dos aliados anglo-saxões.

SEGUNDA PARTE Guerra no mar

PORTO SEGURO

A Primeira Guerra Mundial surpreendeu o cruzador *Dresden* no Caribe. Havia chegado ao México duas semanas antes para transportar o presidente deposto Victoriano Huerta e um grupo de colonos alemães, seus partidários, que, como ele, fugiam do ataque bem-sucedido das tropas de Pancho Villa.

Pouco antes, 340 mil dólares remetidos pelo *Kaiser* alemão para a conta aberta em um banco de Saint Louis por um misterioso traficante de armas, Félix Sommerfeld, haviam passado aos cofres de Villa.[1] Todavia, quando o *Dresden* levou Huerta e seus amigos alemães de Vera Cruz para Kingston, na Jamaica, onde obtiveram asilo, esse já era um tirano mundialmente conhecido por ter ordenado o assassinato do presidente constitucional Francisco Madero, e o pouco que se sabia de Sommerfeld era que havia sido um bom amigo do morto, a quem havia vendido armas e munição. Em Kinsgton, o comando do *Dresden* foi assumido pelo capitão de fragata Fritz Lüdecke, que recebeu ordens de regressar à sua base de Kiel. Lüdecke designou como segundo oficial quem havia atuado até então como segundo piloto, o capitão-tenente Wilhem Canaris, apelidado pelos demais oficiais de "O observador", porque nenhum detalhe da vida a bordo parecia escapar ao seu controle.

Canaris tinha olhos claros, orelhas grandes, sobrancelhas cerradas e olhar de águia.[2] Seu aspecto — baixa estatura, pele morena, cabelos negros — o fazia parecer mais latino do que germânico. Como falava inglês e espanhol, idioma que havia praticado com afinco durante os quatro dias de estada no México, costumavam considerá-lo espanhol.

Depois que zarpou de Kingston, o *Dresden* lançou âncoras na Ilha de São Tomás, onde embarcou carvão e provisões suficientes para cruzar o Atlântico. Foi ali, no fim de julho, que a ordem de mobilização geral o surpreendeu. Quatro dias depois, estourou a guerra na Europa e o Oberkommando der Wehrmacht (OKM, Alto-Comando da Wehrmacht) ordenou a Lüdecke que bordejasse a costa atlântica na direção sul, com a missão de interferir no tráfego marítimo de navios ingleses e franceses pelo Estreito de Magalhães e pelo Cabo Horn. De acordo com essas ordens, o *Dresden* devia reunir-se previamente no Pacífico com a esquadra do Leste da Ásia, comandada pelo almirante Maximilian Graf von Spee. Entre os navios sob o comando de Von Spee encontrava-se um cruzador gêmeo do *Dresden*, o *Emdem*. Graças às novas turbinas, eram os navios mais velozes da Kriegsmarine.

Para chegar até o Pacífico, o *Dresden* necessitava de carvão. No fim de agosto, em pleno inverno austral, Lüdecke ordenou a atracação do navio na Baía de Santo Antônio, no enorme Golfo de São Matias, ao sul da província de Buenos Aires. Seus homens desembarcaram, percorreram a costa e compraram alguns cabritos dos escassos habitantes. Porém não conseguiram mais do que uma quantidade insignificante de carvão. Assim, o cruzador zarpou novamente rumo ao sul, procurando encontrar-se com o *Baden*, um navio de reabastecimento enviado pela E-Dienst (*Etappendienst*), a rede criada em 1911 pela Kriegsmarine para garantir o abastecimento e o reparo de sua frota no exterior e informar sobre o tráfego naval inimigo.

Após várias tentativas de encontro, em diferentes portos naturais, esse finalmente ocorreu em 11 de setembro. O *Baden* ia acompanhado por uma embarcação chilena, o *Santa Isabel*, fretado com provisões em Punta Arenas. Foram os marinheiros chilenos que deram a Lüdecke e Canaris as cartas de navegação dos fiordes e canais do sul do Chile, que logo lhes seriam de enorme utilidade.

Depois de atravessar o Cabo Horn, o *Dresden* seguiu viagem até a Ilha de Páscoa, onde, em 12 de outubro, se reuniu com a esquadra de Spee. Em seguida, o conjunto tomou o rumo sudoeste, para a costa central do Chile, onde, na Enseada de Coronel, havia fundeado uma esquadra britânica sob o comando do almirante Cradock. Ao entardecer de 1º de novembro, Dia de Todos os Santos, Spee conseguiu colocar sua esquadra entre a costa e o lugar onde se encontravam os navios inimigos. As silhuetas dos vasos de guerra ingleses recortavam-se nitidamente contra o horizonte avermelhado. Assim, no escasso tempo que restava até que caísse a noite, seus artilheiros afundaram dois cruzadores britânicos, mataram o almirante Cradock e mais 1.700 marinheiros britânicos e obrigaram os demais navios da Royal Navy a fugir e procurar abrigo nos fiordes.

A BATALHA DAS MALVINAS

Após essa retumbante vitória, a frota alemã chegou a Valparaíso, onde reparou as avarias e se reabasteceu. Em seguida, continuou seu périplo para o sul. Quando se aproximava do Cabo Horn e do Atlântico, Lüdecke recebeu informações vindas da cidade de Punta Arenas, no extremo sul chileno, de que a tripulação de um barco chegado a esse porto das ilhas chamadas Falklands pelos ingleses e Malvinas por franceses, espanhóis e argentinos — que as ocuparam sucessivamente antes daqueles — dizia que a esquadra britânica fundeada em Porto Stanley havia partido para a África do Sul, motivo pelo qual as ilhas se achavam desguarnecidas. Tratava-se de uma astuta armadilha tramada pelo Almirantado a pedido do jovem ministro da Marinha, Winston Churchill.

Inteirado dos movimentos de Spee, Londres havia ordenado a retirada de Porto Stanley da esquadra austral em meio a grande estardalhaço, ao mesmo tempo que enviava à região uma frota mais bem armada e cuja tonelagem era quatro vezes superior à de Spee. A esquadra britânica chegou a Porto Stanley em 7 de dezembro e no dia seguinte encontrou o desprevenido encouraçado *Scharnhost*, navio capitânia de Spee, com carregamento de quatro toneladas de aço, e o pôs a pique. Na refrega morreram o comandante e 790 tripulantes, entre eles dois de seus filhos. Na sequência, desencadeou-se uma caçada na qual quase todos os navios alemães foram afundados. Só se salvaram o *Dresden* — que vinha atrasado e pôs a proa a toda velocidade rumo ao Estreito de Magalhães — e o navio-hospital *Seydliz*, que, graças às instruções que o *Dresden* lhe transmitira, pôde bordejar a costa argentina até abrigar-se na Baía de Santo Antônio.

A Royal Navy deixou o *Seydliz* escapar e se concentrou na perseguição do *Dresden*, que em 12 de dezembro chegou a Punta Arenas. Lüdecke e Canaris se entrevistaram com o chefe do destacamento naval de Magalhães, contra-almirante Arturo Cuevas, e, com sua permissão, conseguiram a ajuda da colônia alemã e austríaca a fim de munir-se de provisões. A navegação em marcha forçada havia provocado estragos nas turbinas do cruzador, e era necessário repará-los. Lüdecke, guiado por um caçador de focas de origem alemã, Albert Pagels, ocultou o *Dresden* no melhor esconderijo natural na parte continental de Chiloé, que é repleto deles: o escarpado Fiorde Quintupeu, a umas 50 milhas náuticas de Porto Montt. Ali, em 1578, o corsário *sir* Francis Drake havia escondido seu galeão *Golden Hind*, escapando dos navios espanhóis. Para a sorte dos fugitivos alemães, seus perseguidores evidentemente tinham apenas uma vaga ideia acerca do esconderijo de seu famoso compatriota.

Como oficial de ligação da E-Dienst a bordo, Canaris mobilizou a numerosa colônia alemã, o mesmo que a tripulação do *Seydliz* havia feito do outro lado da Patagônia, em San Antonio Oeste. San Antonio Oeste tinha então o dobro da sua população atual e seus dois armazéns de secos e molhados pertenciam a dois súditos alemães: Carlos Lahusen e Mauricio Braun. Assim equipado, o *Seydliz* permaneceu alheio à contenda durante um ano e meio, período durante o qual seus tripulantes sobreviveram graças ao escambo e ao roubo de gado, atividade que lhes permitiu explorar minuciosamente o litoral a cavalo.

Em compensação, o *Dresden* não teve tempo senão para fugir. Reparadas as avarias e aproveitando que os cruzadores britânicos *Glascow* e *Bristol,* que o tinham rastreado infrutiferamente ao largo de mil milhas de costa, haviam ancorado diante de Porto Montt, os evitou e se dirigiu, em desesperada busca de carvão, rumo à pequena e paradisíaca Ilha Juan Fernández, também conhecida como Ilha de Robinson Crusoe, por haver inspirado a famosa novela de Daniel Defoe. O navio alemão chegou ali em 9 de março, não achou carvão suficiente e acabou ficando parado.

Seus perseguidores chegaram cinco dias mais tarde. Sem perda de tempo, bombardearam tanto o cruzador como o porto. Sem ter outra opção, Lüdecke ordenou o içamento da bandeira de negociação e enviou Canaris para protestar perante o comandante do *Glascow*, uma vez que o ataque violava a neutralidade chilena. Como era de se prever, os ingleses o ignoraram, porém, enquanto parlamentavam, a tripulação do *Dresden* abriu as válvulas de fundo, entrou nas chalupas e desembarcou na praia, de onde assistiu ao afundamento do cruzador entoando hinos patrióticos.

Três dias depois os marinheiros alemães foram resgatados por dois barcos da Marinha chilena e levados à base naval de Talcahuano. Em seguida, o governo chileno decidiu interná-los na vizinha Ilha Quiriquina, onde tanto seus guardiães quanto a colônia alemã procuraram fazer com que sua estada fosse confortável.

O IMPACTO PATAGÔNICO

Canaris escapou poucos meses depois, com a cumplicidade de Jorge Becker, agente da linha marítima alemã Kosmos em Talcahuano, aproveitando uma permissão para transferir-se para terra firme. Primeiro viajou disfarçado de "maltrapilho" até Osorno. Dali, e graças ao cônsul Carlos Wiederhold, cruzou a cordilheira a cavalo e atravessou de lancha o Lago Nahuel Huapi até o então pequeno povoado de San Carlos de Bariloche, onde se pôs em contato com um amigo de Wiederhold, Christian Lahusen.

Vinculado à pequena firma homônima — que, a partir de 1921, ia desenvolver-se como exportadora de frutas, lãs, couros, grãos, peles e tanino —, Lahusen se havia radicado em Bariloche pouco tempo antes, mas já estava ganhando muito dinheiro como negociante de lãs. Foi ele que conseguiu hospedagem para Canaris em uma estância próxima, chamada *San Ramón*, propriedade de seu maior fornecedor, o barão Luis von Bulow. Canaris passou um mês ali e travou relações com os Bulow e outros aristocratas vizinhos, os Niebuhr. Em meados de novembro, percorreu a cavalo e de carreta 150 quilômetros até Ingeniero Jacobacci, onde ainda hoje termina a ferrovia que começa em San Antonio Oeste. Chegou de trem a San Antonio, onde faziam escala em seus trajetos pelo litoral patagônico o *Camarones* e o *Presidente Mitre,* dois pequenos barcos da companhia Hamburgo-Sudamericana — filial da Hamburg-Amerika Line, cujo representante local era Christian Lahusen — que poderiam levá-lo a Buenos Aires. Como o *Presidente Mitre* estava atrasado, Canaris aproveitou para reunir-se, do outro lado da baía, com os tripulantes do *Seydliz*, que o levaram a percorrer a região.

O *Presidente Mitre* jamais chegou. Havia sido intempestivamente abordado em águas argentinas pelo cruzador britânico *Orama*, que o conduziu a Montevidéu. Por fim, com 15 dias de atraso, Canaris pôde subir a bordo do *Camarones* e chegar a Buenos Aires, onde embarcou para Roterdã no navio holandês *Frisia*, sob a falsa identidade do cidadão anglo-chileno Reed Rosas.

O *Frisia* estava quase chegando a Roterdã quando a Marinha britânica o interceptou e o conduziu a Plymouth. Sem dúvida, e apesar de os britânicos terem suspeitado do passageiro, seu espanhol e seus documentos apócrifos parecem ter sido bastante convincentes para que o disfarce de Canaris não fosse percebido. Poucos dias depois o deixaram em liberdade. Assim, depois de muitas peripécias, o jovem oficial chegou a Roterdã, de onde viajou de trem até Hamburgo. Alguns dias depois, já refeito, apresentou-se perante os superiores na base de Kiel. Levava consigo uma carta de Bulow a um primo seu com o mesmo sobrenome, um major que atuava no III-B, um dos ramos da contraespionagem militar, dirigida pelo misterioso tenente-coronel Wilhelm Nicolai, o mesmo que iria favorecer o retorno à Rússia de Vladimir Lênin em um trem blindado alemão desde o exílio suíço, com o único objetivo de causar dificuldades ao czar.

Canaris falou da Patagônia com entusiasmo. Ficara cativado não só pela acidentada costa chilena, que tanto se parecia com a norueguesa. Também o havia fascinado a paisagem da região dos grandes lagos, que lhe recordava os Alpes, ainda que numa escala mais ampla e, sem dúvida, infinitamente menos ocupada pelos humanos. Naquelas regiões, repetia Canaris, as ovelhas eram muitíssimo mais numerosas do que os homens e, com certeza, entre esses, e depois dos aborígines mapuches, os alemães ou filhos de alemães eram maioria. Seu entusiasmo foi provavelmente contagioso porque o major Bulow o recrutou como membro do serviço secreto.

A ARMA MAIS EFICAZ DO *KAISER*

O III-B enviou Canaris, sob a falsa identidade do chileno Rosas, a Madri, onde se dedicou a monitorar o tráfego naval aliado e neutro, a organizar o aprovisionamento clandestino dos submergíveis e navios de superfície alemães e, sobretudo, a recrutar agentes capazes de cumprir essas tarefas com eficácia e diligência, isto é, a organizar a E-Dienst.

A Espanha era um país importante para a Alemanha, pois de suas minas de Río Tinto se extraía o volfrâmio, material indispensável para endurecer o aço. Canaris organizou o envio do mineral à Alemanha a bordo de submergíveis. Convocado a Berlim, Canaris foi detido pelos italianos na fronteira com a Suíça. Suspeitando de que se tratava de um espião, os italianos decidiram entregá-lo à França, mas Canaris logrou escapar vestindo uma batina. Regresssou a Madri, mas pouco depois seu disfarce de anglo-chileno atraiu as atenções da contraespionagem britânica. Então, embarcou clandestinamente em Cartagena no U-35, que o levou à base austro-húngara de Pola, no Adriático.

De regresso à Alemanha, ingressou no curso de submarinismo e, uma vez completado seu treinamento, na primavera de 1918 destinaram-lhe o UB-128, que operava a partir da base austro-húngara de Cattaro. Segundo seus biógrafos, ele afundou três navios mercantes inimigos no Mediterrâneo.

A atração pela nova arma submarina era enorme entre os oficiais da Kriegsmarine, criada em 1906. Em 1914 um único submergível, o UB-99, afundara três cruzadores britânicos em apenas uma hora. Em 1917, os U-Bootes punham a pique um em cada quatro cargueiros que zarpavam da Inglaterra. Porém, se nesse ano sepultaram no fundo do oceano por volta de três mil navios, a implementação de comboios protegidos fez com que no ano seguinte eles só tenham conseguido afundar 134.

O saldo foi, de toda maneira, nítidamente favorável à nova arma. A Alemanha usou durante a guerra 343 submergíveis, que destruíram navios que totalizavam 12 milhões de toneladas, número que esteve muito perto de lhe dar a vitória no conflito.[3] O custo, porém, foi elevado: 178 submarinos foram afundados ou capturados pelos Aliados e 5.132 tripulantes perderam a vida. O maior herói dos submarinistas alemães foi o comandante Lothar von Arnauld de la Perière, que afundou 450 mil toneladas. Em seguida, veio Walter Forstmann, com 380 mil toneladas. Dönitz foi o imediato de Forstmann no começo da guerra.

Outros ex-oficiais do *Dresden* refugiados da Ilha Quiriquina e que retornaram à pátria, como o aristocrata Max Schmidt e o suboficial Alois

Wolf, inscreveram-se antes de Canaris na Escola de Submarinos. Schmidt foi sucessivamente comandante dos submergíveis UB-103 e UB-106 e ao findar a guerra tinha a patente de capitão-tenente. Quanto a Wolf, Burnside afirma que se especializou no emprego de submarinos para o transporte de material estratégico.

Assim como os submarinos estiveram a ponto de decidir a guerra em favor da Alemanha, foram decisivos para a entrada dos Estados Unidos no conflito, o que foi determinante para a derrota germânica. Em 1915 um submergível alemão afundou o *Lusitania*, uma embarcação britânica de passageiros, agressão que produziu um enorme escândalo. Entre os 1.198 mortos, 128 eram cidadãos dos Estados Unidos. Apesar disso, o povo americano continuou pronunciando-se majoritariamente pela neutralidade e contra a intervenção em um conflito que, com propriedade, chamava de "a guerra europeia". De fato, o democrata Woodrow Wilson ganhou as eleições presidenciais de 1916 com o lema "Paz sem Vitória".

Todavia, uma vez no poder, Wilson armou, nas palavras de Noam Chomsky, "a primeira operação de propaganda governamental moderna". Porque, indo além de sua profissão de fé pacifista, havia assumido, pelas costas dos eleitores, compromissos com os fabricantes de armas. Para conseguir o apoio da opinião pública, estimulou a criação da Comissão Creel, que, em apenas seis meses, conseguiu, de acordo com Chomsky, "converter uma população pacifista em uma massa histérica e belicista que queria destruir tudo o que era, despedaçar os alemães e salvar o mundo".

Ao chegar o outono boreal de 1918, quando a derrota da Alemanha já era iminente, Canaris viu-se forçado a encabeçar um arriscado regresso de Cattaro à Alemanha. Conseguiu chegar a Kiel em 8 de outubro, à frente de oito submarinos.

O *CORSET* DE VERSALHES

Reunidos em Versalhes em junho de 1919, os Estados Unidos, a Grã-Bretanha e a França impuseram à Alemanha o pagamento de 24 bilhões de libras esterlinas, ao longo de 30 anos, à guisa de ressarcimento. O representante do Tesouro britânico na conferência de cúpula, John Maynard Keynes, considerou que a Alemanha não estava em condições de pagar mais de dois bilhões e, depois de tentar em vão convencer os chefes de Estado das potências vencedoras sobre a inconveniência de asfixiar a Alemanha, abandonou a reunião.

O Tratado de Versalhes limitou o quadro de oficiais da Kriegsmarine a 1.500 e a proibiu, entre muitas outras coisas, de construir encouraçados e submarinos. Apesar disso, assim que se reincorporou à reduzida Kriegsmarine, Canaris dedicou-se a restabelecer as bases do desenvolvimento da futura arma submarina, ao mesmo tempo que participava da reorganização dos serviços secretos militares. Nessa faceta oculta de suas atividades, dedicou-se especialmente à montagem de redes de espiões no Chile e na Argentina.

No Chile, contou com a inestimável ajuda do já mencionado capitão-tenente Schmidt, que, em 1920, emigrara para esse país, onde veio a se casar com uma moça que havia conhecido quando esteve internado. Durante 21 anos, Schmidt manteve-se em contato telegráfico e radiofônico com Canaris, até regressar à Alemanha em 1941, em plena Segunda Guerra Mundial, após uma longa viagem através do Pacífico e do Ártico, com escala no Japão. Com a patente de capitão de corveta, passou então a atuar como especialista em comunicações e criptografia.

Outro oficial que, apesar do reduzido número de integrantes, não teve inconvenientes para ser admitido na nova Kriegsmarine foi Dönitz. Após comandar uma flotilha de hidroaviões, integrou a primeira flotilha alemã de submergíveis sob o comando do almirante Von Tirpiz, na condição de imediato do laureado Forstmann no UB-39; mais tarde, foi comandante do UB-25 e, por último, do UB-68. Seu sangue-frio e sua agressividade fizeram seus homens apelidarem-no de "O Leão"; seu sentido de equidade e camaradagem a bordo lhe grangeara a alcunha mais carinhosa de "Tio Karl". Quando a guerra estava quase terminando, o UB-68 sofreu falhas mecânicas que o obrigaram a emergir em meio a uma dúzia de navios inimigos, motivo pelo qual Dönitz e todos os tripulantes foram feitos prisioneiros e internados na Inglaterra.

Dönitz foi readmitido pela Kriegsmarine tão logo os britânicos o colocaram em liberdade em julho de 1919. Nessa ocasião, já havia fracassado a revolução espartaquista liderada por Rosa Luxemburgo e Karl Liebnicht e ambos haviam sido assassinados. Após a derrota da revolução, consolidou-se a República de Weimar, a primeira experiência democrático-burguesa do povo alemão, hegemonizada pela social-democracia.

Por falta de submarinos, Dönitz foi nomeado pelo OKM comandante de um modesto torpedeiro, atracado no porto báltico de Swinemünde. A partir dali, começou a se consolidar o empenho de Canaris em reconstruir clandestinamente uma frota de submergíveis, esforços que obtiveram um primeiro êxito importante quando o governo destinou fundos secretos para criar, no estrangeiro, empresas-fantasmas que permitiram à Alemanha ir contornando as proibições do Tratado de Versalhes. Boa parte daquele dinheiro foi canalizada para os Países Baixos, para a eufemisticamente chamada Oficina Holandesa de Desenvolvimento Submarino. Sob esse guarda-chuva, engenheiros navais e oficiais da Kriegsmarine desenharam e construíram submergíveis para serem vendidos a terceiros países. Antes de entregá-los, os submetiam a viagens de prova anormalmente longas e exaustivas, permitindo, assim, que as tripulações alemãs adquirissem experiência.

O ano da hiperinflação foi 1923; Hitler encabeçou uma tentativa de golpe de Estado, o *putsch* de Munique, e Dönitz foi transferido nesse mesmo ano para o Estado-Maior de Kiel na qualidade de consultor em operações antissubmarino e de desenvolvimento de cargas de profundidade. Permaneceu nesse cargo por três anos, durante os quais confraternizou com oficiais superiores em ascensão, como Erich Raeder e Canaris, com quem compartilhava a aversão ao comunismo e um profundo desprezo pelo governo de Weimar, ao qual responsabilizavam pela inflação de 1921-1922, fruto de uma intensa luta social para determinar sobre que setor devia recair o pagamento das angustiantes indenizações fixadas em Versalhes. Ainda que em grau distinto, os três simpatizavam com o trancafiado Hitler.

Por fim, em 1926 Dönitz foi designado chefe do escritório secreto que, a partir de Kiel, devia planejar a construção em série de submergíveis. Devido à crise mundial de 1929 e às suas terríveis repercussões, seis anos seriam transcorridos até que esses planos, elaborados com riqueza de detalhes, fossem aprovados pelo OKW.

PATRÍCIOS, NAZISTAS, *TORIES*, BISPOS E GRANDES EMPRESÁRIOS

A Argentina havia consolidado sua unidade nacional no século XIX, após o extermínio dos aborígines e da apropriação de suas terras sob regime de latifúndio. Durante as duas últimas décadas do século, um aluvião de imigrantes — procedentes em sua maioria da Itália, mas também da Galícia e de outras regiões da Espanha, da Polônia e da Rússia, e, em menor grau, da região sírio-libanesa do Império Otomano — chegou ao país. Encontraram suas terras férteis ocupadas por grandes proprietários, motivo pelo qual se amontoaram nas grandes cidades, em velhas casas senhoriais subdivididas até o infinito, chamadas popularmente de *conventillos*, ou improvisaram grandes construções coletivas de chapa e madeira.

Depois das comemorações do centenário da independência, celebrados com toda pompa em 1910, os jovens bem-nascidos da sociedade argentina, autodenominados "patrícios", alguns intelectuais e muitos sacerdotes integristas, militares, marinheiros e jornalistas assentaram as bases do fascismo argentino, que, uma década mais tarde, deixaria o terreno pronto para o desenvolvimento do nazismo nativo.

Os peculiares fascistas argentinos eram aglutinados não apenas pelo preconceito racista diante da onda de imigrantes que modificava radicalmente a face da jovem nação, mas também, e sobretudo, pelo temor de sua ascensão social e do consequente desalojamento deles mesmos. Seu amálgama foi o temor aos estrangeiros, às ideias socialistas, anarquistas, sindicalistas e comunistas que traziam, acompanhado de uma recusa classista e racista dos *criollos* mestiços e morenos, que lhes recordavam os rostos dos indígenas exterminados, a quem chamavam depreciativamente de *indios*, *tapes*, *chinos*.

Esse temor converteu-se em terror indisfarçável, assim que se instituiu o voto universal e obrigatório e quando, nas primeiras eleições livres, celebradas em 1916, o caudilho radical Hipólito Yrigoyen, um obscuro ex-comissário de polícia, sagrou-se presidente da República. O governo popular de Yrigoyen não esteve isento de contradições, algumas delas maiúsculas. Em 1919, por exemplo, teve lugar a Semana Trágica. Uma greve originada nas oficinas metalúrgicas Vasena de Buenos Aires espalhou-se como uma mancha de óleo e foi reprimida com ferocidade pelo patronato, auxiliado pelos *crumiros* — pistoleiros pagos — e pelas forças policiais e militares, com um saldo de centenas de mortos. Da matança também participaram membros das famílias endinheiradas que formavam a Liga Patriótica Argentina, à qual os grevistas rebatizaram de Liga Patriótica Assassina.

Seu mentor foi um ex-dirigente radical, Manuel Carlés, e seu principal patrocinador a Armada, razão pela qual resultou lógico que seu primeiro presidente tenha sido o almirante Manuel Domecq García e um de seus dois secretários o capitão-tenente Pedro Etchepare.

Três anos mais tarde, o Exército promoveu o fuzilamento em massa de trabalhadores rurais que faziam uma greve geral na Patagônia exigindo melhores condições de trabalho. Nesse ano, os militares simpatizantes do *fascio* e do incipiente nazismo criaram no interior do Exército a Loja San Martín. Um de seus fundadores foi o coronel Basilio Pertiné, adido militar em Berlim entre 1910 e 1918 — quando foi agraciado com a Cruz de Ferro e a Coroa da Prússia —, onde observou de perto o desenrolar da Primeira Guerra Mundial.

Ao regressar, Pertiné revelou-se um antirradical raivoso, organizou a loja e ofereceu a presidência ao coronel Agustín P. Justo. O objetivo dos conjurados era cristalino: "mover uma guerra sem quartel à política de Hipólito Yrigoyen e separar das fileiras os militares simpatizantes de Yrigoyen" até provocar "um golpe de Estado que evitará o ressurgimento yrigoyenista".[4]

Tomaram parte da loja, além de Justo e Pertiné, o tenente-coronel Pedro Ramírez, os majores Juan Pistarini e Benjamín Menéndez e o capitão Arturo Rawson. E ainda que o seu funcionamento tenha sido, em grande medida, neutralizado pelos militares leais a Yrigoyen, a loja continuou ativa e obteve sua revanche quando provocou o golpe militar fascista-clerical que, encabeçado pelo general José Félix Uriburu, depôs Yrigoyen, em setembro de 1930.

Sob a inspiração de Uriburu, apelidado "Von Pepe", e de outros altos chefes do Exército, foi organizada a Legião Argentina, um grupo de choque que absorveu as Guardas Brancas paramilitares patrocinadas pela Liga Patriótica. Uma nova organização, copiada dos *freikorps* alemães, foi criada por um decreto de Uriburu, que ordenou que oficiais do Exército instruíssem seus membros no uso de armamento — um dos instrutores era o então capitão Juan Perón — após o que se dedicaram a interromper atos socialistas a bala e até a assassinar seus dirigentes.

Também nesse ano foi oficialmente inaugurada a filial argentina do NSDAP — Nationalsozialistische Deutsche Arberteipartei, Partido Nacional Socialista dos Trabalhadores Alemães —, a quarta estabelecida no continente americano, depois das do Paraguai (1929), dos Estados Unidos (1930) e do Brasil (1931). Porém, o fato mais importante foi o estabelecimento do capitalismo alemão na Argentina a partir da "revolução" de 1930, que teve um inestimável agente em Carlos Meyer Pellegrini, sobrinho do prócer liberal Carlos Pellegrini, a quem o ditador Uriburu nomeou interventor na Província de Buenos Aires. Nesse cargo, Meyer converteu-se no presidente dos diretórios da Companhia Argentina de Electricidad, da Thyssen Lametal e do Banco Germánico de América del Sur e favoreceu a entrada de outras grandes empresas germânicas.

A PÉROLA DA COROA

Os militares nacionalistas que cercavam Uriburu haviam bebido no ideário de extrema-direita do francês Charles Maurrás, de Benito Mussolini e de José Antonio Primo de Rivera, mas no plano "das efetividades condutoras", como dizia o defenestrado Yrigoyen, eram pouco mais do que uns perfeitos inúteis. E, como tais, caíram como fruta madura nas mãos da oligarquia, razão pela qual Uriburu foi logo substituído pelo general Agustín P. Justo, o mesmo que havia presidido a Loja San Martín e que inaugurou a chamada "fraude patriótica". Embora fosse considerado pró-britânico, Justo nomeou para o Ministério da Guerra o general germanófilo Pertiné, membro da direção da Siemens-Schuckert. A promiscuidade entre pró-britânicos e pró-nazistas, num momento em que Hitler se aprontava para tomar o poder, seria cuidadosamente ocultada pela historiografia liberal. Tal como definiu Emilio Corbière, "a velha oligarquia pró-inglesa tinha seus interesses em Londres e no pampo úmido, mas uma grande parte também tinha seu coração no Terceiro Reich".

No começo de 1933, desembarcou em Buenos Aires o embaixador designado por Hitler, barão Edmund Freiherr von Thermann, um alto chefe da SS que foi calorosamente recebido pelos legionários Marcelo Sánchez Sorondo e Juan Carlos "El Bebe" Goyeneche. O barão era acompanhado por um proeminente membro da Gestapo, Karl Arnold, que fez de um café da Calle Florida o centro de suas atividades, do mesmo modo que Hitler havia usado, em seus primeiros tempos de conspirador, uma cervejaria de Munique.

Em fevereiro de 1933 — justamente quando, depois do incêndio do Reichstag, Hitler iniciou uma feroz perseguição aos comunistas e consolidou sua ditadura — o chefe regional do NSDAP, Willi Köhn, um professor que até então havia vivido no Chile, assumiu a direção da seção argentina do partido, à qual deu grande impulso. No princípio de abril conseguiu reunir mais de 50 entidades alemãs em um ato no qual se cantou o hino hitlerista, *Horst Wessel*.

Em maio, o vice-presidente argentino Julio Roca (filho) firmou em Londres o pacto Roca-Runciman, segundo o qual, na divisão internacional do trabalho, a Argentina ficou definida como provedora de grãos, couros e carnes do Império Britânico. Roca se jactou do acordo ao declarar que seu país era "a pérola mais preciosa da Coroa", palavras que explicam suficientemente por que a Grã-Bretanha ia apoiar até o último momento a neutralidade argentina durante a conflagração mundial, cujos negros contornos começavam a esboçar-se.

Um dos membros da comitiva que havia ido curvar-se diante da Coroa britânica, o primeiro-tenente Alberto de Oliveira Cézar encabeçou, em setembro, e sem manifestar contradição alguma, a marcha de três mil legionários uniformizados pelas ruas de Buenos Aires, em homenagem ao deposto Uriburu. No mês seguinte, as organizações fascistas se fundiram na Guarda Argentina, cuja presidência foi oferecida ao prestigioso poeta Leopoldo Lugones.

UM REI NAZISTA

Não era de espantar que um número significativo de pró-britânicos argentinos simpatizasse com o fascismo. Afinal, também era fascista parcela importante da nobreza inglesa e dos *tories* — conservadores — alguns dos quais, como lorde Rothermere, haviam estimulado sir Oswald Mosley a fundar o Partido Fascista Britânico.

A promiscuidade entre Londres e o Terceiro Reich chegou ao paroxismo quando, em janeiro de 1936, Eduardo de Windsor foi coroado

Eduardo VIII. Embora tenha sido levado a renunciar ao trono antes do fim do ano, supostamente por causa de seu romance com uma americana divorciada e de aspecto andrógino, Wallis Simpson, na realidade — como acaba de provar a documentada obra de Martin Allen, *El rey traidor* — ambos eram nazistas fanáticos, de maneira que a renúncia do efêmero monarca foi uma questão de Estado, impulsionada pelo primeiro-ministro Stanley Baldwin.

Eduardo VIII leu seu discurso de abdicação no Castelo de Windsor. Enquanto isso, diante do Palácio de Buckingham, em pleno centro de Londres, e na frente da Câmara dos Comuns centenas de "camisas-pardas" do partido de Mosley davam vivas com o braço para cima ao monarca renunciante e pediam a cabeça de Baldwin. No dia seguinte, os fascistas se concentraram em Stepney. Ali, e perante três mil partidários vociferantes, Mosley exigiu que a abdicação fosse submetida a plebiscito. No fim do *meeting*, seus seguidores quebraram vidraças e janelas e entraram em confronto de rua com militantes da esquerda trabalhista e comunistas. Depois da abdicação, Eduardo viajou com a mulher a Veneza, onde foram recebidos por Mussolini, e depois à Pomerânia, onde visitaram o quartel-general de uma das divisões SS. Após o giro, o ex-monarca passou a atuar como oficial de ligação da delegação militar britânica em Paris. Segundo o texto de Allen, nessa representação inspecionou os 1.500 quilômetros de defesas francesas na fronteira com a Alemanha e fez anotações detalhadas, que logo entregou a Charles Bedaux, um riquíssimo homem de negócios, simpatizante dos nazistas, que, por sua vez, as repassou para Berlim.

O PAPEL DO VATICANO

O *crack* de 1929 e a subsequente crise mundial atingiram tanto a Argentina quanto a Alemanha. Na Argentina, provocou a derrubada do presidente Yrigoyen, origem da chamada "década infame", durante a qual a ditadura militar foi sucedida por governos conservadores surgidos da mais descarada fraude eleitoral, ambiente em que as redes nazistas conseguiram enraizar-se.

As políticas implementadas na Alemanha pelo chanceler Heinrich Brünning agravaram os efeitos do *crack*. Em julho de 1931, eclodiu uma aguda crise monetária e bancária e em setembro o governo estudou a possibilidade de abandonar o padrão-ouro, medida que a Inglaterra já havia adotado, mas Brünning, um hipermonetarista disposto a tudo para alcançar o equilíbrio fiscal, recusou-se totalmente, agitando o fantasma da hiperinflação de 1923.

O governo alemão ordenou, em dezembro, uma redução geral dos preços, uma deflação por decreto. A crise, porém, estancou a produção industrial. Durante 1931, os salários foram reduzidos em três oportunidades e foram impostos novos gravames, inclusive em relação ao celibato. No ano seguinte, em meio a uma fuga de capitais, a maior parte dos alemães passava fome, a taxa de criminalidade havia duplicado com relação à do quinquênio anterior e a de suicídios se quadruplicou em relação ao índice do início da República de Weimar.

No começo de 1933, o desemprego chegou a 40% e os confrontos de rua entre nazistas e comunistas eram cotidianos. Quando uma nação afunda nas piores situações, alguém tira proveito, e foi durante esses anos de aguda crise que teve lugar a vertiginosa ascensão de Hitler. O movimento se iniciou em 1929, quando de um dia para o outro Hitler começou a dispor de grandes somas de dinheiro e iniciou a construção do Berghof, uma residência então relativamente modesta na paisagem alpina de Obersalzberg. Até aquele momento, havia sido pouco mais do que um pé-rapado. Nunca se explicou claramente a origem de seus recursos; conjectura-se que Hitler havia firmado um acordo secreto com industriais poderosos. Ainda que isso tivesse acontecido — e tudo indica que sim —, mesmo assim falta responder por que os donos do capital se inclinaram, subitamente, por um facínora plebeu.

No fim de maio de 1944, um especialista do exército norte-americano, Harvey M. Berg, apresentou ao seu comandante uma tese que o surpreendeu. Berg lembra que os serviços de inteligência do Exército guardaram seu trabalho imediatamente "a sete chaves", e isso porque ele sugeria que a origem da prosperidade de Hitler devia ser buscada no forte apoio recebido do então núncio papal em Berlim, monsenhor Eugenio Pacelli, o mesmo que durante a guerra iria converter-se no Papa Pio XII.

A ascensão de Hitler produziu-se em etapas. Em setembro de 1930, o NSDAP conseguiu superar a barreira dos 18% dos sufrágios, número que o converteu na segunda força eleitoral da Alemanha. O historiador canadense Robert Gellately, autor de *No sólo Hitler*, destaca que naquela ocasião a Alemanha era o país menos antissemita do continente europeu e que "os judeus da Alemanha eram invejados pelos da Europa Central e do Leste", com motivos de sobra, pois "durante os anos da República de Weimar [eles] haviam tido mais oportunidades sociais para atuar como juízes ou acadêmicos na Alemanha do que nos Estados Unidos".

Após as eleições de novembro de 1932, nas quais o NSDAP perdeu dois milhões de votos, não poucos deles para os comunistas, o aristocrático ex-chanceler Franz von Papen propôs a Hitler um golpe palaciano. Tratava-se de provocar a queda do governo do general Kurt von Schleicher — a quem a SS iria assassinar menos de dois anos depois, aproveitando a confusão da "noite dos longos punhais", o sangrento expurgo durante o qual a SS assassinou 83 rivais das SA (Sturmabteilung, Seções de Assalto do NSDAP) — e de convencer o presidente do Reich, o marechal Paul von Hindenburg, a nomear Hitler chanceler e Von Papen vice-chanceler. Com efeito, Von Hindenburg designou Hitler chanceler em janeiro e foi assim que o dinheiro dos grandes industriais começou a inundar os cofres do partido. Ainda assim, e apesar da óbvia vantagem com relação aos candidatos que concorriam com ele, o NSDAP ganhou as eleições de março por uma margem muito estreita, já que o eleitorado se havia polarizado entre aqueles que apoiavam a ascensão de Hitler e aqueles que resistiam a isso: comunistas, social-democratas e, sobretudo, os católicos agrupados no Partido de Centro, que, tendo obtido quatro milhões e meio de votos, saiu do pleito como a segunda força eleitoral do país.

Nessa ocasião, concluídos seus 11 anos de trabalho na Alemanha, monsenhor Pacelli havia passado a atuar como secretário de Estado do Vaticano. Apesar de sua minguada representatividade, durante os primeiros seis meses de governo Hitler não agiu de forma correta. De modo algum. Ordenou o boicote aos comerciantes judeus, mandou expulsar docentes, advogados e médicos dessa origem de seus empregos e exigiu a expulsão das universidades de todos os alunos e professores com ancestrais hebreus. Por causa dessas perseguições e do escárnio público dos católicos por parte dos "camisas-pardas", o Papa Pio XI condenou "o paganismo anticristão" dos nazistas em sua encíclica *Com ardente preocupação*. No entanto, e como se nada houvesse acontecido, em 20 de julho daquele ano, Von Papen, como representante de Hitler, e o monsenhor Pacelli, em nome do Papa, firmaram, com toda solenidade, um acordo, o primeiro subscrito pela Alemanha e o Papado desde a reforma luterana. O texto deixou estupefatos os católicos alemães que se opunham às novas leis nazistas de esterilização compulsiva de quem padecesse de qualquer enfermidade hereditária, diante das quais, por certo, nem o Papa nem *L'Observatore Romano* haviam feito o menor comentário.

A fórmula para o juramento dos bispos alemães disposta no acordo incluía, ademais, um compromisso de fidelidade ao Reich. Um acordo semelhante só podia ter uma leitura: o Vaticano estendia ao *Führer* pagão o apoio outorgado a Mussolini, considerando-o a barreira mais eficaz para deter a expansão comunista. Erich Klausener, presidente da Ação Católica, negou-se a se subordinar ao regime, decisão que, como aconteceu ao general Von Schleicher, lhe custaria a vida em princípios de julho de 1934, quando esbirros nazistas o assassinaram, aproveitando "a noite dos longos punhais".

Apesar da oposição de Klausener, em setembro de 1933 o Vaticano ratificou o acordo, convalidando a obediência a Hitler de cardeais e bispos, que se encarregaram de disciplinar os sacerdotes, que, por sua vez, diluíram as resistências da massa católica à maré parda, rompendo assim o bloco opositor. Desse modo, quando foram realizadas as eleições seguintes, em novembro, Hitler, que já havia lançado uma feroz repressão contra comunistas, social-democratas e judeus, obteve os surpreendentes 90% dos sufrágios.

"Os nazistas eram o partido da depressão. O desemprego lhes dava votos. Eram um grupo marginal nos anos 1920 e só alcançaram peso eleitoral em 1930, com a deterioração das condições econômicas. Conquistaram ainda mais assentos no Reichstag na primeira eleição de 1932, mas perderam na segunda desse mesmo ano, quando parecia que a situação estava melhorando", escrevem os economistas Barry Eichengreen e Peter Temin, que acreditam que o nazismo não teria chegado ao poder se o governo alemão tivesse resolvido afastar-se do padrão-ouro e adotar medidas econômicas expansivas, semelhantes às que o presidente Franklin Delano Roosevelt logo implementaria nos Estados Unidos.

Assim que assumiram o governo, os nazistas divulgaram amplamente, por meio do rádio e do cinema, a inauguração do primeiro *lager*, o "campo de reeducação", em Dachau. A propaganda destacava que aquelas barracas nos arredores de Munique transbordavam de comunistas, espartaquistas, anarquistas e outros "vermelhos" inimigos do Estado, com o óbvio propósito de intimidar os adversários do regime. Todavia, essas flagrantes violações dos direitos humanos foram indiferentes para a maioria, tão logo a taxa anual de crescimento da economia superou os dois dígitos em 1934, dando início a um processo de redução do índice de desemprego, que nas vésperas da guerra era praticamente igual a zero. Não apenas a maioria dos alemães olhou para o outro lado: monsenhor Pacelli também sofreu de estrabismo diante da repressão exercida contra hebreus e opositores e, depois de convertido no Papa Pio XII, diante das matanças perpetradas pelas hordas hitleristas.

O AVÔ BUSH

Outro importante patrocinador e beneficiário da ascensão de Hitler foi Prescott Bush, avô do ex-presidente americano George W. Bush. Em *George Bush. The unauthorized biography*, Webster G. Tarpley e Anton Chaitkin afirmam que "a fortuna da família do (ex) presidente (dos Estados Unidos) foi, em grande medida, resultado do projeto de Hitler". Prescott Bush "desempenhou um papel central em financiar e armar Adolf Hitler para a tomada do poder na Alemanha, financiar e gerir as indústrias de guerra nazistas para a conquista da Europa e a guerra contra os Estados Unidos e desenvolver as teorias genocidas e a propaganda racista nazista com os resultados conhecidos". Para fundamentá-lo, destacam que, desde os anos 1920 até bem entrados os anos 1940, o avô Bush foi sócio executivo da *holding* BBH — Brown Brothers Harriman — e diretor de um de seus componentes, o UBC — Union Banking Corporation. O UBC, em sociedade com Bert Walker, controlava outra unidade da *holding*, a companhia de navegação Hamburg-Amerika Line, que, "em muitos sentidos, foi a essência de todo o projeto de Hitler". Outra subsidiária do grupo BBH, a Harriman International Co., firmou um acordo com Hitler em maio de

1933, quando o *Führer* terminava de consolidar sua ditadura, que a converteu em coordenadora das exportações alemãs para os Estados Unidos.

O UBC — em cuja direção, além de Prescott Bush e Roland Harriman, figuravam três executivos alemães, H.J. Kouwenhoven, Cornelis Lievense e Johann G. Groeniger — geria as operações bancárias de Fritz Thyssen fora da Alemanha. E mais. Kouwenhoven, que atuava como delegado de Thyssen nos Estados Unidos, admitiu, em seu livro *Yo pagué a Hitler*, ter financiado o movimento nazista desde 1923, quando investiu cem mil marcos-ouro no frustrado *putsch* com o qual Hitler tentou tomar o poder.

Em outubro de 1942, dez meses depois de iniciar sua participação na guerra, o governo dos Estados Unidos, diante da evidência de que o UBC transferia fundos da Alemanha para Nova York e vice-versa, aplicou a Lei de Comércio com o Inimigo ao banco. Todavia, a Casa Branca não divulgou os detalhes da investigação senão ao Senado e depois de terminada a guerra. Os agentes do FBI e do Tesouro estavam a par, quase desde o início, dos estreitos vínculos entre o UBC e a German Steel Trust de Thyssen, gigantesco conglomerado industrial que abasteceu o Terceiro Reich com 50,8% de seu consumo de ferro fundido, 41,4% de blindagens correntes e 36% de blindagens pesadas, 38,5% de lâminas galvanizadas, 45% de dutos e tubulações, 22,1% de arame e 35% de explosivos, segundo revelou o informe do Senado.

Em 28 de outubro de 1942, o governo americano, aplicando aquela lei, confiscou as ações de duas firmas de fachada dos nazistas, a Holland-American Trading Corporation e a Seamless Steel Equipment Corporation, ambas controladas pelo UBC. E em 17 de novembro fez o mesmo com a Silesian-American Corporation, dirigida por Prescott Bush e seu sogro George Walker. A ordem de confisco afirmava que a Silesian era "uma *holding* estadunidense com subsidiárias alemãs e polonesas, que possui importantes e valiosas minas de carvão e de zinco na Silésia, Polônia e Alemanha", destacando que "desde setembro de 1939 essas propriedades estão em poder do governo alemão, que as administra, e sem dúvida contribuíram consideravelmente para o esforço de guerra desse país".

O avô Bush não era, de modo algum, um caso excepcional entre os grandes empresários americanos. Henry Ford, autor do libelo *O judeu internacional*, havia sido condecorado em 1936 por Hitler que, quase às lágrimas, o havia chamado de "meu mentor e meu mestre". E o aviador Charles Lindbergh, um dos personagens mais populares da época, era franco e aberto propagandista do regime nazista. O antissemitismo, por certo, tampouco era estranho ao governo democrata. Pouco antes da eclosão da guerra, o presidente Roosevelt nomeou embaixador em Londres Joseph Kennedy, "o pai mafioso do clã, conhecido antissemita, desinibido militante da causa nazista, amigo dos chefes nazistas, negociante ávido para defender os interesses nazistas, uma vergonha nacional", conforme o descreve enfáticamente Daniel Muchnik, autor de *Negócios son negócios. Los empresarios que financiaron a Hitler*.

Os grandes empresários americanos temiam os protestos operários e a mobilização sindical sob as bandeiras vermelhas e viam em Hitler o único dirigente mundial capaz de conter o comunismo. Não é só isso: admiravam a pujança industrial de uma Alemanha que se rearmava a toda velocidade. Porque, à medida que o desemprego se reduzia durante os seis anos do governo de Hitler até a eclosão da guerra, também se registrou um processo de enorme concentração econômica. Em 1942, quando a iniciativa da guerra mudou de lado, o número de sociedades anônimas alemãs com capital superior a 50 milhões de marcos se havia reduzido a 107, uns 2% do total. E essas S.A. tinham um capital conjunto de 14 bilhões de marcos, quase a metade — 48,4% — do patrimônio total. Em outras palavras, 2% das sociedades controlavam praticamente a metade dos negócios.

Nesse período, os grandes capitalistas industriais triplicaram o volume de suas operações. A Deutsche Waffen und Munitionsfabrik (Fábrica Alemã de Armas e Munição) passou de 2,6 milhões de marcos em termos de ingressos em 1932 à bagatela de 44,9 milhões em 1939.

Quando a guerra terminou, o presidente da patronal alemã Gustav Krupp admitiria a seus inquisidores americanos que "tínhamos a impressão de que Hitler nos daria a possibilidade de um desenvolvimento sadio e, por outra parte, o fez. (...) Nessa luta implacável para mantermo-nos à superfície, pelo pão e pelo poder, necessitávamos ser dirigidos por uma mão forte e dura, e a de Hitler era. Depois dos anos passados sob seu governo, todos nós nos encontrávamos muito mais satisfeitos: queríamos um sistema que funcionasse bem e que nos desse a oportunidade de trabalhar tranquilamente". E diante de perguntas relativas à mão de obra escrava e ao extermínio em massa de judeus, Krupp encolheu os ombros e recordou o velho ditado: "A cavalo dado não se olham os dentes."

"Depois da guerra foram condenados alguns dos chefes, quase todos militares, do hitlerismo. Mas não se mexeu em nada, nem se investigaram as responsabilidades dos grandes capitalistas beneficiados pelo regime nazista e pela guerra mundial", sintetiza Corbière.

E-DIENST E ABWHER

Sigilosamente, a Kriegsmarine pôs em funcionamento a E-Dienst no fim de 1930, quando os chefes do OKW decidiram não mais obedecer às restrições que o Tratado de Versalhes lhes impunha em matéria de efetivos e armamento. Sua principal hipótese de guerra era um novo enfrentamento com a Grã-Bretanha, que continuava sendo, com folga, a maior potência naval do planeta. Se essa hipótese se confirmasse, a E-Dienst seria ainda mais necessária do que no passado. A rigor, seria imprescindível, pois, com a derrota, a Alemanha havia perdido suas poucas colônias.

A E-Dienst estabeleceu, paulatinamente, suas bases em países que Canaris e os demais estrategistas de Berlim consideravam que, se a guerra eclodisse, seriam aliados ou neutros. Buenos Aires foi um dos oito portos escolhidos, com Lisboa, Nova York, San Francisco, Jacarta, Valparaíso, Cidade do Cabo e Xangai. Tempos depois, em 1º de janeiro de 1935, dia em que completou 48 anos, Canaris assumiu oficialmente a chefia da Abwher (Amt Auslaunds Nachrichten Und Abwher, Divisão de Informações do Exterior e da Defesa) das mãos de outro marinheiro, Konrad Patzig, que a havia dirigido desde 1932. Sob sua influência, em 1938 a espionagem alemã se converteria em um dos cinco braços do OKW.

Excêntrico, maníaco por música, sempre preocupado com a saúde de seus dois cachorrinhos, que gozavam de acesso irrestrito a seu escritório, decorado com um enorme planisfério — e, entre outras coisas, com uma foto do Generalíssimo Francisco Franco com uma extensa dedicatória e os três célebres macacos orientais que tapam os olhos, os ouvidos e a boca, sugerindo não se ver o mal, não escutá-lo nem falar maledicências —, o pequeno almirante considerava a rede internacional de espiões a obra de sua vida, um serviço forjado à sua imagem e semelhança. Imagem que, diga-se de passagem, era quase invisível. Discípulo do misterioso coronel Nicolai, Canaris aparecia em público tão raramente quanto aquele, a tal ponto que os serviços secretos aliados duvidaram da sua existência física quando a Segunda Guerra já estava bem adiantada.

Durante o primeiro ano do nazismo, 1933, a Kriegsmarine começou a treinar abertamente tripulações de submarinos, o que provocou uma importante identificação entre o regime e a arma subaquática. À diferença do que acontecia com a frota de superfície, cujos oficiais costumavam recusar cortesmente a saudação com o braço para o alto, o regime fez o possível para fomentar a identificação do nazismo com os "lobos cinzentos", como a imprensa batizou os submarinistas. Dönitz encontrou ali uma boa oportunidade para canalizar suas reivindicações.

No começo de 1934, Hitler denunciou as restrições que o Tratado de Versalhes impunha ao rearmamento alemão, e como a reação foi menor do que a esperada — depois da enorme vitória psicológica que determinou a devolução da região do Sarre à Alemanha, em um plebiscito organizado pela Sociedade das Nações — Hermann Göring, o ás da aviação alemã, proclamou publicamente a existência da até então clandestina Luftwaffe. A partir de então teve início o recrutamento de soldados para formar um Exército de 36 divisões.

A Alemanha chegou a um acordo com Londres em 17 de junho de 1935, segundo o qual podia armar uma frota equivalente a 35% da britânica. Conseguiu também que o percentual permitido para os submarinos ascendesse a 45%. O Almirantado cedeu nesse ponto, pois os veteranos que o constituíam não acreditavam que os submergíveis, artefatos dos quais a Royal Navy tinha apenas 50, fossem muito úteis. Entre outros motivos, os desdenhavam porque desde 1918 contavam com um aparelho capaz de localizá-los, o Asdic (Allied Submarine Detection Investigation Committe), que emitia um som e interpretava os ecos que produzia ao ricochetear contra objetos submersos, aparelho que os americanos rebatizaram de sonar. Como o tempo se encarregaria de demonstrar, subestimar o rearmamento alemão ia custar muito caro aos britânicos.

Quando se firmou o acordo bilateral, Dönitz já dispunha de peças suficientes — fabricadas na Holanda, Finlândia e Espanha — para montar dez submarinos pequenos. E o OKM previa a construção de outros, maiores, de acordo com o desenho de um modelo desenvolvido por engenheiros alemães na Finlândia, chamado Vetehinen.

"É o dia mais feliz da minha vida", disse Hitler ao almirante Raeder, assim que Von Ribbentrop lhe informou, de Londres, a assinatura do tratado, no mesmo dia — 18 de junho — em que se comemoravam os 120 anos da derrota de Napoleão em Waterloo. Hitler interpretou o acordo como o sinal de largada para uma frenética corrida de construção de centenas de navios. Sem esperar um minuto, nesse mesmo dia foi lançado nos estaleiros de Kiel o primeiro submarino do pós-guerra, construído em segredo e batizado, dez dias mais tarde, de U-1. Deslocava 254 toneladas e não servia para muito mais do que patrulhar as águas costeiras, razão pela qual construiu-se apenas mais um do mesmo tipo. Em compensação, os que o seguiram, da classe II, deslocavam 279 toneladas e em sua versão B carregavam três tubos lança-torpedos, que transportavam seis projéteis na proa, alcançavam uma velocidade máxima na superfície de 13 nós e tinham um raio de autonomia de quase três mil quilômetros. Segundo Dönitz, eram "embarcações simples e bem-acabadas, embora muito pequenas".

O DESENVOLVIMENTO DA FROTA

No fim de setembro, Dönitz foi nomeado por Raeder chefe da reluzente frota de U-Bootes que, naquele momento, chegava a dez unidades. "De corpo e alma sou, uma vez mais, um tripulante de submarinos", anotou, exultante, em seu diário. Desde que Dönitz assumira o comando dos Cavaleiros das Profundezas, como gostava que os comandantes dos U-Bootes os chamassem, a construção dos submarinos da classe VII se intensificou. Dönitz se esforçou em dotá-los de mais e melhor armamento, de maior velocidade e autonomia. Enquanto procurava convencer o reticente almirante Raeder de que os U-Bootes eram armas ofensivas como jamais os navios de superfície poderiam ser, e que era um erro grosseiro acreditar que sua maior utilidade fosse o transporte de material estratégico, Dönitz submeteu as tripulações a duros treinamentos — reduziu a distância de disparo de torpedos para 600 metros, contra os três quilômetros com os quais elas se exercitavam anteriormente — e gravou em suas mentes a premissa de que "o submarino é essencialmente uma arma de ataque".

O "Tio Karl" costumava participar pessoalmente dos treinamentos e ridicularizar diante de seus subordinados a suposta infalibilidade do sonar com o argumento de que era incapaz de detectar os U-Bootes na superfície, onde, ao fim e ao cabo, permaneciam quase todo o tempo. Dönitz ansiava por uma frota numerosa de submarinos ágeis, mas o OKM continuava pensando em navios que, como na Primeira Guerra, navegavam, detectavam e atacavam suas presas individualmente. Dessa maneira, planejava construir enormes submarinos de duas mil toneladas, como os que o Japão fabricava. A diplomática, porém firme, oposição de Dönitz a esse rumo, somada ao alto custo do ferro, paralisou esse planejamento a tal ponto que, se em 1936 haviam sido construídos 21 U-Bootes, em 1937 só se conseguiu lançar um.

Fiel a seu estilo, Hitler saudou pessoalmente a polêmica em 1938, quando ordenou a construção de uma frota de superfície colossal. Tão grande que se tivesse sido colocada em ação teria consumido mais petróleo do que todo o que fora consumido pela Alemanha durante esse ano. Tamanho desatino fez com que Dönitz afundasse no desânimo: considerava impossível que Londres assistisse indiferente à construção de uma frota semelhante. E, estourando a guerra com a Inglaterra, seria imprescindível contar ao menos com 300 submarinos, de modo a garantir que cem percorressem permanentemente o Atlântico para estrangular a economia britânica. Seu cálculo era simples: dois terços da frota permaneceriam fora de combate, quer fora no porto, em dique seco, aprovisionando-se, de regresso a casa ou no caminho do teatro de operações. Porém, chegar aos ambicionados 300 U-Bootes era, ele sabia, ao menos no curto prazo, uma meta impossível.

NIEBUHR

A atividade da E-Dienst adquiriu novo impulso a partir do momento em que Hitler foi nomeado chanceler em janeiro de 1933 e o capitão de mar e guerra Werner Stophasius foi colocado à frente da rede. Ao término da guerra, Stophasius diria que seu "melhor funcionamento foi alcançado na Argentina, onde foi equipado com um bom número de petroleiros abastecedores".

Desde antes do conflito o chefe da E-Dienst em Buenos Aires era o capitão de fragata da reserva Dietrich Niebuhr, dirigente da empresa Coarico, sociedade que representava as fábricas alemãs de armamento. Era, além disso, primo de Karl Niebuhr, diretor de 18 companhias que constituíam o miolo das inversões alemãs na Argentina. Ele havia começado a atuar oficiosamente como adjunto à embaixada da Alemanha em 1932 e pouco depois esteve em Berlim para cursar um programa intensivo de inteligência na Kriegsmarine. A seguir, de volta ao serviço ativo e como capitão de mar e guerra, passou a chefiar o Serviço de Informações Navais, cuja central funcionava na base de Kiel. Ali, estreitou laços com Canaris, um velho amigo da família.

No fim de 1936, Niebuhr regressou a Buenos Aires como adido naval, cargo que encobria a direção da E-Dienst para o Cone Sul, incluindo o sul do Brasil. A rede tinha como principal teatro de operações os mais de cinco mil quilômetros de linha costeira retilínea da Patagônia argentino-chilena, sem contar pequenas enseadas e fiordes, uma frente incrivelmente longa, comparável à distância que separa a Irlanda dos Estados Unidos. Ao longo dessa costa praticamente desabitada havia numerosas estâncias e sucursais da empresa Lahusen que podiam lhes servir de base.

Quase todos os membros da rede eram cidadãos alemães, a maior parte empregados em estaleiros e companhias de navegação, que atuavam por sentimentos patrióticos, motivo pelo qual só eram remunerados pelos gastos que faziam. O caso de Rodolfo Hepe e Antonio Delfino, dois homens de cidadania argentina e muito boa posição econômica, foi excepcional. O último participava da direção da companhia de navegação familiar Antonio M. Delfino y Cía., filial da Hamburg-Amerika Line e parte integrante do conglomerado Thyssen.

VERMELHOS CONTRA AZUIS, PARDOS E NEGROS

No começo de 1936, Buenos Aires foi cenário de uma grande agitação operária, iniciada por uma greve de trabalhadores da construção, e de sua feroz repressão. Em meados do ano, o início da guerra civil na Espanha comoveu o país e serviu de divisor de águas entre dois lados irreconciliáveis: nacionalistas e republicanos, fascistas e antifascistas. Os residentes espanhóis e seus amigos argentinos de ambos os lados costumavam se enfrentar fisicamente e promover verdadeiras batalhas campais nas imediações da Avenida de Maio, no centro da cidade. As coletas públicas e maciças para auxiliar o governo constitucional e a ida de voluntários para integrar as brigadas internacionais se sucediam, enquanto as escancaradas atividades nazistas chegavam a seu apogeu graças à cumplicidade do governador conservador da Província de Buenos Aires, Manuel Fresco, e de grande parte da alta oficialidade do Exército e da Marinha. Isso chegou a tal ponto que em 1937 um batalhão de residentes alemães, composto por companhias de infantaria e cavalaria, desfilou com uniformes da Wehrmacht, em meio a tambores, entre Banfield e Burzaco, duas localidades ao sul da cidade de Buenos Aires.

O jornalista e militante comunista Ernesto Giudici denunciou aquele desfile no diário *Crítica*. No ano seguinte, publicou seu livro *Hitler conquista a América*, que reproduzia dez fotos do ato: "Os soldados e oficiais marchavam com uniformes e grandes estandartes com a cruz gamada. O 'Estado-Maior' alemão na Argentina atuava em nome do Estado-Maior do Reich. No fim, cantou-se o Hino da Nova Alemanha: 'Hoje a Alemanha já é nossa/Amanhã o mundo inteiro o será.'" Para Giudici era evidente que a Alemanha pretendia se apoderar da metade da América do Sul e em particular da Patagônia, "regiões claramente delimitadas e que estavam destinadas à *Gross Deutschland*".

Ele não estava equivocado. A recomendação de Canaris não havia sido em vão. O interessse alemão pela Patagônia foi comprovado com a visita do encouraçado *Schelessien* a Porto Madryn e Comodoro Rivadavia em janeiro de 1938. Seu comandante, o capitão de mar e guerra Friedrich-Wilhelm Fleischer, um antigo tripulante do *Dresden* que chegaria a almirante e chefe da Frota do Mar Negro, ordenou que seus homens inspecionassem as costas em lanchas e que confraternizassem com o pessoal da empresa petroleira Astra, de origem alemã, radicada em Comodoro Rivadavia desde 1915.

Os visitantes percorreram igualmente vários dos empreendimentos das firmas Lahusen e Importadora y Exportadora de la Patagônia S.A. A primeira havia sido fundada em 1906, quando Christian Lahusen comprou a representação da companhia de navegação Hamburgo-Sudamericana, na qual o pai de Niebuhr era sócio e que havia começado a funcionar quatro anos antes. A segunda, propriedade de Mauricio Braun, possuía uma frota de cabotagem que percorria as costas patagônicas da Argentina e do Chile. Faltava pouco para que, no fim de março de 1939, a firma Lahusen fosse denunciada pelo diário *Notícias Gráficas* como parte da rede nazista. Em princípios de julho, o veterano deputado socialista Enrique Dickman formulou novas acusações no Congresso. Anos mais tarde, a CIAA (Comissão de Investigação das Atividades Antiargentinas) indicaria Niebuhr como cérebro de uma manobra por meio da qual empresas alemãs radicadas na Argentina pagaram "comissões cujos destinatários não puderam ser discriminados", num montante total de 127,4 milhões de pesos da época. Essas "comissões" haviam sido pagas no intuito de obter do Ministério da Guerra a contratação para construir instalações militares nas seis regiões — corpos do Exército — em que se subdividia o país e o assentamento da infraestrutura necessária para criar uma força aérea.

Após a visita do *Schelessien*, a maré parda tornou-se incontrolável. Em 13 de março de 1938 ocorreu o Anschluss, a anexação da Áustria pela Alemanha. Para celebrá-lo, em 10 de abril os nazistas argentinos, em sua maioria uniformizados, lotaram o estádio Luna Park e, na saída, enfrentaram, numa batalha campal, militantes antifascistas concentrados na Praça San Martín.

Em setembro, Niebuhr recebeu a ordem de ativar as redes do Brasil e da Argentina com os abundantes fundos que a embaixada alemã lhe proporcionava e instalar seu posto de comando no Rio de Janeiro. Como Canaris lhe ordenara que acabasse com as superposições entre a E-Dienst e a Abwher, Niebuhr pôs à frente da rede argentina Thilo Martens, um oficial da reserva da Kriegsmarine que atuava publicamente como representante do North German Lloyd. E para responder pela rede carioca nomeou o adido naval, capitão de mar e guerra Herbert Bohny, secundado nos bastidores por Rudolf Hans Stolz.

Martens — que se tornaria milionário e que, ao findar a guerra, não seria investigado pelas autoridades argentinas — passou a adquirir grandes reservas de petróleo. Em setembro de 1939, quando estourou a guerra, a E-Dienst platina era a estação que mais marcos havia investido com esse fim, só atrás do México e à frente de Tenerife, porto que seria vital para o reabastecimento dos U-Bootes durante a guerra.

MENTIRAS VERDADEIRAS

O general Wilhelm von Faupel era embaixador do Reich em Madri e coordenava as atividades do SD (Sicherheitsdiens, Serviço de Segurança e Informação do partido) em toda a América espanhola. Em seus anos de mocidade, havia sido instrutor militar (1911-1914) e conselheiro do Exército argentino (1921-1926) e continuava cultivando amizades entre os militares do Rio da Prata.

Em seu livro *Técnica de una traición*, cujo subtítulo é "Juan Domingo Perón e Eva Duarte, agentes do nazismo na Argentina", Silvano Santander, deputado radical antiyrigoyenista e ex-membro da CIAA, publicou uma carta que Niebuhr teria escrito a Faupel em 7 de agosto, queixando-se do "prejuízo que o traidor (Heindrich, ou Enrique) Jürgues (alemão, anarquista, operário gráfico e exímio falsificador) causa à reorientação e à intensificação da política sul-americana do governo do Reich". Ele teria explicado a Faupel que as denúncias de Jürgues haviam sido o elemento detonador para a promulgação do "decreto de proibição das organizações nacional-socialistas ditado pelo presidente (Roberto) Ortiz" em 15 de maio, medida que foi imitada pelo Uruguai e pela Bolívia. Tal proibição era um êxito pessoal do tenaz deputado Dickman e de Jürgues, seu principal informante. Ainda que Dickman tenha ampliado suas denúncias nesse mesmo ano em *La infiltración nazistafascista en Argentina*, o livro foi praticamente ignorado pelos grandes jornais e mais dois anos teriam de passar para que o Congresso, diante da comodíssima e inocultável atividade dos espiões nazistas, criasse a CIAA. Desde sua proibição, a atividade nazista proliferou como fungos depois da chuva, sob a forma de instituções desportivas, culturais e recreativas. A CIAA demonstraria, entre outras muitas coisas, que o embaixador Thermann havia financiado generosamente a agência de notícias Transocean, o diário *El Pampero*, a editora La Mazorca e outras publicações nacionalistas de menor tiragem.

Segundo a carta publicada por Santander, Niebuhr explicava a Faupel que o embaixador Thermann havia desqualificado o testemunho de

Jürgues publicamente e perante a Chancelaria argentina e que em ambas as ocasiões dissera que se tratava de um delinquente comum com extenso prontuário na Alemanha. Em consequência, solicitava que lhe fossem concedidos os meios que permitissem à Gestapo consolidar os antecedentes de Jürgues, de maneira que coincidissem com as acusações do embaixador.

Faltavam apenas três semanas para a invasão da Polônia e o começo da guerra. Niebuhr demonstrava estar a par da situação: "Deduzo de umas informações especiais do OKM que os grandes projetos de nosso *Führer* estão amadurecendo e que nos encontramos às vésperas de grandes acontecimentos militares. (...) A situação estratégica da costa patagônica e da Terra do Fogo presta-se maravilhosamente à instalação de bases de abastecimento para corsários e submarinos. A colocação em execução dos meus planos relativos a esse assunto depende de que consigamos dissipar rapidamente o clima de desconfiança fomentado contra nós pelo traidor Jürgues."

O uso do condicional deriva do fato de que a maioria dos historiadores considera essa carta apócrifa. Ao publicá-la, Santander afirmou que a instalação daquelas bases se havia concretizado e que serviram tanto para abastecer de combustível os submarinos e corsários alemães quanto "para que depois da derrota nazista chegassem submarinos misteriosos, trazendo carregamento de pessoas e valores consideráveis".

Embora fosse um pesquisador da atividade nazista infinitamente mais sério que do Santander, o judeu Dickman seria denegrido pela *intelligentzia* argentina, uma vez que, longe de opor-se a Perón, foi um dos fundadores do PSRN (Partido Socialista da Revolução Nacional), que apoiou seu governo a partir da esquerda.

Celebrado por aqueles que derrubaram Perón, o exaltado Santander foi o primeiro a colocar em circulação a versão de uma inverossímil colaboração de Eva Duarte, com apenas 21 anos, com a espionagem alemã em datas muito recuadas, a partir de 1941. E o fez também com base em traduções de cartas encontradas em Berlim pelos Aliados, que, como aquela, revelaram-se apócrifas.

O descrédito de Santander foi aproveitado por outros furiosos antiperonistas, como o almirante golpista Isaac Francisco Rojas, para descartar sumariamente a informação de que "pessoas e valores elevados" haviam chegado às praias argentinas, o que equivale a jogar fora a criança com a água suja.

Como já se verá, essas negativas não foram mais do que uma cortina de fumaça intencional. Por certo, o estabelecimento de bases no litoral patagônico não era, em absoluto, necessário, já que os alemães contavam com as instalações da firma Lahusen e com a empresa de petróleo Astra no porto de águas profundas de Caleta Olivia, onde — como se gabaria o chefe da E-Dienst, Stophasius — um grande número de navios petroleiros argentinos estava em condições de servir de abastecedores para as embarcações alemãs.[5]

INFRA-HUMANOS

Desde a assinatura de um acordo de não agressão pelos ministros das Relações Exteriores da Alemanha e da União Soviética, Von Ribbentrop e Viacheslav Molotov, no início de 1939, Hitler se sentia com as mãos livres para submeter a Polônia. A partir desse momento, conforme reconheceu mais para o fim da guerra, teve a clareza de que mais cedo ou mais tarde seria imprescindível atacar a União Soviética. A Polônia era simplesmente uma etapa na expansão do Reich. Como não havia sofrido maiores problemas políticos ou militares ao anexar a Áustria e em seguida, em março, grande parte da Tchecoslováquia, Hitler acreditava que podia se lançar, impunemente, sobre um novo bocado. Com esse propósito, reuniu seus generais em 22 de maio no Berghof, onde lhes informou de sua decisão, mandando-os atualizar os planos para a invasão da Polônia, que o OKW, pouco tempo atrás, havia previsto para 1941.

Se bem que houve uma encenação de uma suposta agressão polonesa à guisa de pretexto, nesse momento Hitler não se imiscuía demasiadamente nos aspectos técnicos, deixando a Guderian e aos demais generais a tarefa de planificar a *Blitzkrieg* — guerra relâmpago — e concentrando-se em enviar ordens secretas ao *Reichführer* Henrich Himmler, chefe do RSHA — do qual dependiam, entre outros corpos, a Gestapo e o SD — e da SS. Após a dissolução das rivais SA, por ocasião da "noite dos longos punhais", como braço militar do partido, a SS monopolizou a administração do terror entre os adversários do regime. Hitler queria assegurar-se de que a nação polonesa fosse literalmente varrida do mapa e assim o disse a Himmler. Para garantir esse objetivo, era imprescindível exterminar a nobreza e os intelectuais poloneses, de modo a reduzir o povo simples à condição de hilotas ou infra-homens — *untermenschen*. Estava claro que o controle territorial da Polônia supunha que mais de três milhões de judeus poloneses fossem eliminados, mas Hitler julgava que isso devia ser feito paulatinamente e sem chamar a atenção. Naquele momento, a prioridade absoluta eram os militantes do Partido Comunista Polonês.

Aperfeiçoando a tática empregada na Tchecoslováquia, a cada um dos comandos dos cinco corpos ou divisões do Exército invasor foi acrescentado um Eisatzgruppen SS, composto de cinco Eisatzkommand de 150 homens. Assim, uns 3.750 soldados de uniforme negro se dedicaram ao que os nazistas chamaram de a "desratização" da Polônia. A faxina acabou com a imensa maioria dos judeus — 10% da população — e ciganos, assim como com dois milhões de poloneses católicos. A SS atuou sob as ordens do general SS Reihardt Heydrich, que dependia diretamente de Himmler. Criador do SD e suposto "protetor" dos territórios conquistados, Heydrich — louro, de olhos azuis, rasgados e glaciais —, cuja fúria homicida guardava direta relação com os fortes rumores que lhe atribuíam ancestrais judeus, recrutou como carrascos voluntários uma quantidade considerável de poloneses, tão ou mais judeófobos do que os nazistas alemães.

A RAF ATACA KIEL

A invasão começou em 1º de setembro de 1939. O grande almirante Erich Raeder, comandante em chefe da Kriegsmarine, ficou aturdido quando, depois de uma tensa pausa de dois dias, a Grã-Bretanha declarou guerra à Alemanha. O veterano marinheiro havia acreditado na análise de Hitler, segundo a qual Londres toleraria a invasão sem outra reação senão protestos. Pensava que se a Grã-Bretanha se atrevesse a declarar guerra à Alemanha, isso ocorreria muito depois, talvez anos mais tarde. Para a Marinha alemã, a declaração de guerra foi uma notícia brutal. Ela, simplesmente, não estava preparada para enfrentar a Royal Navy. Diante dos 350 navios de superfície ingleses e franceses, contava com apenas 50 e com cinco vezes menos destróieres e lanchas torpedeiras. Carecia de aviões adequados e de porta-aviões, enquanto a Royal Navy contava com seis. A Kriegsmarine dispunha de apenas dois "encouraçados de bolso" modernos, que pouco significavam diante dos 15 do Almirantado.

O chefe da esquadra submarina, o comodoro Karl Dönitz, sustentava que "todas as grandes guerras foram decididas nos mares. Portanto, quem dominar o mar dominará o mundo". Imbuído dessa sucinta filosofia, havia advertido Raeder, em julho, de que a Alemanha não estava em condições de enfrentar os britânicos em mar aberto. E para que seus U-Bootes tivessem alguma chance de cortar as provisões da Inglaterra, necessitaria de pelo menos 300 deles, quase seis vezes mais do que os 57 com os quais contava.

A razão da antecipação da data da invasão a Polônia, que se revelaria mais tarde como uma péssima decisão militar, está envolta em brumas. Aficionado aos horóscopos, Hitler, ao que parece, tomou a decisão sozinho, ou, melhor dizendo, em companhia de oráculos. Sua ideia de que a Inglaterra toleraria a invasão da Polônia sem reagir também parece ter a mesma origem, pois contrariava a lógica mais elementar.

O Reino Unido baseava sua economia imperial na importação a baixo preço de matérias-primas de suas colônias, as reelaborava e exportava como mercadorias, às vezes a um preço mil vezes superior. Essa cadeia tornava imprescindível uma enorme frota mercante e de navios de guerra, cuja missão consistia basicamente em manter a ordem marítima e garantir que as colônias concordassem em vender a baixo preço e comprar a preços elevados. Caso eclodisse alguma revolta, a Royal Navy se encarregava de transportar tropas para sufocá-la ou de bombardear os portos rebeldes. Essa ordem, ainda que com altos e baixos, vigorava havia mais de três séculos. E era evidente que para alterá-la era imprescindível contar com uma frota de guerra capaz de enfrentar a britânica.

Quando a Alemanha invadiu a Polônia, Dönitz aguardou com nervosismo a reação britânica na base de Swinemünde, em Wilhelmshaven, no Mar do Norte. Londres declarou guerra num domingo e na tarde de segunda-feira Kiel, a base mais importante da Kriegsmarine, foi atacada por uma esquadrilha de 29 bombardeiros da Royal Air Force. Foi um ataque mais teatral do que efetivo: os projéteis alcançaram o encouraçado de bolso *Admiral Scheer*, ricochetearam em seu convés e caíram no mar, onde explodiram sem maiores consequências para a embarcação. E se bem que o cruzador *Emdem* tenha sido seriamente danificado, isso aconteceu porque um dos bombardeiros ingleses se chocou contra sua lateral. E por certo a RAF não saiu ilesa do confronto: sete de seus aviões foram derrubados.

A guerra encontrou Dönitz com um pequeno grupo de colaboradores, que teve de ser ampliado de imediato. Em 19 de setembro, apresentou-se à equipe ampliada aquele que seria seu lugar-tenente até o fim da guerra, o então capitão de corveta Eberhardt Godt. Dönitz batizou o grupo de BdU — Bureau de Submarinos — e nomeou o capitão de mar e guerra Victor Oehrn como *admiralstabsoffizier*. O BdU estava subdividido em dois departamentos: o BdU-Op (Comando Tático), encarregado das operações no Atlântico, no Mar do Norte e no Índico (para outros teatros de operações, como o Mediterrâneo, o Ártico, o Báltico e o Mar Negro, foram sendo criados comandos especiais); e o BdU-Org, que se encarregava da organização interna e do treinamento das tripulações.

Aquele foi um dia de euforia para Dönitz, pois o U-29, sob o comando do capitão de corveta Otto Schuhart, torpedeou e afundou o encouraçado britânico *HMS Courageous*, de quase 22,5 mil toneladas. Foi um golpe clamoroso, porque depois do bombardeio da base de Kiel as hostilidades haviam entrado em um impasse. A RAF se limitava a lançar sobre as cidades alemãs folhetos que procuravam convencer a população de que Hitler a levaria pela rua da amargura. Os alemães aproveitaram a inesperada trégua para consolidar seu tirânico domínio nas planícies polonesas.

Como alguns generais do Exército, o almirante Canaris se surpreendeu com o procedimento bestial da SS, entregue a uma orgia de destruição. Uma semana depois de iniciada a *blitzkrieg*, ele se queixou por escrito ao comandante em chefe das forças alemãs na Polônia, general Karl Heinrich von Stülpnagel. Considerava prejudicial para a causa que Himmler se orgulhasse publicamente de "mandar fuzilar diariamente 200 poloneses".

GENOCÍDIO

Heydrich começava a ser conhecido como "O arcanjo da morte". E não era por acaso. Para desmoralizar os resistentes, o vice-rei do *Reichsführer* ordenou a prisão de 518 dos 690 religiosos da diocese de Hulm-Pelplin e mandou fuzilar imediatamente 214. Enquanto isso, a Gestapo infundia o terror na retaguarda, aplicando aos detidos rotineiramente o *sonderhandlung* — tratamento especial —, isto é, executá-los durante supostas tentativas de evasão, procedimento também conhecido como "lei de fugas".

Em 27 de setembro, após uma série de fuzilamentos em massa de professores universitários, Heydrich informava a Himmler: "Nos territórios que temos ocupado, a elite polonesa foi reduzida a aproximadamente 3%." Ainda assim, Himmler devia considerar que o número de poloneses assassinados era exíguo, pois ao receber a nota já havia enviado a Katowice um comando suplementar de SS, encabeçado por Udon von Woyrsch.

Em meados de outubro, Hitler expôs ao marechal Wilhelm Keitel, chefe do OKW, seu plano para obter a completa submissão dos poloneses. Consistia, essencialmente, em reduzir seu nível de vida ao indispensável, para que não morressem de fome. Por essa ocasião, os massacres haviam alcançado tal magnitude que o tenente-general Johannes Blaskowitz solicitou ao *Führer* que proibisse as execuções sumárias, porque atentavam contra a ordem e a disciplina das tropas que as levavam a cabo. E o general Hans Frank — velho camarada de Hitler durante a Primeira Guerra, a quem havia nomeado governador-geral de Varsóvia — pediu a Martin Bormann — chefe de gabinete e virtual secretário privado de Rudolf Hess, segundo e delegado do *Führer* — que transmitisse a Hitler sua opinião no mesmo sentido: "Se quiser colocar um aviso cada vez que sete poloneses são fuzilados, os bosques da Polônia não seriam suficientes para fabricar o papel necessário", sintetizou. Finalmente, por pressão de Canaris, o OKM solicitou formalmente "a imediata dissolução das formações negras e a destituição dos chefes SS para que termine uma situação que desonra o povo alemão".

Na prática, porém, Hitler ignorou esses protestos. Respondeu aos chefes da Wehrmacht que, como o combate pretendia "limpar o Grande Reich da canalha judia e polonesa", de modo a "evitar que uma nova inteligência polonesa pudesse ascender ao poder (...), ele não podia ser travado por noções de legalidade ou ilegalidade".

Desde então, generais e almirantes recolheram-se ao silêncio e o massacre se consumou sem protestos, ao menos audíveis. E não foram poucos os camponeses poloneses que optaram por assassinar seus vizinhos hebreus e participar de saque de seus pertences, tornando-se merecedores das felicitações de Heydrich.

Durante uma conferência em Metz perante os oficiais da Leibstandarte Adolf Hitler das Waffen SS — o grupo militar mais seleto do partido, formado por quem havia atuado nas brigadas de choque contra o "inimigo interno" — Himmler abriu uma pequena fenda na muralha de silêncio. Referindo-se à situação polonesa, explicou a seus incondicionais seguidores que, "com frio de 40°C abaixo de zero tivemos de deportar centenas de milhares de poloneses. Tivemos de ser duros. Vocês têm de entender isso... e esquecer imediatamente". E acrescentou: "Tivemos a dureza de fuzilar milhares de dirigentes poloneses. Quero dizer isso aqui e até mesmo falar bem alto: é muito mais fácil avançar com uma companhia no combate do que dominar uma população inimiga de cultura inferior, fuzilar e deportar mulheres que gritam e choram." Por contraditório que possa parecer, para Himmler essa era "uma atividade silenciosa, muda, muito mais difícil" do que o combate aberto. Talvez por isso estimulava a rotação de Waffen SS entre a frente e os grupos de extermínio formados na retaguarda.

Não obstante, participar dos grupos de extermínio era tão malvisto como falar de sua existência. E não porque os Waffen SS se condoessem das vítimas, mas sim porque seus membros preferiam o combate. Aqueles que eram destacados para integrar os grupos que tomavam conta dos lager costumavam ser SS castigados, quase sempre ladrões. A fim de elevar o ânimo desses oficiais caídos em desgraça, enviados para "desratizar" os países que a Alemanha ocupava, Himmler lhes enviou uma circular reservada. "Um membro das SS deve ser honrado, fiel e bom camarada com seus compatriotas, mas não com as gentes de outros países", lhes declarou. "O destino de um russo, ou de um tcheco, não deve interesar-lhe. Tomaremos desses povos tudo o que seja de sangue bom e até lhes tiraremos os filhos e os educaremos entre nós."

OS CAVALEIROS DAS PROFUNDEZAS

No início da guerra, Dönitz dispunha de apenas 18 submarinos da classe VII-B, que podiam desenvolver atividades em qualquer lugar do Atlântico, conquanto que tivessem onde se reabastecer. Deslocavam um mínimo de 871 toneladas, desenvolviam o dobro de autonomia de seus predecessores e transportavam 12 torpedos ou 14 minas.

Dönitz teve de esperar mais de um ano para que, após a construção de vários protótipos, ensaios, erros, abortos e correções, lhe entregassem o primeiro submarino de uma versão que o satisfez: o VII-C. Esses submarinos tinham 67,4 metros de comprimento, deslocavam 761 toneladas na superfície e 865 toneladas quando submersos. Portavam quatro tubos lançadores na proa e um na popa, transportavam até 14 torpedos — contando dois que iam no convés e que tinham de ser introduzidos para poder ser usados —, navegavam na superfície a uma velocidade máxima de 18 nós e podiam alcançar excepcionalmente oito nós quando imersos. Porém, o mais importante era que gozavam de uma autonomia de quase dez mil quilômetros, que aumentaria progressivamente durante a guerra até 15 mil quilômetros, graças a tanques que carregavam 120 toneladas métricas de combustível.[6] Chegaram a ser fabricados aproximadamente 600 submarinos desse tipo, mais da metade da produção total do Reich.

Os novos U-Bootes permitiram a Dönitz ensaiar uma nova tática, que chamou de "matilha de lobos" e que consistia em atacar em grupo os comboios detectados, à noite, a partir da superfície, pela retaguarda e ambos os lados ao mesmo tempo. Os comandantes dos U-Bootes tinham liberdade tática, de modo que podiam desenvolver estilos próprios, tendo como única condição afundar a maior quantidade possível de embarcações inimigas. Com esse propósito, em 18 de janeiro, Dönitz autorizou-os a torpedear navios neutros — com exceção dos de bandeira estadunidense, italiana, japonesa e soviética — que se encontrassem suficientemente próximos das costas britânicas no intuito de atribuir seus afundamentos a minas semeadas pela Royal Navy.

Após o rápido mas pouco efetivo ataque da RAF à frota de Kiel, sobreveio um longo período de mais de seis meses em que as hostilidades foram escassas. Alguns denominaram esse lapso de "guerra estranha" ou "fingida" e Churchill chamou-o de "guerra vaga". Esse período acabou abruptamente em 8 de abril de 1940, com a invasão da Noruega e da Dinamarca, ataque que determinou a substituição do pusilânime Arthur Neville Chamberlain por Winston Churchill, que — embora tenha dito, em 1938, que Hitler era "um baluarte do Ocidente" ante o comunismo — seria um osso muito mais duro de roer.

Ainda que a Kriegsmarine tenha registrado importantes perdas, a Noruega bem valia o esforço, pois se converteria em uma base estratégica de suma trascendência para a Marinha alemã em geral e para os lobos cinzentos em particular.

Durante a relativa calma que precedeu à invasão, o OKM havia ordenado ater-se estritamente à lei marítima internacional, que proibia os ataques a navios de passageiros e regulamentava minuciosamente como proceder nos ataques a cargueiros. De acordo com esse procedimento, os U-Bootes deviam emergir, identificar-se perante suas presas em potencial e dar-lhes a ordem de alto, abordá-las e confirmar se transportavam material bélico. Só nesse caso seus comandantes tinham liberdade de conduzir o navio até o porto próprio ou aliado ou afundá-lo, resguardando a integridade física dos tripulantes. Foi durante essa primeira etapa que voltou a ser usado o nome de Cavaleiros das Profundezas, surgido na Primeira Guerra. Tributária daquela tradição, a maioria dos comandantes, infringindo o regulamento sob o olhar benevolente de Dönitz, preferia usar o gorro branco, com formato de prato, da Marinha Imperial em lugar do azul regulamentar, símbolo da identidade entre a arma submarina e o nazismo.

Hitler ansiava impedir ou ao menos atrasar a participação direta dos Estados Unidos na guerra. O estrito respeito inicial às leis internacionais se devia, em grande medida, à obsessão do OKM de não dar pretextos ou motivos aos belicistas americanos. Ainda permanecia vivo na lembrança o episódio do *Lusitania,* o que não impediu que, poucas horas depois de iniciada a Segunda Guerra Mundial, aquele fantasma reaparecesse. Isso aconteceu quando o comandante do U-30, um submarino da velha classe VII-A, o capitão-tenente Fritz-Julius Lemp, se deparou a oeste da Irlanda com o vapor britânico *Athenia*, que se dirigia ao Canadá com uma tripulação de 315 homens e 1.102 passageiros. Lemp ordenou o seu torpedeamento e o lento afundamento do *Athenia* traduziu-se na morte de 112 tripulantes e passageiros, entre eles 28 americanos. A consternação foi enorme, não apenas na opinião pública do mundo anglo-saxão, mas também entre a população alemã. Como seria estabelecido no julgamento de Nuremberg, Dönitz ordenou que o livro de navegação do U-30 fosse falsificado de modo a tornar crível a versão de Lemp, que declarara que havia confundido o *Athenia* com um transporte de tropas camuflado.

A BATALHA DO RIO DA PRATA

Durante aquela primeira etapa da guerra, o encouraçado de bolso *Graf Spee* assolou os mares do sul. Construído durante a vigência do Tratado de Versalhes, que limitava a fabricação de navios de guerra a dez mil toneladas, não só deslocava 12 mil como também era um barco de concepção revolucionária: seu casco era soldado e seus motores diesel lhe permitiam navegar a 26 nós. Ademais, tinha uma autonomia de 12.500 milhas, uma blindagem de quase 14 centímetros de espessura, levava a bordo um hidroavião Arado de reconhecimento e, além de seis potentes canhões de 28 centímetros, capazes de disparar projéteis de 30 quilos a 28 quilômetros de distância, tinha oito canhões de 15 centímetros. Pintado de verde claro como os navios de guerra franceses para confundir suas vítimas, e sob o comando do capitão de mar e guerra Hans Langsdorff, que recebera ordens taxativas de recusar o combate aberto com a Royal Navy, o *Graf Spee*, em seu raid corsário, afundou nove embarcações britânicas no Atlântico e no Índico Sul sem derramar uma gota de sangue. Depois, dirigiu-se para as costas do Brasil, atraído por um comboio inglês de quatro navios mercantes, num total de 30 mil toneladas, escoltado por um único cruzador que estava por zarpar de Montevidéu. Langsdorff se dispunha displicentemente a mandar a pique esses mercantes quando lhe veio ao encontro uma esquadra britânica, reunida sigilosamente por Londres com navios procedentes de pontos tão distantes como as Ilhas Malvinas e o Nordeste brasileiro.

A frota caçadora era composta pelo cruzador *Exeter*, atrás do qual navegavam mais dois cruzadores menores, o *Achilles* e o *Ajax*. Depois de verificar que, caso fugisse, poderia ser alcançado pela popa, Langsdorff ordenou o ataque ao *Exeter*. Teve então início a Batalha do Rio da Prata, na qual, durante cem minutos de cinematográficas manobras e intensos canhoneios, o *Graf Spee* levou a melhor, enquanto navegava a toda velocidade e em zigue-zague. Depois de avariar severamente o *Exeter*, matar 61 tripulantes e ferir 23, voltou seus canhões para o *Ajax*, ao qual inflingiu sete mortos e dois feridos, e em seguida para o *Achilles*, com um saldo de quatro mortos e três feridos.

Porém a audácia teve um custo. Entre os 1.155 homens do *Graf Spee* registraram-se 37 mortos e 57 feridos, inclusive o próprio Langsdorff, que perdeu a consciência depois de receber um golpe na cabeça. Segundo o delirante relato de seus marinheiros, o convés estava banhado em sangue e apresentava extensas e variadas avarias que, embora não impedissem a navegação, afetavam seu telêmetro, suas baterias e seus sistemas de lançamento de torpedos e comunicações. Nesse estado, com pouca munição e o sistema de tiro imprestável, Langsdorff decidiu refugiar-se no Porto de Montevidéu, onde solicitou permissão para permanecer duas semanas para reparar as avarias. O hábil embaixador britânico Eugene Millington Drake pressionou o governo do Uruguai, e conseguiu que lhe fossem concedidas apenas 72 horas.

Era um ultimato e Langsdorff o entendeu. Assim, após enterrar os mortos e internar os feridos, parlamentou longamente com o embaixador Thermann, Niebuhr e Martens, que lhe sugeriram romper o bloqueio a tiros de canhão e dirigir-se a Buenos Aires. Na capital argentina, informaram-lhe que as simpatias pela Alemanha eram muitas e que até "o próprio ministro da Marinha, o almirante León Scasso, é partidário do Eixo".

Os três caíram na armadilha de Drake e da Royal Navy, que conseguiram fazer com que acreditassem que uma frota britânica reforçada aguardava a saída do *Graf Spee*. Seguro de que o encouraçado *Renown* e o porta-aviões *Ark Royal* esperavam perto de Montevidéu e consciente de que a munição lhe permitiria combater por apenas meia hora, Langsdorff enviou ao almirante Raeder uma mensagem cifrada, que dizia assim: "1) *Renown* e *Ark Royal*, o mesmo que cruzadores e destróieres, perto de Montevidéu. Cerrado bloqueio noturno. Nenhuma perspectiva de rompê-lo e sair mar afora para chegar à pátria. 2) Tento chegar ao limite das águas neutras. Se puder lutar para abrir caminho, o tentarei. 3) Como a saída forçada poderia resultar na destruição do *Spee* sem a possibilidade de causar avarias no inimigo, solicito instruções para saber se afundo o navio ou se me submeto à internação."

Depois de consultar Hitler, o almirante Raeder deu liberdade de ação. Langsdorff fez desdobrar uma lona que impedia aos espiões aliados ver quem entrava ou saía do cruzador e ordenou que a maioria dos tripulantes embarcasse individualmente e sem chamar a atenção no *Tacoma*, um cargueiro alemão atracado no porto, e se recolhesse a seus alojamentos. Também indicou cinco altos oficiais feridos para permanecer em Montevidéu à disposição de Niebuhr.

Às 18h de 17 de dezembro soltou as amarras, levantou âncoras e, com uma tripulação reduzida ao mínimo, levou o navio para fora da enseada. Antevendo a possibilidade de assistir a uma batalha naval, uma multidão se havia reunido no cais. Aproveitando a situação, o *Tacoma* zarpou por detrás, praticamente sem ser percebido. O *Graf Spee* deteve sua marcha. Enquanto Langsdorff e um pequeno grupo de oficiais e suboficiais o abandonavam, os embarcados no *Tacoma* transferiram-se para dois rebocadores e uma chata carregada de areia fretados pela embaixada alemã em Buenos Aires, operação coordenada por Rodolfo Hepe.

Pouco depois, o público viu uma enorme coluna de fumaça envolver o navio e se elevar a mais de 300 metros em meio a uma enorme explosão. Entre labaredas e explosões secundárias em cadeia, dois canhões de 11 polegadas foram lançados ao ar como se fossem palitos.

Nessa noite, Langsdorff e mais 1.054 tripulantes do navio afundado chegaram a Buenos Aires em meio a vivas. Hospedado no Hotel dos Imigrantes, no dia seguinte Langsdorff suicidou-se.

RECICLADOS

Os marinheiros alemães foram internados na pequena Ilha de Martín García, no estuário do Rio da Prata e muito próxima ao litoral uruguaio. Porém, depois que ocorreram as primeiras fugas, foram distribuídos em vários centros de internação continentais.

Entre os cinco oficiais do *Graf Spee* feridos que permaneceram em Montevidéu estavam o capitão de mar e guerra Helmuth Hirsemann, o segundo-tenente Hans Günther Klette e os capitães-tenentes Kurt Diggins e Rolf Schauenburg. Os dois primeiros morreriam no curso da guerra; os dois últimos seriam comandantes dos submarinos U-458 e U-536, ambos afundados no fim de 1943. Tanto Diggins como Schauenburg foram feitos prisioneiros e sobreviveram à guerra, sorte compartilhada por apenas um em cada cinco tripulantes de U-Bootes.[7] A lista dos oficiais internados em Montevidéu se completa com Gerhard Framme, especialista em comunicações.

Por ordem de Canaris, depois de mudar seu prenome para Hermann, Framme se radicou na Argentina, onde, seguindo as ordens de Martens, veio a se tornar um dos principais agentes da E-Dienst. Dirigiu a identificação de navios mercantes britânicos atracados no Porto de Buenos Aires e de seus itinerários, a fim de possibilitar que os submarinos alemães os atacassem em alto mar, e atuou como elemento de ligação com os falangistas que trabalhavam para o general Von Faupel, mimetizados como tripulantes de três transatlânticos da companhia Ybarra que cobriam a rota Vigo–Buenos Aires.

Nesse momento, a espionagem era quase uma paixão de multidões. De acordo com Ricardo E. Laurence — que revelou a missão cumprida por Framme em *Tripulantes del* Graf Spee *en tres atrapantes historias* — em apenas um daqueles navios, o *Cabo de Hornos*, numa tripulação de 200 homens, 60 chegaram a trabalhar para diferentes organizações de informação do Eixo ou dos Aliados.

Os tripulantes do *Graf Spee* internados na Argentina gozavam de um regime flexível, que permitiria que quase todos os oficiais e muitos suboficiais fugissem e regressassem para a Alemanha em operações organizadas rotineiramente pela E-Dienst.

Passado o verão austral, em princípios de abril de 1940, o capitão de fragata Paul Ascher e os capitães-tenentes Dietrich Bludau e Willi Dietrich escaparam. Ascher apresentou-se perante Canaris após viajar pela linha aérea alemã Condor de Buenos Aires ao Rio de Janeiro. Ali embarcou em um avião da linha italiana Lati até Roma, de onde voou para Berlim. Bludau e Dietrich repetiram a rota que o almirante havia percorrido em sua mocidade. Chegaram a Bariloche, cruzaram os Andes na direção do Chile e embarcaram para a Alemanha. Poucos dias depois, os capitães-tenentes Heinz Kummer, Friederich Mumm, Wolfang Rieckeberg e Hans Joachim Schwebcke seguiram o mesmo caminho.

As fugas foram interrompidas por pouco tempo em junho de 1940, por causa do atentado nazista com explosivos ao mercante britânico *Gascony* no Porto de Buenos Aires, o que provocou um endurecimento nas condições de detenção. Porém, passado um tempo, as fugas foram retomadas, escapando, entre outros, o oficial Hans-Joachim Kuhn. Muitos dos oficiais que se evadiram converteram-se em comandantes de U-Bootes. Foi o caso de Dietrich, Kummer, Rieckeberg e Schwebcke e também o de Bludau, Mumm e de outros que fugiram mais tarde, como Jorg Heinrich Ratsch, Hermann Kottmann, Jürgen Wattenberg, Günther Schiebusch e Johann Reckhoff.

A imensa maioria morreu no curso da guerra, mais concretamente em seus últimos meses e mesmo em seus últimos dias.[8] Só sobreviveram o capitão de corveta Kuhn — que, segundo dados oficiais, deixou o comando do U-1233 em 15 de abril de 1945 e reapareceu na Argentina como *master mechanics* a serviço da General Motors — Kottmann e Wattenberg, que foram feitos prisioneiros, Reckhoff, Schiebusch e talvez Bludau, de quem não se encontrou informação.

O caso do capitão de corveta Reckhoff é sugestivo. De acordo com a história oficial, comandou o U-398 até 8 de novembro de 1944, quando entregou o comando do submarino ao capitão-tenente Wilhelm Cranz. Não há dados disponíveis sobre o U-398 desde 17 de abril de 1945, quando se supõe que atravessava o Mar do Norte ou o Ártico. Desapareceu e não se sabe seguramente onde. Esse U-Boote pertencia à 33ª Flotilha, com base em Flensburg, da mesma maneira que outros três submarinos "desaparecidos": o U-196, o U-1226 e o U-857, do qual se perdeu o rastro em meados de abril de 1945, quando se supõe que navegava diante das costas dos Estados Unidos.

TUDO OU NADA

Gradualmente. Foi assim que a barbárie chegou à guerra marítima. Depois do infeliz afundamento do *Athenia*, em 5 de setembro de 1939, o capitão de corveta Günther Prien, no comando do U-47, um submarino da classe VII-B, atacou um grande cargueiro britânico, o *Bosnia*, que ficou muito adernado e à deriva. Parcimoniosamente, Prien ordenou que os náufragos fossem recolhidos e transferidos para um mercante norueguês. Temendo que o *Bosnia* pudesse ser rebocado, regressou ao local e, enquanto seus homens assistiam em silêncio ao espetáculo do convés, ordenou que fosse disparado um segundo torpedo. À queima-roupa. Um dia depois, Prien afundou um outro mercante, o *Río Claro*, e no dia seguinte um terceiro, o *Gartavon*. Parecia decidido a não deixar passar um dia sem fazer uma vítima.

Com apenas 22 submarinos no Atlântico Norte, os U-Bootes não conseguiram fazer muita coisa durante a primeira parte da guerra. Cumprir as leis internacionais supunha o risco de sucumbir perante o ataque de algum cargueiro sub-repticiamente armado, como aconteceu prematuramente com o U-38, ou a partir do ar. E, ainda por cima, tanto os velhos torpedos G7a impulsionados por ar comprimido, que deixavam na sua passagem uma esteira de borbulhas, como os novos GTe, impelidos por um motor elétrico, costumavam falhar estrepitosamente.

Desesperado, Dönitz apresentou sua renúncia e solicitou que ficasse encarregado da construção de novos torpedos e U-Bootes. Mas como o OKM recusou o seu pedido de demissão, passou a estudar as leis internacionais em busca de alguma brecha que permitisse superar a vulnerabilidade dos lobos cinzentos. Verificou que os navios mercantes interceptados pelos U-Bootes costumavam irradiar a mensagem "SSS" — atacado por submarino — e argumentou que essa mensagem implicava uma tomada de partido na contenda, o que, no seu modo de ver, retirava a validade do que a Ordenança de Apresamento dispunha. E, em consequência disso, autorizou seus comandantes a atacar sem mais delongas qualquer navio que a emitisse.

Dönitz já era vice-almirante quando o U-47, sob o comando de Prien, o mais destacado de seus comandantes, conseguiu infiltrar-se no *sancta sanctorum* da Royal Navy, a base de Scapa Flow, e ali fazer um estrago. O Almirantado considerava Scapa Flow, situada nas Ilhas Órcadas, ao norte da Escócia, e protegida por um semicírculo de ilhotas e canais, invulnerável. O U-47, porém, conseguiu ultrapassar todas as defesas, afundou o encouraçado *Royal Oak* — 833 mortos — e danificou o *Repulse* antes de fugir. Tal como previra o BdU-Op, depois do ataque os navios britânicos se dispersaram, navegando na direção de refúgios cujas entradas haviam sido minadas, razão pela qual o encouraçado *Nelson* e um cruzador sofreram importantes avarias.

Hitler recebeu Prien em Berlim em uma eufórica cerimônia pública, na qual pôs no seu peito a Ritterkreutz, ou Cruz do Cavaleiro para a Cruz de Ferro. Imediatamente, autorizou Dönitz a atacar qualquer navio mercante sem prévia advertência, referendando as ordens que o vice-almirante já havia distribuído reservadamente a seus comandados: atacar qualquer embarcação que se deslocasse com as luzes apagadas.

A tremenda disparidade entre as frotas de guerra de superfície da Inglaterra e da Alemanha operava como um incentivo para que os homens de Canaris aperfeiçoassem o engenho. Assim, a E-Dienst especializou-se em técnicas de camuflagem. Do mesmo modo que o *Graf Spee* se havia "disfarçado" de francês pintado de verde claro, os destróieres se caracterizavam como mercante e os guarda-costas de pesqueiros. Eram dotados de uma variedade de bandeiras, bandeirinhas e pinturas que lhes permitia adotar uma ampla gama de aparências.

Ademais, a Kriegsmarine recorreu aos Hilfskreuzer — cruzadores auxiliares —, isto é, embarcações mercantes e pesqueiros armados com lança-torpedos e canhões dissimulados, cuja camuflagem incluía falsos mastros e chaminés rebatíveis de modo que conseguissem se aproximar de suas presas sem alarmá-las até que fosse tarde, tanto para ensaiar uma defesa como para fugir. Um cruzador auxiliar particularmente bem-sucedido foi o *Kandefels*, de 7.700 toneladas, ao qual a E-Dienst muniu com seis canhões de 15 centímetros, seis metralhadoras antiaéreas e quatro lança-torpedos cuidadosamente dissimulados. Reconvertido como *Hilfskreuzer-33*, o velho mercante semeou o pânico entre os cargueiros que abasteciam as Ilhas Britânicas. Os técnicos da E-Dienst eram perfeccionistas, tanto que as chaminés falsas deixavam sair ainda mais fumaça do que as verdadeiras, o que conseguiam por meio da queima de estopa e trapos embebidos em óleo, em um pequeno forno interior.

TORPEDOS DE BRINQUEDO

No fim de outubro, depois de o U-56, sob o comando do capitão-tenente Wilhelm Zahn, ter feito um ataque audacioso a um comboio militar britânico e ter-lhe acertado três torpedos no já reparado encouraçado *Nelson* sem conseguir que nenhum deles explodisse, Dönitz mergulhou em uma profunda depressão. Não era possível depositar a menor confiança em projéteis como aqueles: "Ao menos 30% falham. Não detonam ou detonam em um lugar equivocado. Os comandantes estão começando a perder a confiança neles", comunicou ao OKM, consciente de que essas falhas, quase sistemáticas, atrasariam *sine die* a implementação das matilhas de lobos.

Dönitz passou o inverno buscando solucionar os problemas técnicos que afligiam sua frota. Não se tratava apenas dos torpedos. As bases dos motores dos submarinos da classe VII cediam, obrigando a prolongados reparos, e o desenho defeituoso de algumas válvulas fazia com que os tubos de lançamento inundassem com frequência. Mas a sua maior preocupação eram os torpedos. Os últimos fabricados falhavam quase sistematicamente. Costumavam navegar numa profundidade maior do que a prevista e raramente explodiam quando eram lançados contra o alvo de forma oblíqua.

A invasão da Noruega apresentou inumeráveis problemas à Kriegsmarine, cuja frota de superfície foi derrotada em Narvik. Os lobos cinzentos receberam a ordem de proteger seus portos dos ataques britânicos, porém os 31 que navegavam em águas norueguesas revelaram-se insuficientes. O U-47 do laureado Prien defrontou-se, em um pequeno fiorde, com uma força de desembarque britânica que incluía seis enormes transportes de tropas. O submarino disparou contra eles primeiro os quatro torpedos dianteiros, mas nenhum explodiu. Depois de revisar tubos e torpedos, passada a meia-noite, o tenaz Prien lançou mais quatro, mas só um explodiu... contra um penhasco, e isso depois de desviar-se ostensivamente do alvo. O U-47 conseguiu escapar a duras penas da perseguição dos destróieres britânicos. Já em terra, Prien se queixou amargamente a Dönitz. Do seu ponto de vista, era impossível combater "com um fuzil de imitação".

O seu caso não foi excepcional. Ainda que durante a conquista da Noruega tenham desferido cerca de 40 ataques, os U-Bootes afundaram apenas um navio e quase a metade dos torpedos com detonadores magnéticos explodiu prematuramente. Quanto aos que dispunham de equipamento mecânico, simplesmente não explodiram. "É uma situação intolerável, um absurdo. Não creio que jamais na história da guerra alguém tenha recebido armas de combate tão inúteis", desabafou Dönitz, ao informar ao OKM que havia ordenado o regresso de todos os submarinos para proceder a uma exaustiva revisão dos sistemas ofensivos.

Uma comissão investigadora descobriu, antes que se passasse um mês, que os mecanismos magnéticos padeciam de defeitos insuperáveis e que o novo desenho era muito complexo, o que os tornava ineficazes, para não dizer imprestáveis. Os investigadores demorariam dois anos mais até descobrir a falha que os fazia navegar mais profundamente do que o previsto. Enquanto isso, os U-Bootes foram dotados de torpedos simples, com detonadores mecânicos do desenho antigo. Por fim, e após uma ausência absoluta de três meses, os lobos cinzentos se fizeram de novo ao mar.

Com a maioria dos submarinos em suas bases e seus oficiais desmoralizados, Dönitz necessitava exibir algum êxito significativo. Isso aconteceu em maio de 1940. Enviou ao Canal da Mancha o próprio chefe do BdU-Op, o capitão de corveta Victor Oehrn, que, no comando do U-37, um submarino da nova classe IX, em apenas 26 dias de navegação afundou dez embarcações inimigas, totalizando 43.207 toneladas, e avariou gravemente outro, de quase dez mil toneladas. Oehrn foi recebido como um herói e condecorado com a Ritterkreutz.

Entre os oficiais do U-37 havia um guarda-marinha que protagonizaria a Operação Ultramar Sul, Otto Wermuth, e entre os barcos afundados estava o cargueiro argentino *Uruguay*, de 3.425 toneladas, que foi enviado ao fundo do mar na noite de 27 de maio de 1940, a 160 milhas de Cabo Villano, Espanha. Esse fato foi minimizado tanto pelo governo alemão quanto pelo argentino, que informou o afundamento muito tardiamente.[9]

As façanhas do U-37 conseguiram que o abatimento de Dönitz se transformasse em euforia. Ao recordar aquele momento, escreveu: "A praga da má sorte se havia rompido. (...) Psicologicamente, os efeitos do fracasso norueguês haviam sido superados."

O TEMPO FELIZ

Durante os cinco meses seguintes, a meia dúzia de lobos cinzentos que percorria ininterruptamente o Atlântico Norte conseguiu retumbantes vitórias. Em junho, os lobos afundaram 30 navios, equivalentes a 284.113 toneladas, das quais Prien, que havia mandado pintar um touro bufando na torreta do U-47, reclamou para si 66 mil. Foi o começo do que os tripulantes dos U-Bootes chamariam com nostalgia "o tempo feliz", talvez porque permaneciam alheios aos pormenores do genocídio que se estava consumando em terra. E não só em terra. O OKW, por exemplo, lhes ocultou que no início daquele período de sucessos, nas cercanias da Baía de Donegal, ao norte da Irlanda, o U-47 de Prien havia enviado para o fundo do mar o mercante britânico *Arandora Star*. Prien ignorava que o navio transportava, com os 174 tripulantes e 200 soldados ingleses, 734 prisioneiros italianos e 565 alemães. Após o afundamento, uma lancha costeira britânica guiou com rapidez o destróier canadense *St. Laurents* até o lugar, o que permitiu resgatar dez botes de salvamento com 847 pessoas: 322 alemães, 243 italianos, 163 soldados ingleses e 119 tripulantes. Contudo, quase a metade dos que viajavam no mercante, 826 homens, pereceu. Entre eles 243 alemães e 491 italianos.

A notícia foi cuidadosamente escamoteada das tripulações e do conjunto do povo alemão, mas em compensação logo lhes foi passada uma outra: a de que, no comando do U-99, o capitão-tenente Otto Kretschmer, apelidado "O Silencioso", que muito em breve se converteria no ás dos lobos cinzentos, havia afundado sete mercantes em uma única patrulha. A notícia elevou o moral das tripulações aos níveis mais altos. E já em agosto, o U-100, sob o comando de Joachim Schepke, que havia mandado pintar em sua torreta uma pantera negra, alcançou outro recorde: três barcos em três horas. Hitler ordenou, então, o bloqueio marítimo das Ilhas Britânicas e para ter êxito na empreitada Dönitz autorizou a afundar em suas adjacências, sem advertência prévia, qualquer embarcação que se pusesse na linha de tiro.

"O tempo feliz" assentava-se sobre sólidas bases materiais, ou seja, sem ir mais longe, os portos do Golfo de Biscaia e os novos submarinos da classe IX. Teriam sido ainda mais firmes se a Kriegsmarine tivesse podido se apropriar da frota de guerra francesa, particularmente de seus 80 submarinos. Porém, por razões políticas, Hitler decidiu que ficariam sob o controle do governo de Vichy.

Alguns navios franceses atracados em portos britânicos foram expropriados ou destruídos, como aconteceu com aqueles atracados em Alexandria, pela Royal Navy. Seguindo ordens diretas de Churchill, o Almirantado pôs em marcha, em 3 de julho de 1940, a Operação Catapulta: o afundamento, mediante um ataque de surpresa, do grosso da frota gaulesa ancorada no porto argelino de Mers el Kebir.

A despeito desse contratempo, a conquista da Noruega garantiu à Alemanha um fluxo ininterrupto de aço da neutra Suécia e a ocupação da França, um fácil acesso ao Atlântico. Ademais, o ritmo de construção de U-Bootes continuava aumentando e Dönitz conseguiu estabelecer, numa velocidade diabólica, novas bases para seus lobos cinzentos, desde o Ártico ao Golfo de Biscaia: Bergen, Trondheim, Kristiansand e Narvik, na Noruega; Brest, Lorient, Bordéus, La Pallice, La Rochelle e Saint-Nazaire, entre outras, na costa oeste da Bretanha.

Ao operar a partir da França, os submarinos alemães economizavam um trajeto de 700 quilômetros de ida e outro tanto de volta em suas excursões às costas da Islândia — em cuja defesa os americanos logo auxiliariam os exaltados britânicos — e à Groenlândia. Dönitz soube explorar rapidamente essa vantagem. Apenas duas semanas depois da ocupação da França, o U-30, comandado pelo capitão-tenente Lemp, atracou em Lorient, protegendo-se nos *bunkers* de sete metros de espessura que, valendo-se de mão de obra escrava, a organização Todt havia construído em tempo recorde.[10]

Apoiado no bom desempenho do serviço de decifração de mensagens da E-Dienst, que costumava antecipar a rota dos comboios britânicos, o BdU-Op vislumbrou, no começo de setembro de 1940, a oportunidade de aplicar a tática da matilha de lobos. A primeira afundou cinco navios no Atlântico, em meio a uma tormenta em 10 de setembro, e no dia 21 do mesmo mês uma segunda afundou 11 dos 15 navios de outro comboio. Conquistaram o prêmio maior na noite de 16 de outubro, quando o U-48, comandado pelo capitão-tenente Heinrich Bleichrodt, encontrou-se a oeste das Ilhas Hébridas com um comboio de 32 navios que transportava mercadorias australianas para a Grã-Bretanha. Depois de afundar duas embarcações, o U-48 escapou de seus perseguidores, enquanto outros cinco U-Bootes acudiam em seu auxílio. À noite, e aproveitando que os escoltas perseguiam o fugitivo, deixando o comboio praticamente desguarnecido, os U-Bootes recém-chegados o atacaram desde a superfície, afundando 17 navios em apenas sete horas.

Dezesseis horas mais tarde, a 400 quilômetros a oeste, atendendo à convocação do lendário Prien, vários lobos cinzentos convergiram sobre um novo comboio, muito maior do que o anterior, que se dirigia para a Austrália, composto por 49 navios de carga, formados em sete colunas e rodeados por 12 navios de guerra. De pouco lhes serviu tanta proteção. Conduzidos por Prien, os lobos cinzentos afundaram 12 embarcações durante essa noite de perseguição.

As coisas iam de vento em popa para Dönitz. Se, em setembro, os lobos cinzentos haviam mandado para o fundo do mar 758 mil toneladas, em outubro o número ascendeu a 920 mil. Desde o princípio da guerra os U-Bootes haviam destruído 440 embarcações mercantes, num total de 2,33 milhões de toneladas, sem contar 12 navios de guerra. Todavia, o número de submarinos continuava insuficiente. O BdU tinha 57, exatamente o mesmo número com que havia começado a guerra, e havia perdido a metade dos originais. Havia conseguido substituí-los, e isso era tudo. Nessas condições, raras vezes foi possível reunir sete ou mais submarinos, número mínimo para configurar uma verdadeira matilha.

TRÊS RUDES GOLPES

Apesar dessa limitação, por volta de fevereiro de 1941 os navios britânicos eram afundados à razão de meio milhão de toneladas por mês, quantidade três vezes superior àquela que os estaleiros britânicos e americanos podiam construir. Segundo os cálculos dos estrategistas alemães, se conseguissem destruir 750 mil ou mais toneladas mensais — ou seja, se a Luftwaffe se mostrasse capaz de afundar as 300 mil toneladas mensais que o marechal Göring havia prometido — a Grã-Bretanha se veria obrigada a retirar-se da guerra antes que um ano se passasse.

No entanto, em março de 1941, enquanto a Luftwaffe atacava Bristol e Londres, a arma da submarina alemã sofreu pesados tropeços que dissiparam triunfalismos prematuros. Cinco submarinos e suas tripulações se perderam. Porém o dano psíquico foi ainda pior, pois os três eram navegados pelos melhores comandantes, os ases indiscutíveis dos lobos cinzentos. Prien — 33 navios afundados, mais de 197 mil toneladas — havia partido de Lorient, no comando do U-47, em 19 de fevereiro. Três dias mais tarde, no comando do U-100, havia feito o mesmo, e partindo do mesmo porto, Joachim Schepke — 37 navios afundados, quase 156 mil toneladas —, o mais popular dos comandantes, graças ao cuidadoso desalinho do seu vestuário e a seu aspecto de melancólico galã de cinema.

Depois de atacar um comboio e fugir de suas escoltas durante cinco horas, o U-47 de Prien ficou avariado e indefeso, a 15 metros da superfície, diante do destróier britânico *Wolverine*, que acabou com ele, disparando cargas de profundidade. Oito dias mais tarde, na noite de 16 de março e também nas cercanias da Islândia, o U-100 de Schepke foi alcançado por uma carga de profundidade que o obrigou a subir à superfície, ocasião em que o destróier *Vanoc* o atacou a toda velocidade, partindo sua torreta ao meio. Schepke caiu no mar, ferido, e morreu afogado como a imensa maioria de seus homens. Os britânicos resgataram, preguiçosamente, apenas cinco marinheiros paralisados de frio.

A essas duas tragédias somou-se a perda do maior herói dos lobos cinzentos, Otto Kretschmer — 44 navios afundados, mais de 262 mil toneladas. O U-99 sob suas ordens integrava a mesma matilha do U-100, mas havia conseguido esquivar-se da perseguição britânica. Já sem torpedos, regressava à sua base, navegando na superfície — a torreta luzia com a sua famosa ferradura de ouro. Kretschmer dormia depois de tanta tensão, quando o oficial de serviço divisou o destróier *Walker*. Em vez de distanciar-se a toda velocidade, como era de se esperar, Kretschmer ordenou a imersão. Começou, então, um balé macabro. Enquanto o U-99 permanecia nas profundezas, seus tripulantes escutavam o pingue-pongue do sonar repercutindo no casco metálico. O som aterrorizante, bem o sabiam, era o prelúdio de uma longa série de cargas de profundidade. A cada explosão próxima, o submarino se transformava na antessala do inferno: era bruscamente sacudido, as lâmpadas quebravam, as divisórias caíam, os homens eram arremessados uns contra os outros e se produziam vazamentos, às vezes jatos grossos e potentes como os de uma bomba-d'água. Nessas circunstâncias, era frequente que algum tripulante perdesse o equilíbrio emocional. Nesse caso, e se havia um momento de relativa calma, era dominado e amarrado: se sobrevivesse, seria submetido a um conselho de guerra e provavelmente fuzilado.

Em meio à angústia geral, e para demostrar valor, os chefes de máquinas costumavam mastigar azeitonas ou alguma fruta com caroço e cuspi-lo numa média de um por explosão. Aqueles que sobreviveram à experiência coincidem: o pânico era tão imenso que, de outra maneira, era impossível suportar.

O *Walker* finalmente acertou o alvo. Avariou as hélices do U-99 e a 215 metros de profundidade o casco começou a abrir-se. Por isso Kretschmer não teve outra opção senão emergir e entregar-se com seus homens. Internado no Canadá, o taciturno comandante, um ser irredutível, faria parte de uma cadeia de prisioneiros que conseguiria enviar valiosas informações militares a Berlim.

Essas notícias eram tão perturbadoras que Hitler proibiu sua difusão até que a opinião pública, convencida de que os lobos cinzentos eram invencíveis, estivesse psicologicamente preparada. A morte de Schepke e a captura de Kretschmer foram anunciadas no fim de abril, depois da tomada de Belgrado e de Atenas, e o desaparecimento de Prien, que era anterior, do fim de maio, dez semanas depois de ocorrido. Enquanto isso, os alemães bombardeavam Londres metodicamente. Durante esses dias, Rudolf Hess, o segundo do *Führer*, lançou-se de paraquedas na Escócia para propor ao duque de Hamilton não apenas um armistício, mas também que a Alemanha e Inglaterra se aliassem contra a União Soviética.

A perda dos três ases foi um golpe terrível para Dönitz, especialmente a de Prien, a quem queria como a um filho. Do "Touro de Scapa Flow", que levava sempre consigo o lenço de cor malva de sua mulher, Dönitz declarou, em um raro momento de emoção, que Prien "era tudo o que um homem devia ser: uma grande personalidade, cheia de entusiasmo, energia e alegria de viver, absolutamente consagrado ao serviço".

O RADAR

Embora nem o BdU nem a contraespionagem alemã soubessem — demorariam muito tempo para dar-se conta e quando o fizeram já era tarde —, o saldo dessas vitórias foi ainda mais importante para os britânicos, pois o destróier *Vanoc* havia localizado o U-100 graças a um novo radar desenhado pela RAF, mais preciso e menor, pequeno o suficiente para ser instalado em aviões de combate. A equação radar mais avião foi letal para os U-Bootes, pois a eficácia desse instrumento aumenta com a altura.

Os engenheiros alemães tiveram oportunidade de desenvolver o radar, porém, em 1941, Hitler proibiu-lhes de se concentrar em qualquer projeto cujos responsáveis não pudessem garantir pessoalmente — isto é, com seus pescoços — seu funcionamento em menos de um ano. Amedrontados, deixaram de considerá-lo prioritário e o adiaram para concentrar-se em apressadas contra medidas de detecção, baseadas em pinturas especiais.

Que o OKM não se apercebera a tempo da importância do radar isso se deveu, entre outras coisas, ao fato de a sua eficácia ter sido progressiva. Na teoria, devia permitir, desde o início, que os naviosescolta localizassem os submarinos na superfície. Porém, na prática, e até enquanto os comprimentos de onda e as antenas direcionais não foram ajustados, usava-se o radar, basicamente, para evitar a dispersão dos navios que integravam os comboios, ajudando-os a manter sua posição relativa.

Nesse momento crucial das ações, o BdU tinha menos submarinos disponíveis para a caça em alto mar do que no início da guerra, pois devia, cada vez mais, destiná-los — em geral, aqueles que não atendiam completamente às exigentes provas de qualidade — ao treinamento de tripulações capazes de substituir as que jaziam no fundo do mar. Em contrapartida, os navios-escoltas dos comboios britânicos aumentavam dia a dia.

A única notícia alentadora para Dönitz foi o reinício do programa de construção, que se concentraria em submergíveis de tonelagem média, tal como havia proposto desde o princípio. Hitler prometeu-lhe entregar 25 U-Bootes por mês, mas na prática a Kriegsmarine recebia uma média de seis por mês. Como consolo, a maior parte era do novo tipo IX, chamados "de grande cruzador", submarinos maiores e dotados de armamento melhor e de maior autonomia do que os da classe VII-C.

Essas características permitiram que os novos U-Bootes, da classe IX, se distinguissem no teatro de operações da costa atlântica da África. No começo de 1941, um solitário submarino da nova classe, o U-107, sob o comando do capitão de corveta Günther Hessler, genro de Dönitz, afundou durante sua segunda patrulha 14 navios, que somavam quase 87 mil toneladas, incluindo o submarino britânico *Alfred Jones*, entre as Ilhas Canárias e Freetown, ação que seria um recorde individual jamais igualado. Dönitz recusou condecorar Hessler com a Ritterkreutz por razões de parentesco. Porém, o almirante Raeder, atendendo à solicitação de Hitler, o fez.

GOLPES SECRETOS

Durante o primeiro semestre de 1941, os estaleiros alemães construíram uma média de 13 submarinos mensalmente. E embora na segunda metade do ano tenham aprontado cerca de 20 por mês, sua produtividade estancou nesse número. A esse ritmo, Dönitz jamais chegaria aos 300 submarinos que pretendia. E, para piorar a situação, desde a suspensão da invasão da Inglaterra os britânicos contavam com todos os seus aviões — e seus radares — para proteger comboios cada vez mais numerosos, cuja defesa se tornava ao mesmo tempo mais eficaz e sofisticada.

Nesse contexto, em 9 de maio de 1941, o U-110, comandado por Fritz-Julius Lemp, depois de atacar um comboio em companhia do U-201, sob as ordens do capitão-tenente Albert "Adi" Schnee, foi perseguido e alcançado pela corveta *HMS Bulldog*, que, ao avariá-lo com uma salva de cargas de profundidade, obrigou-o a subir à superfície. Temendo ser assaltado pela corveta, tal como havia acontecido ao infortunado U-100 e já se havia tornado algo habitual, Lemp — que, desde o afundamento do *Athenia*, tinha plena consciência do ódio pessoal que despertava nos britânicos — ordenou o abandono do submarino, depois de ativar as espoletas de retardo para fazê-lo voar pelos ares. O procedimento regulamentar consistia em colocá-las tanto nas cabeças dos torpedos quanto nas principais instalações do submarino, na previsão de que alguma falhasse. Porém, devido à pressa, ao medo ou a ambas as coisas ao mesmo tempo, a instalação foi defeituosa. Lemp flutuava em seu bote de borracha havia vários minutos quando se deu conta de que o submarino seria capturado. Nessa ocasião, um comando de infantes da Marinha britânica se havia feito ao mar a partir do *HMS Aubertia*. Como responsável pela situação e para tentar evitar, a todo custo, a captura, Lemp decidiu regressar ao submarino para fazê-lo explodir. Acabava de subir no passadiço quando foi abatido por um disparo certeiro do chefe do comando que se aproximava de bote.

Com a captura do U-110, os britânicos obtiveram os livros de códigos, os documentos cifrados e a famosa Enigma, a máquina codificadora e decodificadora de mensagens radiotelegráficas. Em seu afã de manter a descoberta no mais estrito segredo, confinaram cuidadosamente os sobreviventes do U-110 e também a tripulação das embarcações que participaram de sua captura. Todo esse esforço para que o triunfo passasse desapercebido foi recompensado porque Dönitz acreditou, tal como queriam os ingleses, que o U-110 tinha sido afundado com toda a sua tripulação — na verdade, morreram 15 tripulantes, incluindo Lemp, enquanto 32 foram capturados.

Como haviam apresado previamente um barco meteorológico da Kriegsmarine, os especialistas ingleses conseguiram decifrar as mensagens cifradas dos comandos alemães em apenas uma semana, êxito que permitiu ao Almirantado desenhar rotas alternativas para seus comboios, geralmente mais próximas do Polo Ártico.[11]

Os britânicos também conseguiram manter em segredo a captura do U-570. Um caça-bombardeio Lockhed Hudson da RAF localizou-o em 27 de agosto, ao sul da Irlanda, e o fustigou durante horas, evitando que submergisse. Considerando-se perdido, seu bisonho comandante, capitão-tenente Hans-Joachim Rahmlow, subiu ao passadiço e agitou uma camisa branca em sinal de rendição.

Essa captura proporcionou à Royal Navy informações precisas e completas sobre as características e os sistemas ofensivos e defensivos dos U-Bootes mais modernos. Os submarinos do tipo IX-C, como o U-570, tinham 77 metros de comprimento, deslocavam 1.120 toneladas e alcançavam uma velocidade de cruzeiro na superfície de 18,3 nós — que, em modelos posteriores, chegaria aos 19 nós — e de sete nós quando imersos e que, ocasionalmente, podiam chegar a mais de oito. Seus tanques lhes permitiam carregar 230 toneladas de combustível, o que os dotava de uma autonomia de 17.500 quilômetros, e, em sua versão regular, estavam armados com um canhão de dez centímetros, outro antiaéreo de 3,7 centímetros e duas metralhadoras antiaéreas de 20 milímetros. Também portavam seis tubos lança-torpedos — quatro na proa e dois na popa — e tinham capacidade para transportar até 22 torpedos ou 33 minas. O Almirantado ficou tão satisfeito com a embarcação que, terminado seu estudo, a rebatizou de *HMS Graph* e a devolveu ao mar, com uma tripulação própria.

Pouco depois da captura furtiva do U-110, a Royal Navy conseguiu cercar e avariar, nas proximidades de Brest, a pérola da Kriegsmarine, o encouraçado *Bismarck*, o maior e mais veloz navio de guerra do mundo. Hitler impediu, até o último momento — até que um torpedo, lançado de um avião, inutilizou o timão na manhã de 27 de maio — que a tripulação o abandonasse e o afundasse, depois de uma horripilante carnificina na qual a nave foi literalmente arrasada. Mais de dois mil tripulantes perderam a vida; apenas 115 sobreviveram. O autoafundamento foi reconhecido recentemente, no fim do século. Durante décadas, os britânicos se atribuíram o feito. O desaparecimento do *Bismarck* marcou o fim do predomínio dos encouraçados e cruzadores. Daí em diante, nenhum navio de superfície alemão fustigaria os comboios aliados. Desde então, a supremacia aérea seria decisiva e seria garantida com porta-aviões.

PEARL HARBOR

Embora Hitler buscasse retardar a participação dos Estados Unidos na guerra e houvesse enviado ordens terminantes para que os lobos cinzentos se abstivessem de atacar os navios com o pavilhão das estrelas e listras, cada vez mais destróieres americanos se somavam à proteção dos comboios britânicos, de modo que um choque direto era apenas uma questão de tempo.

No começo de setembro de 1941, depois de ser atacado perto da Islândia por um caça britânico, o U-652 lançou dois torpedos contra o destróier *USS Greer*, que se havia posto em sua perseguição. E em 10 de outubro um U-Boote não identificado atingiu com um torpedo o destróier *USS Kearney*, que escoltava um comboio britânico. A explosão fez 11 vítimas, as primeiras baixas estadunidenses da guerra.

Alguns dias mais tarde, o U-552, sob o comando do capitão-tenente Hans Bungards Erich Top, que havia mandado pintar na torreta um diabo vermelho, acertou o *USS Reuben James*, a serviço da União Soviética e sem identificação, no paiol. A explosão e o vertiginoso afundamento nas águas geladas produziram a morte de 150 tripulantes. Apesar desses fatos e da pressão de importantes cadeias de jornais americanas, a maioria das população do país, embora tenha chorado seus mortos, permanecia refratária à pregação belicista e se opunha a envolver-se numa pendência que considerava alheia. Essa maioria isolacionista, somada a uma pequena mas ativa minoria abertamente pró-nazista, havia estado a um passo — um voto — no começo de 1941 de sancionar, no Congresso, a desmobilização das Forças Armadas. Porém, um mês depois do afundamento do *Reuben James*, em 7 de dezembro, o Japão desencadeou um ataque de surpresa a Pearl Harbor, a principal base da US Navy no Pacífico, e imediatamente depois declarou formalmente guerra aos Estados Unidos. Quatro dias depois, a Alemanha e a Itália fizeram o mesmo.

Foi, na verdade, um ataque de surpresa? Muitos historiadores sustentam que o presidente Roosevelt sabia o que ia acontecer, mas que deixou que ocorresse para envolver necessariamente os Estados Unidos na contenda. Ele não via outra maneira de reativar uma economia que novamente começava a afundar. De acordo com essa perspectiva, Roosevelt, que ambicionava um terceiro mandato, teria considerado friamente que um ataque japonês era a única opção para colocar a nação em pé de guerra, já que o povo americano se manifestava majoritariamente partidário de conservar a neutralidade. A tragédia que a participação na Grande Guerra pressupunha para dezenas de milhares de lares não era alheia a essa posição. Para culminar, o próprio Roosevelt havia fornecido, no passado, numerosos argumentos para a maioria pacifista-isolacionista, favorecendo seu arrebatamento com o objetivo de alcançar a Casa Branca.

O certo é que desde 1931, quando o Japão invadiu a China, os Estados Unidos adotaram uma política externa que estrangulava a economia do Império do Sol Nascente. Ademais, como afirma Paul Johnson em *Tempos modernos*, Roosevelt sabia que "a hostilidade ao Japão era sempre popular nos Estados Unidos" e, no seu foro íntimo, considerava que a guerra contra o Japão era inevitável e até, discordando dos altos chefes militares, que era vantajoso apressá-la. Para Johnson, um historiador claramente comprometido com a direta conservadora, Roosevelt "sempre teve uma atitude pró-soviética e sua belicosidade se acentuou bruscamente quando a Rússia entrou na guerra", após a invasão alemã.

"Seu estreito colaborador", afirma Johnson, "o secretário do Interior, Harold Ickes, escreveu-lhe no dia seguinte à invasão da Rússia: 'O embargo do petróleo ao Japão seria a atitude mais popular em todo o país que você poderia tomar e da qual poderia decorrer uma situação tal que seria não só possível mas também fácil entrar eficazmente na guerra. E se entramos indiretamente no conflito, evitaríamos a crítica de que o fazemos como aliados da Rússia comunista.'"

Nessas condições, Roosevelt não podia pretextar candura quando, em agosto de 1941, decretou o embargo total das vendas de petróleo a Tóquio, um golpe mortal na economia nipônica, que importava dos Estados Unidos 90% de suas necessidades de óleo cru. Nessa ocasião, as reservas nipônicas eram de somente 650 milhões de litros, razão pela qual, mesmo que racionadas, se esgotariam no máximo em dois meses. A perspectiva de um colapso inexorável inflou de ar as exigências dos comandos militares japoneses, que, desejosos de ação, proclamavam que não existia outra opção senão a guerra para se garantir acesso às jazidas de petróleo da Nova Zelândia e, de passagem, ao estanho e à borracha da Malásia.

Nesse mesmo mês, como já foi dito, Roosevelt obteve uma vitória de Pirro quando a Câmara de Representantes aprovou, por 203 votos contra 202, uma extensão de 18 meses no período de recrutamento que estava por ser encerrado, o que supunha o licenciamento e a desmobilização dos recrutas. No debate, apenas se mencionaram as matanças de judeus, ciganos, homossexuais, comunistas e outros opositores dos países ocupados, que, a rigor, haviam começado na Alemanha no momento mesmo da subida de Hitler ao poder.

Quando ocorreu o ataque a Pearl Harbor, havia vários meses que os criptógrafos da Magic — a organização estadunidense de interceptação de comunicações radiofônicas e telefônicas, a mais poderosa ferramenta de espionagem dos Estados Unidos durante a guerra — haviam decifrado o código secreto das transmissões japonesas, ou seja, que o Estado-Maior Conjunto conhecia em detalhe o interesse nipônico pelos movimentos da base. Por outra parte, o governo federal não podia alegar ignorância, pois em princípios de 1941 o embaixador peruano em Tóquio havia escutado uma conversa na qual um intérprete do Ministério das Relações Exteriores do Japão afirmava que "a frota americana do Pacífico desaparecerá". O embaixador peruano comunicou-se com o seu par estadunidense, que, por sua vez, avisou de imediato o Departamento de Estado.

De fato, dias depois daquele aviso e assumindo a gravidade da situação, os chefes militares de Pearl Harbor, o general Frederick L. Martin e o contra-almirante Patrick N.L. Bellinger, manifestaram sua preocupação com as precárias defesas da base diante de um eventual ataque, particularmente dos porta-aviões. E, a partir de setembro, os informes interceptados da inteligência militar japonesa passaram a referir-se rotineiramente aos movimentos de navios que entravam e saíam de Pearl Harbor, a assinalar sua posição exata no porto. O aumento de frequência dos voos de reconhecimento japoneses em torno do arquipélago havaiano, por outra parte, só podia ser lido de uma maneira: o Japão estudava a possibilidade de desferir um ataque.

Poucos dias antes do acontecido, o Magic havia decifrado uma comunicação na qual o Ministério das Relações Exteriores japonês ordenava às embaixadas e aos consulados nos Estados Unidos, na Grã-Bretanha e na Holanda que destruíssem os códigos secretos e outros documentos comprometedores. Por fim, poucas horas antes que se consumasse o ataque, os rádio-operadores estadunidenses interceptaram uma mensagem cifrada do mesmo ministério. Estava dirigida ao embaixador em Washington e incluía a declaração de guerra que devia entregar nas mãos do secretário de Estado, Cordell Hull.

O documentário *Pearl Harbor, el legado de un ataque*, feito recentemente pela estação de TV a cabo National Geographic, revelou que poucos minutos antes de começar o fatídico 7 de dezembro um destróier americano afundou um submarino japonês nas proximidades da base. Trata-se de uma informação de alto impacto, pois revela que a US Navy, e não a Marinha do Império do Sol Nascente, foi a primeira a disparar e a afundar um navio adversário.

Ademais, o documentário lembra que às 3h42 o destróier *USS Condor* divisou o periscópio de um submarino japonês perto de Pearl Harbor e deu um aviso a uma lancha torpedeira, que, curiosamente, "interpretou erradamente" a mensagem. Às 7h, minutos antes de se iniciar o bombardeio, o Estado-Maior da US Navy recebeu o aviso de que um grande número de aviões se aproximava da ilha. Seus porta-vozes explicariam, mais tarde, que pensaram que os aviões pertenciam a um esquadrão de bombardeiros B-17 da US Air Force. Sugestivamente, os porta-aviões *Hornet*, *Entreprise* e *Lexington* foram retirados da base justamente a tempo, mas não se tomou qualquer medida de proteção para os militares e civis. Por essa razão, o ataque combinado das forças japonesas por mar e ar produziu não só um maciço afundamento de navios obsoletos como também 2.433 mortes. O conjunto de dados parece dissipar qualquer dúvida razoável acerca de que o Estado-Maior americano levava, quando menos, várias horas de alerta total e sabia que o Japão se aprontava para lançar-se ao combate.

UM ATAQUE FUNCIONAL

O lançamento da superprodução hollywoodiana *Pearl Harbor*, de Michael Bay, causou indignação ao célebre escritor Gore Vidal. Ele acusou o diretor, os produtores e os roteiristas de "não ter a menor ideia do que ocorreu, nem interesse em contar a verdade histórica e muítissimo menos em descobrir seus aspectos incômodos". O assunto é o eixo do seu último livro, *A idade do ouro*. Para Vidal, o presidente Roosevelt ignorou deliberadamente os avisos de um iminente ataque aeronaval a Pearl Harbor, e dá um passo adiante: afirma que o governo dos Estados Unidos incentivou o Japão a lançar o ataque, ignorando sistematicamente as propostas conciliatórias do primeiro-ministro Konoye e exacerbando, de todos os modos possíveis, o inflamado belicismo do chefe do Estado-Maior japonês, general Hideki Tojo.

Roosevelt necessitava da guerra, assegura Vidal, para evitar o iminente colapso do *New Deal*, política que lhe havia permitido arrancar a nação da crise iniciada com o *crack* de 1929 e granjeado uma enorme popularidade. Vidal insiste que está provado que tanto o presidente quanto o general Marshall sabiam com duas semanas de antecedência "a data precisa e a hora exata" do ataque, tendo até convocado os diretores dos principais jornais para pedir-lhes que, se a notícia chegasse às suas redações, não a publicassem.

O escritor destacou que em 1939 a economia estadunidense havia entrado novamente numa espiral recessiva e que o aumento do desemprego era uma panela de pressão prestes a explodir. A guerra e as consequentes leis de exceção, argumenta, permitiram a Roosevelt injetar rapidamente oito bilhões de dólares na indústria bélica, o que acabou com a recessão. Assim, sublinha, em poucos meses os trabalhadores americanos ficaram divididos em dois grandes grupos: os que ganhavam bons salários e os que estavam tendo os cabelos cortados, sendo uniformizados e treinados para combater.

Quanto aos mortos no ataque, Vidal sustenta que serviram ao presidente e demais belicistas para garantir a eclosão de uma onda de indignação e de xenofobia antiasiática, estado de ânimo que gerou condições favoráveis à declaração de guerra.

O ataque japonês foi cuidadosamente filmado por várias câmaras profissionais, estrategicamente dispostas. Essas imagens começaram a ser projetadas nos dias seguintes em milhares de cinemas de todo o país. A indignação popular foi tamanha que Roosevelt não encontrou resistência quando decidiu internar em campos de concentração os residentes japoneses, inclusive os nacionalizados, situação que os cidadãos alemães e italianos jamais viriam a sofrer.

Longe de uma suposição paranoica, a embasada hipótese de que o governo dos Estados Unidos permitiu a agressão japonesa registrava um antecedente notável. Em 1898, uma explosão extremamente suspeita afundou o encouraçado *USS Maine* no Porto de Havana, quando o navio fazia uma visita "de cortesia", sem convite prévio das autoridades espanholas da ilha. Depois da tragédia, o presidente Theodore Roosevelt declarou guerra à Espanha, destruiu sua frota e assumiu o controle de Cuba — mortificando os independentistas de José Martí, próximos de tomar o poder —, as Filipinas e a base de Guam, no arquipélago das Marianas.

F.D. Roosevelt teria aprendido a lição com o seu antecessor homônimo. Ao declarar guerra ao Japão, quase não teve oposição. Ainda assim, os Estados Unidos se abstiveram de fazer o mesmo em relação ao Eixo Roma-Berlim. Porque, embora praticamente ninguém se lembre disso, foi esse que declarou guerra aos Estados Unidos, e não o inverso.

AS "VACAS LEITEIRAS"

A nova frente de guerra encontrou a Kriegsmarine desprevenida, mas Dönitz tinha no bolso um plano opcional denominado Paukenschlag (Toque de Tambor) para enviar 12 submarinos às costas atlânticas, que seriam abastecidos em alto-mar pelos U-Bootes amamentadores, chamados "vacas leiteiras". Esses submarinos eram da classe XIV, os maiores da Kriegsmarine. Dito sucintamente, os U-Bootes desse tipo eram algo como um da classe VII embutido dentro de outro do tipo IX. A diferença de tamanho e largura se destinava a armazenar combustível. Além disso, e a fim de ganhar espaço, as "vacas leiteiras" dispunham somente de armamento antiaéreo. Pançudas, com um deslocamento, quando imersas, de duas mil toneladas, substituíam os tradicionais barcos-cisterna camuflados como mercantes com bandeiras de outros países, que haviam abastecido os navios de guerra e os submergíveis alemães durante a Primeira Guerra e no início da nova contenda. Em meados de 1940, as perdas dessas embarcações eram tão grandes que o OKM viu-se obrigado a arquivar a tática.

As "vacas leiteiras" podiam abastecer até dez submarinos do tipo VII-C, aos quais transferiam, além de combustível, carnes, batatas, verduras e frutas frescas, pão e até torpedos. Graças às "vacas leiteiras", o tempo de permanência de uma flotilha de dez submarinos em um teatro de operações distante, como as costas dos Estados Unidos ou o Atlântico Sul, podia triplicar-se.[12]

Quando a Alemanha e a Itália declararam guerra aos Estados Unidos, Dönitz já estava preparado para lançar duas matilhas de seis U-Bootes cada uma para "pescar" na costa americana. Porém, quando se dispunha a iniciar a Operação Toque de Tambor, Hitler lhe ordenou que transferisse o grosso de sua frota para o Mediterrâneo, para auxiliar o AfrikaKorps, que, muito acossado pelos britânicos, havia ficado sem vias de abastecimento. Por essa razão, ao invés de acelerar-se, a guerra no Atlântico quase ficou paralisada. Com uma única e pequena flotilha de cinco submarinos, os lobos cinzentos só puderam afundar, no decisivo teatro de operações das costas dos Estados Unidos, 18 navios em novembro e apenas 12 no gélido dezembro, mês que foi terrível para os lobos cinzentos: em meio a um inverno rigoroso e escuro, os U-Bootes destacados para o Atlântico Norte não conseguiram divisar sequer um mísero comboio. E, para piorar o quadro, o ataque a um comboio descoberto pela Luftwaffe — 32 cargueiros que navegavam de Gibraltar para a Inglaterra — terminou numa catástrofe.

A derrota da matilha não foi tanto resultado da forte escolta do comboio quanto da novidade representada pela presença de um porta-aviões que transportava uma esquadrilha de bombardeiros Liberator, de grande autonomia de voo. Graças a essas máquinas de fabricação americana, a RAF monopolizou o espaço aéreo e, embora os U-Bootes tenham conseguido afundar o porta-aviões, o destróier e dois cargueiros, cinco lobos cinzentos foram afundados pelos bombardeiros antes que Dönitz cancelasse o ataque.

Por esse conjunto de razões, no fim de 1941 Dönitz percebia claramente que a participação dos Estados Unidos na guerra havia produzido uma inflexão, uma mudança que provavelmente seria irreversível. "O ano chegou ao fim numa atmosfera de preocupação e ansiedade", recordaria. Tudo estaria perdido, a menos que conseguisse quebrar a espinha dorsal do programa anglo-americano de construção naval, que tinha previsto chegar ao meio milhão de toneladas por mês durante 1942. Para tentá-lo, insistia, necessitava de pelo menos 300 submarinos.

Enquanto Dönitz se desesperava por novas e melhores unidades, a perda de eficácia dos lobos cinzentos se acelerava. Se em outubro haviam atingido o recorde de 61 navios afundados — mais de 344 mil toneladas — em novembro e dezembro, somados, só conseguiram afundar 30 embarcações, com apenas 154 mil toneladas. E, apesar do frio e da ausência de comboios, e de as tripulações dos U-Bootes terem aperfeiçoado o equipamento para melhorar artesanalmente aquele número, estava claro que a euforia "dos tempos felizes" se havia esfumado para sempre. Dönitz percebia isso observando os rostos daqueles que desembarcavam: barbudos, sujos, com frio e empapados — era virtualmente impossível secar a roupa dentro daqueles "caixões flutuantes", como os marinheiros os chamavam. Estavam literalmente oxidados e cheiravam a óleo de motor, depois de longas semanas de navegação sem conseguir sequer divisar os navios inimigos.

As repetidas ordens para que destacasse submarinos para o Mediterrâneo deixaram Dönitz furioso. Depois da derrota, e enquanto esperava ser julgado em Nuremberg, destacaria, com paixão, que "a tarefa mais importante da Marinha alemã, a que estava acima de todas as demais, foram as operações contra as linhas vitais britânicas de abastecimento e comunicações", já que através dessas linhas "fluíam as fontes das forças britânicas, proporcionadas em sua maior parte pela potência americana". A retirada dos lobos cinzentos, enfatizaria com amargura, "foi, na minha opinião, absolutamente injustificável". Ainda que tácita, essa é uma das raras críticas públicas que se fez contra Hitler.

A TEMPORADA DE CAÇA

Durante aquele funesto fim de 1941, Dönitz escolheu os cinco comandantes que participariam de uma versão reduzida da várias vezes adiada Operação Paukenschlag. Passou-lhes, pessoalmente, instruções para afundar qualquer embarcação que encontrassem navegando entre a foz do Rio São Lourenço, ao norte, e o Cabo Hatteras, ao sul. Os dois primeiros lobos cinzentos chegaram à costa leste americana em meados de janeiro e despacharam, com enorme facilidade, 13 cargueiros em 17 dias, inaugurando o que as tripulações chamariam "o segundo tempo feliz" ou a "temporada de caça americana".

Quando, em 6 de fevereiro, os submarinos alemães afundaram cinco petroleiros que se dirigiam à Grã-Bretanha, o pânico tomou conta dos

Aliados. Churchill compreendeu rapidamente que Dönitz havia encontrado seu tendão de Aquiles e que, a menos que fizesse algo de imediato, os U-Bootes poderiam deixar sua máquina militar inerte. Decidiu, então, reverter o fluxo e garantir o rápido envio ao US Army de torpedeiras improvisadas sobre o convés de navios de transporte, cargas de profundidade e unidades Asdic, ou seja, sonares, como proteção dos comboios.

Para enorme alívio do primeiro-ministro britânico, a Kriegsmarine voltou a desviar, por ordem de Hitler e do OKW, uma dúzia de submarinos, alguns deles comprometidos com a Operação Toque de Tambor, para o litoral da Noruega. O *Führer* supunha erroneamente que os Aliados haviam escolhido os fiordes noruegueses como cenário de um desembarque em massa. Aborrecido, Dönitz mandou os U-Bootes restantes para o Caribe, onde, em 16 de fevereiro, afundaram oito petroleiros e bombardearam com sucesso a refinaria de Aruba. A escolha do Caribe para a dizimada matilha atlântica foi uma decisão correta: ao findar o mês, os lobos cinzentos haviam destruído 470 mil toneladas, cerca de 30% a mais do que em janeiro.

A caçada continuou na Península da Flórida. Quando o U-333 emergiu diante de Miami em 4 de abril, seu comandante Erich Kremer não podia dar crédito ao que estava vendo com seus binóculos. Apesar da guerra, a costa permanecia iluminada pelas luzes de neón. Ele podia até ler as placas dos automóveis e os menus na entrada dos restaurantes.

Depois que pescadores e banhistas denunciaram que as torretas de dois submarinos deslizavam nas proximidades das praias da Flórida, a Guarda Costeira americana proibiu o deslocamento de navios sem que fossem formados, previamente, comboios para a devida proteção. No entanto, a despeito dessas precauções formais, os cargueiros se destacavam nitidamente contra a luz da cidade em um incessante desfile. "Contra o resplandecer dos focos de um novo mundo despreocupado, passavam as silhuetas de navios reconhecíveis em todos os seus detalhes, tão nítidas como em um catálogo de vendas. Apresentavam-se para nós como numa bandeja. Pareciam nos dizer: 'Por favor, sirvam-se!' Tudo o que tínhamos a fazer era apertar o botão", recordaria Kremer. Naquele primeiro dia, misturando-se com os tubarões, o U-333 afundou parcimoniosamente três embarcações, enquanto seus companheiros da matilha faziam o mesmo com mais nove.

Os lobos cinzentos afundariam 585 navios aliados durante o primeiro semestre de 1942 — quase 400 diante do litoral dos Estados Unidos —

com uma média mensal de 500 mil toneladas. Esses feitos resultaram na perda de apenas seis unidades, o que ilustra que sua atividade em águas estadunidenses foi quase um passeio, sem considerar que nunca operou mais de uma dúzia de submarinos de maneira simultânea.

Daquela nutrida colheita tomaram parte — os comandantes dos U-Bootes tinham ordem de não se deter pelo simples fato de que a nacionalidade dos barcos aos quais apontavam não estivesse clara — dois mercantes argentinos, o petroleiro *Victoria* e o *Río Tercero*. Tal como havia acontecido depois do afundamento do *Uruguay*, o governo argentino minimizou a importância dessas perdas, como se 20 mil toneladas — somando os três navios — não fossem significativas para a pequena frota mercante nacional. A Alemanha se desculpou formalmente, pagou as reparações estipuladas e chegou mesmo a celebrar um ato de desagravo em Kiel, onde batizou de *General San Martín* um de seus navios de superfície.

O 18 de abril apenas começava, o relógio marcava 46 minutos quando o U-201, comandado pelo capitão-tenente Schnee — que acabava de receber a Ritterkreutz e que pouco depois ganharia as Folhas de Carvalho e se converteria no chefe operativo de todos os ataques aos comboios aliados que sulcavam o Atlântico Norte —, torpedeou o *Victoria*, de 7.417 toneladas, na posição 36° 41' N, 68° 48' W. O *Río Tercero*, de 4.864 toneladas, foi afundado em 22 de junho, minutos depois do meio-dia, na posição 39° 15' N, 72° 32' W, pelo U-202. O comandante Hans-Heinz Linder ordenou o seu torpedeamento depois de intimar a tripulação a entrar nos botes salva-vidas. Como o pavilhão argentino era perfeitamente visível, Linder alegou que o radiotelegrafista argentino havia avisado a US Navy sobre a sua presença.

A patrulha de Linder foi muito especial. Após zarpar de Brest e navegar 15 dias a toda velocidade, submerso durante o dia e na superfície durante a noite, havia desembarcado previamente um comando de quatro homens na Praia de East Hampton, Long Island.

OPERAÇÃO PASTORIUS

A ideia de levar a guerra ao território inimigo partiu do próprio Hitler, que dera a ordem à Abwher quatro dias depois de declarar formalmente guerra aos Estados Unidos. A missão foi confiada ao corpulento tenente Walter Kappe, que havia vivido 12 dos seus 37 anos na América do Norte. O ambicioso plano dos comandos contemplava fazer ir pelos ares usinas hidrelétricas, fábricas de alumínio, entrocamentos ferroviários, pontes e canais, bem como o sistema de abastecimento de água da cidade de Nova York. O plano foi denominado Operação Pastorius, em homenagem a um famoso colono alemão.

Kappe imaginou uma série de desembarques semestrais e, para organizar o primeiro, estabeleceu sua base de operações em um chalé nos bosques próximos a Brandeburgo, onde a Abwher havia montado uma escola de sabotagem e operações especiais. Buscou os homens que poderiam servir-lhe nos registros do Instituto Ausland, que havia financiado o retorno à pátria de imigrantes alemães, pois lhe interessavam os que haviam vivido nos Estados Unidos. Assim, selecionou 12, que lhe pareceram enérgicos, capacitados e leais à causa nazista. Eles eram, em sua maioria, operários e dez estavam filiados ao NSDAP. Desse grupo, descartou rapidamente quatro e dividiu os oito restantes em duas equipes.

Em abril de 1942, designou para chefiar a primeira equipe o mais veterano dos selecionados, George John Dasch, de 39 anos, o mesmo que desembarcaria do U-202 em Long Island. Era um homem afável e falante. Veterano da Primeira Guerra, havia trabalhado em Chicago como camareiro, conhecia à perfeição o *slang* dos operários americanos e falava inglês sem sotaque alemão. Em um ataque de patriotismo, Dasch havia regressado à Alemanha assim que a guerra estourou e se filiara ao NSDAP.

Como segundo de Dasch, Kappe indicou Ernest Peter "Stocky" Burguer, um moreno de grande lucidez, que era nazista há quase tanto tempo quanto o próprio Hitler, pois havia participado do *putsch* de Munique. Quatro anos mais tarde, em 1927, viajou para os Estados Unidos fugindo da justiça, que o intimara por sua participação em diversos incidentes. Em Detroit e Milwaukee trabalhou como operário mecânico e, após adquirir a cidadania estadunidense, alistou-se na Guarda Nacional. Todavia, logo que Hitler assumiu o governo, Burguer desertou e retornou à Alemanha, onde se converteu em um dos lugares-tenentes de Ernst Röhm, o chefe das SA, assassinado durante "A noite dos longos punhais", expurgo do qual Burguer conseguiu escapar por pouco.

Embora tenha se refugiado na universidade, as relações de "Stocky" com o partido ficaram comprometidas. Escrever um artigo crítico à Gestapo lhe custou 17 meses de prisão e, depois de cumprida a pena, o alistamento compulsório na infantaria, tendo sido enviado para a frente russa, onde foi ferido.

A equipe se completou com Hainrich Heinck e Richard Quirin, dois amigos, ambos mecânicos, que também haviam emigrado para os Estados Unidos em 1927 e aceitado em 1939 uma passagem gratuita de regresso à pátria, onde se incorporaram à Volkswagen.

Kappe nomeou chefe do segundo grupo um nazista fanático, Edward Kerling, de 32 anos, um funcionário do Ministério da Propaganda que havia abandonado sua mulher americana tão logo começaram as hostilidades. Tentou chegar à Alemanha em um veleiro, mas foi detido. Finalmente, porém, conseguiu chegar a Berlim, onde se incorporou às hostes de Goebbels. Seu segundo foi o jovem Herbert Haupt, de 22 anos, um filho de imigrantes que havia vivido em Chicago desde os cinco anos. A guerra eclodiu quando ainda era um adolescente. Apesar disso, deixou a casa paterna, cruzou o México e embarcou em Vera Cruz rumo à Alemanha, onde se integrou à Wehrmacht. O grupo se completou com Hermann Neubauer, de 32 anos, e Werner Thiel.

O primeiro, emigrado para os Estados Unidos em 1931, foi um dos membros da tripulação do veleiro comprado por Kerling para o frustrado regresso que a Guarda Costeira havia impedido. Como aquele, não retrocedeu em seu empenho até conseguir regressar à Alemanha no ano seguinte. Quando Kappe o contactou por recomendação de Kerling, estava hospitalizado, pois havia sido ferido na frente russa. Quanto a Thiel, havia emigrado para os Estados Unidos em 1927. Trabalhou em Detroit, Indiana, Califórnia e Flórida. E, como os demais, regressou à pátria pouco antes de estourar a guerra, conseguindo emprego em uma fábrica de armamentos.

Depois de um período de instrução às margens do Lago Quentz, nos arredores de Berlim, em 23 de maio Kappe distribuiu uma missão para cada equipe. O grupo de Dasch devia mandar pelos ares a usina hidrelétrica das cataratas do Niágara, as fábricas de alumínio de Illinois, Tennessee e Nova York, uma fábrica de criolita — insumo básico para a produção de alumínio — na Filadélfia, assim como uma represa de Ohio, entre Louisville e Pittsburg. A equipe de Kerling faria o mesmo com a estação ferroviária da Pensilvânia, partes da estrada de ferro de Chesapeake e Ohio, uma ponte ferroviária em Nova York, as esclusas e os complexos de canais em Saint Louis, Cincinnati e Ohio e o abastecimento de água da cidade de Nova York. Ambos os comandos, por fim, deviam promover atentados contra negócios de judeus e terminais ferroviários da Costa Leste, com o objetivo de desencadear uma onda de pânico.

A equipe de Kerling partiu de Brest no U-584, sob as ordens do comandante Joachim Deecke, desembarcando na Praia de Pontevedra, ao sul de Jacksonville, Flórida, em 18 de junho. Em 27 de maio o U-202 partiu com a equipe de Dasch, que chegou antes, pois devia cobrir uma distância menor. Ambos os grupos iam munidos de muitos dólares e uma parafernália instrumental que incluía desde explosivos de alta potência até lapiseiras-pistola. Seus líderes levavam uma lista de contatos escrita em tinta invisível em um lenço. Uma vez nos Estados Unidos e estabelecidos seus contatos, deveriam se reunir em uma cervejaria de Cincinnati em 4 de julho, Dia da Independência, para coordenar as ações.

A DELAÇÃO

A operação começou a fracassar poucos minutos depois do desembarque da equipe de Dasch na Praia de East Hampton, em meio a uma cerrada névoa. O grupo acabava de enterrar os uniformes alemães, as armas e os utensílios bélicos, tal como estava previsto, quando Dasch deu de cara com um jovem guarda-costas. Disse-lhe que seus amigos e ele eram pescadores. Os dois conversavam quando Burguer emergiu da bruma falando em alemão. O guarda-costas empalideceu. Dasch ordenou a Burguer que se retirasse e em seguida falou em voz baixa com o jovem, combinando ameaças com suborno. Deslizou o fio da mão por seu pescoço, gesto inequívoco, falou-lhe de seu país e depois ofereceu-lhe dinheiro, que o jovem aceitou. A seguir, fez algo insólito: arrebatou-lhe a lanterna, dirigiu-a para o seu próprio rosto e anunciou-lhe que voltariam a encontrar-se no centro de Nova York. Apresentou-se com um nome falso e exigiu que o jovem se identificasse.

O rapaz mentiu acerca da sua identidade, deu meia-volta e foi embora... diretamente dar o alarme. Porém, quando os agentes do FBI chegaram à praia os comandos alemães já tinham ido embora. E apesar de terem desenterrado os uniformes, as armas e os demais utensílios bélicos, não encontraram indícios para localizá-los. Imediatamente, o FBI estabeleceu uma férrea censura à imprensa. Nenhum meio de comunicação informou sobre o desembarque.

Uma vez em Nova York, e depois de comprar roupas na Macy's e de alojar Heinck e Quirin num outro hotel, Dasch e Burguer, hospedados no Gobernor Clinton, tiveram uma longa conversa. Dasch, que suspeitava com razão que o guarda-costas os havia denunciado, antecipou-se e confessou a seu companheiro que tinha a intenção de denunciar a operação ao FBI desde antes de sair da Alemanha. "Stocky" tinha duas alternativas: matá-lo ou acompanhá-lo. Após algumas reflexões, decidiu pela segunda opção. Combinaram que Dasch viajaria a Washington, onde tentaria entrevistar-se com o próprio diretor do FBI, o famoso John Edgar Hoover. Nesse meio-tempo, "Stocky" trataria de acalmar e distrair Heinck e Quirin.

Dasch pôs-se em contato telefônico com o FBI em Nova York, mas não conseguiu fazer com que acreditassem nele. Desanimado, passou 30 horas seguidas jogando cartas e bebendo. Em seguida, em 18 de junho, viajou para Washington. Ao mesmo tempo, a equipe de Kerling desembarcava nas praias quentes da Flórida. Como estava previsto, Kerling e Thiel tomaram um trem para Cincinnati, enquanto Haupt e Neubauer viajaram até Chicago.

Dasch sabia que Hoover era racista e filho de mãe alemã e por isso supôs que encontraria certa compreensão. Porém, ao apresentar-se na sede do FBI em Washington, não o levaram até Hoover, mas sim até D.M. Ladd, chefe da contraespionagem e encarregado de recrutar agentes duplos.

Ladd se convenceu de que Dasch não era um mentiroso quando este lhe mostrou os 83 mil dólares que guardava em sua valise. A partir de então, prestou depoimento durante 13 horas seguidas, tempo em que foram escritas 254 folhas. Antes de terminar o interrogatório, os agentes do FBI já haviam detido "Stocky" Burguer, Quirin e Heinck.

Hoover estava diante do caso que tanto esperava para ascender ao pináculo da fama e aproveitou-se dele com astúcia. Informou ao presidente Roosevelt, com estardalhaço, que o FBI havia detido todos os membros do comando nazista desembarcado em Long Island e que logo deteria os de um segundo grupo. No entanto, não disse uma única palavra sobre a cooperação de Dasch e Burguer.

Os técnicos de laboratório do FBI conseguiram tornar legível a lista de contatos escrita no lenço de Dasch e logo localizaram os membros do segundo grupo. Tiveram sorte, porque em vez de viajar diretamente para Cincinnati, como lhes tinha sido ordenado, Kerling e Thiel pararam em Nova York, pois o primeiro ansiava reencontrar-se com uma antiga amante.

Enquanto os homens do FBI os seguiam para localizar seus contatos, o benjamim dos comandos, Haupt, teve um comportamento infantil. Uma vez em Chicago, hospedou-se na casa dos pais, a quem revelou a verdade sobre sua presença nos Estados Unidos. A seguir, comprou um carro e, comovido, propôs casamento à antiga noiva, que acabara de fazer um aborto. Depois, apresentou-se ao FBI, confiando em poder normalizar sua condição de infrator das leis militares, visto que havia regressado à Alemanha quando devia alistar-se no Exército. Os agentes do FBI o seguiram pacientemente durante três dias até que se reuniu com o angustiado Neubauer, que já se havia confessado a um casal de amigos alemães, a quem, além disso, pediu que guardassem todo o seu dinheiro. Assim, os membros do grupo desembarcado na Flórida e alguns de seus contatos foram capturados.

ROMA NÃO PAGA AOS TRAIDORES

Só depois dessas detenções que o FBI oficializou a captura de Dasch. Em 27 de junho um Hoover triunfal informou ao presidente Roosevelt que todos os comandos nazistas haviam sido presos, Dasch por último, ocultando que havia sido sua colaboração voluntária que havia tornado possível a sequência de detenções. Para enorme decepção de Dasch, foram formuladas contra ele as mesmas acusações imputadas aos demais. Implorou que o encarcerassem com seus companheiros para evitar que fosse óbvio que os havia traído.

Quando os jornais publicaram a notícia, Roosevelt começou a receber centenas de cartas que pediam condecorações para Hoover. O presidente o premiou, mas ao compreender que um julgamento civil e público não poderia condenar os detidos — ao fim e ao cabo, não haviam cometido outro delito senão um desembarque clandestino e a posse de armas e explosivos — decretou que fossem julgados por um tribunal militar composto por sete generais. Um tribunal com essas características só se havia reunido para julgar o assassino do presidente Abraham Lincoln.

O julgamento secreto se desenrolou em julho de 1942. O general Francis Biddle, que atuou como promotor, acusou os detidos baseando-se em suas confissões. Assessorados pelo defensor, o coronel Kenneth Royall, um advogado de prestígio na vida civil, os acusados denunciaram Hitler e o nazismo e afirmaram que haviam chegado aos Estados Unidos com o propósito de desertar e sem a menor intenção de cometer atos de sabotagem. Ken Royall recusou o tribunal militar secreto com o sólido argumento de que era manifestamente ilegal aplicar a lei marcial em assuntos que competiam aos tribunais civis. Os membros do tribunal se comoveram diante da vibrante invocação, porém, segundo escreveu o general Biddle em suas memórias, Roosevelt havia antecipado aos generais-juízes que vetaria sua possível decisão de declarar-se impedido. "Não penso entregá-los a nenhum esbirro do sistema estadunidense de justiça, armado com um auto de *habeas corpus*", advertiu.

O tribunal se curvou e condenou os processados à pena de morte. Atentos à clamorosa evidência de que Dasch e Burguer haviam colaborado para a captura do resto, substituíram suas penas pelas de 30 anos de prisão para Dasch e trabalhos forçados perpétuos para seu companheiro.

De acordo com os colaboradores de Roosevelt, quando os generais lhe remeteram as atas do julgamento para que convalidasse as sentenças, o presidente compreendeu que Hoover havia descoberto a rede graças à traição de Dasch, porém o certo é que não fez comentário público. Em 8 de agosto, os seis condenados à morte foram eletrocutados, abrindo uma polêmica que perdura até hoje. Royall — que, após o falecimento de Roosevelt, foi nomeado secretário do Exército pelo presidente Harry Truman — afirmou até a sua morte que, embora a houvesse perdido, aquela foi a batalha judicial mais importante da sua vida.[13]

OUTROS DESEMBARQUES CLANDESTINOS

Dönitz tomava diariamente o pulso da reação americana. Em meados de julho, enquanto se desenrolava o julgamento secreto contra os comandos da Abwher, teve a certeza de que a temporada de caça estava esgotada e ordenou o regresso de todas as unidades destacadas para as costas americanas, semeando de minas os percursos habituais dos comboios aliados.

Todavia, Hitler não deixou de estimular planos para atacar a Costa Leste dos Estados Unidos, em particular Nova York. No fim de agosto de 1943, o U-537, comandado pelo capitão-tenente Peter Schrewe, desembarcou o doutor Kurt Sommermeyer, um cientista nazista que instalou e colocou em funcionamento uma estação meteorológica com transmissores automáticos em um promontório da Península do Labrador, como requisito prévio para continuar desenvolvendo planos ofensivos.

Pelo que se sabe sobre outras operações nos Estados Unidos, os serviços secretos alemães só conseguiram o desembarque clandestino de dois comandos — o americano William C. Colepaugh e o alemão Erich Gimpel — que chegaram às praias do Estado do Maine, no norte da Costa Leste, no fim de setembro de 1944, a bordo do U-1230, sob o comando do capitão-tenente Hans Hilbig. Porém, tal como havia sucedido com Dasch, em 23 de dezembro Colepaugh, depois de gastar dezenas de milhares de dólares em festas, pôs-se em contato com o FBI e entregou a operação e seu companheiro. Ambos foram julgados sumariamente e condenados à morte. Contudo, depois da guerra, o presidente Truman comutou suas sentenças e liberou também Dasch e Burguer.

Acontece, como já se verá, que naquele momento o OSS negociava em Washington com o ex-general nazista responsável pela espionagem do Exército Vermelho um novo *statu quo*: os ex-oficiais nazistas já não seriam considerados inimigos, mas sim aliados na luta contra a ameaça comunista.

Há informações de outros desembarques a partir de U-Bootes no Canadá, na Irlanda, no Líbano, na Islândia, na Finlândia e no Marrocos, mas, de acordo com a história oficial, não há evidências fidedignas sobre desembarques na América do Sul. O que não quer dizer muito, já que é *vox populi* que houve mais de uma chegada nas costas do sul do Brasil durante a guerra e até que o comandante de um U-Boote chegou mesmo a entrar em contato com a colônia alemã de Blumenau.

A Operação Pastorius não foi a única tentativa de atacar o território americano durante a guerra. Os japoneses aproveitaram ventos favoráveis para lançar uma enorme quantidade de balões aerostáticos — algumas fontes calculam em até cinco mil — com bombas explosivas e incendiárias. Por menos que tenham se propagado, mataram uma mulher em Montana e seis pessoas, membros de uma mesma família, no estado do Oregon.

Estimulados por experimentos prévios com bombas de porcelana que disseminaram a peste bubônica em populações da Manchúria ocupada, os japoneses também enviaram uns 200 balões com bombas biológicas repletas de germes patogênicos. Se não se sabe mais a respeito é porque o governo dos Estados Unidos exerceu uma férrea censura para evitar que se publicasse qualquer notícia a respeito dessas agressões e continua ocultando-as até hoje.

E, por certo, durante o verão de 1942, enquanto os desafortunados comandos da Operação Pastorius eram julgados, a Alemanha ensaiava novas estratégias para atacar Nova York e outras cidades da Costa Leste dos Estados Unidos a partir de U-Bootes. A inteligência alemã denominou Projeto Ursel aos ensaios levados a cabo pelo U-511, sob o comando do capitão de corveta Friedrich Steinhoff, dirigidos por seu irmão, o cientista Erich. Tratava-se de disparar, do convés do submarino, imerso a 12 metros de profundidade, uma salva de seis foguetes de 30 centímetros denominados Wurfkörper 42 Spreng. Carentes de sistemas de guiagem e de maior precisão, esses foguetes, que eram disparados num ângulo de 45°, não eram bons para atacar navios na superfície, pois foram concebidos para atingir grandes alvos terrestres, como uma refinaria ou uma cidade.

Erich Steinhoff era um dos lugares-tenentes de Werner von Braun, que dirigia o desenvolvimento dos foguetes alemães em uma fábrica de Peenemünde. Durante a última etapa da guerra, Hitler exortou Von Braun a preparar um ataque de mísseis contra as grandes cidades da Costa Leste americana a partir de submarinos do tipo XXI. A manobra, porém, era sumamente complexa, entre outras coisas porque necessitava de pelo menos dois U-Bootes: um para transportar as rampas de lançamento e outro para carregar os mísseis, motivo pelo qual Steinhoff era partidário de lançar "bombas voadoras" V-1 a partir do convés de um submergível convencional da classe IX-C. Embora durante os últimos dias da guerra os técnicos tenham conseguido resolver o problema com um grande compartimento estanque para que um único U-Boote levasse mísseis sobre o convés, não houve tempo para que o ataque fosse executado.

PRESOS EM ÁGUAS BRASILEIRAS

O Atlântico Sul quase nunca foi um cenário propício para a repetição dos grandes êxitos que os U-Bootes haviam alcançado no Norte, durante "o tempo feliz" e a "temporada de caça". As travessias de submarinos alemães para o Atlântico meridional tiveram início na época em que também o sul se havia convertido, como há algum tempo acontecia no norte, em um espaço onde os lobos cinzentos, mais do que caçadores, acabavam sendo caçados.

O ponto de inflexão foi o verão de 1943, quando Dönitz enviou submarinos ao oceano meridional, acreditando que seus lobos cinzentos teriam melhores condições de caça do que na região boreal, infestada de inimigos.

Nesse momento, fazia mais de um ano que as redes sucessivamente montadas no Brasil pela E-Dienst e pela Abwher — nas quais brilharam espiões como Albrecht Gustav Engels, Herbert von Heyer, Friedrich Kempter e Josef Starziczny — haviam sido desarticuladas.

Em princípios de julho, uma ou duas matilhas se deslocavam pelas quentes águas costeiras do Brasil com o intuito de saquear os comboios que faziam o trajeto Rio-Bahia-Trinidad. Navegavam, entre outros, os submarinos U-172, U-185, U-199, U-590 e U-604. O U-590 afundou o cargueiro *Pelotas Loide* no canal de acesso a Belém do Pará, em 4 de julho; três dias mais tarde, o U-185 atacou um comboio que havia zarpado de Salvador e pôs a pique dois navios. No dia seguinte, o U-172 abateu um mercante americano perto de Cabo Frio e um outro britânico entre o Rio de Janeiro e Santos.

Nesse período, navios americanos e brasileiros se haviam lançado à caça dos U-Bootes. Em 9 de julho, um avião Catalina da US Navy localizou o U-590, comandado pelo capitão-tenente Werner Krüer, nas proximidades do estuário do Amazonas, lançou contra ele várias cargas de profundidade e o afundou com toda a tripulação.

Entre os caçadores encontrava-se, mais ao sul, o veterano cruzador brasileiro *Bahia,* construído em estaleiros britânicos em 1906, integrante do Comando Naval do Nordeste com base em Recife e apelidado pela marujada de "Velhinho". Deslocava 3.150 toneladas e tinha 122,40 metros de comprimento, 11,89 de boca e 4,5 de calado. Após participar de ações defensivas durante a Primeira Guerra Mundial, em 1926 recebeu duas novas turbinas que desenvolviam 22 mil cavalos de força. O *Bahia* localizou e atacou um submarino em 10 de julho, mas sem resultados apreciáveis. Dois dias depois, o U-172 torpedeou nessa mesma área um mercante americano.

Passaram-se duas tensas semanas, quase três. Na madrugada de 30 de julho, um bombardeiro Liberator da US Air Force, que decolara da base de Salvador, capital do Estado da Bahia, voando a baixa altitude, surpreendeu o U-604, metralhou sua torreta e o convés, matando um oficial e um suboficial e ferindo o comandante, o capitão-tenente Horst Höltring. O piloto executou a tarefa lançando quatro cargas de profundidade que avariaram seriamente o U-Boote, mas não conseguiram afundá-lo.

No dia seguinte, caça-bombardeiros brasileiros e americanos localizaram o U-199, um longo submarino, do tipo IX-D2, sob o comando do capitão-tenente Hans Werner Kraus, e o atacaram, afundando-o. A operação teve um saldo de 49 mortos e 12 sobreviventes.

Höltring havia pedido ajuda por rádio e acudiram em seu auxílio o U-172 e o U-185, comandados, respectivamente, pelos capitães-tenente Carl Emmermann e August Maus. No entanto, os dois submarinos, da classe IX-C, foram perseguidos por uma força-tarefa brasileiro-americana, baseada no Brasil, e tiveram de fugir. Estavam quase conseguindo quando o U-172 foi atacado por um par de caças que havia decolado de um porta-aviões americano. Um dos aviadores eliminou o maquinista do submarino, mas acabou derrubado no duelo de metralhadoras.

Nem Emmermann, porque não podia, nem Maus, porque não queria, distanciaram-se muito: protegeram-se nas profundezas e durante toda uma semana emergiram apenas durante a noite. O tenaz Maus conseguiu despistar seus perseguidores e chegar até onde, submerso à profundidade de periscópio, o U-604 boiava à deriva. Resgatou sua tripulação e em seguida o afundou.

Depois de vários dias brincando de esconder com um enxame de aviões inimigos, o carregado U-185 conseguiu reunir-se com o U-172, cujo equipamento de navegação havia sido danificado, razão pela qual lhe ordenaram que tentasse retornar à França. Maus decidiu que a metade dos tripulantes do afundado U-604 passaria a nado para o U-172, de modo que ambos os submarinos pudessem iniciar a viagem de regresso de oito mil quilômetros sem perigo de morrer afogados amontoados ou de ir a pique por excesso de peso. Porém, em 24 de agosto, caças e bombardeiros americanos do novo porta-aviões *USS Core* convergiram sobre o U-185 e eliminaram os sete marinheiros que se encontravam no convés. O U-Boote foi gravemente avariado e a tripulação, apinhada, começou a afogar-se, ao mesmo tempo em que os gases produzidos pelo cloro das baterias empapadas de água do mar se espalhava pelo interior. O caos foi tamanho que o ferido comandante Höltring matou um dos tripulantes que agonizava antes de dirigir a pistola para sua têmpora e suicidar-se. Com mais sangue-frio, e depois de verificar que sua embarcação afundava de forma inapelável, Maus ordenou aos tripulantes que se lançassem na água e aguardassem o auxílio do inimigo. Foi resgatado pelos americanos, com 35 de seus homens. Nove podiam considerar-se duplamente sobreviventes, pois provinham do U-604.

Embora tivesse apenas 27 anos, Emmermann era um veterano de patrulhas em águas caribenhas e sul-africanas e autor de uma alardeada façanha: infiltrara-se no Porto da Cidade do Cabo. Não por acaso o emblema do U-172 era o deus Netuno, símbolo das repetidas vezes em que havia cruzado o equador. Conseguiu chegar a Lorient guiando-se de dia pela bússola e de noite pelas estrelas, razão pela qual ele e toda a tripulação foram condecorados.

MUDANÇA DE MÃO

Nessa ocasião, Himmler, responsável pelos planos de extermínio a leste, havia acrescentado a seus cargos o de ministro do Interior do Reich, fato que ampliou o alcance da matança dos judeus alemães que não haviam tido a prudência ou a oportunidade de ir embora.

A direção dos serviços secretos do Terceiro Reich também havia mudado de mãos. A pugna iniciada por Heydrich para controlar a Abwher atingiu um ponto de não retorno em princípios de 1942. Heydrich, cuja carreira como oficial da Kriegsmarine havia sido prejudicada por causa de seu envolvimento com a mulher de um camarada, desprezava os almirantes, a quem considerava tão pacatos quanto presunçosos. Todavia, mantinha relações cordiais com Canaris. Assistiam juntos a concertos de música de câmara e frequentavam suas respectivas casas, ocasiões em que Heydrich costumava tocar violino e Canaris, cozinhar. Haviam entabulado uma concorrência feroz, mas conservavam os bons modos.

Canaris resistia às arremetidas de Heydrich com o apoio de Himmler e de Bormann, que desde a enigmática viagem de Hess à Escócia ia se convertendo, a passos acelerados, no homem mais próximo de Hitler. No entanto, em abril de 1942, Heydrich — talvez incitado por Schellenberg, o mais feroz rival de Canaris — propôs a Bormann que a Abwher ficasse subordinada ao SD (o Serviço de Segurança e Informações do partido), ou seja, que o partido dirigisse os espiões profissionais. O intrigante Bormann, que controlava um serviço virtual de contraespionagem dentro da Wehrmacht, viu a oportunidade de aumentar sua influência e ficou tentado. Canaris respondeu com um projeto opcional. Por fim, consciente de que havia perdido a partida, dirigiu-se a Praga, onde Heydrich o recebeu no castelo onde havia instalado seu quartel-general. Concordaram em redigir um projeto conjunto que unificava todos os serviços de informação. Era uma clara vitória de Heydrich, mas o "Arcanjo da Morte" não chegaria a saboreá-la. No fim de maio, um comando de paraquedistas tchecos e eslovacos treinados em Londres o feriu mortalmente. Em represália, grupos SS fuzilaram todos os homens do pequeno povoado de Lídice, onde os executores do atentado se haviam refugiado. Transportaram as mulheres para os *lager* e se apropriaram de seus filhos, assassinando a maioria deles, embora tenham poupado pelo menos três bebês, que foram "adotados" e "germanizados" pelos apropriadores. Para finalizar a função, horas depois dinamitaram o povoado. Delatados à Gestapo em troca de dinheiro por outro paraquedista tcheco, os executores de Heydrich foram localizados na cripta de uma igreja católica, onde morreram após um breve combate no qual ofereceram encarniçada resistência.

Himmler já havia dado ordens para eliminar, no leste, as mulheres e as crianças das "raças inferiores" — judeus, ciganos e também *krimtschatas*, povo de origem turca mediterrânea, que havia emigrado para a Península da Crimeia e aos quais os teóricos raciais de Berlim haviam atribuído remotos ancestrais judeus. Eram amontoados nas carrocerias fechadas de caminhões, onde os asfixiavam com o gás lançado pelos motores.

O encarregado da macabra tarefa foi o sucessor de Heydrich à frente do RSHA e da SS, Ernst Kaltenbrunner, um advogado de Linz, a cidade natal de Hitler, que havia herdado daquele a animosidade pela Abwher e pelos almirantes e que, ademais, não mantinha relações pessoais com Canaris nem nutria simpatia alguma por ele. Kaltenbrunner estreitava laços com Bormann, que, pouco a pouco, iria se distanciando do almirante.

BUENOS AIRES, NINHO DE ESPIÕES

Em seu imponente escritório no Banco Germánico, em pleno centro de Buenos Aires e muito próximo da Casa Rosada, Walter Köennecke cuidava, separadamente, das contas que financiavam não apenas a Abwher e a E-Dienst, mas também uma rede de maiores dimensões. Canaris havia aprovado o nome que seus promotores haviam dado a essa rede e que tão cabalmente representava o alcance que pretendiam imprimir-lhe: Simón Bolívar.

Concebida como organização autônoma e aberta aos sul-americanos, a Rede Bolívar buscava se infiltrar em diferentes governos para conformar um bloco de nações aliadas à Alemanha sob a liderança regional da Argentina. Entre seus membros, destacaram-se o capitão SS Johannes Sigfrid "Pepe" Becker, um veterano profissional da espionagem; Hans Harnisch, espião camuflado como gerente da companhia siderúrgica Böcker; e o segundo-tenente Martín Eduardo Aumann, ajudante de campo do presidente Ramón Castelo, que havia substituído Roberto Ortiz depois que esse ficara cego em consequência de uma diabetes.

A partir de maio de 1942, a rede passou a depender do SD. Como, ao contrário de Heydrich, Himmler apreciava Canaris e costumava aceitar seus conselhos, na prática a Abwher continuou exercendo sua influência, de maneira que as mudanças decorrentes dos embates entre os dirigentes não foram drásticas.

Desde então, a rede administrada por Köennecke — que se sentia intocável porque seu sogro era nada menos do que o magnata da construção Ludwig "Ludovico" Freude, o mais influente membro da colônia alemã na Argentina — foi operada pela Orga-T de Hans Franckzok, pseudônimo Utzinger, um especialista em comunicações que havia chegado à

Argentina com a missão de instalar radiotransmissores e que se ocupava pessoalmente, até quatro vezes por dia, de enviar mensagens cifradas ao escritório de Himmler e receber suas ordens.

Segundo o jornalista e escritor americano Uki Goñi, autor de *Perón y los alemanes*, a Rede Bolívar foi uma das mais bem-sucedidas organizações de espionagem nazista. Chegou a contar com uma vasta frota de veículos, estabelecimentos comerciais e apartamentos, a partir dos quais era coordenado o funcionamento de pelo menos dez estações transmissoras nas localidades de Bella Vista, Pilar, San Justo, General Madariaga, Ranelagh, San Miguel e Ramos Mejía, na Província de Buenos Aires, bem como outras na Província de Santa Fé e na de Santa Cruz, no extremo sul do continente.

Por certo, as atividades da rede em geral, e as da Orga-T em particular, desenvolviam-se em um marco de nítida tolerância da polícia e da contraespionagem local. Graças a essa permissividade, operavam quase abertamente na Argentina Robert Gross, chefe da Divisão Latino-Americana do Instituto Ibero-Americano de Berlim — que se reportava diretamente ao general Von Faupel; o chefe local da Frente do Trabalho, Erwin Schriefer; e os generais Friedrich Wolff e Wilhelm Niedenfuhr, que secundavam Niebuhr e Harnisch na direção dos grupos Azul e Verde, respectivamente. O primeiro, sob a infuência de Freude, respondia pelos misteriosos serviços secretos do Ministério das Relações Exteriores alemão, ou seja, Ribbentrop, enquanto o segundo integrava o SD, cujo chefe local, Harnisch, se reportava ao chefe do SD em Berlim, o general de brigada SS Walter Schellenberg, de apenas 33 anos, a quem os próximos a Hitler chamavam sarcasticamente de "Pequeno Himmler".

Os dois grupos rivalizavam na tarefa de enquadrar militares argentinos. A simpatia pelos nazistas entre os quadros do Exército, de tradição prussiana, é um fato fartamente conhecido. A Armada, em compensação, conseguira diluir seu passado nazista argumentando que naquela época era ostensivamente pró-britânica, chegando ao extremo de fazer luzir em seu uniforme uma tira negra em sinal de luto pela morte do almirante Nelson. Todavia, uma numerosa comunidade de pró-germânicos integrava seus quadros superiores. Até o fim de 1939, quando se reformou com 64 anos, o almirante Abel Renard foi o líder inconteste dos nazistas da Armada. Ademais, há quase dois anos o almirante Scasso, outro firme partidário do Reich, era ministro da Marinha. Embora tenha deixado o cargo em setembro de 1940, Scasso foi reintegrado ao serviço ativo até que se reformou, no fim de 1942. Durante todos esses anos foi comandante da fragata *Sarmiento* e do cruzador *Almirante Brown*, enquanto quem conduzia a esquadra de mar era um outro notório pró-nazista que o havia precedido no comando da fragata *Sarmiento*, Francisco Lajous, que se reformara como vice-almirante em 1943 para desempenhar o papel de lugar-tenente de Thilo Martens na iniciativa privada. Lajous presidiu empresas do grupo, como a Martens S.A., o Lloyd Argentino S.A., a companhia de seguros Patria y Nueva Lubecka S.A. Diante dessa evidência, um alto chefe da Armada argentina admitiu aos autores que, pelo menos até o fim da Segunda Guerra, "a direção da arma era filonazista".

Niebuhr e Martens representavam pessoalmente Canaris; Köennecke era o cérebro financeiro das redes nazistas e seu sogro Freude o principal *public relations* do Terceiro Reich — tanto ou mais influente do que o embaixador; Harnisch e Franckzok, os homens do SD de Schellenberg e Himmler. Porém, os pivôs da espionagem alemã propriamente dito eram o SS "Pepe" Becker e seu lugar-tenente, Heinz Lang.

Becker havia vivido na Argentina entre 1937 e 1940, onde organizou os grupos nazistas de ação direta. Denunciado pela imprensa, em 1940 transferiu-se para o Rio — a E-Dienst havia instalado ali sua base regional, fato que reverteu novamente a favor de Buenos Aires quando o Brasil declarou guerra à Alemanha — até que, em 1942, regressou a seu país, onde combateu brevemente na frente russa. Mais curtido, com maior experiência, eventualmente desconfiado, desde o seu retorno à Argentina procurou manter um comportamento discreto, atitude que só era quebrada quando brilhava o seu *totenköpfring*: o anel com a caveira que o distinguia como oficial SS.

O governo conservador da Argentina — país que, em matéria econômica, era praticamente uma colônia britânica — mantinha excelentes relações com a Alemanha. De fato, em fins de 1942, quando o Afrika Korps batia em retirada e a Wehrmacht era contida em Stalingrado, um líder falangista local, vinculado ao ultramontano jornal *Cabildo*, Juan Carlos Goyeneche, chegou a Berlim na qualidade de enviado secreto do presidente Ramón Castelo.

A MISSÃO GOYENECHE

O pai de "Bebe" Goyeneche havia sido intendente da cidade de Buenos Aires e o próprio "Bebe", que contava nessa ocasião com 29 anos, era íntimo do secretário das Relações Exteriores, Mario Amadeo, virtual segundo do chanceler Enrique Ruiz Guiñazú, pró-britânico. Graças a essa amizade, conseguiu que o designassem adido cultural da embaixada argentina em Madri, cobertura que lhe permitiu entrevistar-se com três ditadores europeus — Francisco Franco, António de Oliveira Salazar e Benito Mussolini — e também com Pierre Laval, vice-primeiro-ministro do regime colaboracionista de Vichy.[14]

O anfitrião de Goyeneche em Berlim foi Gottfried "Godofredo" Sandstede, um importante agente do SD, expulso pouco antes da Argentina, onde, como adido de imprensa da embaixada alemã, havia organizado o aparelho de propaganda do nazismo antes da eclosão da guerra.[15]

Sandstede colocou Goyeneche em contato com Himmler e Ribbentrop, fez as vezes de intérprete e até, segundo algumas fontes, apresentou-o protocolarmente a Hitler. Goyeneche também visitou o quartel-general do SD, onde foi recebido por Schellenberg, que estava reordenando a colocação dos espiões alemães na América do Sul, cuja base principal, desde a participação do Brasil na guerra, havia voltado a ser Buenos Aires.

Depois de entrevistar-se com o *capo di tutti capi* dos espiões alemães, Goyeneche reuniu-se por muito tempo com seus lugares-tenentes, particularmente com os adidos militares argentinos Servando Santillana, do Exército, e Eduardo Ceballos, da Marinha, ambos recrutados pelo SD com a anuência de seus chefes argentinos, que não viam como incompatível pertencer aos serviços de inteligência dos dois países. Com a mesma naturalidade, Goyeneche também se converteu em agente do SD. Quando a Argentina rompeu relações com a Alemanha, Santillana regressou à Argentina. Já Ceballos pediu que o transferissem para a embaixada argentina em Madri, de onde continuou trabalhando, com Goyeneche, para o SD até o fim.

Auxiliado por Ceballos, que na legação argentina usava os códigos de transmissão do SD às escondidas do embaixador, Goyeneche se comunicava com o ajudante de campo Aumann e com o coronel Enrique P. González, secretário do ministro do Exército, o general Pedro "Palito" Ramírez, o mesmo que havia sido incentivador da loja San Martín. González fazia cursos na Escola Superior de Guerra da Alemanha quando irrompeu a contenda e participou, entusiasmado, da *blitzkrieg* como observador. Desde seu regresso à Argentina colaborava ativamente com a espionagem alemã. As mensagens de Goyeneche chegavam à embaixada alemã na capital argentina, que as retransmitia a González, que, por sua vez, informava Ramírez. Essas mensagens eram sistematicamente escutadas, gravadas e decifradas pela organização Ultra — antecessora da atual Agência Nacional de Segurança, a mais secreta das agências americanas, encarregada da espionagem via satélite — que operava a Rede Magic. Em outras palavras, a inteligência americana sabia perfeitamente da presença de Goyeneche em Berlim.

Contudo, só no fim da Segunda Guerra se descobriu uma breve minuta que se referia aos encontros de Goyeneche com Ribbentrop. Segundo o documento, Goyeneche informou ao ministro das Relações Exteriores do Reich que havia viajado à Europa "não apenas para ter uma clara impressão da situação, mas também para conhecer privadamente a opinião dos governos da Alemanha, Itália, Espanha e de Portugal sobre a Argentina, a fim de transmitir essas opiniões ao presidente Castelo e aos líderes do movimento nacionalista argentino, ou seja, à maioria da juventude e do Exército".

"Goyeneche", continua o informe alemão, "apresentou a Ribbentrop (para que fossem transmitidas a Hitler) três preocupações específicas: a Alemanha adquirirá produtos argentinos depois da guerra? O *Führer* reconhece o direito argentino sobre as Malvinas? Está de acordo com que a Espanha constitua a 'ponte natural' entre a Argentina e a Europa?"

O documento especifica que o enviado argentino havia observado que "os círculos nacionalistas, em sua luta por manter a sua pátria neutra em relação às intrigas anglo-saxônicas (...) são afogados pelas ondas da imprensa e da propaganda americanas, que representam uma séria ameaça nas próximas eleições presidenciais". Por essa razão, dissera, "a juventude, o Exército e a Marinha estão travando uma batalha de morte contra os Estados Unidos, uma ameaça à existência da Nação".

Uma semana mais tarde, em 7 de dezembro, Ribbentrop voltou a receber Goyeneche. Em nome do *Führer*, respondeu às inquietudes colocadas: "Se a Argentina mantiver sua posição na guerra (isto é, se permanecer neutra), posso dar-lhe uma resposta 100% positiva à sua pergunta do ponto de vista político: ficaremos com tudo o que a Argentina produzir."

Ribbentrop também declarou que a "Inglaterra é nossa inimiga" e, displicentemente, que "as Malvinas pelo menos estão mais próximas da Argentina do que da Inglaterra". Porém, "se a Argentina não cuidar, pode acontecer que as Ilhas sejam tomadas pelos Estados Unidos", motivo pelo qual "dessa perspectiva, a resistência argentina aos Estados Unidos é muito importante". Não houve resposta de Hitler à proposta de Goyeneche para que o regime franquista intermediasse as relações do Terceiro Reich com a Argentina, o que equivalia a uma negativa tácita. Desde sua frustrante entrevista com Franco em Hendaya, Hitler não depositava a menor confiança no Generalíssimo.

Antes de empreender o regresso, Goyeneche ativou uma rede que enviava a Berlim toda sorte de notícias cifradas e recebia da capital alemã outras tantas para sua difusão na Argentina. Desde suas entrevistas com Ribbentrop, aquelas comunicações se oficializaram, tornando-se diárias. Obviamente, os correspondentes ignoravam que eram interceptados pela Rede Magic.

O FIM DE NIEBUHR

Com o conteúdo daquelas interceptações e outros dados, em 3 de novembro o embaixador dos Estados Unidos na Argentina, Norman Armour, apresentou ao governo um comunicado sobre a espionagem militar alemã e as atividades nazistas no país, que, na prática, representou um xeque-mate. Nesse momento, o Exército Vermelho estava vencendo a Wehrmacht em Stalingrado, batalha que mudaria o curso da guerra. Se até ali a *blitzkrieg* havia sido impossível de deter, a partir desse marco as tropas alemãs não deixariam, salvo raras exceções, de retroceder.

No outono de 1941, após rápidos êxitos e com Moscou à vista, a ofensiva alemã fora detida por causa do frio e do início da contraofensiva soviética. Porém, ao chegar a primavera de 1942 se havia restabelecido, procurando alcançar três grandes objetivos: as cidades de Leningrado e de Stalingrado e a zona petrolífera do Cáucaso. As forças que lutavam por conquistar a velha São Petersburgo e as refinarias caucasianas não haviam alcançado seus objetivos, mas em compensação a Wehrmacht estava prestes a conquistar Stalingrado, nas margens do Volga, e foi por isso que tanto Stalin como Hitler ali concentraram suas forças, como em uma queda de braço. E, assim, a batalha se converteu no símbolo da campanha da Rússia. Enquanto o Exército Vermelho cercava as tropas alemãs do VI Exército, sob o comando do general Friedrich von Paulus, o embaixador Armour entregava seu exaustivo informe ao presidente Castelo.

Se bem que não fazia perigar diretamente as operações de Harnisch — que tinha sob sua responsabilidade os contatos com a Armada e havia informado a Berlim que os marinheiros eram "mais confiáveis" do que seus camaradas do Exército — nem tampouco as de Becker e Köennecke, a estocada de Armour impulsionou uma rápida série de investigações a cargo da Coordenação Federal, a recém-criada, à imagem e semelhança da Gestapo, polícia política encarregada da contraespionagem, com homens e instalações trazidos pela Polícia Federal e sob o controle do Exército.

O jogo duplo ficou claro quando, apenas três dias depois de Armour ter apresentado seu informe, a Coordenação Federal anunciou que havia reunido provas suficientes para acusar Niebuhr como chefe da rede. Longe de conformar-se com o "achado", os Estados Unidos redobraram as suas exigências. O secretário de Estado, Sumner Welles, denunciou em 15 de novembro que na Argentina funcionava nada menos do que o "quartel-general da espionagem alemã" e divulgou uma longa lista de nomes, tanto de diplomatas alemães como de funcionários do governo e militares da ativa. Pressionado, o governo argentino "descobriu", repentinamente, que um grande número de marinheiros do *Graf Spee*, internados perto da localidade de Calamuchita, na Província de Córdoba, havia fugido.

A Corte Suprema ordenou a prisão de Niebuhr no fim de dezembro. Que ele era o cabeça da espionagem nazista não era segredo já há dois anos, quando as denúncias da CIA haviam provocado uma série de detenções de seus subordinados.

A ofensiva aliada continuou em 22 de janeiro de 1943, quando o Comitê Consultivo de Emergência para a Defesa Política, presidido pelo ministro uruguaio Alberto Guani, publicou em Montevidéu uma bem fundamentada denúncia sobre uma extensa e bem organizada rede de espiões nazistas na Argentina. De Berlim, o chanceler Ribbentrop apresentou um protesto formal, invocando a imunidade diplomática de Niebuhr, mas foi em vão. Declarado *persona non grata* pelo governo de Castelo, Niebuhr deixou o país em 30 de janeiro de 1943. Foi substituído por seu lugar-tenente, Otto Meynen, encarregado de negócios da embaixada alemã.

Naquele mesmo dia celebrou-se em Berlim o décimo aniversário do triunfo eleitoral de Hitler e foi informada a promoção a marechal de Von Paulus. Porém, antes que o dia terminasse, o brilhante marechal capitulou diante dos soviéticos. Hitler estava tão convencido de que Von Paulus se suicidaria sem render-se que se havia apressado a promovê-lo antes que se tornasse um cadáver.

Deprimido por esse erro, Hitler encarregou Goebbels de ler uma proclama na qual expressava que "a luta heroica de nossos soldados no Volga deveria ser uma advertência para que todo o mundo faça o máximo esforço para assegurar a liberdade e o futuro da Alemanha, e, num sentido mais amplo, a sobrevivência do nosso continente". Era um pedido quase explícito para inverter as alianças militares, de modo que os inimigos anglo-saxões se unissem à Alemanha para abater, juntos, o odiado urso russo, asiático e, por conseguinte, bárbaro. Em Stalingrado morreram cerca de cem mil homens das 21 divisões alemãs e duas divisões romenas. Foram feitos prisioneiros 113 mil soldados do Reich. Só uns poucos milhares sobreviveriam ao cativeiro.

CONTRA O RELÓGIO

O resultado da guerra no mar dependia do desequilíbrio entre afundamentos e construção de navios. O gargalo da garrafa do BdU continuava sendo o ritmo de fabricação de U-Bootes. Segundo seus cálculos, embora os aliados estivessem perdendo meio milhão de toneladas por mês, também lançavam mais embarcações do que os que a Kriegsmarine podia destruir, até mais do que toda a Wehrmacht poderia afundar no hipotético caso de que a ajuda da Luftwaffe chegasse aos níveis prometidos. De acordo com as estimativas do BdU, os Estados Unidos, a Grã-Bretanha e o Canadá estavam construindo em 1942 a um ritmo mensal de 700 mil toneladas — o número real, se saberia no fim da guerra, não chegava às 600 mil. Estrangular no Atlântico o reaprovisionamento americano aos britânicos era a única oportunidade para que a Alemanha ganhasse a guerra, mas, para desespero de Dönitz, o ritmo de entrega de novos submarinos, longe de aumentar, reduziu-se drasticamente ao chegar um inverno que se revelou ainda mais duro do que o anterior. Apenas de 11 a 12 U-Bootes eram finalizados a cada mês e, para seu desespero, 40% deles continuavam sendo desviados para o Mediterrâneo e a Noruega.

Dönitz mergulhava em negras reflexões quando três submarinos foram afundados no Golfo de Biscaia com tanta rapidez que seus rádio-operadores nem sequer chegaram a informar quem os estavam atacando. A eficácia dos aliados se devia à incorporação de avanços técnicos. O mais temível foi o Huff-Duff, uma equipe de interceptação radiogoniométrica que permitia que se duas estações detectassem transmissões de um lobo cinzento, conseguiam estabelecer sua posição com exatidão e rapidez, cruzando as informações. Até 1942 as estações de interceptação funcionavam somente na costa, mas a partir de então a Royal Navy começou a instalá-las nos destróieres que escoltavam os comboios. Assim, a aviação aliada recebia dados precisos sobre a posição de uns submarinos que estavam impossibilitados de cessar suas transmissões por completo, simplesmente porque essa era sua única maneira de comunicar-se: todos os U-Bootes estavam enlaçados por um sistema de rádio aberto e por esse motivo o próprio Dönitz, em pessoa, costumava estimular as tripulações e escutar as queixas dos oficiais.

Outras armas antissubmarinas incorporadas pelos aliados terminavam por configurar um quadro, mais do que sombrio, tenebroso. Por exemplo, os sistemas infravermelhos, que permitiam a visão no meio da noite mais escura. Heinz Schäffer, o oficial de um U-Boote que se preparava para atacar, na superfície, um cargueiro, narrou com eloquência sua entrada em cena.

O jovem oficial, cujo testemunho seria chave para reconstruir a Operação Ultramar Sul, recordou que o submarino se aproximava sorrateiramente do cargueiro ao entardecer e que, quando o comandante se aprontava para ordenar o lançamento normal de dois torpedos, um destróier surgiu, diria que do nada, navegando a toda velocidade, diretamente na direção deles. O comandante ordenou a imersão imediata, mas a esperada chuva de cargas de profundidade não se produziu. Para o comandante e os vigias era inconcebível que o submarino tivesse sido avistado do destróier, por causa do baixo perfil que ele apresentava no momento. Os vigias lhe informaram que, enquanto se aproximava a toda velocidade, no castelo de proa do destróier brilhava uma luz vermelha. Passado um tempo razoável, o comandante ordenou emergir, mas, assim que o fizeram, de novo o destróier se arrojou sobre eles, a toda velocidade, com sua maldita luz vermelha resplandecendo. O comandante então já não teve mais dúvidas: a luz vermelha significava um novo sistema de detecção na superfície. Pela terceira vez, depois de submergir e emergir de noite, foram detectados pelo destróier.

Cansado, ordenou a retirada a toda velocidade. Porém, nesse momento, apareceram dois hidroaviões Sunderland. O U-Boote não tinha possibilidade de submergir, não só porque os aviões zumbiam demasiadamente perto, mas também porque na última subida à superfície uma mola da escotilha se havia travado.

Sem opção — é a versão de Schäffer —, o comandante subiu ao convés na popa, empunhou o canhão antiaéreo e disparou contra o primeiro avião, que se encontrava a uns mil metros. A iniciativa assustou o piloto, que cometeu um erro fatal ao virar instintivamente, pois com isso anulou a possibilidade de usar seus canhões e metralhadoras, ao mesmo tempo que oferecia seu flanco ao experimentado artilheiro, que, sem hesitar, o abateu.

O relato de Schäffer — cuja inconsistência terminaria por desmascará-lo como um contador de histórias capaz de superar o próprio barão de Münchhausen — parece inverossímil, já que não explica como foi capaz de localizar o avião no meio da noite e, mais ainda, como pôde ter certeza de que, ao derrubar o primeiro atacante, o segundo avião já se havia lançado em picada sobre eles, mas conseguiu acertar-lhe um motor, que teria se incendiado, obrigando-o a fugir. No entanto, como se verá, o relato contém um fundo de verdade e uma homenagem para com aquele intrépido comandante, que nunca foi identificado.

Enquanto o comandante deixava fora de combate os dois Sunderland, o engenheiro de bordo havia conseguido destravar a escotilha, razão pela qual o U-Boote conseguiu submergir, sair da zona de risco e se dirigir à base — Schäffer disse que era Brest, feudo de Lehmann-Willenbrock. Depois de atracar, e tal como costumava fazer ao finalizar as patrulhas, o comandante apresentou-se perante o chefe da frota dos lobos cinzentos para informar-lhe verbalmente as novidades. Dessa maneira, o BdU mantinha-se em permanente contato com a frente. Cada comandante podia expor seu ponto de vista, propor melhorias, poupando papel e burocracia. Naquela ocasião, o comandante não saiu satisfeito da reunião, pois seu superior permaneceu indiferente quando lhe narrou a presença da estranha luz vermelha.

Havia outra razão pela qual os U-Bootes não chegavam sequer a informar que estavam sendo atacados: a instalação dos poderosos refletores Leigh nos aviões da RAF. Até então, os pilotos não podiam localizar os lobos cinzentos quando navegavam na superfície durante a noite. Dotados desses refletores, uma vez que recebiam as coordenadas, encurralavam os submarinos em um poderoso facho de luz desde 1.500 metros de distância. A combinação da informação proporcionada pelas equipes Huff-Duff, pelos sistemas infravermelhos e refletores e o fato de os britânicos terem duplicado a autonomia de seus caça-bombardeiros e os dotado de cargas de profundidade e foguetes ar-mar novos e melhores converteram o Golfo de Biscaia em um lugar tão letal para os U-Bootes que Dönitz se viu forçado a suspender todas as missões.

Em muito pouco tempo o golfo se havia convertido no "feliz campo de caça da RAF". Ainda sem uma compreensão acabada do que estava acontecendo, o intuitivo Dönitz advertiu Raeder de que, a menos que pudesse contar com submarinos de nova geração, logo a tática de matilha de lobos seria obsoleta.

ÂNSIA POR SUBMARINOS AUTÊNTICOS

Na verdade, os U-Bootes alemães, a exemplo dos de seus inimigos e dos japoneses, não eram verdadeiros submarinos, mas sim submergíveis. Até mesmo os da classe IX só podiam navegar debaixo d'água e a toda máquina no máximo por seis horas. Em seguida, tinham de emergir para recarregar as baterias que alimentavam os motores elétricos. Dönitz necessitava imperiosamente de autênticos submarinos, unidades que se deslocassem rapidamente sob a água, que pudessem permanecer submersas vários dias e atacar a partir das profundezas.

Embarcações assim haviam sido desenhadas no pré-guerra pelo professor Helmut Walter, que havia proposto substituir o sistema de motores duplos — um motor diesel para navegar na superfície e outro, elétrico, para deslocar-se quando imerso — por um único motor, alimentado com peróxido de hidrogênio (H_2O_2), que, por conter oxigênio, tornava desnecessário o aporte do ar para combustão. Em 1930, um protótipo havia alcançado a incrível velocidade submersa de 30 nós, quatro vezes mais veloz do que os submergíveis convencionais da época. Com um motor desse tipo, afirmava Walter, os grandes U-Bootes conseguiriam navegar submersos a 24 nós. Dönitz respaldava o projeto, mas na melhor das hipóteses teria de esperar um ano para obter um submarino semelhante, e mais um tanto até prepará-lo para o combate. Para acelerar os tempos, estreitava relações com o poderoso ministro Speer. Graças a isso, e enquanto as condições da guerra marítima mudavam com rapidez e a eficácia dos U-Bootes diminuía proporcionalmente, alcançou o seu ansiado objetivo de dispor de uma frota de 300 submarinos.

UMA PERSEGUIÇÃO DE TRÊS DIAS

O número mágico foi atingido na primavera de 1942, quando os estaleiros alemães, pressionados por Speer, começaram a entregar 30 unidades por mês. Essa frequência permitiu a Dönitz destinar dez à tarefa de interceptar comboios no Ártico, a rota mais segura dos Aliados. A guerra nessa zona registrou altos e baixos. O ponto mais alto de eficácia dos U-Bootes produziu-se precisamente durante essa primavera, quando os 15 submarinos que compunham a matilha Violeta detectaram, perto da Terra Nova, um enorme comboio que havia zarpado de Nova York. Era integrado por 42 navios mercantes, mas em relação a seu tamanho levava uma escolta débil, fornecida pela Marinha canadense. A perseguição se iniciou na meia-noite de 31 de outubro, durou três dias e provocou o afundamento de 15 navios — 81 mil toneladas — com um custo de três submarinos.

O fim do ano impôs a necessidade de um balanço: os lobos cinzentos haviam afundado 1.160 navios e perdido 87 submarinos. Porém, embora o prejuízo dos Aliados somasse cerca de oito milhões de toneladas, os inimigos colocaram em seu lugar embarcações que correspondiam a sete milhões. O BdU substituiu rapidamente os U-Bootes perdidos, pois a produtividade não cessava de aumentar. Assim, se no começo de 1942 contava com apenas 91 submarinos operativos, ao terminar o ano dispunha de 212. Todavia, o novo ano começou com um sabor agridoce, já que a inteligência alemã não havia previsto o desembarque maciço dos Aliados no norte da África. A Operação Tocha tivera início de surpresa em 8 de novembro e os poucos submarinos alemães no Mediterrâneo nada puderam fazer para impedi-la.

TAREFAS HUMANITÁRIAS

Apesar do intenso ritmo de produção alcançado em 1942, os U-Bootes nunca seriam suficientes para estrangular o tráfego marítimo entre a América do Norte e a Grã-Bretanha. E isso se dava não apenas pela obrigação de manter forças destacadas no Mediterrâneo, mas também porque Dönitz tinha de atender às necessidades da guerra no Atlântico Sul.

Os cargueiros aliados procedentes do Índico, da costa oriental da África e da América do Sul eram organizados em comboios em frente ao litoral da Libéria e de Serra Leoa antes de tomar a direção da Grã-Bretanha. E ali mesmo eram atacados por matilhas de lobos cinzentos, dispostos pelo menos a dizimá-los.

O U-156, comandado pelo capitão de corveta Werner Hartenstein, que patrulhava as águas próximas à costa africana, avistou em 12 de setembro de 1942 um navio de passageiros de 20 mil toneladas que, evidentemente, havia sido reconvertido para o transporte de tropas. O *Laconia* estava equipado com oito canhões e navegava rumo ao norte, estranhamente sem companhia, a 800 quilômetros da costa, distância que lhe impossibilitava contar com auxílio aéreo. Atacá-lo não oferecia o menor risco, de maneira que Hartenstein decidiu mandá-lo para o fundo do mar. A cena que se desenvolveu em seguida foi dantesca: centenas de pessoas se debatiam na água, enquanto eram atacadas por tubarões e barracudas de até um metro e meio de comprimento. Hartenstein ficou estupefato ao ouvir vozes de crianças e mulheres e que alguns náufragos gritavam por socorro. Entre os quase três mil tripulantes do *Laconia* havia 1.800 prisioneiros italianos e 80 civis, mulheres e crianças em sua maioria, parentes de mecânicos britânicos que voltavam para casa. Como iam nos porões, o U-Boote não havia se apercebido da presença deles. Hartenstein se comportou como um autêntico cavalheiro do mar. Ordenou o recolhimento dos sobreviventes, mas, como não estava dando conta da tarefa, enviou uma mensagem de ajuda a outros U-Bootes que navegavam na zona.

Com 263 sobreviventes no convés de seu navio, Hartenstein passou uma mensagem aberta pelo rádio, na qual informava que não atacaria qualquer embarcação que participasse do salvamento, conquanto que não atacassem o submarino. Dönitz apoiou a atitude de Hartenstein diante dos almirantes do OKM, que, incitados por Hitler, insistiam que ele devia abandonar os náufragos e retirar-se a toda velocidade. O U-506 e o U-507 se somaram à tarefa. Outros lobos cinzentos teriam participado do resgate, mas Hitler os proibiu.

Dois dias depois do afundamento do *Laconia* aconteceu algo inesperado. Um bombardeiro Liberator da US Air Force passou em voo rasante sobre o U-156 repleto e os vários botes de salvamento que o submarino arrastava, abarrotados de náufragos. Meia hora mais tarde, o mesmo avião ou outro similar arremessou-se sobre o submarino, que, por ordem de Hartenstein, desfraldava uma bandeira branca com a cruz vermelha. Tanto os tripulantes quanto os náufragos esperavam receber medicamentos e comida, mas o avião lançou contra eles uma descarga de explosivos que afundou um dos botes e avariou o submarino.

Indignado, Hartenstein deu ordem para que o sumarino submergisse, condenando os sobreviventes que permaneciam no convés. Quando o U-156 desapareceu sob as águas, duas centenas de náufragos foram abandonados à própria sorte, no melhor dos casos agarrados com uma mão a algum dos três botes restantes.

Os outros dois U-Bootes permaneceram na área, com a missão de preservar as vidas dos sobreviventes que rebocavam. O governo francês de Vichy prometeu enviar barcos de resgate a partir de Dacar, mas os comandantes dos submarinos não tinham certeza de quando chegariam. Isso aconteceu em 17 de setembro, cinco dias depois do afundamento: dos 2.732 passageiros que viajavam no *Laconia*, 1.111 foram resgatados, incluindo 20 encontrados quase um mês mais tarde, a bordo de dois botes salva-vidas.

Dönitz decidiu que seus submarinos não voltariam a passar por uma situação tão comprometedora. No futuro, ordenou, "não será efetuada tentativa de qualquer espécie para as tripulações dos navios afundados. Seu resgate vai contra as exigências primárias da guerra. (...) Sede duros, não esqueçais que o inimigo não tem consideração para com as mulheres e as crianças em seus bombardeios contra as cidades alemãs". Embora tenha sobrevivido a essa patrulha, o U-156 foi afundado com Hartenstein e seus 52 tripulantes em 8 de março de 1943, quando navegava entre Barbados e a costa do Brasil.

Nesses dias, o governo britânico começava a inteirar-se, em detalhe, do extermínio que atingia os judeus poloneses. Foi em outubro de 1942 e pela boca de Jan Karski, representante da resistência polonesa financiada por Londres. Karski descreveu, minuciosamente, perante membros do gabinete de Churchill, o que ocorria no Gueto de Varsóvia e no campo de extermínio de Belzec e lhes rogou que denunciassem o acontecido *urbi et orbe*, para frear o genocídio. Porém, o governo britânico nada fez. Então, viajou para os Estados Unidos, onde se entrevistou com o presidente Roosevelt, com um cardeal, um arcebispo, um juiz da Corte Suprema, o diretor do *Herald Tribune* e o presidente do Conselho Mundial Judeu, sempre com os mesmos e nulos resultados. Todos os seus interlocutores clamariam, ao término da guerra, ignorar o extermínio. "Eles sabiam, sabiam de tudo. Outros mensageiros já os haviam informado. Os serviços de inteligência, os diplomatas o sabiam. O extermínio não era um segredo", diria com amargura Karski, convertido em uma incômoda testemunha de acusação.

METRALHAR

O incidente do *Laconia* fez com que Hitler e Dönitz concordassem que não apenas deveriam afundar os navios mercantes aliados como também a sua tripulação teria de ser eliminada. Seus motivos eram claros: por mais que os lobos cinzentos se esforçassem, os afundamentos aliados nunca se equivaleriam à capacidade dos estaleiros estadunidenses. Era imprescindível garantir ao menos que as novas embarcações não contassem com tripulantes experimentados. Desse acordo à ordem secreta de metralhar os náufragos na água ou nos botes de salvamento foi só um passo e, segundo declarou o capitão de corveta Karl Heinz Moehle, esse passo foi dado em termos cuidadosamente ambíguos, pois não foram poucos os comandantes que se opunham visceralmente a praticá-lo.

O único comandante que acatou decididamente essa ordem foi o capitão-tenente Heinz-Wilhelm Eck, que ordenou metralhar os sobreviventes do cargueiro grego *Peleus*. Eck foi capturado depois que seu U-852 ficou gravemente danificado pelo ataque de uma esquadrilha britânica em 3 de maio de 1944, diante do litoral da Somália. Quando foi julgado, assegurou, disciplinadamente, que a iniciativa de matar os marinheiros gregos havia sido sua. Eck e dois de seus oficiais foram os únicos membros dos lobos cinzentos executados ao fim da guerra. Apesar da justificativa, essa ordem foi uma das acusações pelas quais Dönitz seria condenado em Nuremberg.

HITLER ORDENA DESARMAR A FROTA

No último dia de 1942 Hitler teve um ataque de cólera quando lhe informaram que o encouraçado de bolso *Lützow* e o cruzador pesado *Hipper* haviam deixado escapar incólume um comboio aliado em frente às costas da Noruega. Tal como havia acontecido durante a Primeira Guerra e como era de se prever, desde o vitorioso raíde do *Graf Spee* pelo Atlântico Sul, a frota alemã de superfície havia sido incapaz de representar um perigo significativo para os aliados anglo-saxões. O *Führer* estava tão indignado com a ineficácia dos grandes navios que ordenou o seu desarme e que suas armas fossem instaladas na França, em baterias costeiras que as tripulações deviam construir de imediato, a título de castigo. Hitler chamou essa operação de Regenbogen — Arco-Íris —, que na nomenclatura da Kriegsmarine era o nome-chave da destruição das próprias embarcações. Incapaz de colocar em prática semelhante disposição, um castigo feroz para seus homens, o almirante Raeder pediu demissão. Hitler nomeou Dönitz em seu lugar.

Ungido a grande-almirante, Dönitz manteve o domínio direto do BdU, para cujo comando designou o contra-almirante Hans Georg von Friedeburg. Para garantir que fossem construídos mais e melhores submarinos Dönitz não poupou esforços para granjear a confiança de Hitler, tarefa que lhe foi gratificante, já que, como admitiu no julgamento de Nuremberg, admirava a "alta inteligência e a grande energia" do *Führer*.

Integrado ao círculo íntimo de Hitler, o grande-almirante aproveitou-se disso para reservar-se a última palavra nos assuntos que diziam respeito à Kriegsmarine e chegou mesmo a convencer o *Führer* de que tornasse sem efeito a ordem de desmontar as grandes unidades da frota de superfície, com o sólido argumento de que a tarefa consumiria grandes esforços e tempo. Era muito mais prático, se queria proteger esse território francês, imobilizar cruzadores e encouraçados diante da costa francesa. Também materializou seu principal objetivo: que Hitler desse prioridade ao plano de construção dos novos submarinos do tipo Walter e ainda o ampliasse. Por sugestão sua, Hitler ordenou que a construção de submarinos fosse supervisionada diretamente por Speer, que já havia conseguido que os estaleiros aprontassem um submarino por dia.

No entanto, por mais que os estaleiros se esforçassem, jamais sobrariam U-Bootes, porque a destruição dos lobos cinzentos se havia convertido em objetivo prioritário para os Aliados. Isso foi decidido na conferência de cúpula de Casablanca, em janeiro de 1943. A campanha antilobos teve início com um bombardeio maciço das bases do Golfo de Biscaia. Não obstante, os tetos e paredes de concreto de sete metros de espessura dos *bunkers* resistiram à saraivada de bombas sem sofrer maiores danos. Após esse fracasso, os Aliados se dedicaram ao estudo de maneiras eficazes de exterminar os lobos em alto-mar.

PERÍCIA INDIVIDUAL

Quando o frio do inverno começou a ceder, em fevereiro de 1943, Dönitz comandava uma frota de aproximadamente 400 submarinos, a metade em operação. O grande-almirante destinou 164 para o Atlântico, obtendo resultados imediatos. No fim daquele mês haviam sido afundadas 63 embarcações, quase 360 mil toneladas.

O moral da frota de lobos cinzentos elevou-se ainda mais depois da façanha do U-402. Sob o comando do barão Siegfrid von Forstner, discípulo dileto do encarcerado Otto Kretschmer, esse U-Boote infiltrou-se como uma raposa entre as galinhas em um importante comboio estadunidense que devia abastecer o Exército Vermelho. Em meio a uma dura luta entre a escolta e outros submarinos que a distraíam, o U-402 afundou sete cargueiros durante essa única jornada.

Durante cinco dias de março, teve lugar a maior batalha da qual participariam os lobos cinzentos. Nada menos do que 42 submarinos atacaram dois comboios que navegavam em paralelo, compostos por mais de cem cargueiros e escoltas. Também nessa ocasião houve um herói individual, o capitão-tenente Manfrede Kinzel, que comandava o U-338. Tanto Kinzel, piloto cedido pela Luftwaffe, como o U-Boote e sua tripulação eram debutantes absolutos, uma vez que o BdU começava a experimentar uma flagrante carência de tripulantes com experiência. Os novatos do U-338 se infiltraram até o centro de um dos comboios, de onde afundaram quatro cargueiros em apenas dez minutos. Em seguida, o audaz Kinzel deu ordem para que o submarino submergisse até 195 metros — os manuais recomendavam não descer mais de cem — para escapar da nutrida salva de cargas de profundidade que estava sendo arrojada contra ele.

Para coroar seu brilhante desempenho, quando navegava na superfície rumo a casa ostentando a mula selvagem que Kinzel havia mandado pintar na torreta, o U-338 derrubou um bombardeiro Halifax britânico que o atacara. Durante aquela enorme caçada, registrada em mil quilômetros quadrados, os lobos cinzentos afundaram 21 barcos inimigos, um recorde de 141 mil toneladas.

Essa notória retomada na eficácia dos U-Bootes se repetiu, ainda que em proporções mais modestas, em outras latitudes. Assim, durante os primeiros 20 dias de março Dönitz conseguiu ultrapassar folgadamente o objetivo: os lobos cinzentos haviam afundado 96 navios, perfazendo meio milhão de toneladas, o dobro do que os Aliados podiam construir nesse lapso de tempo.

O CANTO DO CISNE

Tratava-se, todavia, do canto do cisne. Vale dizer que tanto o U-338 quanto o U-402 seriam destruídos em setembro e outubro desse ano por torpedos acústicos Fido, lançados de aviões aliados. Logo os submarinos alemães não poderiam competir contra a superioridade tecnológica dos inimigos: um novo radar de alta frequência tornaria imprestáveis os detectores Metox recém-instalados nos U-Bootes, que, para maior desgraça, devolviam aos radiogonômetros aliados sinais que lhes permitiam estabelecer sua posição. Além do mais, graças à renovada capacidade dos estaleiros americanos, os comboios contariam com escoltas cada vez mais numerosas e eficazes, munidas de Hedge-Hogs, uma arma semelhante a um morteiro que, em poucos minutos, podia lançar 24 cargas de profundidade de 15 quilos a 250 metros de distância. Eram explosivos de um desenho novo, que só detonavam ao se chocar com um submarino ou com o fundo do mar, o que eliminava a necessidade de calcular a profundidade de navegação dos U-Bootes e tornavam inúteis as arriscadas descidas a grandes profundidades, tal como Kinzel havia executado. A aplicação dessas inovações fez com que a travessia diurna dos lobos cinzentos pelo Golfo de Biscaia se convertesse numa viagem virtualmente suicida, razão pela qual o BdU ordenou que só fosse empreendida em caso de total imprescindibilidade, durante a noite e em imersão.

Como ignorava a existência do sistema Huff-Duff de interceptação radiofônica e seus enormes progressos, Dönitz acreditou que a detecção de suas unidades se devia à existência de um traidor dentro do Estado-Maior e se dedicou diligentemente a encontrá-lo. No limite da paranoia, ordenou a mudança dos códigos e introduziu uma nova máquina decifradora Enigma, de quatro cilindros em lugar de três.

Porém, se algo mostrou-se definidor para o curso da guerra no mar foi o aperfeiçoamento da aviação, tal como o demonstraria o destino que o barão Forstner, Kinzel e muitos outros comandantes tiveram. A maior autonomia dos bombardeiros dos Aliados e a proliferação de porta-aviões foram acabando rapidamente com os "vazios" nos quais os comboios careciam de proteção aérea. Os caça-bombardeiros, que atacavam cada vez com mais rapidez e precisão os lentos lobos cinzentos que raramente conseguiam submergir a tempo, foram dotados de um novo torpedo, o Fido, capaz de persegui-los sem esmorecimento ao longo de dezenas de quilômetros.

Essas inovações, somadas, reduziram drasticamente a aptidão dos U-Bootes no curto prazo de um mês: em abril, os feitos dos lobos cinzentos se reduziram a 328 mil toneladas, realidade dissimulada perante as tripulações pela façanha do U-515, que, sob o comando do capitão de corveta Werner Henke, conseguiu infiltrar-se, na noite chuvosa de 13 de abril, no interior de um comboio de 14 navios mercantes escoltados por três destróieres e cinco navios de guerra menores e afundar oito mercantes — 50 mil toneladas — em menos de nove horas.

O ADEUS ÀS MATILHAS

Maio foi, sem atenuantes, horrendo para os lobos cinzentos. Dönitz, a quem não escapava a crise que o seu plano de batalha enfrentava, iniciou o mês enviando um contingente máximo para o Atlântico Norte: 64 submarinos que travaram duras batalhas contra as cada vez mais poderosas escoltas dos comboios aliados. A acelerada decadência das matilhas evidenciou-se quando três comboios conseguiram iludi-las sem sofrer baixa alguma, enquanto suas escoltas afundavam cinco U-Bootes.

Durante as três primeiras semanas do mês, em seu novo quartel-general berlinense, no Hotel Am Steinplatz, o BdU contabilizou 31 U-Bootes perdidos. No fim do mês, o número ascenderia a 41, quase três vezes mais do que nos meses anteriores. Dönitz não precisou receber tantos golpes para reagir. Ciente de que mesmo se pudesse, por um milagre, substituir as unidades afundadas, seria impossível substituir os mil homens experimentados que, em poucos dias, haviam encontrado sua última morada em caríssimos ataúdes de ferro — entre eles, seu filho Peter, de 21 anos — quando chegou à conclusão de que as perdas "haviam alcançado um nível intolerável" e que, como consequência, "as operações das matilhas de lobos contra os comboios no Atlântico Norte já não eram possíveis", ordenou a retirada do grosso da frota para o sudoeste do Arquipélago dos Açores.

Uma semana mais tarde, no começo de maio, reuniu-se com Hitler. Para que a Alemanha tivesse uma mínima chance de ganhar a guerra necessitava de mais e melhores submarinos, disse-lhe. O *Führer* prometeu elevar o ritmo de produção de 30 para 40 unidades por mês, assim como seria feito o maior dos esforços para compensar as vantagens tecnológicas dos Aliados. Para isso, requeriam a produção em grande escala de *elektrobootes*. Consultaram Speer, que se comprometeu em entregar os primeiros submarinos do novo tipo a partir de abril de 1944. Hitler, porém, não pôde satisfazer o pedido de Dönitz de criar uma aviação naval que protegesse os deslocamentos costeiros dos U-Bootes e localizasse novos comboios suscetíveis de ser atacados. Simplesmente, a Alemanha já não tinha máquinas nem pilotos suficientes.

O GOU

A expulsão de Niebuhr foi como uma explosão de nitroglicerina no cérebro das redes nazistas na Argentina. Para tranquilizar um governo à beira da histeria por causa das fortes pressões americanas, Canaris decidiu sacrificar os agentes mais expostos. Como conhecia a desconfiança que suas relações passadas com os britânicos suscitava entre os camaradas nazistas e temendo ser detido, Walter Köennecke passou adiante, abruptamente, as suas atividades em Franckzok e afastou-se da capital. Não se considerava um espião, mas sim um empresário bem-sucedido. Ao fim e ao cabo, se havia chegado ao ápice da organização, comentava-se, isso se devia ao parentesco com o multimilionário Ludwig Freude. Todavia, Harnisch conseguiu encontrá-lo e, combinando pressões e ameaças em nome do mesmíssimo Himmler, conseguiu que Köennecke retomasse suas tarefas, que cumpriu sob o pseudônimo de "Rosso" quase até o fim da guerra.

A partir desse momento, os informes econômicos, militares e políticos preparados por ele, Harnisch e Becker foram para o Terceiro Reich a principal e mais confiável fonte de dados da Argentina. A importância da Rede Bolívar foi expressamente reconhecida por Himmler, que, em junho de 1943, outorgou a Becker a Cruz de Ferro por seu "excepcional serviço telegráfico".

Praticamente ao mesmo tempo que Niebuhr era expulso em janeiro de 1943, a Gestapo conseguia neutralizar seu chefe, o almirante Canaris, e em Buenos Aires se organizava uma pequena mas muito influente loja de oficiais do Exército, o GOU (Grupo Obra Unificação), cujo principal ideólogo era o coronel Perón. Entre seus 19 membros iniciais encontravam-se o coronel Enrique P. González e o tenente-coronel Urbano de la Vega, chefe do SIE (Serviço de Inteligência do Exército).

Embora tenham rotulado insistentemente o GOU de nazista, aqueles que o estudaram em sua breve existência, como Enrique Diaz Araujo e o historiador estadunidense Robert Potash, coincidem que expressava uma mistura de ideias extraídas de teorias geopolíticas com uma admiração profissional pelos militares alemães e um nacionalismo industrialista, soma que, na opinião de Potash, "contribuiu para que defendesse tenazmente a neutralidade argentina".

O GOU foi formado explicitamente para apoiar o ministro Ramírez, principal defensor da neutralidade, e também para desarticular a suposta fraude eleitoral que o governo do presidente Castelo preparava para que o candidato da Concordancia (direita conservadora, oligárquica e anglófila), Robustiano Patrón Costas, ganhasse as próximas eleições nacionais.

Patrón Costas era dono de um enorme engenho açucareiro em Salta e paradigma dos senhores feudais do norte argentino. Ex-representante da Standard Oil, simpatizava também, e fervorosamente, com o regime nazista. O candidato honrava seus sobrenomes e gozava do apoio das organizações patronais de ambas as costas: tanto dos Estados Unidos quanto da Grã-Bretanha e da Alemanha. Uma candidatura como essa, destacava o GOU, era "apoiada pela banca internacional, pelos jornais e pelas forças estrangeiras que atuam em defesa de interesses estranhos aos do país". A opção nos comícios era representada pela União Democrática, uma coalizão de radicais, socialistas e comunistas que o GOU também rechaçava, porque a considerava uma variante da Frente Popular promovida pela União Soviética. O GOU acusava a União Democrática de pretender "reeditar o panorama vermelho da Espanha, onde as forças moderadas caem, finalmente, para ser instrumentos dos comunistas".

Os primeiros documentos da loja mostram que seus membros conservavam alguma ilusão de que o almirante Scasso e o general Pertiné configurassem uma terceira opção, capaz de "fazer uma surpresa". Logo compreenderiam, porém, que essa fruta jamais amadureceria. Pertiné, então intendente da cidade de Buenos Aires, era um velho conspirador, mas há anos se dedicava de corpo e alma aos negócios. De fato, contando com a ajuda de Niebuhr, se havia convertido no maior representante local — alguns dizem que na qualidade de testa de ferro, outros de sócio — dos interesses econômicos do Terceiro Reich.

Avô de Inés, mulher do ex-presidente Fernando de la Rúa (1999-2001), Pertiné foi um dos principais alvos das denúncias da CIAA, fechada pelos golpistas, do mesmo modo que o Parlamento, e que teve seus membros perseguidos. E não foi por acaso. Pertiné era presidente, entre outras empresas de capital alemão, das filiais da Thyssen — Thyssen Lametal S.A.I.yC. — e da Siemens — Siemens Schukert Companhia Platense de Electricidad — cujo supervisor era Richard Staudt, representante das fábricas alemãs de armas perante a comissão argentina de compras militares. Além disso, integrava a direção da Afa Tudor Warta, onde Karl

Niebuhr era gerente, e da Cardimex — Compañía Argentina de Importación y Exportación S.A. — todas indicadas em 1941 pela CIAA como fontes de financiamento das redes de espiões nazistas.

Pertiné, certamente, jamais demonstrou a menor simpatia por Perón. Seria um acérrimo opositor do seu governo e após sua derrubada faria parte do tribunal militar que o humilhou, proibindo-o de usar o uniforme. Quanto a Scasso, seus enfrentamentos com o ministro da Marinha, almirante Benito Sueyro, lhe retiravam o apoio da força. O GOU reunia oficiais de distintas ideologias e concepções políticas que Perón usou para fortalecer seu projeto político e que deixou morrer quando já não lhe era útil. Em suas "bases", o GOU postulava "a defesa do Exército dos inimigos internos e externos". Entre os primeiros incluíam os comunistas pró-soviéticos e entre os segundos os partidários dos Estados Unidos, que não cessavam de pressionar para que a Argentina abandonasse a neutralidade. O GOU propunha, em troca, "lutar no nosso país e morrer nele se for preciso, porém (apenas) em defesa de sua honra e de seus interesses".

Os membros do GOU sentiam especial repulsa pela maçonaria e pelo Rotary Club. Acusavam a primeira de "temível organização secreta de caráter internacional", uma "criação judia", "inimiga do Estado e do Exército por antonomásia", e a definiam como "uma Maffia [*sic*] em ponto maior" que encarnava "o anticatolicismo" e "o antiargentino por definição", responsável nada menos do que pela "Revolução Francesa e pela Guerra Civil Espanhola". Quanto aos rotarianos, o GOU afirmava que formavam "uma verdadeira rede de espionagem e propaganda internacional judia, a serviço dos Estados Unidos".

O redator desses documentos obssessivamente judeófobos foi, ao que parece, o secretário de atas da loja, o primeiro-tenente Eduardo Arias Duval, admirador confesso de Hitler e pai de dois oficiais que se destacariam durante a cruenta repressão desencadeada nos anos 1970 contra os opositores da última ditadura militar.

Quando a Bolívia sucumbiu às pressões de Washington e declarou guerra ao Eixo, o GOU assinalou que essa medida significava "colocar sua riqueza mineral à disposição dos americanos do norte, os que desde agora se transformarão em amos e senhores do petróleo, ferro, estanho e chumbo do Altiplano".

Diante da possibilidade de que também o presidente Castelo se curvasse, o GOU propunha que "a Argentina deve ser para os argentinos" e sua política internacional devia ser conduzida "de modo a que convenha aos argentinos, e não como os interesses estrangeiros querem que ocorra".

UM PRIMEIRO DESEMBARQUE?

O ex-secretário do Instituto Ibero-Americano de Berlim doutor Hagen afirmou, perante os Aliados quando a guerra chegou ao fim, que em meados de abril de 1943 o general Faupel viajou incógnito à Argentina, acompanhado por Sandstede em um U-Boote no qual embarcaram nas proximidades de Cádis. Suas declarações foram confirmadas por Thermann, detido e interrogado entre maio e junho de 1945 pelo capitão americano Norbert Bogdahn. O ex-embaixador afirmou na ocasião que "se a Alemanha tivesse ganhado a guerra, a Argentina e a América do Sul teriam caído naturalmente nas mãos do Terceiro Reich sem que fossem necessários outros esforços". Quanto à viagem de Faupel, Thermann declarou que havia sido organizada sem ele saber por Niebuhr e que se havia inteirado de sua existência quando Faupel e Sandstede já haviam regressado à Espanha. Segundo o relato de Hagen, o submarino chegou em maio a um lugar previamente definido da costa, onde Faupel se entrevistou com o almirante Scasso, um dos conspiradores envolvidos no iminente golpe militar que ia ser executado no começo de junho.

Faupel teria se alojado na Igreja Evangélica Alemã de Buenos Aires, na Rua Esmeralda, no Centro. O principal propósito da viagem, declarou Hagen, havia sido estudar como "colocar a salvo parte das fortunas do Terceiro Reich e dos dirigentes do regime". Hagen mencionou, entre as pessoas que Faupel teria entrevistado com esse propósito, o conde Von Luxburg, Ludwig Freude, Ricardo von Leute, presidente do Banco TransAtlântico, Enrique Volberg, os generais Carlos von der Becke e Basilio Pertiné, os coronéis Juan Domingo Perón, Federico Mittelbach e Arturo Brinkmann e os doutores Manuel Fresco e Carlos Ibarguren. "O motivo verdadeiro da visita de Faupel foi tornar a Argentina um centro seguro para o futuro", expressou Thermann. Acrescentou que, segundo o que havia podido reconstituir, Faupel teria dito a Perón: "É possível que percamos a guerra. E nesse caso você e seus amigos, que se comprometeram conosco, vão parar em um tribunal penal internacional, acusados por alta traição. A única maneira de evitá-lo é que tomem o poder e o mantenham custe o que custar."

Segundo Hagen, Faupel e Sandstede teriam embarcado perto de Mar del Plata na noite de 8 de maio de 1943, no mesmo submarino que os havia trazido e que os deixou na costa de Cádis no fim desse "maio negro", no qual o BdU perdeu 43 unidades. Em 4 de junho, um golpe militar incruento impulsionado pelo GOU derrubou o governo do presidente Castelo, fato que daria posteriormente lugar a elucubrações que relacionaram a suposta viagem de Faupel com um apoio monetário alemão aos golpistas.

AS AMBIGUIDADES DE UM GOLPE

A guerra havia acabado com o esquema da Argentina exportador de grãos e carnes e importador de produtos industrializados. A imprescindível substituição de importações havia iniciado um incipiente processo de industrialização. Muitos militares golpistas sonhavam com o desenvolvimento da indústria pesada, passo prévio para converter o país numa potência.

Após o golpe e algumas horas de hesitação, durante as quais o general Arturo Rawson prestou juramento como presidente, o reticente general Ramírez cedeu às pressões do GOU e assumiu a presidência. De imediato, fechou o Congresso, iniciou um expurgo nas Forças Armadas e organizou um gabinete exclusivamente militar que incluía os coronéis Enrique González, Emilio Ramírez, Elvio Anaya e Juan Perón. Anaya, que havia empalado e fuzilado trabalhadores rurais em Santa Cruz durante a greve de 1921 — e que terminaria participando da derrubada de Perón e avalizando os fuzilamentos de 1956 —, foi substituído meses depois no Ministério da Justiça e Instrução Pública pelo cordobês Gustavo Martínez Zuviría, mais conhecido como Hugo Wast, um dos escritores mais lidos na Argentina. Católico ultramontano e judeófobo extremado, Zuviría impôs o ensino obrigatório da religião católica nas escolas públicas. Homem do interior do país e totalmente alheio à gíria portuária dos imigrantes, a quem detestava afetuosamente, proibiu o uso do lunfardo, razão pela qual títulos e versos de muitos tangos célebres tiveram de ser modificados de maneira compulsória para que sua radiodifusão fosse permitida.

Como os golpistas se declaravam, em sua maioria, inimigos do poder britânico — muitos eram aberta ou dissimuladamente filogermânicos, quase sempre a partir de uma vertente clerical-franquista —, a nomeação como chanceler do almirante Segundo Storni, firme partidário dos Aliados, confundiu Londres e Washington. A situação era ainda mais complexa, como o demonstra a primeira circular do GOU posterior ao golpe, a de número 5, cuja redação se atribui a Perón. Recomendava enfaticamente a seus membros que, para "conhecer e apreciar alguns dos gravíssimos fatos consumados nos governos anteriores", lessem e difundissem as obras de José Luis Torres — *Una de las tantas maneras de vender a la Pátria*, *Folleto a las Fuerzas Armadas*, *Carta aberta al Dr. Miguel Culaciati* — de Benjamín Villafañe — *La tragedia argentina* — e de Raúl Scalabrini Ortiz — *Historia de los Ferrocarriles Argentinos* —, obras de fortes matizes anticolonialistas e patrióticos, que destilam uma veemente sede de justiça social, o que devia bastar aos observadores mais atentos para evitar as identificações automáticas com o regime franquista.

Claro que, por outro lado, o novo governo emitiu ordens de captura contra os legisladores que haviam integrado a CIAA, ao mesmo tempo em que retirava do fechado Congresso toda a documentação que a comissão havia compilado.

A partir de 10 de julho, o GOU distribuiu quatro circulares, nas quais parecem alternar-se as mãos de Perón, Arias Duval e outros camaradas. A segunda proclamava que "nossa neutralidade é o símbolo da soberania nacional diante das pressões externas e não constitui nem uma adesão nem um repúdio a qualquer dos grupos em luta". A terceira, que "todo inimigo do GOU deveria ser destruído", inclusive "os escondidos", que "se alistaram na obra do GOU" com o objetivo de "colocar os generais ante os coronéis". Pelo visto, a loja era bastante heterogênea.

Essa mesma circular advertia que logo se desencadeariam acontecimentos "que no momento não é possível divulgar", mas "de tal natureza que dissiparão toda sombra de dúvida". Por fim, no último dia do mês, a circular número 10 informava que o comunismo "sofreu um golpe quase mortal e sua desintegração é quase completa: os principais dirigentes estão detidos e reclusos em cárceres de territórios distantes. (...) Uma expressão dos próprios dirigentes comunistas resume a ação na capital: 'Em dez dias 25 anos de trabalho foram destruídos'". Eufóricos, os coordenadores do GOU afirmavam que "nossa pátria se encontra em um verdadeiro pedestal: as nações limítrofes nos admiram e buscam, de todas as maneiras, uma aproximação (...) por isso a ação do GOU ultrapassará as fronteiras (...) nos encontramos em marcha rumo a um destino grandioso para a pátria", porque o golpe de junho tinha como objetivo "o extermínio total e definitivo" dos "velhos militantes da política corrupta". Que acontecimentos decisivos, capazes de dissipar "toda sombra de dúvida", o GOU esperava? Um golpe dentro do golpe: a disputa nos bastidores para impor a orientação internacional e nacional do governo militar se havia acelerado até alcançar uma intensidade febril em setembro, quando o GOU decidiu executar um *putsch* e deter Ramírez, se esse continuasse a se negar a se desfazer de seus ministros.

As primeiras discrepâncias entre o GOU e o presidente Ramírez se manifestaram na circular que a loja emitiu em 7 de agosto, na qual exigiu que cumprisse "integralmente os postulados" de uma "revolução paralisada" contra "os partidos políticos, aniquilando seus chefes, caudilhos e caudilhinhos", os quais — insistia — deviam ser afastados da função pública e investigados sem exceção. O GOU reivindicava insistentemente "a nacionalização dos serviços públicos, recuperando assim o patrimônio nacional".

Nessa ocasião, Ramírez havia iniciado negociações secretas por meio da embaixada americana para tentar fazer com que os Estados Unidos equipassem as Forças Armadas. Washington, porém, respondeu de maneira previsível, afirmando que não podia armar um país que mantinha relações plenas com a Alemanha. As fortes pressões dos Estados Unidos para que a Argentina finalmente declarasse guerra ao Eixo colocaram o GOU em alerta vermelho e por fim ele decidiu afastar Ramírez.

Entre os documentos reunidos por Potash encontram-se um rascunho da carta de renúncia que Ramírez deveria firmar, redigida pelo GOU; a posterior declaração do general Edelmiro Farrell; uma primeira redação do decreto que nomearia Perón vice-presidente e ministro do Exército, e outra do decreto que imporia a lei marcial. No entanto, e embora estivesse previsto que o plano do GOU para precipitar a crise se materializasse em 27 de setembro, ao chegar o dia ele não se concretizou. Ao menos não de maneira aberta. Houve uma tensa reunião com o presidente Ramírez na Casa Rosada, enquanto tropas controladas pelo GOU cercavam o edifício. Depois de algumas resistências, Ramírez cedeu, desfez-se de seus ministros e ratificou a neutralidade. O chanceler, vice-almirante Segundo Storni, último partidário dos Aliados dentro do gabinete, renunciou e foi substituído pelo general Gilbert, ligado aos alemães.

"O plano do GOU não foi levado a cabo, mas tampouco foi descartado. Em sua meta de levar o general (Edelmiro) Farrell à presidência e de dar ao coronel Perón os cargos simultâneos de ministro do Exército e vice-presidente, antecipou o que seria realidade a partir de 14 de fevereiro de 1944", resumiu Potash.

O OCASO DE CANARIS

Nesse momento, e ao longo do ano, as coisas haviam mudado drasticamente no interior da espionagem alemã. Em janeiro de 1943, enquanto Niebuhr se apressava a deixar Buenos Aires contra sua vontade, a Gestapo levava a cabo batidas que questionaram seriamente a posição de Canaris como chefe da Abwher. Após quatro meses de investigações, a Gestapo desarticulou um grupo oposicionista autodenominado Solf Kreis (Círculo do Sol), jogo de palavras que rendia tributo à sua inspiradora, a viúva do último ministro das Relações Exteriores da Alemanha imperial, Wilhelm Solf. Em seus documentos internos, a Gestapo o denominou de Salão Ramagem, em maliciosa alusão à casa de Elisabeth von Tradden, diretora de um famoso pensionato de moças de Weiblingen, onde o círculo costumava desenvolver suas tertúlias e atividades conspirativas. O Círculo do Sol era, em essência, um grupo de aristocratas e intelectuais solidários com catedráticos, profissionais e altos funcionários caídos em desgraça, o que não impedia que alguns de seus membros atuassem como espiões em favor dos Aliados.

Na batida inicial, com as duas mulheres foram detidos o embaixador Otto Kiep, o advogado Helmuth James Graf von Molkte e dois conselheiros de embaixada. Em fevereiro foi capturado o capitão Ludwig Ghere, por ter avisado a outros membros do círculo que suas linhas telefônicas estavam sob escuta, o que era tão certo que seu aviso foi gravado. Todos eram membros da Abwher. Kiep e Molkte, dirigente do Círculo de Kreisau, também de oposição, trabalhavam desde o começo da guerra na seção do Exterior, ao passo que Ghere era um importante agente da seção de contraespionagem.

Quando o chefe da estação da Abwher em Ancara, Erich Vermehren, íntimo de Kiep, foi chamado a Berlim, refugiou-se no Cairo a bordo de um avião britânico. Imediatamente, a secretária do chefe da Gestapo na capital turca refugiou-se na embaixada dos Estados Unidos. Ambas as deserções determinaram que os integrantes da Gestapo redobrassem a investigação. Eles suspeitavam que o chefe de Vermehren na Abwher, capitão Paul Leverkühn, mantinha contatos com a espionagem americana. E a ausência de Vermehren parecia confirmar suas suspeitas. Foram detidas mais de 70 pessoas.

Quando recebeu a notícia, Hitler ficou enfurecido. Todavia, Canaris ainda contava com o respaldo decisivo do marechal Keitel. Em poucos dias, eles se apresentaram juntos perante Hitler, levando um informe sobre a situação na frente russa. O especialista de Canaris na Frente Oriental era um general prussiano miúdo e astuto, Reinhardt Gehlen, chefe de um pequeno serviço de inteligência chamado FHO (Fremde Heere Ost, Departamento dos Exércitos do Leste), dependente da Abwher e praticamente desconhecido dos serviços secretos ocidentais. Com os dados aportados pelo FHO, a exposição de Canaris foi realista, isto é, pessimista.

Hitler o escutou com cólera contida até que explodiu. Literalmente arremessou-se sobre o pequeno almirante, segurou-o pela lapela e, olho no olho, perguntou-lhe se estava insinuando que a Alemanha perderia a guerra. Canaris não perdeu o prumo. Sem titubear, respondeu que não havia dito tal coisa, que, na realidade, não havia emitido juízo algum, mas sim que se limitava a descrever a situação, basendo-se em muitos e inequívocos informes chegados do *front*.

O *Führer* desviou a conversa para reprovar amargamente a fuga de Vermehren. Canaris renovou seus juramentos de lealdade. Hitler se acalmou. Ainda assim, Canaris se retirou convencido de que não voltaria a vê-lo. E, também, de que a Abwher, a obra da sua vida, estava irremediavelmente condenada.

Não se equivocava. Em meados de fevereiro de 1944, Hitler assinou um decreto que unificava os serviços de informações sob o comando teórico de Himmler, mas cujas rédeas ficavam, na prática, nas mãos da SS e de Kaltenbrunner. Canaris passou a atuar como chefe do novo Corpo Especial para a Guerra Comercial e Econômica, com escritórios em Eiche, perto de Potsdam, de onde se encarregou, entre outras coisas, de falsificar libras esterlinas e supervisionar as políticas de salvaguarda dos interesses econômicos alemães em países neutros, como a Suíça, a Espanha e a Argentina.

A HORA DE HARNISCH

O curso da guerra e os acontecimentos que se desenrolaram na Alemanha se somaram para que a influência da Rede Bolívar na Casa Rosada diminuísse de maneira drástica, restringindo-se quase exclusivamente à atuação do oficial de Marinha Aumann, profundo conhecedor dos corredores do Palácio do Governo. Em troca, aumentou a influência de Harnisch, um dos financiadores do golpe. Desde quando desempenhava as funções de ministro do Exército de Castelo, o presidente Ramírez sabia exatamente a que se dedicava o suposto industrial do setor siderúrgico.

Enquanto a Rede Bolívar era uma expressão, sobretudo, dos nazistas locais, Harnisch era, além de sua boa relação com Canaris e sua ligação com o SD, o representante pessoal de Himmler. E ninguém trata com os macacos quando pode fazê-lo com o dono do circo. Antes do golpe, Harnisch havia discutido com o GOU como melhorar as relações entre o Terceiro Reich e o iminente governo militar, que necessitaria de ajuda tangível da Alemanha sob a forma de material bélico, técnico e humano, a fim de quebrar a hegemonia anglo-americana no hemisfério.

A Argentina se havia transformado em um país de importância decisiva para a Alemanha desde a declaração de guerra do Brasil em agosto de 1942, mês em que um avião militar brasileiro surpreendeu o petroleiro argentino *Santa Cruz* reabastecendo de combustível um U-Boote, enquanto navegavam emparelhados entre Santos e Montevidéu.

O presidente brasileiro Getúlio Vargas, criador do Estado Novo, deixou de simpatizar com a Alemanha e defender a neutralidade nacional para declarar guerra ao Eixo e filiar-se ao lado vencedor. Quando os Estados Unidos iniciaram a enorme mobilização que acompanhou sua entrada na guerra, sua indústria requereu grande quantidade de minerais estratégicos que o Brasil começou a exportar. A decisão do presidente não foi impopular: uma série de afundamentos de navios mercantes brasileiros por submarinos alemães e italianos provocou uma enorme indignação civil que se traduziu na destruição e no saque, em vários estados brasileiros, de negócios de propriedade de súditos daqueles países. Vargas autorizou a cessão aos Estados Unidos de várias bases militares no Nordeste do Brasil em troca de petróleo, carvão, trigo e assistência técnica para a instalação de uma usina siderúrgica em Volta Redonda, trilhos para ampliar a rede de ferrovias e equipamento para as Forças Armadas, particularmente a Marinha.

Diante dessa "defecção", o GOU se propôs a fazer com que a Argentina liderasse um bloco de nações hispano-americanas — visto, do Rio de Janeiro, como um bloco hostil —, plano que coincidia quase exatamente com os postulados da Rede Bolívar.

A CAPTURA DE UM NAZISTA ARGENTINO

Menosprezado pelos Estados Unidos, temendo uma invasão a partir do Brasil e sob a pressão do GOU, Ramírez procurou respaldar-se no Terceiro Reich. Para isso, em 2 de outubro de 1942, Osmar Hellmuth — um veterano agente da Rede Bolívar e, ao mesmo tempo, do SIN (Serviço de Inteligência Naval) — viajou sigilosamente para a Alemanha. Embora tenha sido um íntimo do derrubado presidente Castelo, Hellmuth viajou como emissário pessoal de Ramírez.

Desde o princípio de 1942, assinala Goñi, "a desesperada tentativa de comprar armas alemãs se devia ao temor de um ataque direto dos Estados Unidos contra a Argentina". Ademais, os militares argentinos temiam "um ataque indireto através do Brasil". Esses temores tinham fundamento, e não só pela permanente ameaça dos Estados Unidos de instalar bases aeronavais no Uruguai e no sul do Brasil, tentativa que esbarrou na resistência dos governos dos dois países. Goñi assegura que "até que o revés sofrido pela Alemanha em Stalingrado tenha permitido aos Estados Unidos baixar a guarda em março de 1943, uma comissão interdepartamental ultrassecreta em Washington elaborava planos de contingência para nada menos do que a invasão da Argentina".

Nesse contexto, já em agosto de 1942, quando o Brasil declarou guerra ao Eixo, o adido naval e chefe da Abwher, capitão de mar e guerra Niebuhr, havia recebido "um pedido de submarinos, aviões e canhões antiaéreos da Armada argentina, então a cargo do fervoroso nacionalista Mario Fincati, que havia sucedido o 'major nazista' León Scasso", recorda Goñi. O autor acrescenta que, ao ser interrogado depois da guerra, Niebuhr teria admitido que mantivera "um bom número de conversações sérias nesse sentido em meados de 1942" porque os militares argentinos tinham muito "presente o tema de uma possível guerra com o Brasil".

Ao regressar de sua acidentada viagem, em 1945, o próprio Hellmuth teria de reconhecer, perante seus inquisidores da Coordenação

Federal, seus estreitos vínculos com "vários oficiais e chefes de nossa Marinha de Guerra", um segredo aos gritos, já que ele havia sido cadete da 56ª turma da Escola Naval. Embora não tenha conseguido sair guarda-marinha por seu mau desempenho em matemática, havia continuado em contato com ex-companheiros, como o contra-almirante Carlos Hollmann e o capitão de mar e guerra Alicio Ogara, e havia se convertido em agente do SIN. Nesse papel, funcionava como elemento de ligação com os serviços secretos alemães, particularmente com Harnisch, e coordenava as tarefas de contraespionagem, em especial o acompanhamento e a vigilância dos agentes do OSS e do Intelligence Service britânico.

Como se pode ver, não havia a menor contradição entre o pertencimento ao SIN e ao aparato nazista. Tal como aponta Goñi, quando foi interrogado por seus captores americanos Schellenberg admitiu que "Aumann (ao que parecer, o chefe de Hellmuth) havia acertado uma reunião entre Harnisch e o ministro da Marinha de Castelo, contra-almirante Mario Fincati, para que um espião da Abwher recebesse cobertura como agente naval argentino".

A rivalidade entre o Exército e a Marinha para controlar as compras em Berlim esteve a ponto de abortar a viagem de Hellmuth. Inesperadamente, o chefe da Casa Militar, coronel Carlos Vélez, que havia sido membro da Comissão de Aquisições Militares na Alemanha e acabava de ser nomeado adido militar em Madri, passou a representar um forte rival. Se Hellmuth contava com o apoio do SD, Vélez, que logo se converteria em um intransigente antiperonista, era respaldado pela embaixada da Alemanha e pelo influente Ludwig Freude, que, para fortalecer suas chances, chegou ao extremo de denunciar Hellmuth ao presidente Ramírez como agente duplo do Intelligence Service britânico. Essas pendências refletiam também o surdo enfrentamento que tinha lugar na Alemanha entre Himmler e Ribbentrop, a quem Freude se reportava.

Superado, ao menos na aparência, o contencioso, Hellmuth seguiu adiante com os preparativos de sua viagem. Levava a incumbência de negociar acordos, particularmente para a contratação de técnicos que ajudassem a desenvolver as recém-criadas Fabricações Militares, um complexo de seis fábricas de armas e munição, ao qual se somariam outros dois estabelecimentos. Os militares argentinos, explica Goñi, esperavam "receber via submarinos alemães material bélico, técnico e humano". Também desejavam artilharia antiaérea pesada, pilotos, benzina de aviação, aviões, munição e licenças para a fabricação de materiais bélicos. E, acima de tudo, a obtenção das fórmulas e da maquinaria imprescindível para refinar combustível de alta octanagem para a aviação militar e para fabricar trotil. Segundo detalhes fornecidos por Becker à polícia argentina quando foi detido no fim da guerra, uma das prováveis vias de abastecimento seria "um submarino alemão, a cujo encontro sairia um barco da Armada argentina para transferir homens e material em alto-mar". Para garantir o segredo da operação, o comandante em chefe da Armada, almirante Benito Sueyro, se havia comprometido com Harnisch de "que o barco argentino seria tripulado exclusivamente por oficiais de comprovada confiança". Outro possível transporte era um petroleiro do magnata greco-argentino Aristóteles Onassis, bloqueado pelos alemães em um porto norueguês, motivo pelo qual uma tripulação escolhida pelo SIN viajaria a esse país.

Em troca da venda desses apetrechos, Hellmuth levava uma mensagem clara: embora as condições para declarar guerra aos Aliados fossem adversas, o governo argentino oferecia ao Terceiro Reich todo o seu apoio. Antes de partir, reviu com o general Ramírez e com Harnisch a lista de pedidos. Ambos estavam preocupados com a possibilidade de o Brasil atacar a Argentina, cujo litoral se encontrava indefeso. A situação era cada dia mais perigosa devido à ajuda direta dos Estados Unidos ao Brasil. "O Japão e a Alemanha poderiam dispor de submarinos para proteger as costas do Chile e da Argentina? O presidente (Ramírez) oferecia como compensação reprimir os espiões aliados na Argentina", telegrafou Harnisch a Himmler, como uma antecipação do que Hellmuth lhe expressaria em pessoa. Hellmuth convidou Becker e Harnisch para um jantar de despedida em seu apartamento da Rua Juncal, ocasião em que os três brindaram pelo êxito da gestão e pela expansão do Reich na América do Sul.

Becker confiava que a viagem forjaria o compromisso de Aumann, isto é, que o intercâmbio de informações entre os serviços secretos de ambos os países fosse cotidiano, tal como efetivamente teria de suceder. Uma carta manuscrita do presidente Ramírez para Hitler foi omitida na última hora por razões de segurança.

Hellmuth devia encontrar-se em Bilbao com um agente do SD que o conduziria, via terrestre, até Schellenberg, que, por sua vez, o apresentaria a Himmler e ao próprio Hitler. Por fim, com passaporte diplomático que o credenciava como cônsul em Barcelona, Hellmuth embarcou no mercante espanhol *Cabo de Hornos,* que tão logo zarpou sofreu uma avaria suspeita, que teve de ser reparada em Montevidéu. Os ingleses já estavam preparando uma cela para alojar Hellmuth nos arredores de Londres.

A perdição do viajante parece ter sido a organização Ultra e seu sistema Magic, que há algum tempo havia penetrado nas comunicações da Rede Bolívar. Um resumo dos decifradores americanos, datado daqueles dias, adiantava que "os britânicos vão prender Hellmuth em 30 de outubro, quando o navio atracar na Ilha de Trinidad". Com efeito, na madrugada do dia 30, Hellmuth foi detido nesse porto do Caribe por agentes britânicos que 12 dias depois o depositaram no campo de prisioneiros 020, nas proximidades de Londres. Entre os papéis que lhe arrancaram havia anotações em código com instruções para localizar seus contatos em solo europeu. Contudo, o Intelligence Service jamais revelou outros achados mais comprometedores, que compartilhou apenas com o OSS. Como resultado dessa missão abortada, recorda Dujovne Ortiz, os americanos "enviaram vasos de guerra para o Rio da Prata e seus banqueiros bloquearam os fundos argentinos".

Todavia, os interrogatórios britânicos de Hellmuth continuam vedados ao público até hoje. Goñi sugere que o detido teria posto em evidência a participação direta de Perón na operação fracassada. Segundo Goñi, o governo britânico chegou rapidamente a um acordo com o argentino: "Se a Argentina colocasse na prisão os espiões nazistas e rompesse as relações diplomáticas com a Alemanha, a Inglaterra não publicaria o interrogatório de Hellmuth e se absteria de apoiar as sanções econômicas exigidas por Washington."

PESSOA INDISCRETA

A notícia da prisão caiu como uma bomba entre os nazistas residentes na Argentina. Muito pressionado por Londres, o governo militar procurou reajustar-se. Harnisch foi chamado na Casa Rosada, onde Ramírez leu para ele a nota de protesto do embaixador britânico, que, confirmando as declarações de Freude, assegurava que Harnisch havia trabalhado para o Intelligence Service. O presidente o advertiu, com severidade, de que a embaixada britânica logo lhe entregaria uma lista completa dos agentes das redes nazistas na Argentina e que se seu nome figurasse no documento, como seguramente haveria de suceder, ele se veria obrigado a tomar medidas drásticas. Surpreso, Harnisch respondeu que não sabia até que ponto a Rede Bolívar estava infiltrada pelos Aliados e pela polícia argentina, mas que entregaria ao governo uma lista de seus membros se Ramírez lhe garantisse que, caso fossem detidos, gozariam de um tratamento respeitoso.

Becker negou-se, de forma clara, a elaborar e muito menos a entregar ao general Ramírez semelhante lista. Na segunda-feira, 17 de janeiro, esperou por Harnisch com crescente impaciência nos amplos salões do City Hotel, então um dos mais importantes de Buenos Aires. Como Harnisch não chegava, telefonou para o seu escritório. Foi então informado de que Harnisch havia sido detido no dia anterior pela Coordenação Federal.

Segundo a polícia informou à imprensa, Harnisch trazia consigo, entre outras coisas, uma papeleta de subscrição ao Plano de Difusão Antijudia nº 1 no valor de um peso. Tal "revelação" evidenciava que a polícia havia recebido ordens de minimizar a importância do detido, pintando-o como um antissemita vulgar, quase um cretino. A realidade era que Harnisch havia aceitado colaborar com seus inquisidores e prestar um extenso depoimento, notícia que produziu uma onda de temor no governo.

Como afirma o ditado policial: "Tive de lhe dar uma cacetada para que falasse e cem para que calasse." A loquacidade de Harnisch fez da terça-feira 18 um dia agitado. Os membros do GOU, reunidos na sala do coronel Perón, na Secretaria de Trabalho e Previdência — fazia menos de um mês que havia assumido como ministro interino do Exército — debatiam acaloradamente. Sobre a mesa estavam empilhados volumosos expedientes produzidos pela Coordenação Federal que informavam sobre as atividades da espionagem nazista em geral e as de Harnisch em particular. Segundo esses documentos, Harnisch havia entrado no país em 1920, ingressado na firma Böcker & Cia. em 1936 e se filiado ao NSDAP em 1939. Regressou à Alemanha em 1941, onde estabeleceu contato com a chefatura do Abwher. Desde então, atuava como agente do SD em Buenos Aires, com vínculo direto com Himmler. Enquanto a Coordenação Federal detinha cerca de 50 agentes dos grupos Azul e Verde, Perón insistia na necessidade de aguentar a pressão e manter a neutralidade.

Ademais, os espiões americanos descobriram a cumplicidade dos militares argentinos e do SD no golpe de Estado do general nacionalista Gualberto Villarroel na Bolívia, em dezembro. Villarroel havia derrubado um outro general, Enrique Peñaranda, defensor dos negócios dos proprietários de minas de estanho e tão pró-aliado que havia declarado guerra ao Eixo. Estava tão bêbado na ocasião, segundo seus detratores, que chegou a ordenar que a cavalaria se aprontasse para o combate.

Durante muito tempo, a Inglaterra suportou em silêncio a neutralidade argentina. Essa situação lhe era conveniente, pois garantia o fornecimento de provisões básicas que lhe permitiam resistir ao bloqueio dos U-Bootes. Porém, ainda assim, a coação estadunidense se havia tornado irresistível. Em 27 de janeiro, sob essa intensa pressão, Ramírez decidiu-se finalmente pela ruptura com o Eixo. O decreto precipitou a dissolução formal do GOU, formado para apoiar Ramírez em outra direção. Em seguida, Perón promoveu um incruento golpe palaciano que, em 14 de fevereiro, depôs Ramírez e colocou em seu lugar o general Farrell, que voltou a ratificar a neutralidade. A resposta dos Estados Unidos foi fulminante. Tão logo se deu conta de que os novos militares no poder eram mais nacionalistas do que o deposto Ramírez, posicionou navios de guerra em frente a Montevidéu e demorou quase nove meses, até 4 de março de 1944, para anunciar que não reconhecia o novo governo, ao qual qualificou de fascista.

Em julho, ocorreram três fatos significativos: Hitler sobreviveu a um atentado, Canaris foi detido e Perón chegou à vice-presidência da nação. Era o fim de uma época.

OPERAÇÃO WALKÍRIA

Nessa ocasião, Hitler alternava sua residência entre o Berghof e a Toca do Lobo. A reunião dos altos-comandos, que se realizou em 11 de julho na Prússia Oriental, foi assistida pela primeira vez pelo coronel Claus Schenk Graf von Stauffenberg, o homem que, duas semanas mais tarde, tentaria assassiná-lo.

As conspirações no interior da Abwher e da Wehrmacht e os planos para assassinar Hitler eram de antiga data, mas vinham se diluindo sistematicamente porque os conspiradores careciam de suficiente respaldo popular. Mas a série de triunfos militares acumulados até a primavera de 1941 terminou no fim de 1942, após o desastre de Stalingrado. Foi então que o coronel Henning von Tresckow, do Estado-Maior do Exército do Centro, reviveu aqueles planos.

Alto, calvo, reservado, orgulhoso da tradição prussiana, Tresckow se sentia indignado com a tristemente célebre "lei dos comissários" que ordenava a execução de todos os comissários políticos do Exército Vermelho capturados, assim como das mulheres e crianças judias e das demais etnias "inferiores". Um dos conspiradores que o secundava era o veemente coronel Hans Oster, o segundo de Canaris na Abwher, que conseguiu recrutar o general Friedrich Olbricht, chefe da Seção Central do Exército em Berlim e segundo do general Friedrich Fromm, comandante do Exército do Interior, a reserva da força, com base em Berlim. Oster se encarregaria de organizar o golpe de Estado posterior ao assassinato do *Führer*.

Para levar a cabo o atentado, os conspiradores deveriam conhecer os movimentos de Hitler e, num segundo momento, decidir como aproximar-se o suficiente dele. Ambos os aspectos geravam problemas porque o *Führer* alternava suas limusines blindadas, dirigidas pelo fiel major Kempka, e se deslocava cercado de sua guarda de *corps* da SS, cujas pistolas levavam sempre um projétil na recâmara. Depois de várias tentativas de atingir Hitler com disparos, Tresckow decidiu fazer uma tentativa com uma *clam*, uma mina adesiva, do tamanho de um livro, fabricada pelos britânicos. Conseguiram colocá-la no avião de Hitler, mas, por causas desconhecidas, o artefato não explodiu e por isso os conspiradores tiveram de envolver-se na penosa tarefa de recuperá-lo.

Após esse fracasso, o coronel Rudolph-Christoh Freiherr von Gersdorff, que ocupava uma posição-chave nos serviços secretos do Exército do Centro, ofereceu-se para fazer detonar o explosivo perto de Hitler, imolando-se na ação. Planejou aproveitar a celebração do Dia dos Heróis, que teria lugar em 21 de março de 1943 no pátio de telhado de cristal do Zeughaus, o antigo arsenal situado na Avenida das Tílias. Em troca do sacrifício, Gersdorff exigiu apenas que os conspiradores se comprometessem a estabelecer um governo democrático que procurasse chegar a um acordo com os aliados anglo-saxões, de modo a continuar combatendo o Exército Vermelho.

O atentado seria realizado ao término da cerimônia, quando o *Führer* estivesse inspecionando, como estava previsto, o material bélico capturado dos soviéticos. Hitler, porém, que, segundo Kershaw, tinha "uma sorte diabólica", atravessou a exposição numa rapidez vertiginosa e ao cabo de dois minutos já havia ido embora, deixando Gersdorff e seus companheiros imersos na frustração.

Os conspiradores pediram apoio aos serviços secretos britânicos em várias oportunidades, mas Londres não se decidia, talvez porque desconfiasse de suas verdadeiras intenções. Quem melhor as havia expressado era o comissário de preços Karl Goerdeler, um dos conspiradores mais veteranos. Já no princípio de 1942, Goerdeler havia proposto "uma federação europeia de Estados sob a direção alemã", que excetuasse a Rússia, considerada uma potência asiática. Depois de um imprescindível processo de pacificação, a dita federação poderia configurar-se "em um prazo de dez a vinte anos" e sua única condição era que se estabelecesse na Alemanha "um sistema político razoável", objetivo que, na opinião de Goerdeler, seria alcançado com a restauração da monarquia.

Por sua vez, os conspiradores mais jovens, reunidos no que a Gestapo chamaria de o Círculo de Kreisau — em referência à propriedade da Silésia onde costumavam se congregar —, eram majoritariamente aristocratas de tendência socialista e cristã. Não comungavam com a ideia da supremacia alemã, mas postulavam a necessidade de julgar os crimes de guerra e a desnazificação como requisito prévio à inserção da Alemanha em uma Europa federal, no marco de uma Sociedade das Nações mais abrangente.

Os planos dos conspiradores sofreram um rude golpe quando, após a desarticulação do Círculo do Sol, o Círculo de Kreisau foi colocado sob a lupa da Gestapo. Pouco depois, em abril de 1943, o general Oster foi detido sob a acusação de traficar divisas estrangeiras. Embora não fizesse parte dos conspiradores de primeira hora, Stauffenberg era dos mais entusiasmados. Depois de apoiar calorosamente a conquista da Polônia, o bem-apessoado coronel ficou horrorizado com os testemunhos diretos das matanças maciças de judeus ucranianos. Ao que parece, já desde então, com uma crescente aversão ao racismo e à bestialidade da SS, havia chegado à conclusão de que era imprescindível eliminar Hitler, certeza que se robusteceu depois de ter sofrido, em abril de 1943, graves ferimentos enquanto combatia no Afrika Korps: perdeu o olho direito, a mão do mesmo lado e dois dedos da mão esquerda.

Stauffenberg, que usava uma venda negra sobre a órbita do olho perdido, teve uma ideia brilhante para executar após a eliminação de Hitler:

reverter o Plano Walkíria, elaborado anos atrás por outro conspirador, o general Olbricht, para mobilizar o Exército de reserva em caso de um levante contra o regime. Tratava-se de atuar com decisão em meio ao rio revolto e ele mesmo começou a preparar o golpe. O escolhido para o novo atentado foi o capitão Axel Freiherr von dem Bussche, possuidor da Cruz de Ferro de Primeira Classe. Dem Bussche havia presenciado fuzilamentos em massa de milhares de judeus na Ucrânia e, como Stauffenberg, odiava Hitler com todas as suas forças. A ocasião escolhida foi a apresentação em público de novos uniformes, programada para dezembro de 1943. Porém o desfile foi cancelado no último momento porque o trem que transportava as indumentárias fora bombardeado. E antes que Dem Bussche tivesse uma nova oportunidade, foi ferido enquanto combatia na Frente Oriental e teve uma perna amputada.

Os conspiradores encontraram um novo voluntário no tenente-coronel Rittmeister Eberhardt von Breitenbuch, ajudante do marechal Ernst Busch, novo chefe do Exército do Centro. Breitenbuch negou-se a usar uma mina *clam*. Preferia sua Brownning de nove milímetros, com a qual prometeu que se suicidaria imediatamente depois do atentado. Breitenbuch acompanhou o general Fromm à reunião informativa que se celebrou no Berghof em 11 de março de 1944, mas inesperadamente nesse dia não deixaram os ajudantes entrarem.

Então aconteceu o imponderável: Stauffenberg foi promovido a coronel e nomeado segundo de Fromm, que flertava com os conspiradores, mas nunca se decidia. Seu concurso era imprescindível para colocar em marcha o Plano Walkíria em sua versão invertida, o que desesperava os conspiradores. A promoção, porém, permitia o acesso direto de Stauffenberg a Hitler durante as sessões informativas às quais Fromm comparecia, razão pela qual ele mesmo poderia executar o atentado.

Tal como estava planejado, o Plano Walkíria requeria a presença de Stauffenberg em Berlim, mas as sessões informativas se celebravam no Berghof ou na Toca do Lobo, longe da capital. Stauffenberg decidiu então que não se imolaria depois que executasse o *Führer*, mas sim que regressaria de imediato a Berlim para liderar o golpe. Embora tenha participado de duas reuniões informativas consecutivas no Berghof, durante a primeira não pôde aproximar-se o suficiente do *Führer* e na segunda hesitou porque Himmler, a quem os conspiradores também desejavam eliminar, inesperadamente não compareceu. Em seguida, o cenário mudou quando Hitler regressou à Toca do Lobo, onde as reuniões se celebravam em um barracão. Em 15 de julho, Himmler faltou mais uma vez e Stauffenberg voltou a ter dúvidas. Ao retornar a Berlim, prometeu aos companheiros que no dia 20 faria uma última tentativa. Nesse dia, porém, não pôde ativar mais do que a metade da carga prevista, porque fora interrompido enquanto preparava os explosivos. Pretextando problemas de audição, conseguiu que o colocassem sentado à direita do *Führer*. Em seguida, deixou junto a um dos pés da longa mesa a pasta que continha a bomba e, com uma nova desculpa, retirou-se do recinto.

A explosão aconteceu quando ainda não havia atravessado a guarda exterior. Matou alguns dirigentes nazistas e feriu gravemente outros, mas Hitler, além da roupa chamuscada, sofreu apenas ferimentos leves no braço e na perna direitos e ruptura dos tímpanos. Duas horas depois recebia Mussolini pela última vez. Era evidente que a Providência o havia salvado, lhe disse, e que nada de mau poderia lhe acontecer.

Stauffenberg pôde sair da Toca do Lobo e voar para Berlim graças ao seu sangue-frio. Aterrisou convencido de que havia sido bem-sucedido, porém, ao saber do mau resultado da Operação Walkíria, se deteve. A repressão foi impiedosa e Stauffenberg um entre as centenas de vítimas. Seu executor foi Fromm, aterrorizado diante da perspectiva de que seus contatos com a conspiração fossem revelados. Mas isso não o salvou do patíbulo.

CONGELAMENTO DE DEPÓSITOS

Assim que Perón terminou de acomodar-se no gabinete de vice-presidente, os Estados Unidos retiraram seu embaixador e pressionaram Churchill até conseguir que ele também "chamasse para consultas" o embaixador britânico sir David Kelly, que então deixou Buenos Aires. Em 2 de agosto, Churchill declarou, na Câmara dos Comuns, que o governo argentino "não julgou correto declarar-se sincera, inequivocamente e sem reservas do lado da liberdade e escolheu flertar com o mal, e não só com o mal, mas também com o bando perdedor". Os Estados Unidos suspenderam, além disso, todas as importações procedentes da Argentina e congelaram suas reservas de ouro depositadas em bancos americanos.

Diante dessas fortíssimas pressões, Farrell e Perón manobraram para sair da linha de fogo. Como os contatos entre os militares argentinos e os espiões nazistas eram mais do que evidentes, a Coordenação Federal lançou uma operação de peso. No dia 8 foi preso Köennecke — que, em seguida, manifestou vontade de colaborar — e dez dias mais tarde chegou a vez de Franckzok, que se negou a fazê-lo. Enquanto na França a resistência alemã ao desembarque aliado se desmanchava, foram detidos em Buenos Aires mais de 30 agentes do SD. Os federais, que sabiam chegar aos redutos nazistas de olhos fechados, confiscaram 55 radiotransmissores e três máquinas decrifadoras Enigma da Orga-T, que ficou então praticamente desativada.

Perón dirigiu-se pessoalmente à Coordenação Federal e exigiu de seu chefe, o major Oscar Contal, um homem com boas relações na embaixada dos Estados Unidos, que em hipótese alguma os testemunhos dos espiões nazistas detidos comprometessem militares ou funcionários do governo. O homem de confiança de Perón nessa seara era o capitão Jorge Osinde, um fascista puro-sangue. Os espiões detidos receberam instruções precisas de Osinde para refazer suas declarações, evitando toda menção a seus contatos com o governo, particularmente com os coronéis González e Brinkmann e com o primeiro-tenente Aumann, a quem a direção da Abwher havia encomendado a organização de uma rede de espionagem no Paraguai.

Os policiais da Coordenação Federal tiveram de reescrever a história, como se o longo depoimento de Harnisch jamais houvesse ocorrido. Aqueles que o haviam ouvido, o chefe de Investigações Lorenzo Galato e o subcomissário Mariano Uribarri, foram afastados do caso. O primeiro foi obrigado a solicitar a passagem para a reserva e o segundo foi transferido compulsoriamente para a seção Arquivos. Além disso, a presidência enviou um emissário para se certificar de que todas as cópias daquela comprometedora declaração seriam destruídas.

Caído em desgraça com os Freude — com os quais havia competido em negócios diferentes, aliado a Becker, particularmente no tráfico de armas — e também com o Exército — que tinha conhecimento da facilidade com que havia reconhecido os contatos da Rede Bolívar perante funcionários do governo e sua marcada preferência pela Armada — Harnisch estava acabado.

Farrell e Perón tiveram muita sorte durante essa delicada situação. Em novembro, o veterano secretário de Estado americano, Cordell Hull, que os qualificava de nazistas, renunciou e para o seu lugar foi designado o até então coordenador de Assuntos Latino-Americanos, Nelson Rockefeller, que havia tomado devida nota da crescente popularidade de Perón e, como esse, era um pragmático. Rockefeller e Perón acordaram, após árduas negociações secretas, o reconhecimento diplomático do governo argentino e sua aceitação pelas Nações Unidas, em troca da declaração de guerra e do saneamento das propriedades alemãs. Por fim, na manhã de 26 de março de 1945, quando faltava pouco mais de um mês para o término da guerra na Europa, Farrell e Perón tornaram público, em entrevista coletiva à imprensa, o Decreto 69/45, de acordo com o qual a Argentina rompia relações com o Japão e, em caráter apenas transitório e secundariamente, com seu aliado alemão. O decreto dispôs, numa alusão um pouco velada às pressões do bloco pan-americano formado pelos Estados Unidos no Rio de Janeiro, que, "a fim de identificar a política da nação com o comum das demais repúblicas americanas", declarava "o estado de guerra entre a República Argentina, por um lado, e o império do Japão, pelo outro". Chegando ao ponto 3, acrescentava: "Declara-se igualmente o estado de guerra entre a República Argentina e a Alemanha, atento ao caráter dessa última de aliada do Japão."

O Terceiro Reich afundava, mas Perón exibia um sorriso gardeliano. Indignado, o almirante Sueyro renunciou ao cargo de interventor do Executivo na Província de Córdoba.

DIPLOMACIA SECRETA E TRANSFERÊNCIA DE OURO

Em 1947, quando Perón era presidente constitucional e o comportamento argentino durante a guerra havia sido relegado por Washington a um segundo plano, o governo argentino deportou Harnisch e Franckzok junto a um último punhado de espiões de terceira categoria que não haviam encontrado um nicho dentro do novo esquema de poder, chamados com pachorra de "preenchedores de cota" pelos funcionários governamentais.

Prisioneiros na Alemanha ocupada, Harnisch e Franckzok descreveram minuciosamente as intrigas e as relações entre a espionagem alemã e os militares argentinos. Pelo que se sabe, Franckzok confirmou o relato de Harnisch de que Köennecke o havia convertido no bode expiatório do caso Hellmuth e que a Coordenação Federal o havia obrigado a refazer sua confissão, eliminando todo rastro das relações da Rede Bolívar com Perón, Brinckmann, González e Aumann. Entretanto, uma vez mais os relatos de ambos foram sepultados, dessa vez pelo Departamento de Estado.

Felizmente, quase todos os segredos apresentam fissuras. Em 1953, um tribunal de Berlim Oriental autenticou uma carta, ao que parece a última enviada por Ludwig Freude a Faupel. Entre outras coisas, "Ludovico" informava ao embaixador alemão em Madri que acabara de solicitar ao vice-presidente Perón a retirada imediata da delegação argentina do Comitê Consultivo de Emergência para a Defesa Política, com sede em Montevidéu. Esse conselho, sob o controle dos aliados anglo-saxões, havia denunciado a duplicidade do governo militar argentino que, ao mesmo tempo que cumpria formalmente seus compromissos internacionais, continuava protegendo os espiões nazistas. Freude escreve que havia combinado com Perón "continuar de fato os negócios da embaixada" depois do seu fechamento causado pela ruptura de relações diplomáticas. E também que havia manifestado ao vice-presidente seu mal-estar porque Ribbentrop, por meio do conde Luxburg, empenhava-se em limitar "os poderes extraordinários e a liberdade de ação" que o *Führer* lhe teria concedido.

Prevendo que ele mesmo pudesse se converter em objeto dos embates do Departamento de Estado americano, "aconselhado por Perón e a fim de oferecer o menor alvo possível e facilitar-lhe a defesa de nossos interesses, renunciei a todos os meus cargos nas organizações alemãs, assim como em empresas industriais e comerciais, e adotei a cidadania argentina. (...) Que os senhores diplomatas aliados ranjam os dentes diante dessa minha posição, tão inalterável como a do próprio Perón", teria finalizado. Perón era "extraordinariamente cético com respeito à possibilidade de uma paz em separado entre a Alemanha e os aliados ocidentais". Considerando que Hitler não poderia atingir esse objetivo, Perón insistia em que "pelo menos no campo da realização de nossa missão, a embalagem final da guerra, devemos nos manter sempre com um nariz de vantagem" sobre os movimentos dos Aliados.

Freude teria abordado, em seguida, o objeto de sua missiva: "Aqui, o que nos dá trabalho agora é o problema dos bens alemães na Argentina, os quais temos que nos certificar contra as pretensões que, sem dúvida, os anglo-americanos vão ter. (...) Concordamos em inventar ou forjar exigências argentinas perante o Reich e, para garantir seu cumprimento, embargar todos os bens alemães na Argentina. O inventário que o Banco Central fará, com a colaboração da Câmara de Comércio Alemã, o Banco Germânico e o Banco Alemão Transatlântico, deverá nos proporcionar, em meados de janeiro próximo (de 1945), o quadro estatístico de que necessitamos para saber exatamente a quanto hão de ascender as exigências de reparações que formularemos ao Reich. Essa ação compreenderá todos os bens alemães que, por sua natureza, por sua inversão ou por sua função econômica são identificáveis como tais e aos quais é possível argentinizar de uma ou outra maneira."

Muitos historiadores consideram que essa carta, como outras publicadas por Santander, é apócrifa e, por certo, chama a atenção o suposto comentário de Freude sobre Ribbentrop. Porém, Ricardo Laurence a considera autêntica e, ao voltar a publicá-la, destaca que Freude atuava acima do embaixador alemão, como representante de Hitler junto a Perón. Em apoio à sua hipótese, apresenta o testemunho do ex-chefe do Escritório Latino-Americano do Ministério das Relações Exteriores do Reich Otto Reinebeck, que confessou aos Aliados, em fevereiro de 1946, que depois do rompimento das relações diplomáticas por parte da Argentina o Ministério das Relações Exteriores alemão não recebia de Buenos Aires outras informações senão as transmitidas pelo SD, que, por sua vez, a obtinha exclusivamente da Rede Bolívar. Reinebeck acrescentou que quando o SD informou a Berlim, em agosto de 1944, que Perón havia declarado a um grupo de oficiais que não duvidava da vitória final de Alemanha, "para nós, na Chancelaria, se desvaneceu a última dúvida: o SD (isto é, a Rede Bolívar, sua ramificação local) havia caído completamente sob o controle do governo argentino".

O encarregado da política nazista para a América Latina declarou também que "escutamos mais tarde planos do SD para desembarcar equipes técnicas e bens na Argentina por via submarina" e que, "ao solicitar informação a respeito, o SD nos assegurou que o êxito dessa operação estava garantido por círculos oficiais argentinos". Reinebeck havia deixado de trabalhar na Chancelaria do Reich em fins de 1944 e por essa razão é que o submarino do qual ouviu falar seja, provavelmente, o mesmo mencionado pelo espião germano-argentino Ernest Hoppe, detido pelos ingleses em Gibraltar em setembro de 1943, quando se dirigia para a Argentina para cumprir tarefas relacionadas a esse desembarque.

Segundo informação obtida por Goñi, o submarino devia transportar 40 misteriosos caixões, um aparelho transmissor de rádio, um aparelho microfotográfico Mipu e dois passageiros, em deles especialista em transmisssões. Provavelmente deveria levar de volta para a Alemanha — em vista do ingente contrabando que se fazia cabo, por todos os meios — platina, mica, diamantes industriais, insulina cristalizada e artigos raros, tais como extrato de fígado de tubarão, que era usado para melhorar a visão dos pilotos.

Hoppe foi levado para o mesmo campo de concentração dos arredores de Londres aonde, pouco depois, chegaria Hellmuth. Seus inquisidores conseguiram determinar que o desembarque do submarino estava previsto para a noite de 21 de fevereiro de 1944, em um ponto da estrada (Rodovia Principal, 11) que une Mar del Plata a Miramar, nas proximidades da estância "El Rancho", propriedade de um certo Emilio Fuchs. O lugar começou a ser vigiado pelo FBI a partir de dezembro de 1943.

Se bem que não é possível provar que o general Faupel tenha desembarcado clandestinamente na Argentina em abril de 1943, está confirmado que se discutiu a possibilidade de fazer outra viagem clandestina em U-Boote durante esse mesmo ano. Desde agosto de 1943 e por um período de vários meses, o major Elías Belmonte, adido militar boliviano e agente do SD, tentou viajar à Argentina em submarino para transferir-se em seguida ao seu país e participar, com o apoio de militares argentinos, do golpe de Estado que seria comandado pelo general Villarroel. Assim, foi reconhecido por Reinebeck, que havia trocado várias notas sobre o assunto com o chefe do SD, Schellenberg, documentos que após a rendição da Alemanha caíram nas mãos de seus aliados. Aos interrogadores, constava que o ministro Ribbentrop havia aprovado a viagem de Belmonte e até que Becker havia reunido em Buenos Aires dinheiro suficiente para financiar uma viagem que, por alguma razão, jamais se concretizou.

Contudo, a presença quase rotineira em águas argentinas de submarinos não identificados durante 1941 e 1942 está perfeitamente documentada. Em 7 de março de 1942, por exemplo, o chefe da Terceira Divisão de Torpedeiros, capitão de mar e guerra Ricardo López Campo, enviou a seu superior, o chefe do Esquadrão de Torpedeiros, um aviso sobre um avistamento, desdobramento de outros dois, ocorridos às 18h50 e 18h55 da véspera. "Comunico ao Sr. Chefe que no mesmo dia, às 17h30, quando a Divisão se dirigia em demanda da entrada do Golfo Novo e o segundo grupo vinha incorporar-se à formatura, recebeu o seguinte despacho do torpedeiro *San Juan*, retransmitido pelo *Missões*: 'Tendo-se visto um rastro de espuma e pequenas ondas na superfície, ocultou-se a estação hidrofônica, detectando-se pela alheta de bombordo uma embarcação submersa a uns dois mil metros. Posição: 42° 55' e 64° 01.'"

Em 25 de março, o almirante Benito Sueyro reenviou aquela nota ao ministro Fincati, com outra, de sua lavra, na qual expressa o seguinte: "Não é a primeira vez que avisos dessa natureza foram recebidos pelo Comando em Chefe, todos relativos à mesma zona, mas em épocas distintas. Entretanto, custa, a este Comando em Chefe, aceitar a certeza dos fatos tal qual foram informados, não obstante que em alguns casos a informação tenha sido fornecida por chefes que estão absolutamente convencidos de terem visto o periscópio a uma distância de 500 metros. Diante de acontecimentos dessa natureza, este Comando em Chefe disporá, salvo ordem em contrário de V.Exa., que em casos semelhantes de proximidade de supostos submarinos esses sejam atacados com bombas de profundidade efetivas."

Pelo visto, Fincati não fez objeções e Sueyro expediu essa ordem, pois em 13 de abril o vice-almirante José Guisasola, chefe da Frota de Mar, enviou uma nota ao chanceler Ruiz Guiñazú na qual solicitava que se comunicasse aos "governos estrangeiros que todo submarino em imersão será atacado". Consequentemente, uma comunicação interna à frota de submarinos ordenou, horas depois, que os submergíveis argentinos deviam navegar escoltados por navios de superfície "a fim de evitar ataques por erro".

Ainda desconhecendo esses documentos, o americano Harry Cooper, diretor do grupo Sharkhunter International, assegurou que entre 1944 e 1945 vários U-Bootes cruzaram o Atlântico até a Argentina. Entrevistado pelos correspondentes da agência EFE em Washington, Cooper referiu-se à Operação Feuerland (Terra do Fogo) colocada em marcha por dirigentes do Terceiro Reich perto do fim da guerra "para transferir suas fortunas para a Argentina". Aludia ao revelado previamente por diferentes pesquisadores, como o húngaro-estadunidense

Ladislao Farago, um ex-agente de inteligência do OSS e jornalista do *Sunday Chronicle* que adquiriu fama mundial como escritor. Em *Aftermath, Martin Bormann and the Fourth* Reich, publicado em 1974, Farago investigou uma série de viagens em U-Bootes que, partindo de Cádis, teriam navegado até bases secretas da costa argentina com intervalos de seis a oito meses.

Também Infield, em *Skorzeny, jefe de los comandos de Hitler*, afirma que no fim de 1943 Bormann reuniu os valores — ouro, prata e joias — retirados dos judeus e de outros prisioneiros confinados nos *lager* e depositados no Reichsbank de Berlim e que, com a ajuda de seu colaborador Hummel e do coronel Otto Skorzeny, enviou esse tesouro para a Argentina, a bordo de dois ou três submarinos. Coincidentemente, Cooper assinala que o FBI estima que submarinos alemães transportaram para a Argentina lingotes de ouro no valor de cem milhões de dólares da época. Consta também no FBI que um dos dirigentes nazistas que enviou sua fortuna pessoal para a Argentina em um submarino teria sido o marechal Göring. Contudo, admite Cooper, os documentos desconsiderados pelo Departamento de Estado indicam que uma fortuna muitíssimo maior chegou à Argentina por meio de bagagem diplomática, particularmente a remetida à embaixada da Espanha.

MISSÕES ESPECIAIS

Desde o momento em que o Brasil começou a participar ativamente da guerra, os voos regulares entre a Alemanha e a América do Sul se interromperam e, salvo raras exceções, a frota de superfície da Kriegsmarine encontrava-se limitada a pequenas operações pelos arredores de suas bases. Portanto, além de um ou outro veleiro, os U-Bootes eram o único meio capaz de encarregar-se do tráfego indispensável. E por certo não há dúvida de que levaram ouro, divisas e outras mercadorias estratégicas para os mares do sul.

Quando, no fim de 1943, o petroleiro americano *Chapultepec* afundou em águas caribenhas, Dönitz voltou a designar o U-530, um submarino da classe IX-C/40 que protagonizaria a Operação Ultramar Sul, para operações especiais. Lançado nos estaleiros Deutsche Werft de Hamburgo em 28 de julho de 1942, o U-530 tinha 76,8 metros de comprimento e 6,9 metros de boca; deslocava na superfície 1.144 toneladas e 1.257 quando imerso. Atingia uma velocidade superior aos 18 nós em superfície, alcançando os sete nós em imersão. Levava um canhão de 105 milímetros e 4,7 metros de comprimento — que, a partir de 1944, seria retirado de todos os U-Bootes —, um canhão antiaéreo de 37 milímetros e uma metralhadora de 20 milímetros (mais tarde seria instalada uma segunda). Contava também com seis tubos lança-torpedos — quatro na proa e dois na popa — e podia transportar até 23 torpedos.

Além do *Chapultepec*, em março e abril desse mesmo ano o U-530 havia afundado no Atlântico o mercante sueco *Milos* e acabado de afundar o petroleiro estadunidense *Sunoil*, avariado por outro lobo cinzento. Desde o início da guerra, o comandante do U-530 era o veterano capitão de mar e guerra Kurt Lange, de 39 anos, que vinha da Marinha mercante. Era muito popular entre a tripulação, pois, diferentemente de outros jovens e intrépidos comandantes, estava decidido a fazer de tudo para que seus homens voltassem para casa. Dönitz, que conhecia seu caráter, costumava confiar-lhe missões avançadas solitárias — para detectar comboios — ou bem secretas. Após aqueles afundamentos, o U-530 foi convertido em navio-tanque auxiliar. Depois, com o U-488, uma autêntica e enorme "vaca leiteira", tomou o rumo do Atlântico para reabastecer as matilhas que atuavam em frente à costa liberiana.

O U-488, comandado por Bruno Studt, era, de fato, a última "vaca leiteira" em serviço. A penúltima, o U-490, havia sido afundada em 11 de junho, enquanto fazia sua primeira patrulha no Índico. As "vacas leiteiras" estavam a ponto de extinguir-se, por se terem convertido no alvo preferencial dos Aliados. Precisamente por essa escassez, o U-530 foi transformado em abastecedor. Quase todo o espaço entre seus dois cascos servia para armazenar combustível.

Era o anoitecer de 23 de junho de 1944. Studt devia reabastecer um submarino desconhecido nas proximidades das Ilhas de Cabo Verde, uma colônia portuguesa pouco povoada, próxima ao Senegal. Lange lhe havia encomendado que, um pouco mais para o sul, na direção de Freetown, transferisse para um submarino japonês novas armas e equipamentos, bem como técnicos capazes de acioná-los e ensinar seu funcionamento. Por sua vez, receberia do submergível nipônico um carregamento de ouro e material estratégicos.

Nesse mesmo dia, ainda mais para o sul, o U-861 torpedeou e afundou o *William Gaston*, um navio estadunidense de mais de 7.100 toneladas que transportava tropas e armamento. O U-861 — do tipo IX-D, uns dez metros mais longo do que os demais de sua classe — navegava sob o comando do capitão-tenente Jürgen Osten, que fez um trabalho limpo, uma vez que advertiu a tripulação do *William Gaston* que se fizesse ao mar nos botes salva-vidas, graças a que não houve vítimas.

Desde sua saída de Buenos Aires e durante vários dias, o *William Gaston* foi escoltado pelo pequeno *Besugo*, de bandeira argentina e 200 toneladas, despachado pela empresa Cardimex, do general Pertiné. Depois da guerra, o chefe de artilheiros do *William Gaston*, tenente-coronel Harold McCormack, investigou o afundamento e chegou mesmo a se entrevistar com Osten, que negou que o *Besugo* houvesse assinalado sua posição. Osten insistiu que o encontro fora fortuito, quando seu U-Boote transportava um carregamento secreto para as tropas japonesas que ocupavam a Malásia.

Nas mensagens cifradas que o comandante Lange recebia, o navio japonês com o qual devia encontrar-se era denominado *Tanne*, ou seja, abeto, uma árvore que chega a ter mais de 50 metros de altura. Haviam-no batizado assim porque se tratava de um gigantesco submarino do tipo C, de 107 metros de comprimento, que deslocava quando submerso quase 2.600 toneladas. O desenho dos submarinos japoneses no entreguerras esteve condicionado pela convicção de que os Estados Unidos seriam seu próximo adversário. A estratégia geral da frota japonesa consistiria em atrair o seu oponente para o próprio litoral e atacá-lo durante esse trajeto a partir dos flancos, de modo que quando chegasse o momento da batalha decisiva a frota de superfície nipônica fosse mais poderosa do que a inimiga. Com esse raciocínio, os almirantes japoneses estimularam a construção de grandes submarinos de duplo emprego, capazes de operar solitariamente nas vastidões do Oceano Pacífico e de servir como plataformas de abastecimento.

Enquanto os japoneses concebiam seus submarinos essencialmente como armas de ataque contra os navios de guerra da US Navy — suas maiores vitórias foram o afundamento do *Wasp* e do *Yorktown*, dois dos seis porta-aviões da US Navy no começo da guerra —, os americanos desenvolveram os seus para destruir o tráfego mercante japonês. Segundo estudiosos espanhóis, muitos dos comandantes americanos de U-Boats "demonstraram um profundo desprezo pelos tratados internacionais, metralhando os náufragos dos mercantes japoneses afundados com as armas de convés". Deve-se precisar, em defesa desses comandantes, que essas ações não se deviam a ataques individuais de sadismo nem — embora o ódio aos nipônicos se houvesse espalhado como a peste entre a população americana — a simples racismo. Tratava-se antes de "obediência devida": tinham ordens secretas para proceder assim.

A variedade de submarinos japoneses incluía alguns gigantescos, o dobro do tamanho dos da classe C — como, por exemplo, os três do tipo Sen-Toku, verdadeiros porta-aviões que deslocavam 5.223 toneladas na superfície e 6.560 quando imersos, concebidos para que os aviões que levavam em seus hangares e decolavam na proa atacassem, graças a uma catapulta, o canal do Panamá —, e outros diminutos, como os que participaram do ataque a Pearl Harbor. No início da guerra, a Armada Imperial usava seus grandes submarinos como exploradores avançados da frota de superfície, mas a partir de 1943 foram destacados para o abastecimento das guarnições das ilhas ocupadas, espalhadas pelo vasto Pacífico.

O I-52, sob o comando do comandante Kameo Uno, cumpria essa missão. Estava tripulado por mais dez oficiais e 84 suboficiais e marinheiros e, ao aproximar-se do encontro com o U-530, levava ainda 14 passageiros: seis oficiais da Marinha e oito civis, dos quais sete eram engenheiros e um intérprete.

UM ENCONTRO ANTECIPADO

Não havia como conseguir no continente europeu certas matérias-primas, como borracha e ópio, necessário para fabricar a morfina que aliviava a dor dos feridos. A Alemanha começou então a coordenar operações especiais com o Japão para abastecer-se por meio de U-Bootes das bases nipônicas em Penang e Cingapura.

Já haviam passado mais de três meses desde que, em meados de março, o I-52 zarpara de sua base de Kure. E dois meses desde a sua partida de Cingapura, onde, em acordo com a Kriegsmarine, havia carregado 54 toneladas de goma crua, três toneladas de quinino e 2.880 quilos de ópio provenientes das colônias japonesas do sul da Ásia. Transportava, também, minerais estratégicos como estanho, tungstênio e molibdênio, imprescindíveis para a moribunda indústria siderúrgica alemã. E, por último embora não menos importante, duas toneladas de ouro, distribuídas em 146 barras de quase 13,5 quilos cada uma em média, guardadas em 49 caixas metálicas, carregamento destinado à embaixada do Japão em Berlim.

Desde o momento em que o I-52 partiu de Cingapura e pôs a proa rumo sudoeste, na direção da costa oriental de África, e apesar de só emergir de noite, seu itinerário foi cuidadosamente monitorado pelo sistema Magic. Haviam ordenado a Kameo Uno transferir parte da carga para o U-530 e receber, entre outras coisas, um radar de última geração e seus dois operadores-instrutores, necessários para iludir os numerosos inimigos e chegar ao Porto de Lorient, no lado francês do Golfo de Biscaia, um dos principais refúgios de lobos cinzentos. Mas a situação no Golfo de Biscaia se havia tornado tão difícil que poucas horas antes do encontro o comandante recebeu uma contraordem para dirigir-se para Trondheim ou Bergen, na Noruega.

Os britânicos já haviam capturado o U-110 e liquidado o comandante Lemp antes de destruir a máquina decifradora Enigma. Desde que conseguiram decifrar os códigos, o Atlântico era uma área de caça para aviões e destróieres aliados, que recebiam por rádio a posição precisa dos U-Bootes. Os lobos cinzentos sobreviventes se refugiavam nas costas, enquanto usavam como opção o Código Púrpura dos japoneses. Obviamente, o BdU não sabia que também esse havia sido decifrado.

Sobre um enorme mapa do Atlântico em Washington, os almirantes assinalavam a localização de quase todos os submarinos alemães e japoneses. Do I-52 conheciam não só sua posição mas também o que e para quem transportava. Alheio a essa vigilância, o submarino japonês cruzou o equador em 4 de junho, dois dias antes do Dia-D, a invasão aliada da Normandia. Os japoneses chegaram ao encontro ao anoitecer de 23 de junho. O U-530 já estava na área, submerso, e logo se comunicou com *Tanne* às 23h15, uma vez que Lange se certificou de que não se tratava de uma fraude.

Por fim, depois de uma breve navegação, os dois submarinos emergiram a uma curta distância um do outro, às 23h30. Lange ordenou o lançamento de um pequeno barco de borracha com outros homens: o tenente da Luftwaffe Alfred Shafer; o operador de rádio Petty e dois cabos, Kurt Schultze e Rolf Behrendt, encarregados da instalação e da operação do novo equipamento de detecção de radares Naxos. O equipamento estava embalado em uma caixa de madeira. Os homens passaram rapidamente para o submarino, porém, por causa das sucessivas ondas, a caixa caiu ao mar e um marinheiro japonês teve de se lançar na água para resgatá-la.

Uma hora e 15 minutos depois, Lange deu ordens para o submarino imergir e aproar para a ilha caribenha de Trinidad. Segundo o informe do primeiro oficial Karl Felix Schüller, minutos mais tarde foram escutadas pelos hidrófonos seis típicas detonações de bombas lançadas pela aviação e outra correspondente a uma carga de profundidade, mas não com o ruído característico que produziam os submarinos quando eram alcançados.

COMO UM PAPEL AMASSADO

Ao mesmo tempo que se desenrolava o intercâmbio noturno entre o I-52 e o U-530, a 90 quilômetros dali o capitão de corveta Jesse Taylor decolava com um torpedeiro Avenger da pequena pista do porta-aviões *USS Vogue*. A nave recebia informações de um comando antissubmarinos guiado pelo serviço Ultra, conhecido no jargão interno como "frota dez".

Taylor era o líder do Esquadrão Misto 69, com base no pequeno porta-aviões. O esquadrão era integrado por 14 pilotos qualificados para voar em missões noturnas simultâneas. Eram homens muito jovens, selecionados entre muitos por seus reflexos e sua capacidade para colocar-se em uma pista flutuante minúscula, instável e mal iluminada. Os pilotos do esquadrão estavam esgotados. "Estávamos fora por sete semanas e a comida e o combustível estavam acabando. Era a nossa última missão antes de voltar para casa, em Norfolk", recorda o tenente William "Flash" Gordon.

Enquanto Taylor voava para o lugar do encontro de modo furtivo, o operador do radar do Avenger, Ed Whitlock, ouviu sons muito promissores. Havia deixado cair na água, de uma baixa altura, duas bombas de fumaça e uma boia sonora de cor púrpura. A boia sonora, uma novidade tecnológica, era um radiotransmissor que amplificava e enviava os sons submarinos a um gravador no camarim de som do *USS Vogue*. Transmitia claramente o "glup,

glup, glup" de um hélice. Enquanto a informação era enviada à tripulação do Avenger, o avião se deparou com um espetáculo inquietante: o gigantesco submarino japonês se movia em plena superfície, a uma velocidade entre dez e 12 nós, deixando um enorme rastro à sua passagem.

Enquanto o enorme I-52 tentava submergir, Taylor voou em picada e em saca-rolha e lançou a estibordo do submarino duas poderosas cargas de profundidade. Já havia guinado quando observou os borbotões de espuma branca que denunciavam o submarino e, por isso, voltou para lançar sobre eles um torpedo Fido. O estrépito da destruição ecoou no delicado tenor da boia sonora três minutos depois. O artilheiro, Andy Emmons, recordaria que soou como "uma bola de papel amassado com a mão". Um segundo avião, sob o comando de "Flash" Gordon, lançou outro Fido 45 minutos mais tarde. Dessa vez demorou toda uma eternidade, 17 minutos, antes que se escutasse a explosão.

Estremecido pelas detonações e pelas torrentes de água que entravam pela grande abertura no casco, em meio ao bramido dos alarmes de emergência e da escuridão, o I-52 afundou rapidamente, seguindo uma espiral, enquanto os sobreviventes ao ataque morriam afogados. Eram aproximadamente 2h30 de 24 de junho.

O U-530 conseguiu escapulir e chegar à Alemanha, tendo sido destacado para a 33ª Flotilha, com base em Flensburg. Menos sorte teve seu companheiro de operações especiais, o U-488. Não se sabe se a pesada "vaca leiteira" conseguiu reabastecer o submarino a que devia auxiliar a oeste das Ilhas de Cabo Verde, mas sabe-se, sim, que esse encontro, como o anterior, tinha sido previsto. Participaram da emboscada os navios americanos *Frost*, *Barber*, *Huse* e *Snowden*, cujas cargas de profundidade mandaram o U-488 e os seus 64 tripulantes para o fundo do mar.

Parte substancial desse relato foi publicada pela revista *National Geographic* em outubro de 1999 sob o título "Emboscada". Ali se situa com exatidão o lugar onde jazem os restos do I-52: a 5.240 metros de profundidade, em latitude 15° N, longitude 40° W, ou seja, a 1.800 quilômetros de Barbados e a 870 milhas náuticas das Ilhas de Cabo Verde, que, a exemplo das Canárias, eram um dos pontos habituais onde os U-Bootes mamavam nas "vacas leiteiras".[16]

Contrariando a crença difundida entre muitos historiadores, o aparelhamento do I-52 e do U-530 comprova que não era excepcional que os submergíveis japoneses e alemães transportassem políticos, militares, especialistas em armamento sofisticado, sistemas críticos para o desenvolvimento de ações bélicas, ouro e outros metais estratégicos. A *National Geographic* avaliou o carregamento de ouro transportado no U-530 em mais de 15 milhões de dólares atuais. Nosso cálculo é mais generoso: dois mil quilos de ouro equivaliam então a 20 milhões, aproximadamente uns 50 milhões de dólares atuais.

EM RETIRADA

Em 23 de julho, três dias depois do atentado contra Hitler, Canaris foi detido pela Gestapo. A polícia secreta do regime suspeitava de que ele era cúmplice ou pelo menos que havia sido tolerante com os conspiradores. Na verdade, os conjurados desconfiavam de Canaris. Que havia mantido contatos secretos com os serviços de informações aliados era algo que, tratando-se de um chefe de espiões, se descontava. Kaltenbrunner o interrogou pessoalmente no campo de Flossenburg, na fronteira entre a Baviera e a Boêmia. As perguntas a que o almirante teve de responder enquanto caminhavam pelo pátio do campo de internação giravam em torno de certos cadernos descobertos no quartel do OKW em Zossen, ao sul de Berlim, que teriam pertencido a um de seus mais estreitos colaboradores, participante do complô. Esses cadernos incluíam, ao que parece, frases atribuídas a Canaris e que o comprometiam. Embora alguns historiadores sejam de opinião de que não puderam ser reunidas provas conclusivas sobre sua suposta cumplicidade com a tentativa de tiranicídio, o almirante foi enforcado em 9 de abril de 1945, data na qual já era evidente, até para o mais fanático dos nazistas, que a derrota do Terceiro Reich era iminente. Com Canaris foram executados o general Oster — seu segundo desde o começo da guerra até abril de 1943, quando foi detido pela Gestapo — o capitão Gehre e um pastor. Para outros pesquisadores, como Burnside, Canaris foi eliminado porque sabia demais sobre o plano de fuga do *Führer*.

Durante o verão boreal de 1944, enquanto o Exército retrocedia na França e na Rússia, Dönitz dotou sua frota com os novos torpedos T5 *Zaukönïng*, guiados por um complexo sistema acústico que, por intermédio de cerca de 60 válvulas, conduzia o timão atrás do ruído que suas presas emitiam. Esses torpedos eram capazes de guinar até 90º em perseguição do seu objetivo, tarefa na qual persistiam por mais de uma hora, até o combustível acabar. Com os novos torpedos era possível atacar qualquer embarcação sem ser necessário um reconhecimento visual prévio nem sequer saber a distância exata em que se encontrava. Uma vez lançados, os torpedos descreviam um círculo, ao tempo que o U-Boote mergulhava para evitar converter-se em vítima de um eventual giro completo.

Quando o projétil captava o ruído de hélices na superfície, tomava automaticamente a direção da fonte do som, ou seja, a popa de suas presas, até alcançar o hélice ou o timão. Não era ideal que chegasse em linha reta, já que o torvelinho do hélice podia desviá-lo. Porém, caso isso ocorresse, voltava a descrever um novo círculo de busca, e outro mais, até atingir o alvo.

Dönitz estava orgulhoso dos novos torpedos e neles depositava enormes esperanças. O almirante também dotou os lobos cinzentos de uma segunda plataforma no convés da popa, na qual mandou instalar quatro metralhadoras antiaéreas de 20 milímetros. Buscava equilibrar, desse modo, a esmagadora superioridade da aviação aliada no Golfo de Biscaia. Supunha que depois de atrair os aviões inimigos com sua simples presença, os lobos cinzentos poderiam derrubá-los. No entanto, na hora da verdade, o que aconteceu, na maioria dos duelos, foi que as esquadrilhas de aviões aliados, equipados com canhões semiautomáticos de 40 milímetros, levaram a melhor.

Dönitz, então, ordenou que o Golfo de Biscaia fosse cruzado em grupos e na superfície. Calculava que se dois aviões dificilmente se atreviam a medir forças com um U-Boote artilhado, três submarinos juntos poderiam defender-se do ataque de até seis aviões, número que estimava que os aliados não chegariam a reunir. Esse cálculo, porém, também falhou, por duas razões. Em primeiro lugar, com o Atlântico Norte esvaziado de submarinos inimigos, os aliados dispunham de muitos mais aviões do que os que o grande-almirante havia previsto. E porque, longe de entabular combates abertos, os aviões aliados se limitavam a voar em círculos, a mais de três mil metros de distância, fora do alcance dos canhões e das metralhadoras dos U-Bootes, como corvos que espreitam um animal agonizante, na paciente espera de reforços. Mais cedo ou mais tarde chegariam outros aviões ou destróieres, que não teriam maiores inconvenientes para assentar a estocada mortal nos praticamente indefesos lobos.

Se se tratava de uma patrulha pequena, de três submarinos, era impossível submergir. Se o tentassem — isso só acontecia se algum dos comandantes, com os nervos destroçados, sucumbisse ao medo — o mais temerário dos pilotos podia atrever-se a voar impunemente a baixa velocidade sobre a popa ainda visível e despejar cargas de profundidade de tão pouca altura que era praticamente impossível falhar. Com esse quadro, os tripulantes dos U-Bootes começaram a chamar o cruzamento do golfo de "o trecho suicida". No fim de julho, a Kriegsmarine estava perdendo quase um submarino por dia. Em 2 de agosto, reconhecendo implicitamente sua derrota, Dönitz proibiu a navegação na superfície pelo Golfo de Biscaia.

RESPOSTAS TÉCNICAS

A grande vantagem dos Aliados era o radar, cujo desenvolvimento Hitler havia desprezado em 1940. Para reduzir uma brecha que não cessava de ampliar-se, os cientistas alemães desenharam paliativos, como o sistema *Afrodite*: um globo envolto em alumínio do qual saíam tiras metálicas, como se fossem galhos, e que os U-Bootes rebocavam a distância, suspenso a poucos metros da superfície do mar. Esses globos produziam no radar ecos semelhantes aos da torreta e faziam com que, normalmente, os aviões errassem seus disparos. Um artefato desse tipo demonstrava por si mesmo o derrotismo que imperava entre seus inventores, os quais davam por pressuposto que os lobos cinzentos eram fáceis de localizar, quer fosse pelo radar, quer fosse pelo Huff-Duff ou por ambos ao mesmo tempo. Com a mesma filosofia, os cientistas alemães inventaram um cartucho químico chamado Bold — de Kobold, o espírito mordaz das lendas nórdicas — que ao ser lançado a partir de um U-Boote submerso produzia uma borbulha capaz de confundir os sonares. Mais feliz foi o tardio descobrimento de um sistema para detectar radares aliados, que começou a ser implementado, de maneira provisória, em agosto, e que, uma vez aperfeiçoado pela Telefunken como sistema Naxos, generalizou-se a partir de outubro.

Impaciente, sem querer esperar tanto, Dönitz havia lançado em setembro novamente seus lobos cinzentos no Atlântico Norte. E foi assim que no dia 20 uma matilha de 19 U-Bootes empregou os novos torpedos T-5 para atacar um comboio aliado. Seu eufórico chefe informou de imediato o afundamento de 19 navios mercantes e de duas naves de guerra da escolta. Uma notícia estupenda, já que os destróieres eram o alvo específico para o qual os novos torpedos haviam sido desenhados. Lamentavelmente para Dönitz, seus comandantes erraram os cálculos de forma notória, embora não necessariamente por malícia. Simplesmente eram obrigados a disparar e submergir de imediato até 60 metros de profundidade. Dali, contabilizavam as detonações como alvos efetivos, sem verificar pelo periscópio a pontaria dos disparos. A essa decepção somou-se a de comprovar que os Aliados haviam se igualado aos efeitos dos T-5, quando um torpedo Fido acabou com a breve e fulgurante carreira do U-338 de Manfrede "Mula Louca" Kinzel.

UM VELEIRO DA ABWHER

Como é óbvio, a viagem submarina à Argentina que Hoppe preparava, após a sua captura, não se efetivou. Porém, em seu lugar, na noite de 2 de julho de 1944 chegou a um ponto muito próximo do previsto, dois quilômetros ao sul de Punta Mogotes, um veleiro lagosteiro de 22 metros de comprimento e matrícula francesa, pertencente à Abwher. Do *Santa Bárbara*, que já havia transportado agentes nazistas para o Brasil, desembarcaram nessa ocasião o agente do SD Josef Schröll e o SS Waldemar Boettger, um especialista em radiotelegrafia, que, segundo o onisciente Ronald C. Newton, jamais conseguiu estabelecer contatos com a Alemanha.

Os dois levavam, entre outras coisas, 24 mil dólares americanos, 50 mil libras esterlinas falsas, dez grandes caixas com produtos farmacêuticos para as filiais dos laboratórios Bayer e Merck e duas câmeras microfotográficas Mipu, uma delas para a Armada. Por esse motivo, pode-se suspeitar que o desembarque contava com a proteção da Marinha argentina.

O *Santa Bárbara* não era o primeiro veleiro a cruzar o oceano. E parece claro que antes da fracassada viagem de Hoppe outros U-Bootes o haviam feito. Pelo menos Reinebeck foi taxativo ao confessar que depois da captura de Hoppe havia descoberto que "um submarino já havia desembarcado agentes na Argentina". Por seu turno, Goñi dá fé de que a "chegada de submarinos alemães trazendo bens e agentes secretos do Reich nos últimos dias da Segunda Guerra tornou-se algo quase corriqueiro entre os investigadores da rede nazista na Argentina. (...) Os chefes da Coordenação Federal daquela época sustentaram, repetidamente, em conversas privadas, a existência de tais submarinos. E a verdade é que os alemães desejavam enviá-los".

Para consternação da embaixada dos Estados Unidos em Buenos Aires, que reclamava insistentemente a extradição dos espiões alemães detidos na Argentina, Hoppe foi devolvido pelos britânicos, com Hellmuth, assim que Perón ganhou as eleições em fevereiro de 1946. E a exemplo do interrogatório de Hellmuth, destaca Laurence, o de Hoppe "ainda se encontra vedado aos investigadores".

Foram oficiais veteranos do *Graf Spee* os comandantes dos navios que fizeram aquelas travessias secretas? Suspeitar de Günther Schiebusch ou Joachim Hans Kühn é lógico: do primeiro não existe informação oficial desde outubro de 1942. É provável que lhe foram confiadas, nesse momento, operações secretas. E, de acordo com os registros oficiais, Kühn não tinha comando sobre navio algum, apesar de, sugestivamente, ter sido promovido, em dezembro desse ano, a capitão de corveta.

Supõe-se que desde maio de 1943, quando Haggen disse que o general Faupel empreendeu o regresso a Cádis, até março de 1944, Kühn preparou-se na instrução e construção de submarinos e que, a partir de então, e até praticamente o fim da guerra, comandou o U-1233 da classe IX-C/40, pertencente à 33ª Flotilha, com base em Flensburg. Porém nem Kühn nem o submarino cumpriram, ao menos oficialmente, uma missão sequer.

RIVALIDADE

Foi necessário esperar um quarto de século para que Juan Perón se referisse a suas tratativas com o agonizante Terceiro Reich. Ele o fez em 1970, durante seu exílio madrilenho, para o laureado Tomás Eloy Martínez, então jornalista do semanário *Panorama*: "Muito antes que terminasse a guerra, nós nos havíamos preparado para o pós-guerra. A Alemanha estava derrotada, sabíamos disso. E os vencedores queriam se aproveitar do enorme esforço tecnológico que esse país havia feito durante mais de dez anos. Aproveitar o maquinário não se podia, porque estava destruído. A única coisa que podíamos usar eram os homens. Fizemos saber aos alemães que íamos lhes declarar guerra para salvar milhares de vidas. Trocamos mensagens com eles por meio de Salazar e de Franco. A Espanha entendeu imediatamente qual era a nossa intenção e nos ajudou. Os alemães também ficaram de acordo. Quando terminou a guerra, esses alemães úteis nos ajudaram a levantar novas fábricas e a melhorar as que já tínhamos."

Como vice-presidente de Farrell, Perón não apenas negociou com os Estados Unidos e com o agonizante regime nazista, mas também — sempre por meio de intermediários, incluída alguma Mata Hari — com Getúlio Vargas, presidente do Brasil. Perón e Vargas coincidiam em suas preocupações e, unidos como estavam por sentimentos antibritânicos e antiamericanos e ambos partidários da unidade política e econômica da América do Sul, assentaram as bases mais remotas do Mercosul, segundo puderam assegurar o cientista social brasileiro Luiz Alberto Moniz Bandeira e o grande jornalista argentino Rogelio García Lupo.

Ademais, Perón resolveu a favor de sua Arma o velho contencioso pendente com a Armada. Como já foi dito, em ambas as forças eram numerosos os simpatizantes do Reich. Tradicionalmente mais aristocrática — ou oligárquica, dependendo da perspectiva — a Marinha tinha um ministro, o almirante Sueyro, questionado porque sua ascensão — em substituição ao vice-almirante Mario Fincati, que, por sua vez, havia substituído a Scasso, todos partidários de Berlim — havia sido escandalosa, em vista de sua evidente responsabilidade no trágico afundamento do torpedeiro *Corrientes*, fato que os membros do GOU não perdiam oportunidade de assinalar. O sinistro havia ocorrido em 3 de outubro de 1941, quando a frota de mar sob o comando de Sueyro fazia manobras em meio a uma densa bruma em frente ao Porto de Mar del Plata. Uma desafortunada ordem sua fez com que o *Corrientes* fosse abalroado pelo cruzador *Almirante Brown*. Graças à reticência de Fincati, a responsabilidade pela perda da nave e da vida de 22 de seus tripulantes jamais foi oficialmente esclarecida.

Quando, pouco depois do sinistro, um deputado socialista denunciou tanto o ocorrido quanto o seu ocultamento — apoiando-se em abundante documentação, obviamente fornecida por oficiais navais — a sorte de

Sueyro parecia selada. Todavia, Fincati mandou abrir um novo sumário de culpa... para identificar e castigar os anônimos denunciantes, a quem acusou de violar segredos militares que punham em perigo "a segurança interna e externa da nação".

Sueyro, inimigo mortal do GOU, estava decidido a evitar, a qualquer preço, a ascensão de Perón. Esse empenho, porém, não se baseava em convicções democráticas. Ao mesmo tempo em que Perón consolidava sua posição sob as asas do presidente Farrell, em novembro de 1942 o capitão Ceballos organizava, na embaixada argentina em Madri, a entrada na Espanha, pela fronteira de Irún–Hendaya, de 12 canhões antiaéreos de 20 milímetros e de grande quantidade de munição adquiridos pela Armada argentina à Rheinmetall-Borsig AG.

PONTE AÉREA?

As armas foram transferidas no aeródromo basco de Vitória, de onde foram enviadas a Buenos Aires. E, ainda que tenha sido "a ação de Perón como vice-presidente da nação durante o governo de junho que desmontou a organização pró-nazista na Marinha", afirma Corbière, os voos parecem ter continuado.

Corbière assinala que, além dos nazistas do Exército, vários deles membros do GOU, "um dos núcleos centrais dos pró-nazistas não se situava no Exército, mas sim na Marinha, a qual posou de *liberal* nos anos da Segunda Guerra Mundial". E acrescenta que "Perón desarticulou o grupo nazista, dirigido pelo almirante Abel Renard e no qual pontificavam o almirante León Scasso e, ao que parece, os irmãos Sueyro".

Todavia, ainda que a Marinha houvesse sido deslocada pelo Exército, ao menos no que concerne às relações com a Alemanha, presume-se que aquele voo foi o primeiro de uma longa série de viagens clandestinas registradas em 1944 — as viagens regulares estavam suspensas desde a participação do Brasil na guerra — entre Madri e Buenos Aires. A Operação Condor teria sido realizada com aparelhos quadrimotores que chegavam a Buenos Aires de noite, muito provavelmente no aeroporto militar de El Palomar. Esses voos teriam sido organizados pessoalmente pelo general Adolf Galland, o ás da batalha da Inglaterra. O coronel Hans Rudel e a comandante Hanna Reitsch teriam sido os pilotos.

Se se usa o tempo condicional para essa narrativa é porque se trata de um assunto complicado. Como já foi dito, a carta que Faupel teria enviado de Madri ao secretário-geral do Instituto Ibero-Americano de Berlim, Hans von Merkatz, publicada por Santander em seu livro, parece uma grosseira falsificação. O documento adquirido por Santander na Alemanha se basearia em outras cartas autênticas, encontradas pelos Aliados, ao que algum hábil falsificador lhe teria adicionado fábulas que o tornaram irresistível para o inquieto Santander. Como já foi dito, respaldando-se nessa duvidosíssima carta, Santander foi o primeiro a difundir uma inverossímil colaboração de Eva Duarte com a espionagem alemã a partir de 1941.

Essa versão, acolhida acriticamente por vários autores, entre eles Burnside e Laurence — o qual até argumenta em favor de sua veracidade —, é absolutamente improvável. Em 1941, a futura mulher de Perón — que, em seu quase desconhecido testamento político, *Mi Mensaje*, se revelaria como uma visceral antifascista — era uma morena de 20 e poucos anos, chegada do interior do país, que sobrevivia em uma pensão do Centro de Buenos Aires graças a algumas pequenas participações em radioteatros. E que viria a conhecer Perón em meados de 1944.

Santander, um homem vinculado a interesses conservadores, investigou *in situ* e apresentou em seu livro reproduções dos supostos originais dessa e de outras cartas. Entretanto, não conseguiu obter o selo ou a assinatura de um juiz de paz de Berlim Oriental para certificar a autenticidade de tais documentos. Uki Goñi e outros pesquisadores os julgaram falsos e para Alicia Dujovne Ortiz não há dúvida de que as fotocópias dos recibos que o embaixador Thermann teria assinado por ordem de Eva Duarte não são mais do que "falsificações rudimentares", e as atribui ao fato de "esse escritor honesto, que peca por ser excessivamente apaixonado, tenha se deixado enganar por um informante suspeito". Porém Dujovne Ortiz, autora, entre outros livros, de uma divertida biografia de Eva Perón, se cinge aos supostos recibos e não abre julgamento sobre os demais documentos.

"Da Argentina temos novidades muito agradáveis", expressa a controvertida carta. "Ramírez e sua camarilha foram completamente eliminados. Nosso amigo Perón é o homem forte do governo. As consequências do incidente de janeiro [a expulsão de Niebuhr] foram praticamente suprimidas. (...) O *Reichsleiter* Bormann, que tem em seu poder dois informes de Leute e do [ministro de Obras Públicas entre 1943 e 1951] general Pistarini, pressiona pela continuação dos envios a Buenos Aires. Pede ao general Galland que tenha disponíveis de imediato duas aeronaves, unicamente para voos noturnos, e que isso seja informado a Rudel e a Hanna Reitsch. (...) A embaixada [alemã na Espanha] remeteu hoje três cartas para Von Thermann, de Tjarks, do general Pertiné e do doutor Sánchez Sorondo, ao Ministério das Relações Exteriores."

Santander sublinha que Bormann recebia comunicações relativas "aos envios" tanto de Ricardo von Leute, presidente do Banco Alemão Transatlântico, como do general Pistarini, que havia sido fotografado fazendo a saudação nazista em um ato celebrado no Luna Park. "De que envios estás falando? Simplesmente de transportes aéreos de Madri a Buenos Aires. Seguramente não transportavam nem couros de vaca nem penas de galinha...", ironizou, depois de indicar Pistarini como o responsável argentino por esses voos secretos.

O general Carlos van der Becke, um dos acusados por Santander, defendeu-se em seu livro *Destrucción de una infamia*, com argumentos que parecem sólidos. Depois de recordar o grave erro de Santander ao considerar Eva Duarte espiã nazista, alega que em 1944 era impossível voar diretamente da Alemanha à Argentina, pois mesmo os aviões da Luftwaffe com maior autonomia necessitavam fazer escalas para reabastecer-se.

Van der Becke diz a verdade, embora seu argumento não seja suficiente para descartar a hipótese de voos clandestinos que, com escalas no Saara espanhol, por exemplo, chegariam comodamente até o Rio da Prata. Burnside assegura, precisamente, que essa rota foi usada nas últimas horas da guerra para um voo que teria chegado ao Uruguai. O que não admite controvérsia é que tanto Galland quanto Rudel tenham encontrado refúgio na Argentina ao terminar a guerra. E que uma foto publicada por Burnside mostra, em data indeterminada, Hanna Reitsch e o embaixador Thermann conversando com um general argentino em um aeroporto, provavelmente El Palomar.

Ademais, um informe "estritamente confidencial e secreto" da Coordenação Federal, datado de 14 de outubro de 1952, confirma que em fins de 1944 Bormann recebeu de Ricardo Leute documentação relativa ao ouro e aos outros valores transportados de avião até Buenos Aires. "Documentos recentes e sérios estabeleceram formalmente que Bormann fez transferir por avião, de novembro de 1944 a março de 1945, fundos extremadamente importantes — ouro, divisas estrangeiras, títulos negociáveis e ações de sociedades. Os agentes da CIA chegaram até a identificar em 1953 os nomes dos aviadores que fizeram esses voos, os bancos e os números de contas bancárias. Infelizmente, até hoje o governo americano não permitiu que essas investigações fossem publicadas", escreveu Philippe Azíz em *Los criminales de guerra*.

REPIQUE NAS PROFUNDEZAS

Ao que parece, Dönitz afirmava já antes do fim de 1944 que a Kriegsmarine estava "orgulhosa de ter construído um paraíso terreno, uma fortaleza inexpugnável para o *Führer* em alguma parte do mundo". Assim afirma Jorge Camarasa em *Odessa al sur*. "Encontrei essa declaração de Dönitz citada ao longo de meio século por mais de meia dúzia de autores, entre eles o escritor judeu Michael Bar-Zohar, em *Los Vengadores*", confirma Burnside, que, além disso, cita Farago, que transcreveu essas patéticas palavras que Dönitz teria pronunciado nesse mesmo ano, durante uma cerimônia de graduação de cadetes: "A Kriegsmarine tem ainda um grande papel a cumprir no futuro. A Armada alemã conhece todos os lugares secretos onde pode levar ao *Führer*, se o necessitar. Ali ele pode tomar suas últimas providências em completa tranquilidade."

Embora outros pesquisadores não tenham encontrado como confirmar aquelas palavras de Dönitz, está claro que desde o início de 1944 o grande-almirante havia começado a admitir a ideia de que a Alemanha estava perdendo a guerra. E é seguro que já havia chegado à dolorosa conclusão de que a guerra de superfície havia terminado para seus lobos cinzentos. Todavia, ainda não se dava por vencido, e por isso ansiava por autênticos submarinos. E como já não tinha tempo para aguardar o desenvolvimento do motor alimentado a peróxido de hidrogênio desenhado pelo professor Walter — que, nos testes, se havia revelado ideal para os pequenos submarinos da classe XXIII, mas problemático para seus irmãos maiores, da classe XXI — inclinou-se por uma solução de compromisso.

A variante escolhida foi uma embarcação híbrida que triplicaria a capacidade de armazenamento de baterias, o que aumentava substancialmente tanto a velocidade debaixo da água quanto o tempo em que podia permanecer submersa. O submarino de Walter atendia a essas exigências: se o engenheiro houvesse desenhado um hidrodinâmico de casco duplo com o propósito de armazenar peróxido de hidrogênio — mais volumoso do que o *fuel* que os submarinos convencionais usavam — esse espaço seria destinado a acumular baterias cada vez mais potentes.

Foi assim que nasceram os *elektrobootes* da poderosa classe XXI, que foram lançados equipados com *schnorkel*, um tubo rebatível duplo que mal assomava, e camuflado, à superfície. O tubo duplo permitia tanto o funcionamento dos motores diesel — por um entrava o ar fresco para alimentar os motores convencionais e o outro servia de tubo de escape dos gases dos motores — como o recarregamento das baterias na profundidade de periscópio. Por causa do *schnorkel* e de outras inovações, a torreta dos submarinos da classe XX ocupava o dobro do espaço que nos U-Bootes convencionais. Também se diferenciavam porque careciam de canhão e por seu modo de construção, mediante o revolucionário acoplamento de oito elementos pré-fabricados, solução encontrada pelo competente ministro Speer para satisfazer a urgência de Dönitz. Speer inspirou-se nas novas técnicas que os americanos empregavam para construir em série os navios mercantes do tipo Liberty, o maior pesadelo dos lobos cinzentos por sua velocidade de reposição.

As oito seções eram elaboradas em 11 lugares diferentes e em seguida montadas nos estaleiros de Hamburgo, Bremen e Danzig, reduzindo o tempo de fabricação a quase a metade. Seu construtor, Otto Merker, lançou uns 120 submarinos da nova classe desde setembro de 1944 até o fim da guerra, embora a imensa maioria não tenha entrado em operação, porque aqueles estaleiros e portos eram submetidos a devastadores e rotineiros bombardeios que inutilizaram muitos navios antes de terem sido lançados e porque os engenheiros se depararam com dificuldades inesperadas ao tentar colocá-los em condições de combate.

Enquanto esperava impacientemente a entrega dos primeiros *elektrobootes*, Dönitz ordenou que todos os submarinos em condições de operar fossem dotados de *schnorkel*. Esse instrumento era pensado para absorver ar e evitar a entrada de água quando se navegava em profundidade de periscópio, mas aqueles primeiros exemplares costumavam cerrar-se por completo se o mar estava agitado. Nesse caso, se não fossem imediatamente desligados, os motores diesel consumiam o oxigênio do interior da nave, criando um vácuo que extenuava os tripulantes, cujos olhos tentavam sair das órbitas e os tímpanos se arqueavam, ameaçando romper-se. Ademais, a falta de ventilação e as emanações de monóxido de carbono intoxicavam e podiam até matar os tripulantes por asfixia.

Segundo algumas fontes, o índice de mortalidade das tripulações dos submarinos alemães superou os 80% — dos 35 mil homens que se fizeram ao mar, asseguram, 28.744 perderam a vida —, mas outros dados, talvez mais ajustados à realidade, a calculam em 68%, de todo modo a taxa mais alta entre todas as armas de ambos os lados. Os tripulantes de U-Bootes eram conscientes das escassas possibilidades de sobrevivência, de maneira que aceitaram de bom grado o *schnorkel*, pois, apesar de suas complicações, aumentava-as consideravelmente.

Com esse instrumento, os U-Bootes podiam permanecer submersos durante o dia, enquanto eram impulsionados lentamente pelo motor elétrico, e viajar mais rapidamente durante a noite, a profundidade de periscópio, com os motores diesel. Só uma pequena parte da frota chegou a contar com *schnorkels* antes da invasão da França, esperada pelo OKW para a primavera de 1944. Prevendo-a, o grande-almirante Dönitz havia ordenado que os quase 60 submarinos com base na França e na Noruega se preparassem para atacar a frota invasora, "independentemente do risco" que corressem. Contudo, seus desmoralizados homens interpretaram, unanimemente, que eram ordens desesperadas, quase suicidas, que implicavam investir contra as embarcações aliadas e imolar-se. E como já não estavam dispostos a tanto, decidiram manter-se submersos em qualquer circunstância.

Assim, quando finalmente, em 6 de junho, teve início o desembarque aliado na Normandia, os 4.200 navios inimigos concentrados no Canal da Mancha — alvos tão acessíveis como nunca antes se haviam apresentado no curso da guerra —, as numerosas patrulhas de guarda-costas e destróieres aliados e, sobretudo, a enorme quantidade de aviões que vigiavam a frota fizeram com que, em geral, os lobos cinzentos nem sequer se aproximassem deles. Só os U-Bootes equipados com *schnorkel* conseguiram permanecer na área, ao passo que os demais, se não se afastassem, seriam sistematicamente afundados quando fossem obrigados a emergir.

No fim de agosto, o incontrolável avanço aliado obrigou os alemães a abandonarem as bases francesas. Graças ao *schnorkel*, cerca de 30 submarinos chegaram incólumes aos fiordes da Noruega depois de circundar, submersos, as costas da Irlanda e da Escócia. Todavia, nessa ocasião, já era evidente a futilidade da resistência dos lobos cinzentos: desde a invasão aliada só haviam conseguido afundar 21 barcos, a um custo de 20 baixas. A partir de então, as vantagens proporcionadas pelo *schnorkel* sofreram o contrapeso da distância. Das bases da Noruega era preciso navegar muito mais para alcançar os cada vez mais reduzidos locais onde os lobos cinzentos podiam tentar a interceptação de comboios aliados. Na prática, ficaram circunscritos a operações nas cercanias das Ilhas Britânicas. E foi assim que durante todo o mês de outubro conseguiram afundar apenas um único navio.

A ÚLTIMA CARTADA

Todas as esperanças de Dönitz estavam depositadas nos novos submarinos, que eram construídos às dúzias. Os primeiros entregues e prontos para operar foram os menores da classe XXIII, de 234 toneladas e 35 metros de comprimento. Deslocavam-se com relativa lentidão na superfície — nove nós de velocidade de cruzeiro —, mas eram muito rápidos, a 26 nós, embaixo d'água. Levavam uma tripulação de 13 homens e até quatro torpedos. Oito partiram juntos em fevereiro rumo às águas britânicas, afundaram dois mercantes e regressaram à Noruega sem sofrer perdas.

Dönitz, porém, ansiava por seus irmãos maiores, que deslocavam 1.200 toneladas na superfície e 1.600 quando imersos, se bem que era recomendável uma velocidade de cruzeiro de 16 nós em imersão, similar à dos navios de guerra mais rápidos, que podiam manter durante semanas. Em casos extremos, podiam alcançar até 17,5 nós, mais do dobro do que os submarinos convencionais atingiam, velocidade que os distanciava rapidamente dos torpedeiros convencionais, que não superavam os 13 nós.

O tipo XXI era, finalmente, um verdadeiro submarino que podia viajar até o Cabo Horn sem necessidade de emergir nem de se reabastecer de combustível. Era capaz de disparar 18 de seus 24 torpedos em 20 minutos — os outros oito iam em compartimentos externos e era necessário emergir para introduzi-los. Ademais, seus sensíveis hidrofones captavam alvos a 80 quilômetros de distância e um novo sonar lhes permitia prescindir do periscópio e lançar seus torpedos às cegas desde 50 metros de profundidade.

O plano original previa lançar 60 por mês e 720 por ano a partir de abril de 1944, mas os bombardeios aliados, cada vez mais frequentes e intensos, foram retardando o cumprimento daquelas metas. Ao mesmo tempo, os engenheiros da Kriegsmarine iniciaram testes para fabricar submarinos dotados de motores Walter que desenvolveriam, quando submersos, a incrível velocidade de 25 nós — mais de 46 quilômetros por hora. Contudo, quando a guerra acabou, eles só haviam conseguido construir alguns protótipos.

Os fabricados sem maiores contratempos, ainda que em pequena quantidade, foram os minissubmarinos elétricos para dois tripulantes, conhecidos como "focas". Por causa de sua pouca autonomia, a perda das bases francesas acabou com toda e qualquer possibilidade de enviá-los para o litoral britânico, que era o propósito de sua construção. Embora não haja indícios de que as "focas" tenham combatido na Europa, alguns observadores suspeitam que em sua viagem secreta à Argentina o U-530 talvez transportasse uma, colocada no convés.

COURLAND, A NOVA NUMÂNCIA

Em sua monumental obra *Hitler*, o historiador britânico Ian Kershaw recorda que depois do fracasso da última grande ofensiva alemã nas Ardenas, no Natal de 1944, o chefe do Estado-Maior da Wehrmacht, tenente-general Heinz Guderian, advertiu Hitler de que a superioridade soviética na Frente do Leste era esmagadora. No setor central, uma frente de 900 quilômetros, o Exército Vermelho concentrava 2,2 milhões de soldados contra os 400 mil sob seu comando. Nas cabeças de ponte sobre o Vístula, a superioridade soviética era de 11 para um na infantaria, sete para um nos blindados e 20 para um na artilharia. Conclusão: necessitava de reforços de maneira imperiosa, mas Hitler lhe respondeu exasperadamente que seus informes eram "a maior impostura desde Gengis Khan". Depois de insistir, Guderian conseguiu que Hitler enviasse, em 1º de janeiro, quatro divisões de reforço. Porém, para seu desespero, o *Führer* se havia obstinado de que essas tropas não deviam colocar-se no centro do *front*, onde o FHO afirmava que o Exército Vermelho se dispunha a cruzar o Vístula, e sim seguir para a Hungria. Apesar de Guderian ter elaborado uma profusão de diagramas e planos para assinalar que aquele e não outro era o trecho mais débil das linhas de defesa, Hitler rechaçou seus argumentos, considerando-os "completamente estúpidos". Disse-lhe que quem os sustentava — isto é, o general Gehlen — era um cretino e devia ser encerrado em um manicômio. Guderian defendeu o FHO, mas Hitler rechaçou a possibilidade da transferência de mais reforços para o oeste. "A Frente Oriental é como um castelo de cartas: se se rompe em um ponto, desmoronará em sua totalidade", advertiu Guderian. "A Frente Oriental deve se virar com o que tem", foi o que, segundo ele, o *Führer* lhe respondeu.

A obsessão de Hitler tinha motivos. Privilegiava a recuperação dos poços petrolíferos e das refinarias da Hungria porque o bombardeio das fábricas de combustível sintético estava imobilizando a Alemanha. Guderian tentou convencê-lo, então, "de que evacuasse, pelo Mar Báltico, as tropas alemãs que corriam grande perigo de ficar ilhadas em Courland, na ponta da Letônia, para deslocá-las de novo para a Frente Oriental", mas Hitler lhe disse que isso não era possível. Segundo Guderian, essa negativa tinha a ver com o fato de Dönitz ter se adiantado e arrancado de Hitler a promessa de que consideraria Courland uma zona costeira vital para os novos submarinos, quase prontos para operar no Atlântico. Por esse motivo, diria Guderian com amargura, "200 mil homens, que eram desesperadamente necessários para se poder resistir ao avanço do Exército Vermelho, ficaram imobilizados em Courland até a capitulação da Alemanha".

A colocação em situação de combate dos novos submarinos era, como se pode comprovar, um objetivo de prioridade absoluta.

No início de 1945, a estrela ascendente da pequena corte de Hitler era Dönitz. Steinert recorda que, assim que foi nomeado ministro responsável pela "mobilização total" da Alemanha, Goebbels propôs a Hitler que designasse o grande-almirante para a chefia da Luftwaffe, em substituição a um Göring então visivelmente comprometido pela morfina, pela obesidade e pelo álcool.

Embora não tenha acedido a esse pedido, há indícios de que Hitler e Dönitz levavam algo entre as mãos. Em princípios de fevereiro, ao realizar-se uma das habituais reuniões informativas sobre o curso da guerra, analisou-se o fracasso das tentativas para negociar uma paz em separado com os aliados anglo-saxões e depois discutiu-se a possibilidade, por menor que fosse, de que a União Soviética aceitasse uma capitulação parcial. Mal o debate começou, porém, ficou claro que não havia essa possibilidade. A simples existência física de Hitler se havia convertido em um obstáculo intransponível para qualquer acordo, de maneira que não só a derrota, mas também a destruição da Alemanha pareciam inexoráveis.

Fez-se um pesado silêncio. Enquanto os dirigentes nazistas permaneciam abstraídos em suas reflexões, Speer cochichou para Dönitz: "Alguma coisa tem de acontecer, não há dúvida." Dönitz "lhe respondeu friamente que ele só estava ali como representante da Marinha" e que "o *Führer* sabia o que estava fazendo", escreve Kershaw.

A DESTRUIÇÃO DE DRESDEN

Durante as noites de 13 e 14 de fevereiro, a bela cidade de Dresden — cujo nome significa "cidade dos habitantes dos bosques", também conhecida como "a Florença do Elba" — foi arrasada. A cidade, na qual o rei Venceslau da Boêmia concedeu proteção e privilégios aos bardos, sofreu o mais devastador bombardeio convencional de toda a guerra.

Capital cultural da Saxônia, conhecida por suas delicadas porcelanas e por seus edifícios medievais e clássicos, suas torres, cúpulas, capitéis e telhados de cobre verde, Dresden não era um objetivo militar nem um centro industrial importante, mas sim uma área de descanso para quem regressava do *front* e que então se encontrava abarrotada de refugiados e de prisioneiros. Ainda assim, foi metodicamente reduzida a escombros e cinzas pelas bombas explosivas e incendiárias que um enxame de bombardeiros britânicos e estadunidenses despejou naqueles dois dias. Um dos sobreviventes do massacre, o soldado americano de ascendência alemã Kurt Vonnegut, imortalizaria o sem sentido do massacre em um romance, *Matadouro 5*, que o faria famoso.

De imediato, e em meio a outros bombardeios maciços da aviação aliada, Hitler convocou os *gauleiters*, comissários regionais do partido, à Chancelaria do Reich. Eles constituíam o estamento em que Hitler depositava sua maior confiança e aquele seria seu último encontro. O *gauleiter* da Saxônia informou que em Dresden haviam morrido mais de 135 mil pessoas, talvez até 300 mil. Nesse contexto, e para levantar o moral de seus acólitos, recorda Kershaw, Hitler improvisou um discurso em que prometeu uma contraofensiva e "enalteceu os aviões, a reação e os novos submarinos" que a tornariam possível.

A gratuita brutalidade dos atacantes de Dresden ressuscitou o debate sobre a possibilidade de uma capitulação parcial com a "bestial" União Soviética, que, segundo os últimos informes de inteligência, estava esbarrando em grandes obstáculos na sua relação com os aliados anglo-americanos. Bormann corroborou esse enfoque e até Goebbels, que sempre havia sido um furibundo inimigo do "coletivismo comunista", apostou, muito a contragosto, em um acordo com Stalin, advertindo que qualquer possibilidade de êxito dependia de assumir antes a iniciativa bélica, de modo que "nos detenhamos em alguma parte, pois se continuarmos sem fazer nada não poderemos negociar". Como ele, Hitler opinava que era imprescindível "fazer com que [os soviéticos] perdessem algumas penas" para conseguir firmar um armistício a oeste, uma paz, nas palavras de Goebbels, "modesta e limitada". E depois de muito especular, explica Marlis Steinert, chegaram à conclusão de que "a última esperança militar consistia nos submarinos do tipo XXI".

A DEBANDADA

No fim de agosto de 1944 e coincidindo com o colapso alemão na França, milhares de funcionários dos regimes títeres de Berlim começaram a fugir para a América do Sul. Os informes publicados pela imprensa mundial denunciavam a venda de passaportes espanhóis a quem escapava e as grandes transferências de ouro e dinheiro que estavam sendo feitas por meio de bancos suíços. A partir das declarações do chefe do Setor de Divisas do Bundesreich a seus captores americanos, e dos telegramas que ordenavam transferências de ouro e bilhetes dos bancos Credit Suisse e Swiss Banking Corporation a outros de Madri, Lisboa, Xangai, Estocolmo, Istambul e Tóquio, calcula-se essa fortuna em 15 bilhões de marcos alemães da época. "Essa cifra equivalia a 3% do Produto Interno Bruto dos Estados Unidos em 1944, um percentual que hoje significa 200 bilhões de dólares, superior ao Produto Interno Bruto da Suíça contemporânea e próximo ao da Argentina. Se a essa enorme cifra se agregam os juros de 52 anos, está se falando de quase um trilhão de dólares", calculou em 1996 o jornalista Sergio Kiernan.

Embora desconhecessem esses números, diplomatas, políticos e a sociedade argentina debatiam apaixonadamente, no fim de 1944, o fenômeno dos nazistas e fascistas que começavam a chegar ao país. Ainda que ficasse claro que muitos dos fugitivos eram criminosos de guerra, também era evidente que nem todos mereciam essa qualificação. Por outro lado, já se comentava a voracidade com que as potências vencedoras disputavam os cientistas que haviam desenhado, entre outras armas sofisticadas, as bombas voadoras — mísseis — V-1 e V-2, os Messerschmitdt 262 e os eletrossubmarinos.

Os Me-262, também chamados "andorinhas", eram aviões de retropropulsão, de duas turbinas, cujo desenvolvimento fora retardado por causa do capricho de Hitler para convertê-los em bombardeiros quando haviam sido concebidos como caças. Por conta dessa obsessão, entraram em serviço tardiamente, no fim de 1944. De seus planos e construtores brotariam, no pós-guerra, pimpolhos como os Sabres americanos, os Mig soviéticos e os Pulquis argentinos.

A bomba voadora V-2 era um míssil desenvolvido em segredo por Werner von Braun, tanto que muitos generais da Wehrmacht desconheciam sua existência até o momento em que uns poucos caíram sobre Londres no fim da guerra. À diferença das V-1, ao voar a 5.600 quilômetros por hora e a até 180 quilômetros de altura, as V-2 não podiam ser interceptadas pelos caças da RAF. Von Braun, mentor da Nasa (National Aeronautics and Space Administration, Administração Nacional de Aeronáutica e Espaço), foi o mais famoso dos 500 especialistas em foguetes alemães contratados pelos Estados Unidos, conhecidos como "elenco de Osenberg". Com o seu concurso, a corrida espacial terminaria com uma vitória simbólica dos Estados Unidos sobre a União Soviética, quando em 1969 um homem pisou pela primeira vez o solo lunar.

NOTAS

1. Como demonstração insuperável da instabilidade das alianças políticas, o imperador Guilherme II ofereceu a Villa o respaldo da Alemanha se se atrevesse a enfrentar os Estados Unidos com o propósito de recuperar o Texas e a Califórnia. Em 9 de março de 1916, as tropas de Villa fizeram um ataque militar-

mente calamitoso a Columbus. Foi a primeira vez desde a independência que os EUA sofriam uma agressão externa.

2. Para mais informação sobre Canaris, ver Karl Heinz Abshagen, *El almirante Canaris*.
3. Helmut J. Kraft, *Submarinos alemanes en Argentina*.
4. Ver Juan V. Orona, "La logia que conspiró contra Yrigoyen". Durante os anos seguintes, quando o poeta e escritor Leopoldo Lugones proclamou "a hora da espada", ganharam as ruas porta-vozes do nacionalismo oligárquico, como os jornais *La Voz Nacional* e *La Nova República*, e em 1929 foram fundadas a Liga Republicana e a Legião de Maio, réplica do *fascio* italiano.
5. Fontes da Armada declararam aos autores que, segundo informação reservada, pelo menos um U-Boote se reabasteceu em Caleta Olivia durante a guerra.
6. Algo menos de 120 mil litros, já que o petróleo é mais leve do que a água.
7. O U-458, um submarino da classe VII-C comandado por Diggins, foi afundado em outubro entre a Ilha de Malta e a Itália por cargas de profundidade arremessadas por destróieres britânicos. E o mais moderno U-536, da classe IX-C/40, comandado por Schauenburg, teve o mesmo destino em 20 de novembro desse ano, a nordeste dos Açores, também por cargas de profundidade, nesse caso arremessadas por corvetas canadenses. Diggins e Schauenburg conseguiram sobreviver a esses afundamentos, que custaram a vida de oito de seus 47 tripulantes, no primeiro caso, e de 38 de seus 55 homens, no segundo. Ambos terminaram a guerra como prisioneiros dos ingleses e dos canadenses, respectivamente.
8. O U-637 de Rieckeberg foi afundado em 26 de abril de 1945, nas proximidades da costa norueguesa.
9. A impactante série de afundamentos do U-37 inspirou os britânicos Michael Powell e Emeric Pressburguer — autores de filmes como *Zapatillas rojas*, *Narciso negro* e *Cuentos de Hoffman* — a escrever o roteiro de *Paralelo 49*, em que imaginaram que o U-Boote transportava um comando de agentes nazistas para o Canadá. Antecipavam-se, assim, aos desembarques de comandos da Abwher nos Estados Unidos e no Canadá, demonstrando uma vez mais que a realidade imita a arte. No elenco, destacaram-se Eric Portman, no papel do chefe nazista, Lawrence Olivier, Anton Walbrook e Raymond Massey.
10. Dönitz havia transferido seu posto de comando para o Boulevard Souchet 18, em Paris, para preparar ali a invasão das Ilhas Britânicas. Porém, assim que Hitler suspendeu a Operação Leão-Marinho, em virtude da impotência da Luftwaffe para dominar o céu sobre o Canal da Mancha, Dönitz mudou-se para um chalé em Kernével, bem perto de Lorient.
11. Hollywood se apropriaria simbolicamente dessa façanha no recente longa-metragem *U-571*, premiado com um Oscar. O verdadeiro U-571 nada teve a ver com essa operação: foi afundado com todos os seus ocupantes no fim de janeiro de 1944 por um caça-bombardeio Sunderlandt, tripulado por pilotos australia-

nos, quando navegava a oeste da Irlanda. A película constitui um prodígio de má-fé: atribui a façanha aos marinheiros americanos, arrebatando-a dos primos britânicos, fato que provocou tamanho mal-estar nas Ilhas que o governo de Tony Blair apresentou um protesto formal a Washington. Trata-se, além disso, de um filme com menos rigor do que os de Popeye. Os submarinos de celuloide não oscilam nem se movimentam de proa a popa ao lançar seus torpedos, do mesmo modo que os cabelos dos *cowboys* de Hollywood, quando combatem os sioux, não se movem um milímetro. Sua inverossimilhança revela-se ainda mais ostensiva se compararmos essa produção com *Barco: inferno no mar* (*Das Boot*), a excelente película alemã de Wolfang Petersen, lançada duas décadas antes.

12. O procedimento era simples: os alimentos eram levados em sacos impermeáveis que eram arremessados na água e recolhidos por botes. Para transferir o combustível, uma vez situados os dois submarinos em paralelo e a uns 80 metros de distância, com uma pistola sinalizadora se disparava uma guia pela qual, em seguida, a mangueira deslizava, enquanto um cabo de reboque evitava que as naves se separassem e a mangueira se rompesse ou se desconectasse.
13. Trata-se de uma polêmica de grande atualidade, visto que após a derrubada das torres gêmeas do World Trade Center a sorte de mais de 1.500 muçulmanos suspeitos, um décimo dos quais foi confinado na base de Guantánamo, Cuba, está em mãos de tribunais militares secretos. William Safire, editorialista do *New York Times*, afirma que esses julgamentos são ilegais, até da perspectiva da Justiça Militar. "O Código Normalizador da Justiça Militar exige um julgamento público; a demonstração de culpabilidade além de toda dúvida razoável; que o acusado tenha voz na seleção dos membros do júri e o direito de escolher advogado; a unanimidade na condenação à morte e, sobretudo, a possibilidade de interpor um recurso de apelação ante civis confirmados pelo Senado", afirma. E conclui, de forma lapidar: "Não podemos encontrar nem um desses direitos fundamentais na resolução militar de Bush, mediante a qual são estabelecidos tribunais não autorizados para as pessoas que qualifica como terroristas antes do julgamento."
14. Depois de cumprir sua missão na Alemanha, Goyeneche viajou para a Itália, onde voltou a reunir-se com Mussolini e foi recebido pelo Papa Pio XII.
15. Sandstede regressou à Argentina após o rompimento das relações entre os dois países — janeiro de 1944 — na qualidade de "empregado" da companhia de navegação Delfino e estabeleceu relações diretas com Perón.
16. A decifração dos códigos alemães e japoneses propocionou outros êxitos à US Navy durante esse mesmo junho de 1944. Uma força-tarefa, sob as ordens do capitão de mar e guerra Daniel Gallery, por exemplo, conseguiu avariar e capturar o U-505, submarino da classe IX-C. Rebocado até a costa dos Estados Unidos, está em exibição no Museu das Ciências e da Indústria de Chicago.

TERCEIRA PARTE Ultramar Sul

NA ESTAÇÃO ONDE AS ESTAÇÕES NÃO MUDAM

É de manhã, o céu está limpo e o sol começa a aquecer o convés e a chapa cinza, marcada com manchas de óxido e limo. E o sol cega, quando seus raios incidem sobre a chaminé amarela, tão frágil quanto desproporcional. Engalanado de proa a popa com bandeirinhas esfiapadas, estreito e longo, o navio pirata corta com facilidade as ondas. Toma o rumo sul. Exausta ou talvez incomodada pelo crescente calor, a baleia que o seguiu por mais de um dia desapareceu.

Os vigias da torreta estão seminus e sua pele é de um rosa intenso como a carapaça de lagostas cozidas. Um protege a cabeça do sol com um turbante úmido; o outro com um lenço multicolorido. Ambos completam sua vestimenta com saiotes de palha. Estranham a presença do cetáceo. Fazem um comentário sobre sua incrível resistência, enquanto giram lentamente as cabeças perscrutando o horizonte. Entrecerram os olhos ao fazê-lo a bombordo, percorrem ligeiramente a nítida linha contínua entre a proa e o estibordo e fixam o olhar sobre o passadiço, onde uma inusitada cerimônia começou a acontecer.

Prestam pouca atenção na proa porque o espetáculo os absorve: mais de duas dezenas de rapazes de cuecas brancas fazem fila diante de um extravagante tribunal, cujo presidente tem na cabeça um chapéu enorme, de quase um metro de diâmetro. Brilha em seu rosto uma barba cacheada e quase tão longa como a túnica que o cobre. Ele empunha um tridente vermelho que golpeia contra o solo como que para reforçar uma ordem.

Tendo a cabeça coberta por um chapéu alto e negro e armado com uma descomunal espada de madeira, um homem moreno lê certos papéis com o auxílio de grandes óculos de armações negras e grossas. Por momentos improvisa. Recita as acusações contra o primeiro dos réus. Imobilizado por dois oficiais que o seguram pelos braços — os quais, como os vigias, vestem saias de palha e têm a cabeça coberta por lenços coloridos —, o prisoneiro parece resignado.

Parcialmente debaixo do chapéu do presidente e à sua direita encontra-se alguém que, a se julgar por seu gorro pontudo e seu uniforme com grandes dragonas douradas e muitos bordados, há de ser um almirante. À esquerda do presidente acha-se uma mulher trajando um sumário e vaporoso vestido vermelho que realça suas pernas bronzeadas e sem sinais de penugem e que mal contém um par de peitos, que, a cada movimento, ameaça escapar do sutiã.

Completa o tribunal um sacerdote de batina negra e colarinho branco que exibe uma tonsura extravagante — o desenho de uma flecha negra que aponta para seu cenho — e empunha uma cruz de madeira que agita diante do desventurado, exigindo-lhe arrependimento.

A sentença acaba de ser pronunciada. A espada de madeira golpeia o condenado na cabeça, nos ombros e braços, entre os risos da roda de piratas que assistem ao espetáculo. Aqueles que o imobilizaram molham-no com um jato de leite e depois com o petróleo viscoso e fedorento que sai de uma mangueira. A seguir, amarram-no com uma corda na cintura e o empurram para o mar, em meio a gargalhadas. Arrastam-no por um longo trecho. Ouvem-se risos enquanto o pobre coitado é atirado contra o casco do navio. Por fim, a um sinal do presidente, retiram-no aos empurrões da água. E embora ele esteja meio afogado, seus cães cérberos o obrigam, com golpes medidos e precisos, a colocar-se em posição retilínea. Um médico o ausculta e o obriga a engolir um punhado de pílulas. E o barbeiro tosa sua cabeleira suja de petróleo com uns poucos golpes de uma tesoura um tanto oxidada, como aquelas de podar.

A sequência se repetiu várias vezes, mas o entusiasmo dos espectadores não diminuiu. Apesar da falta de nuvens, um ruído surdo, como de trovões, chega aos ouvidos. Todos observam o céu, fixam o olhar no poente e sobrevém um instante de silêncio. Depois, a um grito, correm em diferentes direções. A mulher dá enormes saltos até colocar-se atrás de um canhão; o barbeiro e o médico fazem o mesmo, postando-se atrás de armas um tanto menores. Apontam para onde vem o ruído do trovão, na proa e a estibordo.

A muito poucas milhas dali, a bordo de um velho cruzador que desliza no meio do oceano, uma festa parecida ocorreu no dia anterior.

Uma vez de banho tomado, vestido de branco da cabeça aos pés, já sem seu tridente, o presidente do tribunal entra antes de seus oficiais no passadiço, engalanado por grinaldas de papel verdes, amarelas, vermelhas, brancas e azuis. Quatro jovens de nariz respingando se levantam de uma escrivaninha comprida e se perfilam. O presidente — que, no dia anterior, se fazia chamar de Netuno *— manda lhes servir um café preto e brinda com eles, elevando a xícara cilíndrica à altura de seus olhos.* Happy Independence Day, *diz, com a xícara no alto, e sorri. Dois jovens de luvas brancas colocam sobre a mesa uma variedade de sucos e frutas tropicais, toucinho e ovos mexidos, o que faz ruborizar os* sailors, *que haviam dormido pouco essa noite, excitados por seu batismo. Ao soar pelos alto-falantes os primeiros acordes do hino, os quatro levam a mão direita ao peito.*

Os rapazes parecem intimidados pela quase interminável sucessão de títulos, nomes e sobrenomes do velho lobo do mar. Ao perceber seu atordoamento, este os saúda sorridente, dá meia-volta e sai para o convés. Perscruta o horizonte até ver a esquadrilha de aviões que se aproxima desde o nordeste, apenas uns pontos que em seguida tornam-se maiores, lançam lampejos de prata e passam rugindo sobre o cruzador.

Então chega a ele o grito. "Embarcação na popa e a estibordo!" Olha na direção indicada e vê, a umas duas milhas, um pesqueiro. Mas é excessivamente longo para ser um pesqueiro de verdade e sobre o convés parece haver gente demais. Ao observar com os binóculos acredita que se trata de um submergível camuflado. E, por certo, parece haver uma grande agitação no convés.

Ordena que os artilheiros assumam seus postos e que se intime a rendição. Dezenas de oficiais se reúnem no tombadilho e observam os acontecimentos. O comandante ordena que se dispare a umas cem jardas da nave não identificada.

Uma Oerlikon *de 20 milímetros, de patente suíça e fabricada em Detroit pela General Motors, dispara uma curta rajada. Da embarcação, outra metralhadora responde, enquanto seus municiadores sobem e se perdem dentro da chaminé amarela, que mascara a torreta. O barco começa a afundar. Não há dúvida, é um submergível.*

Uma nova rajada da metralhadora varre o convés do submarino, mas este desaparece da superfície. Enquanto a água se agita, se infla e irra-

dia esteiras concêntricas, sobrevem um instante de silêncio, até que uma tremenda explosão sacode o cruzador e onde, um segundo atrás, estava a popa se ergue uma tromba-d'água de até 40 metros de altura. Depois, uma torrente irrompe em tromba nas latrinas e nas cobertas dos marinheiros, arrasta os mortos e feridos e faz inclinar o navio entre rangidos que se assemelham a estertores.

No meio da hecatombe, da fumaça e de um odor acre, o comandante, com duas fraturas expostas no braço direito e o uniforme tingido de vermelho, ordena a evacuação. Um sargento, pequeno, moreno e apelidado "Mosquito", ajuda-o a chegar à enfermaria. O chefe dos enfermeiros, um primeiro-sargento, tenta frear a hemorragia mas o navio inclina em direção à popa, colocando-se em um ângulo de 30º. "Mosquito" quer ajudá-lo e o segura pelo braço são. "Deixe-me, rapaz. Trate de salvar-se porque eu sou um homem morto", responde-lhe o comandante. E cai, sem sentidos, exangue.

Três minutos mais tarde, com a proa apontando para o céu, o cruzador afunda.

ENCONTRO EM BERGEN

Lembremo-nos de Renzo Zanasi e Otto Nagel, brindando com vinho na cidade de Quilmes e rememorando, na distante década de 1950, seu pertencimento comum à arma de submarinos. E que ambos se achavam no Porto de Kiel quando aconteceu a apressada e generalizada partida de U-Bootes no último dia de abril de 1945, um dia antes de as emissoras de rádio terem anunciado a morte de Hitler.

Essa partida furtiva de submarinos — um certo número de *elektrobootes* da nova classe XXI fazia parte do êxodo — foi narrada por um de seus protagonistas, já apresentado aos leitores, o primeiro-tenente Heinz Schäffer, então com 24 anos. Schäffer estava encarregado do comando do U-977, um submarino-escola da classe VII-C e que até então integrava a 31ª Flotilha de treinamento, com base em Hamburgo e cujo chefe era o capitão de corveta Carl Emmermann.[1]

Schäffer disse que além do submarino da classe XXI que o acompanhava naquela viagem, "o primeiro que se enviava ao *front*", só havia outro desse tipo em condições de combater. Trata-se de uma afirmação que outros comandantes de U-Bootes repetiram após o fim da guerra e que passou a engrossar acriticamente a história oficial, como se se tratasse de uma verdade revelada. Para a versão canônica, embora houvesse dois submarinos da classe XXI em condições de combater — o U-2511 e o U-2513, ambos da 11ª Flotilha —, só o primeiro foi enviado à frente de batalha.[2]

O U-2511 fazia parte da 11ª Flotilha e seu comandante era, surpreendentemente, o capitão de corveta "Adi" Schnee, o mesmo que em 1942 havia afundado o mercante argentino *Victoria*. Até julho de 1944 havia atuado como chefe de operações de *todas* as missões dos lobos cinzentos no Atlântico Norte, depois do que se perde seu rastro, até reaparecer, nos últimos minutos da guerra, como um simples comandante de submarino às ordens do famoso capitão de fragata Lehmann-Willenbrock, chefe do multilaureado superaviador Rolf Thomsen... E de Schäffer.

Contando com esses poucos dados, não era preciso ser um lince para suspeitar que algo incomum estava sendo tramado. Sabe-se que a viagem do comboio que o U-977 integrava tinha como destino Bergen e que os navios que dele faziam parte se incorporaram nesse porto à 11ª Flotilha, sob o comando de Lehmann-Willenbrock. Esse foi, até hoje, o segredo mais bem guardado, tanto por Schäffer como por seus interrogadores argentinos, estadunidenses e britânicos, que o mantiveram a sete chaves por 57 anos. Consta que o próprio Schäffer fez essa confissão aos oficiais navais argentinos, assim que se rendeu com seu submarino em Mar del Plata.[3]

NA PRIMEIRA PESSOA

Em 1947, Schäffer começou a escrever suas memórias, uma vez que sua participação na Operação Ultramar Sul lhe havia custado dois anos de detenção e incômodos interrogatórios não apenas na Argentina e nos Estados Unidos, mas também na Bélgica e na Inglaterra, acusado de colaborar na fuga de Hitler, Eva Braun e Bormann e de afundar o cruzador brasileiro *Bahia*. Escreveu seu livro com o explícito propósito de evitar que aquelas acusações, que por aqueles dias haviam recrudescido, voltassem a colocá-lo em apuros. Dito de outro modo, seu propósito não era revelar, mas sim lançar uma cortina de fumaça sobre o núcleo da operação secreta que havia protagonizado, obscurecendo-o.

Fiel à ordem recebida antes de partir, jamais mencionou um único nome de seus superiores — nem sequer de seus subordinados, cuja lista era pública — nem revelou que outros U-Bootes acompanharam o U-977. Evitou referir-se à entrada do U-977 na 11ª Flotilha e chegou mesmo a negar a existência da matilha que atravessou o Atlântico. Todavia, o jovem oficial, impetuoso e inconsequente, não pôde controlar a vaidade. Disse, nas entrelinhas, o suficiente para se reconstituir tanto as principais características daquela operação quanto as do "acidente" que determinou que, contra o planejado, entregasse o U-977 na base naval de Mar del Plata, recém-pintado e em perfeitas condições.

Schäffer terminou seu livro em 1950, ano em que foi publicado na Alemanha com o presunçoso título *U-977, 66 Tage Unter Wasser* (U-977, 66 dias debaixo d'água). Mais tarde, foi publicado em Buenos Aires, tanto em alemão — *Geheimnis um U-977. Im Schnorchel U-Boote von Norwegen bis Mar del Plata* — como em espanhol — *El secreto del U-977.* Depois foi traduzido para o inglês — *U-Boat 977* —, francês — *U-977, l'odyssée d'un sousmarin allemand* —, finlandês — *66 vuorokautta veden Allá* — e russo — *Poslednij poxod U-977.* Essas diferentes versões registram variantes às vezes imperceptíveis, às vezes extremamente evidentes, como o fato de a versão russa contar com a metade do número de páginas da espanhola.

UMA PROMOÇÃO DE TRÊS PATENTES

A versão em espanhol, publicada em Buenos Aires em 1955 e consultada pelos autores, é muito valiosa, pois foi supervisionada pelo próprio Schäffer e porque se manteve até agora longe da curiosidade do público. *El secreto del U-977* é o volume XXIV da Biblioteca do Oficial de Marinha e sua folha de rosto adverte: "Estas tradução e impressão foram autorizadas pelo autor (apenas) para o pessoal da Marinha de Guerra argentina."

Tão reservada ou nula foi sua difusão fora das dependências da Armada que muitos — supostos — especialistas ignoraram clamorosamente sua mera existência. Os selos dos dois exemplares aos quais os autores tiveram acesso indicam que pertenciam às bibliotecas do SIN (Serviço de Inteligência Naval) e da Esma (Escola de Mecânica da Armada), o que os exime de maiores comentários.

Em 1955 a Armada argentina protegia Schäffer enquanto conspirava para derrubar o "nazista" Juan Domingo Perón. Os comandos navais não apenas publicaram o livro como também previamente lhe haviam entregado cartas de recomendação para a Elma (Empresa Linhas Marítimas Argentinas), onde o empregaram como capitão de longo curso. Ao terminar a guerra, Schäffer não era mais do que primeiro-tenente, muito embora a folha de rosto de *El secreto do U-977* o apresente como "capitão de fragata da Marinha alemã", uma promoção gratuita simbólica de três patentes. Talvez tenha se apresentado como tal perante seus futuros empregadores.

UMA AVARIA REVELADORA

Enquanto trabalhávamos com o seu livro, supúnhamos que Schäffer teria ficado preocupado em não contradizer no texto escrito as declarações previamente prestadas aos oficiais navais argentinos. Acreditávamos, na ocasião, que não poderíamos revisar aqueles questionários, posto que, quando iniciamos a pesquisa, em meados de 2000, tanto esses quanto os interrogatórios posteriores, efetuados nos Estados Unidos e na Grã-Bretanha, permaneciam secretos. Depois de 55 anos do término da Segunda Guerra Mundial, os interrogatórios dos submarinistas alemães eram, ao que se sabe, o único segredo militar remanescente da grande contenda. Todavia, em meados de 2002, inesperadamente, conseguimos ter acesso a uma cópia da tradução espanhola do seu interrogatório em Mar del Plata. Surpresos, constatamos que Schäffer, em suas memórias, havia modificado aspectos substanciais daquelas confissões.[4] Isso demonstra o quanto ele estava seguro e confiante de se encontrar sob a proteção que lhe ofereciam seus antigos carcereiros e inquisidores, reconvertidos em editores acríticos de seus disparates.

Um bom exemplo de suas invencionices é a explicação — melhor dizendo, as sucessivas explicações — que ofereceu sobre a origem de uma notória avaria que o casco do U-977 apresentava. Quando Schäffer entregou o submarino em Mar del Plata e assegurou que o U-977 havia pertencido originalmente à 14ª Flotilha de treinamento com base em Pillau e que havia sido transferido em seguida à 31ª Flotilha, disse uma crassa mentira, já que a 14ª Flotilha — de combate, não de treinamento — fora criada recentemente, em dezembro de 1944 e com base no porto ártico de Narvik, Noruega. Durante aquela suposta viagem a Hamburgo, Schäffer disse que o U-977 escoltou o navio-transporte *Robert Ley* — seu álibi —, que as águas do Báltico estavam congeladas e que, como o U-977 carecia de uma chapa de aço que protegesse a proa, o impacto contra o gelo começou a amassar e a deformar as saídas dos tubos de torpedos. Por isso, o submarino abandonou a formação e entrou no Porto de Wessermünde, onde lhe informaram que não havia estoque de chapas protetoras e que fabricar uma demandaria tempo.

Foi logo no começo de março — Schäffer continua inventando — que recebeu a ordem de levar o submarino para o dique seco dos estaleiros Blohm & Voos de Hamburgo, onde foi lançado na água, para reparos. Em suas memórias, afirma que permaneceu ali até que o U-977 estivesse reparado em princípios de abril, quando recebeu a ordem de apresentar-se em Kiel.

Em Mar del Plata, em troca, Schäffer havia evitado mencionar essa estada de um mês inteiro em Hamburgo. Após a primeira inspeção do U-977 em Mar del Plata, os oficiais navais argentinos comprovaram a avaria e concluíram que esse dano só podia ter sido causado por uma explosão próxima. Schäffer admitiu que essa suposição era correta e atribuiu a avaria à explosão de uma mina enquanto navegava entre Horten e Kristiansand Sul, de onde, mentindo mais uma vez, afirma ter zarpado pela última vez do continente europeu.

Como já se explicará, Schäffer foi transferido pouco depois para os Estados Unidos, para o POW (Prisioners of War) de Fort Hunt, nas cercanias de Washington. Pois bem, lá ele explicou aos interrogadores americanos que aquela avaria datava de setembro de 1944, quando, no decorrer de um treinamento no Báltico, o U-977 havia se chocado com outro U-Boote. Por causa desse estrago, acrescentou, o U-977 jamais havia sido enviado ao *front*. Curiosamente, os americanos, que conheciam suas declarações aos oficiais argentinos, aceitaram essa resposta.

Era a terceira versão sobre a origem da mesma avaria. E embora não se possa aceitar qualquer delas, era também a mais retorcida, já que contradizia, de maneira flagrante, suas declarações de que o U-977 havia passado todo o mês de março em Hamburgo, onde o haviam reparado e preparado para enviá-lo à frente de luta.

UMA FAÇANHA INACREDITÁVEL

Consciente do mar de contradições no qual havia afundado, Schäffer afirma em seu livro que a convocatória para apresentar-se em Kiel e zarpar dali para a frente de combate o surpreendeu porque o U-977 ainda necessitava de reparos. Era imprescindível acondicionar "os acoplamentos principais, que tinham mais de um ano de uso e podiam começar a desajustar-se a qualquer momento"; dotar a embarcação de "blindagem absoluta" e substituir seu deteriorado equipamento de radar. Ademais, as baterias do U-977 "estavam com 70% de sua capacidade".

Em resumo: de acordo com seu relato mais equilibrado, o U-977 não estava em condições de combater, nem sequer de navegar bem e menos ainda — com essas baterias pífias — de submergir... Pois bem, essas supostas limitações não lhe importaram nem um pouco na hora de reivindicar um recorde mundial de navegação em imersão para sua nave. De acordo com suas declarações, o U-977 não podia permanecer submerso mais do que algumas horas — no máximo seis; porém, depois de Schäffer ter se entregado em Mar del Plata, os oficiais argentinos diriam aos jornalistas que o U-977 havia navegado submerso nada menos do que durante 66 dias, absurdo que ele seria obrigado a sustentar durante toda a vida.

Audaz, Schäffer faria da necessidade virtude: atreveu-se a publicar a primeira edição alemã de suas memórias com o título *66 dias debaixo d'água*. Proeza difícil de fazer crer a submarinistas veteranos, pois, como explica o especialista americano Thimothy Patrick Mulligan, os U-Bootes convencionais eram obrigados a navegar na superfície, para recarregar baterias, um mínimo de quatro horas para cada 20 que permaneciam submersos, e isso sempre e quando os acumuladores estivessem em perfeito estado. No mesmo sentido, Helmuth J. Kraft aponta em *Submarinos alemanes en Argentina* que os U-Bootes da classe VII-C como o U-977 podiam navegar sumersos com suas baterias a pleno apenas umas 80 milhas na moderada velocidade de quatro nós.

Kraft publicou sua investigação em 1998 com o propósito expresso de demonstrar que "chegaram a nossas praias (argentinas) somente dois submarinos, o U-530 e o U-977" e que ninguém desembarcou clandestinamente de nenhum dos dois. A publicação foi praticamente simultânea à do informe da governamental Ceana (Comissão de Esclarecimento das Atividades Nazistas na Argentina), cujo capítulo relativo aos submarinos alemães chegados à Argentina foi assinado pelo historiador canadense Ronald Newton, que supostamente o havia redigido um ano antes. Não foi possível determinar quem escreveu primeiro, se Newton ou Kraft, porém se infere que devem ter trabalhado em contato estreito, pois ambos coincidem em afirmar que durante a Segunda Guerra entraram em ação precisamente 1.171 U-Bootes, nem um a mais nem um a menos, como se nessa época — 1998 — fosse conhecido o destino de todos os submarinos alemães, "e que somente dois se dirigiram para a Argentina".

Essas afirmações são balelas do tamanho de um porta-aviões. Basta dizer, com relação à primeira, que não só o próprio Kraft se contradiz flagrantemente,[5] como também que, para o prestigioso site *uboat.net*, no começo de 2002 ainda se desconhecia o destino de 56 U-Bootes. Quanto à segunda, demonstraremos que os submarinos que navegaram para a Argentina foram pelo menos cinco, embora seja possível que um deles não tenha chegado ao destino.

O CHEFE DE HEINZ

As mentiras de Schäffer são de tal monta que se tornam impossíveis de maquiar. Sua pretensão de *recordman* mancha cada página de suas artificiosas memórias: exagera, alardeia, mente. Uma marcada tendência à proliferação de relatos breves — às vezes é impossível discernir se foram protagonizadas por ele, se ele atribui-se histórias alheias ou se mistura umas com as outras — busca dissimular até a mais óbvia das verdades, enquanto resume informações básicas e contorna os obstáculos recorrendo a elipses que obrigam o leitor atento a suspeitar não só que ele oculta informações como também que esse ocultamento é constante.

Mentiras e contradições se sucedem umas às outras. Em suas memórias, Schäffer[6] escreve: "No princípio de maio de 1941 fui designado para o encouraçado *Schlesien*, no Mar Báltico", para afirmar poucas páginas mais adiante que "eu e dois companheiros fomos destacados para um mesmo submarino. Estávamos no começo de maio de 1941". Do mesmo modo, disse a seus inquisidores argentinos que durante 1942 havia servido sucessivamente em dois U-Bootes da 5ª Flotilha de combate, baseada em Kiel. No entanto, e talvez fosse este o segredo que pretendia preservar, mais do que os outros, naquele ano ele havia integrado a tripulação do U-172, o único submarino sobrevivente da matilha e que, em meados de 1942, internou-se em águas brasileiras.

Desse ponto de vista, sua narrativa sobre a façanha do comandante que teve de evitar, reiteradamente, os ataques de um destróier no qual relampejava uma temível luz vermelha e que em seguida abateu um avião e avariou outro pode ser lida de uma maneira mais ajustada à realidade. Basta substituir hidroaviões britânicos Sunderland por caças americanos e a base de Brest pela de Lorient para que desponte, de forma nítida, a imagem de Carl Emmermann.[7]

Até chegar a Bergen e se apresentar a Lehmann-Willenbrock, Schäffer seguia suas ordens. Porém, durante o interrogatório, não só deixou cuidadosamente de mencionar Emmermann nominalmente como também fez denodados esforços para impedir que o vinculassem a ele.

Assim, quando os oficiais da Marinha argentina lhe perguntaram que façanha havia realizado para que lhe houvessem concedido a Cruz de Ferro de Primeira Classe quando tinha apenas 22 anos e era um oficial subalterno, Schäffer respondeu que "pelo êxito que tivemos ao escapar do ataque de seis destróieres quando atacávamos comboios em águas próximas a Freetown". No entanto, quando dois dias mais tarde encerrou seu depoimento, pediu, inesperadamente, que fosse retirado "Freetown" e que, em seu lugar, fosse colocado "Gibraltar".[8]

Além dessa correção, empenhou-se em que fossem feitas mais duas. Uma em que dizia que navegava rumo a Mar del Plata: pediu para mudar o nome da cidade pelo genérico "Argentina", porque se negava a reconhecer que havia predeterminado o lugar onde se entregaria; e outra em que se lia que no fim de 1944 lhe haviam outorgado "o U-Boote Front Spange de bronze e que se entregava depois de haver prestado serviços em águas americanas e inglesas". Nesse caso, fez apagar "águas americanas e inglesas" e escrever em seu lugar um impreciso "zona de guerra".

Fica evidente que tentava ocultar que já havia atuado em águas americanas. Se algo mais fazia falta para comprová-lo, descreveu em suas memórias, com requintes de detalhes, o batismo pela passagem do equador — A Festa de Netuno. Segundo escreveu, isso teria acontecido em 1942, nas redondezas da capital de Libéria.

O RÉPROBO

A declaração do imediato de Schäffer, o capitão de corveta Karl Reiser, de 29 anos, não tem grande valor documental, porque Reiser — que fora detido e preso por Schäffer — afirmou não saber outro idioma a não ser o alemão. Ele, de fato, não assinou a declaração em castelhano (que é a que se encontra em nosso poder), e é de supor que tampouco assinou a declaração redigida em inglês. Em qualquer caso, sua declaração sequer menciona aqueles contratempos que o haviam deixado de cabelos brancos de hora para outra. Ao contrário, Reiser aparece defendendo, de maneira exagerada, aquele que o havia detido. Assim, quando lhe perguntaram se Schäffer havia ordenado, antes de entregar o U-977, a destruição da documentação, ele respondeu que não, muito pelo contrário. Schäffer havia mandado "conservar toda a documentação e os materiais [porque], dessa maneira, poderiam provar, ao entregar-se, que não haviam procedido como fanáticos, cometendo atos hostis depois do fim da guerra". E, mais do que isso, que Schäffer "lhes fez saber que se alguém deixasse de cumprir essa ordem, seu primeiro ato no porto de entrega seria denunciá-lo às autoridades". Excessivo, não é?

Reiser declarou que havia ganhado sua Cruz de Ferro de Segunda Classe pela campañha realizada pelo U-648 — no qual tinha a seu encargo as comunicações e a artilharia —, comandado por Peter-Arthur Stahl em águas do Atlântico equatorial. E que ganhara a condecoração apesar de não ter podido afundar nenhum barco, uma vez que, argumentou, a falta de escafandro deixara o U-648 indefeso diante dos ataques aéreos.

Quanto às circunstâncias em que o periscópio havia sido quebrado, afirmou que isso havia ocorrido no decorrer de uma imersão de urgência, depois que se deparou, assim que emergiu, com a incômoda presença de um avião. E que isso havia acontecido antes de chegar ao arquipélago de Cabo Verde, uma vez que dali até a Argentina havia navegado na superfície.

Surpreendentemente, Reiser informou ter ficado inteirado, a bordo do U-977 (embora sem recordar como), de que o U-2511, um submarino da classe XXI comandado por Adi Schnee, havia sido afundado com toda a tripulação em 10 de maio, mais de uma semana depois da rendição da Alemanha, por causa da negativa de Schnee a render-se... Na verdade, Schnee e seu submarino, tal como já foi assinalado, haviam se entregado por volta dessa data no porto norueguês de Bergen.

REUNIÃO COM DÖNITZ

Aos olhos de um observador desprevenido, a concentração dos melhores recursos humanos e materiais da arma submarina alemã em Bergen poderia parecer o prelúdio da fuga agônica de uns lobos cinzentos famélicos e assustados. Bergen era o porto natural para escapar da guerra contornando as Ilhas Britânicas pelo norte e dali dirigir-se até a Costa Leste dos Estados Unidos ou o litoral ocidental da África.

Contudo, o próprio Schäffer dissipa rapidamente qualquer ingenuidade. Isso porque narra que antes de zarpar de Kiel entrevistou-se com Dönitz e acrescenta que — é de se supor que por ordem do grande-almirante — se dirigiu em seguida a Berlim, com o objetivo de manter uma misteriosa reunião no quartel-general das Waffen SS.

Quando recebeu a ordem de comandar o U-977, reivindicou que antes disso o submarino sofresse os reparos já mencionados e que lhe concedessem "um tempo mínimo para o adestramento da tripulação, pois haviam embarcado marinheiros inexperientes". Porém o chefe da flotilha — isto é, Emmermann — recusou o primeiro pedido em razão da escassez ou a ausência pura e simples de material. Então, afirma Schäffer, decidiu dirigir-se diretamente a Dönitz a quem identifica como "o almirante", embora resulte óbvio que Emmermann ou o próprio Dönitz teve de dar-lhe a ordem, pois não chegou a Kiel sozinho, e sim comandando o U-977, após atravessar o Canal Kaiser Wilhem que liga o Porto de Hamburgo ao Báltico.

Apresentou-se no "barco-alojamento" do grande-almirante, ancorado em Kiel, num momento em que se celebrava "uma conferência política", reunião que Dönitz encerrou com "um comentário otimista". Em seguida, Dönitz recebeu-o a sós em sua "câmara" e, depois de escutar suas queixas, lhe teria respondido: "Meu querido Schäffer, você sabe que combateremos até a vitória final e que, custe o que custar, triunfaremos. Você é um submarinista experiente, vejo isso por causa das suas muitas condecorações. Quem teria de sair para o combate se não fossem homens como você, que tem a experiência necessária?" E acrescenta que, como Dönitz "insistia em que o meu submarino devia ir para o *front*, mesmo sem estar em condições, não fiz mais objeção".

Essa versão é dura de se acreditar. Dificilmente o "Leão da Kriegsmarine" se impressionaria com as "muitas condecorações" do jovem primeiro-tenente, que, aliás, ele mesmo teria conferido. O importante é a reunião em si mesma — para além das circunstâncias inverossímeis que Schäffer apresenta — e a incrível descrição de um Dönitz otimista — "custe o que custar, triunfaremos" — num momento em que os bombardeios sobre os portos alemães tornavam-se cada vez mais intensos. O que realmente ocorreu?

APEGADO À MAMÃE

Depois de reunir-se com Dönitz, "em princípios de abril", quando "o submarino [já] estava pronto" [*sic*], viajou para Berlim, pois "acima de tudo queria ver minha mãe, já que era evidente que os russos marchavam sobre a capital do Reich e ali travariam a última batalha decisiva". Saber, com toda certeza, que seriam os soviéticos que tomariam a mal defendida capital indica que Schäffer tinha acesso a informações reservadas. Porque, nesse momento, a opinião pública desconhecia quem ocuparia primeiro a cidade: os Aliados, vindos do oeste, ou os soviéticos, do leste. A população berlinense ainda tinha esperanças de que fossem os primeiros. Eles temiam que os soviéticos se vingassem das atrocidades cometidas durante a invasão alemã. Porém, não estava escrito nas estrelas que isso teria de acontecer.

Depois da ocupação da bacia industrial do Ruhr, o comandante em chefe das forças aliadas, "Ike" Eisenhower, havia se instalado na margem esquerda do Elba, cedendo às tropas de Stalin uma Berlim praticamente vazia — à exceção de adolescentes das Juventudes Hitleristas, feridos, estrangeiros, mulheres na menopausa e velhos.

Naqueles dias finais da guerra, a viagem a Berlim era muito perigosa, recorda Schäffer. O trem demorou 24 horas para chegar à capital, pois, "em intervalos regulares, soava o alarme aéreo e então os passageiros deviam refugiar-se debaixo dos vagões" e por causa dos "inumeráveis desvios" provocados pela destruição dos trilhos pelos bombardeios aliados. Ao chegar, observou como Berlim se preparava para a última batalha: "Os bondes eram virados" e "se levantavam barricadas nas ruas".

Seus superiores, afirma, tinham-no autorizado a embarcar sua mãe no submarino, o que é um absurdo, porque Schäffer teimará em sustentar que o U-977 partiu da Noruega com a ordem de combater nas imediações do porto britânico de Southampton. Assim que chegou a Berlim, foi visitar a mãe, mas ela teria recusado a possibilidade de embarcar. Preferia ficar e correr a sorte da maioria dos berlinenses de sua idade.

À luz dos fatos posteriores, o mais provável é que Schäffer tenha viajado para Berlim com o intuito de advertir sua mãe que quando recebesse notícias de que o comandante do U-977 havia afundado com seu navio não acreditasse nelas.

NO QUARTEL DAS WAFFEN SS

Em seguida, dirigiu-se ao quartel-general das Waffen SS, onde reinava "uma confiança na vitória final" como não havia sentido sequer "nos tempos felizes", quando o porvir do Reich parecia esplendoroso. As Waffen SS viviam a mesma insensata euforia demonstrada por Greim e Hanna Reitsch até o último momento. Ou bem todos ingeriam antidepressivos — ou ácido lisérgico, já que o LSD fora descoberto pelo alemão Albert Hoffmann — ou alguma razão secreta mantinha o moral elevado.

Schäffer alega que se apresentou no covil das tropas de elite do regime sem aviso prévio, que foi recebido como um marechal nos tempos em que a Alemanha estava ganhando a guerra e que lhe mostraram um catálogo de armas de última geração que incluía o que chamavam de "o aparelho de raios mortíferos". Porém, tenha isso ocorrido ou não, é completamente lógico inferir que Schäffer pertencia aos serviços secretos. Vale sublinhar a esse respeito que se, em suas memórias, narra superficialmente uma viagem a Cleveland em 1938, supostamente para aperfeiçoar seu inglês, em Mar del Plata admitiu ter feito viagens a Nova York, Washington, Filadélfia, Detroit, Gettisburg, Buffalo — onde havia sido fundado o pró-nazista *Bund* Germano-Estadunidense — Cleveland e outras cidades. Essa experiência o converte em suspeito não só de ter integrado a Juventude Hitlerista desde a adolescência e a Abwher desde a primeira juventude como também o plantel de aspirantes a sabotadores sob as ordens de Walter Kappe.

Os generais SS devem ter-lhe dado detalhes e orientações para cumprir a delicada missão que Dönitz lhe havia encomendado. E também, provavelmente, um *kit* de camuflagem para seu navio e instruções detalhadas para que, em caso de imprevistos, lançasse todo tipo de cortina de fumaça a fim de garantir que a verdadeira natureza da missão permanecesse oculta.

O NAVIO DO CHEFE

De regresso a Kiel, manteve uma sugestiva entrevista com seu ex-comandante, "com o qual havia navegado como oficial de serviço" — parece uma óbvia, embora arrevesada, referência a Emmermann —, com quem deve ter repassado detalhes da iminente operação secreta.[9] Como já foi dito, Schäffer insiste, em suas memórias, em que sua missão consistia em interceptar navios que entravam ou saíam do Porto de Southampton. Versão pouco crível, entre outras razões porque Dönitz dispunha de um elevado número de *elektrobootes* da classe XXIII, concebidos especificamente para operar em portos britânicos.

Acontece que, perante os oficiais argentinos, Schäffer dissera anteriormente que devia atuar "no canal de Plymouth" e que levava consigo, e podia exibir, "ordens escritas" que comprovavam isso. Levar ordens escritas era absolutamente excepcional, já que, por razões óbvias, Dönitz e o BdU-Op só davam orientações verbais em terra ou por meio de mensagens cifradas aos comandantes em alto-mar.

O caso de Schäffer era claramente o primeiro. "Devíamos ir à Noruega, onde íamos completar o carregamento de combustível, cumprir dois dias de exercícios com o submarino, usando o *schnorkel* recém-instalado, e, em seguida, partir para o *front*. Para essa viagem formamos um grupo de três submarinos. Havia entre nós um novo, do tipo XXI. Era o primeiro que se enviava à frente", escreveu.

Que submarino era esse? Schäffer jamais esclarece esse ponto, mas é bom ter em mente que Emmermann havia assumido pessoalmente o comando do U-3037 em 3 de março. Do mesmo modo que o U-2511 de Schnee e o U-2513 de Topp, esse *elektroboote* do tipo XXI, o primeiro montado e lançado n'água nos estaleiros de Bremen, era um dos mais "flexíveis" da frota e, de certo modo, a melhor nave da 31ª Flotilha.

Segundo os registros da Kriegsmarine, o U-3037 foi misteriosamente passado por Emmermann ao veterano capitão-tenente Gustav Adolf Janssen em 23 de abril e incorporado de imediato à 4ª Flotilha de treinamento, baseada em Stettin. E, segundo essa mesma fonte, Janssen o teria afundado em 3 de maio, nas costas pouco profundas de Travemünde, onde seus restos foram desmanchados. Para todos os fins práticos, era como tivesse se evaporado.

Acontece, porém, que o Porto de Stettin — a atual cidade polonesa de Szczecin — se encontra na Pomerânia e nas margens do Oder, que, naquele momento, estava sendo ocupado pelo Exército Vermelho, que já havia cruzado o rio. Portanto, a suposta transferência não tem pé nem cabeça. Deve-se concluir, então, que jamais se efetuou e que o submarino teve de continuar sob o comando de Emmermann.

Em resumo, é mais do que provável que o submarino da classe XXI que acompanhou o U-977 em sua travessia de Kiel a Bergen tenha sido o U-3037.

ANTIGOS RUMORES

Schäffer descreve a partida do U-977 de Kiel como integrante de um comboio de três submarinos, no meio de uma forte escolta de navios de superfície, o que indica a importância da missão. Acrescenta que, apesar da escolta, um dos submarinos do comboio foi afundado pela aviação aliada, mas não oferece mais dados para identificá-lo.

Em seguida, refere-se a uma escala em um porto dinamarquês, cujo nome não menciona, mas que, segundo admitiu durante seu interrogatório nos Estados Unidos, era Frederikshaven. Estranhamente, tratando-se dos prolixos militares germânicos — que faziam um registro obsessivo dos quilos de cabelo e de pele obtidos dos prisioneiros executados nos campos de extermínio —, não se conservaram em Frederikshaven registros dos movimentos dos U-Bootes durante aqueles dias. Hans Christian Bjerg, chefe dos Arquivos da Defesa e assessor de História da Marinha da Dinamarca, confirmou isso no início de dezembro de 2001: "Os primeiros dias de maio, antes da capitulação da Alemanha, foram muito confusos. Por isso, é muito difícil encontrar informações exatas no que concerne ao movimento dos U-Bootes e ainda mais difícil confirmá-las", explicou. Segundo ele, "sempre houve rumores de que alguns U-Bootes — que durante os últimos dias da guerra zarparam de portos alemães ou ocupados pelos alemães — tinham como destino a Argentina e que levavam ouro, enormes somas de dinheiro e dirigentes nazistas. (...) Todavia, essas suposições são muito difíceis de confirmar e há muita literatura fantasiosa sobre elas. Vários submarinos alemães foram afundados em águas dinamarquesas nos dias anteriores a 8 de maio. Acredita-se que iam para a Argentina, mas parece que se dirigiam para a Noruega. (...) Vários desses U-Bootes foram explorados por mergulhadores ou retirados do mar e em nenhum deles encontrou-se ouro, nem dinheiro, nem restos de pessoas proeminentes. (...) Eu mesmo presenciei, como representante do Ministério da Defesa, o içamento [em 1993] do U-534 e posso dar fé disso". Convém tê-lo em mente.

ABARROTADOS

Em Frederikshaven, recorda Schäffer, "podia-se comer bem novamente e recorrer ao centro alemão de abastecimento", graças ao qual "embarcamos barris de manteiga, presuntos, ovos, enfim, tudo o que se imagina". O submarino ficou de tal maneira abarrotado de provisões que "o chefe de máquinas manifestou preocupação com respeito à carga excessiva, já que com isso as manobras de imersão ficariam mais difíceis ou mesmo impossíveis". Apesar dessa advertência, Schäffer mandou que o conteúdo de um último caminhão de víveres fosse descarregado e cuidadosamente distribuído em diferentes partes do U-Boote para não interferir nos deslocamentos e evitar desequilíbrios. A tripulação era obrigada a deslocar-se em fila indiana e mesmo assim esbarrava o tempo todo nos presuntos pendurados, nas caixas de conhaque e de champanha.

Tantos mantimentos e de tão boa qualidade eram para combater nas vizinhas costas da Inglaterra? Correr riscos de sobrecarga para uma viagem de duas ou três semanas? Acaso era normal que os U-Bootes que partiam para o *front* transportassem quitutes e champanha? Não parece totalmente excepcional que isso ocorresse nas últimas e desesperadas horas do Terceiro Reich?

Não há dúvida, em compensação, de que a ordem de carregar acepipes dessa qualidade e nessa quantidade partira do próprio Dönitz, que, em 2 de maio, transferiu a sede de seu governo para a Escola de Treinamento Naval de Murwick, nos arredores de Flensburg, junto à fronteira com a Dinamarca.

Na ampla Baía de Flensburg situava-se a base de U-Bootes mais importante do Báltico e, em meio a amplos jardins, um conjunto de sólidos edifícios administrativos da Kriegsmarine.[10]

Dali podiam ser enviadas, por via terrestre, mensagens e ordens para a base de Frederikshaven sem perigo de ser interceptadas. A dita viagem — uns 360 quilômetros — demorava umas quatro horas, mas como as duas cidades contavam com aeroportos — no caso de Frederikshaven, o de Sindal, a 22 quilômetros — a velocidade das comunicações podia reduzir-se a pouco mais de uma hora.

A APOSTA

"Aquele que chegar por último à Noruega [cruzando o Estreito de Skagerrak] vai ter de pagar uma caixa de champanha", Schäffer disse ter combinado com o comandante do submarino classe XXI. Gabou-se de ter ganhado a aposta com um dia inteiro de vantagem, façanha verdadeiramente assombrosa, já que o *elektroboote*, quando submerso, era pelo menos duas vezes mais veloz do que o seu limitado U-Boote convencional.

O que fica logo claro é que se tal aposta realmente aconteceu, os dois comandantes sabiam previamente que cruzariam o estreito na superfície. Só assim uma aposta desse tipo seria razoável, porque se tratando de uma zona infestada de minas, o trabalho de evitá-las reduziria a pequena diferença de velocidade na superfície.

Claro que Schäffer não admitiu, a princípio, que navegaram de maneira exposta por um lugar perigoso, mas, treinado para lançar cartuchos Bold e distrair os oponentes com borbulhas, entregou-se a um de seus delírios de costume.[11] Mais tarde, porém, teve de reconhecer que tinham cruzado o estreito na superfície: "A viagem à Noruega apresentava-se extremamente perigosa, uma vez que os ingleses exerciam uma rígida vigilância" sobre o estreito. "Mal tínhamos nos separado da nossa escolta quando a equipe antirradar já anunciava a presença de aviões inimigos. Calculamos que eram uns 12. Eles se aproximavam de nós rapidamente. Nós nos achávamos em uma zona de escassa profundidade e, além disso, minada. Já podíamos ouvir o ruído de seus motores. Primeiro, nos cercaram; parecia que queriam nos localizar com exatidão ou então esperar reforços antes de iniciar o ataque. Achávamos que seríamos atingidos de uma hora para outra pelos projéteis-foguetes de um novo tipo, que eram lançados a partir das asas."

Disse que ordenou a imersão, porém, oh mistério!, nada aconteceu. Era impossível que uma esquadrilha de 12 aviões britânicos não tivesse detectado o grupo — de pelo menos três submarinos, visto que, como em seguida se verá, o suposto afundamento prévio do terceiro U-Boote seria logo desmentido pelo desmemoriado narrador — que navegava na superfície por um dos estreitos mais vigiados do mundo. Entretanto, Schäffer não menciona que os rapazes da RAF os tenham metralhado, nem que tenham lhes lançado cargas de profundidade. Simplesmente, muda de assunto. Porque, assim que submergiram, a navegação se converteu num caos, embora isso não tenha sido causado por um ataque inimigo, que jamais aconteceu, mas sim por sua própria incapacidade de navegar à profundidade de *schnorkel*.

A marcha do U-977 podia ser comparada à de "uma serpente de mar: subida, descida, subida, descida" e, em uma descida de até 30 metros, os motores diesel absorveram o ar interno, fazendo com que "os olhos começassem a sair das órbitas e os tímpanos ameaçassem se romper (...) Chegamos ao limite: 400 milibares de pressão!", exagerou.

Com o submarino quase vazio de ar, mas cheio de fumaça tóxica dos motores e em meio a tosses e falta de ar, Schäffer disse que deixou de lado as instruções e os regulamentos e deu a ordem desesperada de emergir o mais rapidamente possível. O certo era fazê-lo lentamente, porque "tinha de se restabelecer o equilíbrio de pressão", mas "em um minuto [os tripulantes] abriram a escotilha e saíram", pois só tinham "um desejo: respirar ar puro!"

Schäffer mostra-se preocupado em evitar que alguém conclua que atravessou o Estreito de Skagerrak na superfície porque assim o tinham ordenado. Argumenta, em troca, que — embora "a ordem do Alto-Comando [na travessia para a Noruega] era navegar somente em imersão com *schnorkel*", pois a zona a ser atravessada "era sumamente perigosa" — a desobedeceu por razões de força maior: "Preferi não voltar a submergir; pelo menos não queria usar o *schnorkel*, pois não tinha a menor vontade de morrer asfixiado como um rato."

Em sua justificativa da suposta desobediência, alegou que a ordem de navegar submerso era "difícil de cumprir sem ter feito antes um adestramento adequado no uso do novo dispositivo, mas o Alto-Comando havia considerado que o Báltico já não era suficientemente seguro como zona de exercício" e havia determinado que, "assim que chegássemos à

Noruega, iríamos receber um adestramento de dois dias na navegação com *schnorkel*".

Navegar na superfície, arrematou em tom festivo, "era, além do mais, a única possibilidade de ganhar a aposta". Curioso comandante esse, que arrisca a vida de seus homens para ganhar uma caixa de champanha!

A atitude de Schäffer parece mesmo suicida. Segundo os especialistas, cruzar o Estreito de Skagerrak na superfície e sair incólume era, havia muitos meses, virtualmente impossível. Afirma Kraft: "Devido ao cerco imposto por mar e ar pelos Aliados, a chance de escapar do bloqueio por parte dos submergíveis era de uma em quatro." O comportamento de Schäffer é incompreensível... A menos que os britânicos tivessem decidido permitir a travessia.

Mas por que razão fariam isso? Uma hipótese plausível sustenta que tal atitude derivaria da continuação das negociações que haviam frutificado na Operação Sunrise. Só Dönitz, entregue a febris negociações com os aliados anglo-saxões por meio de intermediários, poderia ter negociado que essa travessia acontecesse sem risco.

ESTIMULADOS POR UMA MISSÃO CLARA E PRECISA

Schäffer escreve, orgulhoso, que chegou à base norueguesa com um dia de vantagem sobre "os outros dois submarinos". Mas ele não havia afirmado que dos três submarinos que haviam partido de Kiel um havia sido afundado pela aviação aliada? Ou os submarinos que integravam o comboio eram mais de três?

Em suas memórias, não identifica a base norueguesa, mas no interrogatório em Mar del Plata disse que se tratava de Horten, na Baía de Oslo.

Entrando e saindo dos escarpados fiordes noruegueses, o chefe de máquinas do U-977 aprendeu a usar o *schnorkel*, razão pela qual "estávamos prontos para zarpar", apesar de que, Schäffer se queixa, começavam "a ser sentidas as consequências do desgaste dos acoplamentos diesel". Ainda assim, "não demos importância a isso, pois tínhamos interesse em cumprir uma missão clara e precisa, razão pela qual não nos submetíamos a ordens contraditórias em meio a circunstâncias caóticas". A frase sugere claramente que as ordens que havia recebido incluíam a de não acatar outras, posteriores, que as contradissessem: Dönitz sabia que, dentro de poucas horas, seria observado por cima do ombro por generais e almirantes britânicos e americanos, perante os quais teria de negociar a capitulação.

Depois do treinamento no uso do *schnorkel*, ancoraram o U-977 em Kristiansand Sul (há outro porto chamado Kristiansand, mais ao norte). De acordo com as memórias de Schäffer, teria sido ali que iniciou sua longa e acidentada viagem até a Argentina. Porém já sabemos que, na realidade, zarpou de Bergen.

Na véspera da partida, a tripulação do U-977 jantou em terra firme. Embora Schäffer não o precise, era a noite de 1º de maio, quando primeiro Dönitz — às 22h26 — e depois a Wehrmacht anunciaram a morte de Hitler "com uma dupla deturpação da verdade: dizendo que Hitler havia morrido nessa tarde" e que havia encontrado a morte "em seu posto da Chancelaria do Reich quando lutava até o último suspiro contra o bolchevismo", como assinala Kershaw.

A Rádio Hamburgo havia adiantado a notícia ao anoitecer. Perto da meia-noite, depois de anunciar que substituía Hitler como chefe do Estado, Dönitz transmitiu, desde Plön, uma proclamação política que desafiava os soviéticos e acenava para os aliados ocidentais: "Minha primeira tarefa é salvar os homens e as mulheres da Alemanha da destruição pelo avanço do inimigo bolchevique. É unicamente para servir a esse propósito que a luta militar continua. Como os britânicos e americanos continuam há tanto tempo impedindo a realização dessa tarefa, devemos seguir lutando e defendendo-nos deles."[12]

Schäffer nada comenta a esse respeito, embora tenha descrito as últimas horas que passaria em continente europeu como as de um militar em armas. Era "uma noite temperada e aprazível da primavera nórdica". Eles haviam "acampado em círculo e ao sereno sobre a encosta de uma montanha. (...) Uma pilha de lenha ardia e as chamas vermelhas elevavam-se na direção do céu. Refulgiam as estrelas e o mar brilhava. Rochas escuras conferiam à paisagem ciclópica um quê de exaltação contida. (...) Embora tomássemos um trago atrás do outro, pois tínhamos bebida em quantidade suficiente, não chegamos ao estado de uma alegria ruidosa", embargados pela angústia de pensar no destino da Alemanha e de seus parentes sabendo que o Terceiro Reich "estava vencido e ocupado por tropas inimigas".

A história oficial, sabe-se, é escrita no hemisfério norte. Assim, ainda que Schäffer tenha admitido perante os oficiais argentinos que zarpara de Bergen, segundo o pouco que a Nara (National Archives and Records Administration — Administração Nacional de Arquivos e Gravações) americana tornara público dos interrogatórios efetuados nos Estados Unidos, o comboio teria zarpado de Kristiansand Sul às 22h de 2 de maio.

Talvez seja verdade. Em todo caso, porém, dali se dirigiu a Bergen, mais ao norte, onde os submarinos que integravam o comboio se incorporaram à 11ª Flotilha.

Depois de admitir, durante o interrogatório em Mar del Plata, que o U-977 se havia incorporado a essa flotilha, Schäffer ficou obcecado em afirmar que jamais chegara a conhecer seu chefe, Lehmann-Willenbrock, porque, argumento um tanto infantil, não havia tido tempo de apresentar-se diante do novo comandante.

Dá no mesmo. Antes de zarpar, recordou em seu livro, o comandante da flotilha os estimulou, em tom solene: "Lutaremos até o último homem, não capitularemos jamais." Uma frase que Kraft considera vazia àquela altura dos acontecimentos. A menos, é claro, que não se referisse a ações estritamente bélicas.

SUPERÁVIT ENERGÉTICO

A partir desse ponto, Schäffer não voltará a mencionar em suas memórias comboio algum. Finge demência. Quer fazer crer que o U-977 navegava só. Mas como, se antes havia se gabado de que sua embarcação e as que a acompanhavam tinham zarpado da Noruega depois de se abastecer com mais de um milhão de litros de combustível?! Mais de um milhão, quando se presume que Hitler não havia conseguido reunir 200 litros e, segundo o general Bredow, era milagroso poder encher um isqueiro no *Führerbunker*! Até o próprio falastrão Schäffer reconhece que, no fim de abril, "as reservas alemãs estavam esgotadas e as fábricas de produção sintética e as vias de aprovisionamento destruídas".

Em Mar del Plata, Schäffer diria que o U-977 havia carregado apenas 80 toneladas. Explicou aos oficiais argentinos que embora o navio pudesse carregar 130 toneladas, o chefe de máquinas lhe havia solicitado partir com menos combustível para aproveitar a estabilidade do submarino.

Em outras palavras, no caso hipotético de que o comboio estivesse integrado unicamente por submarinos da classe VII-C, e que todos estivessem carregando a mesma quantidade de combustível, então os U-Bootes que fizeram parte da travessia teriam sido 13. Mas se os dois U-Bootes da classe IX-C/40, que carregavam até 230 toneladas, tivessem integrado o comboio, de acordo com as proporções de carga indicadas pelo próprio Schäffer, então seriam oito embarcações.

Obviamente, se a proporção de submarinos tipo Grande Cruzador ou da nova classe XXI tivesse sido maior, o número de integrantes seria menor.

Em qualquer caso, e qualquer que tenha sido o seu número, os submarinos se fizeram ao mar em Bergen, por ordem do "Tio Karl", cheios de combustível, comida e bebidas. Não se conhece outra unidade da Wehrmacht que, no momento da capitulação da Alemanha, gozasse de semelhantes privilégios.

UM RÁDIO-OPERADOR ARGENTINO

Schäffer mentiu quando disse que um dos dois submarinos que acompanhavam o U-977 em sua travessia de Frederikshaven a Horten havia sido afundado pela RAF: ou os que zarparam eram mais de três ou nenhum U-Boote desse comboio foi afundado, já que ele se gabou repetidamente de ter obtido mais de um dia de vantagem sobre "os outros dois" submarinos que cobriam esse trajeto.

Quer tenha mentido na primeira afirmação — os submarinos eram mais de três, mas um deles, efetivamente, foi posto a pique — quer na segunda — um dos três submarinos foi afundado, mas não antes, e sim depois de chegar à Noruega —, o afundamento do U-534, destacado por Bjerg, o chefe dos Arquivos da Defesa dinamarquesa, revelava-se algo muito interessante.[13]

O U-534, um submarino do tipo IXC/40 pertencente à 33ª Flotilha, foi enviado ao fundo do mar por sua tripulação em 5 de maio, em Kattegat, a noroeste de Helsingör — 56° 39' N, 11° 48' E —, depois que um bombardeiro britânico Liberator inutilizou seus instrumentos de navegação. Em um documentário dinamarquês sobre o seu resgate, transmitido pelo canal National Geographic, um dos oficiais do bombardeiro explica que antes de atacá-lo não levaram em conta, como alvos, três torpedeiros alemães, um atrás do outro, e que seguiram a pista do U-534 porque seus comandos lhes haviam informado que "os dirigentes nazistas estavam fugindo em submarinos para a Argentina".

Segundo o filme, não se compreende por que o comandante do U-Boote, capitão-tenente Herbert Nollau, ordenou abrir fogo quando, impossibilitado de escapar, foi intimado a render-se. Parece óbvio que tinha instruções estritas de não entregar a embarcação. Nollau não só mandou abrir fogo como também as escotilhas para que o U-Boote afundasse enquanto a tripulação se lançava na água. Cinco de seus 52 tripulantes ficaram presos ao fazer a manobra, mas conseguiram sair agonicamente quando o submarino já repousava no leito marinho, a mais de 60 metros de profundidade. Apenas três homens se afogaram.[14] Um deles, segundo disseram os sobreviventes a seus captores, era um rádio-operador argentino.[15]

O resgate do U-534 permitiu comprovar que o U-Boote levava a bordo não uma, e sim duas máquinas Enigma, com o propósito de decifrar mensagens duplamente codificadas. Também permitiu resgatar uma importante quantidade de papéis que, de acordo com o documentário, ainda não foram totalmente analisados. Dito de outro modo: sua análise ainda não foi levada a público. Entre outros mistérios, persiste o da presença de um rádio-operador argentino como parte da tripulação.[16]

UMA EQUIPE EXPERIMENTADA

Baseada em Flensburg, a 33ª Flotilha foi formada tardiamente, em setembro de 1944, como resposta à perda das bases francesas do Golfo de Biscaia. Ficaram afetos a ela tanto o U-534 quanto o U-530, seu gêmeo destinado a operações especiais, sobrevivente do acoplamento com o desafortunado I-52 japonês nos cálidos Mares do Sul.

Dönitz indicou para a chefia da nova flotilha o capitão de mar e guerra Günther Kuhnke, de 32 anos, veterano da Operação Toque de Tambor e condecorado com a Grã-Cruz do Cavaleiro, que havia sido, desde sua criação, chefe da 10ª Flotilha baseada em Lorient e à qual haviam pertencido tanto o U-172 de Emmermann como o U-185 de Maus.

Em julho, Kuhnke havia atribuído interinamente um submarino da classe IX-C/40, o U-853, ao capitão-tenente Otto Wermuth, imediato do comandante anterior, capitão-tenente Helmuth Sommer. Em que pese a juventude — tinha 24 anos —, era um veterano. Havia navegado no U-37 de Oehrn e durante vinte meses atuou como imediato do comandante Gustav Adolf Janssen, o mesmo a quem, de acordo com a falaciosa história oficial, Emmermann teria entregue o U-3037 — a bordo do U-103, um ruidoso U-Boote da classe IX-B pertencente à 2ª Flotilha, também com base em Lorient, que durante esse período torpedeou no Atlântico Norte muitos dos 45 navios que afundaram durante sua extensa carreira.[17]

Em 24 de agosto, o comandante Kuhnke assumiu pessoalmente o comando do U-853, no qual dirigiu, no fim de setembro, o êxodo de Lorient para Flensburg, mas manteve como imediato Wermuth, a quem, ao que parece, prometeu que logo voltaria a ser comandante de um U-Boote. O certo é que assim que chegaram a Flensburg, Kuhnke assumiu o comando da nova flotilha e entregou o U-853 ao capitão-tenente Helmuth Frömsdorf, apelidado “O Equilibrista”.[18]

No início de 1945, Kuhnke teria cumprido sua promessa e nomeado Wermuth comandante do U-530. Segundo a história oficial, a partir de então seu comandante anterior, o curtido Lange, passou à condição de autoridade do porto báltico de Hela.

O U-853 e o U-530 logo se encontrariam diante do litoral dos Estados Unidos, integrando uma mesma matilha com outros U-Bootes, como o U-548 e o U-190. Todos provinham da então dissolvida 4ª Flotilha, eram do tipo IX-C/40 e até a chegada à Noruega pertenciam à 33ª Flotilha. Os quatro U-Bootes se haviam apresentado em Flensburg durante a primeira quinzena de outubro de 1944. No dia 4 chegaram o U-190 e o U-530; no dia 12 foi a vez do U-548 e no dia 14 do U-853. Não se sabe, porém, quando deixaram Flensburg, mas sim que os quatro navegaram até Kiel e que todos chegaram em fevereiro ao porto norueguês de Horten, nas cercanias de Oslo.

O primeiro a zarpar, após uma estadia de três dias, foi o U-853. Presume-se que tenha se dirigido para outro porto norueguês, Stavangetde, e que zarpou dali em 23 de fevereiro rumo à costa americana. O U-530 partiu bem mais tarde, em 3 de março. Dois dias depois foi a vez do U-548 e por último, em 19 de março, a do U-190, que havia passado mais de um mês em Horten.

A cadeia de comando entre Dönitz e os comandantes desses U-Bootes reduzia-se a Kuhnke. Os quatro submarinos deviam reunir-se na primeira semana de abril diante do litoral de Nova York. Sua missão continua sendo um enorme mistério.

O AFUNDAMENTO "ACIDENTAL" DE UMA CORVETA

Ao meio-dia de segunda-feira, 23 de abril de 1945, a pequena corveta *USS Eagle 56*, de 256 toneladas, estava fazendo um exercício antissubmarino na pequena Baía Casco, na Nova Inglaterra, perto de Portland. A corveta arrastava um alvo que simulava um U-Boote. Caças da US Navy arremessavam sobre ele bolsas de farinha. Eram 12h13 quando a corveta foi atingida por um torpedo que fez desaparecer sua popa e por isso afundou com extrema rapidez. Tanta que só a quarta parte da tripulação conseguiu lançar-se na água.

O alerta foi imediato. Os aviões que participavam do exercício viram o afundamento e a explosão foi escutada por outros navios da US Navy. De acordo com o relato dos náufragos, havia passado pouco mais de um quarto de hora desde o ataque quando o *USS Selfridge* e o *USS Nantucked* chegaram.

No quartel-general da US Navy, o comandante encarregado das ações de defesa antissubmarina recebeu a notícia. Kenneth Knowles, um homem magro e viciado em trabalho, levantou uma sobrancelha ao ler o informe objetivo que terminava dizendo que o afundamento teria sido consequência do ataque de um U-Boote. Segundo as coordenadas, a corveta havia sido afundada a três milhas da costa. A presença tão próxima de um U-Boote quando a guerra havia praticamente terminado era surpreendente e só podia ser explicada por um desembarque iminente ou pela necessidade de embarcar comandos espiões.

Em seguida, o operador do sonar do *Selfridge* informou seu comandante, o capitão-tenente J.A. Boyd, que estava recebendo um eco metálico originado a uns mil metros a noroeste. Boyd ordenou o ataque ao submarino com cargas de profundidade. Foi lançada contra ele toda uma série. Todavia, ainda assim, o U-Boote não identificado conseguiu escapar rumo ao sul. Contrariando toda e qualquer previsão, o submarino havia aproado na direção de Nova York, cujas águas estavam infestadas de navios inimigos.

Dos 62 tripulantes da *USS Eagle 56* só 13 sobreviveram, e entre eles só um oficial, John Scagnelli. Os náufragos Oscar Davies e o maquinista John Breeze declararam que quando já estavam na água, a 500 jardas — uns 400 metros —, viram a torreta de um submarino emergir. Breeze acrescentou que pôde distinguir um cavalo vermelho sobre um campo amarelo pintado no escudo da torreta.

No dia seguinte, o cruzador *USS Muskegon* relatou o ataque a um U-Boote com cargas de profundidade no Golfo de Maine. A informação é importante, pois pode se tratar de um dos U-Bootes protagonistas desse relato, o U-530.

APÓS O AFUNDAMENTO DO *BLACK POINT*

Onze dias mais tarde, em 5 de maio, o *New York Times* advertiu sobre o risco de a cidade ser atingida por "bombas-robô", lançadas de submarinos alemães. Pelo visto, a inteligência americana conhecia os planos da Kriegsmarine de bombardear Nova York com mísseis V-1 a partir de U-Bootes.

Nesse mesmo dia, durante uma breve reunião no quartel-general da US Navy, Knowles informou que outro U-Boote havia sido detectado perto de Reykjavik, Islândia, navegando para o sul, talvez para o Cabo Hatteras ou o Golfo de Maine.

Às 15h14 o sistema Magic interceptou uma ordem geral do OKM para que os comandantes de U-Bootes suspendessem o fogo. Todavia — os submarinos alemães que operavam na costa americana não podiam emitir mensagens sob pena de ser detectados, mas escutavam religiosamente as do BdU-Op —, às 17h39 um U-Boote torpedeou e afundou, a nordeste da Ilha de Block e a umas 3,5 milhas de Rhode Island, o cargueiro americano *Black Point*, de 5.353 toneladas, que navegava rumo a Boston. A explosão e o rápido afundamento custaram a vida de 12 tripulantes, um quarto da tripulação. Ao chegar a terra firme, tanto o comandante, Charly Prior, como o maquinista, Frank Kelley, atribuíram o sinistro a um choque com uma mina à deriva. Não lhes ocorria outra possibilidade.

No entanto, em um angustiado SOS transmitido do *Black Point*, o radiotelegrafista havia informado que estavam sendo atacados por um submarino que navegava na superfície. A mensagem havia sido ouvida pelo mercante iugoslavo *SS Kamen*, que alertou a US Navy. Às 18h50, o destróier *USS Atherton*, sob o comando do capitão-tenente Lewis Iselin, zarpou. Depois de resgatar os náufragos, com a colaboração do destróier *USS Amick* e da fragata *USS Moberly*, às 20h23 seu operador de sonar detectou um corpo metálico a 1.400 metros de distância e a 20 de profundidade. Iselin ordenou o ataque com cargas Hedge-Hog. Pouco depois, juntaram-se à perseguição a fragata *Moberly*, os destróieres *Amick* e *John D. Ericcson* e dois dirigíveis da Guarda Costeira.

O submarino acabou encurralado entre eles. Coube ao *Atherton* o peso do ataque, lançando-lhe duas séries consecutivas de cargas de profundidade. A segunda provocou a emersão de madeira e de muito combustível. Por volta da meia-noite dez navios de guerra cortavam todas as rotas de fuga do machucado lobo cinzento. Aos 32 minutos de 6 de maio, o comandante Iselin escreveu no diário de bordo que continuava emergindo grande quantidade de petróleo e borbulhas de ar e que o U-Boote avariado estava submerso entre 21 e 30 metros de profundidade. Ordenou, então, acabar com ele, desferindo uma nova série de cargas de profundidade e Hedge-Hog. Iselin ficou satisfeito quando emergiram cigarros, balsas salva-vidas, capas de almofadas e até o gorro do comandante. Graças a alguns desses elementos, a US Navy pôde constatar que se tratava do U-853 de Frömsdorf.

Os caçadores regressaram à base desfraldando vassouras em cima dos mastros: o sinal de uma boa limpeza.

O U-530 já havia iniciado sua viagem para a Argentina. A rigor, dirigiu-se primeiro para uma ilha semidesértica do Arquipélago de Cabo Verde. Antes que concluísse seu périplo, a US Navy haveria de proclamar que o afundamento da *USS Eagle 56* fora provocado... por uma explosão em sua caldeira.

Foram feitas várias tentativas para recuperar os livros de navegação do U-853, a primeira por mergulhadores do *USS Penguin,* ainda em 6 de maio de 1945. Supõe-se que a US Navy conseguiu recuperá-los. Também se presume que o U-853 transportava meio milhão de dólares em joias e outro milhão em recipientes de aço inoxidável hermeticamente fechados. Uma das testemunhas que depuseram no julgamento de Nuremberg, Hans Bergerdans, disse que, além disso, o submarino transportava uma quantidade considerável de cheques de viagem. Contudo, jamais pôde ser comprovado que o submarino fora o responsável pelo afundamento da

USS Eagle 56 quase duas semanas antes. De seguro, segundo filmagens submarinas, é que o U-853 conservava a maioria dos torpedos.

Ao longo do primeiro trimestre de 2001, os autores informaram por escrito à embaixada dos Estados Unidos sobre suas descobertas e um deles teve uma série de reuniões com William Sturgill, funcionário do Departamento de Estado. Nessas entrevistas foram expostas, entre outros pontos, com o uso de mapas — entre eles o confeccionado por Schäffer —, as prováveis rotas do U-530 e do U-977. Sturgill comprometeu-se a conseguir a plena colaboração da Nara e da US Navy.

O MAIS CRASSO SENSO COMUM

Depois da advertência de Sturgill a respeito das andanças do U-530 nas costas americanas em abril de 1945, a US Navy reconheceu, com 56 anos de atraso, que a *USS Eagle 56* fora afundada pelo torpedo de um submarino alemão e mandou entregar corações púrpura aos descendentes das 49 vítimas. Segundo as precisas informações jornalísticas, um dos fatores que a teriam obrigado a rever sua posição teria sido a investigação do advogado e ex-submarinista Paul Lawton de Brockton. Alguns veículos de comunicação atribuíram o afundamento ao U-853. Como toda a tripulação desse U-Boote havia sido despachada para o fundo do mar com a embarcação, ninguém pôde refutá-lo.

Embora não afirme taxativamente que o U-853 tenha afundado a corveta, uma nota publicada pelo mensário nova-iorquino *Maxims* em maio de 2002 — "In Shallow Water", de Albert Bayme — relaciona logicamente seu afundamento com o do *Black Point*, alimentando a confusão.

Pode-se descartar desde logo o U-548 como o responsável. Esse U-Boote, sob o comando do capitão-tenente Erich Krempl, aparece como tendo sido afundado, com os 58 tripulantes, em 19 de abril, quatro dias antes da *USS Eagle 56*, pelos destróieres *USS Ruben James* e *USS Buckley* a sudeste de Halifax, Canadá.

O capitão-tenente Hans Erwin Reith rendeu o U-190 em 12 de maio, na Praia de Saint John, Baía dos Touros, Terra Nova. Teve sorte de lhe terem permitido que se rendesse, já que os oficiais da Marinha canadense clamavam por vingança pelo guarda-costas *HMCS Esquimalt* que o U-190 havia afundado em 16 de abril. Talvez os tripulantes do U-190 tenham atribuído o colapso da corveta *USS Eagle 56* ao U-853 — ninguém melhor do que os mortos para assumir as culpas alheias —, mas lamentavelmente suas declarações continuam até hoje sob segredo.

O mais crasso dos sensos comuns aconselha suspeitar do U-530, que ia se entregar em Mar del Plata com um único torpedo — inutilizado — dos 22 ou 23 de que dispunha. Os oficiais argentinos que interrogaram Wermuth, seu comandante, disseram que este havia admitido que disparara sete torpedos em águas estadunidenses, se bem que alegou que em todos os casos não havia acertado os alvos. A declaração é inverossímil, pois a metade de seus torpedos era T-5, um tipo quase infalível.

OPERAÇÃO PAPERCLIP

A natureza da missão daqueles U-Bootes da 33ª Flotilha nas costas americanas é ainda motivo de controvérsia. De acordo com o carregamento que teria sido transportado pelo U-853, é legítimo suspeitar que durante os últimos dias da guerra, mais do que afundar navios inimigos, o lema dos lobos cinzentos tenha sido entregar-se. E que tal premissa pode estar intimamente relacionada à decisão da US Navy — ou de instâncias superiores — de mentir durante mais de meio século sobre a causa do afundamento da corveta *USS Eagle 56*.

O problema é estabelecer quando os U-Bootes deixaram de tentar bombardear Nova York com mísseis para passar a entregar-se, transportando dinheiro, joias, valores e as melhores pérolas da indústria bélica alemã. Não é possível demarcar uma linha divisória nítida. Não há pretos e brancos, e sim uma gama de cinza.

É necessário analisar as atividades de outros U-Bootes da 33ª Flotilha — antes que fossem passados, no último momento, à 11ª Flotilha como reforço — que concentrava a elite dos lobos cinzentos.

O U-234 — da rara classe X-B, o maior U-Boote da frota alemã, concebido para lançar minas e, mais tarde, reformado para o transporte de pessoal e mercadorias — zarpou da Noruega rumo ao litoral dos Estados Unidos mais tarde, em 16 de abril, sob as ordens do capitão-tenente Johann-Heinrich Fehler, um oficial de inteligência que, a mando de Khunke, fazia sua primeira patrulha como comandante. Sua missão era extraordinária: transportava um Me-262 desarmado, entre 550 e 560 quilos de óxido de urânio — matéria-prima para a construção de uma bomba atômica —, desenhos de outras armas de última geração, um grupo de especialistas alemães e dois altos oficiais japoneses.

Teoricamente, esse submarino devia chegar ao Japão, mas o certo é que se rendeu aos americanos em Portsmouth, em 16 de maio. De acordo com os oficiais alemães, seus dois colegas nipônicos, depois de informados da iminente entrega, preferiram suicidar-se ingerindo barbitúricos. Quem vai saber? Os dois corpos foram arremessados na água.

Fehler declarou que antes mesmo de zarpar havia decidido entregar-se nos Estados Unidos e que "jamais pensamos em ir ao Japão". Ao que parece, quando em suas mensagens pelo rádio, sistematicamente interceptadas, Fehler dizia "Japão", Dönitz e o BdU-Op sabiam perfeitamente que se referia ao Golfo de Maine.

Dois dias antes do U-234, o U-858, sob o comando do capitão-tenente Thilo Bode, também da 33ª Flotilha, entregou-se diante do litoral de Delaware. E dois dias depois fez o mesmo, em Portsmouth, o grande U-873, da classe IX-D2 e da mesma flotilha, sob o comando do capitão-tenente Friedrich Steinhoff. Este militar era o mesmo que, com o irmão Erich, havia tentado o lançamento de uma bateria de foguetes a partir do convés do U-511 e sonhava arremessá-los sobre Nova York. Na prisão da Rua Charles, na vizinha cidade de Boston, algumas horas depois, enquanto aguardava o interrogatório, Steinhoff, segundo a história oficial, suicidou-se. Um dos tripulantes do submarino disse tê-lo visto rapidamente uma hora antes do seu suposto suicídio... banhado em sangue.

Apesar desse episódio, a rendição sucessiva de três submarinos da 33ª Flotilha entre 14 e 18 de maio marca uma tendência. Essas rendições parecem inscrever-se claramente na transferência organizada de uma ingente quantidade de valores, cientistas, técnicos e tecnologia de ponta do Terceiro Reich para os Estados Unidos, nos marcos de um plano que contou com a participação e a cumplicidade dos serviços de inteligência americanos: a Operação Paperclip.

O MISTÉRIO DO U-869

Continua de pé, ainda sem resposta, uma interrogação. Quando começou a ser executada a Operação Paperclip? E uma outra, decorrente da primeira: é possível que alguns U-Bootes mantivessem planos ofensivos em relação aos Estados Unidos, ao mesmo tempo que outros se entregavam em seu litoral? E, concretamente, foi o U-869, tal como parece, um dos primeiros submarinos a participar da operação?

O BdU-Op deu o U-869 oficialmente por perdido em 20 de fevereiro de 1945. Durante meio século considerou-se que esse U-Boote da classe IX-C/40 e da 33ª Flotilha havia sido afundado com toda a tripulação durante a primeira patrulha, quando navegava diante das costas de Casablanca rumo ao Estreito de Gibraltar. Mais ainda, assegurava-se de que seus agressores haviam sido o *USS Fowler* e o destróier francês *L'Indiscret*. Todavia, em 1989, descobriu-se um U-Boote afundado a uns cem quilômetros das costas de Nova Jersey e a 70 metros de profundidade. E, após seis anos de imersões trabalhosas, que custaram a vida de três mergulhadores, conseguiu-se determinar, de forma indubitável, que se tratava do U-869.

O que havia acontecido? Um documentário sobre aquele resgate, produzido pelo estúdio Nova e transmitido pela National Geographic, formula hipóteses e faz algumas revelações surpreendentes. Afirma que o U-869, sob o comando do capitão de fragata Hellmuth Neuerburg e com uma tripulação de 56 homens, foi enviado — a exemplo de outros U-Bootes da mesma flotilha — para emboscar cargueiros diante de Nova York, em dezembro de 1944. Porém, depois de constatar que o combustível estava se esgotando, Neuerburg enviou um pedido de instruções ao BdU e que Dönitz em pessoa transmitiu a ordem de se dirigir a Gibraltar.

Essa hipótese tem seu tendão de aquiles no fato de que o U-869 era um submarino da versão mais moderna — e com maior autonomia — dos U-Bootes tipo "grande cruzador" e não havia razão para que houvesse consumido muito mais do que 20% da capacidade de seus tanques.

Segundo o documentário, Dönitz não teria recebido as mensagens que lhe enviaram do U-869, nem o capitão Neuerburg a ordem de Dönitz de dirigir-se para Gibraltar, porque as comunicações entre ambos foram interceptadas nas Ilhas Britânicas pela organização Ultra, que operava o sistema Magic e havia decifrado o código Enigma, uma versão que só pode provir dos serviços secretos da Grã-Bretanha e dos Estados Unidos.

Terminada a guerra, assegura o documentário, foi encontrada a cópia da ordem de Dönitz para que o U-869 se dirigisse para Gibraltar, mas nenhuma que o enviasse às águas próximas a Nova York. Por essa razão, acreditou-se que o submarino havia sido afundado perto do penhasco de

Gibraltar. E como o *USS Fowler* e *L'Indiscret* informaram o afundamento de um submarino diante de Rabat, acreditou-se candidamente que se tratava do U-869.

O documentário atribui a uma manobra infeliz a causa mais provável do afundamento do submarino no litoral de Nova Jersey: o U-Boote não teria conseguido submergir o suficiente para evitar o impacto com um de seus próprios torpedos acústicos T-5, que, depois de não acertar no alvo, teria continuado sua costumeira trajetória circular.

Essa é uma ideia rebuscada, baseada em sucessivas suposições e que deixa muitos pontos obscuros. Para começar, não identifica o alvo contra o qual o U-869 teria disparado com tamanha má sorte. Além disso, o U-869 jaz no fundo do mar com sua torreta destroçada, fato que indicaria um autoafundamento, pois nesses casos era obrigatória a colocação de explosivos na torreta.[19] Em apoio a essa hipótese, os mergulhadores encontraram dentro do U-Boote uma única ossada humana. Frequentemente o último homem, encarregado de abrir a escotilha, perecia nos autoafundamentos.[20]

A hipótese encerra uma inquietante suspeita: que a tripulação pode perfeitamente ter desembarcado no litoral americano. E essas nuvens de suspeita aumentaram naturalmente quando a mesma equipe de mergulhadores e investigadores localizou, vivo e em bom estado de saúde, um dos tripulantes do U-869.[21]

Por fim, as nuvens chegaram a adquirir a consistência de um cúmulo negro vivo a partir da revelação de "um dos segredos mais bem guardados da Segunda Guerra Mundial", tal como anunciou em *off* o apresentador do documentário produzido pelo estúdio Nova. Trata-se — explicou seguidamente — do fato de que no início de fevereiro de 1945 a interceptação das mensagens entre o BdU e os U-Bootes por parte da inteligência anglo-americana era tão perfeita que não só foram decodificadas "todas" as mensagens que os U-Bootes recebiam e emitiam como também ela sabia perfeitamente "para onde se dirigia cada submarino mesmo antes da partida".

Isso quer dizer que a inteligência aliada sabia que o U-869 se dirigira para o litoral americano e o ocultou, ou então que, quando em suas mensagens radiotelegráficas Neuerburg e Dönitz se referiam a "Gibraltar", os decodificadores sabiam que citavam em código algum ponto da costa estadunidense. Ou as duas coisas ao mesmo tempo.

NO MEIO DAS TREVAS

A "poucos dias" [*sic*] de zarpar da Noruega a sorte do U-977 tornou-se dúbia, narrou Schäffer. Não, como era previsível, por causa das juntas deficientes dos motores, mas sim por um imponderável: "O periscópio principal foi avariado, um problema sério, pois era imprescindível para a navegação com *schnorkel.*"

Schäffer responsabilizou o seu imediato, cujo nome jamais se dignou a citar, o segundo-tenente Karl Reiser, pela avaria. Há que se relativizar a acusação porque Reiser — Schäffer comenta que seu segundo ficou de cabelos brancos subitamente no decorrer da viagem — opôs-se a várias decisões do jovem comandante por entender que infringiam as ordens recebidas, em particular a de afundar o submarino depois de desembarcar furtivamente na costa argentina. Schäffer acabou prendendo-o e proibindo os demais tripulantes de lhe dirigirem a palavra.

Por outro lado, Schäffer precisava imperiosamente justificar a avaria do periscópio principal. Como a do casco, perto da proa, parecia um claro indício de que o U-Boote havia sido atacado.

Segundo a versão do jovem comandante, "ao dar um alarme [Reiser] se esqueceu de baixar o periscópio, com o que, a cem metros de profundidade, os cabos cederam sob a pressão da água e o periscópio caiu bruscamente sobre o convés, rompendo-se os prismas". Ele não explicou por que tinha dado o alarme. Limitou-se a acrescentar que a avaria revelou-se irreparável, o que os condenava a "navegar às cegas". Não estariam em condições sequer de observar "se as máquinas produziam fumaça" — fato que podia denunciar a posição do U-Boote — nem tampouco "se grupos de caça se aproximavam". Ainda assim, assinalou, "prosseguimos, imperturbáveis, na nossa marcha para o sul".

Para o sul. Southampton fica, sim, ao sul de Bergen, mas a não mais do que um dia de navegação. Ao dizer "sul" ele se referia ao porto inglês, em cujos arredores supõe-se que devia operar? Claro que não. Ele mesmo logo esclarece: "Não queria de jeito algum atracar", nem nesse nem em qualquer outro porto, apesar "de que a tensão nervosa a que estávamos submetidos durante a navegação com *schnorkel* era considerável, posto que não há nada pior do que navegar às cegas, sem ver o que acontece na superfície", consumidos pela dilacerante suspeita de que o *schnorkel*, além de deixar "uma esteira branca" nas águas, possivelmente emitia fumaça. “Para culminar, ao navegar em imersão com os motores de combustão interna, os ruídos eram tão fortes que não nos era possível usar os hidrofones e por isso perdíamos nossa única possibilidade de determinar se navios que não usavam o radar se aproximavam.” Enfim, que pouco antes de iniciar a viagem que o faria célebre, de acordo com seu relato, o submarino parecia uma baleia surda e cega, incapaz de submergir mais do que uns poucos metros, temerosa de emergir e se oferecer a seus predadores que, por certo, proliferavam no Atlântico Norte.

“Ouvia-se, continuamente, no aparelho antirradar, o som profundo clássico, cuja intensidade aumentava e decrescia junto à lâmpada verde de alarme” cada vez que o submarino ficava dentro do raio de um radar inimigo. Para se esquivar de quem o espreitava era aconselhável “baixar o *schnorkel*” e submergir na maior profundidade. Assim o fez no princípio da travessia, mas logo reparou que os acumuladores defeituosos só carregavam eletricidade parcialmente. A operação, que normalmente demorava cerca de três horas navegando a profundidade de *schnorkel*, consumia o dobro do tempo.

Schäffer explica em seu livro que teve de desistir de navegar em profundidade, já que o tempo no qual o U-977 podia deslocar-se desse modo era muito limitado e, além do mais, “representava um gasto de corrente”, isto é, de combustível, muito considerável. Era uma preocupação compreensível, já que embora o U-977 tivesse zarpado da Noruega com os tanques cheios, disse que estes não comportavam mais do que 85 mil litros.[22] De acordo com esse cálculo falacioso, se o U-977 tivesse navegado em condições ótimas, sempre na superfície e a uma velocidade de cruzeiro de 10 nós, teria combustível para uns 40 dias.

Desse modo, impaciente, cego em pleno dia, sem nunca ver o sol, na expectativa de ser atacado a qualquer momento e desperdiçando combustível — situação capaz de destroçar os nervos mais serenos —, navegou “cinco dias”.[23] Foi então que recebeu a mensagem radiotelegráfica de Dönitz que ordenava a todos os U-Bootes se renderem e se colocarem sob as ordens dos Aliados.

Essa mensagem foi emitida em 4 de maio de noite, horas antes de a Alemanha se render aos aliados ocidentais. É tão claro que a mensagem geral de Dönitz não inlcuía os U-Bootes que zarparam de Bergen em cumprimento de tarefas relacionadas com a Operação Ultramar Sul que eles partiram depois que ela foi emitida.

De acordo com o próprio cálculo de Schäffer — ele declarou a seus inquisidores estadunidenses que havia zarpado do continente europeu a partir de Kristiansand Sul, em 2 de maio às 22h —, haviam se passado apenas dois dias, e não cinco, quando isso aconteceu e muito menos cinco mais outros "poucos" dias — os supostamente transcorridos desde o momento de zarpar até que o periscópio tenha ficado inutilizado —, tal como escreveu despreocupadamente. Isso demonstra que Schäffer balbuciou e escreveu qualquer coisa para não admitir que o U-977 tivesse zarpado de Bergen depois de 5 de maio, provavelmente no dia 8 desse mês, horas antes de os britânicos ocuparem a base.

MENSAGENS CIFRADAS

Dönitz costumava passar suas ordens pessoalmente, a cada comandante, por meio de mensagens radiotelegráficas. Manteve esse procedimento até o fim, apesar de saber que muitas, se não todas, das suas orientações eram "escutadas" e decifradas pelo inimigo. Ele simplesmente não tinha outro modo de enviá-las. Teve de usar então palavras-chave previamente acordadas.[24]

Schäffer explica que a bordo dos U-Bootes eram recebidos "três tipos de mensagens radiotelegráficas: a normal, a destinada aos oficiais e, finalmente, a reservada ao comandante. (...) Habitualmente recebem-se as normais, que são decifradas pela máquina decodificadora e em seguida são assentadas, numa linguagem clara, em um registro que, a cada duas horas, é apresentado ao comandante para assinatura. Caso seja recebida uma mensagem da segunda categoria, a primeira palavra que ela traz significa 'mensagem para oficiais' e o texto seguinte, embora seja passado para a máquina, continua sendo incompreensível. Deve ser decifrado uma vez mais, com uma chave especial, conhecida só pelo comandante e pelo oficial radiotelegrafista. Se, ao fazer essa segunda decifração, a primeira palavra é 'comandante', a mensagem é entregue a este, que a decifra com uma chave especial que só ele conhece".

A mensagem aberta pela qual Dönitz ordenava a rendição dos lobos cinzentos fora precedida por outra, emitida em 30 de abril e dirigida exclusivamente aos comandantes, na qual lhes advertia que não deveriam cumprir uma eventual ordem posterior de render-se. Ao contrário. Se recebessem uma mensagem com esse teor, deveriam executar de imediato a Operação Regenbogen: a autodestruição da frota. Assim o afirma um documento do Ministério da Marinha argentino daquele ano e que leva o selo "secreto". Dönitz, assegura, havia "passado ordens públicas e secretas à frota. Na ordem pública, havia ordenado que todas as embarcações se rendessem. Em uma das ordens secretas, e numerada 0953/4, em compensação, ordenou a todos os comandantes dos U-Bootes que pusessem em marcha a Operação Regenbogen e afundassem seus navios".

Foi isso exatamente o que aconteceu. A maioria dos comandantes em operações afundou as embarcações a seu encargo, num total de 218 submarinos. Fica evidente, porém, que um grupo de U-Bootes havia recebido uma ordem prévia que os eximia da Operação Regenbogen e lhes destinava outra, reservada, cuja execução devia continuar depois da rendição.

UM SOVIETE DE MARINHEIROS

É claro que Schäffer jamais admitiu ter recebido ordens especiais. Ofereceu três motivos para explicar por que não executara a Operação Regenbogen: disse que a ordem de rendição havia chegado sem a assinatura de Dönitz por causa de uma interrupção das transmissões; que não acreditava que quem pouco antes os havia estimulado, afirmando que "não nos entregaremos jamais, combateremos até o último homem", "teria se prestado a uma capitulação formal" e, por último, que não estava disposto a regressar e a entregar-se numa Alemanha que os vencedores haviam convertido em "um deserto" e na qual estaria em execução um diabólico "plano para esterilizar todos os homens", que depois seriam deportados, enquanto as mulheres ficariam "abandonadas aos ultrajes das forças de ocupação".

Em suas movediças memórias, afirma que refletiu profundamente sobre uma opção à rendição, já que contava com provisões abundantes, e que resolveu se dirigir "para um país que durante a guerra tivesse se comportado com dignidade". Esse país — ele não tinha dúvida — era a Argentina, um dos "mais adiantados da América do Sul, com grandes riquezas naturais, enormes extensões de terra e numerosas possibilidades de desenvolvimento".

Quando expôs à tripulação suas reflexões, recorda que um dos suboficiais maquinistas disse que conhecia a Argentina e que estava "em comunicação com amigos que vivem nesse país". Também escreveu que ele mesmo tinha "conhecidos e amigos" em Buenos Aires.[25]

Em resumo, Schäffer — que, diga-se de passagem, admitiu que a tripulação o considerava ultramilitarista, isto é, um nazista fanático — oferece uma versão ingênua: sem entrar em acordo com os comandantes dos outros U-Bootes do comboio e preso a um insólito ataque democrático, ao melhor estilo soviético, submeteu um assunto tão importante como esse à votação de seus 48 tripulantes. Teriam votado por seguir viagem até a Argentina 30 homens, dois por entregar-se na Espanha e 16, "quase sem exceção suboficiais" — os mais antigos, casados —, por voltar à Noruega e entregar-se, pois "só tinham um desejo: regressar para junto de seus parentes".

Embora tenha admitido que o mais lógico teria sido prosseguir viagem para a longínqua Argentina, pois "os tripulantes casados" eram "indispensáveis" por tratar-se de "suboficiais especializados em longos cursos de adestramento" e que constituíam "a coluna vertebral de toda unidade de guerra", afirmou que, imbuído de um espírito quixotesco, decidiu "levar em conta os desejos" de quem havia perdido a votação.

Levou seu arroubo assembleísta a tal ponto que propôs ao conjunto mudar o caminho a fim de desembarcar aqueles que o desejassem na costa norueguesa. Antes de tomar essa decisão, deviam considerar que seria uma manobra muito perigosa e que atrasaria a ansiada chegada à Argentina em vários dias.

A proposta, disse, foi aprovada por aclamação. Foi assim que o U-977 regressou até a costa norueguesa, onde, correndo o risco de encalhar, os 16 casados que sentiam saudade do calor de casa alcançaram, em um bote de salvamento, uma ilha próxima a Bergen.[26]

Antes de desembarcar, os veteranos lhe prometeram que se fossem capturados, tal como imaginava que ocorreria, diriam que tinham se chocado com uma mina e que eram os únicos sobreviventes do U-977.

Relato tão fantasioso lhe serviria para justificar os 16 lugares livres de seu navio, a falta de três dos quatro botes com os quais o submarino contava ao zarpar e razão pela qual havia demorado mais do que Colombo para cruzar o Atlântico. No entanto, isso não deve fazer perder de vista que, antes de tudo, a manobra buscava esconder os rastros do U-977.

Porque os 16 desembarcados — um dos quais, declarou Schäffer aos oficiais navais argentinos, era um veterano do *Graf Spee* — logo foram feitos prisioneiros em Bergen e afirmaram unanimemente que o U-977 havia naufragado depois de colidir com uma mina e que eram os únicos sobreviventes da tragédia.[27]

É lícito suspeitar que, na realidade, o U-977 desembarcou 16 tripulantes logo depois de zarpar de Bergen e que assim o fez para liberar espaço, quer para embarcar outros distintos passageiros, quer porque havia carregado um número excessivo de volumes, e não só de víveres.[28]

As manobras para esfumaçar os restos dos submarinos que participaram da Operação Ultramar Sul foram uma constante. Os esforços para dar por desaparecidos o U-3037 e o U-977 talvez tenham sido precedidos pela intriga que cerca o suposto afundamento do U-235 da 31ª Flotilha, provável companheiro de rota de ambos os U-Bootes durante sua última travessia.[29]

OPERAÇÃO SUNRISE: PALAVRAS CRUZADAS

Churchill estava a par das vicissitudes da Operação Crossword — por meio do OSS —, um acordo concertado entre dirigentes nazistas e aliados ocidentais para evitar que a União Soviética continuasse avançando na ocupação da Alemanha. As negociações entabuladas inicialmente pelo general SS Karl Wolff e Allen Welsh Dulles, chefe do OSS na Europa, seriam ampliadas em novas manobras secretas, como a Operação Paperclip. Durante mais de quatro décadas, os Estados Unidos e a Grã-Bretanha negariam a simples existência de Sunrise/Crossword até que o peso das evidências os forçou a reconhecê-la, embora ainda não tenham revelado sua verdadeira extensão.

Como nos jogos de bonecas russas, a Operação Paperclip incluiu a Ultramar Sul, da mesma maneira que o desembarque do U-977 em Hellesoy fazia parte dessa última.[30]

Da Sunrise aceitou-se até agora só o óbvio: que tinha como objetivo uma rendição pactuada das tropas alemãs no norte da Itália, negociação que provocou uma feroz disputa com a União Soviética, pois desrespeitava os acordos prévios de nada permitir além de uma rendição incondicional e simultânea das forças alemãs em todas as frentes.

Os Estados Unidos e a Inglaterra estavam interessados em chegar a um acordo com as forças sob o comando do marechal Albert Kesselring, o homem forte do Reich do Sul, por dois motivos. No aspecto militar, a batalha da Itália se havia convertido em um beco sem saída. Desde a invasão do sul do país em julho de 1943, os Aliados haviam sofrido 300 mil baixas e só haviam conseguido avançar 560 quilômetros, uma média de menos de 29 quilômetros por mês. Porém, ademais, pactuar um cessar-fogo com os alemães permitiria deter e restringir o crescente poder soviético, colocando Stalin na defensiva. Era essa a única maneira de evitar que, acabado o Terceiro Reich, a Itália caísse como uma fruta madura nas mãos de comunistas e socialistas, que constituíam a enorme maioria dos guerrilheiros que haviam resistido ao regime fascista e à ocupação alemã, empreendendo uma corajosa guerra de guerrilhas.

As tropas alemãs acantonadas na Itália chegavam a um milhão de combatentes bem armados, que se haviam reagrupado na montanhosa extremidade sul do Vale do Pó. Formavam, de longe, as divisões mais fortes do decadente Terceiro Reich.

As negociações começaram por iniciativa de Wolff, quando enviou o barão Luigi Parrilli ao quartel-general do OSS em Berna. Dulles negou-se a receber pessoalmente Parrilli, mas o encaminhou a seu lugar-tenente, o germano-americano Gero von Schulze Gaevernitz. Depois do encontro, Gaevernitz determinou que ambos voltassem a se reunir, dessa vez incorporando às deliberações o major Max Waibel, o homem de Dulles no serviço de inteligência suíço. Como os banqueiros helvéticos tinham importantes interesses econômicos no norte da Itália e temiam que uma luta frontal entre alemães e Aliados pudesse afetá-los, Waibel atuava com a bênção do seu governo.

Fruto dessas negociações trilaterais, em princípios de março o serviço de inteligência suíço organizou uma reunião, no reservado de um restaurante de Lugano, entre um alto oficial do OSS e um representante de Wolff, o coronel SS Eugene Dollmann. O homem do OSS pediu nesse encontro que, como prova de boa-fé negociadora, Wolff libertasse dois chefes guerrilheiros. Cinco dias mais tarde, Wolff não só havia atendido ao pedido como também entrava na Suíça, em trajes civis, para negociar pessoalmente com Dulles. Após uma série de averiguações por meio de intermediários, Dulles, acompanhado por Gaevernitz, recebeu Wolff junto à lareira acesa de um apartamento de Zurique.

A proposta de Wolff foi clara. Ofereceu a imediata rendição de 200 mil homens: 120 mil fascistas italianos e 80 mil membros da polícia e das tropas de ocupação alemãs. Também estimou que poderia convencer o marechal Kesselring para que rendesse outro meio milhão de homens da Wehrmacht.

Eufórico, Dulles enviou ao seu chefe em Washington, William "Wild Bill" Donovan, um informe no qual descrevia Wolff como uma pessoa "distinta" e "dinâmica". O marechal britânico Harold Alexander, comandante em chefe aliado na Itália, também recebeu com alívio as propostas de Wolff. Planejava uma ofensiva para a primavera, mas conhecia a fortaleza das tropas de Kesselring e ficaria feliz se pudesse evitá-la.

No entanto, Kesselring foi convocado inesperadamente a Berlim, onde Hitler lhe comunicou sua nomeação como comandante em chefe da Frente Oeste, motivo pelo qual Wolff teve de informar sobre os acordos a seu substituto, o general Heinrich-Gottfried von Vietinghoff, que, obrigado pelo juramento de lealdade ao *Führer* e como comandante interino, fez objeções à ideia de render sem mais nem menos as tropas que Hitler lhe havia confiado.

A essa altura dos acontecimentos, o Alto-Comando aliado decidiu duas coisas: que um representante de mais alto nível interviesse nas negociações e que os soviéticos fossem informados. Nessa ocasião, Moscou conhecia as misteriosas idas e vindas de Wolff e havia chegado à conclusão de que a Sunrise era um complô aliado para negociar uma paz em separado com o Reich, a fim de liberar tropas alemãs para que pudessem prosseguir na luta contra o Exército Vermelho.

Dulles comunicou oficialmente a Moscou a Operação Sunrise em 11 de março. De imediato, Stalin designou três oficiais para participar das negociações. No entanto, os aliados ocidentais responderam que não permitiriam a intervenção soviética, posto que, acrescentaram, tratava-se de acordos para assegurar uma rendição militar local e ordinária, semelhante a outras que a União Soviética havia aceitado na Frente Leste sem se incomodar sequer em comunicá-las.

Convencido de que Churchill estimulava uma aliança com os chefes nazistas contra a União Soviética, Stalin subiu pelas paredes. No dizer do ministro Molotov, a resposta dos Aliados lhe pareceu "totalmente inesperada e incompreensível". A menos que concordassem que os soviéticos participassem das negociações — fez saber aos aliados ocidentais por meio do seu ministro das Relações Exteriores —, deviam interromper de imediato todo contato com os alemães. Diante desse virtual ultimato, o OSS e o Intelligence Service buscaram apaziguar Stalin com sucessivos informes sobre o estado das negociações. Esses documentos asseguravam que Wolff se havia entrevistado com Kesselring e que o marechal havia aceitado recomendar a Vietinghoff a rendição, embora tenha esclarecido que não entregaria o comando da Frente Oeste enquanto não o liberassem do seu juramento de lealdade pessoal a Hitler, isto é, enquanto o *Führer* continuasse vivo e à frente do Reich.

No entanto, as conversações continuavam pelas costas do líder soviético. Mas a espionagem soviética se inteirou disso e em 3 de abril Josef Stalin enviou ao presidente Roosevelt uma mensagem na qual acusava americanos e britânicos de fazer um jogo duplo. "O senhor tem toda razão quando afirma que o tema das negociações do comando anglo-norte-americano com o comando alemão em algum ponto de Berna ou em outro lugar 'provocou uma atmosfera de temor e de desconfiança, o que é lamentável'.

"O senhor insiste em que não houve negociações. Cabe supor que o senhor não foi completamente informado. No que tange a meus colegas militares, estes, com base nos dados em seu poder, não têm nenhuma dúvida de que as negociações tiveram lugar, e que elas redundaram em um acordo com os alemães, com base no qual o comandante alemão da Frente Ocidental, o marechal Kesselring, aceitou abrir a frente e permitir que as tropas anglo-americanas avançassem para leste, em troca do que os anglo-americanos prometeram aos alemães suavizar os termos da paz.

"Creio que meus colegas têm razão. De outro modo, não se entenderia por que os anglo-norte-americanos não permitiram que representantes do comando soviético participassem das negociações de Berna.

"Tampouco entendo o silêncio dos britânicos, que deixaram o senhor se comunicar comigo sobre este incômodo assunto, enquanto eles se mantêm calados, embora já se saiba que a iniciativa de todo este asunto das negociações foi deles..."[31]

A SEGUNDA GUERRA MUNDIAL

Roosevelt, cuja saúde se deteriorava rapidamente, respondeu em 5 de abril com uma enérgica nota, escrita na verdade a quatro mãos pelo chefe do Estado-Maior do Exército americano, general George Marshall, e o chefe do Estado-Maior Conjunto, almirante William Leahy. O texto negava as acusações e advertia Stalin de que "seria uma das grandes tragédias da história se, no exato momento da vitória que agora temos ao alcance das mãos, essa desconfiança, essa falta de fé, prejudicasse toda a empresa após a colossal perda de vidas, de material e de recursos envolvidos".

Mais calmo, Stalin replicou: "Acreditamos que na atual situação nas frentes, quando o inimigo se encontra diante de uma inevitável rendição, se os representantes de qualquer potência aliada se reúnem alguma vez com os alemães para discuti-la, os representantes das demais potências aliadas devem ter a oportunidade de participar dessas reuniões. Em qualquer situação, isso é absolutamente essencial caso uma potência aliada solicite essa participação."

A firme posição soviética teve a virtude de congelar oficialmente as negociações — isto é, já não se enviaram informes a Moscou —, razão pela qual o marechal Alexander iniciou sua demorada ofensiva em 9 de abril. Todavia, as reuniões continuaram, ainda que se tomando todas as precauções para que os soviéticos não se inteirassem dela. Fruto dessas reuniões foi a fulminante rendição das tropas alemãs em 2 de maio, que implicava que um milhão de homens bem-equipados se somariam como reserva potencial às forças aliadas, decididas a impedir que os guerrilheiros tomassem o poder. Essa novidade dissuadiu Stalin de socorrer os homens de Palmiro Togliatti, secretário-geral do Partido Comunista Italiano em armas.

No julgamento de Nuremberg, Wolff foi condenado a 15 anos de prisão. Porém, uma semana mais tarde, foi-lhe outorgada a liberdade condicional.

TÁTICAS DE ADIAMENTO

Enquanto instalava seu "governo" em Flensburg, Dönitz começou a manobrar em função de seus objetivos. No mínimo, deveria render a maior quantidade possível de forças aos aliados ocidentais e impedir a ocupação de mais território alemão pelo Exército Vermelho. Sua aspiração máxima era convencer os aliados ocidentais de que deveriam continuar com os alemães a guerra contra os soviéticos.

As tropas sob o comando de Kesselring se haviam rendido nesse mesmo dia. Era necessária uma recontagem de forças: o general Jodl e o Estado-Maior do OKW estimaram que a Wehrmacht ainda mantinha 1,8 milhão de homens combatendo na Frente Leste. Como os acordos interaliados estabeleciam que as unidades alemãs deviam render-se às forças contra as quais lutavam, se Dönitz capitulasse de imediato deveriam submeter-se aos russos. Já era tarde para apoiar as unidades encurraladas atrás das linhas vermelhas na Letônia e na Prússia Oriental e os sobreviventes da batalha de Berlim, mas calculava-se que mais de 1,2 milhão de homens ainda estavam em condições de abrir passagem para o oeste: os 600 mil do Exército Central dispersos na Tchecoslováquia, os 430 mil do Exército do Sul acantonados na Áustria e os 180 mil do Exército do Sudeste que resistiam na Iugoslávia.

Dönitz convocou o tenente-general Oldwig von Natzmer, chefe do Estado-Maior do Exército do Centro, e Karl Hermann Frank, um nativo dos Sudetos tchecos que havia tiranizado seu país na qualidade de chefe do Protetorado do Reich da Boêmia e da Morávia. Após um acidentado voo desde Praga através da Alemanha controlada pelos soviéticos, ambos chegaram a Flensburg em 3 de maio. Natzmer apresentou um lúgubre estado da situação militar. Só um terço das forças do Exército Central — 200 mil homens — estava em condições de combater e aguardava o iminente ataque de dois milhões de soldados soviéticos que os cercavam pelo norte, pelo leste e pelo sul. Natzmer estimou que poderiam resistir ao assédio, no máximo, durante duas semanas.

Frank informou sobre a crescente atividade clandestina em Praga; predisse uma revolta em grande escala em poucos dias; e propôs a Dönitz entregar o governo a políticos anticomunistas e negociar por meio deles a rendição ao general George Patton, chefe do Terceiro Exército dos Estados Unidos e antibolchevista obssessivo. Patton permanecia estacionado ao longo da fronteira tcheco-alemã fazia duas semanas, talvez à espera de um oferecimento como esse.

Dönitz autorizou Frank a negociar com Patton e por meio de Natzmer ordenou ao marechal Schörner, chefe do Exército Central, que resistisse. E que, quando isso já não fosse mais possível, se deslocasse para o oeste e se rendesse aos americanos.

Em seguida, formou uma equipe para negociar com os aliados anglo-saxões e escolheu como seu representante pessoal o almirante Von

Friedeburg, a quem havia nomeado para a chefia da Kriegsmarine. Enviou Friedeburg para entrevistar-se com o marechal *sir* Bernard Montgomery, comandante do XXI Grupo de Exército, mas lhe impôs estritas restrições e o instruiu detalhadamente sobre que tipo de rendição podia oferecer e em que ordem. Todas as opções implicavam uma ou outra discrepância com respeito aos termos aliados de rendição incondicional, razão pela qual não esperava uma resposta entusiasta. Em qualquer caso, Dönitz se reservava a última palavra.

Friedeburg combinou encontrar-se com Montgomery em 3 de maio, no quartel britânico de Lüneberger Heide, na margem ocidental do Elba, 50 quilômetros a sudeste de Hamburgo. Propôs-lhe a rendição aos britânicos do III Corpo Panzer e dos Exércitos XII e XXI, ou seja, as forças que haviam combatido os soviéticos ao norte de Berlim. O acordo interaliado proibia expressamente uma capitulação semelhante. Como era previsível, Montgomery rechaçou formalmente a proposta, mas disse-lhe, com picardia, que se os soldados desses exércitos se aproximassem individualmente das linhas britânicas, seus homens não teriam outro remédio senão fazê-los prisioneiros. Se Friedeburg havia compreendido corretamente as palavras de Montgomery, as tropas do norte da Alemanha que alcançassem as linhas britânicas estariam a salvo dos russos.

"Todas as forças nos flancos oeste e norte, incluídas as na Holanda, na Frísia, nas Ilhas Frísias e Helgoland, em Schleswig-Holstein e na Dinamarca se renderão perante a mim? Se isso acontecer, considerarei que foi uma rendição tática no campo de batalha de forças inimigas que se me opõem de forma imediata", propôs Montgomery. Friedeburg estava surpreso. Tratava-se de uma transgressão ostensiva dos acordos interaliados que superava suas expectativas. Aceitá-la sem mais discussão significava frustrar o objetivo de Dönitz de postergar a rendição até que a maior quantidade possível de tropas alemãs se aproximasse das linhas dos aliados ocidentais. Ele então argumentou que aceitar a oferta excedia sua autoridade e por isso tinha de consultar Dönitz. Montgomery convidou-o a almoçar e a refletir. Segundo escreveu o marechal em suas memórias, durante a refeição Friedeburg chorou. A seguir, o marechal apresentou-lhe um ultimato: Dönitz deveria aceitar suas condições antes das 18h do dia seguinte, 4 de maio, ou as tropas sob seu comando retomariam a luta e infringiriam enormes perdas à Wehrmacht.

Diretoria do Patrimônio Histórico e Documentação da Marinha

O cruzador *Bahia*.

Diretoria do Patrimônio Histórico e Documentação da Marinha

Tenente de fragata Heinz Schäffer. Mais mentiroso do que o barão de Münchausen, seu relato contribuiu involuntariamente para a reconstrução da Operação Ultramar Sul. Suspeito número 1 de ter afundado o cruzador *Bahia*, permaneceu quase um mês escondido no litoral argentino antes de se entregar em Mar del Plata.

Capitão-Tenente Otto Wermuth. Conduziu a toda a velocidade o *U-530* até Mar del Plata, mas não parou na cidade. Pernoitou em algum lugar da costa, onde desembarcou sua balsa principal antes de amanhecer.

A todo o vapor. Otto Wermuth ao desembarcar do *U-530* na base naval de Mar del Plata.

Capitão de navio Heinrich Lehmann-Willenbrock. Dirigiu a operação de Bergen, na Noruega, até a entrega aos britânicos. Ruivo, órfão desde criança, tinha o apelido de Guerreiro Valente. O famoso filme *O barco – inferno no mar* (*Das Boot*) se baseou em suas vicissitudes.

Tenente de navio Carl Emmermann. Foi o chefe de Schäffer até sua chegada à Noruega. Combateu em águas brasileiras e era o maior expert dentre os submarinistas alemães no Atlântico. Versado nos novos submarinos do tipo XXI, e por haver conduzido um deles à Argentina (o *U-3037*?) e depois regressado à Alemanha, seria lógico que houvesse sido seu comandante.

Grande almirante Karl Dönitz. Substituiu Adolf Hitler, dando início à Operação Ultramar Sul, planejada para exilar na longínqua Patagônia o Führer e pessoas próximas a ele.

Arquivo da família Garcia D'Ávila

Capitão de fragata Garcia D'Ávila Pires de Carvalho e Albuquerque. Comandante do *Bahia*, "o homem certo no lugar certo". Fora atingido por uma das lascas do navio no momento da explosão e teve duas fraturas expostas no braço. Durante a tragédia, consciente de que afundariam, ordenou ao suboficial Mosquito: "Deixe-me, rapaz, e procure salvar-se. Sou um homem morto."

Diretoria do Patrimônio Histórico e Documentação da Marinha

Contra-almirante Lúcio Torres Dias. Único sobrevivente do ataque ao *Bahia*, foi surpreendido quando estava próximo à caldeira do navio.

Uma festa bárbara. Uma das festas a Netuno a que a tripulação do *U-Boote* se entregava ao cruzar o equador.

Diretoria do Patrimônio Histórico e Documentação da Marinha

A tripulação do *Bahia*.

Diretoria do Patrimônio Histórico e Documentação da Marinha

Uma explosão na popa. Lançamento de uma carga de profundidade durante manobras realizadas antes de o Bahia ser enviado para a frente de combate.

Diretoria do Patrimônio Histórico e Documentação da Marinha

Resgate de uma das balsas de salvamento do *Bahia*, em estado deplorável.
A falta de água potável sob o sol equatorial e a lentidão do resgate provocaram a morte da maioria dos náufragos.

Diretoria do Patrimônio Histórico e Documentação da Marinha

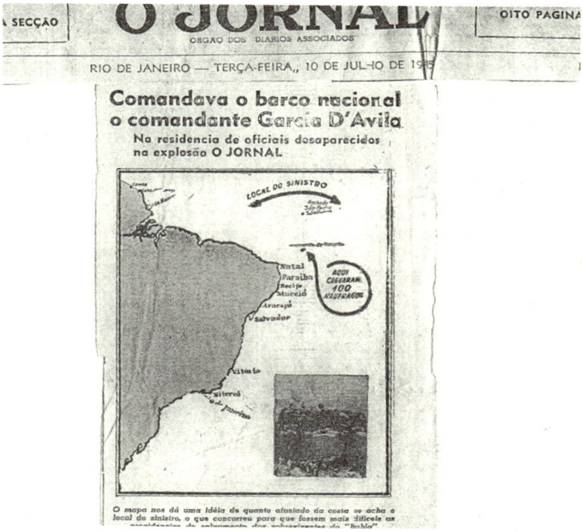

SECÇÃO

O JORNAL

ORGAO DOS DIARIOS ASSOCIADOS

OITO PAGINA

RIO DE JANEIRO — TERÇA-FEIRA,, 10 DE JULHO DE 19

Comandava o barco nacional o comandante Garcia D'Avila

Na residencia de oficiais desaparecidos na explosão O JORNAL

O mapa nos dá uma idéia de quanto afastado da costa se acha o local do sinistro, o que concorreu para que fossem mais dificeis as

O mapa do afundamento. Publicado em O *Jornal*, em 10 de julho de 1945.

Diretoria do Patrimônio Histórico e Documentação da Marinha

O desenho do afundamento.

República Argentina
Ministerio de Marina

PARA CIFRAR

COMANDANTE EN JEFE DE ESCURIOS Y ESCUMAR:

LEVANTAR PATRULLADO DE LA COSTA.
MARINA.

ES COPIA

21 de Julio de 1945.

HECTOR VERNENGO LIMA
VICEALMIRANTE
JEFE DEL ESTADO MAYOR GENERAL

ES COPIA FIEL
DEL ORIGINAL

Área livre. O vice-almirante Vernengo Lima interrompe subitamente o patrulhamento costeiro no dia 21 de julho de 1945.

Itinerário. Mapa feito por Schäffer para indicar sua incrível história – 66 dias de navegação submarina à velocidade de caranguejo – ante os cúmplices marinhos argentinos.

Lacuna. O *U-977* na Base Naval de Mar del Plata: veja o enorme buraco sobre o estibordo, perto da proa, muito possivelmente causado pelas cargas de profundidade largadas pelo *ARA Mendoza*.

Classe VII-C. O *U-995*, gêmeo do *U-977*, no museu de Laboe, Alemanha.

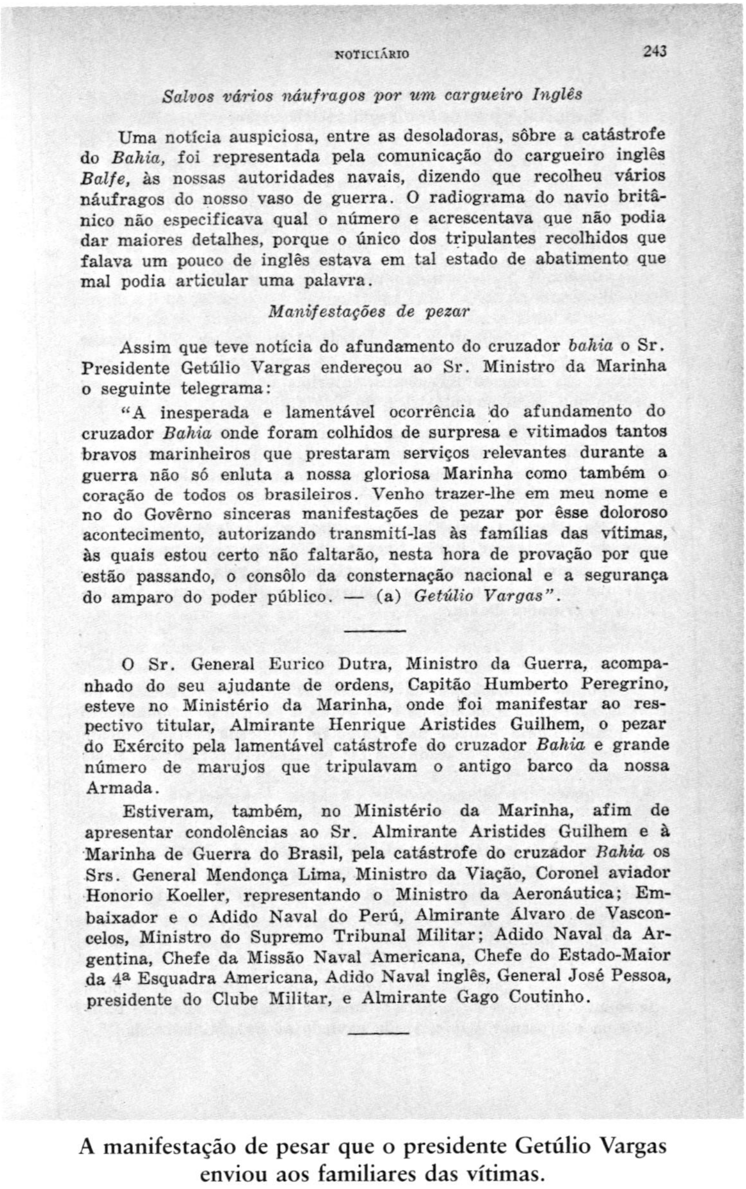

NOTICIÁRIO 243

Salvos vários náufragos por um cargueiro Inglês

Uma notícia auspiciosa, entre as desoladoras, sôbre a catástrofe do *Bahia*, foi representada pela comunicação do cargueiro inglês *Balfe*, às nossas autoridades navais, dizendo que recolheu vários náufragos do nosso vaso de guerra. O radiograma do navio britânico não especificava qual o número e acrescentava que não podia dar maiores detalhes, porque o único dos tripulantes recolhidos que falava um pouco de inglês estava em tal estado de abatimento que mal podia articular uma palavra.

Manifestações de pezar

Assim que teve notícia do afundamento do cruzador *bahia* o Sr. Presidente Getúlio Vargas endereçou ao Sr. Ministro da Marinha o seguinte telegrama:

"A inesperada e lamentável ocorrência do afundamento do cruzador *Bahia* onde foram colhidos de surpresa e vitimados tantos bravos marinheiros que prestaram serviços relevantes durante a guerra não só enluta a nossa gloriosa Marinha como também o coração de todos os brasileiros. Venho trazer-lhe em meu nome e no do Govêrno sinceras manifestações de pezar por êsse doloroso acontecimento, autorizando transmití-las às famílias das vítimas, às quais estou certo não faltarão, nesta hora de provação por que estão passando, o consôlo da consternação nacional e a segurança do amparo do poder público. — (a) *Getúlio Vargas*".

O Sr. General Eurico Dutra, Ministro da Guerra, acompanhado do seu ajudante de ordens, Capitão Humberto Peregrino, esteve no Ministério da Marinha, onde foi manifestar ao respectivo titular, Almirante Henrique Aristides Guilhem, o pezar do Exército pela lamentável catástrofe do cruzador *Bahia* e grande número de marujos que tripulavam o antigo barco da nossa Armada.

Estiveram, também, no Ministério da Marinha, afim de apresentar condolências ao Sr. Almirante Aristides Guilhem e à Marinha de Guerra do Brasil, pela catástrofe do cruzador *Bahia* os Srs. General Mendonça Lima, Ministro da Viação, Coronel aviador Honorio Koeller, representando o Ministro da Aeronáutica; Embaixador e o Adido Naval do Perú, Almirante Álvaro de Vasconcelos, Ministro do Supremo Tribunal Militar; Adido Naval da Argentina, Chefe da Missão Naval Americana, Chefe do Estado-Maior da 4ª Esquadra Americana, Adido Naval inglês, General José Pessoa, presidente do Clube Militar, e Almirante Gago Coutinho.

A manifestação de pesar que o presidente Getúlio Vargas enviou aos familiares das vítimas.

O texto não deixa dúvidas: o *Bahia* havia sido atacado.

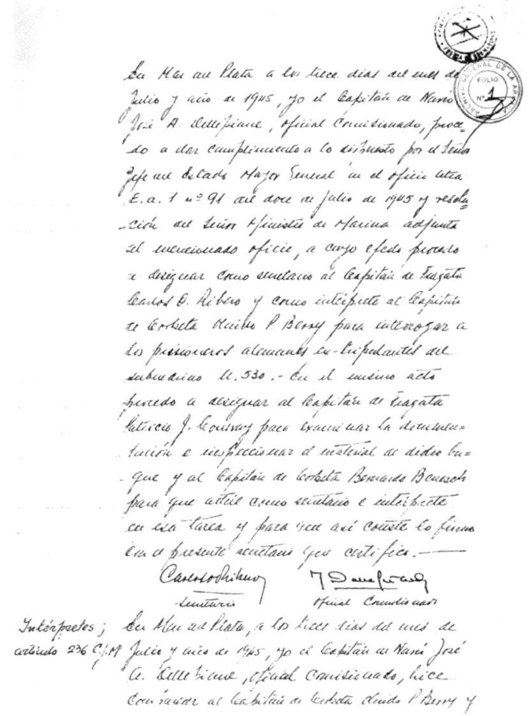

En Mar del Plata a los trece días del mes de Julio y año de 1945, yo el Capitán de Navío José A. Dellepiane, Oficial Comisionado, procedo a dar cumplimiento a lo dispuesto por el Señor Jefe del Estado Mayor General en el oficio letra E.a. 1 nº 91 del doce de Julio de 1945 y resolución del Señor Ministro de Marina adjunta al mencionado oficio, a cuyo efecto procedo a designar como secretario al Capitán de Fragata Carlos O. Ribero y como intérprete al Capitán de Corbeta Guillermo P. Berry para interrogar a los prisioneros alemanes ex-tripulantes del submarino U.530.- En el mismo acto procedo a designar al Capitán de Fragata Patricio J. Conway para examinar la documentación e inspeccionar el material de dicho buque y al Capitán de Corbeta Bernardo Benesch para que actúe como secretario e intérprete en esa tarea y para que así conste lo firmo con el presente secretario que certifico.—

Carlos O. Ribero — Secretario
J. Dellepiane — Oficial Comisionado

Intérpretes; artículo 236 C.J.M.

En Mar del Plata, a los trece días del mes de Julio y año de 1945, yo el Capitán de Navío José A. Dellepiane, Oficial Comisionado, hice comparecer al Capitán de Corbeta Guillermo P. Berry y

Dissimulação 1. Primeira página da transcrição em espanhol do depoimento de Wermuth em Mar del Plata.

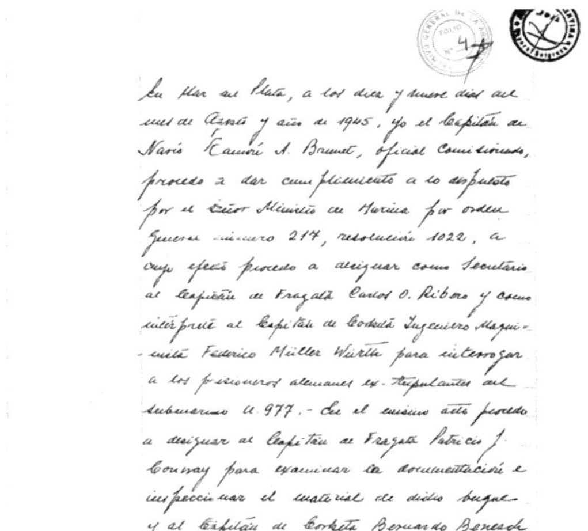

En Mar del Plata, a los diez y nueve días del mes de Agosto y año de 1945, yo el Capitán de Navío Ramón A. Brunet, Oficial Comisionado, procedo a dar cumplimiento a lo dispuesto por el Señor Ministro de Marina por orden General número 217, resolución 1022, a cuyo efecto procedo a designar como Secretario al Capitán de Fragata Carlos O. Ribero y como intérprete al Capitán de Corbeta Ingeniero Maquinista Federico Müller Wirth para interrogar a los prisioneros alemanes ex-tripulantes del submarino U 977.- En el mismo acto procedo a designar al Capitán de Fragata Patricio J. Conway para examinar la documentación e inspeccionar el material de dicho buque y al Capitán de Corbeta Bernardo Benesch para que actúe como secretario e intérprete en esa tarea y para que así conste lo firmo con el presente secretario que certifico

Carlos O. Ribero — Secretario
Ramón A. Brunet — Oficial Comisionado

Intérpretes; art. 236 C.J.M.

En Mar del Plata, a los diez y nueve días del mes de Agosto y año de 1945, yo el Capitán de Navío Ramón A. Brunet, Oficial Comisionado, hice comparecer al Capitán de Corbeta Ingeniero Maquinista

Dissimulação 2. Primeira página da transcrição em espanhol do depoimento de Schäffer em Mar del Plata. Com seu livro, Schäffer procuraria encobrir algumas revelações que fez naquela época.

Serial: 049

U.S.S. OMAHA (CL4)
Fleet Post Office
New York, New York,
1 August 1945.

DECLASSIFIED

REG. NO 486
C. S. NO
REG. S. NO 141

CONFIDENTIAL

From: The Commanding Officer.
To: The Commander in Chief, United States Fleet.

Subject: War Diary.

Reference: (a) Cominch ltr serial 7152 of 29 October 1943.

Enclosure: (A) War Diary, U.S.S. OMAHA (CL4), for period 1 July to 31 July 1945.

1. Enclosure (A) is forwarded herewith, as required by reference (a).

W. L. Freseman
W. L. FRESEMAN.

136942 FILMED CONFIDENTIAL

O resgate do *Bahia*. Primeira página da bitácula do cruzador *USS Omaha*, correspondente ao mês de julho de 1945. O capitão W. L. Freseman foi o encarregado das tarefas de resgate (*Fonte*: Nara).

This morning I paid an official call on Vice Admiral TEXIERA, Commander Brazilian Northeastern Naval Area.

6 July 1945 (Zone plus 3)

Moored to dock, Recife. The Chief of Staff to Commander Brazilian Northeastern Naval Forces and the Commanding Officer of MARCILIO DIAS (Brazilian DD) called officially this morning. At 1145 OMAHA was placed under quarantine as result of Medical Officer's diagnosis of one case of Meningococcia Meningitis. Patient was transferred to Army Hospital in Recife.

7 July 1945 (Zone plus 3)

Moored as before; under quarantine.

8 July 1945 (Zone plus 3)

At 1022 I was directed to report to Commander South Atlantic Force at the latter's headquarters. There I was informed by Commander South Atlantic Force that evidently the Brazilian cruiser BAIA had been sunk near Plane Guard Station 13 located at Lat. 0° and Long.30°W and that it would be necessary for OMAHA and available Brazilian ships to proceed to the area and rescue survivors. The Brazilian destroyer GREENHALGH was getting underway and proceeding toward the area. Commander South Atlantic Force directed that OMAHA and Brazilian destroyers MARCILIO DIAS and MARIZ E BARROS get underway as soon as possible and proceed to the rescue area. I am in charge of the Sea Rescue Group, comprising surface units.

A conference was held immediately by the commanding officers concerned and a preliminary search plan for 9 July was formulated and distributed as OMAHA despatch 081622Z. Despatches from SS BALFE (British) indicated she had recovered survivors at Lat. 00-57 S, Long. 31-15 W at 071640P. Aircraft reports indicated life rafts were located at Lat. 00-57 S, Long. 31-53 W on 8 July.

In accordance with verbal orders from ComSoLant, MARCILIO DIAS and MARIZ E BARROS got underway at 1400, OMAHA at 1500. All ships proceeding at best practicable speed. GREENHALGH, underway at 1108, was sent preliminary search plan by radio.

RIO GRANDE DO SUL, relief ship for BAIA on Station 13, is reported to be 80 miles from position where survivors were rescued. RIO GRANDE DO SUL is proceeding to the area at best speed. Sent preliminary search plan to her by radio.

- 2 -

CONFIDENTIAL

Caçadores. 8 de julho. O capitão Freseman recebeu ordem de comandar o resgate dos náufragos do cruzador *Bahia*, que "foi afundado". Seu primeiro ato foi enviar à zona três destróieres – *Greenhalgh*, *Marcílio Dias* e *Mariz e Barros*. Os destróieres são especializados na caça e destruição de submergíveis.

Declassified
~~CONFIDENTIAL~~

201-45 915-400

Naval Attaché Buenos Aires 24 July 45

Personal observation A-1

Argentina Navy Movements of Enemy Vessels

Enclosures: (A) Interrogation of Lt. (j.g.) Otto Wermuth
(B) " " " " Karl F. Schuller
(C) " " Ensign Karl Heinz Lenz
(D) " " Lt. (j.g.) Peter Leffler
(E) " " Ensign Gregor Schluter
(F) " " Ernst Zicker
(G) " " Rolf Petrasch
(H) " " Arno Krause
(I) " " Rudolf Schlitsch
(J) Outline of documents found on sub U-530.

- -

Argentine Navy interrogation of 9 officers and petty officers terminated with little information of importance revealed. Documents of submarine examined indicate that they have been thoroughly censored. Names of examining board. ONI interrogator arrives but no interrogation started due to reasons set forth. Enclosures giving resumes of Argentine interrogations and list of documents of possible interest.

- -

1. As reported by dispatch, the Argentine Navy has finished its interrogation of five officers and four petty officers of the crew of the German submarine U-530. These persons are presumably being held separately and incommunicado on different ships at the submarine base at Mar del Plata. The remaining forty-five are being held at the Naval Prison on Isla Martín García.

2. The investigation was not witnessed by our representatives because the interrogating officer felt that if they were present the Germans would talk less. The interrogating officer, Captain José Dellepiane, Argentine Navy, did not refuse permission for our representatives (Lieut. Green of the Naval Attaché's office, Mr. Meyer, of the Legal Attaché's office, and Lieut. Comdr. Fowler, the British S.O.(I)) to sit in, but prevailed on them not to do so for the reasons stated above. Perhaps he was right.

Comsolant; Comsublant, Trinidad; USEmbassy

~~CONFIDENTIAL~~

Os documentos do *U-530*. Apesar da reiterada afirmação de que foram jogados ao mar por sua tripulação, o encarregado militar dos EUA informa que a Armada Argentina designou para seu estudo e tradução os oficiais Conway e Benish.

~~CONFIDENTIAL~~
NA BAires R-201-45 24 July 1945 915-400

- -

3. The interrogation consisted merely of questions and answers and was conducted through an interpreter, hence little of importance was learned. A set of questions had previously been drawn up and these questions were asked each of the men examined, regardless of his rank and duties aboard the sub.

4. In lieu of sitting in on the actual interrogation, our representatives insisted that the transcripts of the interrogations be read to them immediately following the termination of each one of them. Enclosures (A) to (I) inclusive are resumes of the principal points brought out. It should be borne in mind that the enclosures were worked up from very hasty spot translations and brief notes made during the reading, which was in Spanish, and hence they are subject to some slight errors. However, on the whole, and particularly on the more important points, they are substantially correct. The Naval Attaché has not yet been given an official copy of the interrogation, although one is expected soon.

5. The following officers of the Argentine Navy constituted the Interrogation Board:

(a) Interrogation:

Captain José A. Dellepiane, in charge and interrogator.
Commander Carlos O. Ribera, Secretary and assistant interrogator.
Lieut. Comdr. Olinto P. Berry, Translator.

(b) Examination of Documents:

Commander Patricio J. Conway, in charge.
Lieut. Comdr. Juan Carlos Benisch, Translator.

6. The examination of the documents revealed that any important ones had been destroyed and that those remaining have been thoroughly censored. Enclosure (J) is a list of some of those remaining which are of interest and possible value.

7. Our representatives were treated with courtesy and consideration and at no time were any facilities refused them in the fulfillment of their duties.

8. The U-530 was short one large rubber life raft. These are carried in waterproof containers on deck and are equipped with a sack of yellowish chemical that when loosened in sea water dyes it a very bright green. The rafts are orange colored and the dye is presumably used to make them more visible from the air. It was noted that the container just forward of the conning tower, which was closed when the U-530 arrived at Mar del Plata, did not contain a life boat but was filled with a bright green liquid, presumably dyed sea water. Attention is called to the fact that if one boat were used for some purpose clandestinely, it might be assumed that the dye would be left in the container and sea water could easily have splashed into the container.

9. It has been pretty well established that the U-530 could not have sunk the Brazilian cruiser BAHIA because of distance, time, and maximum speed of submarine. It is believed that the Brazilians are convinced of this.

Dedução lógica. Também assinalou a falta da balsa principal do *U-530* e que "certamente" ela foi utilizada para desembarcar clandestinamente pessoas, móveis e utensílios. Um dos argumentos em que essa afirmação se baseia é que no *U-Boote* foi encontrada uma pintura amarelo-alaranjada que serve para orientar buscas em caso de naufrágio. Se tivesse sido uma emergência, teriam sido utilizados produtos químicos.

REPÚBLICA ARGENTINA

DIVISIÓN POLÍTICA

Ministerio de Relaciones Exteriores y Culto

GUERRA EUROPEA

Expediente **Año** 1939

Denuncia de la Embajada británica
Sobre instalación de bases alemanas para
submarinos en aguas centro y sudamericanas.

EXPEDIENTE Nº 84.

Portos amigos. Desde o começo da guerra, a Grã-Bretanha denunciou que os *U-Bootes* se reabasteciam na costa argentina. A Argentina respondeu que era neutra e que, portanto, não via inconveniente em permitir isso sempre que os submarinos chegassem navegando na superfície e com a bandeira hasteada. Isso faz com que se tornem vagas as posteriores e veementes negativas de alguns historiadores.

Buenos Aires, setiembre 14 de 1939.

D.A.P.

Señor Embajador:

Tengo el agrado de dirigirme a V.E. para acusar recibo de su nota nº 143, de 13 del corriente referente al posible establecimiento de bases submarinas extranjeras en jurisdicción argentina.

Con este motivo, debo reiterar a V.E. las manifestaciones hechas a esa Embajada sobre el cumplimiento de las medidas de neutralidad que incumben a las autoridades argentinas.

Aprovecho la oportunidad para saludar a V.E. con mi consideración más distinguida.

MINISTERIO DE RELACIONES EXTERIORES Y CULTO
15 SET 1939
DIVISIÓN DE ASUNTOS POLÍTICOS

JOSÉ MARIA CANTILO
Ministro de Relaciones Exteriores y Culto

al Embajador Extraordinario y Plenipotenciario de Gran Bretaña,
Sir Esmond Ovey

Friedeburg voou até Flensburg para encontrar-se com Dönitz e passou a noite reunido com ele. Regressou ao quartel-general britânico antes da hora-limite, acompanhado pelo general Jodl. Dönitz havia aceitado o ultimato.

Montgomery, que nesse momento dava uma entrevista coletiva à imprensa, os fez esperar. Em seguida, Friedeburg e Jodl foram escoltados até uma enorme tenda de campanha repleta de jornalistas e fotógrafos. Iluminados pelos *flashes* das câmaras, ambos assinaram a capitulação redigida por Montgomery, de acordo com as ordens do Estado-Maior conjunto e aprovada por Eisenhower.

Era um ato histórico. A Noruega, porém, não havia sido incluída entre os territórios rendidos.

CAPITULAÇÃO

A Noruega permanecia ocupada por mais de cem mil soldados alemães bem equipados, sob o comando do aguerrido tenente-general Franz Böhne, que não tinha a menor vontade de capitular. "Podemos aceitar qualquer batalha", fanfarroneava.

Em 5 de maio, Eisenhower reuniu-se com o almirante Friedeburg e sua equipe na base avançada do SHAEF (Supremo Quartel-General das Forças Expedicionárias Aliadas), em Reims, 140 quilômetros a nordeste de Paris. Como o marechal Kesselring oferecia a rendição das forças restantes do efêmero Reich do Sul, Eisenhower esperava que, com a inclusão da Noruega, fossem asseguradas em Reims todas as rendições importantes aos aliados ocidentais.

Eisenhower acabou não recebendo Friedeburg. Delegou as negociações a seu chefe do Estado-Maior, o tenente-general Walter Bedell Smith. Friedeburg compreendeu que Smith não queria negociar. Simplesmente ditava os termos da rendição e estes incluíam uma capitulação simultânea na Frente Leste. Friedeburg negou-se a assinar, mas Smith o advertiu de que se esses termos não fossem aceitos, com todos os pontos e vírgulas, os aliados anglo-saxões e os soviéticos lançariam ataques simultâneos e devastadores em ambas as frentes.

O almirante alemão alegou que aceitar essa intimação ultrapassava suas atribuições e que necessitava se comunicar com Dönitz. Tentou telefonar, mas as linhas estavam cortadas. Por fim, mediante uma triangulação, conseguiu enviar-lhe a mensagem da exigência de uma capitulação total.

Ao mesmo tempo, os Aliados davam-se conta de que enfrentavam um novo problema. Os termos da rendição alemã haviam sido modificados em fevereiro, na conferência de cúpula de Yalta. Ali, as conversações haviam sido, certamente, árduas. Stalin havia proposto fuzilar todos os oficiais superiores alemães, particularmente os da SS. Um filho do presidente Roosevelt, que representava o pai doente, ficou de acordo, mas Churchill, enfurecido, abandonou a reunião e só regressou quando a pretensão foi retirada. Da mesma maneira, os Estados Unidos, a União Soviética e a Grã-Bretanha propuseram o futuro "desmembramento" da Alemanha vencida, mas a França não deu o seu consentimento. Em meio a essas discussões, ninguém havia previsto o que fazer, uma vez rendida a Wehrmacht, com o governo "civil" da Alemanha.

Fez-se necessário, portanto, redigir um outro documento, tarefa que foi confiada ao coronel britânico John Counsell, ator na vida civil, que copiou do jornal militar dos Estados Unidos *Stripes and stars* boa parte dos termos da rendição firmada pelas forças alemãs na Itália.

A mensagem de Friedeburg a Dönitz não chegou a Flensburg até a última hora da manhã de 6 de maio. Depois de lê-la, Dönitz decidiu que ainda era cedo para aceitar uma capitulação geral. Uns 210 mil soldados alemães que fugiam dos russos haviam chegado às linhas britânicas e americanas nos últimos dias, mas a fuga das tropas alemãs na Áustria, na Iugoslávia e especialmente na Tchecoslováquia mal havia começado. Ele então se comunicou com Jodl, que estava decidido a capitular, e lhe ordenou que voasse a Reims e continuasse atrasando o acordo. Autorizou-o a render-se só perante os aliados ocidentais. Se não aceitassem e renovassem suas ameaças de atacar, estava autorizado a negociar uma capitulação geral em todas as frentes, mas apenas em etapas, e, se possível, lentas: primeiro deveria ocorrer um cessar-fogo durante o qual as tropas alemãs estariam autorizadas a mover-se com liberdade — isto é, a fugir para o oeste. Se Eisenhower insistisse em deter essas transferências, Jodl teria de ajustar-se a elas para retardar a decisão do comandante aliado. Em qualquer caso, a assinatura de uma capitulação geral estava condicionada a sua autorização final.

Jodl chegou a Reims na tarde de 6 de maio e, após reunir-se com o almirante Friedeburg, abriu rapidamente uma negociação com o general Smith e o general britânico Kenneth Strong, chefe de inteligência do SHAEF, que falava alemão e atuou como intérprete. Smith apresentou a ata de capitulação. Seus cinco parágrafos exigiam uma rendição incondicional e simultânea de todas as forças de terra, mar e ar alemãs e em todas as frentes, às 23h01 de 8 de maio. E, entre outras cláusulas, proibia aos alemães destruir maquinaria e equipamento militares.

Jodl fez algumas objeções. Explicou que era impossível cessar as operações naquele prazo. O OKW necessitava de mais tempo que o concedido apenas para transmitir a ordem a todas as frentes. Dito isso, solicitou um adiamento de 48 horas. Após uma hora de discussões, Smith compreendeu que Jodl tentava ganhar tempo e, depois de uma breve consulta a Eisenhower, insistiu em que a capitulação devia ser firmada naquele mesmo dia e que as hostilidades deviam cessar por completo e no máximo dois dias mais tarde, ao chegar a meia-noite.

Disse a Jodl que ele tinha meia hora para pensar. Jodl enviou a Dönitz a mensagem por rádio e acrescentou sua opinião: "Não vejo outra alternativa: a assinatura ou o caos."

Dönitz ficou cansado de tanto esbravejar. O mais amável que disse a Jodl foi que o ultimato era uma extorsão.[32] Depois passou duas horas falando freneticamente pelo telefone, buscando retardar o inevitável. Por fim, minutos antes da meia-noite, compreendeu que seus esforços eram inúteis. Antes de comunicar-se com Jodl para autorizá-lo a capitular, ordenou — por meio de um terceiro — aos poucos comandantes de U-Bootes que, por estarem participando de operações secretas, não haviam cumprido a ordem de afundar seus navios que se abstivessem de fazê-lo, já que disso dependia a vida de "centenas de milhares de alemães".

Jodl firmou a ata de rendição incondicional às 2h41 de 7 de maio, mas o general soviético Iván Susloparov negou-se a colocar sua assinatura: explicou que Stalin não o havia autorizado.

A seguir, Eisenhower enviou ao Estado-Maior Conjunto uma mensagem de surpreendente simplicidade: "A missão dessas forças aliadas completou-se às 2h41, hora local, de 7 de maio de 1945."

AFUNDAMENTOS EXTEMPORÂNEOS

Insolitamente, nesse mesmo 7 de maio, três dias depois que Dönitz ordenara cessar os combates e colocar em marcha a Operação Regenbogen — o afundamento dos submarinos —, dois navios mercantes foram torpedeados ao norte das Ilhas Britânicas: o *Sneland I*, norueguês, de 1.791 toneladas, com um saldo de oito mortos, e o formalmente britânico — a rigor, canadense — *Avondale Park*, de 2.878 toneladas. Além disso, foi afundado, por um torpedo, o varredor de minas norueguês *NYMS.382*, a serviço da Royal Navy.[33]

Foram três ataques extemporâneos. Para compreendê-los cabalmente basta se ter em mente que nem em 30 e 31 de abril nem em 1º de maio os U-Bootes atacaram algum barco. Em 2 de maio, o U-979, sob o comando do capitão-tenente Johannes Meermeier, pôs a pique uma lancha de 348 toneladas e dois dias mais tarde um cargueiro britânico de 6.386 toneladas, o *Empirity Unity,* para emprender em seguida um arriscado regresso a casa... Tão arriscado que foi afundado por sua tripulação em 24 de maio, duas semanas e meia depois de terminada a guerra, diante do litoral de Amrum, Alemanha!

Nem em 3 nem em 4 de maio registraram-se ataques de lobos cinzentos. Como já se contou, em 5 de maio o U-853, sob o comando do temerário Helmuth Frömsdorf, abateu, na costa de New London, o cargueiro *Black Point,* ousadia que lhe sairia cara, uma vez que, dois dias mais tarde, uma força-tarefa da USS Navy o afundou, com todos os seus tripulantes. Em 6 maio, reinou uma calma tênue: a maior parte dos poucos comandantes que haviam desobedecido a Operação Regenbogen só pensava onde e como render-se.

A perda do *Sneland I* e do *Avondale Park* foi minimizada pelo Almirantado britânico, ao qual, no entanto, não passavam despercebidos outros detalhes do comportamento dos lobos cinzentos. Por exemplo, que, em lugar de se entregar, as tripulações estavam afundando sistematicamente os submarinos, motivo pelo qual nesse dia pressionaram Dönitz a irradiar "a proibição de afundar navios ou deixá-los imprestáveis mediante a destruição de todas as máquinas e instalações ou parte delas" e a ordem de que seus comandantes se pusessem imediatamente à disposição dos almirantes aliados.

A história oficial afirma que tanto o *Sneland I* quanto o *Avondale Park* foram afundados pelo U-2336, um *elektroboote* da classe XXIII, sob o comando do capitão-tenente Emil Klusmeier. Klusmeier reivindicou ambos os afundamentos até sua morte, em 1982. Todavia, em 18 de fevereiro anterior o U-2336 havia protagonizado um sério choque com outro submarino da mesma classe, o U-2334. Nesse acidente o U-2334 foi a pique, levando nas entranhas 11 dos 14 tripulantes, enquanto o U-2336 sofreu avarias significativas. A Kriegsmarine enfrentava então enormes dificuldades para reparar o estrago mais simples e por isso é impossível que poucos dias depois o U-Boote já estivesse reparado e em ação. O mais provável é que Klusmeier se tenha atribuído os afundamentos como álibi para algum outro comandante, possivelmente "Adi" Schnee, seu coetâneo e superior, que comandava o U-2511.

Segundo *Wolf Packs*, em 4 de maio, depois de receber de Dönitz a ordem de cessar fogo, o U-2511, que se encontraria ao norte das Ilhas Faroe, "avistou através de seu periscópio o mais odiado inimigo dos submarinos alemães, um grupo de caça e destruição: o cruzador britânico *Norfolk* e quatro destróieres. Schnee manobrou até situar-se a menos de 500 metros do cruzador e colocou-se em posição favorável para disparar os torpedos de proa. Havia feito essa manobra muitas vezes, mas nunca com tanta rapidez e facilidade. Em seguida, em vez de dar a ordem de fogo, murmurou um juramento. Após o ataque simulado e sem ser percebido pelo inimigo, o U-2511 subiu à superfície e navegou de volta à sua base" em Bergen.

Como fica óbvio, a fonte primária dessa história foi o próprio Schnee. Porém, nem o Almirantado nem as autoridades canadenses e norueguesas objetaram sua veracidade.

Após render o U-1023 em 10 de maio no porto inglês de Weymouth, o capitão de mar e guerra Heinrich-Andreas Schroeteler atribuiu-se o afundamento do varredor de minas norueguês. Schroeteler havia substituído, em julho de 1944, Schnee no BdU-Op como responsável pelas operações no Atlântico Norte, mas em fins de março Dönitz o havia "rebaixado", atribuindo-lhe o comando desse U-Boote, também da 11ª Flotilha. Até esse momento, da mesma forma que o U-977 e o U-3037, o U-1023 havia pertencido à 31ª Flotilha, de treinamento. E, como aqueles, jamais havia sido enviado à frente.

Desde fins de março, quando zarpou de Bergen e até se render em Weymouth, não há registro de que o U-1023 tenha tocado algum porto controlado pela Kriegsmarine, razão pela qual tenha regressado provavelmente das costas americanas. Oito dias antes de render-se, em 2 de maio, Schroeteler foi distinguido com a Cruz de Ferro de Primeira Classe por Dönitz, que já havia substituído Hitler. O condecorado passaria três anos cativo dos britânicos, muito mais do que outros comandantes de U-Bootes capturados pelos ingleses.

Os três ataques extemporâneos aconteceram na área por onde passou o comboio fugitivo. Era a única zona de todo o Atlântico onde, parece evidente que por ordem expressa de Dönitz, os lobos cinzentos continuavam afundando navios. Tudo indica que limparam o caminho de eventuais e incômodas testemunhas.

A LISTA SE FECHA

Quando foi informado de que Friedeburg e Jodl haviam assinado a capitulação perante Eisenhower em Reims, Stalin pôs a boca no mundo. Era a prova da existência de um acordo espúrio de nazistas e aliados ocidentais pelas costas da União Soviética, que fazia, assim, o papel do bobo da vez.

De que os aliados ocidentais temiam Stalin dá conta a incomum rapidez — no dia seguinte, 8 de maio — com que se celebrou uma nova cerimônia em Berlim, dessa vez com todos os atores. Na opinião de muitos analistas, aquela primeira "ruptura de contrato" dos aliados ocidentais com a União Soviética foi o pontapé inicial da guerra fria.

Enquanto se efetuava o ato em Berlim, Dönitz outorgava uma última Cruz de Ferro ao capitão-tenente Hans Lehmann, de 29 anos, que acabava de chegar a Narvik, à frente do U-997. Aparentemente havia consumado a façanha de navegar durante mais de duas semanas às cegas, depois que, em 21 de abril, um grupo de caçadores de lobos cinzentos o atacara no Ártico com cargas de profundidade, danificando o periscópio da embarcação.

Nesse mesmo dia, o Almirantado britânico, ávido pelos U-Bootes que não haviam sido afundados ainda, emitiu em diversas frequências uma mensagem específica para seus comandantes. Advertiu-lhes que ficariam fora da lei e seriam considerados rebeldes se não emergissem imediatamente, "içando uma bandeira ou um pavilhão negro", e informassem sua posição "em linguagem clara, à estação sem fio mais próxima". A seguir, especificava a mensagem, deveriam navegar na superfície até os portos que lhes fossem indicados, levando os torpedos sem espoleta na cabeça de combate e o canhão em posição de travamento.

O primeiro submarino a acatar a intimação foi o U-249, que içou o pavilhão negro em 9 de maio, perto do Cabo Lizard, e entrou em Portland sob o controle da RAF. Nos dias seguintes mais de 60 submarinos entregaram-se em portos da Escócia, Irlanda, Noruega e de Gibraltar. Cinco mais o fizeram nos Estados Unidos e no Canadá.

Onze dias depois, o U-963, pertencente à 11ª Flotilha, emergiu diante do belo porto pesqueiro de Nazaré, no centro de Portugal, um país neutro que havia dissimulado com dificuldade suas simpatias pelo Eixo. Seu comandante, Rolf-Werner Wentz, companheiro de promoção de Schäffer, ordenou que a tripulação abrisse as válvulas de fundo e abandonasse o U-Boote. Para muitos historiadores, foi o último dos 218 submarinos que acataram a ordem de executar a Operação Regenbogen. Todavia, ainda restavam muitos U-Bootes de paradeiro desconhecido e, por certo, duas semanas mais tarde, em 3 de junho, o U-1277, sob o comando do capitão-tenente Peter Ehrenreich Stever, também da 11ª Flotilha, emergiu diante da Praia de Angeiras, alguns quilômetros ao norte do Porto. Como o U-977 de Schäffer, provinha de uma flotilha de treinamento e nunca havia sido enviado para o *front*. Após abrir as válvulas de fundo, os 47 tripulantes desembarcaram na praia. Os militares portugueses os internaram em um castelo das redondezas. Dias depois, a Royal Navy foi buscá-los. Permaneceriam detidos em um campo de treinamento nos subúrbios de Londres durante três longos anos, um tempo anormalmente longo.

UM GOVERNO FANTASMA

Enquanto essa série de rendições e autoafundamentos tinha lugar, e apesar da capitulação, o "governo" de Dönitz continuava formalmente em função. Mas a rotina se alterou com a chegada de um grupo de controle do SHAEF, integrado por 25 homens, que, em 12 de maio, se instalou a bordo do *Patria*, um navio de passageiros ancorado no porto. Cinco dias depois, chegou um grupo semelhante de soviéticos. Era óbvio que Dönitz e seus ministros podiam ser detidos a qualquer momento, e de fato os marechais Keitel e Kesselring foram capturados pelos homens do SHAEF em 13 e em 15 de maio.

Dönitz e os outros membros do "governo" procuravam não fazer ruído. E assim passavam os dias, sem que os vencedores conseguissem se colocar de acordo sobre como abolir legalmente o governo "civil" da Alemanha. Britânicos e americanos esperavam que a Comissão Consultiva Europeia elaborasse um documento que resolvesse os aspectos jurídicos e até que isso não acontecesse preferiam manter Dönitz para qualquer eventualidade. Por exemplo, que no interior do SHAEF falcões como Patton, partidário do ataque aos soviéticos, conseguissem se impor.

Apesar de sua absoluta impotência, o gabinete de Dönitz discutiu seriamente a catastrófica situação nacional, ponderando problemas como a falta de alimentos, a destruição do sistema de transporte público e a necessidade de repudiar as atrocidades cometidas nos campos de extermínio, que começavam a aflorar publicamente com sua carga de horror infinito.

Como "presidente do Reich", Dönitz cooperou voluntariamente com os aliados ocidentais e instou o povo alemão a fazer o mesmo. Enquanto alguns de seus ministros e pessoas próximas se comportavam cinicamente, outros assumiram seu destino com fatalismo. Intuindo o que lhe esperava — a forca —, o general Jodl, que havia substituído Keitel como chefe do que restava do OKW, assim se dirigiu a um subordinado que reagia a cumprir ordens: "Como todos nós, você tem que pôr ainda alguns ovos antes de converter-se em caldo de galinha."

Talvez o regime de Flensburg tivesse conseguido vegetar mais tempo se o jornalismo não tivesse intervindo. Para os jornais mais importantes dos Estados Unidos e da União Soviética, sua permanência transformou-se numa peça de escândalo. Provocava desconfianças lógicas sobre a real vontade dos Aliados de desnazificar a Alemanha e de acusar e julgar os dirigentes nazistas pela perpetração de crimes de lesa-humanidade. Os soviéticos estavam furiosos, pois haviam pagado o maior preço em sangue na luta contra os nazistas. O *Pravda* afirmou que a sobrevivência do gabinete de Dönitz significava "converter o caçador furtivo em guarda-florestal". Em 16 de maio, o *New York Herald Tribune* qualificou a sobrevivência do governo de Flensburg como uma "grotesca comédia" e pediu que se explicasse publicamente por que os membros do último governo do Terceiro Reich ainda não haviam sido detidos.

A campanha da imprensa pressionava para que os Estados Unidos e a Grã-Bretanha acabassem com governo tão peculiar, com o qual, por certo, os altos-comandos militares de ambos os países não pareciam ter más relações. À primeira hora de 23 de maio, Dönitz, Jodl e Friedeburg foram convocados ao *Patria* pelo grupo de controle do SHAEF. Na embarcação, foram informados de que deviam considerar-se prisioneiros de guerra e preparar-se para partir às 13h30, mas não lhes comunicaram com que destino. Após regressar a terra firme, Friedeburg suicidou-se em seus aposentos.

Apesar desse acontecimento desagradável, Dönitz presidia, às 10h, uma reunião de seu governo na Escola Naval quando policiais militares britânicos tomaram o lugar de assalto aos gritos de "Mãos para cima!". Mandaram que os alemães se despissem e os submeteram a uma humilhante revista em busca de papéis secretos, armas e possíveis cápsulas de veneno ocultas. Dönitz não foi exceção. Sorridente, um comando britânico enfiou um dedo em seu ânus. O grande-almirante, lívido, afirmou com amargura que seu governo havia sido sacrificado "em função da amizade anglo-americana com a Rússia".

O desaparecimento do último vestígio do Terceiro Reich apagou o objetivo que unia seus inimigos, de maneira que as diferenças afloraram sem atenuantes. A França pretendeu apropriar-se de uma porção da Itália alpina e as tropas americanas estiveram a ponto de desalojar os intrusos a tiros de canhão. Porém, o mais grave era a extrema e mútua desconfiança entre a União Soviética e os aliados anglo-americanos. A União Soviética, que controlava Berlim, mostrou-se relutante em compartilhar a capital alemã com os aliados ocidentais. Em 8 de maio, o presidente Harry Truman denunciou unilateralmente os acordos de empréstimo e arrendamento com que os Estados Unidos haviam assistido os soviéticos em sua luta com os nazistas. A rigor, esses pactos caducavam automaticamente com o término da guerra, mas a denúncia pública de Truman quando ainda se combatia no Pacífico implicava uma clara provocação.

França e Grã-Bretanha, muito débeis e endividadas por anos de guerra, temiam que as tropas americanas se retirassem deixando três quartos da Europa em poder dos soviéticos. Se a única superpotência do Ocidente capitalista, da qual dependia em grande medida o futuro da Europa, decidisse não intervir, a União Soviética ficaria em ótimas condições para ocupar a França, absorver Franco e Salazar e chegar assim até o Atlântico.

UMA ADVERTÊNCIA

Um dia antes de Dönitz e seus colaboradores terem sido detidos, em 22 de maio, o vice-almirante Héctor Vernengo Lima, chefe da Armada argentina, anglófilo e inimigo intransigente de Perón, enviou uma comunicação secreta ao ministro da Marinha, contra-almirante Alberto Teissaire. Nela, informava que, de acordo com o Ministério das Relações Exteriores, vários submarinos alemães estavam cruzando o Atlântico rumo à Argentina.

Sempre citando a Chancelaria, Vernengo Lima acrescentou que, ao que parecia, os U-Bootes pretendiam chegar ao Japão: "Este Estado-Maior General opina que deve dar-se ordem ao senhor comandante em chefe da Esquadra de Mar para que evite a passagem de submarinos alemães do Atlântico ao Pacífico, estabelecendo um patrulhamento conveniente no extremo sul até nova ordem."

A nota do chefe do Estado-Maior da Armada desencadeou uma surda luta diplomática. A embaixada dos Estados Unidos se desesperava por averiguar como essa informação havia chegado à Chancelaria argentina. Para ela, Vernengo Lima havia mencionado a Chancelaria como um subterfúgio para encobrir a verdadeira fonte.

"A atitude das autoridades navais argentinas (...) de recusar-se a revelar a fonte de sua informação sobre a aproximação de submarinos alemães à costa argentina é extraordinária, para usar termos moderados", informou em 29 de maio Eric Wendelin, da Divisão das Relações Exteriores do Rio da Prata do Departamento de Estado. Wendelin recomendou aumentar a pressão e ameaçar o governo argentino com represálias, inclusive denunciá-lo publicamente por ocasião da reunião de fundação das Nações Unidas em San Francisco.

No dia seguinte, 30 de maio, o chefe do Esquadrão de Torpedeiros da Armada argentina informou que a Marinha chilena estava vigiando o Estreito de Magalhães e que era iminente que a Marinha argentina se somasse à tarefa. O alto oficial estimou que os submarinos alemães tentariam passar pelo Estreito de Lemaire ou navegar a leste da Ilha dos Estados.

A Armada mobilizou todos os seus destróieres, torpedeiros e varredores de minas disponíveis para patrulhar as costas patagônicas, que também foram vigiadas pela aviação naval. E determinou que um grupo de destróieres formasse uma barragem para impedir os deslocamentos pelo Cabo Horn, segundo a Chancelaria argentina havia comunicado ao Ministério das Relações Exteriores. Ao que parece fora a Royal Navy que havia alertado a Armada argentina sobre o itinerário dos U-Bootes fugitivos.

O patrulhamento argentino se desenvolveu em um ambiente de descontração, pois na noite de 28 para 29 de maio o Almirantado britânico anunciou que "todos os navios que navegam no Atlântico poderão fazê-lo com as luzes acesas", comunicado que, não obstante o seu laconismo, teve o efeito de um bálsamo para quem sulcava o oceano. Nesse contexto, a Marinha suspendeu o patrulhamento nos primeiros dias de junho.

BOATOS E ISCAS

O episódio — que parece indicar tanto que o Almirantado sabia que um grupo de submarinos alemães navegava para o mar argentino como que não os considerava perigosos — seria minimizado mais de meio século depois por Ronald Newton, contratado pela Comissão de Esclarecimento das Atividades Nazistas na Argentina (Ceana), patrocinada pelo governo do presidente Carlos Saúl Menem.

O historiador canadense sustentou a história escrita sucessivamente pelos serviços de inteligência das Marinhas de Guerra da Argentina, dos Estados Unidos e da Grã-Bretanha e canonizada como a história oficial, mas seus esforços resultaram tão pueris como penosos.

Apesar de ser uma verdade histórica irrefutável que pelo menos dois submarinos alemães — o U-530 e o U-977 — estavam então navegando para a Argentina, Newton imitou os cronistas de espetáculos ao afirmar que a informação transmitida por Vernengo Lima a Teissaire... não era mais do que um boato sem fundamento. O mais curioso é que baseou suas próprias afirmações em um boato sem pé nem cabeça.

Newton assegurou que, de acordo com fontes que não identifica, quatro dias antes de Vernengo Lima ter informado Teissaire, em 18 de maio de 1945, "um conselheiro da embaixada dos Estados Unidos jogou para o adido naval", o capitão de mar e guerra Walter W. Webb, "uma isca saborosa": que o chanceler argentino havia "ouvido boatos acerca da existência de um ou mais submarinos alemães que se dirigiam para a costa argentina". Como tal "boato" indicava que a intenção desses U-Bootes era "contornar o Cabo Horn e desembarcar em algum ponto do sul do

Chile", o ministro das Relações Exteriores argentino teria notificado os britânicos e a Armada argentina. Em resposta, o Ministério da Marinha argentino ordenou "patrulhar com todos os destróieres e varredores de minas que estiverem disponíveis" e incluiu "uma barragem de destróieres formando uma rede para impedir os deslocamentos pelo Cabo Horn".

Newton destaca que, apesar de tantas precauções, nenhum submarino foi localizado, o que é absolutamente lógico, pois, naquele momento, os U-Bootes que se dirigiam para a Argentina ainda se encontravam no hemisfério norte. E como o próprio Newton confirmou, "no começo de junho as patrulhas foram interrompidas".

Ao transcrever os resultados da investigação de Webb, Newton tenta diluir o fato óbvio de que "o general" Lang (na realidade, o coronel John Lang, oficial residente da OSS) devia estar informado pelo chefe da mesma, William "Bill Wild" Donovan, das alternativas da Operação Sunrise, originalmente destinada à rendição das tropas alemãs que combatiam na Itália a fim de garantir que os comunistas não tomassem o poder, e que havia resultado da proteção dos chefes derrotados por parte dos falcões anglo-saxões que queriam prosseguir a guerra contra a União Soviética. Ao fim e ao cabo, a Operação Ultramar Sul não era mais do que um subproduto daquela.

Se agiu com honestidade ao engolir e propagar semelhante isca, que fede a peixe podre, Newton o fez com extrema inocência. Quanto às suas fontes desconhecidas, cabe apenas concluir que pertencem aos serviços secretos aliados. A acreditar-se nele, a sequência fica invertida em um passe de mãos e — Ops! — a Royal Navy passaria à condição de informante da Armada argentina para ser informada por ela.[34]

A tentativa falida deixa no ar, todavia, uma interrogação: se era certo que a informação original afirmava que os U-Bootes iam desembarcar na Patagônia argentina, por que Vernengo Lima havia passado adiante o grosseiro embuste de que pretendiam chegar ao Japão?

UM CASAL NUM BOTE

Passadas duas semanas desde a advertência de Vernengo Lima, ao completar-se um mês da capitulação da Alemanha, o marechal Zhukov denunciou que poucas horas depois do suposto suicídio de Hitler um

U-Boote do tipo "grande cruzador" havia zarpado de Hamburgo, levando uma mulher na tripulação.

Em 26 de junho, a Chefatura de Polícia da Província de Buenos Aires informava de La Plata ao major Contal, chefe da Coordenação Federal, que um submarino desconhecido havia sido divisado no Golfo de San Julián enquanto era reabastecido de combustível por um veleiro. Do submarino haviam desembarcado em um bote de borracha um homem e uma mulher, acrescentou o informe, cujo fac-símile foi, tempos depois, publicado pelo diário *Crítica*.

Segundo outra documentação interna, a Polícia Federal informou a Contal sobre a presença de um submarino nas costas da Província de Santa Cruz em 27 de junho, em vez de 26. De qualquer maneira, está claro que ambos os documentos se referem a um mesmo desembarque, que na versão da polícia de Buenos Aires, o informante original, teria ocorrido em uma praia próxima à localidade de Stroeder, onde os desembarcados teriam sido recebidos por uma pessoa de origem alemã, que transportou o casal em um veleiro até uma estância recentemente comprada, perto da localidade de Verónica, na Província de Buenos Aires. O informe da Polícia Federal acrescentava que outro veleiro havia reabastecido de combustível o U-Boote, que a seguir havia continuado seu caminho. Newton ignorou em seu relatório essas informações de fonte pública.

RUMO À ARGENTINA

Schäffer disse que zarpou de Noruega convencido de que os britânicos estavam decididos a "impedir por todos os meios que algum dirigente do Terceiro Reich conseguisse escapar". Além do mais, considerava que os Aliados poderiam suspeitar de "que alguma destacada personalidade se encontrava a bordo".

A avaria do periscópio principal condenava-o a navegar às cegas. O U-977 parecia um cego avançando "em meio a uma zona infestada de animais ferozes", tendo como "único consolo" ainda poder ouvir, embora só um pouco, e com a condição de que o U-Boote descesse a uma maior profundidade e navegasse com o motor elétrico. Nessas circunstâncias, dramatizou Schäffer, se um navio inimigo detectasse o submarino, precisaria apenas se aproximar e "colocar uma madre do cabo de aço ao redor do nosso *schnorkel*" para ficarmos "capturados e irremediavelmente perdidos". Sua única esperança, dramatizou, era "que a fera grite".

Para aliviar a tensão, permitiu fumar no compartimento de máquinas: "É o único prazer que ainda nos resta em meio à constante excitação."

Decidido a comover o leitor com a pormenorizada descrição de um rosário de desgraças, narrou que uma noite, enquanto navegavam na superfície recarregando as baterias, e tal como temia desde a partida, um dos motores diesel parou de funcionar porque "as juntas principais aqueceram demais". E apesar de os maquinistas terem conseguido reparar o motor em apenas dois dias, logo em seguida o outro motor também foi avariado. Desde esse momento, resmungou, "não passaria um único dia sem que acontecesse alguma coisa. A imprescindível revisão geral não havia sido feita e agora tínhamos de arcar com as consequências".

Suas apreensões, porém, não se deviam apenas aos motores, que continuaram falhando alternadamente: "A distância, ouvíamos frequentemente a detonação de cargas de profundidade ou de minas. Possivelmente outros submarinos estavam sendo perseguidos."

Essa admissão reveste-se de fundamental importância e entra em contradição com o que Schäffer havia perguntado retoricamente poucas páginas antes: "Será que o nosso submarino é o último?" Essa frase revela que sabia perfeitamente que outros U-Bootes haviam tomado o mesmo rumo que o U-977 e que estavam sendo atacados. Ou, o que dá no mesmo, confirma como falso o relato segundo o qual a decisão de navegar para a Argentina deveu-se a uma originalíssima proposta sua, plebiscitada logo após pela tripulação e seguida de uma navegação solitária

Contudo, seu maior problema continuava sendo como justificar os três meses transcorridos desde a sua partida da Noruega até o momento em que se entregou em Mar del Plata. No afã de explicar o inexplicável, Schäffer assegura que consumiu a metade desse tempo, "sete semanas intermináveis", sem poder subir à superfície. E como disse ter emergido pela primeira vez diante do litoral de Portugal, afirmava tacitamente ter levado uns 50 dias navegando desde o norte das Ilhas Britânicas até ali.

Tanto na hora de elaborar essa sucessão de mentiras como quando entregou seu livro para impressão, Schäffer deve ter se sentido muito protegido, para não dizer impune. Afinal, em Mar del Plata, havia declarado a seus inquisidores algo completamente distinto: "que, uma vez passada a Islândia, decidiu dirigir-se para a Argentina".

A lógica mais elementar indica que o U-977 deve ter chegado às Ilhas de Cabo Verde antes do fim de maio, mas em Mar del Plata disse que chegou ao arquipélago em 13 de julho! Era uma mentira tão colossal que se viu obrigado a retificar-se ao escrever as memórias, ainda que o tenha feito de maneira elíptica, ao comentar que se sentia feliz de poder "demonstrar" que em 4 de julho estava a "mais de 50 milhas" dos rochedos de São Pedro e São Paulo, em águas brasileiras. Ou seja, a umas mil milhas mais ao sul.[35]

QUASE UM MOTIM

Schäffer narrou em suas memórias as vicissitudes da navegação do U-977, não apenas mentindo profusamente para alterar as circunstâncias, mas também alterando a ordem temporal em que ocorreram, fingindo não perceber as pesadas contradições daí resultantes. Agiu assim desde o princípio, na tentativa de justificar uma avaria do periscópio que não parece ter acontecido no começo da viagem, mas sim durante o último trecho.

Ainda que, de acordo com o relato, o frio tenha se transformado em calor sufocante, não tinha mais remédio senão continuar navegando a 80 metros de profundidade pelo menos até Gibraltar, a partir de onde "pensávamos prosseguir a marcha de noite na superfície".

Nessas condições, o submarino parecia um sumidouro. Além do acúmulo de fezes e gordura, por causa dos defeitos dos motores "frequentemente entrava fumaça nos compartimentos" e "a cada onda a válvula do tubo de ar se fechava, dando origem a uma depressão" até que o ar voltasse a irromper. A descrição evidencia o quanto tinha sido fanfarrão linhas antes, ao afirmar que o U-977 navegava a grande profundidade.

O acúmulo de dejetos se devia ao fato de que havia proibido jogar resíduos ao mar enquanto navegavam submersos. Nessa proibição, depreende-se, havia um ato de autoritarismo e enfado. "Tinha a ideia de passar os torpedos pelo interior do submarino, colocá-los no tubo vazio e expulsá-los com ar comprimido", especula. Porém, o seu imediato, Reiser, opôs-se a isso com veemência. Argumentou que, como já não iriam combater, o mais razoável era disparar todos os torpedos, de modo a ganhar espaço a bordo e reduzir a claustrofobia.

Esse é outro ponto controvertido na fábula articulada por Schäffer, pois em nenhum momento explica que a decisão de não combater tenha sido tomada coletivamente, nem que tenha chegado a transmitir a seus homens que "não atacarei nem afundarei mais qualquer navio", já que "não tem sentido prosseguir a guerra por conta própria", resolução que disse ter tomado na relativa solidão do seu minúsculo camarote. Se a decisão tivesse sido socializada, teria enganado seus homens como crianças, já que poucas páginas depois sublinhou sua decisão de atacar qualquer um que atravessasse seu caminho.

Schäffer manteve a negativa de se desfazer dos torpedos porque "a explicação que poderíamos dar para lançá-los ao mar teria sido recebida com grande incredulidade". Comentário que implica que o episódio ocorreu mais tarde do que foi expressado, quando tomou a decisão de entregar-se à Armada argentina, em vez de desembarcar sub-repticiamente em algum pequeno barco.

Navegavam diante da costa de Portugal quando "a disciplina começou a afrouxar" e parte da tripulação, após calcular que, nesse ritmo, não teriam combustível suficiente para chegar à Argentina, manifestou seu desejo de desembarcar na Espanha. Schäffer recusou de imediato essas pretensões, absolutamente lógicas para quem não conhecesse a verdadeira natureza da operação na qual estavam envolvidos. Entregar-se em Cádis à amável Marinha espanhola — qualquer um podia pensar com sensatez — era muito menos arriscado do que seguir viagem até a Argentina.

"Os grupos que estavam conversando calavam-se quando eu passava na frente deles", recorda Schäffer. Podia-se cortar o ar com uma faca.

Tão logo avistou a costa africana, decidiu navegar na superfície durante as noites. Disse ter se aproveitado dessa circunstância para ordenar que se pintasse o interior do submarino, cheio de óxido e de mofo. Essa decisão também foi publicamente questionada por Reiser, que o lembrou de que "de todo modo, o submarino seria afundado diante da costa argentina".

Quando o U-977 começou a navegar na superfície durante o dia, rumo às Ilhas de Cabo Verde, Schäffer percebeu os estragos que o recolhimento havia provocado na tripulação: rostos macilentos, com olheiras, esverdeados. De todo modo, ordenou-lhes que desmontassem e limpassem cuidadosamente os canhões antiaéreos, carregados com "cinco longas cintas de projéteis", prontos para disparar, e que foram desarmados e limpos, e "os grandes carregadores para as metralhadoras de vinte milímetros, totalmente automáticas" que foram montados novamente em seus suportes. Embora não ficassse claro que estava disposto a combater, comentou: "Se um avião ou um navio chegar a nos atacar, nós nos defenderemos. Não entregaremos nossas vidas sem lutar."

Essas decisões provocaram a encarniçada resistência de Reiser: quando Schäffer mandou colocar o armamento do convés em condições de combate, ele se rebelou.

O comandante afastou Reiser de seu cargo e proibiu a tripulação de "tratar com ele questões concernentes à nossa viagem e cumprir as ordens dele". O rebelde foi substituído pelo segundo oficial, Albert Kahn. Depreende-se dessa tentativa que, se para Reiser e outros era evidente que a guerra havia terminado, Schäffer não pensava o mesmo.

O BÁLSAMO DE CABO VERDE

Um dos poucos prazeres que os tripulantes podiam se permitir a bordo era sintonizar transmissões radiofônicas, o que deu origem a uma enorme frustração, porque se inteiraram de que "não havia ocorrido mudança fundamental na coalizão vencedora, como uma cisão", isto é, a desejada continuação da guerra contra a União Soviética.

Não se tratava de um contratempo menor. Decepcionado, Schäffer disse ter-se perguntado: "O que terá acontecido com aqueles que deviam fugir?", mas se preocupou, na sequência, em deixar patente que não se referia especificamente àqueles que fugiam a bordo de submarinos, mas sim genericamente a todos aqueles que, em momentos como esses, deviam estar buscando asilo "nas condições mais miseráveis".

Invadido por essas preocupações, chegou às Ilhas de Cabo Verde, uma colônia portuguesa que havia servido como área de descanso dos lobos cinzentos e base de operações das "vacas leiteiras". Suspeita-se que nesse arquipélago se reuniram os U-Bootes do comboio clandestino e outros que iam se entregar em Portugal e na Espanha e que ali aguardaram a evolução dos acontecimentos.

A mais elementar das lógicas indica que o U-977 se reabasteceu de combustível ali, mas Schäffer afirma apenas que o U-977 chegou ao arquipélago de noite e navegando na superfície e que se sentia seguro porque sabia que "não há vigias nestas ilhas". Tão logo amanheceu, disse, o U-977 aproximou-se "das enormes formações rochosas" o suficiente para apreciar montes, campos, prados e "os barcos pesqueiros com suas velas multicores".

É evidente que, ao escrever as memórias, Schäffer recordou que seus inquisidores haviam tido firmes suspeitas de que o U-977 havia passado vários dias, talvez semanas, refugiado naquelas ilhas, porque jurou que nenhum membro da tripulação desembarcou. Reconhece que sabia que várias ilhas estavam desabitadas — o que atribuiu à sua leitura do *Manual de navegação a vela*, e não a informes da inteligência da Kriegsmarine — e também que contemplou a possibilidade de passar alguns dias ali. "Encanta-nos a ideia de ancorar em alguma delas", com a certeza de que "os Aliados jamais suspeitariam da presença de um submarino nas ilhas". Em consequência disso, reconhece ter ordenado navegar "rumo à Ilha Branca", em referência, ao que parece, à chamada Branco, a menor e então desabitada das seis de barlavento, que, com as três de sotavento, compõem o arquipélago.

Quando o U-977 emergiu a poucos metros da praia, ofereceu-se ao olhar de Schäffer uma paisagem paradisíaca, enquanto vários golfinhos faziam esforçadas contorsões para alcançar a comida que os marinheiros lhes lançavam. No entanto, por incrível que pareça, acrescentou que nem ele nem seus homens pisaram em terra firme, embora não por falta de vontade. Ele disse que subiram nos botes de borracha e tentaram ir para a praia, mas o movimento das ondas os impediu.[36]

FESTA

A frustração por não conseguir desembarcar não turvou o bom humor reinante. E como "a noite é clara, estrelada e suave", organizou-se a bordo uma farra, que teve virtudes terapêuticas: "Voltamos a cantar juntos, a estar alegres como antes."

De manhã, depois que todos mergulharam no oceano, Schäffer deu ordens para que a viagem fosse reiniciada. Por que os vivos desejos de passar uns dias em uma ilha paradisíaca haviam sido dissolvidos diante do primeiro contratempo? Por acaso a maré havia mudado? Além das fortes ondas, teria havido uma tormenta? Não, não houve. Schäffer, porém, não dá motivos para a drástica mudança de planos. Simplesmente muda de assunto. Conta que "todos os homens, sem exceção, ficam deitados no convés, bronzeando seus pálidos corpos. Que prazer se sente nesses momentos! As erupções cutâneas e os abcessos desaparecem ao cabo de poucos dias, melhora o aspecto dos rostos abatidos, que adquirem uma expressão satisfeita, as desavenças tornam-se menos frequentes. Aqueles que se haviam desentendido voltam a ser bons amigos e companheiros e brincam e riem juntos. Uma mangueira colocada no convés está continuamente em uso e permite que a tripulação se refresque em meio ao forte calor".

Os marinheiros construíram um "aquaplano", uma espécie de tábua de *surf* rebocada em um dos lados do submarino. Os homens faziam fila para subir no dispositivo e gozar dessa distração. O relaxamento era tamanho que "ninguém dorme mais no interior do submarino. Faz calor demais e o ar é pesado e sufocante" e por isso, usando "camas de bordo [redes] com mantas e almofadas, todos permanecem no convés", onde também comem.

Para matar o tédio, "brincamos de tiro ao alvo com garrafas vazias, construímos arpões e pescamos e de vez em quando atiramos granadas de mão no mar e aumentamos o menu" com os peixes que sobem mortos à superfície, especialmente peixes-voadores, "singularmente saborosos".

Desde que zarparam das Ilhas de Cabo Verde navegando placidamente na superfície, fica evidente que as consideráveis reservas de champanha e bebidas alcoólicas embarcadas na Dinamarca se haviam transformado no passatempo favorito da tripulação.

Só alguns momentos de inquietação os sobressaltavam, impedindo-os de gozar do sol tropical, como, por exemplo, toda vez que os vigias detectavam algum navio. Graças ao tamanho do submergível, passavam desapercebidos, embora tivessem de, rapidamente, retirar as redes e esteiras, submergir e ocupar seus postos de combate. Schäffer disse que se fartou dessas interrupções e se perguntou: "Por que essa complicação? Nós nos disfarçaremos!"

"Dito e feito: cortamos tecido e pano de velas em tiras, que em seguida foram suspensas de tal forma que a nossa silhueta se assemelhasse à de um navio cargueiro. Todos têm alguma ideia. Tampouco falta a chaminé. Ela é confeccionada com um tubo de latão colocado sobre uma caixa com trapos embebidos em óleo. Uma mangueira de ar comprimido torna possível uma melhor combustão. Desde então não nos esquivamos de nenhum navio, já que a nossa camuflagem é excelente. Intensas labaredas e chispas elevam-se ao céu quando é necessário."

O relato omite o fato de que o comandante não só havia ordenado pintar o interior do U-Boote mas também seu exterior — o que fortalece as suspeitas de uma temporada na Ilha Branco —, de modo a ocultar o cinza e dar-lhe uma aparência de embarcação pesqueira. E que as chaminés falsas, os fornos para queimar estopa embebida em óleo e os tiros de ar comprimido, da mesma forma que a pintura, faziam parte do *kit* de mascaramento provado com tanto êxito desde princípios da guerra pelos cruzadores auxiliares.

Em outras palavras, mais uma vez todos os indícios assinalam que quando Schäffer disse ter zarpado para as costas britânicas para combater, na realidade o fez preparado para navegar na superfície e camuflar seu barco como pesqueiro.

Pouco depois, uma baleia começou a se deslocar em círculos ao redor da embarcação camuflada e mais tarde passou a segui-la, nadando dentro de sua esteira. O U-977 era uma romaria.

BATISMOS

"Estamos nos aproximando do equador. (...) Os raios do sol queimam a pele e não corre nem uma lufada de vento. Nós nos encontramos na zona das calmarias absolutas, tão temida pelos navegantes dos barcos a vela. Fizemos grandes chapéus que nos protegem a cabeça e a nuca do sol. Cada um de nós confecciona seu próprio modelo. O meu tem quase um metro de diâmetro. Amanhã cruzaremos o equador..."

O U-977 navegou na superfície desde as Ilhas de Cabo Verde, pois o comandante confiava plenamente no disfarce de pesqueiro. Assim, segundo os livros de navegação, alcançou a linha do equador em 3 de julho e — como é tradição entre todos os oficiais de marinha, e especialmente entre os alemães — a tripulação se dispôs a celebrar o acontecimento.

A Festa de Netuno é "uma série de ritos desenfreados" mediante os quais se "batizam" os novatos que cruzam pela primeira vez a linha imaginária que divide os dois hemisférios. Alguns veteranos, fantasiados de rei do mar com o seu tridente, e de "Tétis, sua rainha, com um esfregão como peruca, formavam sua corte no convés", descreve *Wolf Packs*. "Tétis é de deslumbrante beleza. É um marinheiro que se barbeou cuidadosamente, se maquiou e usa uma longa e ondulante peruca, confeccionada com cordas desfiadas", recorda Schäffer.

Os súditos de Netuno e Tétis, "com aspecto de selvagens, exibindo saiotes de mato, obrigavam os neófitos a engolir grandes pílulas de sabor desagradável e os 'lavavam' com uma mistura de leite, água salgada e óleo de máquina. Depois eram tosquiados da cabeça aos pés e empapados para limpá-los do pó do hemisfério norte antes de ser recebidos no hemisfério sul", continua a obra do Time-Life. Embora se tratasse de "festas ruidosas", a tripulação jamais baixava inteiramente a guarda, e enquanto metade celebrava, a outra permanecia alerta. Assim aconteceu durante toda a contenda, mas a guerra havia terminado, de maneira que a vigilância no U-977 estava relaxada. O submarino levava uma maioria de novatos, abundante comida e bebida e ânsias de festejar. Entretanto, as memórias de Schäffer mal mencionam a travessia do equador do U-977, festa que parece ter sido suspensa pouco antes de começar. Em seu lugar, narrou seu próprio batismo, que, reconheceu, ocorreu em junho de 1943.[37]

Naquela ocasião, o domínio aliado de todo o Atlântico era tão esmagador que os festejos pela travessia do equador tinham de ser celebrados embaixo da água. Talvez a claustrofobia tenha sido a razão para que a festa degenerasse numa orgia bárbara. Schäffer omite seus próprios padecimentos, mas se compraz em descrever pormenorizadamente os suplícios alheios. Durante a festa, de acordo com o relato de Schäffer, impõem-se o individualismo, o escárnio para com os novatos, a possibilidade de dar corda solta ao sadismo e a necessidade de infligir aos outros sofrimentos similares — ou maiores, se possível — aos recebidos. A própria matriz do fascismo.

Normalmente, explica, esses padecimentos eram aplicados em três graus e recorda que naquela ocasião o médico de bordo recebeu um incomum quarto grau: "De acordo com as antigas crenças, é mortal. Não levamos isso a sério", se condoeu, lamentando que ele tenha morrido dois dias depois. Os neófitos, segundo o grau de castigo, deviam ingerir uma ou mais pílulas "muito grandes" e de "um gosto horrível". Em seguida, com uma grande seringa, eram obrigados a engolir "um composto de vinagre, petróleo, pimenta e perfume". Mais do que os golpes e vexações, parece ter sido essa a causa da morte do infortunado médico.

CIVILIZAÇÃO E BARBÁRIE

De acordo com a liturgia, a Festa de Netuno se organizava com excessiva minúcia. Os preparativos começavam muitos dias antes — no caso do U-977, ao reiniciar a viagem a partir de Cabo Verde, navegando camuflado e na superfície, enquanto seus tripulantes se douravam ao sol e bebiam até o anoitecer.

"Diariamente, de tarde, se transmite uma reportagem radiofônica desde o palácio de Netuno", situado na torreta. "A instalação da rádio, que conta com microfones, é excelente nos submarinos, portanto não se apresentam dificuldades técnicas para a execução do programa, do qual participa toda a tripulação", independentemente do lugar da embarcação em que alguém se encontrasse. "Formam-se coros que nos cantam suas canções", e à medida que a noite avançava, e com ela o consumo de *groc* — a aguardente fabricada a bordo em um alambique caseiro —, as canções se tornavam maliciosas, quando não simplesmente obscenas. O batismo estava previsto para a manhã. "Netuno cuidará que nenhuma alma passe de uma região para outra sem ter sido purificada."

Schäffer recordou a época de sua instrução na Ilha de Dänholm, no fim de 1939, um inverno tão gélido que, destaca, era habitual uma temperatura de 14°C abaixo de zero. "Três meses permanecemos ali e reconheço com sinceridade que essa época foi para mim sumamente desagradável. Não posso fazê-la parecer melhor do que foi." Ah, a dura aprendizagem do sadomasoquismo! Schäffer filosofa: aquela temporada foi horrível, sim, mas "não ficaria bem qualificar como trágica uma época em que fomos tratados de uma forma incrivelmente severa" porque "enquanto houver militares no mundo, o noviço será tratado com rudeza". Os sofrimentos, argumentou, contribuem "para enriquecer a própria experiência" e para "saber reagir" perante os carrascos. "O que não nos mata nos faz mais fortes", sentencia.

Aqueles que não suportam os tormentos morrem porque são débeis. A rigor, ninguém mata os débeis: morrem por serem medrosos, demasiadamente sensíveis, doentes. Em síntese, por serem incapazes de viver em sociedade, como os judeus, os ciganos, os mongóis, os homossexuais, os dementes, os entrevados, os surdos-mudos e os tensos, para não falar dos inimigos da nação alemã: os internacionalistas bolcheviques. Não é qualquer um que pode ou deve integrar a legião dos Cavaleiros das Profundezas!

"Conhecemos as descrições dos métodos usuais" do batismo pela passagem do equador. "Os velhos costumes dos marinheiros eram, realmente, tormentos especiais. Por exemplo, o costume do 'carenado': os marinheiros eram atados com um cabo e obrigados a passar por debaixo do navio." Como a superfície "da carenagem de um navio não é lisa, mas sim cheia de incrustações ásperas" e cortantes, "é fácil imaginar o resultado": os que tinham sorte sangravam por várias feridas, os que não ficavam enganchados na quilha e se afogavam. O momento culminante do festejo! Schäffer esclarece que isso sucedia nos tempos antigos, mas agora não. "Nós já não vivemos nos bárbaros tempos pretéritos — filosofou — mas sim na atualidade humana."[38]

O CHOQUE

Embora se refira extensamente à sua primeira Festa de Netuno, Schäffer passa por cima daquela que será celebrada no convés do U-977. Navegavam na superfície, acreditando-se a salvo de todo perigo graças à camuflagem, e fazia muito tempo que a vinham preparando; brindando com os copos para o alto pela nova e excitante vida que os esperava na Argentina e, quem sabe, no Chile.

"Amanhã cruzaremos o equador. O acontecimento será celebrado da mesma forma que durante a viagem a Freetown, com a única diferença de que desta vez a festa deverá ter lugar na superfície", distinção à qual deveria somar-se a abundância de comida, bebidas alcoólicas, cigarros... e o relaxamento da disciplina.

Um "pesqueiro" sulca as mornas águas equatoriais abarrotado de caixas de champanha francesa, de cerveja e do traiçoeiro *groc*. Seus tripulantes, debruçados na incerteza de um futuro em terras desconhecidas, não têm outro norte senão preparar, e festejar por antecipação, a Festa de Netuno.

A festa, porém, foi abortada pouco antes de começar. Schäffer diz que havia chegado "ao seu ponto culminante" quando foi interrompida por razões de força maior. Escreve então um parágrafo esclarecedor que não deve ser desperdiçado:

"Represento o papel de Netuno. A espada do policial da corte cai incessantemente sobre as pobres vítimas, e de forma especialmente cruenta sobre uma delas. A festa alcançou seu ponto culminante. Ruídos de avião! Em seguida, a antena antirradar é conectada. Teremos sido descobertos? Os vigias colocados em seus postos não estavam muito alertas durante a cerimônia (...) preferiram divertir-se a expensas de seus companheiros, que estavam passando pelas torturas do batismo. Não há nada à vista, só se ouve constantemente o ruído dos motores. Devemos submergir? Os canhões antiaéreos têm seus artilheiros a postos e estão carregados. Tétis, a filha de Netuno, está junto do canhão de 37 milímetros. O médico da corte e o barbeiro carregam, cada um, uma metralhadora. A comitiva está pronta para, em caso de necessidade, efetuar a manobra de imersão..." Schäffer recorda o instante do cruzamento com os aviões como uma fotografia. Era, diz, "um espetáculo cômico em uma situação aparentemente tão séria. Homens da outrora tão temida arma submarina, enfeitados com seus pitorescos disfarces, mas decididos a defender-se no caso de ser atacados..."

A BORDO DO "VELHINHO"

Na quarta-feira 4 de julho, às 9h, o *Bahia* se movia suavemente sob o sol equatorial. Desde a entrada do Brasil na guerra, tinha navegado como escolta de 67 comboios e em dez patrulhas ao longo da extensa costa brasileira. Desde janeiro seu comandante era o capitão de fragata Garcia D'Ávila Pires de Carvalho e Alburquerque, de 48 anos. Jovial, alegre, otimista, era um dos oficiais brasileiros com melhores relações na US Navy.[39]

Era o homem certo no lugar certo. Recebeu a solicitação de estacionar o *Bahia* na posição 0° de latitude, 30° de longitude oeste, aproximadamente a 900 quilômetros de Natal e sobre um abismo de quatro mil metros de profundidade. Na nomenclatura dos Aliados esse posto era denominado Estação 13, das quatro, a mais próxima ao continente americano e a única a cargo da Marinha do Brasil. Ao que parece, as mais próximas da costa africana haviam sido confiadas à Royal Navy.

Exceto os quadrimotores, com autonomia suficiente para chegar aos Estados Unidos por meio de escalas na Islândia e na Groenlândia, os demais bombardeiros da US Navy deviam voar primeiro até o porto africano de Dacar, no Senegal, de onde cruzavam o Atlântico por sua parte mais estreita até a base situada nos arredores de Natal. Dali, a maioria prosseguia viagem para o teatro de operações do Pacífico, onde o Japão continuava combatendo, e uns poucos, mas consideravelmente mais afortunados, iniciavam o regresso para casa.

Nesse itinerário eram assistidos pelos vasos de guerra posicionados nas estações. Antes de fazer contato visual e radiofônico com os navios da Estação 13, os pilotos viam com clareza os vizinhos rochedos de São Pedro e São Paulo emergindo em meio à vastidão do oceano e por isso não tinham como se perder.

Embora a US Navy confiasse essa estação ao aliado brasileiro, havia colocado a bordo do *Bahia* quatro jovens rádio-operadores: William Joseph Eustace, Andrew Jackson Pendleton, Emmet Peter Salles e Frank Benjamin Sparks. Com eles, a tripulação chegava a 372 homens.

O *Bahia* se encontrava nesse ponto do oceano desde a segunda-feira 2, em substituição ao destróier *Bauru*, com o qual havia cruzado em meio ao uivo das sirenes e a um frenético agitar de braços e lenços em ambos os conveses. Ainda se vivia a euforia do triunfo sobre os nazistas, e era bom se sentir parte do lado vencedor. Os festejos haviam continuado na terça-feira, com a tradicional festa da passagem do equador, embora no caso do *Bahia* se tratasse antes de uma chegada do que de uma passagem fugaz, pois orbitava, em passo lento, ao redor daquele ponto invisível, desenhado sobre a linha que divide o planeta.

Os novatos americanos pareciam satisfeitos com as moderadas humilhações sofridas em homenagem à perda de sua virginidade equatorial. Ao menos pareciam relaxados e felizes. Depois de acordar e em seguida ao asseio rotineiro, haviam tomado um café da manhã ao estilo brasileiro, com bananas e frutas tropicais que não conheciam, tudo regado com o excelente café dos anfitriões, de um gosto mais intenso do que o aguado a que estavam acostumados. Durante esse copioso café da manhã, receberam a saudação do comandante e de seu imediato, o capitão de corveta Rubem Saba, que os felicitaram pela magna efeméride, o Dia da Independência. A chegada dos oficiais brasileiros, vestidos de branco dos pés à cabeça, os havia surpreendido, enquanto comentavam que ridículos se haviam visto seminus e untados com o viscoso óleo das máquinas.

Nesse ponto as versões se bifurcam. Algumas asseguram que, na sequência, estava previsto um exercício de tiro no qual as sete metralhadoras antiaéreas Oerlikon de 20 milímetros — fabricadas em Detroit, com licença suíça — deviam disparar sobre alvos flutuantes; que um desses alvos foi lançado ao mar e que foi preciso esperar um pouco até que se distanciasse. Outras dizem que o comandante, após observar com binóculo um estranho barco pesqueiro que navegava ao sul, ordenou intimar a sua detenção, disparando uma rajada na água, a título de advertência. Essa versão, por sua vez, varia entre aqueles que sustentam que receberam resposta e os que acreditam no contrário. Os primeiros dizem que, imediatamente, a partir de uma metralhadora próxima à popa, a chaminé-torreta do "pesqueiro" foi derrubada.

Em todo caso, o disparo seco da Oerlikon teria soado durante um breve instante nos ouvidos dos rádio-operadores como um pobre sucedâneo dos fogos de artifício que caracterizam sua festa nacional. A maioria dos oficiais se achava na popa, quer para participar dos exercícios de tiro, quer para apertar a vista e determinar com que tipo de navio haviam topado. Para alguns sobreviventes, fica claro que reconheceram um submarino.

O que não se discute é que o *Bahia* e o U-977 se encontravam naquele dia no mesmo lugar do vasto oceano, que o primeiro afundou e que o U-Boote fugitivo perdeu pelo menos dois torpedos T-5 acústicos, que se guiavam pelo ruído das hélices de suas presas. E, certamente, quando o objetivo era um navio grande, era obrigatório disparar dois torpedos.

EXPLOSÃO NA POPA

Eram 9h10 quando uma explosão destruiu a popa do velho cruzador, levantou uma enorme coluna de água, partiu o mastro principal, ceifou a vida de uma centena de homens, feriu gravemente mais 50 e converteu a existência de quem saiu incólume num pandemônio.

O comandante, atingido por uma lasca em um dos braços, teve duas fraturas expostas. Seu uniforme começava a tingir-se de vermelho quando um suboficial pequeno e moreno, Antônio Luz dos Santos, apelidado "Mosquito", o ajudou a chegar à enfermaria, onde foi recebido pelo primeiro-sargento João de Morais Lima, chefe dos enfermeiros. Nesse momento, porém, a popa do *Bahia* afundou e a proa ergueu-se 20 metros acima da linha-d'água. O comandante, consciente de que o barco afundaria em poucos minutos, tentou regressar à ponte, mas, imobilizado por terríveis dores, ordenou a "Mosquito": "Deixe-me, rapaz, e procure salvar-se. Sou um homem morto."

A situação a bordo era crítica. A explosão havia varrido o convés e os corredores e inundado a sala de máquinas. O cruzador dispunha de dois lanchões e uma lancha, duas chalupas e 20 balsas de cortiça, mas as três embarcações maiores e duas das balsas haviam sido destruídas pela explosão. Os desesperados tripulantes foram incapazes, ou não tiveram tempo, de arriar as chalupas. O certo é que antes de o cruzador afundar só haviam conseguido lançar ao mar 17 balsas, algumas de altura considerável, o que fez com que os compartimentos de água potável se danificassem.

Cada balsa oferecia refúgio a 12 pessoas. Embora estivessem equipadas com uma caixa de primeiros socorros, alguns medicamentos e uma provisão de comida desidratada, careciam de equipamento de rádio e de sinalizadores. Como foram carregadas com uma média de 16 pessoas, ficaram semissubmersas e os ocupantes condenados a permanecer com água até a cintura.

Os náufragos tentaram mantê-las unidas, mas, como não contavam com cabos, ataram-nas com seus cinturões de lona. Todavia, isso foi em vão, porque os cabos improvisados logo se romperam e as balsas se separaram.

Era um dia de sol abrasador. Numerosos tubarões conformavam-se, momentaneamente, em rondar as balsas, nadando em círculos, porém compactas formações de águas-vivas — medusas — entravam periodicamente, provocando-lhes dolorosas queimaduras.

Como diariamente o corredor Dacar–Natal era cortado por 20 a 25 aviões da US Air Force — cujos pilotos estavam obrigados a elaborar um informe ao finalizar o voo —, os náufragos confiavam que o desaparecimento do *Bahia* fosse percebido em poucas horas e que em um dia, no máximo em dois, seriam resgatados.

DEMORA FATAL

O cruzador *Rio Grande do Sul* chegou à Estação 13 no sábado, dia 7, de manhã, para substituir seu gêmeo, o *Bahia*. Como não o encontrou, seus oficiais supuseram que se havia deslocado para auxiliar um avião da US Navy, cuja queda teria sido relatada na quinta-feira, dia 5.

No domingo, dia 8, aproximadamente às 7h30, Raymond Charles Highms, de 17 anos, ajudante de cozinha do mercante britânico *SS Balfe*, acendia o fogo para preparar o café da manhã quando ouviu uns gritos débeis que acreditou se tratar de pios de aves marinhas. Sua regularidade e insistência fizeram com que olhasse pela escotilha e então viu, a uns 200 metros, uma balsa na qual um homem agitava uma camisa branca. Highms deu o sinal de alarme e foi assim que o navio iniciou o resgate dos náufragos.

Passadas as 10h, o comandante do *Balfe*, Thomas Joseph Sweeney, telegrafou ao Comando Naval do Nordeste solicitando assistência médica; o comando, de imediato, deu ordem de zarpar ao destróier *Greenhalgh*, sob o comando do capitão de fragata Ary dos Santos Rangel, e que fosse formado o Grupo de Tarefa 27.1.1. com os destróieres *Marcílio Dias* e *Mariz e Barros*. A esses navios se somaram depois o destróier *Babitonga* e o cruzador *USS Omaha*, a embarcação mais próxima do sinistro, que devia prestar auxílio médico.

O *Balfe* deu por terminada sua intervenção por volta do meio-dia. Não havia sido uma tarefa simples. As balsas permaneciam cercadas por tubarões, de modo que para aproximar-se delas foi necessário fazer alguns disparos. Os tubarões feridos eram imediatamente devorados por seus pares, excitados pelo odor de sangue. Só quando se saciavam era possível chegar perto das balsas. Os homens do *Balfe* resgataram sete balsas — uma delas vazia e outra com um único ocupante — e 33 sobreviventes, cinco dos quais agonizando. Quatro morreriam nesse mesmo dia e o quinto no dia seguinte.

O cruzador *Rio Grande do Sul* recolheu seis náufragos em duas balsas, mas dois deles morreram em seguida. A força-tarefa encontrou entre os dias 9 e 13 mais oito balsas com nove cadáveres e cinco sobreviventes. No dia 13, nove dias após o afundamento, encontraram a balsa restante com um único náufrago, o marinheiro Eraldo Diógenes Millet, verdadeiro prodígio de resistência. Havia perdido seu último companheiro no sexto dia, quando providencialmente choveu. Bebendo a água da chuva, conseguiu manter-se vivo. Sobreviveram apenas 36 tripulantes. Menos de 10% do total.

À exceção de um passageiro, Drumond Boyce, os britânicos não entendiam português. Só um náufrago falava inglês, o primeiro-tenente

Lúcio Torres Dias, o único oficial sobrevivente. De todo modo, a despeito desses percalços, os náufragos se fizeram entender com clareza: o *Bahia* fora atacado.

Assim é revelado no livro de navegação do cruzador *USS Omaha* — sob o rótulo "Confidencial" —, no qual o seu comandante, W.L. Freseman, detalhou que "Às 10h22 (8 de julho), fui chamado diretamente pelo Comando da Força Atlântico Sul. Fui informado pelo almirante de que, sem dúvida alguma, o cruzador *Bahia havia sido afundado* nas proximidades da estação de guarda de aviões nº 13, localizada na latitude 0° e 30° W, e que era necessário que o *Omaha* e todos os navios brasileiros disponíveis se dirigissem para a área". Ver documento anexo.

Os sobreviventes coincidiram, em seus relatos, que o *Bahia* havia demorado entre cinco e dez minutos para afundar, mas divergiam sobre a origem da explosão que arrasou a popa: o choque contra uma mina ou um torpedo. Com o passar do tempo, Torres Dias, hoje almirante da reserva, admitiu que a maioria dos náufragos atribuía "a causa da explosão a um torpedo de submarino".[40]

INFORMAÇÕES PRECÁRIAS E ENORMES MENTIRAS

Talvez por ter recebido a terrível notícia no último momento ou porque a Marinha informava com muita reticência, na segunda-feira, dia 9, *O Globo* teve como manchete "Recebido triunfalmente o comandante da Força Expedicionária Brasileira" que havia combatido em Monte Castelo, Itália. "Afundados mais de 16 navios japoneses", informava o subtítulo, sem fazer a menor referência ao afundamento do *Bahia*.

"Todas as classes de Recife prestam excepcional homenagem ao general Mascarenhas de Moraes. Invadido pelo povo o palácio do governo. O combatente recebeu da mulher brasileira uma ajuda comovente", começava a nota principal. Só nas páginas interiores uma breve nota dizia que o *Bahia* havia afundado, aparentemente após se chocar com uma mina.

A notícia percorreu o mundo em 9 de julho: "O Comando Naval do Nordeste informou que o cruzador *Bahia*, que se encontrava em serviço nas imediações dos rochedos de São Pedro e São Paulo, naufragou em consequência de uma explosão cujas causas não foram ainda esclarecidas. Encontram-se envolvidas no resgate dos náufragos unidades brasileiras e americanas", havia informado um lacônico comunicado do Ministério da Marinha.

Passadas as 18h, o Ministério distribuiu um novo comunicado, ainda mais conciso: "Os informes obtidos até o presente indicam que o cruzador *Bahia* chocou-se contra uma mina à deriva."

"Admite o Ministério da Marinha que uma mina à deriva foi a causadora do afundamento do *Bahia*", deu como manchete o diário *O Jornal* na madrugada de terça-feira, dia 10. "Aviões e navios no local assistem outros náufragos", dizia por sua vez *O Globo*. Mais abaixo, o jornal dava conta de uma "Nova nota do Ministério da Marinha: presume-se que o comandante Garcia esteja a salvo".

"Durante todo o dia de ontem" — dizia, em letra pequena — "o serviço de rádio do Ministério da Marinha esteve em conexão direta com o Comando Naval do Nordeste. A ordem partiu do próprio almirante Aristides Guilhem, interessado em conhecer os detalhes da pavorosa tragédia da qual foi vítima o cruzador *Bahia*. Assim, depois das 18h, o gabinete do ministro da Marinha, por intermédio do comandante Barreiras, distribuiu aos jornalistas o seguinte comunicado, mais alentador, das últimas informações transmitidas daquele comando: 'As informações até agora recebidas indicam que o cruzador *Bahia* foi atingido por uma mina à deriva. Com relação aos sobreviventes, foram recolhidos pelo paquete inglês *Balfe* 33 náufragos e chegaram a Fernando de Noronha cerca de cem. Entretanto, não há informação sobre os nomes dos sobreviventes, os quais serão publicados assim que forem conhecidos.'"

A suposta chegada à Ilha Fernando de Noronha — na metade do caminho entre Recife e os rochedos de São Pedro e São Paulo — de cem sobreviventes era uma enorme e cruel falsidade. A maioria dos náufragos havia padecido uma morte horrenda por sede e desidratação após quatro dias debaixo de um sol feroz e de noites de frio com metade do corpo submerso na água. A partir do terceiro dia, a maioria delirava e sofria alucinações. Nesse estado, muitos haviam deslizado para o mar, sobretudo durante as noites, para dar algumas poucas braçadas antes de converterem-se em pasto para os tubarões.

A mentira chegou à família do comandante Garcia D'Ávila. Sob o título "Estaria a salvo o comandante", *O Globo* publicou um despacho da agência Meridional no qual dava conta de que "circulam insistentes rumores segundo os quais entre os náufragos (...) recolhidos pelo navio inglês *Balfe* se encontrava o comandante Garcia D'Avila" e que quatro dos resgatados haviam falecido. Só esta última informação era correta e era repetida em um segundo despacho. Um terceiro, redigido de tarde, aumentava o número de sobreviventes: "Até agora foram salvos cerca de 180 tripulantes", dizia o correspondente. Desses, precisava, 33 haviam sido recolhidos pelo *Balfe*, cuja entrada no Porto do Rio de Janeiro era aguardada para as 17h de 11 de julho. Todos esses dados se originavam no Comando Naval do Nordeste, cujo chefe era o vice-almirante Durval Oliveira Teixeira, e o Ministério da Marinha os difundia de maneira irresponsável. Essas versões, que amorteciam o impacto da tragédia, seriam o início de uma vasta operação de encobrimento.

O *Diário de Notícias* publicou uma manchete sóbria — "O afundamento do cruzador *Bahia*" — e no texto da reportagem explicava que "são desconhecidos os detalhes do trágico acontecimento", embora tenha acrescentado as "Causas prováveis: uma explosão no paiol ou um choque com uma mina solta". Em outros títulos, o diário não se furtava a assinalar as "Precárias informações oferecidas pelo Ministério da Marinha". A esse respeito, destacou que a despeito de se "esperar que as autoridades navais se mantivessem em contato permanente com o Comando Naval do Nordeste" e que tenham "estabelecido um serviço informativo a fim de, o mais rapidamente possível, dar com certeza ao público e às famílias interessadas os nomes daqueles que morreram no cumprimento do seu dever e daqueles que se salvaram", isso não havia ocorrido e o Ministério mantinha em segredo as informações mais substanciais.

O jornal frisou, finalmente, que, segundo um despacho da Associated Press de Washington, datado do dia 9, "O Departamento da Marinha (dos Estados Unidos) declarou que não tem informação acerca da presença de marinheiros estadunidenses a bordo do cruzador brasileiro *Bahia*".[41]

DUAS PERGUNTAS OBRIGATÓRIAS

O 9 de julho, data da independência argentina, foi comemorado em Buenos Aires com uma importante parada militar. Tropas do Exército desfilaram sob o comando do general Carlos von der Becke, enquanto a Frota de Mar, comandada pelo contra-almirante Abelardo Pantín, se exercitava no porto.

Durante toda a tarde as rádios difundiram notícias contraditórias procedentes do Brasil sobre a sorte do *Bahia*. Os madrugadores tinham conhecimento delas na manhã do 10 de julho, com as crônicas daqueles acontecimentos, quando outra notícia impactante começou a ser difundida pelas rádios. Às 7h30, duas lanchas de pescadores a apenas cinco quilômetros de Mar del Plata haviam visto surgir, a curta distância, a torreta de um submarino. Era um dia frio e brumoso, mas os pescadores, quase todos de origem napolitana e familiarizados com os submergíveis da base naval das proximidades, intuíram rapidamente que se tratava de uma embarcação estrangeira. E logo confirmaram isso quando a ponte começou a povoar-se de louros que "falavam um idioma complicado".

Da ponte do U-Boote um potente refletor começou a emitir lampejos em direção à costa. A mensagem chegou decodificada ao oficial encarregado da base, o capitão de corveta Ramón Sayus. Dizia laconicamente: *German submarine*. Depois de obter autorização, o U-530 fundeou na entrada do quebra-mar, em meio à expectativa dos oficiais navais argentinos, ansiosos por inspecionar pela primeira vez um dos famosos U-Bootes.

Seu aspecto era calamitoso. O casco, com a pintura gasta de um marrom avermelhado pelo óxido, contrastava vivamente com o cinza de aço dos submarinos argentinos. Carecia de canhão e metralhadoras e seu convés, muito corroído, parecia ter sido submetido à ação do fogo.

Seu comandante, um jovem alto e louro que se identificou como o capitão-tenente Otto Wermuth, de 25 anos, colocou em formação no convés os 53 jovens tripulantes,[42] a maior parte sem documentos, dirigiu-lhes uma breve alocução e entregou-se às autoridades argentinas. Como única bagagem levava uma pequena maleta com a bandeira de guerra do navio, que entregou, tão logo estiveram frente à frente, ao capitão de fragata Julio César Mallea, de 43 anos, comandante da base.

Mallea se empenhou em impedir que os jornalistas falassem com os recém-chegados. Disse que tinha instruções precisas do Ministério da Marinha nesse sentido. Wermuth estava acompanhado pelo imediato Karl Felix Schüller — irmão de Viktor, um oficial do *Graf Spee* internado na Argentina —, pelo segundo oficial Karl Heinz Lenz e pelo primeiro engenheiro Peter Löffler, os três de 22 anos, e também pelo segundo engenheiro Gregor Schlüter, de 32. Foram cercados por um numeroso grupo de oficiais argentinos que os observavam com curiosidade e os abraçaram um por um. Depois, começaram as inevitáveis perguntas.

Além de Mallea, um dos que mais se destacavam era um jovem oficial da arma de submarinos e ao mesmo tempo integrante do SIN, Francisco Manrique, de 26 anos, que se reportava diretamente ao capitão de mar e guerra Isaac Rojas, secretário de Vernengo Lima. Como havia cursado a escola primária no Colégio Alemão de sua Mendoza natal, "Paco" Manrique arranhava o idioma de Goethe.

A primeira pergunta que Wermuth e seus homens escutaram era inevitável: "Hitler ou algum outro dirigente do Reich esteve a bordo?"[43] E em seguida, com toda lógica: "Foram vocês que afundaram o *Bahia*?"

ENCOBRIMENTO

Os oficiais alemães negaram com veemência ambas as acusações. Não há registro de que tenham sido interrogados pelo afundamento da corveta *USS Eagle 56*. Não só admitiram que o seu não era o único submarino que navegava para a Argentina, mas também estimaram que no prazo de uma semana outro U-Boote se renderia nessa mesma base. Os vespertinos *La Razón* e *Notícias Gráficas* fizeram eco a essas versões em 11 de julho. Segundo o último, "estava se aproximando um submarino gêmeo do U-530", isto é, do tipo IX-C/40.

Wermuth e seus camaradas declararam que haviam zarpado pela última vez de terra firme em 3 de março, do porto norueguês de Horten, rumo ao Atlântico Norte, algo impossível de aceitar, pois o U-Boote mantinha muitas provisões a bordo. Asseguraram que haviam estabelecido a última comunicação com a Alemanha em 24 de abril, antes de silenciar o rádio por estar operando em águas americanas. Também disseram que haviam navegado em frente a Nova York e que, por meio do periscópio, haviam visto com nitidez seus arranha-céus, trens, automóveis e os dirigíveis da Guarda Costeira.

Também admitiram — segundo declararam, *off the record*, os interrogadores à imprensa — o lançamento de sete torpedos, embora tenham jurado que todos erraram o alvo.

Dá para acreditar em tamanha ineficiência? Como se recordará, em 23 de abril a *USS Eagle 56* havia sido afundada exatamente no mesmo lugar por onde navegava o U-530, mas na ocasião, e indo contra o testemunho dos sobreviventes, que denunciaram com clareza o torpedeamento, os almirantes da US Navy haviam atribuído o sinistro à explosão acidental da caldeira da corveta.

Segundo os oficiais alemães do U-530, em 12 de maio, quando ainda se encontravam em águas estadunidenses e se dispunham a iniciar o regresso à Noruega, tentaram se comunicar com o BdU e foi assim que se inteiraram de que fazia quase uma semana que a Alemanha se havia rendido.

Wermuth disse ter proposto à tripulação ir para a Espanha ou para a Argentina e que, de comum acordo, escolheu-se a Argentina em virtude das "especiais circunstâncias diplomáticas" por todos conhecidas, um eufemismo para referir-se às boas relações que, a despeito da declaração formal de guerra, continuavam existindo entre Buenos Aires e Berlim.

Os interrogatórios devem ter sido muito interessantes, entre outras razões porque ficou evidente, em seguida, que a bordo do U-530 haviam acontecido vários princípios de motim. Mas a Armada argentina rotulou-os de "Secreto" e durante mais de meio século impediu que qualquer pessoa — pelo menos qualquer pessoa de fora — metesse o nariz neles.

Pelo pouco que transpirou, um dos tripulantes disse que dirigiram a proa para a Argentina desde a costa dos Estados Unidos, abarrotados de pacotes de cigarros e de bebidas, declaração que contradizia as dos oficiais, que asseguravam ter zarpado da Noruega quase dez semanas antes.

Mais inquietante resultou que o mesmo marinheiro comentara que "o batismo do cruzamento do equador foi bastante violento", segundo afirmaram os oficiais da base aos jornalistas. O que se tem de seguro é que foi retirada de um dos suboficiais uma foto na qual posava junto à noiva no Porto de Hamburgo. Tinha uma dedicatória e estava datada de abril, quando se supunha que o U-530 já estaria navegando em águas próximas a Nova York.[44]

PALAVRA DE CAVALHEIROS

Os generosos inquisidores argentinos decidiram sumariamente que a data da foto estava errada e acolheram seus prisioneiros com um suculento almoço a bordo do guarda-costas *Belgrano*, seu local de reclusão. Na hora da sobremesa, mais relaxado, Wermuth contou que havia ganhado sua Cruz de Ferro como oficial da frota de superfície e que a juventude de sua tripulação e a sua própria se deviam tanto às baixas que havia sofrido a frota submarina quanto ao fato de que os oficiais mais experientes tinham sido preservados para os submarinos de tipo XXIII e XXI.

Depois do almoço, o comandante da base, Mallea, e seu imediato, o capitão de corveta Héctor Azcueta, inspecionaram o U-530 com Wermuth, Schüller e os demais oficiais alemães. Apesar do zelo militar para impedir o contato dos prisioneiros com a imprensa, o enviado de *Crítica*, Ladislas Szabó, um escritor de origem húngara que falava alemão, burlou a proibição e conseguiu dialogar com um dos oficiais alemães que lhe disse — ou ao menos foi isso que Szabó entendeu — que o destino original do U-530 era "a Antártida alemã".

Szabó sabia que uma missão da Kriegsmarine, sob o comando do capitão-tenente Ritcher, havia chegado ao continente branco durante o verão austral de 1938-1939. Sabia também que, a bordo de um hidroavião, Ritcher havia desembarcado nas terras ocidentais da Rainha Maud e as havia rebatizado de Neuschwabeland, ou Nova Suábia. Szabó juntou as peças e começou a ficar obcecado pela ideia de que Hitler havia se escondido nesse lugar.

Diante da falta de informações oficiais, à tarde as rádios de Montevidéu responsabilizaram, sem meias palavras, o U-530 pelo afundamento do *Bahia*. A notícia fez os inquisidores argentinos se sentirem obrigados a refutar publicamente essa acusação. Argumentaram que era impossível que o submarino houvesse percorrido as três mil milhas que separam os rochedos de São Pedro e São Paulo de Mar del Plata em menos de seis dias. E que, embora o Brasil ainda não tivesse determinado oficialmente a causa do afundamento do cruzador, havia "informado extraoficialmente que não se deveu a um torpedeamento".

Ao publicar a notícia da rendição do U-530, o diário de Mar del Plata *La Capital* estampou como manchete: "[O U-530] não pode ter afundado o *Bahia* devido ao curto lapso transcorrido desde o afundamento até a chegada a Mar del Plata." *La Nación* pôs a manchete entre aspas, para não se comprometer: "[O U-530] nem afundou o *Bahia* nem trouxe políticos ou militares nazistas."

Como o jornal podia ter certeza disso? Uma vez mais as declarações se contradiziam, porque até aquele momento, segundo as informações oficiais do Ministério da Marinha, os oficiais alemães não haviam sido interrogados por falta de intérpretes. *La Capital* explicava que os oficiais alemães apenas arranhavam o inglês e o francês e que os únicos argentinos que falavam alemão, e que já tinham conversado brevemente com eles, eram oficiais da Coordenação Federal.

UM COMUNICADO ALUCINANTE

Os adidos navais dos Estados Unidos e da Grã-Bretanha, capitães de mar e guerra Walter W. Webb — o receptor e difusor da "isca saborosa" — e Valentin Maurice Wyndham Quin, já estavam em Mar del Plata quando, nessa noite, o ministro da Marinha, contra-almirante Alberto Teissaire,[45] convocou, em Buenos Aires, os jornalistas para uma entrevista coletiva, na qual se desculpou pelas "dificuldades para interrogar a tripulação" por causa "da falta de intérpretes".

"As primeiras informações são incompletas, e é por isso que estamos à espera, para o melhor conhecimento dos fatos, do informe da comissão militar na qual viajam intérpretes que conversarão com os oficiais alemães", explicou Teissaire, segundo *La Nación*. O ministro disse que esse pessoal tinha "instruções precisas de revisar o diário de bordo, investigar a rota efetuada pela embarcação até chegar ao porto argentino e estudar as operações navais realizadas", acrescentou *La Prensa*.

De acordo com as normas, o comandante de um navio de guerra, ou o oficial encarregado, devia anotar pontualmente no diário de bordo as novidades do serviço, quer fossem mudanças de rumo, manobras ou exercícios de tiro — ilustradas com os respectivos croquis —, enfermidades dos tripulantes ou qualquer acontecimento importante. Segundo *La Prensa*, Teissaire disse que a divulgação da análise desses documentos permitiria "deixar perfeitamente esclarecidos os rumores de que a bordo do submarino havia personalidades políticas germânicas ou que as mesmas tivessem desembarcado anteriormente em outro lugar da Argentina". Como se pode perceber, até esse momento ninguém dava por perdidos nem o diário de bordo nem as cartas de navegação.

Por volta da meia-noite, o Ministério da Marinha divulgou um comunicado. Era óbvio que o redator não era o ministro. Consistia em quatro afirmações, cada uma mais surpreendente do que a anterior:

"Primeiro: que as investigações efetuadas estabelecem que o submarino alemão U-530 (...) não foi o que deu origem ao afundamento do *Bahia* (lido com malícia, permite suspeitar que os redatores sabiam que o responsável era outro U-Boote).

"Segundo: que a bordo da citada nave não chegou qualquer político nem militar alemão (uma afirmação absurda, pois *todos* os tripulantes eram militares alemães).

"Terceiro: que, antes de se entregar às autoridades, não chegou à costa argentina qualquer pessoa procedente da embarcação (afirmação temerária, pois, segundo o ministro Teissaire, a tripulação ainda não havia sido interrogada e, ainda por cima, encobria a falta de um bote de salvamento).

"Quarto: que todas as pessoas desembarcadas pertencem à tripulação do submarino, cuja lista de nomes foi dada a conhecer."

Que lista de nomes? Como a maioria dos prisioneiros estava sem os documentos de identidade, essa lista era produto de mera imaginação.

Tampouco esse comunicado informava sobre a falta dos livros de navegação, do diário de bordo, de praticamente a totalidade do armamento, incluindo 22 torpedos, e dos aparelhos de precisão. Wermuth seria interrogado oficialmente 56 horas mais tarde, em 13 de julho.

INDIGNAÇÃO

Jornalistas e oficiais navais brasileiros reagiram indignados diante de tantas afirmações sem fundamento. Argumentaram, com raiva mal dissimulada, que nada permitia descartar a possível participação do U-530 no afundamento do cruzador brasileiro.

Enganado pelo Ministério da Marinha, *O Globo* insistia em que "cerca de 220 tripulantes conseguiram sobreviver à explosão", mas advertia que "há fortes indícios de que um submarino nazista teria sido o responsável pelo desastre, ao ter atingido com um torpedo o compartimento de popa. (...) O almirante Jorge Dodsworth Martins, comandante naval do Centro, insistiu na hipótese de que o *Bahia* fora atingido por um submarino alemão que se refugiou na Argentina e que isso coincide com a versão de que se chocou com uma mina, que bem pode ter sido lançada por esse corsário".

Em compensação, *O Globo* destacou que "O Departamento de Marinha estadunidense fez suas investigações junto ao comando naval argentino e concluiu que o submarino alemão U-530, agora em Mar del Plata, não teve responsabilidade no afundamento do *Bahia*". Confirmava, assim, que o fulminante comunicado que isentava o Ministério da Marinha argentino de culpa não havia sido redigido por seu titular, Teissaire, e sim por mãos anônimas, ou nem tanto — Mallea e Manrique, muito provavelmente —, a pedido do Departamento de Marinha de Washington, o mesmo que negava que oficiais americanos navegassem no *Bahia*. Uma negativa insólita, pois essa presença já havia sido revelada pelos jornais cariocas. Um dos sobreviventes, o sargento Raimundo Filgueira Nolasco, havia visto quando os americanos alcançavam uma balsa. E outro, cujo sobrenome era dos Reis, declarou que havia dividido a balsa com três americanos, que em seguida haviam morrido.

Enquanto isso, o vice-almirante Oliveira Teixeira anunciava a abertura de uma investigação para determinar concretamente como a popa do *Bahia* tinha ido pelos ares. *O Jornal* adiantou que "são poucos os sobreviventes do desastre e serão menos aqueles que estarão em condições de prestar um testemunho esclarecedor, tendo em conta que, segundo se sabe, o afundamento se produziu de maneira bastante rápida". Os investigadores contemplavam três hipóteses: "uma explosão no paiol de munição, o choque com uma mina ou, a menos provável, o torpedeamento". Apesar de essa ser a hipótese mais plausível, tudo indica que Oliveira Teixeira pretendia descartá-la.

Para *O Globo*, não se podia descartar que o U-530 tenha ficado à espreita, nos rochedos de São Pedro e São Paulo. Embora o jornal não a esclareça, essa suspeita se baseava no fato de que em 24 de junho um avião de reconhecimento da Marinha do Brasil havia detectado a presença de um submarino junto às rochas. Pouco depois, uma esquadrilha de caça-bombardeiros havia voado até o local, sem, contudo, ter conseguido divisar submarino algum. Já o vespertino *A Noite* destacou que "uma alta autoridade naval" havia confirmado que no dia anterior ao afundamento do *Bahia* — isto é, em 3 de julho — o destróier brasileiro *Bocaina* havia detectado um submarino não identificado quando navegava na mesma zona da tragédia.

Jornais uruguaios confirmavam que outro submarino vagava pela desembocadura do Rio da Prata esperando o momento para entregar-se.

E *La Nación* assinalou que as autoridades navais argentinas não descartavam "a possibilidade de que *alguns submarinos possam ter se refugiado em praias isoladas* [da costa argentina], onde podem permanecer por tempo indeterminado".[46]

Wermuth e seus homens haviam admitido que não navegavam sozinhos. Ou foram eles que informaram que outros U-Bootes também haviam prosseguido sua marcha para o sul ou a Marinha argentina havia obtido esse dado preciso de Washington, de Londres ou das duas capitais.

O rumor de que logo chegaria outro U-Boote ganhou as ruas e os argentinos batizaram o jovem comandante alemão de "Cinzano", não só pelo vermute ao qual o seu sobrenome aludia, como também porque o aparecimento do U-530 era considerado um aperitivo prévio ao prato principal. A expectativa, explica Jorge Camarasa, era enorme, já que "os cadáveres de Hitler e de sua jovem mulher, Eva Braun, não haviam sido achados e a história do suicídio e da posterior cremação dos corpos poderia ter sido urdida para facilitar sua fuga".

Diante da reação da imprensa e do público, Mallea, acompanhado por Azcueta, ofereceu uma breve entrevista coletiva à imprensa na base naval. Informou que Wermuth e os demais oficiais alemães diziam ter zarpado em 19 de fevereiro de um porto alemão — Kiel — e permanecido na costa norueguesa — Horten — até 3 de março. E que nessa data partiram com outras embarcações para o Atlântico Norte, onde haviam chegado com muitas provisões, mas com pouco combustível.

Mallea disse, além disso, que a bordo do U-Boote praticamente não havia encontrado documentação e que os oficiais alemães afirmavam ter destruído o diário de bordo e os livros de navegação antes de entregar-se. Acrecentou que a maioria dos tripulantes, especialmente os mais jovens, carecia de documentos que abonassem sua identidade. Todavia, dada sua juventude, não parecia razoável que entre eles houvesse dirigentes nazistas infiltrados.

AVISTAMENTOS, PERSEGUIÇÕES E DESEMBARQUES

Minutos depois de ter terminado a entrevista, foi dado o alarme: um submarino fora avistado. Havia sido observado a partir do Farol Recalada, na Praia de Monte Hermoso, no extremo sul da Província de Buenos Aires. Um avião da base naval de Porto Belgrano havia saído em seu encalço, mas regressou sem novidade.

Ao mesmo tempo, no Rio de Janeiro, o contra-almirante Dodsworth Martins, comandante da Divisão de Cruzadores, insistiu em que "segundo meus cálculos de navegação, o submarino pirata (o U-530) pode ter estado no local do desastre do *Bahia* na manhã de 4 de julho".

Para chegar do local do afundamento até Mar del Plata antes que se passassem seis dias, o U-530 tinha de navegar a 21 nós, velocidade certamente alta, mas não impossível se se levar em conta que, embora a Armada argentina continuasse sublinhando esse aspecto, tenha se entregado sem torpedos, canhão, metralhadoras e munição, um peso que somava cerca de 50 toneladas. Assim, mais leve, podia emergir meio metro adicional e ganhar um décimo de velocidade. Com ambos os motores diesel funcionando à máxima potência, era possível ter chegado a Mar del Plata nesse prazo.

Dodsworth Martins afirmou também que mesmo que o U-530 não tenha afundado o *Bahia*, era muito provável que "algum outro" U-Boote fosse o responsável, já que o destróier *Bocaina* havia detectado a presença de um submarino na mesma zona na véspera da tragédia. E acrescentou que embora o U-530 tivesse passado pelos rochedos de São Pedro e São Paulo antes de 4 de julho, tal como alegavam seus oficiais, podia ter espalhado minas na área. O contra-almirante foi lapidar ao descartar a hipótese de uma explosão espontânea do paiol do *Bahia*, tal como afirmavam alguns meios de comunicação. E destacou que "do lado moral, o comandante nazista se encontrava em um estado de latente agressividade contra o Brasil, já que, podendo escolher um porto brasileiro para render-se, não o fez".

No dia seguinte, em Moscou, o diário *Izvestia* insistia em que "seria interessante saber quem viajou escondido e também quem pôde abastecer essa embarcação pirata com alimentos e combustível durante os dois últimos meses".

Durante vários dias a imprensa brasileira responsabilizou, de maneira quase unânime, o submarino atracado em Mar del Plata. A confirmar-se essa suposição, o cruzador se somaria à lista de 33 navios mercantes brasileiros afundados por lobos cinzentos.

SEM DOCUMENTOS

A inspeção dos oficiais argentinos detalhou que o U-530 tinha a torreta semidesmanchada, a pintura corroída, o interior cheio de mofo e o estado dos motores diesel era tão precário que pareciam ter sido objeto de sabotagem. Posteriormente, em 12 de julho, informou oficialmente que havia chegado sem armamento algum e que Wermuth reconhecia o lançamento de sete torpedos contra um comboio aliado diante de Nova York, mas assegurava que nenhum deles havia acertado no alvo. Mallea informou ainda que Wermuth havia ordenado à tripulação lançar ao mar, pouco antes de entregar-se, "os seis torpedos restantes" [*sic*], o canhão, "que pesava cinco mil quilos", as metralhadoras e a munição.

Era uma versão tão pueril quanto inverossímil, ignorando ainda o que a Armada argentina escondia: que os submarinos classe IX/40 como o U-530 carregavam 22 torpedos, sem contar o que era colocado sob o convés, e, ademais, que faltava um bote salva-vidas.

Outras mentiras eram facilmente percebidas pelos especialistas, por exemplo, o que os oficiais alemães haviam feito para lançar no mar um canhão de cinco mil quilos? Porém, a informação fornecida pelos Aliados indicava que, depois de seu encontro com o I-52, o U-530 havia sido abalroado e avariado na proa pelo navio-tanque *Esso-Buffalo* e, por esse motivo, em outubro de 1944, teve de ser reparado em estaleiros de Hamburgo. Hipoteticamente, havia zarpado da Noruega, para sua última patrulha, em princípios de março, e por isso seu comandante afirmava que o submarino havia passado mais de três meses sem se reabastecer de combustível. Era tecnicamente impossível, a não ser que houvesse feito escala em algum porto amigo. E, mesmo que tivesse conservado os tanques suplementares durante sua última travessia, fato que lhe teria permitido navegar sem se reabastecer de combustível, onde teria permanecido todo esse tempo e para quê? E o que havia feito com os torpedos? Como não houve respostas a qualquer dessas perguntas, cresciam as suspeitas de que havia passado parte daqueles três meses em reparos, provavelmente em uma ilha atlântica.

Em compensação, não se tinha dúvida de que a Armada argentina desejava apropriar-se da embarcação. Em 12 de julho, içou em seu mastro a bandeira nacional, mas a reação dos Estados Unidos e da Grã-Bretanha foi fulminante: não só exigiram a imediata entrega do U-Boote, mas também de toda a tripulação. Diante do virtual ultimato e a fim de manter as aparências, o presidente Farrell dispôs que uma comissão, presidida por Perón, resolvesse a posição argentina. Horas depois, em 13 de julho, após destacar que o U-530 havia "violado voluntária ou involuntariamente [*sic*] os compromissos contraídos na ata de rendição de Reims", que obrigava todos os U-Bootes "à entrega incondicional" aos Aliados, depois de "emergir içando uma bandeira negra", a comissão recomendou que o submarino fosse colocado "à disposição dos Estados Unidos e da Inglaterra, com a tripulação e as perícias feitas por nossas forças navais".

A PERSEGUIÇÃO DO *BABITONGA*

Nesse mesmo 13 de julho, ao completar-se uma semana do afundamento do *Bahia*, o Departamento de Marinha dos Estados Unidos divulgou um comunicado no qual estimava que "se bem que *se desconheça a sorte de quatro a seis submarinos alemães* no Atlântico, acredita-se que estes foram afundados. Por outro lado, tem-se a convicção de que se houvesse algum navegando, já não estará mais operando no Atlântico".

Apesar de tantas supostas certezas, o comunicado acrescentava que mesmo que algum U-Boote navegasse pelo Atlântico, não era "factível" que tivesse "suficiente raio de ação para chegar ao Japão".

A insistente recorrência a uma suposta intenção dos submarinos alemães fugitivos de chegar ao arquipélago japonês cheirava fortemente a uma "cortina de fumaça". Nesse momento, as tropas imperiais encontravam-se em retirada da Ilha de Okinawa, deixando nas praias centenas de milhares de cadáveres. Ao sudoeste das principais ilhas japonesas e mais próxima às Filipinas, Okinawa é a maior das ilhas do Arquipélago Riukiu, cuja população foi tributária da China até a ilha ter sido anexada ao império japonês em 1879.[47] Depois de afirmar sua soberania regando milhões de litros de sangue e imolando 1.200 camicases (induzidos ao suicídio pelo exército imperial) em um único dia, as tropas imperiais se recolhiam para defender as ilhas centrais, enquanto a aviação aliada descarregava milhares de bombas incendiárias sobre Tóquio. Quem queria chegar ao Japão nessas circunstâncias?

Também em 13 de julho o sonar do *Babitonga*, que havia substituído o *Rio Grande do Sul* na Estação 13, detectou dois corpos submersos a apenas 1.200 jardas [1.097,28 metros]. Pareciam submarinos e, como não obteve resposta a seus reiterados pedidos de identificação, o comandante do destróier, capitão de corveta Daniel dos Santos Parreira, deu o alarme de auxílio aos navios do Grupo de Tarefas 27.1.1, formado para buscar os náufragos do *Bahia*, e depois mandou persegui-los, ação executada durante quatro dias.

O *Babitonga* e seu comandante eram um orgulho da Marinha do Brasil. Como Garcia D'Ávila, Santos Parreira — oficial do Estado-Maior, engenheiro civil e hidrógrafo — havia se especializado na luta antissubmarina nos Estados Unidos. O navio que comandava era um destróier moderno, versátil e com grande poder de fogo. Havia servido durante os primeiros anos da guerra na US Navy com o nome de *101 Alger*. Os Estados Unidos o haviam doado ao Brasil para fortalecer a capacidade da Marinha na luta contra os lobos cinzentos.

Alternadamente sob o comando de Santos Parreira e de seu imediato, o capitão Sérgio Duarte Nunes, o *Babitonga* perseguia tenazmente os misteriosos submarinos. Curiosamente, ao menos um deles — ou seria um terceiro? — parecia com intenções de permanecer na zona, já que em 18 de julho o *Babitonga* voltou a captar nítidos sinais de sua presença. Os técnicos corroboraram com os hidrofones que definitivamente se tratava de um submarino que tentava passar inadvertido, movendo-se muito lentamente, com seus hélices girando a poucas rotações por minuto. Após aumentar a velocidade dos próprios hélices para descartar que o sonar estivesse transmitindo um eco próprio, o comandante ordenou o ataque com cargas de profundidade convencionais e as de novo tipo, as letais Hedge-Hogs.

No meio da refrega, alguns tripulantes observaram como emergia fugazmente "a umas 800 jardas [731,52 metros] um objeto negro e brilhante", com aspecto de "casco acostado". O objeto submergiu, enquanto do *Babitonga* disparavam contra ele um tiro de canhão, depois do qual apareceram na superfície grandes bolas de água, sinal de que a imersão havia sido muito rápida.

Depois da chuva de cargas de profundidade lançadas continuadamente, os tripulantes do *Babitonga* não observaram qualquer sinal. Sobrevieram uma calma tensa e o uso intensivo do sonar e dos hidrofones. Horas depois, o sonar detectou novamente um submarino em fuga, presumivelmente o mesmo. O comandante ordenou a sua perseguição e que fosse lançada uma nova série de quatro cargas de profundidade. Dessa vez, os artilheiros tiveram melhor sorte, pois aflorou uma mancha de óleo "de 300 jardas [274,32 metros] de circunferência", da qual o comandante ordenou tomar rapidamente uma amostra, efetuando um giro a toda máquina para não perder o rastro da presa.

O aparecimento dessa mancha era um sinal duvidoso: podia indicar que o submarino havia sido afundado ou ao menos danificado, mas um oficial naval com a experiência de Santos Parreira também sabia que era normal que os comandantes dos lobos cinzentos acossados liberassem o óleo usado das latrinas para despistar seus perseguidores.

Apesar da rápida ação, não se encontrou a pista do submarino. A essa altura, o *Marcílio Dias* se havia somado à perseguição. Os dois destróieres rastrearam em conjunto uma área de 140 milhas quadradas. Mais tarde, o *Grajaú* veio ao encontro deles, mas a busca foi dada por encerrada às 18h.

Em 25 de agosto, depois de atracar o *Babitonga* em Recife, Santos Parreira redigiu um pormenorizado informe, no qual assinalou que, em sua última missão, o navio sob seu comando havia ajudado 261 aviões aliados a atravessar o oceano e advertiu seus superiores que acreditava ser "viável a hipótese de haver surpreendido a passagem de submarinos inimigos que, tendo recebido fugitivos do Reich em algum ponto do extenso litoral europeu, pretendiam desembarcar em algum ponto do litoral sul-americano". Recomendou que fosse intensificada a investigação sobre a colônia alemã do estado de Santa Catarina, cujas costas e ilhas se haviam transformado em "um esconderijo" de nazistas fugitivos. E destacou que, enquanto perseguia um dos submarinos não identificados, em 17 de julho, uma rádio havia informado que pescadores de um povoado do Rio Grande do Sul haviam visto dois submarinos: "É muito provável que essas embarcações sejam as responsáveis pelo afundamento do cruzador *Bahia*, quando se consideravam a serviço do Japão, potência em guerra contra o Brasil."

As análises das amostras de óleo e das gravações do sonar, ambas efetuadas nos Estados Unidos, determinaram que as primeiras não pertenciam a qualquer navio aliado em serviço e que as segundas haviam sido produzidas inequivocamente por um submarino.

PARADEIRO DESCONHECIDO

No mesmo 17 de julho em que os pescadores gaúchos observaram dois submarinos não identificados perto da costa, o oficial da polícia de Buenos Aires Pedro Longhi, encarregado do posto de Mar de Ajó, informou ter avistado um submarino diante do litoral de San Clemente do Tuyú — como se verá, os submarinos divisados por dezenas de moradores do local foram dois.

A notícia logo chegou à Armada. O radiograma 1.505, nº 802 de seu Estado-Maior, informou o Ministério da Marinha que às 9h de 17 de julho civis haviam avistado um submarino a uns três quilômetros da Praia de San Clemente del Tuyú e que o mesmo havia submergido diante da presença de um avião. "Voltaram a vê-lo dez horas depois, mais ao sul, submergindo", acrescentou, em referência a outras testemunhas.

Outra mensagem — carece de data, mas foi simultânea ou imediatamente posterior ao radiograma 1.505 — foi remetida ao comandante da Esquadra de Mar. Uma vez decifrada, dizia assim: "Espera-se que antes do [dia] 22, outro submarino alemão tome porto ou desembarque pessoal em nossa costa. Supõe-se que operará entre Rio da Plata e Cabo Blanco. Explorar proximidades da costa e apresá-lo. Esquadra de Rio estenderá sua exploração aérea até Necochea e de superfície até Querandí."[48]

Às 15h, o Ministério da Marinha comunicou às esquadras de Mar e de Rio, e à Prefeitura, que a Secretaria de Guerra lhe havia transmitido às 14h10 que a polícia da Província de Buenos Aires tinha informes fidedignos de que fora avistado um submarino em San Clemente. O capitão Isaac Francisco Rojas colocou-se imediatamente em contato com "o senhor Longui [*sic*], que o tinha visto".[49] Um novo radiograma da Armada confirmou que, efetivamente, o oficial Longhi havia informado a Rojas que, aproximadamente às 9h, fora avistada "uma embarcação para os lados do Farol de San Antonio, pouco identificável devido à neblina. Que pouco depois, com o sol, pôde constatar que era uma embarcação que em nada se parecia com os navios comuns e que, comparando-a com as fotografias publicadas do U-530, era parecida com esse submarino. Que estava como parada a uns três mil metros da costa. Que da torrinha saíam dois cabos, um para a proa e outro para a popa. Que não tinha chaminés.

Que quando um avião aproximou-se, submergiu. Que mais tarde, por volta das 10h, ele e outras pessoas o viram um pouco mais ao sul, como se se dirigisse a Mar del Plata. Mar calmo. Que depois submergiu outra vez, não sendo mais visto".

Nesse mesmo 17 de julho, Farrell e Perón assinaram o Decreto 16.162, que entregava a Washington e Londres "o submarino, a tripulação e as perícias produzidas pelo Ministério da Marinha em virtude das investigações praticadas".[50]

E, por fim, também nesse mesmo dia iniciou-se em Potsdam — a senhorial residência dos antigos reis prussianos — a conferência de cúpula dos vencedores, para discutir o pós-guerra. Assim que foi apresentado a Truman, Stalin começou a tratá-lo da maneira descontraída que costumava usar com Roosevelt. Sem maiores preâmbulos, manifestou-lhe sua certeza de que Hitler havia escapado.

O secretário de Estado americano, Jimmy Byrnes, participava do coquetel da instalação da conferência e, após brindar entrechocando suas taças, lhe perguntou se acreditava que Hitler estava morto. Stalin lhe respondeu com segurança: "Não está morto. Escapou ou para a Espanha ou para a Argentina."

Para tranquilizar a opinião pública, os aliados anglo-saxões não tiveram melhor ideia do que instar os altos oficiais da Kriegsmarine prisioneiros a desmentir a possibilidade de que Hitler estivesse vivo e a salvo. Foi assim que o lugar-tenente histórico de Dönitz no BdU, o almirante Godt, declarou que "se tivessem sido feitos preparativos para retirar Hitler da Alemanha, eu estaria a par" e que lhe parecia inverossímil que o *Führer* tivesse fugido, pois, na sua opinião, "seria impossível para ele viver como um senhor qualquer".

No dia seguinte àquele em que Farrell e Perón assinaram o decreto de entrega do U-530 e sua tripulação, 18 de julho, uma comissão do Senado dos Estados Unidos manteve uma longa reunião com representantes da Armada argentina no Capitólio. Ao seu término, o senador Mendell Rivers declarou à imprensa que "ou bem a Marinha dos Estados Unidos trata de localizar o que resta dos submarinos alemães por meio de aviões e navios de superfície ou não é de se acreditar que algum ainda esteja no mar".

Nesse mesmo dia, o Almirantado britânico admitiu, por meio de um breve comunicado, que não podia calcular quantos submarinos alemães ainda não se haviam entregado. Simultaneamente, o Departamento de Marinha dos Estados Unidos considerava "pouco provável que *algum dos quatro submarinos* [*sic*] cujo paradeiro se desconhece esteja próximo à costa argentina, sendo indubitável que deve haver um erro na notícia de que foram vistos submarinos nazistas perto desse país".[51]

Um erro? Às 23h de 18 de julho todos os navios da Esquadra de Mar argentina receberam esta objetiva mensagem do Estado-Maior da Armada: "Hidrofones vigias denunciam submarino atacado com bombas até escurecer sem novidade ponto posição proximidades El Forte."

UMA FARSA

Nos parcos cinco dias transcorridos desde o início da perseguição do *Babitonga* — que não foi informada à opinião pública — até a formação da comissão governamental que rapidamente aceitou as exigências de se entregar o U-Boote e sua tripulação aos Estados Unidos, muitas coisas aconteceram. Nesse breve lapso, as especulações acerca de se o U-530 havia trazido Hitler e afundado o *Bahia* haviam crescido a ponto de se transformar em um coro de muitas vozes.

Muitos recordavam a palavra oficial do ministro Teissaire e esperavam que se tornasse público o conteúdo do diário de bordo e dos livros de navegação, a despeito das versões avançadas por Mallea, isto é, de que os oficiais alemães os haviam lançado ao mar.

Durante a madrugada de 15 de julho, o grosso da tripulação do U-530 havia sido transferido para Buenos Aires em dois ônibus da empresa Cóndor escoltados por efetivos da infantaria da Marinha. Chegaram à Doca Norte de Porto Novo ao meio-dia. Ali foram embarcados no aviso *Cormorán,* que os levou à Ilha de Martín García.

O comandante Wermuth, seus oficiais e os quatro suboficiais de patente mais alta permaneciam na base de Mar del Plata, onde, teoricamente, continuavam sendo interrogados por uma comissão integrada pelo capitão de mar e guerra José A. Dellepiane, os capitães de fragata Carlos Ribero e Patricio Conway e, segundo se informou oficialmente, outros dois "capitães de corveta que falam alemão", em referência a Olindo P. Berry e Bernardo Benesch.

Os diários daquele dia revelaram que os inquisidores haviam dito *off the record* que quando interrogavam os oficiais navais alemães a respeito de por que haviam lançado ao mar os canhões, as metralhadoras, os torpedos e a munição, os teutos se limitavam a um encolher de ombros e a responder com um monossílabo: "*Kapput.*"

Um daqueles inquisidores, narrou o enviado especial de *La Nación*, havia se queixado das dificuldades que enfrentava, pois ao fato de que "pouco antes de render-se, a oficialidade do U-530 tenha destruído quase toda a documentação, se acrescenta o silêncio que a tripulação guarda, ou como é pouco explícita sempre que se pretende obter dela algum dado referente ao itinerário percorrido, às operações navais em que interveio" e às outras "tantas interrogações que se colocam".

Dessa maneira, o SIN ratificava perante a imprensa que, apesar do afirmado pelo ministro Teissaire, Wermuth se teria desfeito do diário de bordo e das cartas de navegação. Em suas "inconfidências" à imprensa, os inquisidores também alegaram que se "teria de deixar de lado" a hipótese de que o U-530 afundara o *Bahia* devido à impossibilidade de se chegar desde os rochedos de São Pedro e São Paulo até Mar del Plata em seis dias. Apesar de adiantar esse julgamento, os oficiais argentinos disseram que não redigiriam comunicado oficial sem antes consultar os adidos navais dos Estados Unidos e da Grã-Bretanha.

A rigor, os oficiais argentinos não haviam permitido que Webb e Wyndham Quin interrogassem os prisioneiros. O informe enviado por Webb a Washington (ver documento no anexo) foi lapidar: cada tripulante que saía da sala onde havia feito a declaração conversava rapidamente com aquele que esperava sua vez para entrar, indicando-lhe o que devia ser dito e o que não devia ser dito para unificar as versões. Os interrogatórios eram uma farsa.

Webb destacou que estava faltando o bote principal do U-530, de cor laranja, que ficava em um compartimento externo do submarino. Era também evidente que esse bote fora utilizado em um desembarque clandestino. E que no mesmo compartimento ainda se encontrava o bote inflável, de cor amarela, que, em contato com a água do mar, adquiria um tom verde fluorescente para guiar a quem deveria resgatá-lo em um naufrágio. O fato de ele ter sido deixado indicava que aqueles que utilizaram o bote não queriam ser localizados.

A CONFIRMAÇÃO DE LONDRES

Enquanto em 15 de julho as rádios portenhas difundiam a notícia de que as cartas de navegação e os diários de bordo do U-530 se haviam evaporado, o correspondente da agência Associated Press no Rio de Janeiro enviou um despacho no qual assinalava que a Marinha brasileira havia "localizado e atacado" um submarino "perto do local onde se encontrava o *Bahia* horas antes da ocorrência da explosão" e que esse fato, somado ao "ceticismo dos peritos navais acerca de que o paiol do *Bahia* possa ter voado acidentalmente, e dos cálculos de que o U-530 teve tempo de chegar a Mar del Plata entre 4 e 10 de julho, tudo se juntou nos últimos dias para fazer com que a imprensa desta cidade expresse abertamente sua insatisfação com as explicações do comandante do U-530".

Em 17 de julho, pelo menos duas dúzias de moradores do balneário San Clemente del Tuyú — onde as águas marrons do Rio da Prata se diluem no azul do oceano e as medusas proliferam entre bancos de areia — anunciaram às autoridades que haviam divisado dois submarinos de tamanhos diferentes navegando juntos a uns cinco ou seis quilômetros da costa, bem como que o ruído de seus motores era perfeitamente audível. Por sua parte, como já se explicou, o oficial Pedro Longhi, encarregado do posto policial de Mar de Ajó, balneário ao sul de San Clemente, também deu fé de ter visto um submarino.

A notícia foi difundida por rádio, de modo que os moradores de Mar de Ajó "se dirigiram para o cais, com seus binóculos mirando em direção ao norte", e afirmaram que, efetivamente, puderam ver os dois submarinos, conforme publicou *La Nación*.

A reportagem assegurava que não só Longhi e um grupo de moradores anônimos haviam observado os submergíveis; também o enviado do diário *El Tribuno,* da cidade de Dolores, informou por telefone à sua redação que um dos submarinos havia encalhado a 15 quilômetros ao sul de San Clemente, a uns 200 metros da Praia Las Margaritas, zona de "muitos canais e bancos de areia".

O jornalista entrevistou uma testemunha do encalhe que relatou como, a pouca distância da costa, o submarino havia lutado ruidosamente para se desprender de um banco de areia por uns cinco minutos até consegui-lo. Depois disso, navegou mar adentro e submergiu rapidamente. Embora não tenha publicado seu nome, *El Tribuno* deu crédito "da seriedade da pessoa" que havia narrado a cena.

Por sua vez, *Crítica* publicou, nessa mesma tarde, que os dois submarinos haviam sido localizados e perseguidos por navios e aviões da Armada e lembrou que dias antes fora encontrado um bote de borracha abandonado em uma praia próxima a Necochea. O redator especulava sobre a possibilidade de Hitler e Eva Braun terem usado o bote para desembarcar.[52]

Faltava um bote de borracha do U-530, e um bote de borracha havia sido encontrado nas proximidades de Necochea no fim de junho ou princípios de julho, recordou um substancioso despacho da agência United Press de Londres, datado de 18 de julho.

Esse detalhe não era, em absoluto, o mais importante do texto. A leitura do telegrama deixava sem respiração. Continha cinco informações, cada qual mais impactante, nesta ordem:

— Nas "esferas oficiais desta capital — Londres — insiste-se que Hitler desembarcou na Argentina em 30 de junho último, transportado pelo U-530.
— Essas mesmas fontes davam "crédito à versão de que o bote de borracha de que se achava dotado o submarino rendido em Mar del Plata" havia sido encontrado "dez dias antes de sua rendição".
— A Interpol havia lançado uma ordem de captura internacional contra Hitler.
— O U-530, sempre de acordo com fontes governamentais britânicas, fazia parte de um comboio de, pelo menos, seis submarinos.
— Os U-Bootes que integravam esse comboio não só haviam afundado o *Bahia* como também haviam desembarcado um grupo de dirigentes nazistas em algum lugar da costa argentina.

Era algo francamente incomum que fontes oficiais britânicas tivessem deixado vazar essas informações. Talvez a razão do deslize deva ser buscada na situação política interna da Grã-Bretanha durante aqueles dias de campanha eleitoral. Em 25 de julho se celebraram eleições gerais e contra todos os prognósticos Churchill e o Partido Conservador foram derrotados pela oposição trabalhista. Foi um fato tão impactante que durante longos dias manteve-se em segredo o resultado do pleito, a pretexto de dificuldades na apuração, a fim de não debilitar a posição do maltratado Império na conferência de Potsdam, na qual o Reino Unido era representado por Churchill. No fim, porém, ele foi substituído como primeiro-ministro e também na conferência de cúpula por Clement Richard Atlee.

O *MENDOZA* NO ATAQUE

O informe da Ceana — a história oficial — sustenta que "no dia 17 *um submarino* que viajava para o sul, a uns três mil metros da costa, foi visto em distintas oportunidades ao menos por 24 pessoas". E acrescenta que ao anoitecer desse mesmo dia "o torpedeiro *Mendoza*, que patrulhava mar afora, avistou um periscópio e detectou sons submarinos em seus hidrofones" e por isso "perseguiu o objetivo por uma hora e 40 minutos, disparando oito cargas de profundidade sem resultado aparente, até que a escuridão o obrigou a abandonar as operações".

O documento, redigido por Newton, não precisa a localização do torpedeiro, pelo que tacitamente se entende que devia estar perto de San Clemente ou de Mar de Ajó, os lugares onde os U-Bootes haviam sido avistados.

A leitura do diário de navegação do *Mendoza* oferece rapidamente duas surpresas: o avistamento não ocorreu no dia 17, mas sim no dia 18, na parte da tarde, e não se registrou naquele trecho da costa, mas muito mais ao sul, diante de San Antonio, o mesmo lugar onde, três décadas atrás, a tripulação do *Seidlyz* havia passado mais de um ano.

O *Mendoza* zarpou de Porto Belgrano quando a noite do dia 17 já ia bem avançada, rumo ao Golfo de San Matías. Às 10h05 do dia 18, na latitude 60°, divisou um "avião tipo Corsario rumo oeste cota 300m. Características 2-0-14" e às 8h25 "pôs proa na direção da costa para reconhecer Caleta de los Loros e praias adjacentes", chegando "até duas milhas da costa". Como nada encontrou ali, retomou a navegação na direção sul.

A tarde já ia alta quando, na altura de San Antonio, a tripulação viu com absoluta nitidez o periscópio de um submarino que se deslocava deixando uma grande esteira. Dizem textualmente as anotações do diário de navegação correspondentes a esse quarto de serviço: "Às 17h30 avistou-se periscópio submarino na marcação 140 do ancoradouro exterior San Antonio (uma espécie de cano cor cinza-claro se sobressaía da água);

o mesmo era rodeado por uma esteira grande, com ondulação, rumo aproximado 160. Tocou-se o alarme antissubmarino, máxima velocidade (23 nós) e se pôs proa para o lugar indicado, onde se começou a lançar bombas de profundidade. Patrulhou-se toda a zona durante uma hora e 40 minutos (até o anoitecer), lançando-se oito bombas. Às 19h10, se pôs rumo 107 rd=14 para se afastar da zona (...) e patrulhar a costa norte abordável do golfo."

Às 21h05, observava-se a partir do *Mendoza* o Farol Belén e a partir de então o torpedeiro patrulhou a costa fazendo escuta hidrofônica até chegar ao Farol San Matías, à meia-noite. Desde então, e até o fim da travessia, o *Mendoza* e pelo menos três aviões da Armada buscaram incansavelmente, durante dois dias, o submarino, navegando desde o Porto e Baía de San Antonio até o Golfo de San Matías e suas imediações.

Quando o *Mendoza* navegava perto do Farol San Matías, já passara uma hora desde que todos os navios da Esquadra de Mar haviam recebido a mensagem objetiva, já resenhada: "Hidrofones vigias denunciam submarino atacado com bombas até escurecer sem novidade ponto posição proximidades El Forte."

No dia seguinte, 19 de julho, o Estado-Maior da Armada recebeu uma nova mensagem, ainda mais lacônica: "Periscópio-San Antonio Este. Disposto a reforçar explorações ali".[53]

Como descreve Camarasa, "a situação ia além de uma psicose coletiva" e "fez com que fossem mobilizados tropas, aviões e lanchas". Acrescenta o autor de *Odessa al Sur* que, "em meio a um alerta geral, foram detidas duas mulheres jovens, de nacionalidade alemã, uma das quais foi identificada como Maximiliana Oschatz. No dia seguinte ao da detenção, ocorrida em 19 de julho, a captura foi terminantemente negada pela polícia provincial".

ÁREA LIVRE

Insolitamente, em 21 de julho, o chefe da Armada, Vernengo Lima, ordenou a suspensão de todas as patrulhas. Por quê? Eis a pergunta que não quer calar.

Um interrogação igualmente presente é por que Vernengo Lima não reviu essa medida quando recebeu nova e precisa informação sobre a presença de um submarino não identificado a dez milhas da costa do sul da Província de Buenos Aires.

Porque na quinta-feira 24 de julho, às 15h20, o prefeito-geral marítimo, contra-almirante Francisco J. Clarizza, comunicou ao Ministério da Marinha que às 14h desse dia o subcomandante inspetor encarregado da costa marítima, Demetrio Vergara, havia recebido um conhecido empresário pesqueiro, o senhor Alfaro, que lhe havia informado que na véspera, às 18h, desde a estação Copetonas do Ferrocarril do Sul — na altura dos balneários de Reta e Claromecó, a uns cem quilômetros ao sul de Necochea —, observou "um submarino que se encontrava algo como a dez milhas da costa; a distância da popa à proa era de cerca de 70 metros e sua torre estava pintada de cinza".

Após regressar a seu escritório em Ingeniero White, o porto da cidade de Baía Blanca, o subcomandante Vergara confirmou via telefone ao contra-almirante Clarizza, na sexta-feira às 23h, que parecia "certo o aparecimento do submarino" na costa limítrofe à estação Copetonas, pois "três tripulantes da lancha Alfaro II" coincidiam em asseverar que na quarta-feira 23 "ao cair do sol, entre as 18h e as 18h30 e a 15 quilômetros da costa, viram claramente emergir e submergir um submarino com proa ao sul".

O contra-almirante Clarizza, por sua vez, comunicou-se com o secretário de Vernengo Lima no sábado 26, às 14h20. Depois de receber a mensagem de seu superior, o capitão Isaac Rojas redigiu o informe correspondente para seu chefe.[54]

Nesse mesmo sábado, Clarizza preparou um informe para o ministro da Marinha: "Três tripulantes do Alfaro II afirmaram que, da terra, a uns 15 quilômetros da costa, no dia 23 do corrente, ao cair do sol, entre 18h e 18h30, viram emergir e submergir um submarino, cuja proa estava orientada para o sul, rumo que presumem que o submarino teria tomado", dizia.

Nessa mesma ocasião, outro informe secreto da Armada tinha dado aviso, na sexta-feira, do avistamento de um submarino, talvez o mesmo, nas proximidades de Claromecó.[55]

Não há registro de que, ao tomar ciência dessas novidades, Vernengo Lima tenha ordenado a retomada da patrulha costeira, mas sim que ficou furioso... porque as notícias do avistamento do dia 23 haviam sido difundidas — embora sem maiores esclarecimentos — pela Rádio Bahia

Blanca. Por esse motivo, ordenou ao capitão de mar e guerra Ernesto R. Villanova, chefe da "Divisão R" — de contraespionagem —, que investigasse como se havia produzido o vazamento.[56]

DESEMBARQUE E EXPULSÃO VIOLENTA

Há muitos anos Ronald Newton escreveu *El cuarto lado del triángulo*, livro que consolidou sua fama de especialista. Nele, refere-se ao avistamento de um U-Boote perto de Necochea, dez dias depois dos submarinos que foram denunciados em San Clemente del Tuyú e em Mar de Ajó e que haviam motivado a infrutífera perseguição do torpedeiro *Mendoza*. Quase um mês antes, fora encontrado um bote de borracha nas proximidades de Necochea. Nessa nova oportunidade, as evidências de um desembarque eram mais evidentes, dir-se-ia que irrefutáveis.

A presença de um submarino sem identificação foi comunicada ao destacamento da polícia de Buenos Aires em Piedra Negra. Newton afirma que às 18h do sábado 27 de julho de 1945 "um destacamento policial da delegacia de Necochea saiu em campo para verificar uma denúncia: uma embarcação estava fazendo sinais em código Morse para a costa e a mensagem era respondida da praia". Como fica óbvio, o relato se refere a sinais de luzes curtas e longas.

"Os policiais percorreram o setor em três automóveis particulares e, após horas de busca, encontraram o homem que respondia aos sinais. Na delegacia, foi identificado como cidadão alemão, artesão de profissão, que admitiu que a embarcação era um submarino e que ele se dispunha a desembarcar. (...) Na madrugada do domingo 28 [*sic*] iniciou-se um rastreamento pelas praias dos arredores da cidade. No meio da manhã, 15 quilômetros ao norte, um destacamento (...) encontrou pegadas humanas que iam e vinham da praia até a entrada arborizada de uma estância. Havia também marcas de lanchas ou botes de borracha que tinham sido arrastados e as marcas de caixas ou caixões muito pesados que tinham sido levados até um lugar, onde se encontravam marcas de rodas de caminhão. (...) Diante da descoberta, o subdelegado (em exercício) decidiu chamar o delegado e, quando o destacamento ficou completo, começaram a entrar na estância. Tinham percorrido dois quilômetros pelo caminho de entrada, arborizado e ladeado por tamarindeiros, quando quatro homens que falavam alemão, com metralhadoras na mão, impediram-nos de continuar e os expulsaram violentamente. Como não estavam levando autorização para entrar na propriedade, os policiais decidiram regressar à delegacia e comunicar a novidade à Chefatura de La Plata. Depois de duas horas de espera, o chefe da polícia provincial ligou pessoalmente para Necochea e deu uma ordem precisa ao delegado: 'Torne sem efeito a busca de possíveis alemães e retire-se imediatamente da estância'", escreveu Newton.

O artesão detido foi enviado a La Plata, mas "poucos dias depois estava em liberdade e em Necochea, onde ainda continua vivendo", acrescentou. Anos depois, já contratado pela Ceana, Newton esqueceria completamente sua reportagem.

É provável que esse desembarque ao norte de Necochea não tenha alcançado a repercussão que merecia porque as autoridades argentinas o ocultaram e porque nesse mesmo dia um bombardeiro B-25 se chocou contra o Empire State Building, então o edifício mais alto do mundo. O bimotor, que, sob o comando do coronel William F. Smith Jr., se dirigia para o Aeroporto de Newark, Nova Jersey, atingiu o prédio na altura do 79º andar. Um dos motores do avião atravessou o edifício e cortou os cabos de dois elevadores. Como era sábado, além dos três tripulantes, teve de se lamentar apenas a morte de mais 11 pessoas, em sua maioria empregados do National Catholic Welfare Service.

PROTAGONISTAS

Três antigos marinheiros do *Graf Spee*, particularmente o cabo e aspirante a oficial Alfred Schultz e o radiotelegrafista Walter Dettelman,[57] confirmaram o desembarque e a veracidade, em termos gerais, daquela reportagem. Em 1945, deveriam estar internados em campos de prisioneiros de guerra. No entanto, ambos haviam fugido fazia tempo.[58]

Após a derrubada de Perón, os dois declararam, perante uma comissão do Congresso, que, embora não estivessem em condições de precisar a data exata, entre 23 e 29 de julho de 1945 os ocupantes de dois submarinos alemães haviam desembarcado na costa argentina. Podiam afirmar isso com absoluta segurança não apenas porque tinham presenciado os desembarques, mas também porque haviam ajudado a efetuá-los.

Infelizmente, parece que os depoimentos não foram registrados taquigraficamente ou seus registros foram destruídos. Porém, segundo as reportagens da época, Schultz e Dettelman afirmaram ter recebido do capitão Walter Klay — que coordenava as atividades dos ex-tripulantes do *Graf Spee* e suas fugas, baseado em um escritório do Banco Germânico[59] — a ordem de viajar à Bahia Blanca. Uma vez na cidade, o contato que Klay havia lhes indicado os levou a um ponto não muito distante do litoral atlântico.

Embora não recordassem exatamente onde ficava esse lugar, concordaram que se tratava de uma estância da Companhia Lahusen.[60] Pouco depois, chegaram à costa "dois submarinos que descarregaram muitos caixões pesados que foram levados para o prédio da estância em oito caminhões". E destacaram que se tratava, evidentemente, "de uma carga valiosa proveniente da Alemanha".

Em seguida, desembarcaram em botes de borracha umas 80 pessoas, "algumas, pelo jeito com que davam ordens, deviam ser muito importantes".[61]

As declarações de Schultz e Dettelman, bem como a de um terceiro ex-tripulante do *Graf Spee*, Willi Brenneke,[62] foram analisadas por Allan Pujol, um antigo agente do Deuxième Bureau, um braço dos serviços secretos franceses. Segundo Pujol, na noite de 28 e no dia 29 de julho de 1945 foi desembarcado de um U-Boote um grande número de caixões de madeira com a inscrição *Geheime Reichssage* (Segredo de Estado), remetidos pelo general Ernst Kaltenbrunner, chefe do RSHA, que teriam sido depositados em uma propriedade da firma Lahusen.

Pujol acredita que aqueles caixões deviam conter "o tesouro do RSHA": lingotes, moedas e objetos de ouro, dólares e francos suíços, diamantes e outras pedras. Uma fortuna que avaliou em um bilhão de dólares.[63]

HITLER E MÜLLER?

Seria necessário que meio século se passasse até que, em 14 de junho de 1996, o jornal *La Mañana del Sur*, de Neuquen, divulgasse um escrito que circulava de mão em mão entre os membros da colônia alemã de Bariloche e cujo autor, explicou, era um octogenário residente em uma colônia da Décima Região do Chile.[64]

Segundo seu testemunho, depois de uma navegação de 47 dias, que incluiu uma escala na Ilha de Ascensão, Hitler havia desembarcado de um U-Boote em uma praia não muito distante de Mar del Plata.

Desde a primeira leitura, e embora o jornal não repare nesse detalhe, o escrito é embaraçoso. Afinal, Ascensão — uma pequena ilha vulcânica de 88 quilômetros quadrados, ao sul do equador e escala natural entre a África e a América do Sul, conhecida por suas nutridas colônias de tartarugas marinhas e de andorinhas, e com uma escassíssima população — pertence juridicamente à Coroa britânica, que a chama Wideawake Island, ainda que na Segunda Guerra tenha sido arrendada aos Estados Unidos, que ali construíram uma base aérea que foi de suma utilidade aos militares britânicos em 1982, durante a Guerra das Malvinas. Uma escala nessa ilha sem conhecimento e autorização dos serviços secretos de ambos os países teria sido impossível.

O texto afirma que Hitler chegou em companhia de Heinrich "Gestapo" Müller, que havia sido o responsável pela arrumação "do tesouro do RSHA" no submarino. Convém recordar que Müller e seu maço de papéis haviam se desvanecido em 29 de abril, depois de receber, segundo a versão oficial, a ordem de executar Fegelein, cunhado do *Führer*, nos jardins da Chancelaria.

O tesouro teria sido guardado em "150 caixas de ferro", das quais 50 continham "250 mil moedas de ouro, libras e marengos",[65] enquanto as demais guardavam, entre outras coisas, "20 lingotes de ouro de (ilegível), dois milhões de dólares em cédulas, dois milhões de marcos suíços em cédulas (...), diamantes da Namíbia, coleções de selos e coleções de quadros importantes", bem como "documentação técnico-científica das armas secretas".

Na praia, aguardavam o U-Boote três caminhões Chevrolet de um alemão que vendia batatas da zona vizinha de Balcarce. Os desembarcados afundaram o submarino. Um dos caminhões, com todos os tripulantes, viajou diretamente a La Plata e os outros dois, "com Müller, Hitler e a *blitzmadel*",[66] as 150 caixas e "dois da Friedenthal[67] dirigindo", tomaram a estrada para Bahia Blanca e dali para Ingeniero Jacobacci, de onde, viajando de noite, os fugitivos teriam chegado a Bariloche para, em seguida, cruzar a fronteira com o Chile.

Ainda sem colocar em questão a veracidade do texto, é bom ter em conta que um informante do FBI de origem alemã, John Mattern, assegurava, já em 1945, que Hitler havia desembarcado perto de Mar del Plata de um de dois submarinos que haviam chegado juntos. E que os "47 dias de navegação" assinalados indicam que o desembarque teria acontecido na segunda metade de junho.

Talvez o dado mais interessante do escrito, pela possibilidade de investigação que oferece, é o que afirma que o U-Boote onde Hitler e Müller teriam viajado foi conduzido por dois comandantes experimentados, um deles "o *Kapitan Leutnant* Schultze".[68]

Houve quatro comandantes de U-Bootes com esse sobrenome: Wolfang e Heinz-Otto morreram em suas embarcações em 1942 e 1943. Como já foi dito, o capitão-tenente Rudolf Schultze tinha sob seu comando um submarino da classe XXI, o U-2540, da 31ª Flotilha de treinamento, afundado por seus oficiais em 4 de maio de 1945 perto do Farol de Flensburg e atualmente em exibição no Museu Marítimo de Bremerhaven.

Resta Herbert Schultze, que ganhou a Cruz de Ferro de Primeira Classe com as primeiras quatro patrulhas das oito nas quais comandou o U-48 durante os primeiros meses da guerra. No fim de 1941, deixou esse submarino e não voltou a comandar outro, pelo menos oficialmente. Durante 1943 — em abril foi promovido a capitão de corveta — e até março de 1944, foi um dos membros do *staff* do BdU — o Admiralstabsoffizier 6 — e oficial de ligação com a Abwher. Morreu em 3 de junho de 1987, em Londres.

Contudo, o texto parece referir-se a Rudolf. Se o U-Boote que teria transportado Hitler era do tipo XXI, o melhor da frota, e levava dois comandantes, Rudolf Schultze talvez tenha sido um deles, quem sabe o imediato de Emmermann no U-3037.

TRATAMENTO CINCO ESTRELAS

Quando o U-530 apresentou-se em Mar del Plata, o Brasil carecia provisoriamente de adido naval e o embaixador João Batista Luzardo — canal habitual das comunicações reservadas entre o presidente Vargas e Perón — participava da campanha eleitoral em seu estado, o Rio Grande do Sul. O primeiro oficial da Marinha brasileira chegou à base naval de Mar del Plata dez dias depois, em 20 de julho, com os adidos navais de França,

Chile e Peru. Permaneceram na base naval umas poucas horas e regressaram a Buenos Aires ao cair da tarde.

Durante 57 anos, nenhum historiador ou investigador independente teve acesso ao texto dos interrogatórios de Wermuth e seus homens. Nem em Washington nem em Londres nem na Argentina. Os originais — de acordo com o que havia disposto a comissão governamental *ad hoc* — deviam ser entregues aos oficiais da US Navy que viajaram para a Argentina para se encarregar do U-Boote e de sua tripulação e que chegaram em 29 de julho, sob o comando do capitão de corveta J.L.M. Jacobsen.

Quando Jacobsen e seus companheiros interrogaram Wermuth e os outros oficiais do U-530 se defrontaram com uma parede. Todos recitavam a história que haviam terminado de arquitetar com os inquisidores argentinos. Quatro dias depois da chegada, Jacobsen ordenou que tanto os oficiais como os suboficiais e marinheiros transferidos para Martín García fossem levados ao aeroporto de El Palomar e dali para os Estados Unidos.

Os prisioneiros alemães estranharam o tratamento recebido na Argentina. Um dos tripulantes do U-530 contou, em uma carta escrita em 1947, em um centro de internação belga, suas peripécias a partir da entrega do submarino em Mar del Plata. Incluída por Kraft em seu livro, vale citá-la, pelo menos os fragmentos que recordam sua estada na Argentina.

"Fomos abordados por aproximadamente 30 oficiais. Eles nos receberam calorosamente, nos abraçaram e nos deram cigarros. Antes de sair do U-Boote demos um triplo hurra e depois fomos em uma lancha até o encouraçado *Belgrano*, onde nos forneceram uma excelente refeição, com muitas frutas. Depois, fomos transferidos para a base, onde nos alojaram em umas barracas.

"Nós nos sentíamos muito bem, tínhamos uma comida muito boa e de vez em quando a banda de música da base tocava para nós no refeitório. Na base, anotaram nossos dados pessoais e, entre outras visitas, recebemos a de funcionários das embaixadas britânica e americana e também de altos oficiais argentinos.

"O tratamento na base foi muito bom: puseram à nossa disposição todas as instalações e todos os implementos desportivos. Depois de duas semanas de cuidados, nos transferiram para Buenos Aires e dali para uma ilha onde permanecemos durante oito dias. (...) Os argentinos queriam que nós ficássemos, mas, diante das pressões dos ianques, tiveram de nos deportar.

"Eles nos transferiram para uma barca no Hotel de Imigrantes em Buenos Aires. Os encarregados de nossa vigilância faziam compras para nós; de noite, bebíamos abundantemente e a comida também era abundante e com toda classe de sofisticação. Tivemos de dar muitos autógrafos e trocamos uma infinidade de lembranças. Cantávamos quase continuamente, sempre havia suficiente *óleo* para nossas gargantas. Antes de sermos transferidos para o aeroporto, nos serviram um lauto café da mahã. E ao chegar à base aérea tivemos de fazer um novo sacrifício: outra refeição. Tiraram uma porção de fotos nossas em companhia dos oficiais argentinos.

"Como um dos pilotos tinha muita dor de cabeça, uma parte dos tripulantes ficou um dia a mais na base aérea. À noite, nos levaram ao cinema, onde nos deram os lugares de honra, em companhia de oficiais argentinos. Depois, mais uma vez, comemos, bebemos e cantamos. É uma grande lástima que tenhamos sido obrigados a deixar esse formoso país. Houve uma grande despedida. O comodoro da base disse, em seu discurso, que não nos consideravam prisioneiros de guerra, mas sim simplesmente camaradas alemães. Em seguida, ele se despediu de um por um de nós, estendendo-nos a mão, enquanto a banda de música tocava *Viejos camaradas*..."

Diante da iminente subida de Perón ao poder, Mallea retirou-se do serviço ativo. Depois de seu falecimento, em 1959, sua viúva se dirigiria à embaixada alemã cumprindo a última vontade do oficial: devolver a Wermuth a bandeira de combate do U-530, ato que foi levado a cabo tempo depois, quando os diplomatas alemães conseguiram localizá-lo. Kraft destaca que Wermuth se referiu, em várias oportunidades, "ao cavalheirismo, à hombridade e ao excelente tratamento recebido da oficialidade argentina e em especial do capitão de fragata Mallea, de quem guardo uma lembrança inapagável".

UMA LEMBRANÇA DENUNCIADORA

A tripulação completa do U-530 foi transportada em vários voos com escalas até Washington e transferida depois até o POW de Fort Hunt, Virgínia, nas proximidades. Ali Wermuth e Schüller foram submetidos a novos interrogatórios e processados como suspeitos de encobrir a fuga de Hitler para a Argentina.

O desaparecimento do diário de bordo e das cartas de navegação deixou o governo militar argentino numa situação delicada. Embora a história oficial se empenhe — ainda hoje! — em assegurar que o comandante Wermuth se livrou dessa documentação, lançando-a ao mar, generalizou-se a suspeita de que havia sido ocultada pelos oficiais argentinos.

Tudo indica que era uma intuição correta. Ao referir-se à "Rendição de submarinos alemães às autoridades navais de Mar del Plata", a Memória do Ministério das Relações Exteriores e Culto — Chancelaria — correspondente ao período 1945-1946 deixa isso claro. Assegura que após o aparecimento do U-530 "a primeira medida adotada pelo governo argentino foi dar a conhecer o acontecido às embaixadas dos Estados Unidos e da Grã-Bretanha, convidando-as a enviar representantes para assistir aos procedimentos que as autoridades competentes deveriam tomar". E acrescenta que as autoridades argentinas adotaram as seguintes medidas: "a) apresamento da embarcação; b) inspeção cuidadosa da mesma no intuito de prever qualquer ato de sabotagem tendente à destruição total ou parcial da embarcação; c) *acautelamento de toda a documentação*; d) desembarque de toda a tripulação e seu alojamento, na qualidade de prisioneiros, no guarda-costas *Belgrano*, sob adequada escolta; e) identificação e fichamento de toda a tripulação".

Se a Chancelaria reconhece o acautelamento de documentos, deve descartar-se que Wermuth os tivesse destruído. Restam então duas possibilidades: os documentos foram ocultados pela Armada argentina ou foram entregues ao comandante Jacobsen, o qual compartilharia responsabilidades com a US Navy.[69]

No fim de julho, a embaixada dos Estados Unidos em Montevidéu informou o Departamento de Estado sobre uma carta recebida tempos atrás pelo refugiado antinazista Hans Joachim Bonsack. Nela, sua ex-prometida, a condessa Vicky Stolberg, lhe informava, da Alemanha, que no castelo do seu pai fora organizado um plano para a fuga de Hitler. Segundo o que foi possível averiguar, Hitler viajaria primeiro para Liechtenstein e em seguida para Espanha ou Portugal, onde embarcaria em um U-Boote até a Argentina, local em que seria recebido pelo conde Von Luxburg e então seria levado para os campos do "barão Ketler", no sul do Chile. A embaixada destacava que o submarino poderia ter sido o U-530.

Hoover considerou seriamente a possível fuga de Hitler para a Argentina. Em 4 de agosto, enviou ao Departamento de Defesa um informe segundo o qual Hitler teria voado até a costa atlântica da África para ali embarcar no U-530 e mais tarde desembarcar — num bote de borracha e disfarçado de pescador — numa praia entre Mar del Plata e Necochea, por volta de 20 de junho. De acordo com informes de um certo Arturo Meyer, Hitler teria sido submetido a uma cirurgia plástica e, contando com a ajuda de oficiais pró-nazistas argentinos, teria conseguido esconder-se no Chaco.

UMA NOVA ERA

A bela cidade de Hiroshima, na Ilha de Honsu, junto à Baía Ota, fora laboriosamente erguida sobre seis ilhotas desde fins do século XVI. Contudo, foi literalmente varrida da face da terra em um instante, às 8h15 de 6 de agosto de 1945.

A decisão unilateral do presidente Truman e do Alto-Comando americano provocou a morte imediata de 130 mil dos quase 350 mil habitantes da cidade. Outros 180 mil foram afetados pela radiação e pela intempérie.

Em 9 de agosto, a US Air Force lançou uma segunda bomba nuclear sobre Nagasaki, um dos melhores portos naturais do Japão. Foi, sem sombra de dúvida, uma crueldade despudorada e gratuita, cometida com meros fins experimentais. O Japão já estava virtualmente fora de combate e toda a humanidade, boquiaberta. Esse segundo projétil, um pouco menos potente, matou ou feriu gravemente 70 mil pessoas.[70]

Embora jamais tenham pretendido, como os nazistas, exterminar algum povo ou etnia, os militares japoneses cometeram crimes ainda mais cruéis do que os seus aliados, ainda que tenham causado menos mortes, contra as populações que haviam subjugado na China, Coreia, nas Filipinas e em outros países asiáticos. Haviam torturado, assassinado, reduzido à escravidão e obrigado a prostituir-se dezenas de milhares de mulheres. Disseminaram o cólera e a peste bubônica e experimentaram sistematicamente em seres humanos a infecção com diferentes enfermidades, o congelamento súbito e a vivissecção. Os cientistas japoneses deliraram muito mais e mais profundamente do que os alemães com a guerra bacteriológica. Chegaram a inocular células de cérebros de ovelhas afetados pelo vírus causador da síndrome de Creutzfeld-Jakob, ou "mal da vaca louca", em membros da tribo Fore, da Nova Guiné.

Por tudo isso, em 16 de agosto o ministro das Relações Exteriores da Austrália, Herbert Evatt, advertiu que seu país levaria a julgamento os criminosos de guerra japoneses, do mesmo modo que se havia decidido julgar os criminosos nazistas em Nuremberg: "A Austrália se encarregará de que os criminosos responsáveis pelas atrocidades e pelo bárbaro tratamento de que foram objeto mulheres e crianças no Pacífico não escapem do castigo", prometeu.

O principal responsável, o equivalente ao *Führer* entre os nipônicos, era, obviamente, o imperador Hiroíto. Mais ainda, desde o início da guerra e até seu término, a opinião pública americana o considerava como o único e verdadeiro "Satã", muito acima de Hitler. De fato, a quase totalidade dos historiadores concorda que Truman jamais teria conseguido reunir o mesmo consenso depois de lançar bombas atômicas sobre o Japão se o houvesse feito sobre cidades alemãs.

E, no entanto, Hiroíto jamais foi julgado. Os vencedores americanos se empenharam em minimizar sua responsabilidade na guerra, com o pueril argumento de que havia sido manipulado e enganado por seus generais. E, além disso, estenderam um *bill* de incolumidade sobre muitos cientistas nipônicos que aceitaram transferir os conhecimentos adquiridos com a experimentação sistemática em seres humanos. Nessa ocasião, a guerra fria já havia começado, de maneira que esses conhecimentos permitiram aos Estados Unidos tomar a dianteira "experimental" em detrimento dos soviéticos.

Os especialistas consideram *Hirohito y la construcción del Japón moderno*, do historiador Herbert Bix, um texto definitivo a respeito da pretensa inocência do imperador. Apoiando-se em volumosa documentação, Bix demonstrou que Hiroíto jamais foi um títere de seus generais, mas sim participou ativamente na condução da guerra, e que o mito do imperador passivo foi inventado pelas autoridades americanas, estratégia que contribuiu, em boa medida, para fortalecer o tácito "princípio" da imunidade dos chefes de Estado em crimes de lesa-humanidade. "Foram as forças de ocupação estadunidenses que, ao celebrarem-se os julgamentos de Tóquio, se encarregaram de impedir que alguma ofensa recaísse sobre

Hiroíto", insistiu Bix, afirmativa que torna pertinente uma interrogação: não terão protegido também os dirigentes nazistas?

WASHINGTON BUSCA GOLPISTAS

No começo de agosto de 1945, a Marinha argentina avaliava as chances de desferir um golpe de Estado, com o apoio dos Estados Unidos, para derrubar a dupla Farrell-Perón. O embaixador argentino em Washington, Oscar Ibarra García, voou precipitadamente para Buenos Aires após o aparecimento do U-530 e, quando chegou, manteve uma longa conversação com Farrell e Perón. Em 3 de agosto, jantou com o embaixador Spruille Braden na embaixada dos Estados Unidos e 48 horas mais tarde regressou a Washington. Os serviços secretos americanos consideravam Ibarra García pró-nazista, e como tal figura nas páginas do *Livro Azul* que Braden patrocinou numa fracassada tentativa de impedir a subida de Perón, acusando-o de cumplicidade com o nazismo.

Em 7 de agosto, Braden comunicou à Secretaria de Estado o conteúdo de sua entrevista com Ibarra García. Além de reivindicar o "reconhecimento pelo envio do U-530 aos Estados Unidos como resultado de suas recomendações de Washington", Ibarra García também lhe havia explicado que a Armada "temia efetuar um bloqueio de Buenos Aires para derrubar o governo, já que tinha reservas de combustível para somente duas semanas", razão pela qual o embaixador se havia comprometido pessoalmente "a conseguir o abastecimento necessário à Marinha".

Em 17 de agosto, em Manila, o general Douglas McArthur aguardava os emissários japoneses para entregar-lhes um ultimato. Tóquio afirmava que havia ordenado o cessar-fogo, mas as tropas japonesas continuavam combatendo desesperadamente contra os chineses.

Na Argentina, prestava-se uma sentida homenagem ao máximo prócer nacional, o general José de San Martín, ao completar-se 95 anos de sua morte. As rádios comentavam a derrocada do Japão sob a hecatombe nuclear e o confronto, registrado na véspera, entre militantes da pró-nazista Aliança Libertadora Nacionalista, entrincheirados em sua sede de Corrientes e Florida, e uma coluna de manifestantes antifascistas. Estes haviam apedrejado o edifício, mas haviam sido repelidos do interior a tiros, com o saldo de vários feridos a bala. Os manifestantes assaltaram uma loja de armas, mas a intervenção policial impediu que a sede aliancista fosse tomada a bala.

Na edição impressa do jornal oposicionista *La Prensa*, em caracteres minúsculos e incrivelmente apertados, por causa da restrição de papel que o governo lhe havia imposto, uma nota informava que a película *Las esclavas de Hitler*, até então proibida pelo governo, estrearia proximamente no Cinema Paris.

Dias antes, a Polícia Federal havia sequestrado correspondência aparentemente remetida do *bunker* da Chancelaria berlinense, pouco antes de cair em mãos dos russos. Havia chegado pelo correio diplomático espanhol. Os jornais informaram que a correspondência exortava os nazistas locais a "prepararem-se e a permanecerem firmes" diante de iminentes acontecimentos, de enorme importância.

Depois da formação do pessoal de manhã, a base naval de Mar del Plata registrava pouca atividade, porque a maior parte do efetivo havia sido liberada por conta do fim de semana prolongado. O navio-varredor *M-10 Comodoro Py*, sob o comando do capitão de corveta Armando Muro, e o submarino *Salta* regressavam a seus ancoradouros depois de uma patrulha e seus tripulantes ansiavam em ir para casa, ou, no pior dos casos, desfrutar o dia livre no porto comercial próximo, onde funcionavam cinemas e prostíbulos.

Os navios se aproximavam da base quando, às 9h15, foram advertidos de que um submarino se aproximava do sul, que, pelo pisca-pisca, enviava a mensagem *German submarine*. As duas embarcações escoltaram o U-Boote, que se identificou como U-977. Ajudado pelo rebocador *Ranquel*, chegou até o ancoradouro passadas as 11h. Segundo informou *La Prensa*, o submarino desfraldava o pavilhão da Kriegsmarine com a suástica, em vez da velha bandeira da Alemanha imperial, tal como oficiais da base declararam aos jornalistas que começaram a chegar pouco depois.

Já fazia três meses e uma semana que a Alemanha havia capitulado e 38 dias desde a entrega do U-530. Nesse breve lapso de tempo começara a era atômica. O aparecimento de um segundo U-Boote em Mar del Plata provocou um enorme reboliço mundial. O U-977 era um pouco menor do que o U-530 e pertencia à numerosa classe VII-C. Chegou à base naval em impecável estado de apresentação e com uma considerável reserva de combustível.

INDESTRUTÍVEL

Diferentemente do U-530, que havia chegado sem torpedo algum, segundo a Armada o U-977 carregava "todos os seus dez torpedos da dotação". Isso foi informado ao público leigo, porque a inteligência naval sabia perfeitamente que a versão *standard* dos submarinos da classe VII-C carregava 14 torpedos.[71] E até, como assinalaria o capitão de mar e guerra da Marinha do Brasil Roberto Gomes Cândido, graças a algumas modificações recentes, "os Aliados, até a rendição, não tinham certeza sobre a capacidade de torpedos dos submarinos VII-C e suspeitavam de que podiam transportar até 17 unidades, o que alguns, realmente, conseguiam".

Essa informação não era ignorada pelos submarinistas argentinos. O encobrimento da falta de quatro torpedos foi uma manobra deliberada do SIN para ocultar que o U-977 os tinha disparado.[72]

A tripulação do submarino era reduzida, apenas 32 homens. Estava integrada por seu comandante, o primeiro-tenente Heinz Schäffer, de 24 anos; o imediato Karl Reiser, de 22; o segundo oficial Albert Kahn, de 23; o engenheiro Dietrich Wiese, com 30 anos — o veterano a bordo — e 28 suboficiais e marinheiros.

Schäffer discursou para eles no convés. Segundo se entendeu, disse-lhes que jamais lamentariam ter chegado à Argentina. "Para a maioria de nós, constituirá um acontecimento destacado em nossas vidas. Ninguém deve esquecer que somos soldados alemães, sobreviventes da arma mais temida desta cruenta guerra" e que "o futuro nos exigirá uma clara atitude", supõe-se que lhes disse e que terminou seu breve discurso com um triplo "hurra" "por nosso camarada de aço, o fiel e *indestrutível* U-977". O qualificativo revelava-se absurdo, visto que durante essa patrulha, sua única patrulha, o submarino fora reiteradamente atacado.

O jovem comandante deixou registrado que fora bem recebido, mas evitou dizer — segundo revelaram oficiais do *Comodoro Py* e do submarino *Salta* aos jornalistas — que se apresentou perante os oficiais argentinos pisando forte e com o braço direito erguido: a saudação nazista que o efêmero "governo" de Dönitz havia abolido.

Quando subiu na lancha que o levaria com seus oficiais ao guarda-costas *General Belgrano*, Schäffer levava uma pasta negra que continha o diário de bordo, as cartas náuticas, os livros de cálculos astronômicos e algo verdadeiramente insólito para um comandante de U-Bootes: um diário pessoal de sua participação na guerra.

UMAS 50 MILHAS

Mal pisou na lancha, recebeu de cara uma pergunta imperiosa: "Comandante, você tinha a bordo Hitler, Eva Braun e Bormann? Você afundou o navio brasileiro *Bahia*? (...) Como nego decididamente, os argentinos sorriem." Fica claro que era isso que eles queriam escutar.

Embora a Argentina tivesse declarado formalmente guerra à Alemanha, quando Schäffer e seus oficiais terminaram de subir pela prancha encontraram os submarinistas da base formados no convés do *Belgrano*, que lhes renderam honras. Schäffer foi convidado pelos chefes da base a passar revista em seus homens, tal como é costume entre países amigos.

Depois o conduziram ao compartimento dos chefes, onde assinou a rendição formal do U-977, e em seguida o instaram a relatar sua viagem. O comandante Mallea lhe perguntou se falava francês, ao que Schäffer respondeu que acreditava falar bastante bem, já que havia estudado o idioma durante oito anos e que havia atuado como intérprete na base da Pallice. Também podia falar inglês, esclarecendo que havia aperfeiçoado seu aprendizado nos Estados Unidos.

Apesar de que era óbvio que os 16 homens desembarcados perto de Bergen haviam mentido, e também que haviam deixado suas camas livres, os inquisidores argentinos descartaram rapidamente a possibilidade de que esses lugares tivessem sido ocupados por dirigentes nazistas fugitivos. Por que suspeitar que as declarações unanimemente sustentadas pelos tripulantes desembarcados na Noruega eram falsas, uma operação de inteligência, uma cortina de fumaça para que se perdesse o rastro do U-977? Por que teriam de pensar tão mal deles?

Como entre os oficiais alemães alguns falavam castelhano, não havia motivo para que o interrogatório tropeçasse em dificuldades insuperáveis.

Em primeiro lugar, recordou Schäffer, Mallea quis saber por que "não tinha afundado o submarino diante da costa". Dito de outra forma, Mallea lhe perguntou por que diabos não havia feito o que lhe haviam mandado e se apresentava diante das testemunhas — os pescadores — e jornalistas num momento em que a Argentina era acusada pelos Estados Unidos e pela Grã-Bretanha de converter-se em um refúgio de nazistas. As pressões por receber os oficiais do U-530 como heróis haviam sido intensas e os militares argentinos temiam que se repetissem.

"Se tivéssemos agido assim, teríamos eliminado toda possibilidade de expor a verdade sobre a nossa viagem", lhe respondeu Schäffer; isto é, que se tivesse afundado o U-977 ficaria óbvio para todo o mundo que haviam desembarcado na costa argentina seres humanos e utensílios não declarados.

Provavelmente a resposta não tranquilizou os oficiais argentinos, que lhe advertiram: "Comandante, sobre sua embarcação pesa a suspeita de ter afundado, faz poucos dias, o navio brasileiro *Bahia*... Ademais, supõe-se que você mantinha a bordo Adolf Hitler, Eva Braun e Martin Bormann. E que os deixou em algum lugar ao sul do nosso continente. Devemos esclarecer primeiramente esses pontos."

No entanto, as respostas, que pareciam tão prementes, foram adiadas como por arte de magia tão logo Schäffer extraiu sua carta náutica. Ao menos foi assim que ele narrou: "Se esta carta é exata, então você se encontrava, no dia do afundamento do *Bahia*, a mais de 50 milhas marítimas do naufrágio", contou que seus inquisidores lhe disseram, suspirando de alívio.

AIDE-MÉMOIRE, UÍSQUE E OUTRAS DEMONSTRAÇÕES DE DECORO

"Os senhores oficiais não têm a intenção de prosseguir, por hoje, o interrogatório antes de ter examinado meus documentos e que tenha chegado um intérprete de Buenos Aires. (...) Eles me levam a um espaçoso alojamento de oficiais, onde encontro, sobre a mesa, uma garrafa de bom uísque escocês, (...) estou pela primeira vez sozinho com minhas recordações e minha responsabilidade", escreve Schäffer.

E foi assim que o deixaram sozinho, mas bem acompanhado, e não apenas pelo uísque. Estranhamente, seus inquisidores — insólitos agentes de inteligência sem a menor curiosidade! — lhe deixaram também um tesouro para qualquer investigador, seu diário íntimo, os "estropiados cadernos com meus apontamentos de guerra (...) que organizei nos momentos livres", movido pelo "desejo de assentar todas as etapas do meu próprio desempenho e dos acontecimentos da cruenta guerra submarina".

Schäffer os folheia. "Minha letra reflete claramente meu estado de ânimo. Às vezes é tranquila e serena, como nas esmeradas páginas escritas com tinta durante minha instrução preparatória e na Escola de Submarinos; outras vezes é irregular, como nas folhas escritas a lápis que, durante minhas diversas operações de guerra, cobri apenas com frases breves e palavras soltas", relata.

Frases breves e palavras soltas. Elas não interessavam a seus interrogadores, que suspeitavam que ele havia desembarcado Hitler na Patagônia? Haviam recebido ordens precisas para permitir que Schäffer preparasse um roteiro, que preenchesse comodamente os espaços entre as palavras soltas, que desse significado às frases breves?

Nas redações portenhas, então nubladas pela fumaça de dezenas de cigarros, jornalistas muito ocupados davam forma às reportagens que seus enviados especiais a Mar del Plata lhes ditavam por telefone. "Outro submarino pirata se rendeu", expressou a manchete em tipo catástrofe de *Hoy*, que destacou em sua primeira página que estava sendo investigado com extrema dedicação "como [o submarino] se abasteceu de combustível". O vespertino *Crítica* informou que porta-vozes da Armada haviam confirmado que outros U-Bootes tinham sido vistos na altura de Mar de Ajó; que pescadores de Necochea haviam avistado em seguida dois submarinos que navegavam na superfície e que era iminente que um terceiro submarino se entregasse.[73] Também expressou dúvidas sobre as anotações do diário de bordo do U-977 e informou que "faltavam todos os aparelhos de precisão". Depois de recordar que Schäffer havia deixado em terra parte dos tripulantes, perguntou: "Quem os substituiu? Civis? Dirigentes nazistas?"

Nessa tarde de 17 de agosto a polícia dissolveu, a golpes de cassetete, uma manifestação reunida em Corrientes e Florida para dar vivas ao vice-presidente Perón, no exercício da presidência em substituição a Farrell, de visita a Assunção, capital do Paraguai. Sete manifestantes foram hospitalizados. O fantasma de um enfrentamento entre facções militares envenenava o ar.

Enquanto sorvia o uísque, Schäffer preparava o libreto que ia recitar na manhã seguinte durante seu interrogatório formal. Essa versão seria a base do livro que começaria a escrever em Düsseldorf em 1947, com o explícito propósito de defender-se da insistente acusação de ter tornado possível a fuga de Hitler.

Emocionado com os "gestos cavalheirescos" de seus amáveis carcereiros, o prisioneiro diria que, diferentemente do que acontecia "até em nossa própria pátria", onde oficiais e soldados alemães eram "tratados indecorosamente como se fossem cachorros", na Argentina "se conservavam evidentemente intactos os conceitos do decoro militar. (...) Em Mar del Plata não fomos tratados como 'bárbaros criminosos de guerra', mas sim simplesmente como patriotas que cumprimos o nosso dever. Assim fomos tratados", recordaria, com autêntica emoção.

ERA UMA VEZ UM LOBINHO BOM...

Depois de tomar o café da manhã e na presença de um grupo de oficiais, um dos quais lhe formulava perguntas em inglês, Schäffer se prestou ao demorado interrogatório. Diante dos amáveis sorrisos dos interrogadores, não apresentou um livro de navegação, e sim dois.[74]

O interrogatório se centrou em "três questões fundamentais": o afundamento do *Bahia*, se haviam transportado e desembarcado "personagens políticos" e a muito tardia e bastante suspeita chegada a Mar del Plata, três meses depois da capitulação da Alemanha.

Sobre o primeiro ponto, Schäffer apresentou como prova de inocência que "a bordo do U-977 não falta um único torpedo". À segunda respondeu que a tripulação original era de 48 homens, dos quais 16 haviam desembarcado na Noruega; e à terceira, que a insólita demora se devia ao fato de que haviam viajado muito tempo submersos: nada menos do que 66 dias, até chegar praticamente às Ilhas de Cabo Verde.

Seguramente Schäffer quis dizer que se vira forçado a navegar em profundidade de periscópio *durante o dia*, mas seus interrogadores, que dois meses antes haviam resistido a validar o recorde de velocidade do U-530, dessa vez não apenas deram por satisfatória a declaração em seu sentido mais literal como também o felicitaram porque se tratava, evidentemente, lhe informaram, de um recorde mundial. Só faltou que lhe pedissem um autógrafo.

Por incrível que pareça, semelhante bobagem continua circulando como moeda boa até hoje, santificada por supostos especialistas que acreditam ou dizem acreditar que o U-977 realmente viajou submerso 66 dias seguidos, proeza que estaria reservada aos futuros submarinos nucleares.[75]

Por momentos, Schäffer descreve uma viagem bucólica, como quando narra que "estamos tão queimados de sol que parecemos negros, deixamos pender as pernas dentro da água, comemos, bebemos e fumamos. Resta pouco a fazer. (...) Faz tempo que não lavamos mais roupa: a atamos a um cabo e a arrastamos até a popa, submersa na esteira do submarino, durante uma onda. A água salgada e a corrente lavam mais a fundo do que a melhor máquina de lavar". Também admite, porém, que em outras ocasiões a situação era difícil de controlar. Por exemplo, "transcorridos vários dias" da travessia do equador, os atos de indisciplina haviam recrudescido e em meio a eles o detido Reiser denunciou que lhe haviam roubado a pistola.

Após uma árdua investigação de quatro dias encontraram a arma escondida em um equipamento de transmissão. O suspeito, um suboficial radiotelegrafista, foi interrogado e confessou. Como castigo o rasparam, o deixaram recluso na popa, a pão e água, com a proibição de sair ao convés durante 15 dias e em observação até o fim da viagem.

Schäffer admitiu que sabia que o U-530 havia se entregado em Mar del Plata. Havia se inteirado disso por meio de "uma *broadcasting* dos Estados Unidos, que transmite todas as noites um noticiário em alemão", quando o U-977 navegava na altura do Rio de Janeiro. Sabia, ademais, que o U-530 e sua tripulação haviam sido cedidos mais tarde aos americanos, dessa vez graças à Rádio Moscou. Entre uma notícia e a outra haviam se passado 20 dias. Se ao tomar ciência da primeira o U-977 navegava perto do Rio, onde estava quando foi informado da segunda?

O jovem oficial alemão passou por cima desse pequeno detalhe. Disse, em compensação, que ao se inteirar da entrega do U-530 e de sua tripulação aos americanos pensou que o melhor seria "destruir o submarino diante da costa argentina e deixar, em seguida, que cada um resolvesse sua própria situação", quer dizer, cumprir o que se lhe havia sido ordenado. "A maioria" dos tripulantes se pronunciava a favor "do afundamento do nosso submergível e pela aventura posterior" e não apenas se preparavam para o desembarque, "alguns projetavam levar até as ferramentas para poder trabalhar eventualmente como mecânicos."

Schäffer analisava febrilmente as vantagens e os inconvenientes de agir desse modo com seu imediato — agora Kahn, que havia substituído Reiser — até que se convenceu de que, em caso de serem detidos, "se suporá que quem sabe que personagem" viajava entre eles e "nos tornará responsáveis por todos os navios que se tenham perdido depois do término da guerra". Ademais, todos opinariam que "se estivéssemos com a consciência limpa, teríamos entrado em um porto" no Brasil.

Reviu então sua opinião inicial, mas quando comunicou sua decisão de render o U-977 em Mar del Plata, a maioria dos tripulantes não concordou. Ofereceu-se então que o prendessem e o substituíssem, mas que sua atitude, disse, fez com que ficassem em dúvida.

Ainda em 17 de agosto, de manhã, quando já tinha o Farol de Mar del Plata à vista, respirava-se uma enorme tensão, a tal ponto que Schäffer e Kahn tinham de controlar "constantemente o telégrafo de revoluções das máquinas para estar seguros de que a velocidade ordenada era mantida", porque sabiam que alguns tripulantes pensavam em se lançar na água e alcançar a margem, para depois evadir-se.

"Isso faria fracassar a realização do nosso plano. Como poderíamos demonstrar que, além dos membros da tripulação, não desceram também em terra certos personagens que estavam sendo buscados?", justificou-se.

FALTA DE CURIOSIDADE

Enquanto Schäffer era interrogado, algumas emissoras argentinas difundiram um editorial de *El Diário* de Montevidéu muito crítico em relação ao governo argentino, ao qual considerava pró-nazista. *El Diário* analisava a razão pela qual os U-Bootes fugitivos haviam escolhido a Argentina como destino: "Sabendo até que ponto esses fanatizados combatentes praticam a obediência, pode-se pensar que essa chegada coincidente de dois submarinos a um porto argentino obedeça a alguma ordem partida de quem ainda possa ter autoridade sobre eles e não se deva a uma simples inspiração dos comandantes das embarcações."

Quando os inquisidores fizeram a pergunta a Schäffer, respondeu-lhes que desejava que o submarino ficasse em poder da Argentina, "que em todas as questões relacionadas ao *Graf Spee* conduziu-se tão cavalheirescamente para com a Marinha alemã". Além do mais, acrescentou que "em nenhuma nação adversária poderia esperar receber um tratamento melhor do que aqui" e que ao longo da viagem conservava "a secreta esperança" de que "talvez viessem a ocorrer mudanças profundas na alta política", uma tácita referência à frustrada expectativa de que os Estados Unidos e a Grã-Bretanha declarassem guerra à União Soviética.

É curioso que nem as reportagens dos jornais nem os documentos oficiais da Armada tenham mencionado que Schäffer tinha um diário pessoal nem que o levava debaixo do braço ao se entregar, e muito menos que tivesse sido examinado, como teria acontecido nos Estados Unidos antes de julgá-lo forjado.

Em outras palavras, ou bem se tratava de um documento apócrifo, preparado pelos serviços secretos alemães para ocultar a missão verdadeira do U-977, ou bem o próprio Schäffer o havia forjado pouco antes, para usá-lo como "prova" de suas afirmações. A mais elementar das lógicas, aplicada pelo mais incauto dos interrogadores, devia conduzir necessariamente a que, falso ou autêntico, o diário de Schäffer e suas "frases e palavras soltas" poderiam lançar alguma luz sobre as ordens secretas dadas por Dönitz. No entanto, os oficiais argentinos demonstraram padecer de uma insólita falta de curiosidade.

O comandante Mallea convocou uma entrevista à imprensa para as 18h desse 18 de agosto. Os jornalistas foram levados a bordo do U-977, onde foram recebidos por Azcueta e pelo primeiro-tenente José Manuel Cabello. Mallea lhes informou ali que o chefe da comissão investigadora da Armada encarregada dos interrogatórios era o capitão de mar e guerra Ramón Alberto Brunet — a quem alguns de seus companheiros qualificavam de pró-nazista, mas que, como Mallea e Manrique, se mostraria um ativo antiperonista —, de 43 anos, primeiro na ordem de mérito para promoção, e os capitães de fragata Conway e Ribero e o capitão de corveta Bernardo Benesch, que já haviam participado do interrogatório da tripulação do U-530. Mallea omitiu a menção ao oficial de inteligência Francisco Manrique, mas em compensação revelou que, no dia seguinte, os adidos navais da Grã-Bretanha e dos Estados Unidos, capitães de mar e guerra Wyndham Quin e Webb, chegariam de Buenos Aires para inspecionar o submarino. E acrescentou que os 24 suboficiais e marinheiros do U-977 acabavam de ser transferidos para Buenos Aires em ônibus e que dali seriam levados de lancha até Martín García, enquanto Schäffer e os demais oficiais fariam mais tarde o mesmo caminho de automóvel.

VOCÊ ESCONDEU HITLER!

No domingo, 19 de agosto, uma enorme multidão ociosa se reuniu no Porto de Mar del Plata, convencida de que teria lugar a chegada de um terceiro submarino, tal como indicavam fortes rumores originados na própria base naval, fato que nos leva a supor que Schäffer ou algum outro oficial o havia anunciado.

Um editorial de *La Prensa*, porta-voz habitual dos Aliados, destacava que as últimas forças nazistas se haviam rendido em 8 de maio, enquanto Schäffer havia desembarcado parte da tripulação do U-977 em 10 de maio: "Não se concebe que por sua própria vontade (...) o comandante concordasse em deixar em terra um grupo de tripulantes só porque queriam regressar à Alemanha." Se já havia recebido ordem de render-se, insistia, "que explicação tem o fato de que a embarcação continuasse sulcando os mares pelo período de mais de três meses?" Acrescentava que "seria ingênuo pensar que o que se sabe a respeito do novo submarino seja a verdade. Por que um [dos comandantes] destruiu seus instrumentos e suas armas e o outro não o fez? Por que o primeiro tratou de ocultar sua rota e suas atividades e o segundo apresentou todos os elementos de informação, aparentemente em perfeita ordem? Pode-se aceitar, sem reservas, o que os tripulantes afirmaram e tentam provar?"

A hipótese de que Hitler, Bormann e outros dirigentes nazistas houvessem desembarcado na Argentina foi defendida em uma série de notas pelo diário de Montevidéu *El Día*, próximo ao Partido Colorado, governista. Referindo-se a essas notas, assim como às de *Crítica*, *La Prensa* e outros diários, Schäffer afirmaria em seu livro que estava sendo interrogado pelos oficiais navais argentinos quando se iniciou "uma funesta campanha" que assegurava que Hitler "havia fugido para a Patagônia e em seguida para a Antártida a bordo do meu submarino", campanha que teve grande repercussão "em todo o mundo, depois de que, sob as ruínas da Chancelaria, não se encontrara nem uma pista do amo e senhor do Terceiro Reich".

No fim de agosto, chegaram à Argentina membros do serviço de informação da US Navy para levar Schäffer e seus homens a Washington. Tão logo o tiveram em seu poder começaram a acusá-lo. "Você escondeu Hitler! Diga-nos já onde ele está!", escreveria Schäffer, ainda abalado.

Pouco se sabe sobre os interrogatórios dos oficiais do U-977 no POW de Fort Hunt. Ao que parece, os especialistas do OSS chegaram a pensar que Schäffer estava louco. Segundo os registros de Kiel, o U-977 havia zarpado com sua dotação de torpedos completa — isto é, com 14 projéteis —, mas o comandante teimava em dizer que levara apenas dez. Dizia que o U-977 não havia se abastecido de combustível em Cabo Verde e que havia navegado submerso praticamente até chegar às ilhas. E era evidente que os 85 mil litros, quantidade sabidamente inferior à sua capacidade real, com os quais afirmava ter zarpado da Noruega teriam sido suficientes apenas para chegar ao arquipélago.

Além disso, às vezes declarava que havia fundeado em uma ilha de Cabo Verde por algumas horas em 14 de julho e outras que se encontrava dez dias antes nos rochedos de São Pedro e São Paulo.

Como não podia responder satisfatoriamente às perguntas, Schäffer fingia demência. Dizia que o rádio do U-977 estava quebrado, mas os oficiais americanos haviam comprovado que funcionava perfeitamente; que os motores falhavam, que havia desembarcado os tripulantes com mais experiência e que seu novo chefe de máquinas não sabia manejar o submarino, mas logo em seguida se proclamava o vencedor, por enorme diferença, da aposta feita com o submarino da classe XXI, várias vezes mais rápido do que o seu debaixo da água.

Nada do que declarava tinha sentido. Acarearam-no com Wermuth, mas ambos juraram que não se conheciam. Seus inquisidores os pressionavam uma e outra vez para que admitissem que haviam transportado Hitler até a Argentina. Como Schäffer e Wermuth negassem, os encarceraram juntos e encheram a cela com microfones para registrar eventuais indiscrições. Assim Schäffer recorda essa etapa: "Um dia, tive uma surpresa. Fui levado a um grupo de altos oficiais anglo-americanos que integravam uma comissão investigadora especialmente enviada à Argentina para esclarecer 'o misterioso caso do U-977'. Esses senhores eram obstinados: 'Você escondeu Hitler! Diga-nos já onde ele se encontra!' Como não podia lhes dizer mais do que já havia declarado aos argentinos, ficaram impacientes, pois a viagem do meu submarino continuava suscitando vivos comentários e grandes manchetes nos jornais. (...) Todos os despachos, as informações, reportagens, especulações e os relatos (...) giravam sempre ao redor do mesmo tema: 'o encobridor de Hitler, Heinz Schäffer'. (...) Para poderem me submeter a uma pressão maior, me transferiram para os

Estados Unidos. Minha tripulação e o U-977 me seguiram. Me levaram para um acampamento para prisioneiros de guerra proeminentes em Washington, onde se encontravam altos chefes alemães. Durante semanas, os americanos insistiram incansavelmente: 'Você escondeu Hitler!' Durante semanas procurei demonstrar quão insensatos eram esses rumores. Não podia apresentar provas conclusivas que testemunhassem a verdade do que dizia, como tampouco podia demonstrar o contrário. A questão foi se resolvendo por si mesma. Mas não foi assim com o tema do *Bahia*, que foi adotando formas cada vez mais ameaçadoras, posto que nem nossos documentos de navegação nem nosssos dez torpedos eram aceitos como argumento sólido: poderíamos ter a bordo, como outros submarinos alemães, 14 torpedos. Ademais, admitiu-se como possível que todas as nossas anotações no diário de navegação fossem falsificadas."

Schäffer assegura que naquele momento o preocupava mais a acusação pelo afundamento do *Bahia* do que a questão de Hitler. No entanto, esse problema estava em vias de solução, já que os resultados da sindicância interna perpetrada nas sombras por uma comissão chefiada pelo almirante Oliveira Teixeira seriam dados à publicidade em 30 de outubro, após a celebração no Rio de uma reunião plenária de gabinete no Ministério da Marinha.[76]

Desde então, a história oficial reza que o *Bahia* foi a pique pela incrível imperícia de um artilheiro.

O mais difícil para a Marinha do Brasil era justificar sua demora em proceder ao resgate dos náufragos. Nesse sentido, Oliveira Teixeira reprovou publicamente a US Navy pelo suposto mal funcionamento dos equipamentos de rádio do *Bahia*, instalados apenas um mês antes para servir à ponte aérea. E essa censura também foi incorporada à história oficial.[77]

OS ARQUIVOS DO FBI

O escritório do FBI em Los Angeles remeteu a Hoover, em 14 de agosto de 1945, um relatório que incluía a história narrada por um informante habitual, do qual se indica apenas que era argentino e filho de espanhóis. O informante sustentava que Hitler e outros dirigentes nazistas haviam desembarcado de um submarino no Golfo de San Matías.

Burnside afirma que essa fonte teria sido José Savino Rivera, um homem que se proclamava comunista, dono de El Vasquito, o único hotel digno desse nome em San Antonio. Rivera tinha contatos habituais com o pessoal de uma estância próxima da empresa Lahusen. Um dos empregados se teria vangloriado de ser um dos quatro homens que receberam Hitler e seu grupo quando desembarcaram de dois submarinos: "Um submarino chegou aproximadamente às 23h e duas horas depois chegou um segundo" U-Boote no qual "estava embarcado Hitler" e do qual também desembarcaram "duas mulheres, um médico e muitos homens mais (...) quase 50", teria dito a fonte.

De acordo com esse testemunho, Hitler sofria de asma e úlcera, havia raspado o bigode e tinha um feio orifício no lábio superior. Quanto ao desembarque, disse a fonte, havia sido preparado desde 1944 por seis altos oficiais do Exército argentino, ex-membros do GOU, que procuraram refúgio para Hitler "ao pé dos Andes".

O informante, evidemente um morador da costa argentina, considerava que era "apenas uma questão de tempo que Hitler fosse preso" e até se oferecia para participar da busca.[78]

Esse documento foi desclassificado pelo FBI em cumprimento do Foia (Freedom of Information ActI, Ato de Liberdade de Informação),[79] junto a outras 745 folhas rotuladas *Top Secret* que integram um arquivo sob o título "HITLER". A desclassificação dos arquivos não significa que seu conteúdo tenha saltado a barreira da censura. Pelo contrário, um novo informe, com data de 20 de agosto daquele ano, dirigido dessa vez ao especialista D.M. Ladd, foi desclassificado com *todo* seu texto integralmente riscado. O governo dos Estados Unidos continua mantendo um rigoroso segredo sobre as tentativas de estabelecer o paradeiro de Hitler, atitude risível e sem o menor sentido se o *Führer* tivesse morrido em Berlim nas circunstâncias em que a história oficial afirma, repete e reitera.

Ladd, o homem que havia reunido as evidências que serviram para mandar para a cadeira elétrica os desafortunados expedicionários da Operação Pastorius, recebeu, no dia seguinte, um novo informe. O relatório lhe comunicava que X — um morador de Winter Park, Flórida, que havia viajado recentemente para a Argentina — dizia saber que Hitler e um grupo de fiéis haviam se radicado em uma estância — *ranch* — ao pé dos Andes.

Em 25 de agosto, o chefe Hoover recebeu um memorando interno assinado por Edward A. Tamm. Informava que dois membros da Comissão de Crimes de Guerra,[80] um dos quais era major do Exército, se haviam apresentado nos escritórios do FBI em Washington para propor ao bureau que participasse de uma reunião convocada pelo Departamento de Guerra para avaliar a crescente informação acerca de que "Hitler e muitos de seus associados estavam refugiados na Argentina".

Tamm informou que lhes havia respondido que "o adido militar em Buenos Aires, o general [na realidade, o coronel John] Lang, chefe do escritório da odiada OSS, se autoerigiu na suprema autoridade nessa matéria, não reconhece qualquer pacto de delimitação e, em consequência, o Departamento de Guerra devia pensar em convocá-lo para tais avaliações".

Porém, como os membros da Comissão de Crimes de Guerra insistiam em averiguar se o FBI tinha indícios para suspeitar de que Hitler e seus cúmplices estiveram escondidos na Argentina, Tamm lhes disse que "Lang detinha informações consideráveis, que lhe havíamos enviado durante um período de mais de um ano (...) concernente a uma suposta estância argentina que havia sido preparada como um esconderijo para subversivos alemães que, ao que se supunha, deviam chegar à Argentina por meios clandestinos, particularmente submarinos".

Em resumo, o agente federal Tamm sugeria aos discordantes membros da Comissão de Guerra que perguntassem a Lang, insinuando que o general dispunha de informações que não havia compartilhado.

Tamm encerrou assim seu informe dirigido a Hoover: "A associação do nome da agência às circulares dá a impressão ao grande público de que a agência está tentando deter esses criminosos de guerra, mas acho que nunca serão detidos."

Em setembro, Hoover recebeu do escritório do FBI em Los Angeles um documento adicional àquele enviado em 14 de agosto[81] e o governo dos Estados Unidos informou a Buenos Aires suas suspeitas de que tanto o U-530 quanto o U-977 haviam se comunicado, antes de se render em Mar del Plata, com radiotelegrafistas que operavam em território argentino.[82]

Ao mesmo tempo e também em Buenos Aires, um conhecido ativista nazista, Walter Wilkening, tentou desviar as investigações ao proclamar que "Hitler está vivo e escondido em um grupo de três submarinos localizados em algum ponto diante da costa espanhola", submarinos que, segundo ele, eram "os últimos (...) da frota alemã".

De acordo com os documentos não considerados, ainda em 17 de fevereiro de 1955 a CIA solicitou ao FBI informações relativas a uma testemunha que dizia ter visto Hitler em Buenos Aires cinco anos antes. Isso revela a absoluta falta de convicção do OSS e de sua sucessora, passada uma década, de que Hitler tivesse morrido em Berlim. E a persistente suspeita de que se havia refugiado na Argentina.

O primeiro informe do FBI resenhado data de antes do aparecimento do U-977 em Mar del Plata. O último é de quase uma década depois, quando o governo de Juan Perón estava sob ameaça, devido ao seu enfrentamento simultâneo com as hierarquias eclesiásticas, a Grã-Bretanha, os Estados Unidos e a maior parte da ampla classe média urbana. Nesse momento, a Armada preparava a tentativa de golpe de Estado de junho de 1955 e a edição de *El secreto del U-977*.

CONTRA A CORRENTE

Em meados de 1945, e por estranho que pareça a partir da atualidade, boa parte da alta oficialidade das Forças Armadas se escandalizava e rechaçava a relação entre Juan Perón e a atriz Eva Duarte, 24 anos mais nova do que o coronel. Eva era uma atriz de cinema medíocre, mas que havia tido sucesso no rádio graças à sua voz vibrante e emotiva. Para a sociedade conservadora, uma filha das classes pobres rurais que havia ascendido socialmente desse modo não podia ser outra coisa senão uma prostituta. E, ainda por cima, ela e Perón viviam juntos sem estar casados.

Pressionado pelos oficiais da Guarnição de Campo de Maio, a maior do país, o general Eduardo Ávalos pediu a Perón, em 6 de julho, que se afastasse daquela mulher. Mas Perón, talvez no ato mais valente de sua vida, negou-se terminantemente.

Essa negativa fez com que a crise se tornasse insolúvel. Basta dizer que no mesmo 9 de julho em que *O Globo* forneceu, em suas páginas internas, as primeiras notícias sobre o afundamento do *Bahia*, a primeira página anunciava: "Agrava-se a crise argentina." O vespertino carioca destacou a suposta mobilização da maioria esmagadora da população" contra "a ditadura militar Perón-Farrell" [*sic*].

A ordem de preferência não era arbitrária: da Secretaria de Trabalho e Previdência, cargo que retinha, Perón havia conquistado a confiança das massas operárias e de muitos de seus sindicatos, que recebiam do

Estado, sem muitas contrapartidas, o que sempre haviam suposto que deveriam conseguir por meio de lutas cruentas.

Sob a amável arbitragem de Perón, os trabalhadores não apenas haviam conseguido substanciais aumentos de salários, mas também a universalização do 13º salário, o "aguinaldo", e a implantação de um sistema público de aposentadorias e de seguridade social. Em troca, Perón exigia sindicatos únicos por atividade e uma central operária única.

Alheio às profundas transformações sociais que a Argentina experimentava, o embaixador Braden identificava mecanicamente Perón como líder dos militares partidários do Eixo Roma-Berlim. Braden convocava liberais, comunistas, socialistas, conservadores, radicais, latifundiários e empresários a opor-se ao "nazifascismo", epíteto que ofendia os sentimentos de muitos argentinos. Os antiperonistas, que na prática o tinham como líder, denominavam-se "aliadófilos" e "democráticos".

Quando o presidente Farrell suspendeu o estado de sítio em agosto, a profunda divisão da sociedade começou a manifestar-se. Foi nesse contexto político e social que o U-977 chegou a Mar del Plata.

Em 19 de setembro, Braden encabeçou uma manifestação de centenas de milhares de pessoas que percorreu o Centro de Buenos Aires exigindo o fim do governo militar e a convocação de eleições. Em resposta, Farrell voltou a decretar o estado de sítio.

A tensão tornou-se insustentável até que em 8 de outubro, dia em que completou 50 anos, Perón renunciou a todos os cargos e se despediu dos trabalhadores com uma mensagem emocionada, feita na Secretaria de Trabalho e Previdência. Enquanto nos bairros operários a tristeza se estendia, Perón e Eva se retiravam para a Ilha Ostende, no delta do Paraná, cujo proprietário era Ludwig Freude. Antes, Perón havia recusado cortesmente o asilo oferecido pelo presidente Vargas por meio do embaixador Luzardo.

Perón acreditava na possibilidade de voltar ao governo por meio de eleições, mas evidentemente menosprezou o ódio dos inimigos. Na noite de quinta-feira 11 de outubro, durante uma tumultuada reunião no Círculo Militar, oficiais do Exército e da Armada discutiram a possibilidade de depor o general Farrell e entregar o governo à Suprema Corte de Justiça. No encontro — assistido, entre outros políticos, pelo líder socialista Alfredo Palacios — o major Desiderio Fernández Suárez propôs, abertamente, assassinar Perón.[83]

Os jornais da manhã reproduziam declarações do general Eisenhower. Haviam perguntado a ele se acreditava que Hitler estava morto. "No começo, pensava que sim, mas há razões para crer que ainda continua vivo", havia respondido.

Na sexta-feira 12 de outubro, data festiva por conta das comemorações do Dia da Raça — instituído por Perón, impulsionador da unidade dos povos de língua espanhola —, "um público seleto — informou *La Prensa* — formado por senhoras e moças da nossa sociedade e cavalheiros de extração social, política e universitária" reuniu-se diante do Círculo Militar para instar à ação os militares ali reunidos. Abundavam as cestas de piquenique para almoçar sobre a grama da Praça San Martín. Usando a melodia de *La cucaracha*, os manifestantes entoavam: "Perón e Farrell/Perón e Farrell/já não podem caminhar/porque não têm/porque lhes falta/o apoio popular."

Ante a insistente solicitação dos manifestantes, o vice-almirante Vernengo Lima saiu à rua e lhes falou, mas foi apupado e vaiado quando não soube dar uma resposta clara às exigências. "Não sou Perón", disse, incomodado.

Nessa noite, Perón foi transferido para a Ilha Martín García. Informou-se, oficialmente, que fora detido para preservar sua segurança diante da possibilidade de um atentado. Depois de receber a notícia, entoar o Hino Nacional e *A marselhesa*, a multidão antiperonista retirou-se à meia-noite, satisfeita, da porta do Círculo Militar. Meios peronistas diriam, exagerando, que a Praça San Martín havia ficado coberta de "restos de caviar, peru e garrafas de champanha".

No sábado 13, *Crítica* anunciou a detenção de Perón com uma manchete rancorosa: "Já não constitui um perigo para o país."

Após a detenção do coronel, prepotentes porta-vozes empresariais adiantaram que não pagariam o feriado do Dia da Raça: "Que (os trabalhadores) vão se queixar a Perón", zombavam. O único jornal partidário do caído em desgraça, *La Época*, exibiu como manchete: "Desde La Quiaca até a Terra do Fogo, desde o Atlântico até os Andes, se pede, se clama e se exige a liberdade do coronel Perón."

A primeira reação teve lugar na segunda-feira 15, quando trabalhadores dos frigoríficos de Berisso e Ensenada, subúrbios operários da cidade de La Plata, ganharam as ruas, clamando pela liberdade de Perón. No norte do país, a Federação Operária Tucumana da Indústria Açucareira

(Fotia) declarou uma "greve geral revolucionária em todos os engenhos" e enviou delegados a Buenos Aires, onde um chefe militar, o tenente-coronel Fernando Mera, comprometeu-se a apoiá-los com suas tropas se os operários decidissem convergir sobre a capital.

Em algumas zonas suburbanas da Grande Buenos Aires, foram distribuídos panfletos que reclamavam a liberdade de Perón. "A contrarrevolução mantém preso o libertador dos operários argentinos, enquanto coloca em liberdade os agitadores vendidos ao ouro estrangeiro. Liberdade para Perón. Paralisação nas fábricas e nos campos", rezavam os volantes distribuídos pela União Operária Metalúrgica.

À noite, os manifestantes percorreram as ruas do Centro aos gritos de "Pátria sim, colônia não!" A polícia os dissolveu à força de gás lacrimogênio, mas voltavam a se reagrupar. Foram detidos 87 trabalhadores.

Ao entardecer da terça-feira 16, dois médicos, um civil e outro militar, viajaram a Martín García para examinar Perón. Deviam ser partidários do detido, já que lhe diagnosticaram uma pleurisia, e o médico castrense recomendou sua imediata internação no Hospital Militar Central. Com a anuência do Estado-Maior do Exército, Perón chegou a Puerto Nuevo às 6h30 de 17 de outubro.

O episódio seguinte ilustra a tensão e o grau de enfrentamento entre Perón e a Armada. Enquanto o detido descia do automóvel que devia levá-lo ao hospital, um oficial naval, o capitão Andrés Tropea, sacou sua pistola Colt 45, carregou uma bala na recâmara e apontou para a cabeça de Perón. "Cuidado, que pode escapar um tiro", disse Perón. "Nenhum tiro vai escapar e de todo modo tenho ordens para entregá-lo vivo ou morto ao hospital", replicou Tropea. Ao entregar o prisioneiro às autoridades do hospital, Tropea se negou a apertar-lhe a mão. Esse comportamento lhe custaria a carreira.[84]

Enquanto ocorria essa fanfarronada, os trabalhadores dos frigoríficos de Berisso e Ensenada reuniam-se nas ruas. Haviam passado a terça-feira esperando que a Confederação Geral do Trabalho (CGT) tomasse medidas de força para que Perón fosse liberado e tivesse seus cargos de volta. Depois de muita discussão, a CGT determinou, à noite, uma greve geral para a quinta-feira 18. Mas os trabalhadores não esperaram e impulsionados por seu líder, Cipriano Reyes, começaram a marchar sobre a capital federal.

DESCAMISADOS

A mesma decisão espontânea repetiu-se entre os operários das fábricas de Avellaneda, Lanús e Quilmes. E, como uma reação em cadeia, reproduziu-se em seguida em outros pontos da cidade de Buenos Aires, da província e do país. Empunhando bandeiras argentinas e retratos de Perón, os trabalhadores foram além dos delegados sindicais, ignorando olimpicamente as recomendações dos líderes socialistas e comunistas que, alienados pela dicotomia produzida depois do fim da guerra, tratavam como iguais os dirigentes do Jockey Club, da União Industrial Argentina, da Sociedade Rural e da Bolsa de Comércio nas manifestações organizadas por Braden contra o "nazista" Perón.

Os operários que vinham marchando de Berisso e Ensenada e os demais grupos que marchavam desde o sul convergiram às 9h no riachuelo que separa Avellaneda da capital. Eles se depararam com a Ponte Pueyrredón e as demais vias bloqueadas pela polícia. Os mais audaciosos se lançaram nas águas contaminadas pelo tanino e produtos químicos dos cortumes da margem e atravessaram o riachuelo a nado.

Sem esse obstáculo, as colunas de manifestantes dos bairros populares da cidade avançavam rumo à Praça de Maio. As que atravessaram o Barrio Norte da cidade, reduto dos adversários de Perón, recorda o historiador Fermín Chávez, entoavam: "Oligarcas a outra parte/viva o macho de Eva Duarte."

O Exército esperava aquartelado no Campo de Maio e em vários regimentos. Militares e policiais dividiam suas simpatias e aguardavam, tensos, a ordem de reprimir. À medida que o sol subia, pequenos grupos iam se juntando e formando colunas compactas que marchavam em direção à Casa Rosada.

Finalmente, a polícia, superada pela multidão e pelos fatos, recebeu a ansiada ordem de baixar a Ponte Pueyrredón e permitir a passagem para a capital. Corria o boato de que oficiais do Exército e da polícia simpatizantes de Perón haviam ameaçado tomar regimentos e o Departamento Central de Polícia se essa ordem não fosse dada.

Alguns policiais aplaudiram a passagem das colunas. Lentamente, a praça se foi enchendo. Alguns manifestantes cantavam em coro "Aqui estão, estes são os rapazes de Perón!" Outros, esgotados pela longa caminhada e pelo calor, tiravam os sapatos e refrescavam os pés nas fontes.

"O sol caía a prumo sobre a Praça de Maio quando, inesperadamente, enormes colunas de operários começaram a chegar. Vestiam as roupas de trabalho, porque vinham diretamente das fábricas e oficinas. Diante dos meus olhos desfilavam rostos queimados, braços fortes, torsos robustos, com os cabelos desgrenhados ao vento e as escassas vestimentas cobertas de gordura, de restos de breu, graxa e óleo", recordaria o ensaísta Raúl Scalabrini Ortiz. "Chegavam cantando e vociferando, unidos numa única fé", continuava sua crônica. "Era a multidão mais heterogênea que a imaginação pode conceber. As marcas das origens transpareciam nas fisionomias. Descendentes de europeus meridionais iam com o louro de traços nórdicos e o trigueiro de cabelo duro, em quem o sangue de um índio distante ainda corria. Vinham das usinas de Porto Novo, das oficinas de Chacarita e Villa Crespo, das manufaturas de San Martín e Vicente López, das fundições e aciarias do Riachuelo, das tecelagens de Barracas. Brotavam dos pântanos de Gerli e Avellaneda ou desciam de Lomas de Zamora. Irmanados no mesmo grito e na mesma fé, iam o peão de campo de Cañuelas e o torneiro de precisão, o fundidor, o mecânico de automóveis, a tecelã e o empregado do comércio. Era o subsolo da pátria sublevado."

Sintetizaria Arturo Jauretche: "Foi um Fonteovejuna[85]: ninguém fez e todos fizeram. A praça se encheu, numa espécie de festa, de colunas que percorriam a cidade sem quebrar uma vidraça e cujo pecado maior foi lavar 'as patas' nas fontes porque haviam caminhado 15, 20 ou 30 quilômetros."

Passadas as 23h, depois de idas e vindas entre a Casa Rosada e o Hospital Militar, de deliberações e discussões, Perón falou à multidão que o aclamava, de um balcão da Casa de Governo. Faltavam dez minutos para a meia-noite.

O historiador britânico Daniel James considera, em *Resistencia y integración*, que "O fato de a manifestação ter culminado na Praça de Maio foi por si só significativo. Até 1945 essa praça, em frente à Casa de Governo, havia sido em grande medida um território reservado à 'gente decente' e os trabalhadores que se aventuravam ali, sem paletó nem gravata, foram mais de uma vez afastados e mesmo detidos." Para a liturgia peronista, 17 de outubro foi desde então o Dia da Lealdade.

Aquela manifestação pacífica terminou violentamente. Quando os manifestantes deixaram a concentração, por volta de 1h de quinta-feira 18, uma coluna da Aliança Libertadora Nacionalista (ALN), de simpatias

— além de peronistas — marcadamente nazifascistas, marchou em direção ao edifício da *Crítica*.

Nessa mesma tarde, o jornal havia assegurado que Perón não era mais do que um "mito fascista" e que estava acabado. Uma fotografia em primeiro plano que mostrava cinco solitárias pessoas cruzando a larguíssima Avenida 9 de Julho ia acompanhada da seguinte epígrafe: "Estas são as hostes do coronel Perón."

Os manifestantes da ALN quebraram as janelas a pedradas. Do interior, a agressão foi repelida a tiros. Escudados atrás de automóveis e de árvores, alguns militantes da ALN responderam ao fogo. O tiroteio durou até as 3h. Houve 50 feridos. Com um tiro na cabeça, Darwin Passaponti, militante da ALN, de 17 anos, morreu.

Enquanto Passaponti agonizava, a *Crítica* preparava sua versão dos fatos que publicou sob o título "Os grupos peronistas cometeram sabotagem e excessos": "O anunciado movimento popular dos peronistas fracassou estrepitosamente em um ridículo de extraordinárias proporções. As multitudinárias e imponentes colunas, que os partidários do ex-vice-presidente prometiam reunir para dar a sensação cabal de seu poderio, limitaram-se a grupos dispersos que percorrem as ruas com passo cansado, em meio à indiferença e ao desprezo da população. Não obstante, diante do fracasso, os elementos mais recalcitrantes desse peronismo em veloz decadência tratam de achar uma compensação, cometendo desmandos e recorrendo à sabotagem."

Do mesmo modo, outros inflamados opositores de Perón afirmaram que a praça tinha ficado repleta de meliantes e prostitutas. Um deputado radical, Ernesto Sanmartino, atreveu-se a qualificar os manifestantes de "aluvião zoológico". E *La Prensa* os chamou depreciativamente de "descamisados", termo que Eva Perón reivindicaria como bandeira. Quatro dias depois, em 21 de outubro, Perón e Eva se casaram.[86]

A HISTÓRIA OFICIAL BRASILEIRA

Como já foi dito, no fim de outubro o Ministério da Marinha brasileiro deu a conhecer, com quase três meses de defasagem, os resultados da sindicância interna feita pelo Comando Naval do Nordeste para determinar as causas da explosão na popa do *Bahia* e seu rápido afundamento.

Depois de qualificar o estudo como "rigoroso", o *Correio da Manhã* o mencionou. Afirmava que "o cruzador foi sinistrado por uma rajada de metralhadora do próprio cruzador *Bahia*, que, durante um exercício de rotina, se chocou acidentalmente com um grupo de bombas de profundidade na popa do navio". E lembrou que, como todos os metralhadores haviam perecido no sinistro, ninguém poderia confirmar ou desmentir.

O comunicado do Ministério da Marinha continuava assim: "Quanto à demora na prestação de socorro aos sobreviventes, deveu-se a dificuldades nas comunicações que se produziram desde o momento exato da partida do *Bahia* da base de Recife. Essas dificuldades ou intermitências se verificaram *em todas as operações navais* por causas diversas e comuns nas comunicações radiotelegráficas sem constituir grave apreensão."

Era, como já se verá, uma colossal mentira. No entanto, servia para justificar por que a perda do *Bahia* foi registrada logo ao anoitecer do 7 de julho, quando chegou à Estação 13 seu gêmeo, o cruzador *Rio Grande do Sul*, que devia substituí-lo, mas que não o encontrou.

Os oficiais do *Rio Grande do Sul* conjecturaram que o *Bahia* teria se afastado da Estação para socorrer um avião da US Air Force, cuja queda próxima ao local havia sido informada na véspera. As coisas aconteceram de tal modo que só se tomou conhecimento da catástrofe ao amanhecer do dia 8, quando o *Balfe* comunicou o resgate dos náufragos.

O informe concluía que "*foi tudo consequência da fatalidade* que conseguiu reunir um conjunto de circunstâncias apropriadas ao desenlace que todos lamentamos e que vem enlutar a Marinha de Guerra e ceifar a vida de um punhado de bravos e dedicados servidores quando ela estava empenhada em uma missão humanitária de salvamento".

O pronunciamento oficial foi respaldado pelo único oficial sobrevivente, o então primeiro-tenente Torres Dias, que estava na sala de máquinas quando ocorreu a explosão.

"Pouco antes das 9h recebi a ordem de parar brevemente o navio para permitir o lançamento ao mar de um alvo flutuante para ser usado em um exercício de tiro com metralhadoras antiaéreas Oerlikon de 20mm (o navio tinha sete unidades). Por volta das 9h10 recebi a ordem de colocar o navio em marcha à frente, lentamente. Era necessário se distanciar (cerca de dois mil metros) do alvo flutuante. Nesse exato momento a metralhadora nº 7, situada sobre o convés, bem atrás, começou a disparar. Ia pelo quinto disparo quando uma terrível explosão sacudiu o navio de modo muito violento. As turbinas pararam e a sala de máquinas começou a inundar-se com uma velocidade pavorosa. Todo o convés estava envolto numa densa fumaceira cor de chocolate extremamente agressiva. A parte visível da destruição superficial se estendia até o castelo da proa. Passadiços, embarcações, mastros e toda outra superestrutura se encontravam muito danificados. Pude ver muitas vítimas mortalmente feridas por estilhaços de metal e um grande número de mortos encostados na ponte, sem feridas visíveis, mas com as roupas desgarradas e hemorragias nasais e bucais", descreveu o hoje octogenário contra-almirante da reserva.[87]

Com pleno conhecimento de que a maioria dos sobreviventes achava que o afundamento havia sido produto de um ataque com torpedos, Torres Dias já havia expressado: "Sei bem que muitos quiseram atribuir a causa da explosão a um torpedo de submarino, porém tudo indica que foi o resultado de um tiro inadvertido de uma arma cujo disparador se encontrava engatilhado."[88]

A explicação técnica do informe oficial referendado por Torres Dias afirma que embora tendo como norma que as metralhadoras antiaéreas deviam ser carregadas apontando para o céu, e que as cargas de profundidade se encontravam distribuídas na popa, um disparo acidental de uma daquelas armas havia impactado uma carga de profundidade, fazendo-a detonar.

Embora as metralhadoras Oerlikon estivessem dotadas de "limitadores de conteira e elevação" que lhes impediam disparar para baixo e para os lados para evitar que algum projétil atingisse a estrutura do navio no calor do combate, a história oficial assegura que as Oerlikon do *Bahia* os tinham anulados.

Aqueles que confirmam o depoimento de Torres Dias — por exemplo, o vice-almirante Arthur Oscar Saldanha da Gama e o almirante Hélio Leôncio Martins — relembram que nesse momento se considerava verdade de manual a incapacidade das pequenas cargas de trotil dos projéteis de 20 milímetros de fazer detonar cargas de profundidade. De outro modo, os navios de guerra corriam permanente risco de voar pelos ares assim que fossem metralhados por algum avião inimigo. Todavia, esses autores assinalam que posteriormente ao afundamento do *Bahia*, e para dissipar toda dúvida, a Marinha brasileira reproduziu o fato, quer dizer, disparou com uma Oerlikon 20 milímetros, desde a mesma — reduzidíssima — distância, contra bombas de profundidade. E que, "diante da surpresa dos peritos" e "contrariando o que diziam os manuais", as cargas explodiram.[89]

Considerando que a metralhadora distava apenas três metros das cargas, por menor que tenha sido a quantidade de explosivo usada, mais do que surpresos, os peritos tinham de ficar, no mínimo, chamuscados. Ademais, falta determinar se o dano potencial de uma carga de profundidade fora suficientemente potente para destruir a popa do velho cruzador. Deve-se levar em conta que a carga não estava dirigida e que, por sua posição, 90% de seu potencial teria se dissipado para cima.

Sem considerar sequer por um momento que as perícias pudessem ser apócrifas, Saldanha da Gama e Martins escreveram: "Estava pois comprovada a causa do acidente: um marinheiro demasiado intrépido, contrariando as regulamentações vigentes, colocou o carregador na arma sem pô-lo em seguro e estando ela montada", isto é, com uma bala na câmara e pronta para disparar.

Note-se que não escreveram "afundamento", e sim "acidente", o que demonstra sua vontade de descartar qualquer outra causa da explosão.

Montar a metralhadora, reconheceram, "exigia um grande esforço para comprimir a mola manualmente para o primeiro tiro", motivo pelo qual consideram "lícito supor que a arma tivesse sido deixada com a mola comprimida após o último disparo do exercício anterior, o que constituía uma grave irregularidade". Desse modo, e por meio de um rosário de cinco sucessivas suposições — que a metralhadora havia sido carregada em grave infração apontando para a popa do navio; que havia ficado montada, outra grave infração, desde o último exercício; que o dispositivo que a impedia disparar contra o próprio navio fora anulado; que indo contra toda crença um disparo podia fazer explodir as cargas de profundidade; e, por último, que um artilheiro abobalhado o havia feito —, ficou estabelecido como um fato irrefutável que o cruzador havia afundado pela imperícia e pela negligência dos tripulantes.

Torres Dias é, na condição de único oficial sobrevivente, o principal defensor da versão oficial. Em uma entrevista a Odyr Buarque de Gusmão para a *Revista do Clube Naval*, revelou que no curso da investigação oficial foi relegada a um segundo plano a hipótese de que o cruzador se chocara com uma mina e também a possibilidade de um torpedeamento. Dessa maneira, tentou-se provar que o *Bahia* havia explodido só:[90] "A primeira suspeita foi a de uma (auto)explosão do depósito de munição atrás dos dois canhões de 120mm e a segunda, de um ataque com torpedos ou um choque com uma mina à deriva". "Suspeitou-se por último (de que) a violenta explosão pudesse ter sido produzida na superfície do convés, onde estavam distribuídas cerca de 30 bombas de profundidade de 300 libras".

Torres Dias deu por certo que estava previsto "um exercício de artilharia com o emprego das sete metralhadoras antiaéreas" e recordou que "a metralhadora Oerlikon de 20mm nº 7 se encontrava instalada perto da popa, antes e diante das duas caixas lançadoras das bombas de profundidade", cada uma delas "carregada com cinco bombas".

"Ao ser preparada para um exercício — imaginou — a citada metralhadora começou a disparar de modo súbito e descontrolado e já pelo quarto ou quinto disparo *deve ter* [*sic*] atingido as bombas de uma das caixas, provocando uma tremenda explosão." Torres Dias esclarece de imediato que "todas as testemunhas que poderiam confirmá-lo morreram".

Como pode-se perceber, o almirante *supõe* que foi assim que as coisas aconteceram. Não explica por que a causa da hecatombe devia ser necessariamente a metralhadora nº 7 e não outra, e certamente não demonstra experiência com o disparo das Oerlikon porque acrescentou que, "se se levar em conta o quanto essas metralhadoras eram ágeis e fáceis de manejar (o que contradiz flagrantemente o explicado por Saldanha da Gama) e que usavam uma munição muito sensível (a surpreendente "descoberta" da investigação oficial), que deviam ser instaladas com limitadores mecânicos de conteira e elevação, tal como ocorria com as do tipo Madsen que o navio tinha anteriormente. Por razões que até hoje ignoro, desde o início da guerra em nenhuma das sete metralhadoras de bordo havia sido cumprido esse requisito de segurança. No que concerne à metralhadora nº 7, a necessidade de fazê-lo era simplesmente clamorosa. E outra improvisação imprudente foi a distribuição a céu aberto das bombas (de profundidade) sobre o convés. Essa foi a solução que se encontrou para armazenar as bombas a bordo, já que o navio praticamente não tinha um paiol adequado para esse tipo de munição".

São palavras imprecisas, porque o sistema instalado nas Oerlikon, que impede disparar para os lados e para baixo e está localizado na base da arma, vem de fábrica — as do *Bahia* foram fabricadas em Detroit, sob patente suíça — e desmontá-lo é praticamente impossível.

Conclui Torres Dias: "O elevado tributo [em vidas] foi consequência de diversas causas, porém sobretudo da inobservância das devidas precauções de segurança com respeito ao material, origem de toda a tragédia." Em outras palavras, tanto o comandante Garcia D'Ávila como aqueles que o antecederam no cruzador eram uns incompetentes. Um deles até teria ordenado anular os limitadores de tiro das sete metralhadoras.

Todavia, na última foto que se conhece do *Bahia*,[91] tirada quando zarpava para a Estação 13, pode-se ver com clareza que a metralhadora nº 7 havia sido anulada. Isso deve ter ocorrido quando o cruzador foi reformado para dotá-lo de capacidade antissubmarina. E, com toda lógica, porque ao se armazenarem as cargas de profundidade a três metros da metralhadora, seu ângulo de tiro se reduzia de 270° para 60°.

Nessa foto também se observa que o local onde devia estar o servidor da arma havia sido ocupado por uma balsa de salvamento. Portanto, se é verdade que se fez um exercício de tiro com metralhadoras, deve ter sido usada uma outra arma.

A história oficial jamais gozou de completa aceitação nas fileiras da Marinha do Brasil. O próprio Saldanha da Gama expressou as difundidas suspeitas de que a pressão dos Estados Unidos não havia sido alheia àquele parecer, supostamente técnico e asséptico. Muito mais contundente foi o comandante Gomes Cândido: "As extremas dificuldades dos Aliados em suas relações com os soviéticos após a rendição da Alemanha podem ter levado os americanos, que perderam quatro marinheiros no cruzador, a aconselhar a Marinha brasileira a não indicar o torpedeamento como causa do naufrágio."[92]

Gomes Cândido foi taxativo ao assinalar que "a participação da Alemanha em uma futura aliança contra os soviéticos era um fator vital previsto no complicado cenário de poder do continente europeu e novos problemas internacionais eram indesejáveis".

Ao menos conseguiu instilar em Torres Dias a sombra da dúvida. Porque referindo-se às diferentes opiniões de Saldanha da Gama e Gomes Cândido, Torres Dias admitiu aos autores que julga "válidas todas as hipóteses e cotejos, formulados com base em documentação bastante sólida e fiel".

Não obstante, o velho oficial lançou mão de sua qualidade de suposta testemunha visual para reafirmar seu convencimento de que a catástrofe do *Bahia* fora acidental.[93]

Apesar dessas resistências a assumir a terrível realidade, há um fato inconteste: as supostas dificuldades e intermitências das comunicações radiotelegráficas que se teriam registrado desde a partida do *Bahia* "em todas as operações navais" foram uma mentira engendrada *post facto* pelo Comando Naval do Nordeste, tudo indica que com a cumplicidade da US Navy. E isso é fácil de comprovar: o diário de navegação do *USS Omaha* não registra problema; pelo contrário, anota criteriosamente todas as comunicações que recebeu e deu curso nessas datas sem novidade, tanto com navios brasileiros quanto com o *Balfe*, os aviões que cruzavam o Atlântico e as embarcações que integraram o grupo de resgate dos náufragos do *Bahia*.

Sem se permitir duvidar publicamente da palavra daqueles que foram seus superiores e já morreram, Torres Dias conserva ainda o estupor juvenil diante da explicação da Marinha sobre a demora de quatro dias para registrar o desaparecimento do *Bahia*. "Ainda hoje não consigo compreender por que a Marinha não se valeu dos informes de voo (entre 20 e 25 por dia) dos aviões que obrigatoriamente sobrevoavam a Estação 13 sem obter contato por rádio nem visual" com o cruzador.

Esse reconhecimento parece certificar a boa-fé de uma vítima convencida de sua própria responsabilidade e dos demais oficiais do cruzador — todos falecidos em consequência da tragédia — na perda do *Bahia*.

OS NAZISTAS FUNDAM A PROTO-SIDE

O general Farrell convocou eleições gerais para princípios de fevereiro de 1946. Perón se apresentou, apoiando-se no novo Partido Trabalhista, fundado à imagem e semelhança do britânico pelos sindicalistas que haviam protagonizado o 17 de outubro e por trânsfugas das representações políticas tradicionais — conservadores, radicais, socialistas e comunistas. O grosso dos partidos aliou-se contra Perón, sob a égide de Braden, na coalizão chamada União Democrática. "Braden ou Perón" foi o lema que dividiu as águas e deu a Perón a vitória nas primeiras eleições limpas em quase duas décadas.

Dias depois de receber a faixa presidencial do general Farrell, Perón nomeou Rodolfo "Rudi" Freude — o louro e alto filho do multimilionário Ludovico — chefe da Divisão de Informações da Presidência da Nação. Segundo algumas fontes, designou-o também diretor de uma nova repartição secreta, o Cide (Controle de Informação do Estado), antecessor do Side (Serviço de Informações do Estado), atualmente, depois de uma mudança de "sexo", *a* Side (Secretaria de Inteligência do Estado).

A pedido de Freude, Horst Alberto Carlos Fuldner — um ex-capitão SS e ex-agente do SD associado a Juan Duarte, cunhado do presidente — viajou à Europa como enviado do governo para organizar a transferência e o recebimento, na Argentina, de uma série de fugitivos, ex-funcionários dos regimes depostos.

Fuldner, o homem que acolheria em sua empresa, a Capri, Adolf Eichmann — o burocrata que havia executado "a solução final" contra os judeus[94] —, nascera no bairro portenho de Belgrano em 1910, de pais germânicos, e se radicara na Alemanha quando tinha 12 anos. Em 1933, ingressou na SS; e, ao receber a convocação de Buenos Aires para cumprir o serviço militar obrigatório, apresentou à embaixada argentina em Berlim uma carta na qual argumentava que, apesar de sentir-se "argentino no coração", desde esse ano se considerava cidadão alemão, razão pela qual "os deveres e direitos como argentino não são mais os meus". A embaixada lhe respondeu com fria e rotineira argumentação que a nacionalidade argentina era irrenunciável.

Quatro anos mais tarde, fugitivo, após passar calotes sucessivos em Hamburgo, foi detido no navio que o transportava para a Argentina. Devolvido à Alemanha, foi condenado à prisão e expulso da SS enquanto seu *totenköpfring* era fundido ritualmente. Apesar dessa ignomínia, a agonia do Terceiro Reich surpreendeu Fuldner como alto agente do SD e homem que gozava da confiança de Himmler. Tanto é assim que, em março de 1945, seus superiores lhe confiaram um avião que viajou de Berlim a Madri repleto de objetos de arte. Fuldner levava também uma grande soma de dinheiro vivo e dois passaportes, um alemão e outro argentino, e instruções para reunir-se em Madri com outros fugitivos que logo se transfeririam de avião e navio para a Argentina.

O primeiro contingente foi integrado pelo croata Gino Monti de Valvassina, ás da Luftwaffe; pelo embaixador da Croácia em Berlim, Branco Benzon; pelo criminoso de guerra belga Pierre Daye; pelo colaboracionista francês Georges Guilgaud Degay; pelo polonês Czeslaw Smolinski;

e pelo criminoso franco-argentino Charles Lescat, íntimo de Cosme Beccar Varela e de Goyeneche. Todos teriam sido recebidos pelo presidente Perón na Casa Rosada, por solicitação de Freude, ocasião em que, se especula, aproveitaram para debater com o presidente que outros fugitivos viajariam para a Argentina.

Perón aspirava sobretudo ao concurso do *crême de la crême* da Luftwaffe, ferozmente disputado também pelos Estados Unidos e pela União Soviética, para reforçar as fábricas de Córdoba e uma aeronáutica ainda bisonha. Cientistas e técnicos que sua *entourage* chamava de "sábios e pequenos sábios".

Fuldner regressou à Europa em 16 de dezembro de 1947, dessa vez não mais na qualidade de agente do extinto SD, mas sim como representante do Serviço de Informações da Aeronáutica argentina. Permaneceu exatamente dez meses no Velho Continente, assistido pelo diplomata argentino Enrique Moss, cônsul em Berlim durante a guerra, e pelo polonês Smolinski em Buenos Aires, e sempre em estreito contato com Rodolfo Freude. Da base de operações clandestina no número 48 da Rua Merktgasse, Berna, aberta pelo embaixador argentino na Suíça, o major da reserva Benito Llambí, Fuldner dedicou-se a transportar furtivamente seus "clientes" até Gênova e dali, em navios de carreira da companhia Dodero, à capital argentina.

Sobre as relações entre Perón e os nazistas fugitivos foi publicada uma enorme quantidade de trabalhos, entre os quais se destaca o já mencionado de Uki Goñi.[95] Avançar nesse capítulo da história excede às pretensões da presente investigação. No entanto, é necessário destacar ao menos quatro fatos. Primeiro, que o caráter delinquencial e ao mesmo tempo de dirigente nazista de Fuldner seria uma marca indelével da extrema-direita argentina: miríades de sequestradores e assassinos procurariam, ao longo dos anos, abrigar-se sob a suástica para cometer suas tropelias e maquiá-las com verniz ideológico. Segundo, que longe de se complicar com os nazistas domésticos, Evita enfrentou ferozmente Rudi Freude, ainda que se tratasse apenas de uma questão pessoal. Afinal, Freude, inaugurando uma longa tradição dos serviços secretos argentinos, exumou um episódio da adolescência de Eva Perón e ganhou seu ódio eterno.[96] Terceiro, que o governo peronista — 1946-1955 — nada fez diferente do que continuaram fazendo aqueles que o derrubaram a sangue e fogo. Poderiam ser dadas dezenas de exemplos, mas basta assinalar que se Perón protegeu durante seu governo o ás dos espiões nazistas na Argentina, "Pepe" Becker, a Revolução Libertadora não o perseguiu, embora conhecesse perfeitamente seu local de residência. A mesma conduta foi mantida pelo governo do presidente Arturo Frondizi, que a sucedeu.[97]

Tampouco Rudi Freude foi perseguido ou sequer perturbado pelos governos antiperonistas nem pelas sucessivas restaurações peronistas. Cerca de dois anos atrás, com aproximadamente 80 anos nas costas, ainda costumava visitar os escritórios de onde suas empresas eram geridas, no 19º andar do edifício da Avenida Corrientes, o mesmo em cujo andar de baixo se encontra o Instituto Goethe, justamente em cima do Club Alemão.[98]

Finalmente, em quarto lugar, a relação entre Perón e o nazismo representa um modelo em escala reduzida, se for comparada com os vínculos entre altos ex-oficiais do Terceiro Reich e o governo dos Estados Unidos. Graças a esses nexos, como se verá a seguir, Wermuth e Schäffer conseguiram se safar das graves acusações que pesavam sobre suas cabeças.

UM APARTE METEOROLÓGICO

Schäffer escreveu que o tratamento que teve de suportar durante os interrogatórios no centro de detenção nas proximidades de Washington "foi melhor do que naqueles lugares onde o Alto-Comando americano não podia vigiar de perto os organismos executores", em tácita referência às dificuldades que havia passado na Argentina quando se deparou com as primeiras perguntas do comandante Jacobsen e outros oficiais do OSS.

Uma vez chegado a Fort Hunt, Schäffer foi "surpreendentemente confrontado", quer dizer, acareado, com Wermuth e depois ambos foram "encerrados em um mesmo dormitório onde éramos observados detidamente". Schäffer assegura que não conhecia pessoalmente Wermuth, mas que ambos compreenderam de imediato que seus inquisidores acreditavam que "na primeira alegria do reencontro revelaríamos, ante os microfones colocados secretamente, a verdade sobre o comboio fantasma".

Enquanto ambos os oficiais eram acossados repetidas vezes com perguntas sobre os mesmos tópicos, altos funcionários judiciais estadunidenses, que preparavam em Nuremberg o julgamento dos chefes nazistas, admitiram à imprensa que acreditavam que Hitler havia conseguido fugir. O próprio chefe do conselho dos Estados Unidos para o processo, Thomas J. Dodd, desabafou um "ninguém pode dizer que esteja morto".

Entretanto, em 29 de setembro o Exército americano anunciou o aparecimento do testamento de Hitler, junto a um "testamento político", a ata de seu casamento com Eva Braun e uma nota póstuma de Goebbels.

Esses documentos, soube-se pouco depois, haviam sido trazidos por Heinz Lorenz, que havia substituído Otto Dietrich como último chefe de imprensa de Hitler em março, e afirmava ter sido testemunha dos últimos dias de Hitler no *Führerbunker*. O aparecimento desses documentos pretendia provar, de modo indireto, que Hitler havia morrido.

Para os inquisidores de Wermuth e Schäffer era primordial estabelecer o paradeiro de Hitler, razão pela qual não parece estranho que esses anúncios tenham atenuado visivelmente seu ímpeto. Entretanto, Schäffer estava preocupado com as acusações sobre o afundamento do *Bahia*, dado que não encontrava uma maneira de refutá-las. Foi então que "se apresentou uma prova que esclareceu a questão a nosso favor". Acredite-se ou não, Schäffer explica que o Ministério da Marinha do Brasil, junto à sindicância que atribuiu o afundamento a um acidente provocado por um de seus metralhadores, "havia comunicado dados exatos sobre as condições do tempo no local da catástrofe, os quais foram comparados com as anotações referentes às condições meteorológicas correspondentes a esse dia efetuadas no U-977 e não coincidiram. (...) As anotações sobre o tempo, isso ninguém se arriscava a afirmar, não podiam ser falsificadas".

Schäffer faz-se de bobo, aferrando-se ao *segundo* diário de navegação que havia apresentado em Mar del Plata. Um agrupamento de nuvens ou uma chuva determinaram a inocência e a liberdade de Schäffer? Nem pensar: 4 de julho de 1945 havia sido um dia esplêndido na Estação 13, com uma suave brisa. E sobre esse ponto não havia controvérsia.

O bom tempo se deduz do que foi dito e escrito pelo próprio Schäffer. Nem em suas declarações em Mar del Plata nem em seu livro, ao referir-se à travessia do equador e à correspondente Festa de Netuno, assinalou inconvenientes meteorológicos. E os náufragos do *Bahia* haviam dito, de maneira unânime, que seus piores inimigos haviam sido um céu limpo e um sol impiedoso. O marinheiro Millet, o último náufrago recolhido, atribuiu sua sobrevivência à água de uma chuva que chegou tarde para todos os seus companheiros no sexto dia da tragédia — o mesmo 10 de julho em que o U-530 chegou a Mar del Plata.[99]

O comandante Gomes Cândido destacou que "a comissão [aliada], cujos trabalhos na Argentina foram acompanhados por um oficial da Marinha brasileira, recebeu do Ministério da Marinha um boletim meteorológico da área do naufrágio que mostrava diferenças em relação aos registros do U-977 correspondentes a esse dia. Com essa constatação foi encerrada a investigação sobre o *Bahia*, não havendo manifestado o oficial brasileiro qualquer suspeita".

Embora não estivesse em condições de afirmar que os dados foram forjados, Gomes Cândido foi igualmente taxativo: "Os registros de bordo não são uma prova irrefutável da rota de um navio. O almirante Dönitz admitiu, perante o tribunal de Nuremberg, que os dados de navegação do U-30 foram adulterados por ordem sua para encobrir as mentiras do comandante que torpedeou o *Athenia* no primeiro dia da guerra, infringindo as ordens dadas por Hitler de não torpedear navios mercantes sem aviso prévio. (...) Muitos diários feitos por comandantes de U-Bootes não são fiéis à realidade", destacou.[100]

O que dizer do segundo diário de navegação do U-977, apresentado por Schäffer após longas horas de meditação, regadas por um bom uísque, e com a ajuda do seu "diário pessoal"!

A TELARANHA

Quase simultaneamente à internação de Schäffer em Fort Hunt, chegou a Washington, mas na qualidade de convidado do Ministério da Guerra, o general de brigada Reinhard Gehlen, ex-chefe do FHO e principal especialista dos serviços secretos nazistas em assuntos militares soviéticos.[101]

Desde fim de 1943 que o pequeno Gehlen vinha colaborando estreitamente com Schellenberg e o SD na Operação Zeppelin, da qual Skorzeny participou: o lançamento atrás das linhas comunistas, a partir de dirigíveis, de comandos SS que falavam russo e vestiam uniformes soviéticos. O êxito dessas arriscadas operações o havia catapultado como homem de consulta obrigatória pelo Estado-Maior da Wehrmacht.[102]

Desde o começo de 1944, consciente de que a menos que acontecesse um milagre a Alemanha perderia a guerra, Gehlen começou a planejar uma maneira de assegurar a sua sobrevivência e a de seu grupo. Estava convencido de que os americanos pagariam um alto preço pelas informações que havia reunido e sistematizado.

No fim desse ano, reuniu os chefes do FHO em seu quartel-general de Zossen e lançou-os a uma atividade febril. Todos os documentos foram sistematicamente fotografados e as fotos guardadas em seu escritório.[103]

Em princípios de abril de 1945, Gehlen convocou seus mais estreitos colaboradores, os tenentes-coronéis Gehrar Wessel e Hermann Baun. "A guerra está perdida" — disse-lhes com franqueza — "mas depende de nós que a luta contra o comunismo soviético prossiga. Estou convencido de que a aliança entre Washington e Moscou se romperá e que ao lado dos americanos poderemos proteger o essencial e salvar a pátria." Desde então, Baun e Wessel o secundaram na embalagem das cópias e fotos dos documentos secretos em 50 caixas de aço que Gehlen escondeu em uma granja perdida de Wendelstein. Essas caixas seriam seu salvo-conduto e seu passaporte para o sucesso.

Ao que parece, Bormann o havia escolhido para que preparasse "a fuga do Estado-Maior alemão, em caso de necessidade, mediante um plano secreto" e participava, por meio de emissários, das negociações entabuladas por Karl Wolff com Allen Dulles, que frutificaram na Operação Sunrise.[104]

Depois de ser capturado em 20 de abril, Gehlen conseguiu que o levassem ao general de brigada Edwin L. Sibert, a quem surpreendeu citando-lhe detalhes inéditos de sua vida. Em seguida, prometeu-lhe colaborar e se comprometer com a nova cruzada que, vaticinou, logo teria de iniciar-se contra a União Soviética e acenou-lhe com a possibilidade de ter acesso aos arquivos do FHO em troca de um *bill* de incolumidade para ele e os seus. Sibert, tão visceralmente anticomunista quanto o espião alemão, converteu-se em virtual advogado de Gehlen perante os chefes do OSS.

Em fins de agosto, Gehlen chegou a Washington em companhia de um séquito de ex-oficiais alemães, entre eles Albert Schöller, Horst Hiemenz e Heinz Herre. O grupo permaneceu nos Estados Unidos quase um ano, tempo em que se ocupou em analisar, junto aos chefes do OSS, as debilidades soviéticas e negociar o próprio futuro. O OSS pretendia que as caixas fossem levadas para os Estados Unidos, mas a negativa de Gehlen foi conclusiva. Ofereceu como contraproposta entregar uma cópia dos documentos escondidos com a condição de que se criasse na Alemanha um novo serviço de inteligência que administrasse essas informações, dirigido, é claro, pelo próprio Gehlen e integrado por especialistas alemães que ele mesmo selecionaria. Se o autorizassem, jurou, todas as informações reunidas sobre a União Soviética, bem como aquelas que conseguiriam reunir no futuro, seriam escrupulosamente compartilhadas com os americanos.

Dulles aceitou o acordo com as devidas reservas. "Washington estava disposto a mobilizar toda força política, de inteligência, econômica e, se fosse necessário, militar" contra a União Soviética, explica o mítico ex-chefe da espionagem da República Democrática Alemã (comunista) Markus Wolf.

Wolf também descreveu a habilidade política do seu primeiro oponente e os resultados que obteve: "[Gehlen] percebeu a oportunidade que o novo confronto [a guerra fria] lhe oferecia para exercer influência direta sobre a política. Reuniu-se com [o futuro primeiro-ministro democrata-cristão Konrad] Adenauer antes que os alemães ocidentais recebessem o serviço de inteligência das mãos da CIA e continuou a obter poderes extraordinários e apoio, incluindo controle dos arquivos contra os inimigos políticos internos, inclusive os social-democratas."

"Nas Forças Armadas da Alemanha Ocidental e em sua burocracia estatal" — concluiu Wolf — "os fiéis servidores do Terceiro Reich de novo ocuparam altos cargos."

Dulles e Gehlen se propunham, de maneira excludente, a combater a expansão comunista. Que se tenha deixado em água morna o processo de Schäffer e Wermuth foi um efeito da mudança de alianças: os antigos nazistas eram os novos aliados dos Estados Unidos.

Como havia acontecido na derradeira quadra do Terceiro Reich, Gehlen, novamente secundado por Wessel e Baun, começou a organizar um serviço de espionagem e contraespionagem. Ainda sem nome, teve sua primeira base em Taunus, em escritórios contíguos aos do OSS, e com o tempo sua central foi estabelecida na pequena aldeia bávara de Pullach. O trio se dedicou, a princípio, a formar uma rede de espionagem interna chamada Die Spinne (A Aranha), que recrutou dezenas de ex-membros do RSHA, do SD e da Gestapo e mais tarde, depois da criação da CIA e que a rede assumisse o nome de BND (Bundesnachrichtendienst), milhares de veteranos nazistas, até mesmo chefes SS condenados em Nuremberg, como Franz Six.[105]

Um dos poucos homens importantes do BND claramente antinazista era o chefe de contrainteligência Otto John, que havia participado em julho de 1944 do *putsch* de Von Stauffenberg contra Hitler e conseguido escapar para a Inglaterra.

Gehlen não confiava em John e o controlava por meio de Olaf Radtke, a quem havia designado como o segundo do setor de contrainteligência. Radtke, porém, não pôde evitar que John — depois de participar do ato comemorativo do décimo aniversário daquele golpe fracassado e embebedar-se — escapasse para Berlim Oriental, onde denunciou que os nazistas dominavam a organização de espionagem da República Federal e que Adenauer era um serviçal dos Estados Unidos: "Em sua necessidade de fazer a guerra aos alemães orientais [os americanos] aceitam de bom grado aqueles que nada aprenderam da catástrofe e estão esperando o momento de vingar-se da derrota de 1945."

Segundo Burnside, no ano anterior John havia investigado os nazistas que operavam na Argentina porque suspeitava da presença de Hitler nesse país. Para alguns estudiosos, como Gregorio Díaz Dionis, Gehlen seria o chefe de uma incrível associação na Argentina entre os fugitivos nazistas, a CIA, a Máfia corsa, a loja italiana Propaganda Due e altos oficiais militares, que promovia a falsificação de divisas, o tráfico de drogas e a evasão de capitais.

O acordo entre Gehlen e o OSS-CIA só seria admitido oficialmente em 1968, quando o social-democrata Willy Brandt chegou à Chancelaria e nomeou o antifascista Klaus Kinkel para a chefia do BND, a quem ordenou passar a organização a limpo. Até aquele momento, o BND havia funcionado como um reduto de ex-dirigentes nazistas controlado por Gehlen e Wessel, seu sucessor à frente do órgão.

O MAIOR SEGREDO

Os espiões americanos não comunicaram a tempo e a hora a seus colegas britânicos as negociações que mantinham com Gehlen, nem tampouco por que haviam posto Schäffer e Wermuth em liberdade. Assim, quando os mandaram de volta para casa em um navio que fez escala em Antuérpia, agentes do MI-6 os detiveram e os levaram a Londres. "Procederam como se seus primos americanos não tivessem sido suficientemente exaustivos. (...) Estavam tão dominados pela lenda do U-977 que (...) não me alojaram em um acampamento comum para prisioneiros de guerra, mas sim em um reservado para casos graves e me trataram como se eu fosse um dos dirigentes do regime derrubado", se queixaria Schäffer.

De acordo com declarações dos suboficiais alemães de ambos os U-Bootes, que tiveram idêntica sorte, sabe-se que os britânicos os trataram muito duramente e uma vez mais os acusaram de ter transportado altos dirigentes nazistas até a Patagônia.[106]

Em algum momento o OSS teve de pressionar o Intelligence Service ou entrar em acordo com ele pois em meados de 1946 Wermuth e Schäffer foram postos em liberdade. Desde então, e até que, com o apoio do Foia, a Nara começou a publicar recentemente alguns fragmentos dos interrogatórios feitos em Fort Hunt, desconhecia-se absolutamente seu conteúdo. A exemplo do que acontecera nos Estados Unidos, a Grã-Bretanha rotulou-os *Top Secret* pelo prazo máximo, 75 anos, razão pela qual sua liberação completa só ocorrerá em 2020.

Como há anos se sabe os detalhes da construção da bomba atômica e a maneira pela qual foram lançadas sobre Hiroshima e Nagasaki, esse é, segundo o especialista Timothy P. Mulligan, o "maior segredo da Segunda Guerra Mundial". E, ao menos que se saiba, o único que ainda subsiste.

Os fragmentos publicados até hoje provam o encobrimento dos serviços secretos americanos. A história oficial americana confirma que o U-977 zarpou de Kristiansand Sul em 2 de maio às 22h, omitindo a posterior escala em Bergen, e que Schäffer decidiu ir para a Argentina, entre outros motivos, porque estava convencido de que se caísse nas mãos dos russos, o esterilizariam e o escravizariam. Alguém mais desconfiado diria que ele fez essas declarações assessorado pessoalmente por Gehlen.

Ao que parece, muitas perguntas se centraram na importante avaria que o casco do U-977 apresentava. Porém, como já se explicou, os americanos terminaram por convalidar a inverossímil explicação de Schäffer acerca de que era o resultado de uma antiga colisão com outro U-Boote durante manobras no Báltico. Essa atitude demonstra que a versão final do interrogatório não foi mais do que um trâmite burocrático antes de o deixarem em paz e em liberdade.

Porém, o que é determinante, e que vai além dessa fábula e da aceitação protetora de seus inquisidores, é que Schäffer teve de admitir que cruzou o equador na longitude 30°. Isto é, exatamente na Estação 13.

RUMO À ANTÁRTIDA

Talvez não tenha sido por acaso que um oficial do U-530 tenha dito ao jornalista Szabó que o destino final dos U-Bootes era "a Antártida alemã". Não há melhor mentira do que aquela que contém uma parcela de verdade. Provavelmente o loquaz oficial tinha conhecimento, pelo menos de nome, da Operação Feuerland. Talvez um suposto desembarque no continente branco servisse para ocultar os que foram efetivamente feitos nas costas continentais argentinas.

De fato, o OSS analisava a possibilidade de Hitler ter se escondido no continente gelado. A Casa Branca concedeu, em 9 de novembro de 1946, a Estrela de Ouro ao almirante Richard Byrd e o Departamento de Marinha informou que o laureado almirante encabeçaria, a seguir, uma grande expedição à Antártida. Cinco dias mais tarde, o vice-almirante Forrest Sherman, subchefe de Operações Navais, disse que se trataria de uma expedição de adestramento.

Era uma explicação pouco convincente, pois para tal propósito a Groenlândia ou o Alasca estavam muito mais próximos. Ademais, uma expedição à Antártida, a 20 mil quilômetros dos Estados Unidos, implicava um investimento multimilionário.

Por fim, em 2 de dezembro o Departamento de Marinha comunicou que Byrd comandaria a Força de Operações 86; que seu navio-líder seria o cruzador *Mont Olympus* e que o acompanhariam um porta-aviões, dois navios-mãe transportando hidroaviões, dois destróieres, dois quebra-gelos, dois navios-cisterna, dois transportadores de tropas e um submarino, num total de mais de quatro mil homens.

O caráter nitidamente bélico da expedição ficou evidente quando, antes de zarpar da base de Norfolk, Byrd disse solenemente que era "a mais importante exploração da história" e que a missão tinha "propósitos estratégicos de inteligência ao observar as atividades marítimas, aeronáuticas e terrestres de outras nações na Antártida, com o intuito de determinar suas intenções exploradoras, científicas e militares", muito embora não houvesse então base militar permanente no continente branco.

A Antártida recebia nessa época mais duas expedições. Uma, muito misteriosa, era soviética. A outra, anglo-norueguesa, encontrava-se em Baía Margarita. Pelo que se sabia, ambas incluíam um certo número de cientistas.

Para aumentar o *imbroglio*, Byrd recorreu ao general Douglas McArthur, virtual vice-rei do Japão, com cuja ajuda mobilizou uma frota completa de baleeiros nipônicos que patrulharam o perímetro da Antártida, enquanto seus hidroaviões fotografavam vastas áreas antárticas com a ajuda de detectores termomagnéticos capazes de localizar qualquer presença humana desde 10 mil metros de altura.[107]

COMPARTIMENTOS ESTANQUES

Schäffer regressou à Alemanha em meados de 1946, quando os britânicos o libertaram. Pouco depois, viajou para a Argentina, onde residiria até a morte. Porém, quando ainda se encontrava em Düsseldorf, cidade onde havia pasado a adolescência e na qual vivia quando estourou a guerra, e passeava pela destruída Königstrasse, escutou um vendedor de jornais gritar que Hitler estava vivo e que se havia refugiado na Argentina a bordo do U-977.

Comprou o jornal e leu-o com ansiedade. A notícia referia-se ao lançamento, em Buenos Aires, de *Hitler está vivo,* o livro de Ladilhas Szabó, cujo subtítulo assegurava: "Fugiu para a Argentina a bordo do U-977."

O texto garantia que um comboio de submarinos alemães, entre os quais se encontravam o U-530 e o U-977, havia transportado Hitler primeiro para a Patagônia e em seguida para um "novo Berchtesgaden", construído em 1938 pelos tripulantes do porta-aviões alemão *Schwabenland*. Segundo Szabó, o refúgio antártico de Hitler havia sido erguido por indicação de Canaris.

Nesse exato momento, Schäffer decidiu elaborar sua defesa e começou a desenhar os primeiros rascunhos de seu texto. Compreendeu de imediato o risco que implicava o recrudescimento das dúvidas que pesavam sobre a última viagem do U-977. "Desde 17 de agosto de 1945 que me perseguem com a afirmação: *Você, Schäffer, levou Hitler para a Argentina.* (...)

Sempre tive de me defender dessa suspeita (...) perante enviados especiais de uma comissão aliada que voaram expressamente para Buenos Aires; depois, diante de hábeis oficiais do serviço de inteligência do Pentágono de Washington, que me transferiram para lá, especialmente, de avião"; e por último "diante de especialistas do Almirantado britânico", escreveria, sem mencionar sequer a paródia de interrogatório levada a cabo em Mar del Plata. E perguntava-se: "Será que o livro de Szabó significaria para mim uma nova série de interrogatórios, declarações, levantamentos de atas etc.?"

Sua ansiedade crescia porque recordava "claramente a grande ressonância que meu caso teve em Washington", onde "os oficiais do serviço de inteligência do Tio Sam viram, na minha pessoa, a chave de um dos tantos casos não solucionados da guerra passada". A tal ponto que um daqueles oficiais "se atreveu a dizer-me: 'Você é para nós, como encobridor de Hitler, muito mais interessante e mais perigoso do que Skorzeny, o legendário libertador de Mussolini'".[108]

Com amargo sarcasmo, Schäffer assegurou saber "tão pouco da fuga do homem que regeu os destinos da Alemanha que também devo recorrer à notícia do jornalista portenho para inteirar-me dos pormenores".

Nem sequer se incomodou em negar a fuga, talvez porque, como assinala a seguir, "em cada nível da cadeia de comando as coisas são vistas de modo diferente: nós, na nossa posição, não tínhamos um conceito claro de todos os fatores implicados. Apesar de nossas objeções, tínhamos de cumprir as ordens recebidas e supor que o Alto-Comando tinha um conhecimento completo da situação".

Sugeria, assim, o que não podia dizer claramente: que a Ultramar Sul foi uma operação compartimentada, que seus participantes tinham conhecimentos parciais e que não sabia quem os outros U-Bootes que integravam a matilha que se dirigiu para a Argentina haviam transportado. Se alguém tinha respostas, esse alguém era Dönitz.

MIL MILHAS E UM MÊS EM BRANCO

Como, oficialmente, jamais afundaram um navio como comandantes, nem Wermuth nem Schäffer figuram no guia *Axis Submarine Sucess.*[109] Apesar de seus baldados esforços para aumentar seu currículo como comandante de outro submarino antes de assumir o comando do

U-977,[110] o mesmo Schäffer se considerava "um dos soldados desconhecidos da frente naval". Fica, então, evidente que fora escolhido para participar da Operação Ultramar Sul por pertencer aos serviços secretos. Isso explicaria também por que, sem ter mérito algum, foi promovido a segundo-tenente antes de qualquer outro oficial de sua mesma turma.[111]

Não há outra explicação para que, em abril de 1945, quando ainda não havia completado 24 anos, Schäffer se apresentasse com sua embarcação em Kiel perante o grande-almirante Dönitz, que lhe encomendou uma missão tão especial que requeria um traslado prévio aos quartéis berlinenses das Waffen SS, a elite militar do regime.

Schäffer incluiu em suas memórias um mapa de próprio punho, ao qual intitulou "A travessia oceânica do U-977 da Europa à Argentina".[112] Na informação adicional, afirmava ter chegado às Ilhas de Cabo Verde em meados de julho, em vez de no fim de maio, como teria sido lógico.

Incongruências como essa faziam com que seus interlocutores lhe perguntassem uma ou outra vez: "Comandante, pesa sobre seu submarino a suspeita de ter afundado o navio brasileiro *Bahia*. Além disso, supõe-se que o senhor tinha a bordo Adolfo Hitler, Eva Braun e Martin Bormann e que os deixou em algum lugar do sul do nosso continente. O que tem a dizer a respeito?"

Schäffer recorda essas perguntas como um pesadelo e argumenta, de maneira pueril, que a carta náutica era uma espécie de talismã que dissipava todas as dúvidas sobre a responsabilidade do U-977 no afundamento do cruzador brasileiro: "Se esta carta é exata, então você se encontrava no dia do afundamento do *Bahia* a mais de 50 milhas marítimas do lugar do naufrágio", diz, com perceptível alívio, que reconheceram seus inquisidores argentinos.

Desse modo elíptico, admitiu que o U-977, a exemplo do U-530, se encontrava nas imediações dos rochedos de São Pedro e São Paulo quando aconteceu a tragédia.[113] Esse dado, porém, evidenciava uma contradição insuperável: por um lado, declarava que havia chegado às Ilhas de Cabo Verde em meados de julho, mas a seguir garantia que em 4 desse mês se encontrava mil milhas mais ao sul.

Schäffer se jactava de ter ido desde as Ilhas de Cabo Verde até as rochas em menos de uma semana, pelo que admitia tacitamente ter zarpado, no máximo, em 28 de junho. No entanto, insistia em que havia chegado a Cabo Verde em 13 de julho!

Se o U-530 e/ou o U-977 estavam nas imediações dos rochedos em 4 de julho, e o U-530 havia demorado menos de uma semana para chegar a Mar del Plata, era inexplicável que o U-977 tivesse demorado 44 dias para fazer o mesmo, isto é, não sete dias a mais, e sim 37. Schäffer disse ter-se inteirado da entrega do U-530 (10 de julho) na altura do Rio de Janeiro... mas havia demorado um mês e uma semana para chegar a Mar del Plata. Onde havia permanecido durante todo o resto do mês?

VISTA GROSSA

Desde o momento em que o U-977 se entregou, a imprensa mundial começou a especular sobre a existência de um terceiro submarino cuja rendição se supunha iminente. Embora não tenha se concretizado, Schäffer havia confirmado que, ao se iniciar a viagem, esse terceiro submarino existia, que pertencia ao tipo XXI e até que era "o primeiro que se enviava à frente".

Vale lembrar que Schäffer desafiou o seu comandante — o U-977 cruzaria mais rapidamente o Estreito de Skagerrak — e que uma caixa de champanha estava em jogo. Ainda que se trate de um trecho curto, que em tempos de paz se percorre em poucas horas, era então uma viagem muito perigosa em imersão e francamente suicida na superfície, pois os britânicos exerciam uma severa vigilância sobre o estreito e suas águas estavam coalhadas de minas. No entanto, Schäffer afirma que ganhou a aposta da joia da Kriegsmarine por quase um dia de vantagem, com o simples expediente de navegar na superfície...

Tão logo o comboio abandonou Frederikshaven, recorda Schäffer, cerca de 12 aviões obrigaram os U-Bootes a submergir. Porém, logo acrescentou que, como ainda não sabia navegar com *schnorkel* e corria o risco de asfixiar-se, fez quase todo o trajeto na superfície. Se isso é verdade — e não há por que pensar que não o seja — ou bem Schäffer era um irresponsável completo ou bem sabia que os britânicos não o atacariam.

Afirma que zarpou da Noruega determinado a cumprir "uma missão clara e precisa", que o eximia de "ordens contraditórias" ou contraordens, o que torna absurda sua pretensão de ter submetido à votação se deviam regressar às bases norueguesas ou seguir viagem e para onde. A Argentina como destino final era, resulta evidente, parte daquela "missão clara e precisa".

O pretexto de que zarpou com a ordem e o propósito íntimo de combater na zona do porto de Southampton, e que antes havia viajado a Berlim para convidar sua mãe a acompanhá-lo, é tão pueril que não merece maiores comentários.

Ele se refere igualmente à "exaltação contida" que, bebendo junto à fogueira em sua última noite na Noruega, lhe causava a missão que se dispunha a cumprir quando o Terceiro Reich já estava "vencido e ocupado por tropas inimigas". Por razão alguma queria ver-se obrigado a entrar em algum porto e ordenou navegar em imersão porque sabia que os ingleses tinhan a ordem de "impedir por todos os meios que algum dirigente do Terceiro Reich conseguisse escapar" e muito provavelmente supuseram que "alguma personalidade destacada se encontrava a bordo". Porém, não se entregaria e combateria "até o último homem" caso o U-977 fosse interceptado.

Também relata que a tripulação percebeu logo que o U-977 não dispunha de combustível suficiente para chegar à Argentina. Todavia, deixou de explicitar que as ordens secretas incluíam o reabastecimento nas Ilhas de Cabo Verde. Já sem "vacas leiteiras" em atividade, é provável que, se não houvesse ali um depósito clandestino, o U-530, um submergível destinado a operações especiais e modificado com esse propósito, lhe tenha servido de ama de leite.

Hipoteticamente, o U-530 zarpou da Noruega em princípios de março para o litoral dos Estados Unidos, de onde viajou primeiro para o Caribe e em seguida até a Argentina, numa navegação ininterrupta de mais de três meses.

Porém, a foto de um dos marinheiros acompanhado por sua noiva tirada em Hamburgo no começo de abril indica que o submarino talvez tenha regressado à cidade, um mistério que não altera o essencial: se em vez de zarpar para a costa americana em princípios de março o U-530 o tenha feito de Hamburgo no começo de abril, com tanques suplementares, teria tido tempo de integrar-se à matilha que afundou a corveta *USS Eagle 56* e navegar em seguida até Cabo Verde, para reabastecer o U-977.[114]

UM DIPLOMA REVELADOR

O tão refutado encontro fatal com o *Bahia* foi finalmente admitido por Schäffer, a despeito de suas negativas, quando narra como um ensurdecedor ruído de aviões interrompeu bruscamente o início da Festa de Netuno. Claro que acrescentou, em seguida, para apoiar seus argumentos, que "os ruídos se tornaram cada vez mais débeis" e que "talvez fossem aviões de passageiros". Mas por que rotas aéreas comerciais, em 1945, vários aviões transitavam ao mesmo tempo? Por nenhuma, e menos ainda sobre o equador e em longitude 30° W, o que revela que o U-977 se deparou, imprevistamente, com as inconfundíveis silhuetas dos bombardeiros da US Air Force guiados pelo *Bahia*.

O comandante Gomes Cândido intuiu o que aconteceu: "Quando os tripulantes celebravam a passagem do equador, ouviram um barulho de aviões, mas não os detectaram visualmente. Em postos de combate sobre a superfície, concluíram que deviam ser aeronaves de transporte de tropa. Certamente ouviram os aviões americanos da ponte aérea que o *Bahia* apoiava. Assim, o submarino U-977 chegou à área da Estação 13 onde se encontrava o *Bahia*. Seus dados de navegação o situam a 50 milhas de distância e Schäffer não faz menção alguma a um contato com o cruzador. Trata-se de uma omissão intrigante, já que os equipamentos Metox e de rádio podiam perfeitamente, na superfície e a essa distância, detectar sua proximidade."

O contemporizador militar brasileiro esboçou, a seguir, um "perfil psicológico de Schäffer" com "o propósito de identificar a razão de uma possível decisão sua de torpedear o cruzador". Recordou que, segundo seu duvidoso relato, quando atuava como oficial subalterno de U-Bootes, Schäffer teria participado "do afundamento de um único navio de guerra"; que como comandante do U-148 e do U-977 "não teria torpedeado qualquer navio"; que havia deixado a Alemanha com "a imagem de sua pátria arrasada e ocupada pelo inimigo", que sabia que muitos dos seus amigos e camaradas estavam mortos e que a Kriegsmarine seria desmantelada.[115]

Schäffer "descreve uma extrema tensão a bordo, com muitos tripulantes à beira de um colapso nervoso", e dá conta, entre tantos problemas, de "um quase motim" e da insubordinação do seu imediato e de outros tripulantes. "Assim", afirma Cândido, "sua saúde mental, no momento em que detectou a presença do cruzador, podia estar perigosamente no limite da exaustão" e "nessas condições, a incidência de erros aumenta e algumas decisões podem ser tomadas com pouca racionalidade. Uma delas seria torpedear um cruzador inimigo depois do fim das hostilidades".

Gomes Cândido recorda que "desde Kiel até o paralelo de Gibraltar, torpedear qualquer navio equivaleria a um suicídio, em virtude do grande número de unidades de guerra e de aviões aliados que havia no trajeto. Mas aquele cruzador solitário, no meio do oceano, sem escolta nem proteção aérea, era a oportunidade de dar um sentido maior à sua participação na guerra e de vingar o seu povo subjugado".

Apesar de não mencionar a perda de um avião do grupo que voava para Natal, citada pelos comunicados oficiais do Ministério da Marinha de sua país, avião que com toda lógica também pode ter sido derrubado pelo U-977, Gomes Cândido considera "possível que Schäffer tendo detectado o cruzador e, avaliando que era uma presa fácil, tenha decidido conduzir submerso o U-977 a uma posição favorável e lhe tenha disparado dois torpedos acústicos, um deles dirigido para os hélices do *Bahia*. Sua estrela foi tão boa que coincidiu que, nesse momento, estivesse tendo início, no cruzador, um exercício de tiro ao qual seria imputada a causa da explosão".

As coisas podem ter acontecido desse modo ou talvez a escassa e pouco disciplinada tripulação do U-977 — alcoolizada, estimulada pela Festa de Netuno e confiando em seu disfarce de pequeno navio mercante — não tenha dado atenção ao Metox e ao rádio e que, tal como narra Schäffer, viu recortar-se inesperadamente no céu as odiadas silhuetas dos aviões inimigos. E que, quando Tetis já estava ao pé do canhão[116] e o médico da Corte e o barbeiro empunhavam as metralhadoras, tenham divisado no horizonte a inconfundível silhueta de um navio. Se uma das metralhadoras do cruzador começasse a disparar, Schäffer e os demais fugitivos disfarçados não poderiam pensar que estavam sendo atacados? Em circunstâncias semelhantes, o que os manuais da Kriegsmarine recomendavam era disparar dois torpedos acústicos e submergir rapidamente, ou vice-versa.

A travessia do equador costumava terminar com uma ducha coletiva com mangueiras. Em seguida, já limpa, a tripulação brindava para que o futuro fosse venturoso e eram distribuídos atas ou diplomas de lembrança que faziam parte do folclore da Marinha alemã.

Conserva-se um desses diplomas da festa celebrada no convés do U-977. Pertencia ao engenheiro Dietrich Wiese e demonstra que o submarino se encontrava muito próximo à linha do equador naquele infausto 4 de julho. Uma das assinaturas é do próprio Wiese. O outro signatário do diploma, na qualidade de Netuno, é Schäffer.

Uma cópia do diploma[117] confirma que o U-977 cruzou o equador às 8h. E embora os minutos sejam ilegíveis na reprodução, pode-se ler com clareza a localização: 30° Oeste. O *Bahia* encontrava-se exatamente nessa longitude e sobre a linha do equador.

A data do diploma foi grosseiramente alterada.[118] Um simples olhar é suficiente para se perceber que onde originalmente dizia "3 de julho" uma mão tão desonesta quanto inábil colocou na frente um 2, de modo que se passe a ler "23 de julho". Essa data é, além do mais, absurda. E não apenas porque Schäffer já havia reconhecido que em 4 de julho se encontrava a umas 50 milhas dos rochedos de São Pedro e São Paulo, mas também porque, se havia zarpado da Noruega em 2 de maio, teria demorado mais de 80 dias para percorrer 3.700 milhas, uma média de navegação de dois nós, velocidade lenta até para um pargo.

Resta esclarecer uma única dúvida: se a festa foi celebrada em 4 de julho, como relata Schäffer, ou no dia anterior, como sugere o diploma. No primeiro caso, o ruído dos aviões da US Air Force interrompeu a celebração. No segundo, o barulho dos motores teria tirado a tripulação da ressaca de uma noite de farra. Na prática, o resultado é o mesmo, mas Schäffer "esclareceu" o ponto quando foi interrogado pelos amáveis oficiais argentinos: disse que navegava carregando "um erro sistemático de um dia, originado por um equívoco nas datas durante a navegação astronômica". Dessa maneira, o dia 3, para os registros do submarino, era na realidade 4 de julho.[119]

MUDANÇA DE PLANOS

A perda de dois a quatro torpedos na faina de afundar o *Bahia* deve ter suscitado a bordo ferozes discussões acerca do que fazer com os restantes. O próprio Schäffer as narra, mas com a precaução de datá-las de antes da chegada a Cabo Verde, embora mais tarde, contraditoriamente, admita que tenham ocorrido quando já navegavam pelo hemisfério sul.

Schäffer se inteirou da entrega do U-530 por meio de uma emissora comercial. Do mesmo modo, provavelmente escutou notícias sobre o espanto e as lógicas suspeitas que haviam provocado a falta de torpedos, canhão, metralhadoras, documentos de navegação e até das carteiras de identificação pessoal dos tripulantes do submarino.

Por outro lado, não havia notícias que confirmassem as esperanças de Dönitz, ou seja, que os aliados anglo-saxões fossem atacar a União Soviética. Nas palavras de Schäffer: "Na coalizão vencedora não se produziu mudança fundamental, como uma cisão."

Tomando devida nota daquelas novidades, considerando "as condições miseráveis" que os chefes nazistas em fuga teriam de suportar, Schäffer decidiu imitar Wermuth e entregar-se, embora procurando oferecer uma imagem completamente distinta. Uma vez chegado ao seu refúgio costeiro, com a tranquilidade de comprovar que a patrulha do litoral havia sido suspensa, mandou pintar e limpar o navio, decisão que lhe valeu o confronto com os que defendiam que fossem cumpridas à risca as ordens recebidas, isto é, desembarcar, afundar o navio e tentar misturar-se aos residentes alemães.

Esse enfrentamento deve ter acontecido não ao sul do equador, mas sim ao sul de Mar del Plata, em um porto seguro e durante o longo mês em branco — o segundo — que Schäffer se veria em apuros para justificar.

Quando o U-977 finalmente chegou a Mar del Plata, a única coisa que os oficiais argentinos, escaldados pelos problemas que a entrega do U-530 lhes havia causado, reprovaram em Schäffer foi não ter afundado a embarcação e ter se perdido na imensidão dos pampas, onde ninguém o teria perseguido. E nem sequer procurado.

BUSCAS, REVELAÇÕES E OCULTAMENTOS

Os vencedores escrevem a primeira versão da história. Ao ditar suas alentadas memórias a Jorge González Crespo, o almirante Isaac Rojas, principal líder do golpe militar que derrubou Juan Perón em setembro de 1955, limitou-se a dizer, a respeito dos U-Bootes que fugiram para a Argentina, que a chegada a Mar del Plata causou "toda sorte de versões que incluíam a suspeita de que neles vinham importantes dirigentes nazistas e grandes tesouros do Terceiro Reich" e acrescenta que "todos esses comentários foram elaborados mediante interesses políticos e econômicos sectários que, à luz dos anos, nunca puderam ser corroborados".

Era um comentário pouco previsível para quem se proclamava inimigo dos totalitarismos e esteve sempre disposto a acusar Perón de cumplicidade com o nazismo, mas lógico para quem havia interferido na suspensão da patrulha, decisão que permitiu ao U-977 permanecer escondido durante todo um mês, a salvo, em um esconderijo costeiro.[120]

Outro protagonista daquela ordem de suspensão, "Paco" Manrique, que era então seu braço direito, ficou marcado pelo papel que desempenhou no interrogatório dos oficiais do U-530 e do U-977. Manrique parecia convencido de que, além daqueles dois, outros U-Bootes haviam chegado ao litoral argentino. Em 1947, viajou para a Grã-Bretanha sob o pretexto de especializar-se na guerra antissubmarina e, segundo seu currículo, participou "do rastreamento do estuário do Tâmisa embarcado no navio antimagnético *Skomer*". Não é apenas provável, mas também lógico que durante sua estada em Londres tenha conversado longamente com os oficiais britânicos que acabavam de interrogar Wermuth, Schäffer e os demais tripulantes dos submarinos entregues em Mar del Plata. O certo é que, quando regressou, assumiu o comando do submarino *ARA Santa Fé* e que, no começo de 1955, enquanto integrava o grupo de conspiradores que preparava o golpe de Estado, teve tempo para explorar com radar a costa patagônica, no comando da fragata *ARA Hércules*.

Pouco depois, em 16 de junho, uma esquadrilha de aviões NA da Aviação Naval bombardeou a Praça de Maio com o propósito de aniquilar Perón na Casa Rosada. No entanto, os projéteis acabaram matando cerca de 300 pessoas desprevenidas, incluindo 60 meninos pobres do interior que visitavam a capital, cujo ônibus foi atingido em cheio por uma das bombas.

Os aviadores fugiram para o Uruguai, mas Manrique foi detido e condenado à prisão perpétua por um tribunal militar. Recluso no presídio penal pampeano de Santa Rosa, recobrou a liberdade dias depois de 16 de setembro, quando um segundo levante militar derrubou Perón. Passou então a atuar como chefe da Casa Militar — da Casa Rosada —, mas renunciou pouco depois, devido à tensa relação entre o presidente provisório, o general Eduardo Lonardi, e a ala "dura" do antiperonismo, encarnada pelo general Pedro Eugenio Aramburu e o almirante Rojas e na qual ele se inseria.

Assim que um golpe palaciano destituiu Lonardi e nomeou Aramburu e Rojas presidente e vice-presidente de fato do regime, Manrique retomou a chefia da Casa Militar, convertendo-se, segundo a acusação dos resistentes peronistas, em um "monje negro". Teria participado da decisão de fuzilar, à margem da lei, militares e civis peronistas em junho de 1956; e do sequestro do cadáver de Eva Perón, que foi transferido mais tarde, em uma operação secreta, para um cemitério de Milão, sob identidade falsa.

Em meados desse ano, Manrique viajou ao Panamá para participar de uma reunião de cúpula de presidentes americanos. Ali, entrevistou-se a sós com Dwight Eisenhower. Desde então, e ao mesmo tempo que desenvolvia uma relevante carreira como jornalista, tornou-se agente da CIA.[121]

Foi candidato a presidente nas eleições de 1973,[122] mas sua fama de ultradireitista começou a desfazer-se quando, em meados dos anos 1980, foi admitido como aliado pelo presidente constitucional Raúl Alfonsín, a quem serviu com lealdade.[123]

Manrique morreu em meados de fevereiro de 1988, quando havia sido reeleito deputado oficialista e convalescia de uma neurocirurgia. Pouco antes, em dezembro de 1987, havia se mudado com a segunda mulher, Cristina Ruiz, para o primeiro andar de um edifício na Rua Riobamba 986, no Barrio Norte de Buenos Aires, um amplo apartamento, dotado de uma sólida caixa-forte na parede. Certo domingo de princípios de maio de 1988, aproveitando que a viúva passava o fim de semana fora, um comando entrou no apartamento, arrancou a caixa-forte por inteiro e a levou. Cristina Ruiz declarou que "o material roubado nada continha de valor, apenas documentos".

Assim se perderam os segredos de um homem — direto, polêmico e até simpático, para o gosto de alguns — que soube guardar muitos mistérios.[124]

PULVERIZADOS

Várias testemunhas dos últimos dias de Hitler no *bunker*, como Günsche, Rattenhuber, Baur e Harry Mengerhausen — um oficial SS que supostamente tomara parte do grupo que enterrou o cadáver do *Führer* — foram libertados pelos soviéticos em meados dos anos 1950. Depois disso, o major Trevor-Roper e outros investigadores ocidentais, que se haviam atrevido a atribuir-lhes palavras que nunca pronunciaram, puderam entrevistá-los pela primeira vez.

"Infelizmente, os prisioneiros recém-libertados não puderam confirmar, em termos concretos, a morte de Hitler. Trevor-Roper disse que suas revelações não se chocavam com suas conclusões de 1945, mas que aquelas conclusões se haviam baseado em evidências circunstanciais e as novas informações não se mostraram muito mais valiosas", comentou Infield. Com efeito, Mengerhausen acabou admitindo que se declarou aos russos que havia enterrado o cadáver de Hitler foi para satisfazê-los depois que um outro prisioneiro o indicara como um dos que haviam realizado essa tarefa. Além do mais, destacou Infield, o cadáver que os soviéticos desenterraram estava tão queimado que ficara irreconhecível. Desse modo, ainda que Mengerhausen tivesse enterrado um corpo, não poderia saber se pertencia a Hitler, salvo se assim o tivessem dito.

Conforme o procedimento estabelecido pelo direito alemão — que ordena, como o de outros países, proceder a uma declaração de ausência quando não se encontra o cadáver de uma pessoa desaparecida e apenas dez anos depois oficializa sua presunção de morte para os efeitos legais, principalmente testamentários —, a República Federal Alemã considerou Hitler oficialmente morto em 1956.[125]

Nesse momento, a teoria do suicídio de Hitler havia se consolidado junto à opinião pública por força de repetições, já que depois do livro de Trevor-Roper foram publicados outros — como *Ascensão e queda do Terceiro Reich*, do correspondente da CBS na Europa, William Shirer, e *Un estudio sobre la tiranía*, do inglês Allan Bullock — que aceitaram acriticamente as hipóteses de Trevor-Ropper. Shirer acreditou no testemunho de Kempka, esgrimindo o estranho argumento de que o chofer havia oferecido "uma explicação muito plausível" do desaparecimento dos restos do *Führer*, isto é, que "o fogo ininterrupto da artilharia [soviética] fez desaparecer toda pista".

Quase meio século depois daquela pretensa pulverização, um pedaço da parte inferoposterior da cabeça supostamente de Hitler, perfurado a bala, seria apresentado com estardalhaço na Moscou pós-União Soviética, dominada pela Máfia.

A HISTÓRIA OFICIAL SOVIÉTICA

A União Soviética esperou até 1968 para dar sua versão final sobre a morte de Hitler. Se antes se teciam múltiplas conjecturas, o informe da necropsia contida no documento soviético entrava em colisão com a história instituída a partir do livro de Trevor-Roper.

No conjectural cadáver de Hitler, "consideravelmente danificado pelo fogo, não puderam encontrar-se sinais visíveis de feridas ou de enfermidades mortais", afirma o informe soviético. E continua: "A presença, na cavidade bucal, de restos triturados de uma ampola de vidro, similares aos encontrados nas cavidades bucais de outros cadáveres, e o pronunciado odor de amêndoas-amargas que de todos eles emanava, assim como a análise química forense dos órgãos internos, que estabeleceu a presença de compostos de cianureto, permitiram à comissão concluir que a morte foi causada por envenenamento por compostos de cianureto."

"Não havia orifícios de bala!", escandalizou-se Infield. O escritor lembrou que as testemunhas, em sua maioria, afirmaram ter escutado um disparo e até mesmo visto o furo na têmpora. "Mengerhausen declarou que havia um orifício na cabeça" do cadáver que enterrou; "Linge jurou que havia um furo de bala na têmpora direita e que o sangue corria pelo rosto do cadáver; Kempka acreditava que Hitler tinha dado um tiro na boca... mas o informe soviético disse que não havia buracos de bala no cadáver que seus especialistas identificaram como o de Hitler".

Os soviéticos haviam passado mais de duas décadas envolvidos em uma aguda polêmica e sem chegar a um acordo sobre se havia ou não evidências de peso sobre a morte de Hitler. Quem defendia a primeira posição se apoiava no fato de Käte Hausemann — ajudante do falecido dentista do *Führer* e de Bormann, Hugo Blaschke — ter assegurado que uma prótese de ouro que lhe mostraram em uma fotografia pertencia a Hitler, do mesmo modo que uma quantidade de peças dentais obturadas que os russos guardavam em uma caixa de charutos, explica Infield.

"Normalmente, nenhum tribunal do mundo teria aceitado essas evidências como prova de uma morte", destacou o britânico, para quem a mulher — que estava presa em um cárcere russo e de quem nunca mais se teve notícias — "fez aquilo que sabia que os russos queriam que ela fizesse".

Depois de uma exaustiva entrevista com o protético responsável pela prótese, o pesquisador alemão Werner Maser publicou em 1971 *Apellido*

Hitler, nombre Adolf, em que afirma que as radiografias tiradas de Hitler em outubro de 1944 não eram as que os soviéticos mostraram a Hausemann. Para Maser, é óbvio que Hitler e Eva Braun desapareceram sem deixar pista. Claro que, de imediato, e com base nessas mesmas radiografias, um especialista da Universidade de Los Angeles, Reidar Sognnaes, sustenta o contrário. "Qualquer dentista ou prático de dentista pode fazer, com extrema facilidade, peças postiças coincidentes com os desenhos (de Blaschke), e muitos acreditam que foi isso, precisamente, o que os russos fizeram em algum momento entre 1945 e 1968", indignou-se Infield.

O ex-piloto da RAF destacou que, segundo a necropsia feita pelos russos, faltava o testículo esquerdo ao corpo. Porém, nem os informes reunidos na Nara, de seis médicos que atenderam ao *Führer*, nem vários testemunhos de amigas íntimas de Hitler mencionam essa anomalia.

OPERAÇÃO MITOS

O próprio poder soviético desacreditou as pretensas certezas e provas sobre o suicídio de Hitler no *bunker* berlinense. Na verdade, terminou de destruí-las, evidenciando que desconfiava delas. Segundo um documento secreto que o semanário alemão *Der Spiegel* obteve e publicou em 13 de março de 1970, o então chefe da KGB, Iuri Andropov — um brilhante espião que, 11 anos mais tarde, seria primeiro-ministro da União Soviética —, havia ordenado executar cinco semanas antes a Operação Mitos. Segundo o informe, ela fora realizada, debaixo do maior sigilo, na noite de 4 de abril, quando tropas soviéticas da KGB desenterraram da frente de uma casa da Rua Klausener, na cidade de Magdenburgo, dez cadáveres. Oito seriam os de Goebbels, mulher e filhos e os outros dois os do casal encontrado nos jardins da Chancelaria pelos homens do tenente Klimenko. Quer dizer, os hipotéticos Hitler e Eva Braun.

Os documentos assinalam que os homens da KGB levaram os ataúdes apodrecidos a toda velocidade até o cimo do Monte Biederitz, sede do quartel de Magdenburgo-Herrenkrug, onde os incineraram. Ao cremar dois cadáveres que se supunha incinerados havia um quarto de século, a Operação Mitos demonstrou as enormes e persistentes suspeitas, para não dizer a simples e confessa incredulidade da KGB, sobre a versão de Besymenski.

Não há dúvida de que a operação permitiu cremar os restos de dez corpos decompostos — diz-se que as cinzas foram lançadas no Rio Elba. Mas será que os de Hitler e Eva Braun estavam entre eles? Nada permite assegurá-lo.

Besymenski publicou, anos depois, um novo livro, *Los últimos días del Tercer Reich,* no qual admite que "até 28 de abril Hitler tinha condições de sair de Berlim por via aérea"; que mais de cem pessoas fugiram do *bunker* antes da chegada do Exército Vermelho e que "aqueles que sabiam realmente o que havia ocorrido não o queriam recordar". Comenta, com velado rancor, que era óbvio que Günsche e Linge "sabiam ou deviam saber mais do que os outros", mas na hora da verdade não ajudaram porque, como outros colaboradores de Hitler que conseguiram escapar do *bunker*, "tinham interesse em ocultar a verdade".

O relato coletivo lembra a fita de Moebius, pois sempre regressa ao ponto de partida: passado mais de um mês desde a descoberta dos cadáveres de um homem e uma mulher, o marechal Zhukov declarou à imprensa que não pertenciam a Hitler e à mulher; e que, ao que lhe constava, o ex-*Führer* havia fugido de Berlim de avião. E acrescentou que, segundo informações convincentes, em 30 de abril uma mulher havia embarcado em um U-Boote que zarpara de Hamburgo.

TREVOR-ROPER COMPROVA DE NOVO

Quase quatro décadas após ter confirmado legalmente o suposto suicídio de Hitler, em 1983, Trevor-Roper também se certificou da suposta veracidade de alguns "Diários de Hitler", que o jornal alemão *Stern* tinha comprado por cerca de dez milhões de marcos.

Foi a maior fraude da história contra um meio de comunicação. O delito foi cometido em uma parceria entre um jornalista de *Stern*, Gerd Heidemann, e um deliquente com uma imensa ficha criminal, Konrad Kujau, apelidado de *El General* no submundo de Hamburgo. Kujau foi quem produziu os sessenta diários que, supostamente, Hitler havia escrito de próprio punho, entre 1932 e 1945.

Para confirmar a autenticidade dos cadernos, Heidemann levou-os para serem investigados por especialistas em História da II Guerra Mundial. Apesar das advertências de alguns especialistas sobre o fato de que

Hitler não gostava de diários e, por desejar deixar os seus pensamentos e reflexões para a posteridade, ditou-os às suas datilógrafas, Hugh Trevor-Roper, Eberhard Jäckel e Gerhard Weinberg, que se precipitaram em anunciar que os cadernos eram autênticos, em uma coletiva de imprensa ocorrida em 25 de abril de 1983.

"Posso dizer com satisfação que estes documentos são autênticos; que a história sobre seu paradeiro desde 1945 (Heidemann disse que os havia comprado na República Democrática Alemã e que foram encontradas após a queda de um avião em abril de 1945) é verdadeira; e a forma como atualmente os hábitos de escrita e a personalidade de Hitler são conhecidos, e talvez até alguns de atos públicos, deveriam ser, portanto, revistos", proclamou com orgulho Trevor-Roper.

Nesses diários, a personalidade de Hitler aparecia suavizada. Como a de alguém que "condenava os atos criminosos de alguns de seus generais ou, aparentemente, não tinha conhecimento dos excessos cometidos por alguns de seus colaboradores mais próximos".[126]

Passaram-se apenas duas semanas até que um exame forense concluísse que os supostos "Diários de Hitler" eram uma farsa tão grosseira quanto superficial: tinham sido impressos em papel e tinta modernos e, além disso, apresentavam muitos dados históricos imprecisos. Não eram mais do que a cópia de um livro de discursos de Hitler ao qual foram adicionados vários comentários em primeira pessoa.

Então, não só *Stern* tinha publicado parte dos "Diários de Hitler", mas também o *Times* e o *Sunday Times*. Trevor-Roper era, na ocasião, um dos diretores do *Times Newspapers* e colaborador regular do *Sunday Times*, cujos editores tinham pago, por sua recomendação, grandes quantias pelos direitos de publicação.

Foi iniciada uma série de processos. O principal, por *Stern*, foi apresentado no Tribunal Cível de Hamburgo contra os autores materiais da falsificação e contra aqueles que a tinham autenticado. Na sua declaração, Heidemman disse que todos os envolvidos sabiam que os "Diários" eram falsos, mas não pôde provar. Assim, enquanto ele e Kujau foram condenados, Trevor-Roper e os outros autenticadores desmascarados obtiveram o benefício da dúvida. Mas o escândalo acabou com a reputação deles.[127]

Dois dos editores da revista *Stern*, enganados por Heidemann, Koch e Peter Schmidt Felix, foram demitidos. Koch acusou amargamente Trevor-Roper de ter alterado seu depoimento para evitar que seu passado como membro do serviço de inteligência britânico fosse revelado. Considerando que seu posto de agente do serviço de inteligência – prólogo do marechal Tedder – era público, Koch parece ter se referido a aspectos desconhecidos de sua atuação como escrivão virtual que deu fé do suposto suicídio de Hitler.

Em suma: o agente Trevor-Roper inventou essa morte sob as ordens de Dick White, que obedeceu tanto a Churchill como a seu inesperado sucessor, Clement Atleu, do Partido Trabalhista, com o qual sua carreira continuou em ascenção. Isso deixou claro que a fraude foi e continua sendo uma política do Reino Unido, que ainda mantém a confidencialidade da Operação Ultramar Sul cerca de 65 anos após ser executada.

Há boas razões para que não se fale mais sobre a falsificação dos "Diários de Hitler" e da participação de Trevor-Roper na confusão. É que isso terminou sendo um assunto muito embaraçoso. Tanto, que, rapidamente, ele foi coberto por um manto de piedoso silêncio.

O HOMEM DA RUA LARSEN

Ele contava histórias de índios que viviam da caça e da pesca em ilhas solitárias, de barcos e submarinos, de guerra. Mostrava arcos e flechas com pontas estranhas, fotos e esquemas. As paredes do *living* estavam decoradas com minúsculas cabeças de índios que, jurava, haviam sido reduzidas por seus assassinos.

Mostrava caixas de madeira com inscrições raras e se vangloriava de que haviam guardado lingotes de ouro e quadros valiosos. Uma vez retirou de uma caixa a planta de um submarino e contou que havia participado de uma festa em uma embarcação como aquela e que logo em seguida foram atacados por um navio enorme, ao qual conseguiram afundar. Jurou que antes disso haviam afundado três navios, um deles de guerra. Chegava mesmo a mostrar a foto de uma embarcação em chamas, com a popa para o alto, afundando nas águas em meio a uma nuvem de fumaça.

Dizia que as caixas cheias de ouro pesavam tanto que era preciso quatro homens para baixá-las e que, devido ao peso, os homens quase se enterravam na areia. Dizia que haviam esperado uma noite sem lua, que os caminhões aguardavam na praia e que, quando anoiteceu, apontaram os faróis para o mar, para guiar os submarinos. Dizia que os submarinos se aproximaram da praia e desembarcaram as caixas em botes de borracha e que, a um sinal combinado, submergiram e se afastaram. Quando terminaram o trabalho, seus tripulantes os afundaram.

Esses relatos aconteceram no começo dos anos 1960, e quem os ouvia, fascinados, naquela casa de Villa Pueyrredón, na cidade de Buenos Aires, tinha entre dez e 11 anos. Um dos pequenos comentou a história com os pais, que falaram com os outros pais e, de comum acordo, proibiram seus filhos não apenas de se reunir, mas também sequer de falar com o misterioso alemão que alugava a casa da Rua Larsen 2.524 e dizia se chamar Karl Wolf.

Diziam que era louco, que era um mentiroso ou as duas coisas ao mesmo tempo. Desde então, os meninos o olhavam de soslaio. Às escondidas. Intrigados. O alemão estava sempre com o seu cachimbo. No inverno, vestia um sobretudo longo, verde-acinzentado, e no verão calçava sandálias. Um dia, foi embora e nunca mais souberam dele.

Dez anos se passaram quando um desses meninos, já rapazinho, viajou com um grupo de amigos para Bariloche. Antes de entrar naquela cervejaria, uma jovem, a quem apelidavam carinhosamente de Pompi, advertiu que o local era um antro de nazistas. O rapaz se surpreendeu ao verificar que todos falavam entre si em alemão. Pompi, que estudava ciências políticas e era filha de um militar, lhe contou em voz baixa que alguns submarinos alemães haviam chegado à Argentina no fim da guerra repletos de dirigentes nazistas e de lingotes de ouro. O rapaz lhe falou então, no meio daquele burburinho, do alemão da Rua Larsen e de seus relatos, das caixas, do ouro, da praia. Pompi disse que essas histórias eram verdadeiras.

No ano seguinte, os amigos repetiram a viagem. Quando Pompi chegou ao encontro, entregou ao rapaz um envelope. Dentro havia um longo artigo publicado pela revista *Todo es historia*, de abril de 1973, sobre os dois submarinos que, meses depois da rendição da Alemanha, se haviam entregado na base naval de Mar del Plata, além de recortes de jornais, uma fotocópia e uma folha com anotações feitas a mão por seu pai.

As anotações diziam: "Não é verdade que a documentação do U-530 tenha sido jogada fora. Os livros estiveram em poder de Manrique e de Mallea, que interrogaram oficiais e tripulantes, que lhes disseram quem haviam trazido. De todas as maneiras, posso lhe assegurar que os chefes nazistas, muito desconfiados, ficaram pouco tempo na Argentina. Acreditavam que, no curto prazo, regressariam à Alemanha e combateriam os russos. Estavam convencidos de que seriam recebidos como heróis e que Hiroíto e Hitler seriam perdoados e se converteriam nos caudilhos de uma iminente luta contra o comunismo."

A fotocópia reproduzia um certificado — com timbre do Ministério das Relações Exteriores argentino — do acautelamento de toda a documentação do U-530. Os artigos de imprensa faziam menção a esse sequestro. O rapaz ficou muito interessado no longo artigo de *Todo es historia*.[128]

Anos mais tarde, quando buscou documentação sobre aqueles raros aparecimentos de submergíveis alemães em Mar del Plata, descobriu que era inacessível. E se deparou com aquilo que os Estados Unidos haviam classificado como *Top Secret* — os depoimentos de seus tripulantes. Que se saiba, já não restavam segredos da Segunda Guerra Mundial. À exceção desse.

O alemão da Rua Larsen foi, para esse rapaz, o que o pai de Burnside foi para o filho.

UM ROSÁRIO DE TESTEMUNHOS COINCIDENTES

Abundantes indícios mostram que pelo menos um U-Boote fora afundado na Caleta de los Loros — uma grande depressão que interrompe as escarpas entre Viedma e San Antonio Oeste, a nordeste da Província de Rio Negro — muito perto de onde o *Dresden* fizera uma rápida escala em 1914 e de onde o *Seydliz* havia permanecido uma longa temporada a partir do ano seguinte e a pouco mais de cem quilômetros de San Antonio, onde Canaris havia chegado em sua fuga para a Alemanha.

O enorme e profundo platô que forma a Caleta de los Loros é navegável durante a maré cheia. Ao seu lado, uma sucessão de dunas serve de escala às aves migratórias e em sua costa abundam os lobos-marinhos, os flamingos e os mexilhões.

A suposta existência de submarinos afundados foi objeto de uma longa série de notas publicadas por *La Mañana del Sur*, a maioria com a assinatura do seu correspondente em Bariloche, Abel Basti.

O aviador Mario Chironi, que então trabalhava para o governo da Província de Rio Negro, declarou que, em 1957, durante uma pronunciada baixamar, quando sobrevoava a Caleta de los Loros com o seu pequeno avião Piper PA 11, "avistei algo ali, afundado, que mal emergia de dentro d'água. Pareceu-me um barco. Depois começou-se a falar do submarino alemão. Naqueles anos, era instrutor de voo e atendia à zona de San Antonio Oeste. Recordo que a maré estava baixa e vi um barco semiafundado, cuja proa apenas assomava, na desembocadura do canal. O curioso é que, fazia mais de dez anos, um juiz em Viedma, Cándido Campano, costumava me dizer: 'Mario, temos de voar até a Caleta para ver o submarino.' E eu nunca comentara com ninguém o que havia visto!"

Gisella Bochi de Paesani, uma senhora italiana que vivia desde 1937 em um promontório que se projetava sobre a Baía Creek, disse ter visto navegar, na superficie, um submarino "pouco depois do término da Segunda Guerra Mundial". Da cozinha da sua casa, gozava de uma vista panorâmica de quase todo o Golfo de San Matías e em especial da Caleta de los Loros. Uma das extremidades da Caleta se encontra a dez quilômetros da casa. A viúva de Paesani divisou o submarino "no meio da manhã, entre as 9h e as 10h. Estava tecendo e me aproximei da janela para descansar, já que quando se fixa o olhar sobre o mesmo ponto durante muito tempo a vista fica cansada. Foi aí que vi o submarino na Caleta de los Loros. Rapidamente o relacionei com os alemães porque havia escutado algo na rádio", disse, em inequívoca referência à LU2 Rádio Bahia Blanca, a única emissora que podia ser sintonizada ali.

Muitos anos depois, um técnico que trabalhava numa estância da empresa Lahusen próxima a Viedma, Vidal Pereyra, revelou que a presença de um submarino afundado era *vox populi* e que em março de 1980 uns amigos o convidaram a vê-lo, aproveitando o vento norte: "Naquela ocasião não era tão fácil chegar até a praia, porque não havia boas estradas. Quando chegamos, podia-se ver perfeitamente a proa: [o submarino] estaria encalhado a uns 200 metros de onde a água chegava nesses momentos. Muita gente sabe a respeito dos submarinos, e creio que até há fotografias", relatou Vidal, que trabalhava em Viedma havia pouco tempo, razão pela qual não recordava com exatidão o lugar preciso onde viu a proa do submarino, ainda que tenha esclarecido que era "para os lados da Baía Creek".

Antonio Rivera, filho de José Savino, o suposto informante esquerdista do FBI, morador, como seu pai, de San Antonio, admitiu saber, de fonte segura, da existência de um submarino afundado na Caleta de los

Loros e até que seus tripulantes tinham recebido ordens de afundá-lo em mar aberto, mas que acabou encalhando por conta de uma maré baixa extremamente forte, ocorrida no fim de julho de 1945. "Deve estar coberto pela areia", opinou.

O mergulhador Luis Artigas "Tony" Brochado não estava de acordo. "Não há motivo para [o submarino] estar coberto", disse. E acrescentou: "Está afundado e terá de ser encontrado."

Segundo as histórias que Brochado disse ter escutado, no mar argentino "entraram quatro submarinos, dois se renderam, mas a Marinha, que os vinha seguindo, perdeu os outros dois".

ADMISSÃO TÁCITA

Outro mergulhador, Carlos Massey, que prestou serviços à Prefeitura Naval Argentina até 1979, ano em que se aposentou como oficial, assegura que "os submarinos alemães estão na costa patagônica". Disse também a Abel Basti, o correspondente de *La Mañana do Sur*, que havia visto "a documentação que prova sua existência" em agosto de 1978, em plena ditadura e durante a euforia pelo primeiro campeonato mundial de futebol que a seleção argentina havia conseguido pouco antes, em Buenos Aires. Massey disse ter sido convocado por altos chefes da Marinha à base naval de Porto Belgrano com o objetivo de "desenhar uma planta para recuperar" dois submarinos alemães afundados no Golfo de San Matías com a mesma técnica que seria usada, um mês depois, para fazer flutuar de novo um navio pesqueiro afundado em Porto Madryn.[129]

A Armada havia consultado previamente a embaixada da República Federal Alemã, que lhe teria advertido da possibilidade de que antes de afundar a embarcação seus tripulantes tenham colocado explosivos na torreta para impedir que o inimigo tivesse acesso ao interior. Os oficiais com os quais se reuniu em Porto Belgrano lhe mostraram um informe que indicava a latitude e a longitude exatas nas quais os U-Bootes haviam sido detectados, "expressas com precisão de graus, minutos e segundos", e lhe informaram que haviam sido localizados "no começo de 1970, quando um avião de patrulha Netuno os registrou, em sobrevoo próximo à costa", e os fotografou, após um alerta pela suposta presença de submarinos soviéticos.[130]

Massey disse que, segundo os dados que os oficiais lhe forneceram naquela oportunidade, os dois submarinos jaziam a não mais de um quilômetro da costa e "a uns 15 metros de profundidade, (...) frente a frente um do outro, a uma distância de 50 metros".

A documentação com os dados precisos sobre a localização dos submarinos, afirmou Massey, encontrava-se em uma pasta azul com o rótulo "Estritamente secreto e confidencial" e incluía uma centena de folhas com fotografias, croquis, desenhos e cópias de cartas náuticas da área, além de "informes assinados por um alto chefe da Armada" que registravam a data e a hora exatas do avistamento e em que condições meteorológicas havia ocorrido.

Segundo Massey, os oficiais lhe confiaram que já haviam enviado uma embarcação de salvamento com mergulhadores, mas que nada haviam conseguido encontrar. Tinham-no chamado exatamente porque pensavam fazer uma nova tentativa.

Se bem que tenham informado a Basti sobre "a existência de um expediente que fora elaborado na base naval de Porto Belgrano, no qual se certifica a descoberta de submarinos alemães afundados em águas do Golfo de San Matías", porta-vozes da Armada precisaram que o citado avistamento havia acontecido em 1962, e não em 1970, como tinha dito Massey.

Quanto ao expediente, declararam que fazia parte do "arquivo secreto da Marinha" e que nem o mergulhador nem a Prefeitura Naval tinham informação alguma porque "desse caso se ocupou exclusivamente a Armada". Pouco depois, soube-se, por agências de notícias, que a Armada averiguava se Massey havia violado segredos de Estado e que por isso havia solicitado seus antecedentes à Prefeitura.

Consultado pelos autores, um porta-voz do Estado-Maior da Armada confirmou que de um avião da força se divisaram sombras que poderiam corresponder a submarinos alemães afundados e também que a Armada havia detectado, perseguido e atacado, nessa zona, um submarino não identificado, mas disse que isso havia acontecido em 1958.

"Em 21 de maio desse ano, o destróier *ARA Buenos Aires* detectou no Golfo Novo um submarino de nacionalidade desconhecida e sua perseguição e ataque se estenderam até o dia 23. Efetuou-se um ataque coordenado com bombas de profundidade a partir do destróier e de aviões Catalina e Martin Mariner", disse o oficial naval. "Também é certo que Massey foi mergulhador da Prefeitura, porém o resto não é verdade. É uma invenção desse senhor. Por que a Armada iria recorrer a ele? Na ocasião, os mergulhadores da Prefeitura se formavam na Escola de Mergulho que a Armada mantém em Mar del Plata, a Armada tem seu próprio Serviço de Salvamento e Mergulho e este dispõe de mais recursos do que a Prefeitura. Ainda hoje, os únicos mergulhadores que podem descer até cem metros de profundidade com tanques de oxi-hélio são os da Armada. E se se trata de resgate de submarinos afundados, é óbvio que os especialistas estão na Armada..."

"Ademais" — arrematou —, "Massey diz que viu uma pasta azul com documentos rotulados 'Estritamente secreto e confidencial'. E as pastas que contêm esses documentos não são azuis: são marrons."

O FANTASMA DO *CONQUEROR*

Aconteceu durante os últimos dias da breve Guerra das Malvinas, em maio de 1982, pouco depois de que o submarino nuclear britânico *Conqueror* enviou ao fundo do mar o vetusto cruzador *General Belgrano*, quando este navegava lentamente fora da "zona de exclusão" delimitada unilateralmente pela Royal Navy. O afundamento foi ordenado por Margaret Thatcher para impedir que os militares argentinos pudessem escapar de uma derrota inapelável graças a uma mediação da OEA e das Nações Unidas e, sobretudo, para revalidar sua fama de Dama de Ferro e melhorar sua imagem nas pesquisas, derrotar a atônita oposição trabalhista e prolongar seu governo.[131]

Aquela foi a maior tragédia da Marinha argentina, com 323 mortos, apenas um punhado a menos do que os do *Bahia*. Em ambos os casos, o trabalho de resgate foi deficiente, o que aumentou a lista de vítimas. No entanto, os oficiais argentinos vitimados estavam envolvidos, inequivocamente, numa guerra e foram honrados como tais. Seus nomes figuram nas placas de mármore da Praça San Martín e são objeto de periódicas homenagens. Em compensação, os mortos do *Bahia* são considerados até hoje vítimas de sua incompetência.

Desde o afundamento do *General Belgrano* os navios da frota argentina foram proibidos de se reabastecer de combustível em mar aberto.

O único navio-tanque que cumpria essa missão era o *Campo Durán*, da empresa petrolífera estatal YPF — Yacimientos Petrolíferos Fiscales

—, que se encontrava abastecendo de *fuel* a fragata lança-mísseis *ARA Santísima Trinidad*, de fabricação britânica.[132] Ambos os navios, como amantes clandestinos, se haviam emparelhado ao abrigo do Golfo de San Matías. Um helicóptero da Marinha vigiava a cena. O comandante do *Campo Durán*, Diego Ginaca, recebeu uma mensagem do helicóptero que lhe gelou o sangue: "Você tem companhia na popa."

Ginaca recorda que depois de uma hora, que lhe pareceu um século, deu-se conta de que o piloto do helicóptero havia confundido "dois cascos de submarinos que se encontram afundados na área com submergíveis ingleses, gerando-se, assim, um confuso episódio que só agora dou a conhecer".

Aquelas lembranças, que compartilhou com Basti, foram publicadas por *La Mañana del Sur* em 6 de janeiro de 1997: "Eles, do helicóptero, viram duas silhuetas, e de imediato se generalizou o alarme em toda a zona. A manobra foi interrompida, as mangueiras foram cortadas e só depois de uma hora de medo nos avisaram que não havia perigo", relatou Ginaca, que não tem a menor dúvida de que aquilo que os tripulantes do helicóptero haviam divisado eram os submarinos afundados.

Todavia, Ginaca admitiu não ter condições de precisar o lugar. Pôde afirmar apenas que o *Campo Durán* se encontrava entre as pontas Rasa e Bermeja. "Estava atento à manobra e não à localização exata. E, além do mais, não tinha a menor intenção de voltar a passar por um sítio onde havíamos vivido momentos de tanta incerteza", explicou.

Fontes oficiais da Armada adiantaram seu ceticismo sobre os fatos relatados por Ginaca: "Se o helicóptero, que era um Sea King, tivesse detectado um submarino, o teria torpedeado. O mais provável é que tenha visto uma baleia." Elas acreditam que Ginaca, de boa-fé, armou uma história a partir de um episódio concreto, ocorrido em 5 de maio, tal como narra a *Historia de la Aviación Naval*.[133]

Durante as primeiras horas desse dia, detalha o texto, o aviso *ARA Sobral* acudiu em auxílio dos três tripulantes de um bombardeiro Canberra, da Força Aérea, que havia sido abatido pelos britânicos. Quando realizava essa tarefa, entre as 3h e as 4h, o aviso foi atingido por um dos dois mísseis Sea Scua, lançado de um helicóptero Sea Lynx que havia decolado da fragata *HMS Coventry*, ação na qual morreram o comandante, capitão de corveta Sergio Raúl Gómez Roca, e três tripulantes.[134]

Às 7h, um avião antissubmarino Grumann Tracker da Marinha (2AS-23), pilotado pelo capitão-tenente Carlos Ernesto Cal,[135] que procurava localizar o *Sobral*, relatou “um contato pequeno” na latitude 44° 20’ S, longitude 64° 40’ W e três minutos depois “uma esteira de submarino, imergindo rumo sul, ao mesmo tempo que o contato de radar desaparecia”, razão pela qual lançou um “torpedo de busca”.

Às 8h05 decolou um Sea Harrier (SH 3, 2H-231) para continuar a busca. Guiado pela Prefeitura Naval, o Grumann Tracker chegou até o lugar onde um helicóptero da Força Aérea resgatava os feridos. Passadas as 9h10, “foi detectado um ruído hidrofônico” e às 10h16 “um contato sonar”, que guiou o Grumann Tracker, que lançou um novo “torpedo de busca antissubmarina MK-44-MOD 1”, que acarretou “a duplicação de sua emissão sonar (sinal de ter impactado), mas sem resultado aparente”.

A *Historia de la Aviación Naval* aponta que, embora não tenham conseguido confirmar se o ataque havia sido efetivo, anos depois oficiais da aviação naval comissionados no Brasil receberam a informação de que o submarino *HMS Onix* havia sido “visto em dique seco, num estaleiro local, com a proa avariada e um torpedo — que evidentemente não havia explodido — alojado em seu casco”. E acrescenta que, sugestivamente, o referido submarino não voltou a navegar.

No que interessa à nossa história, a Armada admitiu que, na manhã de 5 de maio, o helicóptero Sea King que vigiava a transferência de combustível do *Campo Durán* para a *Santísima Trinidad* foi posto em alerta, mas assegura que isso se deveu aos fatos já mencionados, que se desenvolviam relativamente longe do lugar onde o *Campo Durán* e a *Santísima Trinidad* estavam emparelhados.

PELA TRANSPARÊNCIA

Em maio de 1997, o presidente Carlos Menem criou, por decreto, a Ceana (Comissão para o Esclarecimento das Atividades Nazistas na Argentina), com o propósito explícito de “esclarecer episódios controvertidos da história argentina durante o período compreendido entre 1933 e 1955”, de modo a “contribuir para uma maior transparência” da “história recente do país” e colaborar, assim, com “a nova imagem da Argentina”, país cujo ministro das Relações Exteriores, Guido Di Tella, anunciava a intenção de intensificar as “relações carnais” com os Estados Unidos.

Como objetivo não declarado, a Comissão buscava dar alguma satisfação à comunidade judaica da Argentina, golpeada recentemente por dois atentados: o cometido contra a embaixada de Israel, em março de 1992, e o perpetrado em julho de 1994 contra a Amia, a principal entidade de assistência judaica de América do Sul, com um saldo conjunto de mais de cem mortos. Tudo indica que, por razões de Estado impossíveis de serem averiguadas, os governos de Israel e da Argentina acordaram que os autores não seriam expostos e, portanto, tampouco se saberiam as causas e os objetivos dos ataques. Mas o governo tinha de oferecer alguma coisa em troca a uma opinião pública indignada.[136]

A Ceana devia cumprir dois objetivos principais: determinar a quantidade de bens de vítimas do nazismo transferida para a Argentina e o número e a identidade de criminosos de guerra que haviam entrado no país.

Entre as pessoas "de reconhecido prestígio, trajetória e qualidades éticas e morais do país e do estrangeiro" que integravam a Ceana encontravam-se os historiadores Robert Potash e Ronald Newton; o presidente da Seagram e do Conselho Judeu Mundial, Edgard Bronffman; o sociólogo Torcuato Di Tella; o constitucionalista Héctor Masnatta; e o economista que melhor representa os intereses dos credores externos da Argentina, Roberto Alemann.

As atividades mundanas e políticas da comissão foram decididas pelo governo argentino por meio de um comitê assessor coordenado pelo conselheiro presidencial Emilio Perina e integrado por personalidades tão distintas como Jacobo Kovadloff, representante do Comitê Judeu Americano; Rubén Beraja, presidente da Daia (Delegação de Associações Israelitas-Argentinas) e do Banco Mayo; e Pedro Pou, presidente do Banco Central.[137]

O comitê acadêmico reunia, entre outros, Newton, Potash e Pierre Vidal Naquet e entre os pesquisadores mais sérios Beatriz Gurevich, Carlota Jackish, Mónica Quijada e Mario Rapoport.

Uma das dez unidades de investigação se dedicou às "Atividades clandestinas da Marinha alemã em águas argentinas". Dela se encarregou exclusivamente Newton, que apresentou seu relatório final sobre aquele tema, "com referência especial à rendição de dois submarinos alemães em Mar del Plata em 1945", em fevereiro de 1998.

Ele explicou que subsistiam perguntas sem resposta como, por exemplo, "estava integrada [a tripulação dos submarinos U-530 e U-977] simplesmente por membros do pessoal naval tal como aparentavam?;

as armas, a carga e os pertences pessoais eram os elementos habituais da Arma?; algum dos submarinos desembarcou pessoas ou carga nas costas argentinas antes da rendição?; eram mais de dois submarinos?"; e "durante os últimos dias do Terceiro Reich, os dirigentes nazistas, Bormann ou o próprio Hitler fugiram para a Argentina em submarino, trazendo com eles parte do botim da Europa?".

POR ACASO, AS MOSCAS

"A resposta é simples — não. Naquela data não existem evidências substanciais: nenhum naufrágio [cuja data remonte a 1945] de submarino, nenhuma documentação policial com fotos e impressões digitais, nenhum testemunho no leito de morte por parte de algum participante alemão ou germano-argentino, nenhum descobrimento de restos humanos identificáveis que respalde uma resposta afirmativa a essas interrogações."

Essas lacunas — acrescenta, e se diria que divertido — "não foram um obstáculo — talvez até tenham sido um estímulo — para que florescessem febris especulações".

O historiador canadense disse que baseou seu trabalho "na abundante bibliografia secundária sobre a guerra submarina em geral, bem como na breve lista de escritos secundários sérios sobre seus aspectos argentinos, (...) os vastos depósitos de materiais navais alemães e americanos dos Arquivo Nacional dos Estados Unidos (Nara)" e "do Arquivo Geral da Armada". Entretanto, e apesar de se referir à existência do livro de Schäffer, logo ficaria evidente que não o havia lido com a devida atenção.

Newton se protegeu do aparecimento de potenciais contraditores desqualificando-os de antemão como técnicos que se baseiam em "datoides... totalmente desprovistos de contexto". Como até a década de 1970 foi impossível ter acesso a documentos oficiais — se resguardou — podia-se acrescentar apenas uma quantidade "insignificante de evidências adicionais, além do que se conhecia (ou se especulava) em 1945".

Em suma, admitiu que não traria dados novos à história oficial cristalizada naquele ano. Para semelhante lanterna, melhor viver às escuras.

Newton foi precavido diante da possibilidade de que alguém o recriminasse. Advertiu que, se bem fosse lícito esperar que um historiador baseasse seus argumentos em "pilhas de documentos governamentais que se respaldam mutuamente", ninguém podia exigir-lhe que provasse "algo que absolutamente não aconteceu", já que "é impossível provar o negativo em termos absolutos". Se não aparecessem novas provas, "deve-se admitir a possibilidade de que a resposta seja negativa".

"Até onde se sabe, nenhum submarino transportou agentes alemães para a Argentina", acrescentou sem enrubescer, depois de ter dado crédito "à relutância da Marinha alemã em transportar agentes secretos em submarinos classe U".[138]

Relembrou, entre outros alarmes falsos, que "em 12 de agosto de 1943, os adidos militar e naval dos Estados Unidos foram a Cabo San Antonio, Província de Buenos Aires, esperar a chegada de um submarino classe U diante das costas de Mar de Ajó, que retiraria oficiais navais fugitivos do *Graf Spee* e um carregamento de contrabando" e que ficaram esperando infrutiferamente. Evitou recordar que cinco dias mais tarde o U-977 se havia apresentado surpreendentemente em Mar del Plata.

Recordou, em compensação, que a partir de agosto de 1944, quando "teve lugar o inesperado colapso alemão na França", não só se tornaram mais frequentes "informes detalhados com respeito a (...) desembarques à meia-noite em remotas praias patagônicas", como também "chegaram à inteligência aliada e começaram a aparecer na imprensa pró-aliada de todo o mundo".[139]

PAPELÕES

Apesar de tudo — disse Newton, revelando suas fontes — o MI-6 britânico jamais encontrou "evidências sólidas de que a Grande Fuga estivesse sendo levada a cabo" enquanto que "os estadunidenses estavam cada vez mais furiosos diante da impossibilidade de pôr as mãos em cima de alguma das duvidosas figuras sobre quem estavam recebendo tantas informações".

Seu relatório não admite sequer como hipótese que Churchill e a cúpula dos serviços secretos britânicos tenham encoberto a fuga de dirigentes nazistas para a Argentina. Supõe, sim, uma "operação psicológica britânica destinada a enfraquecer o moral dos militares e civis alemães, convencendo-os de que seus líderes estavam desertando do Reich", executada a partir de uma rádio "secreta, perto de Londres".

Obviamente apenas a inteligência britânica podia proporcionar-lhe os dados dessa operação. Porém, que necessidade Londres teria de "enganar" o povo alemão a partir de março de 1945, revelando que seus líderes estavam desertando para o Ocidente? Era a pura verdade.

"Lamentavelmente, do lado britânico, a ninguém havia ocorrido informar aos estadunidenses", argumenta. "Depois de uma tensa troca de notas, os Aliados chegaram à conclusão de que seria excessivamente embaraçoso para qualquer um deles admitir esse desatino perante o mundo, de modo que se permitiu que a Grande Mentira do Quarto Reich passasse à história popular e jornalística, onde permaneceu desde então. Devido à astúcia de seus criadores britânicos, muitas das histórias foram plausíveis, mas nenhuma delas foi concreta", concluiu enfaticamente.[140]

O relatório aborda mais adiante aquilo que Newton chamou de sua "descoberta-chave", que não é outra coisa senão o seu "saboroso 'furo'": teria sido o adido naval da embaixada dos Estados Unidos, "o general Lang", quem deu origem, em maio de 1945 e sem fundamento algum, ao "boato" de que "um ou mais" submarinos alemães se aproximavam da costa argentina.[141]

Segundo o historiador canadense, a emissora controlada pelos serviços britânicos havia deixado circular o boato da fuga de chefes nazistas para a Argentina — na gíria dos serviços secretos, as mentiras plantadas se denominam "propaganda negra" — e acrescenta que o incauto Lang acreditou nele e o difundiu.

O chefe do OSS em Londres, William Casey, futuro diretor-geral da CIA, estava perfeitamente a par dessa campanha, afirma Newton, e do erro que havia induzido no inquieto general Lang, mas havia cuidado para não informar Washington para evitar que a verdade chegasse aos ouvidos de Hoover.

Hoover acariciava a ideia de, terminada a guerra, dissolver o OSS, "seu odiado rival", explica Newton. O historiador canadense permitiu-se opinar que Casey não deve ter ficado aborrecido "ao ver que os 'adidos legais' do FBI na América Latina faziam um papelão".

Na verdade, porém, quem fez um papelão foi Newton. Fica claro que confundiu Ladd — o maior especialista do FBI em submarinos alemães, que naquele momento procurava Hitler incansavelmente na Argentina — com o adido militar Lang, que não representava o FBI em Buenos Aires, mas sim o OSS, e era, por extensão, detestado pelos chefes do FBI, tal como demonstra o já resenhado memorando interno que Edward A. Tamm enviou ao grande chefe Hoover em 25 de agosto de 1945.

Com isso, sua "descoberta-chave" é derrubada como um castelo de cartas e fica em pé a seguinte evidência: quando Lang disse que havia submarinos alemães navegando para a Argentina é porque havia mesmo.

Quando o boato espalhado por Lang — infundado, segundo Newton — traduziu-se no aparecimento do U-530, funcionários das embaixadas dos Estados Unidos e da Grã-Bretanha viajaram rapidamente para Mar del Plata, onde foram impedidos de participar "do interrogatório de dois dias feito pelo pessoal naval argentino". Apesar de cobrar seus honorários do Estado argentino, Newton mostrou-se decidido a salvar a responsabilidade dos britânicos em um eventual encobrimento, descarregando o peso exclusivamente sobre os ombros dos oficiais argentinos. Segundo ele, depois dos interrogatórios nos Estados Unidos,[142] os tripulantes do U-530 e do U-977 foram "devolvidos à Argentina" [*sic*] e dali "repatriados para a Alemanha em fevereiro de 1946", sem mencionar que Wermuth e Schäffer foram detidos na Bélgica e exaustivamente interrogados pelo MI-6 britânico.

Se esses "erros" devem ser atribuídos a uma consciente ou inconsciente defesa das razões de Estado esgrimidas pelo Reino Unido e os *falcões* estadunidenses empenhados na luta contra O Mal, encarnado, faz tempo, pela extinta União Soviética, outros parecem decorrer de preguiça ou negligência.

Afinal, Newton assegura, em seu relatório, que se bem que os almirantes americanos tenham se apropriado do submarino porque não estavam dispostos a deixá-lo nas mãos de um governo que consideravam indecente, "cederam dois torpedos do U-977 à Armada argentina".

Era fácil comprovar que a pretensa doação não era mais do que uma cortina de fumaça: os dez torpedos que o U-977 carregava quando se entregou — quatro deles do tipo T-5, acústicos — nunca foram retirados da embarcação e foram transferidos no submarino até os Estados Unidos por uma tripulação da US Navy. Restava a ínfima possibilidade de que, apesar do ocultamento da falta de torpedos, os dois que habitualmente se situavam em compartimentos externos tivessem efetivamente sido dados à Armada argentina. Mas se as coisas aconteceram dessa forma, onde estavam os torpedos? Uma alta fonte oficial da Armada argentina confirmou aos autores que a força jamais teve em seu poder torpedos de nenhum dos dois submarinos alemães que se entregaram em Mar del Plata.[143]

A HISTÓRIA OFICIAL ARGENTINA

O relatório da Ceana considera comprovado que:

— "Nenhum" dos tripulantes de ambos submarinos "havia estado na Argentina antes, nem tinha, com exceção de um, parentes ou amigos neste país."

— Se os dois U-Bootes escaparam da Europa foi unicamente porque "temiam ser maltratados" ou que fossem julgados como "criminosos de guerra".

— Escolheram a Argentina pelo bom conceito que tinham dessa nação e porque ignoravam completamente que a Argentina tivesse declarado guerra à Alemanha em março de 1944. (Como sabe disso, como pode prová-lo?)

— O *Bahia* foi afundado "diante do litoral de Pernambuco" [*sic*] com um saldo de "367" mortos [*sic*].

— "Wermuth se meteu em encrencas ao lançar ao mar o diário de navegação, 53 livros de códigos, mapas, torpedos restantes, metralhadoras e munição e ao sabotar (sem êxito) os motores do submarino."

— O U-530 chegou a Mar del Plata com "um único torpedo defeituoso dos 14 com os quais estava equipado ao partir de Kiel". (Com o que revela que não distingue os submarinos da classe IX-C, como o U-530, dos menores, da classe VII-C, que são os que carregavam habitualmente 14 torpedos.)

— Embora Wermuth houvesse ordenado disparar "sete torpedos quando se viu cercado em frente a Nova York", não "foi registrado qualquer acerto"; mais tarde, lançou ao mar mais "seis torpedos em condições de explodir". (Esse ponto não pode ser considerado como comprovado, sob nenhuma hipótese, além das declarações do jovem comandante ou dos comentários emanados do SIN.)

— O U-530 não pode ter navegado as "1.700 milhas marítimas ou mais [*sic*] desde o local do afundamento do *Bahia* até Mar del Plata em seis dias", a uma velocidade média de "6,5 nós", a suposta velocidade máxima que era capaz de desenvolver.[144]

— Wermuth e Schäffer não fizeram "outras escalas (à exceção da do U-977 na Ilha de Hellesoy para desembarcar 16 tripulantes) no restante dos itinerários das embarcações". (Com o que fica sumariamente descartado que os tripulantes do U-977 tivessem pisado em terra firme nas Ilhas de Cabo Verde, nos rochedos de São Pedro e São Paulo ou na costa da Província de Buenos Aires e da Patagônia. Além do mais, o relatório relativiza o avistamento de 17 de julho de 1945 de um submarino [*sic*] "que viajava para o sul a uns três mil metros [*sic*] da costa" por parte, reconhece, de "pelo menos duas dúzias de pessoas", com o estranho argumento de que nesse momento "havia neblina" [*sic*] e que a existência do submarino não foi certificada "pelos observadores treinados do farol próximo de Cabo San Antonio, nem por um avião não identificado que voava em círculos sobre a área". Como saber que os tripulantes de um avião *não* identificado *não* viram um U-Boote? E, por certo, o avião não se encontraria ali precisamente para guiar a navegação e o desembarque do submarino?)

— Admite que "ao anoitecer do 17, o torpedeiro *Mendoza*, que patrulhava o mar alto, avistou um periscópio e detectou sons de submarinos em seus hidrofones", que "perseguiu o objetivo por uma hora e 40 minutos" e que disparou contra ele "oito cargas de profundidade, até que a escuridão o obrigou a abandonar as operações", mas relativiza o fato ao acrescentar que "durante os dias seguintes ocorreram avistamentos isolados na zona", um deles por uma pessoa que confundiu "o mastro de um pesqueiro com a torreta de um submarino classe U". (Trata-se de um comentário preconceituoso, que desqualifica o testemunho de dezenas de argentinos subdesenvolvidos porque um deles teria sido alguém míope.)

EXPLOSÕES NA CARA

Como se pode avaliar, a essência do "Informe Newton" é falsa, equívoca, apressada ou carece de qualquer relação causal com os fatos a que se propõe menosprezar ou refutar. Um festival de inexatidões e mentiras.

O mais grave é que se trata de um relatório oficial do Estado argentino, que se converte, assim, em cúmplice de um acobertamento que poderia causar, eventualmente, embargos e demandas multimilionárias.

Para aventar as suspeitas de incrédulos e homens de pouca fé sobre a seriedade e o rigor de sua tarefa, Newton alega que já em "maio de 1945, a X Frota dos Estados Unidos afirmou ter capacidade para rastrear a posição de todos os submarinos classe U que se encontrassem no Atlântico por meios eletrônicos, o que só não seria possível se eles mantivessem um absoluto silêncio de rádio". Esse dado técnico serve-lhe para afirmar que, terminada a guerra, os U-Bootes já não percorriam os mares. Esqueceu que em 13 de julho desse ano a US Navy admitiu que "entre quatro e seis" U-Bootes faltavam se entregar e que em 18 de julho a United Press informou, de Londres, que o governo britânico considerava que o U-530 havia integrado um comboio de seis submarinos e que os serviços secretos americanos haviam detectado comunicações entre um U-Boote e o território argentino, antes de sua rendição em Mar del Plata.

Na sequência, o relatório da Ceana dá por certo que "os serviços de inteligência das marinhas britânica e estadunidense estavam muito motivados para conhecer o destino de todos e de cada um dos submarinos classe U que tinham entrado em serviço ativo". E embora reconheça que essa tarefa ainda prosseguia, deu por resolvida a questão dizendo que "se acredita [*sic*] que o destino do total de 1.171 submarinos classe U postos em serviço antes de 1945 seja conhecido".

Na realidade, ainda se desconhece o destino final de mais de meia centena de U-Bootes, o que exime os autores de maiores comentários.[145]

O "Informe Newton" afirma, mais uma vez superficialmente e sem o menor apoio documental, que "o formidável braço dos submarinos alemães" não "tinha muita margem de ação em águas argentinas"; que os espiões alemães dispersos no país se caracterizavam por "uma inépcia e uma falta de segurança quase épicas" e que careciam, em geral, da "valentia, competência e dedicação dos prussianos" [*sic*].

Se os desembarques tivessem acontecido, acrescenta, careceria de toda lógica que "um chefe nazista de nível mediano como Walter Wilkening tivesse feito alarde, no ambiente sabidamente mexeriqueiro da Buenos Aires alemã, da iminente chegada de Hitler. (...) Os nazistas locais eram estúpidos, mas não tão estúpidos. Teriam tido motivos mais do que suficientes para manter-se calados", arrematou, preconceituoso dessa vez em relação à suposta franqueza do nazista Wilkening — seria prussiano? — como se desconhecesse as operações de mascaramento e despiste.

Newton advertiu que as "mentiras" sobre os desembarques de submarinos na Argentina sobrevivem "não integralmente na ficção da imprensa sensacionalista, do folclore popular e da mitologia". Todavia, acrescenta, previdente, que, embora "ainda seja possível que algumas histórias aceitas hoje em dia explodam na nossa cara", o "público argentino acostumou-se a esperar explicações sensacionalistas. *Se non è vero, è ben trovato. Ma infine non è la storia*", concluiu o racista Newton, admirador do rigor saxão e prussiano e desconfiado do temperamento latino, tão propenso a deixar voar a fantasia.

Investido do papel de etnólogo, formulou suas duas principais conclusões, de modo jocoso:

— "Provavelmente nunca se encontrará a explicação dos avistamentos inexplicados de submarinos em 1945."

— "A probabilidade de que alguma vez se tenha produzido" um desembarque de submarinos alemães nas costas argentinas é "da mesma ordem de magnitude que a probabilidade de que seres extraterrestres tenham aterrissado com êxito na Terra e se tenham ido de novo sem morrer de rir".

Antes de deixar a Argentina, morrendo de rir e com os bolsos cheios de dinheiro do Erário, Newton recordou o primeiro mandamento da história oficial: "Dois e somente dois (U-Bootes) se dirigiram à Argentina."

E.T., O REI DA PATAGÔNIA

Não podemos dar fé nem acrescentar documentos para afirmar que a Terra tenha sido visitada por extraterrestres, mas podemos assegurar que a chegada de submarinos alemães ao litoral marítimo argentino era quase um assunto de rotina. Em seu afã de se esquivar, Newton ocultou informações. Afinal, já em abril de 1939, o Reino Unido, através de seu embaixador Esmond Ovey, advertiu a Argentina "[s]obre a instalação de bases alemães para submarinos em águas centro e sul-americanas".[146] Em sua resposta,[147] o chanceler José María Cantilo precisou que se referia concretamente ao "possível estabelecimento de bases submarinas estrangeiras em jurisdição argentina". Cantilo explicou que a Argentina era uma nação neutra, e como tal permitiria que os submarinos beligerantes utilizassem seus portos para reabastecer-se sempre e quando respeitassem as leis internacionais e chegassem a eles navegando na superfície. A resposta argentina provocou a ira do Foreign Office, que sublinhou que se os U-Boote afundassem os barcos que zarpavam de Buenos Aires para a Inglaterra, colocando-se na saída do estuário e em seguida fugindo para o mar aberto, prejudicariam seriamente o comércio entre as duas nações.

O incidente demonstra que desde o início da guerra os U-Boote não necessitavam de bases clandestinas porque podiam usar, legalmente, qualquer porto argentino. Não lhes convinha utilizar os principais, que eram muito vigiados pelos britânicos, mas podiam usar sigilosamente os menores[148]. E, certamente, os portos da Patagônia encontravam-se, na prática e desde o começo do século, sob a autoridade da empresa Delfino, de capitais alemães.[149]

Uma prova flagrante da utilização dos portos argentinos pela Kriegsmarine foi o navio-espião *Ussukuma*, de 9.000 toneladas, que ao eclodir a guerra refugiou-se em Ingeniero White, o porto da cidade de Bahia Blanca, onde permaneceu até o dia 5 de dezembro de 1939. Nessa noite, zarpou com a difícil missão de abastecer em alto-mar o *Graf Spee*, que o aguardava nas proximidades da costa uruguaia. Desde então, seu paradeiro foi um mistério insondável. Os autores puderam averiguar, sem dúvida, de fontes neozelandesas, que os britânicos, que estavam avisados da manobra, o abordaram no dia 6 de dezembro a 60 milhas da costa, diante de Necochea — e também de Miramar —, e o afundaram.

De acordo com a informação recebida, o lugar do afundamento correspondia a um dos vários "fundos escuros" que aparecem agrupados em uma mesma área. Assim, passados 66 anos do acontecido, os autores informaram o Serviço de Hidrografia Naval, órgão da Armada argentina sobre o lugar onde estava o *Ussukuma*. Muito tempo se passou até que, em 19 de dezembro de 2007, o dito Serviço confirmou a informação que lhe fora passada, desculpando-se pela demora em fazê-lo. Não porque a Armada tivesse verificado, por seus próprios meios, que o *Ussukuma* estivesse afundado no lugar indicado, mas sim pela demora da Grã-Bretanha (através de seu Serviço de Hidrografia, o United Kingdom Hidrography Office, UKHO) em confirmá-lo.[150]

Esse dado deixa em pé e sem resposta uma interrogação decisiva: Como a Armada pode assegurar ou negar a existência de submergíveis nazistas afundados em frente à costa argentina se deve perguntar a uma potência estrangeira sobre o que está afundado em seu próprio mar? Newton também deu por certo que Wermuth havia destruído toda a documentação do U-530 e escreveu que "se meteu em problemas ao lançar ao mar o diário de navegação, 53 livros de códigos, mapas...".

Um documento secreto do Escritório do Adido Naval dos Estados Unidos na Argentina revela que embora alguns documentos importantes tenham sido destruídos por Wermuth, outros, detalhou, foram "censurados" por seus inquisidores argentinos. Os mesmos, acrescentou, lhe foram confiados para sua tradução e estudo aos oficiais Juan Carlos Benisch e Patricio J. Conway. Deles, porém, jamais se soube nada.[151]

A ORDEM DE MENEM

Uma equipe de mergulhadores especialistas na coleta de moluscos, vieiras e mexilhões do Instituto de Biologia Marinha Almirante Storni, encabeçado por "Tony" Brochado, fez, entre 23 e 24 de novembro de 1996, uma expedição que tentou localizar os restos de um ou mais U-Bootes supostamente afundados na Caleta de los Loros. Embora contassem com um mínimo apoio da Prefeitura, do município de San Antonio Oeste e de pessoas convencidas da existência dos restos, como Chironi, Pereyra e Rivera, não conseguiram apoio da Armada e careciam de instrumentos tão elementares como um sonar lateral.

"O submarino pode estar em uma zona mais profunda, já que Chironi (o piloto que o divisou do ar em 1957) diz tê-lo visto durante uma baixa-mar extraordinária. Para continuar a busca, devemos avançar mais para dentro do mar e contar com um magnetômetro proctônico", disse Brochado, ao finalizar pouco mais de duas horas de mergulho. "Nossa busca foi apenas no pulmão. Quando terminaram o combustível dos botes infláveis e os tanques de oxigênio, tivemos de parar e dar por terminada a missão. O instituto nos ajudou com a nafta e um proprietário da região, Luis Echávez, com os reboques para levar os botes infláveis para o mar. Isso foi tudo", explicou. E insistiu: "Que não tenhamos podido encontrar o submarino não quer dizer que não esteja afundado ali."

O uruguaio Brochado vive em San Antonio Oeste e sua casa está abarrotada de pratos, garrafas e outros utensílios achados no mar. O arquiteto Patrizio Scaramucci — isto é, Burnside — e o engenheiro

Marcos Novak viajaram de Bariloche até sua casa, interessados em sua coleção de garrafas, já que várias teriam pertencido ao *Dresden*. Foram esses visitantes que o estimularam a procurar "o submarino alemão quando me mandaram um fax com um mapa da zona na qual poderia estar a embarcação".

Alguns fatos são mais eloquentes do que as palavras. Furtivamente, o aviso *ARA Gurruchaga*, da frota de varredores de minas, sob o comando do capitão Diego Milles, explorou a zona próxima à costa da Caleta de los Loros nos últimos dias de novembro e nos primeiros de dezembro de 1997. Levava, junto à tripulação habitual, uma equipe de mergulhadores táticos e um robô dotado de uma câmara de vídeo capaz de deslocar-se pelo leito marinho, manejado a partir da superfície. Também participaram da silenciosa operação aviões Grumann Tracker, da esquadrilha de luta antissubmarina, e cientistas do Instituto de Biologia Marinha e Pesqueira. A Armada argentina guardou prudente silêncio, até quando o jornal *Noticias de la Costa* informou tardiamente a busca.

Em 21 de janeiro de 1998, *La Mañana del Sur* assegurou que a Armada havia buscado restos de submarinos alemães na Caleta de los Loros. Por meio de jornalistas de *Ámbito Financiero*, diário de Buenos Aires que controla *La Mañana del Sur*, pôde ser confirmado que efetivamente a expedição havia sido ordenada pelo presidente Menem. "Os testemunhos com base nos quais fez-se a série de notas publicadas por *La Mañana del Sur* foram filmados. O Pelado (Julio) Ramos (dono dos dois jornais) passou-os a Menem. Um jornalista de *La Mañana del Sur* perguntou a Menem em El Bolsón o que o governo ia fazer a respeito e Menem disse que ia apoiar a investigação. *La Mañana* publicou um artigo com essas declarações e as agências internacionais as reproduziram. E foi isso, supomos, que impulsionou a última expedição da Armada", explicou *off the record* um dos jornalistas mais qualificados de *Ámbito Financiero*.

O aviso *ARA Gurruchaga* permaneceu 20 dias percorrendo a Caleta de los Loros. Oficiais de marinha da reserva, consultados pelos autores, ficaram surpresos com o fato de não terem sido usados "aviões Neptune da Armada, equipados com magnetômetros especiais para detectar submarinos". Fontes oficiais da Armada confirmaram que, "diante das denúncias de Tony Brochado, a Armada enviou ao aviso *Gurruchaga* também aviões Tracker antissubmarinos, dotados de MAD (detector de anomalias magnéticas), que confeccionaram uma carta magnética. E, posteriormente, usando os pontos dessa carta em que havia maior concentração de ferro, fez-se a busca com mergulhadores equipados com instrumental eletrônico e rastreou-se o fundo com trenós".

O porta-voz comentou extraoficialmente que, na sua opinião, o resultado negativo da busca deveu-se ao fato de "essa zona se encontrar perto da Sierra Grande e nela há muito minério de ferro espalhado em forma de pepitas".

A EXPEDIÇÃO NORUEGUESA

No fim de 1998, uma expedição liderada por Frederik Soreide e Marek Jasinsky e integrada por cientistas do Instituto Norueguês de Arqueologia Submarina, da Faculdade de Tecnologia Marinha de Oslo e do Museu de Hidrologia Marítima de Trondheim percorreu a costa da Caleta de los Loros com um sonar de varredura lateral de alta definição. Encontraram as mesmas anomalias magnéticas detectadas por expedições precedentes. Depois de analisar fotografias digitais, identificaram os objetos que as causavam. Eram "duas formas paralelas e que sobressaíam do fundo" e "seu tamanho, se estivessem unidas, seria de aproximadamente 60 metros de comprimento, cinco metros de largura e de uma altura de seis metros, as mesmas medidas do casco interno de um U-Boote XXI", descreveu Burnside.

O pesquisador italiano assegurou que esses grandes pedaços de metal "se encontram na linha batimétrica dos 25 metros" de profundidade e "entre os 800 e os 900 metros mar afora do ponto no qual jazeriam outros pedaços, completamente enterrados".

Mergulhadores argentinos da Fundação Albenga que trabalharam com os noruegueses, acrescentou Burnside, voltaram ao local em abril de 1999 e ali permaneceram até o fim do mês. Porém a busca foi infrutífera, "por falta de uma localização precisa e também pelo fato de que, na Baía de los Loros, o fundo marinho muda praticamente de um dia para outro, não apenas por causa das fortes marés, como também pelas repentinas mudanças meteorológicas e pelo fluxo das ondas, o que cria obstáculos às tarefas náuticas e submarinas".

Burnside destacou, porém, que "a evidência técnica da expedição confirma os memorandos do FBI de 14 de agosto e de 21 de setembro de

1945", ambos emitidos em Los Angeles e relacionados ao suposto desembarque de Hiltler e de mais 50 dirigentes nazistas desses dois submarinos "no Golfo de San Matías, perto de San Antonio", cuja fonte, acredita, foi Rivera pai. Essa informação, assinala, coincide com a de "duas tripulações treinadas para navegar, abstendo-se de promover ataques", isto é, despojadas de todos os torpedos ou da maior parte deles.

Ao estudar a imagem sonar obtida pela equipe norueguesa, Burnside deduz que "após uma detida análise das plantas de um [submarino tipo] XXI, as oito seções pré-armadas, corroídas pela ferrugem de mais de meio século, se separaram. Como se evidencia também na foto aérea tomada em 1991", ainda que durante esses sete anos "duas delas deslizaram algumas dezenas de metros".

Para Abel Basti, os testemunhos sobre a presença de U-Bootes no sul argentino três meses depois de terminada a guerra são lapidares. A eles se soma o material secreto da Armada que já foi liberado e que confirma que os lobos cinzentos navegaram em águas sob jurisdição argentina em 1945. Porém os interrogatórios americanos dos tripulantes que se entregaram "serão totalmente liberados dentro de 18 anos e os feitos antes pelos oficiais argentinos têm — estimou — a proteção perpétua que o SIN lhes impôs".

"Na zona do Golfo de San Matías os testemunhos cruzados de velhos moradores que viram U-Bootes são surpreendentes. As histórias e os indícios se sucedem invariavelmente, apesar das distâncias. E ao navegar pela zona que esses testemunhos indicam — a dois quilômetros da costa e a uns 30 metros de profundidade — o magnetômetro dispara: ou há um submarino ou uma mina de ferro", insiste Basti.

O inquieto jornalista acredita que, "passado mais de meio século, pode perfeitamente haver um acúmulo significativo de areia em cima do submarino. Me parece lógico que seja assim. E me parece óbvio que tudo ou quase tudo que se escreveu até agora sobre os submarinos é um amontoado de palavras, incluindo dos gênios da Ceana: escrevem qualquer coisa porque jamais pisaram o litoral atlântico".

A "REVELAÇÃO" DE OWEN

Depois de desembarcar pessoas e caixas em uma área costeira da firma Lahusen próxima a Necochea, um número ainda não confirmado de

U-Bootes teria sido afundado por seus tripulantes na Caleta de los Loros ou, ampliando-se o espaço de afundamento, no Golfo de San Matías.

Não é fácil entender hoje a enorme comoção, até a psicose, que os avistamentos de San Clemente e Necochea produziram no Cone Sul. Como acontece com os Ovnis, logo uma infinidade de pessoas jurou ter visto U-Bootes nas costas do Brasil e do Uruguai.

Já não cabe dúvida sobre os desembarques, embora se discuta o número: foram pelo menos quatro, se bem que provavelmente tenham sido mais. Londres já afirmava que o comboio que navegou para a Argentina era composto por seis U-Bootes e efetivamente esse é o número que parece ter cruzado o equador.[152]

Ao menos três chegaram às costas patagônicas. Foi isso que confessou a Burnside o antigo chefe de imprensa de Joseph Goebbels, Wilfred von Owen, filho do general que derrotou as tropas insurgentes da Liga Espartaquista — comunistas — exatamente 26 anos antes da queda do Terceiro Reich.

Quando se entrevistou com Burnside em Buenos Aires, Owen era um senhor de 86 anos, elegante e de forte presença, orgulhoso de ter sido o biógrafo de Goebbels e autor de quase meia centena de livros. Owen fora amigo próximo de Hanna Reitsch. Burnside lhe mostrou uma foto tirada em Buenos Aires, provavelmente na base aérea de El Palomar, e lhe perguntou se a mulher que se via conversando com o embaixador Thermann e um general argentino era a famosa piloto alemã. Owen confirmou e então Burnside, dissimulando seu entusiasmo, começou a mencionar-lhe, com cautela, "a chegada dos submarinos às costas patagônicas".

Burnside recorda que lhe mencionou a hipótese de Gerald I. Postner, autor de *Los hijos de Hitler*, segundo a qual um comboio de cinco submarinos havia trazido Hitler para a Argentina.

— O que está dizendo? — perguntou-lhe Owen.

— Que era um comboio de cinco submarinos... — repetiu Burnside.

— Não. Eram três — respondeu Owen.

Como Burnside não retrucava, Owen, "com um sorriso estampado no rosto", pôs-se de pé e lhe disse:

— Não conte isso a ninguém.

Com grande preocupação, Owen se despediu repetindo:

— Não conte a ninguém.

Em 10 de julho, o U-530 entregou-se, no dia 13 o *Babitonga* atacou no equador um U-Boote que marchava rumo ao sul e no dia 16 os moradores de San Clemente viram dois submarinos de tamanhos diferentes. Assim, deve-se contar pelo menos quatro submarinos, ou cinco, se o avistamento denunciado em Monte Hermoso foi correto.

Porém, para esclarecer a controvertida questão, o melhor será pensar em voz alta: em 3 de julho o *Bocaina* detectou um submarino perto do equador. Talvez fosse o U-530, que em sua fuga chegou a Mar del Plata uma semana mais tarde. Em 4 de julho o U-977 atacou o *Bahia*. Apesar do dito popular que assegura que o assassino sempre volta ao local do crime, não tinha sentido — mesmo no hipotético caso de que teria se escondido nos rochedos de São Pedro e São Paulo — que, transcorridos nove dias do afundamento do cruzador brasileiro, voltasse a passar — e, menos ainda, que se detivesse — no local exato do torpedeamento, a Estação 13, onde o *Babitonga* o detectou em 13 de julho. Desse modo, se trataria de outro submarino.

Em todo caso, o U-530 se uniu ao comboio de pelo menos três U-Bootes que havia zarpado da Noruega nas Ilhas de Cabo Verde. Vinha das costas dos Estados Unidos e o mais provável é que não navegasse sozinho.

De uma ou outra maneira, chega-se sempre a um número nunca inferior a cinco submarinos, como havia postulado Postner e como perguntou Burnside a Owen. Ao confessar que os submarinos eram três, longe de revelar um segredo, Owen teria admitido uma obviedade para continuar encobrindo o número real.

FANTASMAS

Burnside sustenta que Hitler se refugiou na extensa Patagônia e que viveu em diferentes localidades do sul até sua morte, em 1959. Afirma que uma mulher polonesa, Brunilsva Kitajgrodsky, o viu em julho de 1945, num dos automóveis de um comboio que se dirigia para Los Andes e que se deteve para se abastecer em um povoado chamado Alto Las Plumas — então Punta de Rieles — no meio da desolada Província de Chubut; que foi também reconhecido em 1948 no povoado de Cholila, igualmente em Chubut — conhecido por nele terem vivido os bandoleiros Butch Cassidy e Sundance Kid; que visitou um paciente internado no hospital de Comodoro Rivadavia, onde María Mafalda Falcón, uma das enfermeiras — que o havia visto durante a guerra, quando trabalhava para a Cruz Vermelha — o reconheceu, apesar de não usar bigodes e ter o cabelo branco. Afirma ainda que essa descrição coincide com a de Hernán Ancín, que contou que em 1953, quando trabalhava como carpinteiro para Ante Pavelic — o caudilho fascista da Croácia e chefe máximo da organização terrorista Ustasha — em Mar del Plata, viu Hitler diversas vezes, que ele visitava Pavelic acompanhado por uma mulher uns 25 anos mais jovem, gorducha e de cabelo claro.

Quatro anos depois, insiste Burnside, Hitler foi identificado em Cervantes, um povoado do Valle do Rio Negro, por Felisa Alsina, empregada doméstica e concubina do alemão Albrecht Boehme, que durante a guerra havia sido piloto dos bombardeiros quadrimotores Cóndor do I/KG 200 e que mantinha relações com Josef Mengele, o médico de Auschwitz, então escondido na Argentina sob a proteção do governo de Perón.

Com base nesses e em outros testemunhos, Burnside acredita que Adolf Hitler morreu em uma estância da planície próxima ao Lago Argentino e ao Glaciar Perito Moreno, onde teria sido cuidado por um casal de croatas.

A SEGUNDA MORTE DE BORMANN

Desde o fim da guerra e até 1973, denunciou-se a presença de Martin Bormann na América do Sul meia centena de vezes: 17 na Argentina, 15 no Brasil, oito no Paraguai, quatro no Chile, três na Bolívia, duas no Uruguai e uma no Peru. Além desses testemunhos, ao publicar suas memórias em 1971, Reinhardt Gehlen assegurou que Bormann havia sido espião soviético durante toda a guerra e que na noite de 1º de maio de 1945 havia se entregado ao Exército Vermelho, que o havia levado para Moscou "onde ainda vive ou estará enterrado".

Em 1992, o advogado paraguaio Martín Almada descobriu, em um alpendre da delegacia de Lambaré, nos arredores de Assunção, cerca de 20 toneladas de expedientes com informação confidencial sobre a repressão política exercida ao longo de 35 anos (1954-1989) pela ditadura do general Alfredo Stroessner.[153]

Entre muitos outros documentos, veio à luz um relatório que o então chefe da Divisão de Assuntos Estrangeiros do Ministério do Interior, o polaco Pedro Prokopchuk, havia enviado em 24 de agosto de 1961 ao diretor nacional de Assuntos Técnicos da polícia paraguaia, Antonio Campos Alum. O relatório dizia que Martin Bormann havia morrido no Paraguai em 15 de fevereiro de 1959 devido a um câncer no estômago: "De acordo com um contato confidencial com o Serviço de Inteligência da Alemanha Ocidental na América Latina", Bormann havia chegado ao Paraguai em 1956 e se instalado na casa do alemão Alban Krug em Hohenau, um povoado da região do Alto Paraná. Na mesma época, outro famoso fugitivo nazista, o médico Mengele, teria chegado ao Paraguai para atender Bormann, que convalescia na casa do cônsul-geral do Paraguai na Alemanha, Werner Jung.

Prokopchuk também informava que na casa de Jung estava vivendo o doutor Peter Bensch, adido cultural da embaixada da República Federal Alemã; que ali havia habitado até pouco antes Mengele e que no enterro de Bormann, realizado no cemitério de Ité dois dias depois da morte, haviam estado presentes, além do chofer do caminhão que transportou o ataúde e do coveiro, o cônsul Jung e Anatolio von Eckstein, um comerciante estoniano de origem alemã.

Prokopchuk esclarecia que a informação que estava transmitindo provinha do Serviço de Inteligência da Alemanha Federal — isto é, o BND — cujo chefe regional lhe havia proposto trabalhar de forma "exclusivamente confidencial", com vistas a estabelecer "uma relação oficial (...) na qual se chegasse ao (inter)câmbio total de todas as informações de nosso mútuo interesse".

"À frente desse Serviço de Inteligência da Alemanha Ocidental está o general Gehlen, que, por sua vez, é o chefe de Inteligência da Otan, dirigindo essas duas instituições em uma organização mais poderosa na luta contra a espionagem comunista", explicou o chefe da Divisão de Assuntos Estrangeiros do Ministério do Interior paraguaio.

Em um espanhol macarrônico, Prokopchuk esclareceu ao chefe da "[sinistra polícia] Técnica" que "no futuro solicitarei a autorização correspondente a cada informe procedente do nosso trabalho, uma vez solicitada por essa Argentura [*sic*, por 'agência'] enquanto não tiver clareza sobre a possibilidade de intercâmbio de uma tal informação solicitada".

Três semanas depois de Prokopchuk despachar o relatório, em 15 de setembro, um alemão de sobrenome Wolf morreu com um tiro na cabeça num ônibus nas proximidades do povoado paraguaio de San José. Uma semana mais tarde, em 23 de setembro, à noite, Prokopchuk foi assassinado enquanto assistia a um filme no cinema Splendid, em pleno Centro de Assunção. Antes de cair, Prokopchuk conseguiu sacar sua pistola e abater um dos agressores. Feriu também alguns espectadores, enquanto os demais fugiam da sala em polvorosa, destruindo os vidros da entrada. Já na rua, uma dezena deles reconheceu o assassino, que foi rapidamente colocado em um automóvel da Polícia de Investigações.

O homem que Prokopchuk conseguiu matar era oficial da polícia paraguaia. Quanto ao assassino, foi identificado como Batric Kontic, um pistoleiro da Ustasha. Vítima e criminosos faziam parte do temível aparato repressivo da ditadura de Stroessner, que silenciou a publicação pela imprensa de qualquer detalhe do fato que era, com toda certeza, um ajuste de contas.

Um sumário interno da polícia retirado dos "Arquivos do terror" informa que Prokopchuk e Kontic estavam em litígio porque o primeiro acusava o segundo de ter assassinado Wolf — ao que parece, agente de um serviço secreto estrangeiro, possivelmente da República Democrática Alemã — para roubar-lhe 30 mil dólares.

Ao narrar essa intrincada história, Rogelio García Lupo, autor de *El Paraguay de Stroessner*, destacou suas discrepâncias com a hipótese predominante: que Prokopchuk havia sido assassinado "porque sabia demais sobre os nazistas do Paraguai e esses, antecipando outras descobertas, decidiram se ver livres dele, contando com a colaboração da própria polícia de Stroessner".

Frisou também a esse respeito que Prokopchuk jamais havia investigado Bormann ou Mengele e que havia deixado claro que todas as suas informações sobre nazistas residentes no Paraguai provinham do BND: "Parece evidente que sua *culpa* não foi ter seguido de perto os nazistas, mas sim ter aceito 'um contato confidencial'" com o BND.

Quanto ao assassinato de Wolf — ou suicídio, tal como foi considerado oficialmente —, García Lupo considera "extraordinário que tenha se atrevido a penetrar no interior do Paraguai com 30 mil dólares em cédulas, aproximadamente cem mil dólares nos dias de hoje", mas acrescenta: "É extraordinário, embora não inverossímil, que Wolf tenha feito essa viagem com o propósito de comprar informações sobre Josef Mengele..."

O relatório do BND, transcrito por Prokopchuk, dizia que Bormann havia ingressado no Paraguai em 1956. García Lupo destacou que essa data deixa "um período de mais de dez anos na sombra: se Bormann não morreu em Berlim em 1945 e entrou no Paraguai em 1956, onde passou esse prolongado período de sua existência?".

FARAGO E OS ESQUELETOS

Ladislas Farago morreu convencido de que Bormann havia encontrado refúgio na Argentina. Durante a Segunda Guerra Mundial, seu profundo conhecimento da Wehrmacht o levou a Washington, onde trabalhou para o OSS. Pesquisador obstinado e inteligente, nos anos 1960 publicou o best seller *Patton, el juicio de Dios*, baseado no qual Francis Ford Coppola escreveu o roteiro da película em que George C. Scott interpreta o general. Ao começar os anos 1970, Farago voltou a ser incensado com *El sello roto* (sobre o qual se filmou *Tora, tora, tora*) e em 1972 publicou um novo livro investigativo, que despertou uma grande polêmica, *Aftermath Martin Bormann y el Cuarto Reich*, em que narra as supostas aventuras de pós-guerra do delfim do nazismo.

Quando apresentou o livro em Buenos Aires, Farago afirmou que Bormann ainda vivia na Argentina. Para apoiar sua explosiva pesquisa, exibiu uma série de documentos, mas acontece que alguns haviam sido falsificados pela Side. Essas inexatidões permitiram que seus detratores invalidassem todo o trabalho. Após estudar atentamente o caso e comprovar seu rigor, Camarasa concluiu em 1995 que "não parece sério invalidar um trabalho de anos apenas porque tem alguns dados falsos e certas fontes desapareceram debaixo das próprias barbas policiais".

Nessa ocasião, Bormann havia sido declarado oficialmente morto. Em dezembro daquele 1972 no qual Farago defendeu, com unhas e dentes, a pesquisa apresentada em *Aftermath...*, foram encontrados dois esqueletos durante a construção da estação Lehrter do metrô berlinense. Perto dali, havia sido localizado, no fim da guerra e no bolso de uma jaqueta de couro, o diário pessoal de Bormann.

O exame forense cotejou os restos com os arquivos do dentista Hugo Blaschke, que havia atendido tanto Hitler como Bormann. Os médicos afirmaram que o esqueleto menor pertencia ao segundo do *Führer*: "Mesmo quando a natureza impôs limites ao poder de reconhecer com exatidão a origem dos restos ósseos, existe certeza de que os dois esqueletos achados no terreno de Ulap em Berlim, em 7 e 8 de dezembro de 1972, são idênticos aos do acusado Martin Bormann e do Dr. Ludwig Stumpfegger", asseguraram.

O veredito forense foi convalidado em 1977 pelo especialista americano Reidar Sognnaes, que, desde o falecimento de Blaschke, era considerado seu sucessor. Sognnaes havia assegurado também, valendo-se da ficha odontológica, que uma prótese de ouro e outras peças dentais soldadas com chumbo que os soviéticos lhe mostraram haviam pertencido a Hitler.

Camarasa e muitos outros estudiosos relativizaram a confiabilidade dessa identificação e, por certo, tanto na Argentina quanto no Chile continuaram sendo publicados testemunhos de pessoas que asseguraram ter tratado de Bormann no pós-guerra.

Porém, um veterano perseguidor de Bormann ou de seu fantasma, Simon Wiesenthal, o deu por morto: "Eu tinha me equivocado tanto com o caso Bormann (que agora não) me cabiam mais dúvidas: a promotoria de Frankfurt tinha razão ao pensar que Bormann se havia suicidado na noite de 2 para 3 de maio de 1945 em Berlim, quando compreendeu que não havia possibilidade de escapar. (...) Indubitavelmente, depois da guerra os nazistas necessitavam de um Bormann para fundamentar seu lema 'voltaremos'. Assim criou-se a lenda de que Bormann havia se refugiado a bordo de um submarino rumo à América do Sul, onde o viam constantemente, até que seu espelho se transferiu para o Oriente Médio", escreveu. "Hoje sabemos que Bormann se suicidou na noite de 2 de maio de 1945. Não há dúvida."

Em compensação, outro investigador do paradeiro de Bormann, o americano Paul Manning, menosprezou conclusão tão taxativa com um comentário malévolo: "Wiesenthal deixou, faz tempo, por pressão dos dirigentes judeus, de ocupar-se do caso Bormann. A organização de Bormann não é meramente uma organização de ex-nazistas: é um grupo poderossísimo cujos interesses estão hoje acima das ideologias."

"O manancial de rumores não se esgotou", continuava Wiesenthal. "Esses rumores se baseiam em um radiograma do Serviço de Informações Navais da Kriegsmarine encontrado depois da guerra, que Bormann havia enviado a seu ajudante Hummel em 22 de abril de 1945: 'Estou de acordo com a transferência proposta para *Übersse Süd*' (literalmente, Ultramar Sul), que nada tinha a ver com a América do Sul, mas sim com uma estação ferroviária ao sul de Munich."

Wiesenthal não reparou que a dita estação se chama apenas Ultramar, e não Ultramar Sul.

LÁBIOS SELADOS

Em 1993, conheceu-se a transcrição do relatório do BND que Prokopchuk havia feito para Campos Alum. O documento, lembrou García Lupo, foi "simultaneamente refutado pelo governo da Alemanha e pelo mais famoso caçador de nazistas do mundo. O governo alemão declarou que 'a Alemanha considera que o trabalho de Simon Wiesenthal — que determinou que o cadáver encontrado em 1945, em Berlim, era o de Bormann — é o que merece credibilidade'. Mais exatamente disse: 'O documento encontrado no Paraguai não fará mudar a atitude do governo alemão sobre o tema.'"

Como se pode avaliar, a posição oficial alemã era um disparate. Por várias razões. Primeiro, porque o único que afirmou ter visto, na noite de 2 de maio, o corpo sem vida de Bormann era o nazista fundamentalista Axmann e desde então o cadáver havia permanecido desaparecido durante 32 anos. Segundo, porque Gehlen, ex-chefe do BND, tinha dito que Bormann encontrara refúgio em Moscou. E terceiro, e fundamental, porque havia sido a justiça federal alemã que havia determinado que um dos esqueletos desenterrados no fim de 1972 era o de Bormann, veredito que havia sido aceito por Wiesenthal, e não ao contrário.

"Não foi Pedro Prokopchuk nem o esquecido agente Wolf que tiveram em seu poder o segredo de Martin Bormann e Josef Mengele, embora isso lhes tenha custado a vida." "A resposta" — concluiu García Lupo — "estava então com o general Reinhard Gehlen e hoje está com o governo alemão. Mas ali o silêncio selou todos os lábios."

OPERAÇÃO JAMES BOND

Apesar de ter sido declarada formalmente sua morte, tanto na Argentina quanto no Chile, Brasil e Paraguai, continuaram sendo citados testemunhos de pessoas que garantem ter lidado com Bormann no pós-guerra.

Em princípios de setembro de 1996, em Berlim, um aristocrata, ex-atleta e ex-oficial da Royal Navy e do Intelligence Service, John Aunsworth-Davis — verdadeiro nome de quem, como espião e escritor, usa o pseudônimo Christopher Creighton — adiantava alguns aspectos retirados de seu próximo livro *OpJB. El último gran secreto de la Segunda Guerra Mundial*. Disse que, em vez de ter morrido em Berlim, Bormann havia sido resgatado do cerco soviético no começo de maio de 1945, em uma complexa ação-comando de agentes dos serviços secretos britânico e estadunidense, especialmente designados para a tarefa por Winston Churchill.

Bormann, explicou Aunsworth-Davis, fora transferido via fluvial até a França e em seguida de avião até Londres, em cumprimento de outra operação secreta dirigida por um oficial da Royal Navy. A operação se chamou James Bond e o oficial era Ian Fleming, o mesmo que anos mais tarde se tornaria mundialmente famoso como escritor graças a seu personagem, o agente 007 a serviço de Sua Majestade.

A notícia foi destacada por *La Mañana del Sur*. "Bormann foi resgatado por James Bond", sintetizou o título de sua contracapa em 4 de setembro. O diário publicou igualmente uma interessante série de notas assinadas por Abel Basti, que reproduziu até um passaporte uruguaio que o fugitivo teria usado em seus deslocamentos.

Sempre de acordo com a versão de Aunsworth-Davis, Bormann permaneceu "na Inglaterra entre 1945 e 1956, custodiado pelo serviço secreto britânico e pela CIA". Em seguida, foi submetido a uma cirurgia plástica para alterar suas feições, antes de viajar para "o Brasil, a Argentina e outros países sul-americanos, até se instalar no Paraguai, onde faleceu em 1989, após uma longa enfermidade". O ex-espião também precisou que "os restos mortais de Bormann, enterrados a princípio em um cemitério paraguaio, fossem exumados como resultado de um acordo secreto entre Washington, Bonn e Assunção e transferidos para Berlim".

O livro de Christopher Creighton provocou considerável reboliço em Londres, mas nem um único comentário do governo britânico. Uma elogiosa resenha, publicada no *New York Times* em 22 de março de 1997, foi insolitamente respondida pelo chanceler argentino, Guido Di Tella, que censurou o diretor do jornal: "Se Simon Wiesenthal estava certo quando garantiu que Martin Bormann morrera em Berlim em 1945 — uma afirmação compartilhada por autoridades alemãs e israelenses —, Bormann nunca pôde ter estado na Argentina após a guerra como sugere [a autora da resenha, Ann Louise] Bardach."

Tomou parte na polêmica o jornalista Nicholas Tozer, ex-editor do matutino argentino em língua inglesa *Buenos Aires Herald* e membro da Fundação Internacional Raoul Wallenberg, da Casa Argentina em Jerusalém.[154] Em um artigo intitulado "James Bond pegou Martin Bormann", Tozer comentou o texto de Creighton: "É muito provável que depois de transcorridas as primeiras páginas os leitores se sintam inclinados a suspeitar da veracidade desse livro e a considerá-lo uma fraude. Entretanto, é recomendável sugerir que se resista a essa compreensível tentação e se siga adiante com a leitura, já que Creighton pode resultar um personagem estranho, mas também ostenta títulos e relações inquestionáveis, por exemplo: ex-oficial de operações especiais da Armada Real britânica e amigo de personalidades do calibre de Ian Fleming, Churchill, lorde Mountbatten, Joachim von Ribbentrop e rei George VI, entre outros. (...) Deve-se levar em conta também o conhecimento preciso e de primeira mão que o autor tem de detalhes concernentes às entranhas de diferentes operações; não apenas da OpJB, mas também de outras que tiveram lugar na mesma época, muitas das quais estão avaliadas por cartas de alguns dos peso pesados citados, como Churchill, Mountbatten e Fleming."

O ex-editor do *Buenos Aires Herald* concluiu que "Além da evidência apresentada, por momentos preocupantes, (...) o que o autor nos conta é estarrecedor. Em suma: Churchill ordenou, no começo de 1945, uma operação ultrassecreta para tirar Bormann de Berlim. (...) O comando, altamente qualificado, pôde penetrar nas fileiras inimigas, chegar à capital do Reich e levar Bormann, passando-o secretamente entre as forças alemãs e soviéticas até a zona de controle britânico dentro da Alemanha, de onde foi transferido para a Inglaterra. Em Londres, foi interrogado e lhe foi dada uma nova identidade. Finalmente, e como fecho de ouro à manobra de acobertamento, colocou-se junto ao *bunker* de Berlim o corpo de um duplo de Bormann, devidamente acondicionado em ordem e de acordo com a ficha médica do dirigente. (...) Esse livro oferece uma leitura fascinante, pois revela até que extremo o trabalho encoberto de inteligência deve ser mantido em segredo, mesmo para aqueles considerados 'em uma posição de saber', incluindo nesse caso indiscutíveis autoridades neste momento da história, como Hugh Trevor-Roper (hoje lorde Dacre) e Hugh Thomas, que escreveram extensamente acerca da era nazista e que foram, na opinião de Creighton, enganados pela artimanha. (...) No que talvez seja a mais incrível volta de parafuso da história, Creighton afirma que o então chefe da ultrassecreta Seção M de Inteligência Naval, o major Desmond Morton, outro ator protagonista nessa história, viajou com Bormann para a Alemanha, para que o ex-chefe nazista presenciasse o momento em que era sentenciado *in absentia* no famoso Julgamento de Nuremberg."

Tozer admitiu ter ficado impressionado com "o nível a que podem chegar os governos no manejo e na manipulação das informações, a ponto de adulterarem todo tipo de documentos para que deem apoio a fatos que foram especificamente armados por razões de Estado". E concluiu: "É de esperar que essa obra estimule algum tipo de resposta dos círculos oficiais da Inglaterra, dos Estados Unidos, da Alemanha e de Israel, de modo que possamos saber finalmente o que foi que realmente aconteceu no momento da queda do Terceiro Reich em 1945 e qual foi o paradeiro de Martin Bormann."[155]

O MARCO POLÍTICO

Durante os últimos dias da guerra os aliados não sabiam onde Hitler se refugiara. Apenas depois da rendição começaram a circular as versões de que teria permanecido até o último momento no *bunker* da Chancelaria.

Apesar de Burnside considerar comprovado que Hitler fugiu para a Argentina em um submarino, não se pode descartar a opção de que se tenha ocultado em um refúgio alpino. Quando os soviéticos entraram no *bunker* não encontraram o *Führer* nem, tampouco, a antena principal do radiotransmissor do *Führerbunker*. Essa antena, que esteve em funcionamento ao menos até 28 de abril, seria encontrada no Berghof. Esses indícios assinalam a possibilidade de terem existido ao menos dois planos de fuga ou que a Operação Ultramar Sul tenha servido de cortina de fumaça para Hitler poder ter escapado para os Alpes. A se acreditar nisso, talvez esse refúgio estivesse no pequeno povoado chamado Übersee, a uns 40 quilômetros de Berchtesgaden e perto da fronteira com a Áustria.

Porém, independentemente da sorte de Hitler, a existência da Operação Ultramar Sul não admite dúvidas. Nem tampouco que as cúpulas dos serviços secretos da Grã-Bretanha e dos Estados Unidos a acobertaram: permitiram que o comboio clandestino cruzasse em superfície o Estreito de Skagerrak; minimizaram os afundamentos do *Sneland I* e do *Avondale Park*; mentiram sobre a causa do afundamento da corveta *USS Eagle 56*; pressionaram o Brasil para que declarasse acidental a perda do cruzador *Bahia*; ocultaram a derrubada de um bombardeiro nas proximidades dos rochedos de São Pedro e São Paulo e a morte de quatro marinheiros americanos naquela tragédia; e, por último, felicitaram "calorosamente" a Argentina por sua cumplicidade na manobra.

Até o último momento, Hitler e a cúpula do nazismo abrigaram a esperança de que a formidável, mas heterogênea, coalizão que havia encurralado o Terceiro Reich se rompesse e que os aliados anglo-saxões firmassem com a Alemanha uma paz em separado, para iniciar, com seu auxílio, uma luta de morte contra a União Soviética e o comunismo.

As esperanças de Hitler tinham fundamento, já que, enquanto Churchill ansiava por obter territórios no continente europeu — ambição que Roosevelt reprovou — com Truman na presidência, os Estados Unidos e a Grã-Bretanha concordaram que o objetivo prioritário era frear a expansão do comunismo e, particularmente, impedir que a União Soviética obtivesse portos no Atlântico e no Mediterrâneo.

O *Führer* sabia que o grande obstáculo para uma nova coalizão era sua existência física, razão pela qual se dispôs, com o desaparecimento, a ser substituído pelo grande-almirante Karl Dönitz.

Quando Stalin denunciou que os aliados anglo-saxões e os alemães negociavam nas suas costas, houve protestos veementes. Porém, a jogada já estava feita. Em abril, as hostilidades na Frente Oeste praticamente haviam cessado, enquanto no leste os alemães moviam uma resistência encarniçada aos soviéticos. Ao tomar Berlim, uma grande vitória simbólica, o Exército Vermelho encontrou-se encerrado numa planície cercada por tropas aliadas e alemãs, espalhadas na Península da Jutlândia e no norte da Itália.

Para culminar, os soviéticos não acharam em Berlim nem Hitler nem qualquer cadáver que pudessem atribuir ao *Führer*. Na cúpula do poder mundial, estendia-se a convicção de que ele havia fugido, embora apenas Stalin tenha se atrevido a tornar públicas suas suspeitas e até mesmo a afirmar que ele se havia refugiado na Espanha ou na Argentina.

Stalin falava com conhecimento de causa. Seus homens obtiveram, sob tortura, as declarações dos oficiais SS que permaneceram no *Führerbunker* até os últimos dias, até as últimas horas mesmo. Vergados, alguns confessaram que Hitler havia fugido de avião e depois de submarino, embora não pudessem fornecer mais dados.

Dönitz recebeu ordens diretas de Hitler para que tentasse atrasar ao máximo o desmoronamento da Frente Oriental e a definitiva capitulação, com o intuito de obter um acordo antibolchevique com as potências ocidentais, instruções que cumpriu com sua costumeira eficácia. Subsidiariamente, garantiu que fosse concluída, sem contratempos, a primeira e mais arriscada fase da ultrassecreta Operação Ultramar Sul.

Graças à sua realização, e à ostensiva proteção que a operação recebeu de Londres e Washington, não se sabe ainda quem integrava a tripulação — e a passagem — de pelo menos dois submarinos que eram parte do comboio, entre eles o da classe XXI. Torna-se evidente que o desembarque de 16 tripulantes do U-977 nas cercanias de Bergen deixava espaço livre para transportar para a Argentina um número não inferior de desconhecidos, caixas ou baús.

NO ÚLTIMO MOMENTO

Holger M. Meding, autor de *La ruta de los nazistas*, consultou, na caixa 64 do Arquivo Geral da Armada, o relatório de Mallea sobre os interrogatórios de Wermuth e Schäffer, datado de 17 de agosto de 1945, assim como o Decreto 19.160, de cinco dias depois, que transferiu o U-977 para os Estados Unidos. Após comprovar, perplexos, que essa caixa guarda, na atualidade, documentos sobre a tripulação do *Graf Spee*, havíamos perdido toda a esperança em ter acesso à nova documentação e reafirmado também a suspeita de que a Armada não traria dados até que a US Navy ou o governo dos Estados Unidos o fizessem.

Em meados de junho de 2002, quando este livro estava praticamente terminado, tivemos acesso, sem grandes expectativas — por meio do presidente da Comissão de Defesa da Câmara dos Deputados, Miguel Ángel Toma — ao chefe do Estado-Maior da Armada, almirante Joaquín Stella, que, por sua vez, nos encaminhou a um oficial superior. Sem demasiados trâmites e em meio a instrutivas conversações, ele nos permitiu, em pouco tempo, consultar valiosos arquivos e nos entregou cópias das traduções para o espanhol dos interrogatórios feitos em Mar del Plata dos comandantes dos submarinos, zelosamente vedados durante 57 anos.[156]

Percebe-se rapidamente que as respostas de Wermuth e Schäffer foram resultado de uma cuidadosa manipulação, conchavos e consultas e que sua versão final, que oculta a verdadeira missão secreta dos U-Bootes, responde tanto à vontade daqueles quanto a uma decisão política da cúpula da força.

Embora o conteúdo dos interrogatórios não tenha modificado substancialmente o que já sabíamos, vale a pena recorrer e eles, brevemente, por conta de algumas imprecisões, contradições e silêncios. Independentemente do fato de que os jovens comandantes tiveram de responder a um longo questionário, e que nem todos os inquisidores foram igualmente complacentes, basta dizer que, estranhamente, se passou por cima das perguntas cruciais sobre Hitler e Bormann e sobre se haviam afundado o *Bahia*. Esses temas nem sequer são mencionados na versão traduzida, apesar da admissão pública de Schäffer, que escreveu que aquelas foram as primeiras e urgentes perguntas que lhe fizeram.

O interrogatório de Wermuth começou em 13 de julho, três dias depois de entregar sua embarcação, e continuou no dia seguinte, a cargo de Dellepiane, Ribero, Berry, Conway e Benesch.

Quando lhe perguntaram por que lhe haviam concedido as Cruzes de Ferro de Primeira e Segunda Classe, declarou apenas que se deviam a "missões de informação e de ataque" no Atlântico Norte. "Lamento não poder dar maiores informações", justificou-se, negando-se a dizer mais sobre sua participação em missões secretas em águas estadunidenses. Wermuth absteve-se até de precisar em que lugar atuava quando a guerra terminou: "Em uma zona que não desejo declarar", disse, para que não constasse que em abril havia navegado em águas americanas. Quando o pressionaram a especificar que navios havia atacado, independentemente da região, e com que resultado, limitou-se a dizer: "Não desejo responder a essa pergunta."

Tampouco informou a que flotilha o U-530 pertencia, se bem que tenha afirmado que recebia ordens diretas de Berlim. Era uma resposta insólita, que o punha sob o fio da suspeita de responder diretamente a Hitler. É provável que tenha sido esse o preço a pagar para não admitir que o U-530 havia sido transferido, no último momento, para as flotilhas da Noruega, à 11ª ou talvez à 14ª, formada em dezembro de 1994.

O U-530 havia chegado com apenas um torpedo, elétrico, cuja bateria não funcionava, e, quanto às armas, com apenas algumas pistolas. Quando lhe pediram que detalhasse o armamento do submarino ao zarpar, Wermuth respondeu que "levava a dotação regulamentar" e que não desejava "entrar em detalhes". Mais adiante, no entanto, esclareceu que havia partido sem o canhão de 105 milímetros, arma inútil desde que os U-Bootes não estivessem em condições de atacar suas presas a partir da superfície, e com duas metralhadoras antiaéreas de 37 e 20 milímetros. Essas respostas desnudam que os "vazamentos" de Mallea e Manrique para a imprensa, de que a tripulação havia lançado o canhão ao mar, e que esse pesava cinquenta toneladas, não eram mais do que desvios, cortinas de fumaça para ocultar e deixar de lado a essência da operação.

Wermuth foi então instado a falar sobre as circunstâncias em que havia usado seus pelo menos 20 torpedos. "Gostaria de não responder a essa pergunta." Uma resposta mais do que sugestiva, se levarmos em conta que, pouco depois, repreendido pelos interrogadores, voltou atrás em sua negativa para jurar que durante toda sua longa patrulha não havia atacado qualquer inimigo, embora tenha sido obrigado a empreender "operações defensivas contra aviação e navios de superfície".

É importante destacar que, de acordo com a transcrição de suas falas, Wermuth nunca declarou, como se deixou transparecer à imprensa, que havia disparado sete torpedos sem acertar o alvo nem que lançou o restante ao mar. Pelo contrário, era evidente que não havia descartado um único torpedo. Caso contrário, o primeiro a ser dispensado teria sido o defeituoso, com o qual entrou no porto. Era fácil deduzir, ao contrário, que havia disparado todos os seus torpedos à exceção desse, mas Wermuth se negou a continuar falando sobre o tema.

Do mesmo modo, não fez qualquer referência à suposta passagem por Cabo Verde. Disse, em troca, que aproou para a Argentina em data indeterminada, quando se encontrava a "mil milhas a NE de Porto Rico" e que alcançou a linha do equador depois de navegar entre os rochedos de São Pedro e São Paulo e a Ilha de Fernando de Noronha. Afirmou ainda que navegava na superfície durante o dia, numa média de sete nós — sempre a mais de 200 milhas da costa, para evitar a patrulha da aviação — e de noite em imersão, a uma média de dois nós, até chegar ao paralelo 20°, a partir de onde acelerou a marcha, navegando na superfície a nove nós.

Para evitar ser responsabilizado pelo afundamento do *Bahia*, assegurou que havia alcançado a zona próxima a Mar del Plata um dia completo antes de entregar-se. Disse que avistou o Farol de Punta Mogotes às 3h de 9 de julho, a 18 milhas de distância, e que ultrapassara Mar del Plata porque sua intenção original era “ancorar em Miramar”, onde chegou às 6h. Na verdade, pode-se perfeitamente supor que havia desembarcado ali pessoas ou volumes. Wermuth negou com veemência (indo contra todas as evidências, tal como havia destacado o capitão Webb). Disse que havia navegado primeiro até Miramar porque pretendia “esperar a noite seguinte para reconhecer a entrada do porto” de Mar del Plata.

“Ao anoitecer de 9 de julho subi à superfície e comecei a percorrer a costa”, observando-a de umas três milhas de distância, até chegar “através da boca de entrada (à base naval), onde fiquei à deriva até a madrugada”, quando acendeu as luzes do submarino e se entregou. Todavia, viu-se obrigado a reconhecer que o U-530 contava originalmente com seis balsas de borracha e não conseguiu explicar satisfatoriamente por que faltava a principal.

Outro assunto debatido foi por que não havia afundado a embarcação, como a maioria dos comandantes havia feito. Wermuth incorreu em pesadas contradições, ao contar que havia recebido de Dönitz a contraordem de render-se e que essa mesma contraordem havia sido, em seguida, irradiada durante vários dias pelos Aliados. Supôs, então, “e continua supondo que se tratava de um engano do inimigo”. Então... por que a cumpriu?

O primeiro-tenente disse que resolveu tomar o rumo da Argentina após a realização de um conselho de oficiais, no qual se analisou também a possibilidade de entregar-se em Portugal ou na Espanha. Porém escolheram a Argentina por unanimidade por sua distância do teatro de operações e por presumir que nesse país receberiam melhor tratamento.

Ao que parece, reconheceu também que o U-530 havia sido destinado a operações secretas, pois na ata declara que seu U-Boote “nunca pertenceu operativamente a qualquer agrupamento”. Os submarinos da classe IX-C/40, como o U-530, transportavam até 245 toneladas métricas de combustível, mas Wermuth assegura que zarpou de Kiel com apenas 225, por solicitação de seu chefe de máquinas e para melhorar a estabilidade da embarcação. Disse também que partiram com víveres suficientes para 17 semanas no mar.

Segundo a ata do interrogatório, Wermuth atribuiu-se a responsabilidade de não apenas ter lançado ao mar todo o armamento, mas também o equipamento de radar, o detector Metox e os manômetros. E admite que destruiu os livros de navegação, talvez uma mentira acertada com seus interrogadores, além de "outros livros de caráter secreto que não quero mencionar" e que possivelmente também os tenha deixado nas mãos deles.

DESENHADOS

Schäffer foi interrogado a partir de 19 de agosto e ao longo de dois dias mais. Preparou-se conscientemente para a oportunidade durante duas jornadas de solidão e reflexão. A equipe de inquisidores era encabeçada pelo capitão de mar e guerra Brunet, tendo Ribero como secretário e como tradutor o capitão de corveta — e engenheiro maquinista — Federico Müller Wurth. Conway e Benesch dedicaram-se, como no caso do U-577, a investigar o submarino e a sua documentação e a fazer as perguntas a partir de suas observações. Perguntaram-lhe se conhecia pessoas na Argentina e ele respondeu que se lembrava de um ex-sócio comercial de seu pai, de sobrenome Kruse — fonético — e da mulher e filhos de um tal Schmidt, ex-funcionário da embaixada argentina em Berlim.

Quando o interrogaram sobre sua partida e a missão que lhe fora confiada, reconheceu que o U-977 pertencia à 11ª Flotilha de combate, com base em Bergen. Esse dado foi ocultado, com a cumplicidade dos inquisidores estadunidenses e britânicos, que publicamente aceitaram que ele havia zarpado de Kristiansand Sul, e não de Bergen.

Ao zarpar, assegurou Schäffer em Mar del Plata, deram-lhe uma "ordem escrita do Ministério da Marinha" — a qual se ofereceu a mostrar — para operar no Canal de Plymouth, contradizendo o que escreveria mais tarde, isto é, que tinha instruções de operar perto do Porto de Southampton, a mais de 300 quilômetros de Plymouth.

Como já se disse, Schäffer explicou que durante sua travessia para Cabo Verde o céu permaneceu nublado. O mau tempo impediu a realização de cálculos astronômicos, origem do "erro sistemático" de um dia... que o levaria a crer que havia cruzado a linha do equador, onde se deparou com a aviação aliada e o cruzador *Bahia*, em 3 de julho, em vez de 4, tal como ocorreu na realidade.

Se garantiria mais tarde, por escrito, que a resolução de navegar para a Argentina foi produto de uma votação, naquele primeiro interrogatório declarou que em 4 de julho — data em que afundou o *Bahia*, fato que interrompeu a Festa de Netuno — comunicou aos tripulantes sua decisão como comandante do submarino. Em todo caso, a essa altura dos acontecimentos restavam poucas opções, exceto o Brasil e o Uruguai.

A cumplicidade dos entrevistadores revelou-se claramente quando Schäffer apresentou duas cartas de navegação. A ata esclarece que "neste ato, [Schäffer] passou a limpo, a tinta, nas duas cartas, as rotas traçadas a lápis". Desenhou-as ali mesmo!

O ACHADO DE CONWAY

Lápis na mão, Schäffer disse que navegou primeiro até passar a Islândia e depois para o sul até chegar a Cabo Verde em 13 de julho, onde afirmou ter permanecido apenas quatro horas e meia, o imprescindível para que seus homens se banhassem em águas tropicais.

O interrogatório continuou em 20 de agosto e desde o princípio Schäffer reconheceu que durante seu longo périplo havia avistado navios e aviões — admitiria mais tarde, que eram britânicos e americanos — segundo constava nos dois livros de navegação que apresentou. A exemplo das cartas de navegação, esses documentos deviam conter anotações a lápis, depois passadas a limpo ou emendadas com tinta, pois os inquisidores americanos os considerariam uma grosseira falsificação.

Os oficiais argentinos voltaram a lhe perguntar sobre a decisão de dirigir-se à Argentina, permitindo que Schäffer se corrigisse. Concretamente, perguntaram-lhe se depois da rendição da Alemanha haviam celebrado um conselho de oficiais. Respondeu que, efetivamente, entre 8 e 9 de maio havia convocado não apenas um conselho de oficiais, mas sim uma assembleia geral de tripulantes, e que foi ela que resolveu desembarcar aqueles que desejavam regressar à Alemanha e "continuar a navegação até sair da zona perigosa para então tomar uma decisão definitiva, quando a Argentina foi pensada como um destino possível", e que por último, "em 4 de julho, fez conhecer ao pessoal a decisão de continuar viagem para a Argentina".

Para justificar por que não cumpriu a ordem de afundamento da embarcação ou de rendê-la mais tarde, em obediência à última determinação aberta emanada de Dönitz, justificou-se dizendo que não havia renovado "seu juramento de fidelidade ao almirante Dönitz como sucessor do *Führer*" e acrescentou que, de todo modo, as mensagens recebidas no último momento não levavam a assinatura de Dönitz, mas sim eram subscritas por um comitê aliado.

Nesse momento, Conway perdeu a paciência e lhe mostrou uma mensagem encontrada a bordo e que o próprio Schäffer havia decifrado. Estava datada de 7 de maio, 1h22, e dizia: "Grande-almirante ordenou não afundar nem (...) os submarinos, pois somente assim podem ser salvas as vidas de centenas de milhares de alemães. Assinado: Chefe da Flotilha Oeste."

Era, segundo tudo indicava, a somatória da 11ª e da 14ª flotilhas, uma força-tarefa criada para uma última operação secreta. Schäffer negou ter recebido ordens diretas de Dönitz em alto-mar e disse acreditar que essa mensagem fora "forjada pelo inimigo".

A mensagem — além de confirmar as febris negociações entabuladas por Dönitz, por meio de emissários, para entregar aos aliados ocidentais o máximo possível de homens e equipamento da Frente Oeste — atestava que, desde quando se havia instalado em Flensburg, Dönitz, que sabia perfeitamente que era interceptado e gravado, não emitia suas ordens pessoalmente, mas sim por meio do comandante da Flotilha Oeste, Lehmann-Willenbrock, que irradiava suas mensagens a partir de Bergen.

A partir desse ponto, Schäffer desmoronou. Depois de afirmar que o U-977 levava uma metralhadora antiaérea de 37 milímetros e duas metralhadoras duplas de 20, teve de reconhecer que as três estavam sem munição. Atribuiu esse fato a que uma das metralhadoras havia sido usada "em provas de artilharia antes do fim da guerra e que a outra (fora) lançada na água por ter se molhado", quer dizer, começou a dizer bobagens.

Tampouco conseguiu esclarecer a questão dos mantimentos. Afirmou que havia zarpado com provisões para dez semanas, mas se entregou 19 semanas e meia depois de partir, com comida suficiente para mais 15 dias de navegação. Quando lhe apontaram isso, Schäffer pôde apenas improvisar que "muito possivelmente" tinha embarcado "algo mais" de comida do que a princípio havia estimado.

O U-977 chegou a Mar del Plata com um único bote de borracha dos quatro que tinha ao zarpar. Ele respondeu que os 16 desembarcados haviam usado os outros três. Estava nocauteado, mas a campainha o salvou, porque Brunet suspendeu o interrogatório até o dia seguinte.

AVARIAS E CONSUMO HIPERECONÔMICO

Os submarinos da classe VII-C como o U-977 podiam carregar até 130 toneladas de combustível, mas Schäffer havia declarado durante a primeira jornada que zarpara da Noruega com apenas 80 toneladas. Assim que o interrogatório foi reiniciado, a primeira coisa que lhe perguntaram foi como havia navegado tantos dias com tão pouco combustível.

Era um xeque-mate. Schäffer não disse que havia navegado 66 dias seguidos submerso, o que foi, pelo visto, uma pura invencionice argentina, ao que parece para resgatá-lo da enrascada em que havia se metido na sua tentativa de explicar o inexplicável.

Ele disse que o U-977 navegava quatro horas na superfície durante as noites para recarregar os motores elétricos, o que representava um gasto de mil litros, à razão de 250 por hora. As 20 horas restantes em imersão consumiam uma média de 120 litros por hora, num total de 3.400 litros por dia. Como, segundo sua versão, havia navegado 107 dias ininterruptamente — exceto as presumidas poucas horas em Cabo Verde —, o cálculo perfazia um total de 363.800 litros. Segundo sua própria estimativa, o U-977 havia consumido quatro vezes o combustível carregado!

Era visível que o U-977 havia sido atacado. Apresentava avarias evidentes na proa e o periscópio estava inutilizado. Schäffer atribuiu as primeiras à explosão de uma mina quando o U-977 navegava entre Horten e Kristiansand Sul, pouco antes de sair para o mar aberto. Reconheceu que a ruptura do periscópio havia sido uma consequência de uma ação bélica, ocorrida pouco depois de zarpar da Noruega, "durante uma imersão de alarme efetuada quando navegava com *schnorkel*". Ao descer "a mais de cem metros de profundidade, o periscópio foi projetado para dentro, golpeando fortemente e produzindo, assim, uma ruptura parcial do sistema ótico e dos mecanismos internos".

Schäffer também se viu na penosa obrigação de reconhecer que a dotação habitual dos submarinos da classe VII-C era de 14 torpedos e até detalhou como eram carregados, mas apesar disso continuou insistindo em que se havia lançado ao mar com dez... o que obrigaria os inquisidores a inventar a suposta doação de dois torpedos, para reduzir a diferença.[157]

EPÍLOGO

O alemão da Rua Larsen gabava-se de ter participado de uma operação de fuga de vários submarinos para a Argentina, no curso da qual haviam afundado quatro navios, origem remota deste trabalho, que permitiu comprovar que, pelo menos no essencial, não mentia.

As chegadas sucessivas do U-530 e do U-977 a Mar del Plata foram consideradas publicamente um fato isolado. Como se os submarinos apenas tivessem sido o veículo para que jovens patriotas alemães, que não haviam cometido crime algum e admiravam as belezas naturais da Argentina, ancorassem nessas praias com a intenção de refazer suas vidas.

Qualquer análise descompromissada dos últimos tempos da Segunda Guerra demonstra que a prioridade dos aliados ocidentais não eram os nazistas fugitivos, mas sim a União Soviética. O nazismo residual representava para eles um pequeno problema em comparação com a pujança da Rússia comunista, um grave problema mundial. Por isso, embora tenham municiado os russos, haviam apostado até o último momento em que esses e os alemães se destroçariam mutuamente.

Os aliados anglo-saxões jamais tentaram assassinar Mussolini, Hitler ou Hiroíto. Se tivessem desejado se desfazer do imperador japonês teriam lançado uma bomba atômica sobre Tóquio, e não sobre duas cidades menores. Apesar das reveladoras provas que demonstram que conhecia em detalhe, e aprovava, os maciços crimes de guerra que seus generais ordenavam, Hiroíto foi protegido de toda acusação. Levando-se em conta que até o último momento Stalin se havia negado a combater os japoneses, o imperador era imprescindível como garantia da unidade do povo nipônico e, ao mesmo tempo, de submissão aos Estados Unidos na fronteira sudeste soviética.

O *Duce* buscava refúgio na Suíça, onde esperava receber proteção dos Aliados, quando foi capturado por guerrilheiros que, intuindo o que aconteceria, o fuzilaram. Ao ser informado, Churchill ficou profundamente irritado e ordenou que os carrascos fossem, por sua vez, fuzilados.

Nada se sabe ao certo sobre o destino de Hitler. Nunca foram encontrados rastros do seu cadáver nem do corpo de Eva Braun. É provável que, tal como suspeitava Stalin, tenha fugido com a ajuda britânica. A incrível história que Himmler e Schellenberg contaram ao conde Bernadotte em 23 de abril de 1945, de que Hitler havia sofrido um derrame cerebral e estava à beira da morte, sugere que sua fuga foi longa e cuidadosamente preparada.

As operações da inteligência aliada para evitar que a União Soviética chegasse ao Atlântico e ao Mediterrâneo podem ser consideradas as primeiras ações da proto-Otan. A maior delas, Sunrise, foi um êxito militar completo: o Exército Vermelho viu-se encaixado entre formidáveis forças aliadas e alemãs. No plano político, chegaram ainda mais longe. Os anglo-saxões aceitaram a decisão de Hitler de nomear Dönitz como seu sucessor. O governo nazista sobreviveu em Flensburg até 23 de maio de 1945, de maneira que a colaboração de Dönitz engrossou visivelmente os ganhos da Operação Paperclip, por meio da qual os cérebros e as armas mais modernas do Terceiro Reich mudaram de mãos. Símbolo dessa transferência foi Von Braun, pai da Nasa e da conquista simbólica da Lua, cujo passado foi encoberto pelos novos patrões.

Resta a relativamente pequena Operação Ultramar Sul, até hoje a menos conhecida, destinada a pôr a salvo, para ser eventualmente usada contra os soviéticos, parte da cúpula nazista, com os restos do ouro e dos bens rapinados.

Mais de uma dezena de U-Bootes zarpou de Bergen e talvez também de Narvik num momento em que a Alemanha capitulava, tudo indicando que com a anuência do Almirantado britânico. Embora tenham afundado o *Avondale Park*, o *Sneland I* e um pequeno varredor de minas, esses "acidentes" não colocaram em risco a operação e até uma dúzia de U-Bootes teria convergido para uma ilha desabitada do Arquipélago de Cabo Verde, onde a E-Dienst havia armazenado provisões e combustível.

Sobreveio ali a primeira desilusão, isto é, a queda do governo residual de Flensburg e o consequente adiamento *sine die* da possibilidade de que os Estados Unidos e a Grã-Bretanha se lançassem contra a União Soviética, com a ajuda dos restos da Wehrmacht.

Os submarinos que participaram da operação, mais do dobro do que os citados em Cabo Verde, se dividiram em dois grupos. Muitos empreenderam paulatinamente o regresso para portos europeus da Espanha, de Portugal, da Noruega e da Inglaterra. Alguns, porém, os que deviam continuar navegando para a América do Sul, organizaram a próxima etapa da viagem.

Zarparam aproximadamente um mês depois da queda do efêmero "governo" de Flensburg, com a orientação de reunir-se, uma semana mais tarde, em uma escala mais inóspita, nos rochedos de São Pedro e São Paulo.

A partir de então, as coisas começaram a se complicar. Pelo menos um submarino foi localizado no fim de junho por um avião pertencente ao Comando Naval do Nordeste e poucos dias depois, nas proximidades da linha do equador, iniciou-se uma sucessão de choques: com o destróier *Bocaina*[158] e uma série de aviões da US Navy que cobriam o trajeto Dacar-Natal, um dos quais parece ter sido derrubado, até o torpedeamento do cruzador *Bahia* pelo U-977, fato que, por sua envergadura e trascendência, obrigou os fugitivos, já carentes de comando externo, a modificar os planos de viagem.

É provável que, nessa ocasião, o veloz submarino da classe XXI tivesse se adiantado e desembarcado no Golfo de San Matías. É também possível que os submarinos tenham viajado de maneira escalonada e que outro, ou o mesmo, submarino tenha desembarcado no fim de junho perto de Necochea. Está praticamente provado que pelo menos dois submarinos se desviaram da rota e voltaram a se refugiar nos rochedos de São Pedro e São Paulo. É certo que aqueles fatos levaram o U-530 a se adiantar, à máxima velocidade que fosse capaz de desenvolver, e se entregar em Mar del Plata.

Seu comandante tinha justificado temor de que, além do afundamento da corveta *USS Eagle 56*, lhe atribuíssem o do *Bahia*. Depois de disparar todos os seus torpedos — menos um, inútil — sem canhão e após lançar na água armas e munições, muito mais leve e com suficiente combustível, podia superar comodamente os 20 nós, sem outra perda senão a redução da vida útil de motores que já não voltariam a sulcar o oceano.[159]

Três dias depois de o U-530 se entregar, o torpedeiro *Babitonga* começou a perseguir outro ou outros U-Bootes e conseguiu avariar pelo menos um, quase quatro dias depois.

O U-530 chegou à Argentina quando o governo exercido em nome das Forças Armadas por Farrell e Perón sofria uma aguda crise. Uma importante facção das Forças Armadas, que incluía o setor majoritário da Armada, buscava, com o apoio dos Estados Unidos, uma maneira de desalojá-los do poder.

Atrás do U-530 navegava o U-977 a velocidade de cruzeiro, própria de um U-Boote com pouco combustível e os motores em más condições. Era lógico que chegasse uma semana mais tarde.[160]

A taciturna admissão de Wermuth, de que, se não fosse afundado antes por seus perseguidores, estava previsto que em uma semana outro submarino se entregaria, baseava-se nesse cálculo. E embora a chegada não tenha ocorrido na data assinalada, muitos moradores de San Clemente del Tuyú divisaram dois submergíveis de tamanhos diferentes e escutaram o ruído dos motores deles. E moradores de localidades costeiras do Rio Grande do Sul viram mais dois. Dois mais dois são quatro. E somados com o U-530, cinco.

Um dos divisados em San Clemente deve ter sido o U-977, que ultrapassou Mar del Plata rumo ao sul, junto a um companheiro. A costa argentina é difícil de navegar na altura de San Clemente. Provavelmente os numerosos bancos de areia os obrigaram a deslocar-se na superfície, à vista de dezenas de testemunhas. Ao entardecer do dia seguinte, com efeito, o torpedeiro *Mendoza* detectou claramente a presença de um desses U-Bootes, a que perseguiu e atacou com oito cargas de profundidade.

A inutilização do periscópio e outras avarias do U-977, entre elas as que apresentava no casco externo, alvo do interesse dos interrogadores americanos, podem ter sido uma consequência tanto desse ataque como do anterior, executado pelo *Babitonga*.

Inesperadamente, o vice-almirante Vernengo Lima ordenou a suspensão de todas as patrulhas em 21 de julho. Como pode-se perceber, a Ultramar Sul se desenvolveu com a expressa vista grossa de Churchill e do Almirantado britânico, cumplicidade que evidentemente se estendeu a seus partidários na Armada argentina, dos quais Vernengo Lima e seu secretário, o capitão de mar e guerra Rojas, eram claros expoentes.

Graças à proteção que lhe estenderam sucessivamente as marinhas da Grã-Bretanha, dos Estados Unidos — a declaração de que a *USS Eagle 56* havia se autoafundado foi crucial — e da Argentina, os oficiais do U-530 não foram acusados, razão pela qual a Operação Ultramar Sul poderia ter sido ignorada para sempre. Todavia, Schäffer decidiu entregar o U-977 em Mar del Plata, o que colocou a descoberto sua existência, já que os tripulantes desembarcados nas cercanias de Bergen haviam mentido ao declará-lo afundado nas adjacências.

Seis dias depois da suspensão da patrulha costeira — segundo informou a polícia da Província de Buenos Aires e Schultz e Dettelman confirmaram depois no Congresso — dois submarinos desembarcaram nas proximidades de Necochea um importante carregamento e um contingente de aproximadamente 80 pessoas.

O número parece excessivo — segundo Burnside, os passageiros deveriam ser 50 —, salvo se se incluísse nele parte das tripulações. Um ou ambos os U-Bootes teriam sido afundados perto dali.

A seguir, o U-977 refugiou-se em alguma praia do litoral atlântico argentino, não longe de Necochea, e ali permaneceu pelo menos durante duas semanas. Os tripulantes o pintaram e repararam, tratando de disfarçar as marcas dos ataques sofridos durante a travessia. No entanto, não conseguiram recompor o periscópio nem dissimular uma grande avaria no casco, perto da proa.

É possível que Schäffer tivesse contatos entre os militares argentinos que lhe permitiram avaliar a situação. Seguramente, de seu refúgio costeiro continuou as transmissões de radioemissores de ondas longa e curta. Nesses dias, Hiroshima e Nagasaki desapareceram, Churchill perdeu inesperadamente as eleições e Schäffer decidiu entregar a embarcação.

Ao contrário do torpedeamento da corveta *USS Eagle 56*, o do *Bahia* se havia produzido quase dois meses depois de encerrada a guerra. Tratava-se de um crime sem atenuantes, imprescritível. Os Estados Unidos, porém, pressionaram o governo brasileiro para que agisse como a US Navy havia feito no caso da corveta e tiveram êxito quando porta-vozes do Comando Naval do Nordeste começaram prematuramente a descartar a possibilidade de um ataque como causa do sinistro.

Nesse contexto, e apesar de que para a imprensa mundial o U-530 havia transportado Hitler e Bormann, nenhum desses "detalhes" escabrosos foi abordado, sequer tangencialmente, nos interrogatórios formais.

Finalmente Schäffer entregou-se. A passagem do tempo demonstraria que fez o melhor para seus interesses. Chegou à conclusão de que depois de tudo a situação de seus camaradas do U-530, apesar do traslado para os Estados Unidos, não era tão má assim. Parte da tripulação, liderada por Reiser, foi contra. Os dissidentes queriam cumprir o plano original da Operação Ultramar Sul, isto é, afundar o navio mar adentro e espalhar-se entre a população. Schäffer se impôs, mas não sem dificuldades.

O U-977 levava quatro torpedos a menos do que a sua dotação normal. Uma grande quantidade de munição de 20 e 37 milímetros havia sido evidentemente disparada. As avarias da popa e do periscópio denunciavam o resultado de ataques com cargas de profundidade. Todos os sinais o tornavam suspeito do afundamento do *Bahia* e da derrubada anterior de um avião estadunidense.

Todavia, nesse momento a Marinha brasileira havia descartado oficiosamente a hipótese do torpedeamento e os Estados Unidos afastaram a possibilidade de que aquele avião houvesse caído por algum outro impulso senão o da força da gravidade.

Do mesmo modo, a US Navy, em outra escandalosa decisão, fingia não saber que no *Bahia* navegavam quatro rádio-operadores da US Navy, os últimos americanos vitimados pelos nazistas.

Após sua entrega em Mar del Plata, e tal como havia sucedido com a do U-530, toda a tripulação do U-977 foi conduzida ao PWO de Fort Hunt, Virgínia, muito perto de Washington. Os oficiais foram acusados, mais de uma vez, de colaborar na fuga de Hitler e Eva Braun. No entanto, o pouco que se conhece desses interrogatórios permite inferir que, longe de denunciar o acobertamento dos inquisidores argentinos, terminara por aperfeiçoá-lo. No marco do acordo entre o OSS e o pequeno e astuto general Gehlen, os tripulantes do U-530 e do U-977 foram libertados em novembro de 1945.

Foram detidos novamente na Bélgica e levados para Londres, onde o Intelligence Service voltou a repetir as imputações sobre a fuga de Hitler, Bormann e outros dirigentes nazistas para a Argentina. Em 1947, os libertaram, ao mesmo tempo que o conteúdo dos interrogatórios foi declarado secreto.

Até a data de hoje, tem-se conhecimento apenas da versão arranjada em espanhol do interrogatório de Mar del Plata e o pouco que a Nara publicou sobre o que se passou em Fort Hunt.

A documentação que se conserva longe do alcance dos pesquisadores é abundante e presumivelmente muito interessante: o que Reiser, o subalterno desobediente de Schäffer, terá declarado? O que poderá ser lido nos "diários" hipoteticamente escritos por ele, com base nos quais Schäffer preparou suas declarações perante os oficiais argentinos? Que diriam os radiotelegramas que o U-977 recebeu durante seu longo périplo? Que "desenhos", rascunhos e emendas apresentarão os diários de navegação do submarino?

À espera de novas revelações, tudo indica que foram cerca de seis os submarinos que atravessaram o equador em sua viagem para o sul e não menos de quatro chegaram às costas argentinas. Pelo menos dois, após desembarcar uma importante quantidade de caixas pesadas e passageiros, foram abandonados e afundados perto da costa, onde ainda devem jazer.

A Operação Ultramar Sul incluiu suboperações destinadas tanto a abrir o caminho dos fugitivos como a lançar cortinas de fumaça sobre seu rastro. Embora alguns dos fugitivos tenham buscado abrigo em Portugal, na Espanha, na Noruega e, talvez, nos Estados Unidos e na Grã-Bretanha, o destino principal foi a Argentina.

Nada de novo se sabe sobre a identidade dos dirigentes nazistas desembarcados em costas patagônicas durante a fase final da operação. Óbvios suspeitos são, além de Hitler e Eva Braun, Martin Bormann, "Gestapo" Müller e um conjunto de chefes nazistas de segunda linha da SS e da Waffen SS, em particular os que protagonizaram a Operação Sunrise, como Walter Rauff, que ainda vive no sul do Chile, país que provavelmente abrigou um percentual significativo daqueles fugitivos.

Quanto a Bormann, não há provas de que tenha morrido em Berlim e, menos ainda, de que se tenha suicidado. Pelo contrário, sua morte no Paraguai parece digna de crédito. Possivelmente, seus restos foram levados a Berlim para seu "aparecimento".

De todo modo, determinar a identidade dos viajantes ou o lugar onde jazem os U-Bootes nunca foi o propósito deste trabalho. A essa última tarefa se dedica um pesquisador britânico, Terry Neilson, que em junho último esperava em seu iate amarrado no Clube Náutico de Buenos Aires, enquanto negociava com a Armada — que, afetada por fortes restrições orçamentárias, lhe pedia maiores indicações —, apoio para a busca de um U-Boote afundado nas imediações do Golfo de San Matías.

Apesar da contundente negativa do informe final da Ceana redigido por Ronald Newton — uma vergonha nacional quanto a esse e aos demais aspectos resenhados —, provou-se que submarinos alemães transportavam ouro, dinheiro, material estratégico e pessoal técnico.[161]

Os responsáveis por este livro sentem-se satisfeitos por ter demolido um relatório tão falacioso; por acreditar que trouxeram uma pista sólida para se afirmar que foi um submarino alemão que afundou a corveta *USS Eagle 56* e, sobretudo, por ter aberto o caminho para uma tardia justiça aos infortunados marinheiros brasileiros e americanos do *Bahia*.

Trata-se de um crime imprescritível, cometido por piratas. E, em ambos os casos, os infelizes oficiais e marinheiros foram assassinados simbolicamente pela segunda vez, pelos próprios superiores, que, por inconfessáveis motivos políticos, se prestaram a mascarar suas mortes como acidentes insólitos, produto da própria incompetência.

O recente reconhecimento oficial de que a corveta americana foi afundada por um submarino alemão — ainda que atribuir a culpa ao U-853 seja completamente arbitrário — permite que se tenha esperanças de que aconteça o mesmo, e logo, com o *Bahia*.

Os Estados Unidos devem reconhecer que os quatro radiotelegrafistas do cruzador brasileiro, um dos quais nem sequer figura em seus registros como desaparecido, foram os últimos americanos mortos pelos nazistas.

Passou-se um longo meio século desde aqueles acontecimentos. Passou-se bem mais de uma década desde o desaparecimento da União Soviética. Há algum tempo começou o terceiro milênio da nossa era. É hora de se deixar de tapar o sol com a peneira. É tempo de admitir que os terroristas e assassinos não são estranhos e muito menos alienígenas. Que o Mal — isto é, a mentira— subsiste comodamente instalado em nossa casa.

NOTAS

1. O U-977 foi um dos muitos submarinos que partiram de Kiel para a Noruega pouco antes de aquele porto ter sido inutilizado pelos bombardeios. Embora Schäffer tenha querido "descolar-se" do conjunto, que zarpou em 30 de abril, e tenha afirmado que partira quase uma semana antes, em um comboio integrado por apenas três submarinos — um dos quais, precisou, era do novo tipo XXI — ele, como já se verá, tinha motivos para esticar o máximo possível a suposta duração de sua viagem até a Argentina. O próprio Schäffer oferece uma pista que, para ser correta, permitiria estabelecer com exatidão a data de sua partida de Kiel. Segundo ele, a partida aconteceu dois dias depois de um furioso bombardeio durante o qual o U-977 e outros U-Bootes de sua flotilha saíram para mar aberto para evitar o ataque. E que um dos submarinos acabou sendo afundado, da mesma forma que o transatlântico *New York*, no qual ele havia viajado para os Estados Unidos em março de 1938. Entretanto, o mais sensato é concluir que ele teve de zarpar no fim de abril e em meio a um numeroso contingente de submarinos do tipo XXI.
2. "O primeiro submarino do tipo XXI entrou em operação em 30 de abril, quando o U-2511 partiu de Bergen, na Noruega. (...) Sua torreta, que havia

sido pintada de branco para torná-la mais difícil de divisar do ar, exibia um boneco de neve em homenagem a seu comandante, cujo sobrenome (Schnee) significa neve em alemão...", assegura *Wolf Packs*, a obra da Time-Life na qual colaboraram os especialistas John R. Elting e Timothy Patrick Mulligan. É lamentável o erro, já que se trata de uma excelente obra de consulta histórica, mas não é verdade sequer que só dois submarinos do novo tipo estiveram em condições de combater, nem que apenas um fora enviado à frente. Os submarinos da classe XXI incorporados a flotilhas de combate somavam 48. Além do U-2511 eram operativos no mínimo mais quatro U-Bootes: o U-2513 e o U-3008, que também pertenciam à 11ª Flotilha, e o U-2540 e o U-3037, pertencentes, como o U-977, à 31ª Flotilha até fim de abril e então presumivelmente transferidos para a 11ª Flotilha. Deve levar-se em conta, ademais, que o U-2513, sob o comando do "diabo vermelho" Hans Topp, zarpou de Bergen em 1º de maio e se rendeu em Horten uma semana depois; que o U-3008, sob o comando do capitão-tenente Helmut Manseck, que havia zarpado de Wilhemshaven para Bergen em 3 de maio, reapareceu misteriosamente naquele mesmo porto alemão em 21 de junho — dia em que foi apropriado pela US Navy — e que o U-2540, sob o comando do capitão-tenente Rudolf Schultze, foi afundado por sua tripulação perto do Farol de Flensburg, supõe-se que em 4 de maio. Recuperado em 1957, o submarino está exibido no Museu Marítimo Alemão de Bremerhaven.

3. Seu depoimento em Mar del Plata não permite que ele tenha podido enganar, em seguida, os estadunidenses, que estavam de posse das transcrições daqueles primeiros interrogatórios. E, por certo, tampouco resulta verossímil que os americanos tenham ocultado essa informação a seus primos britânicos, que, por sua vez, podiam obtê-la facilmente da Armada argentina, que se gabava publicamente de suas excelentes relações com a Royal Navy. Além do mais, como já se verá, numerosos indícios permitem suspeitar que o Almirantado tivesse informações detalhadas sobre a Operação Ultramar Sul, antes mesmo que ela tivesse tido início.
4. Os argumentos de Schäffer devem ser tomados, neste e em todos os casos, com muito cuidado. O U-977 havia sido comandado até então pelo comandante da 21ª Flotilha, capitão Hans Leilich, e por isso se supõe que estava em perfeitas condições de navegação. Sua entrada em dique teve de responder, antes de mais nada, à incorporação de modificações, como um *schnorkel* e outras ainda desconhecidas.
5. Oficialmente, assegura Kraft, o U-1017, um submarino da classe VII-C/41 sob o comando do capitão-tenente Werner Riecken, foi afundado por um bombardeiro Liberator do Esquadrão 120 da RAF em 29 de abril na posição 56° 04' N, 11° 06' W, a noroeste da Irlanda. Doze dias antes, em 17 de abril, figura como extraviado o U-389, um submarino da classe VII-C sob o comando do

capitão-tenente Wilhelm Cranz, que, segundo algumas fontes, navegava entre o Atlântico Norte e o Ártico e para Kraft "pelo Canal da Mancha". Não se sabe ao certo por onde ele navegava. "Existe a possibilidade de que o U-398 tenha sido afundado no lugar do U-1017 por um bombardeiro Liberator do Esquadrão 120 da RAF em 29 de abril. Ambos desapareceram sem deixar rastros nas mesmas águas", adverte *uboat.net*. Nesse caso, o destino do U-1017 seria desconhecido. Embora os dois submarinos fossem semelhantes, enquanto o U-1017 é tido como afundado com uma tripulação de 43 homens, o U-389 figura como "perdido", tal como afirma Kraft, com somente 34 homens. Como se pode considerar, para Kraft declarar um objeto "perdido" equivale a conhecer o seu destino. Não se trata, de maneira alguma, de um caso excepcional. Há outros. Kraft lembra que o U-196 zarpou no fim de novembro de Jacarta, sob o comando de Werner Striegler, com uma tripulação total de 85 homens e que seu rastro se perdeu "no Estreito de Sunda, ao sul da Ilha de Java. Supõe-se que colidiu com uma mina", escreveu, igualando, nesse caso, uma suposição e uma certeza.

6. Entre os ex-tripulantes do U-172 figura um certo "H. Schäffer". Segundo a capciosa história oficial, seria um marinheiro chamado Helmuth. Schäffer declarou em Mar del Plata que em abril de 1941 integrou a tripulação do U-561 — cujo comandante era Robert Bartels —, um U-Boote "que operava no *front*". O certo, porém, é que o U-561 integrava então a 1ª Flotilha de treinamento, cuja única atividade bélica consistia em semear minas nas proximidades dos próprios portos. Ele acrescentou (algo que sugestivamente esqueceria na hora de redigir suas memórias) que depois de graduar-se na Escola de Submarinos, no começo de 1942, integrou-se à tripulação do U-441, sob o comando do capitão-tenente Klaus Hartmann e pertencente à 5ª Flotilha de combate com base em Kiel e que pouco depois passou a desempenhar as funções de imediato do U-445, da 8ª Flotilha de treinamento baseada em Danzig e sob o comando do primeiro-tenente Heinz-Konrad Fenn. Foi nesse navio, inventou, que ganhou suas Cruzes de Ferro. Porém, ao escrever seu livro, mudou a versão: depois de observar que o U-445 havia passado para a 6ª Flotilha de combate em novembro de 1942 — razão pela qual o seu envio para a frente devia ser necessariamente posterior — justificou sua Cruz de Ferro de Primeira Classe inventando que o submarino que tripulava havia afundado um destróier americano na noite de Natal de 1942: não se registrou o afundamento de qualquer destróier da USS Navy nessa data nem nas próximas.

7. Carl Emmermann nasceu em 1918 em Hamburgo e ingressou na Kriegsmarine em 1938, quando tinha 20 anos. Afundou 27 navios, num total de 152.094 toneladas. Recebeu a Cruz do Cavaleiro em novembro de 1942 e as Folhas de Carvalho em julho de 1943. Atuou no Oceano Índico, no litoral da África do

Sul e do Brasil. Sobreviveu à guerra, regressou a Hamburgo, estudou engenharia e prosperou nos negócios.

8. Deve-se depreender dessa observação que Carl Emmermann era um veterano não apenas do *front* sul-americano como também do africano. E que alguém poderia suspeitar que a perseguição descrita correspondia à ocorrida em julho de 1943 e em águas brasileiras, quando Schäffer era oficial do U-172 sob o comando de Emmermann.
9. Em caso de se dar crédito às declarações de Schäffer — ele disse que em 1942 esteve, sucessivamente, no U-441 e no U-445 —, deve-se substituir "Emmermann" pelo "capitão de corveta Karl Heinz Moehle", comandante da 5ª Flotilha de combate baseada em Kiel, à qual pertenciam aqueles submarinos, desde princípios de 1942 até o fim da guerra.
10. Ali, depois de uma dura instrução, Schäffere havia saído guarda-marinha, no fim de 1938. "A Escola Naval tinha um aspecto imponente. Do edifício principal, que se erguia sobre uma colina, uma imensa escadaria de pedra levava ao porto onde centenas de iates, botes a remo e lanchas a motor estão amarradas no extenso embarcadouro", descreveu.
11. Ele afirmou que o *elektroboote*, submerso, alcançava "uma velocidade de mais de oito nós, enquanto o meu desenvolvia somente três nós. A velocidade máxima daquele (em superfície) era de 18 nós e eu só podia navegar uma ou duas horas a oito ou nove nós". O criativo primeiro-tenente mente com descaramento, pois embora os submarinos da classe XXI fossem muito mais rápidos do que os convencionais sob a água, não tinham vantagens apreciáveis na superfície. Do mesmo modo, reduziu à metade a velocidade máxima que um U-Boote da classe VII-C atingia na superfície.
12. Dönitz era respeitado tanto pelos militares como pela maior parte do exausto povo alemão. O líder indiscutível dos lobos cinzentos havia colhido vitórias suficientes para que seu reconhecimento da derrota não pudesse ser objetado nem pelo mais fanático dos nazistas. Esse fato era importante à luz da experiência histórica, dado que, depois da derrota na Primeira Guerra Mundial, havia se tornado um lugar comum dizer que o Exército alemão não havia sido vencido no campo de batalha, mas sim traído por uma retaguarda civil de políticos débeis e medrosos, que se haviam rendido quando ainda era possível lutar. O sucessor de Hitler conhecia perfeitamente as condições draconianas de capitulação que seriam impostas por causa dos documentos capturados pelos serviços de inteligência alemães, que assinalavam as zonas de ocupação nas quais a Alemanha vencida seria dividida. Sabia também que se havia iniciado entre os vencedores uma acirrada polêmica sobre o futuro de sua pátria. Altos funcionários do governo americano, como o secretário do Tesouro, Henry Morgenthau, desejavam arrasar com a sua indústria e converter a Alemanha em uma granja, enquanto outros, dando por certo que logo logo a guerra teria de con-

tinuar contra a União Soviética, pretendiam converter a Alemanha no pilar europeu de uma iminente Terceira Guerra Mundial que, ao fim e ao cabo, teria como principal teatro de operações seu devastado território. Dönitz constituiu, em seguida, um gabinete no qual introduziu algumas mudanças com relação à vontade testamentária de Hitler — os mais evidentes foram a inclusão de Speer e a exclusão de Bormann — após o que iniciou uma rodada de conferências telefônicas com os dispersos chefes militares e políticos do Reich agonizante. Por fim, convocou Himmler, que percorria as zonas não ocupadas do norte da Alemanha como se fosse o novo *Führer*, razão pela qual não estava claro se aceitaria Dönitz como sucessor de Hitler. O chefe das SS comandava, pelo menos teoricamente, a polícia, as Waffen SS e outras tropas heterogêneas. Escoltado por seis guarda-costas da SS, chegou ao quartel-general de Dönitz por volta da meia-noite. "Estendi a Himmler a mensagem que continha minha nomeação. 'Por favor, leia isso', lhe disse. Observei-o atentamente, enquanto ele lia. À medida que ia lendo, uma expressão de assombro, na verdade de consternação, estendeu-se pelo seu rosto. Toda esperança existente dentro dele pareceu cair por terra. Ficou muito pálido. Finalmente, pôs-se de pé e fez uma inclinação de cabeça. 'Permita-me — disse — ser o segundo homem em seu Estado'. Respondi-lhe que isso ficava descartado e que não havia como eu pudesse fazer uso de seus serviços", recordaria Dönitz. Desde então, o destino de Himmler foi errático. Supõe-se que os britânicos o tenham detido em meados de maio, que tenha se suicidado com uma cápsula de cianureto e que seu cadáver tenha sido incinerado.

13. Resgatado em 1993, esse submarino foi restaurado e encontra-se em exibição, desde 1996, no Museu Marítimo Nautilus de Birkenhead, nas proximidades de Liverpool.
14. De acordo com o documentário, um dos mortos tinha 18 anos e seu sobrenome era Neudorfer (fonético).
15. Buscar "U-534" no site especializado *www.uboat.net*.
16. O resgate tem sua própria página de internet, *www.u534.coolfreepages.com*. Nela se afirma que o U-534 foi especialmente modificado para "cobrir grandes distâncias e navegar até a Argentina, levando como passageiros nazistas fugitivos".
17. Em princípios de 1944, o U-103 foi integrado à 24ª Flotilha de treinamento, com base em Memel, e pouco depois, em março, oficialmente retirado de serviço. Porém, curiosamente, em janeiro de 1945 foi enviado de Gotenhafen, base da 24ª Flotilha, para Hamburgo e em abril navegou de Hamburgo a Kiel, onde figura como afundado no dia 15, com o saldo de um único morto, provavelmente o último homem de um autoafundamento.
18. Que Kuhnke fazia operações especiais ficou ratificado quando dias depois, em 8 de outubro, zarpou de Horten comandando o U-1230, que, como já foi narrado, desembarcou dois espiões no Golfo de Maine no fim de novembro para

— depois de afundar, em 3 de dezembro, o vapor canadense *Cornwallis*, de 5.458 toneladas — regressar a Kristiansand Sul em 13 de fevereiro.

19. Tal como pôde ser comprovado em resgates posteriores em quase todos os U-Bootes afundados por sua tripulação no começo de maio de 1945, em cumprimento da Operação Regenbogen.
20. Fontes da Armada argentina confimaram aos autores que quando se pratica o autoafundamento, além de se colocar explosivos, abrem-se as válvulas de fundo; e que o último homem precisa ter muita habilidade e rapidez para conseguir sair pela escotilha antes que a pressão da água torne impossível abri-la. Por essa razão, era frequente que esse último homem perdesse a vida.
21. O sobrevivente, Herbert Guschewski, disse que em cima da hora — tão em cima da hora que a lista de embarque não teria chegado a ser modificada — foi hospitalizado em Flensburg por causa de uma bronquite. Que seu depoimento despertou suspeitas nos investigadores dá fé o fato de que voltaram a entrevistá-lo para um segundo documentário, ocasião em que Guschewski se vangloriou de ter uma sorte incrível, já que disse que anteriormente havia escapado de morrer quando foi desembarcado — também no último momento, dessa vez por ser o dia do seu aniversário e, ao que parece, sem que tampouco fosse modificada a lista de embarque — do U-602, um submarino que zarpou do porto francês de Toulon em 11 de abril de 1943 e cujo rastro, e o de seus 48 tripulantes, perdeu-se misteriosamente para sempre oito dias depois, quando, segundo os registros da Kriegsmarine, emitiu sua última mensagem da posição 36° 50' N, 0° W.
22. Na hora de escrever, Heinz se fez de bobo: adicionou mais de cinco mil litros à carga que havia declarado em Mar del Plata. Ele "esqueceu" então que também havia dito que os tanques do U-977 tinham capacidade para 130 toneladas.
23. Entende-se que cinco dias mais, depois dos "poucos dias" que haviam se passado até que aconteceu o alarme que determinou a ruptura do periscópio, razão pela qual não podia ter transcorrido menos de oito dias desde a partida da Noruega.
24. É algo tão velho como o mundo. O lunfardo, o *slang* e muitas gírias europeias se originaram da necessidade dos presos de contarem com uma linguagem indecifrável pelos carcereiros.
25. Em Mar del Plata, Schäffer havia dito, pelo contrário, que, uma vez que se convencera de que a Alemanha havia sido derrotada, resolveu "pessoalmente sair da zona perigosa para decidir, oportunamente, onde entregaria o navio". Do mesmo modo, negou que seus subordinados tivessem estado na Argentina ou tivessem amizades no país.
26. Declarara a seus inquisidores argentinos que se tratava de "Hellesoy ou de suas proximidades".
27. Em *Odessa al sur*, Jorge Camarasa dá conta de que o desembarque dos tripulantes do U-977 teria acontecido na noite do 10 de maio e que "foi esse o chamariz que atraiu a agência de notícias americana Associated Press, que, em

um despacho datado de Londres três meses depois da rendição, informou que '16 alemães chegaram à costa de Bremanger [*sic*], Noruega, e dali se transferiram para Bergen, onde disseram ter pertencido à tripulação do submarino U-977, que havia afundado'".

28. Quando o U-977 se entregou em Mar del Plata, seus ex-tripulantes detidos em Bergen — que trabalhavam então como operários na construção de um estádio — foram acusados de mentirosos impenitentes e voltaram a ser interrogados. Um deles, Gerhard Kempf, declarou que o desembarque havia sido acidentado e ocorrera junto a uma ilha próxima a Bergen entre as 2h30 e as 3h30 de 10 de maio. Estavam a ponto de descer na água em um dos botes de salvamento, bem abastecidos de cigarros e bebidas alcoólicas — disse — quando o submarino se chocou contra uma rocha e adernou, o que fez com que o bote e parte dos que se dispunham a ocupá-lo caíssem nas águas gélidas. Enquanto os náufragos chegavam aterrorizados nas rochas, e os que conseguiram permanecer agarrados à ponte desciam no segundo e último bote, Schäffer continuava tentando "nos convencer a seguir viagem para a América do Sul", contou. Depois dessa incrível história, Kempf continuou dizendo que os do segundo bote não chegaram a desembarcar na ilha porque o vento e a maré os empurraram mar adentro, mas logo viram os mastros de um pesqueiro norueguês, ao qual atraíram com sinalizadores e que os resgatou. E que aqueles que haviam chegado à ilha nadando, aterrorizados pelo frio, foram recolhidos poucas horas depois. Em meio a tanta confusão, o único ponto claro é que os britânicos os detiveram nesse mesmo dia. Em terra firme.
29. Segundo a história oficial, o U-235, um submarino da classe VII-C, sob o comando do capitão-tenente Friedrich Huisgen, foi afundado por engano em 14 de abril de 1945, quando foi atacado pelo torpedeiro alemão T-17 em águas próximas a Kattegat, no extremo nordeste da península dinamarquesa, muito perto do Estreito de Skagerrak e do lugar onde 21 dias mais tarde seria afundado o U-534 e seu misterioso rádio-operador argentino. Todavia, o já citado "Informe estritamente confidencial e secreto" da Direção de Coordenação Federal, de 14 de outubro de 1952, que deu conta das transferências de ouro e dinheiro de Bormann para a Argentina, também assegurou que um oficial alemão "desembarcado do U-235" havia comprado uma casa em Ascochinga, Córdoba, onde mantinha reuniões com os financistas nazistas Ricardo Leute e Heinrich Dörge.
30. A Argentina certamente ofereceu proteção a alguns dos protagonistas alemães da Operação Sunrise. Por exemplo, o hoje famoso Erich Priebke, assistente do coronel SS Eugene Dollmann. Priebke cumpre pena na Itália pela atuação no Massacre das Fossas Ardeatinas.
31. *La Segunda Guerra Mundial*, p. 338.
32. Anos mais tarde, explicaria, em cuidadosa linguagem diplomática, que Eisenhower carecia de "uma apreciação adequada dos acontecimentos que haviam

tido lugar nos assuntos do mundo". Em outras palavras, ainda recomendava uma aliança entre americanos e alemães para opor uma resistência conjunta às ambições soviéticas.

33. O *Sneland I* foi afundado na posição 56° 10' N, 2° 31' W, o *Avondale Park* em 56° 5' N, 2° 32' W e o varre-minas norueguês em 50° 22' N, 3° 9' W.

34. Por incrível que pareça, em seu informe elaborado para a Ceana — e que foi convertido em um documento oficial do Estado argentino — Newton justificou sua posição afirmando que Webb lhe declarara que posteriormente ele pôde averiguar que "o boato" havia sido divulgado pelo adido Lang. Para o preconceituoso historiador canadense, se a informação original provinha dessa fonte, não podia ter qualquer pretexto... como se nenhum U-Boote tivesse navegado no Atlântico para a Argentina.

35. Como Schäffer também havia dito que o U-977 havia demorado quase uma semana para navegar desde Cabo Verde até as ditas rochas — entre 14 e 22 de julho — deve ter chegado à Ilha Branca por volta de 26 de junho e ali permaneceu aproximadamente três dias. Claro que, no caso de admitir que as coisas aconteceram desse jeito, seria responsabilizado pelo afundamento do cruzador brasileiro *Bahia*.

36. Deve-se ter presente que, ao se entregar em Mar del Plata, o U-977 conservava só um dos quatro botes com os quais havia zarpado da Noruega.

37. Schäffer assegura que a festa do seu batismo teve lugar quando rumavam para Freetown. Embora não tenha identificado em que submarino, de acordo com suas primeiras declarações, em Mar del Plata, devia ser o U-445, da 6ª Flotilha de combate, cujo comandante seria Emmermann a partir de novembro desse ano. No entanto, não há dados que indiquem que o U-445 tenha navegado em águas africanas durante o verão boreal de 1943. Na opinião dos autores, em junho de 1943 Schäffer integrava a tripulação do U-172, sob o comando de Emmermann, que acabava de entrar em águas brasileiras.

38. Schäffer recorda, como em um sonho, o roteiro de seu batismo. Os protagonistas, além de Netuno e Tetis, eram o policial do palácio, o médico e outros membros da corte do deus do mar, que faziam as vezes de coro:
POLICIAL: — Informo a Sua Majestade que durante minha ronda matutina avistei um navio. Navega lentamente para a nossa linha sagrada sem ter anunciado. Está camuflado, pelo que pude perceber em cima da hora, tanto que fui obrigado a saltar para o lado para não ser atropelado. E depois aconteceu algo que nunca havia ocorrido comigo: como queria averiguar seu nome e anotá-lo, me aproximei com cautela, pois seus tripulantes tinham um aspecto pouco tranquilizador e usavam barbas, como os piratas. Busquei meu bloco de anotações, mas quando levantei novamente os olhos o navio havia desaparecido!
NETUNO: — É realmente inaudito! Devemos infringir-lhe as penas mais severas! Nunca ouvi nada semelhante!

TÉTIS: — É terrível. Não poderei sair para passear em meu cavalo-marinho. E tinha tanta vontade de fazer esse passeio!

As conversas se prolongam por muito tempo, interrompidas pela orquestra do palácio.

Continuamente novas ocorrências são pensadas. Divertimo-nos muito. (...) Por princípio, todos os candidatos ao batismo são condenados aos suplícios de primeiro grau. A partir de então, aumentam os suplícios individuais. O jovem oficial recorda a sequência que determinou a aplicação da pena fatal para o médico. Começa com o castigo a um suboficial.

POLICIAL: — Sua Majestade ficará horrorizada! Ao despontar o alvorecer vi sobre essa maléfica embarcação um homem sobre a ponte que levava um cachecol vermelho e manipulava um estranho instrumento que chamam sextante. Com ele baixava as estrelas do céu e media suas alturas. Comportava-se de uma maneira incrível nestas regiões sagradas! Sem o menor respeito! Chama-se suboficial... Proponho condená-lo à pena de segundo grau!

NETUNO: — Por certo que a merece.

TÉTIS: — Se ele baixou as estrelas, já não poderei ver de noite. O mundo torna-se cada vez pior e tenho muito medo. Esse homem perverso deve ser castigado com mais severidade. Do contrário, poderá continuar com suas funestas atividades.

NETUNO: — Tens razão, filha. Pena de terceiro grau!

POLICIAL: — Há casos piores. Há dias que venho observando uma pessoa que usa uma longa barba. Uma barba vermelha! Incrível é essa tamanha desfaçatez! Se eu tivesse uma barba vermelha, pediria à Sua Majestade uma nova cabeça. Essa cor revela suas maléficas atividades. Está pintada com sangue!

NETUNO: — Você acha?

POLICIAL: — Sem dúvida, Majestade.

NETUNO: — Então... Me dê o informe!

POLICIAL: — É uma pessoa temida por seus companheiros que, todavia, vão vê-lo diariamente.

Encontram-se evidentemente sob seu domínio diabólico, pois estão pálidos e parecem enfermos. Ele lhes ordena abrir a boca, os examina com ansiedade e faz o mesmo com seus corpos, empregando instrumentos perigosos... Talvez os queira assar e devorar. Apesar do calor, aplica-lhes ao redor do pescoço ataduras torturantes e lhes faz engolir pílulas brancas. A outros dá um líquido amarelo que deve ter um gosto horrível, porque, ao tomá-lo, as vítimas fazem caretas como se estivessem sendo envenenadas...

TÉTIS (Grita assustada): — Pai, ordene-lhe que pare de contar coisas horríveis! Não aguento mais!

NETUNO: — Fique tranquila, filha. Pena de terceiro grau para esse malvado!

O médico, que de acordo com a descrição de Schäffer, é um homem assustadiço, que não queria embarcar e que estava convencido de que jamais voltaria a ver os seus, era, evidentemente, objeto do escárnio geral. O cordeiro destinado ao sacrifício. "No dia seguinte, pouco antes de cruzar o equador, a reportagem chegou ao seu fim", continua.

NETUNO: — Onde está o policial do palácio? Foi capturado pelos bandidos? Que o busquem imediatamente!

MÉDICO DE CÂMARA: — Ao cair a tarde, vi-o afastar-se tão apressadamente que era impossível segui-lo. E mais tarde vi sua calça pendurada na trave...

TÉTIS: — Ah, não! Oh... que cara feia ele tem.

POLICIAL: — Perdão, Majestade. Provei do líquido amarelo que dão nessa embarcação diabólica...

NETUNO: — Quem deu foi esse indivíduo que se oculta atrás do título de médico de bordo?

MÉDICO DA CORTE: — Como?! Há um outro médico nesta região? Devemos impedir que continue exercendo sua profissão. Proponho para esse monstro a pena de quarto grau...

NETUNO: — De boa vontade eu lhe impediria de cruzar o equador. Apliquem-lhe a pena de quarto grau, imediatamente... E em forma!

39. Garcia D'Ávila Pires Carvalho e Albuquerque era baiano e o segundo filho de Antônio Joaquim, que fora ministro e procurador-geral da República. Radicado no Rio, era casado com Alcira de Campos Salles, neta do ex-presidente Manoel Ferraz de Campos Salles e do governador paulista Bernardino de Campos. O casal tinha dois filhos homens, de 15 e 11 anos. Mal saíra da Escola Naval, havia sido enviado para os mares europeus sob as ordens do almirante Pedro Max Frontin para combater na Primeira Guerra Mundial. Condecorado pelo governo francês, incorporou-se à tripulação do cruzador *USS Wyoming*, com base em Norfolk, na Virgínia. Depois, foi assistente do gabinete do ministro de Marinha, almirante Alexandrino de Alencar, membro da comissão que estabeleceu, no Rio de Janeiro, a fronteira com a vizinha República do Peru. Foi, também, capitão dos portos de Itajaí (SC), Aracaju e Salvador e comandante da Escola de Aprendizes Marinheiros. Desde o início da guerra, frequentou cursos para oficiais do Estado-Maior e se especializou como submarinista nos Estados Unidos. Navegou em todos os submergíveis brasileiros e comandou o *Timbira* (T2) durante dois anos. Em 1942, quando o Brasil começou a participar da contenda, deixou os submarinos para servir como oficial de ligação na missão naval americana no Rio, quando se tornou amigo de seu chefe, o almirante A. Tountat Bauregard, e conheceu o almirante Jonas H. Ingram.

40. Almirante Saldanha da Gama, *A tragédia do Bahia*, História Naval Brasileira, volume quinto, tomo II, Serviço de Documentação Geral da Marinha, Rio de Janeiro, 1985, p. 412.

41. O ocultamento persiste até a atualidade. Gibson Bedell Smith, do NWCTM (Modern Military Records) da Nara, informou aos autores que embora Eusta-

ce, Pendleton e Sparks tenham sido declarados mortos em ação ao completar-se um ano e um dia do desaparecimento, não há nos arquivos informação alguma referente a Salles.

42. A média de idade era de apenas 23 anos. E só o suboficial Paul Hahn superava os 40.
43. "Submarinos alemanes en Mar del Plata", nota publicada por *Todo es História,* nº 72, abril de 1973, escrita por Miguel Ángel Mojáno.
44. Trata-se, segundo tudo indica, do cabo Joachim Krätzig. Durante o complacente interrogatório dos oficiais navais argentinos, Wermuth esclareceu, sem que qualquer pergunta tivesse sido feita, que Krätzig se havia casado radiotelegraficamente com a noiva de Hamburgo no alto-mar, o que justificaria que houvesse estampado a data numa foto anterior.
45. Teissaire seria companheio de chapa de Perón nas eleições de 1952. Porém, após a derrubada, deporia contra Perón no processo que privou o ex-presidente de sua patente militar.
46. *La Nación* acrescentou que, segundo as autoridades navais, "nenhum dos que faltam é suficientemente grande para que possa chegar até o Japão". Elas se antecipavam, assim, a um iminente comunicado do Departamento de Marinha dos Estados Unidos.
47. Dali provém a imensa maioria de imigrantes — *nikkei* — japoneses para a Argentina.
48. Quem assinou seu recebimento foi o capitão de mar e guerra José J. Almagro.
49. Refere-se a Longhi, o oficial da polícia que havia formalizado a denúncia.
50. Em seus considerandos, o decreto explicou que "produzida a rendição incondicional da Alemanha, as forças de ar, mar e terra" desse país deviam "entregar-se, nas condições estabelecidas, às forças aliadas". Como a Argentina havia decretado "o estado de guerra" contra o Eixo Berlim-Tóquio "por própria e espontânea decisão" e havia aderido às "Ata Final da Conferência Interamericana sobre Problemas da Guerra e da Paz, no México", em alusão ao Tratado de Chapultepec que unia a Argentina às Nações Unidas em uma "identidade de critério e de ação — com os aliados vencedores — em todos os problemas que se colocaram com motivo do estado de guerra", surgia "como uma norma jurídica inquestionável que, tendo sido dissolvido o Comando Supremo da Força Expedicionária Aliada, perante ao qual o submarino alemão teve de se render, corresponde colocá-lo (ao U-Boote) à disposição dos governos de Estados Unidos e da Grã-Bretanha que exerciam esse Alto-Comando".
51. Despacho da agência United Press emitido em Washington.
52. Sob a influência do talentoso mas acelerado Szabó, o vespertino conjecturou que, depois de desembarcar, Hitler havia buscado refúgio no "sexto continente", em óbvia alusão à Antártida. Também destacou que os investigadores do Brasil e dos Estados Unidos duvidavam das verdadeiras atividades da tripula-

ção do U-530 e que estavam convencidos de que, ao responder às perguntas dos oficiais argentinos, os oficiais alemães as haviam ocultado cuidadosamente. A tal ponto, exemplificou, que não sabiam sequer com certeza se Wermuth havia sido o verdadeiro comandante do navio durante sua travessia. Eram dúvidas muito razoáveis: até fins de janeiro, o comandante do U-530 havia sido o experiente Lange. Ainda que, segundo Wermuth, o BdU houvesse reservado o comando dos novos *elektrobootes* aos oficiais mais experimentados, a Lange, ao que se supunha, não fora confiado o comando de algum outro submarino.

53. Essa mensagem — dirigida à Esquadra de Mar? — foi parcialmente desclassificada pela Armada argentina passado meio século, em 1996, e citada em vários artigos publicados esse ano por *La Nación*, entre eles, "Buscan un submarino nazista en Argentina", assinado por Ernesto G. Castrillón, que se refere a "um avistamento bem próximo à zona de Caleta de los Loros, onde a lenda ou a tradição local insistem em localizar um submarino alemão afundado desde essa época". Castrillón acrescenta que outros documentos secretos, correspondentes a julho e agosto de 1945 e desclassificados pela Armada argentina, deixam registro da "presença de periscópios ou de submarinos nas praias de Necochea e de San Clemente del Tuyú".
54. O texto de Rojas está encimado pela seguinte legenda, colocada, com toda certeza, posteriomente: "Por expediente 6.P.38. 'S' COMANDANTE DE ZONA COSTA SUL estabelece, em prevenção sumária, que se trata do navio brasileiro *Oesteloides*". Parece uma manobra ostensiva para encobrir a presença dos submarinos alemães.
55. "Los submarinos alemanes en el sur. Último refugio", publicado por *La Nación* em 1996 e obtido pelos autores na página web da Fundação Albenga — *www.fundacionalbenga.org.ar* — vinculada à Armada argentina.
56. Villanova informou a Vernengo Lima em 2 de agosto que, depois de analisar a questão "sob o duplo ponto de vista da segurança e da divulgação de notícias", conseguiu determinar que alguém havia telefonado a uma agência de notícias de General Lavalle. Villanova julgou que podia ser mera "coincidência" que ao mesmo tempo em que, na base naval de Porto Belgrano, recebia-se uma mensagem cifrada sobre o avistamento, a Rádio Bahia Blanca difundisse a notícia. Não obstante, o capitão de mar e guerra deixou aberta a possibilidade de que o vazamento pudesse "ter acontecido (pela) decodificação da informação do torpedeiro *Mendoza*" ou por "uma inconfidência na fonte inicial ou receptora". Por isso, insistiu na necessidade de recordar ao pessoal da Armada que toda comunicação cifrada devia ser feita necessariamente "por telégrafo ou por telefone".
57. Schultz, que viveu vários anos em Bahia Blanca, faleceu em Berlim em 18 de fevereiro de 1987. Dettelman morreu em 2 de março de 1991, em Nuremberg.
58. Schultz havia escapado pouco tempo depois que o internaram, em 1939. Foi recapturado em junho de 1940 e enviado para Martín García, de onde também

fugiu. Dettelman havia fugido do centro de internação de Serra da Ventana — tão ao sul da Província de Buenos Aires quanto Necochea, mas só que para o interior — em abril de 1941.

59. Supunha-se que Klay estivesse internado na quinta “La Beba”, de Florencio Varela, mas na realidade saía dali à vontade.
60. Embora nessa época a Companhia Lahusen fosse um dos principais conglomerados alemães da Argentina, ocupando sete andares de escritórios bem no Centro de Buenos Aires, cem mil hectares de propriedades na Patagônia e com mil empregados, havia sido estranhamente retirada da lista de firmas investigadas pela Comissão de Vigilância da Propriedade Inimiga, criada pelo governo militar argentino após a declaração de guerra ao Japão e à Alemanha.
61. Em *Odessa ao sul*, Camarasa opina que um dos desembarcados pode ter sido Heinrich “Gestapo” Müller.
62. A exemplo de Dettelman, Brenneke havia fugido de seu centro de internação no começo de 1941.
63. Concordando com Farago, a quem citou, Pujol estima que o carregamento consistiu de cédulas e moedas totalizando 187.692.400 marcos, 17.576.500 dólares americanos, 4.862.500 libras esterlinas, 24.976.500 francos suíços, 8.379 florins holandeses, 54.963.000 francos franceses, 17.280.000 francos belgas, 2.511 quilos de ouro e 4.638 quilates de diamantes. Como o veemente Santander, Pujol acredita que todo esse dinheiro foi depositado por Ludwig Freude nos bancos Alemão Transatlântico, Germânico, Tornsquist e Strupp, em nome de Juan Perón e de sua mulher. No entanto, e embora existam poucas dúvidas de que Ludovico tenha atuado como financista da campanha que antecedeu as eleições que Perón ganhou, em fevereiro de 1946, não parece razoável que lhe tenha confiado sem mais nem menos semelhante tesouro.
64. A décima região corresponde à Região dos Lagos, no sul do país. Sua superfície é de 48.585km^2 e compreende quatro províncias: Osorno, Llanquihue, Chiloé e Palena. (*N. do T.*)
65. Moeda de ouro cunhada na Itália após o triunfo de Napoleão Bonaparte sobre os austríacos no Bosque de Marengo (Alessandria), em 1800. Também chamada de “Napoleão”.
66. Membro feminino do setor de Comunicações da Wehrmacht. Eram chamadas assim por causa das insígnias que as identificavam: um raio dourado. O termo — literalmente garota-raio ou garota-relâmpago — também podia ser usado com duplo sentido.
67. Quer dizer, literalmente, “vale da paz”. Tratar-se-ia de uma expressão em gíria ou, melhor dizendo, em “germania”.
68. Burnside conjectura que o provável comandante do submarino tipo XXI no qual Hitler teria se transferido para a Argentina se chamaria Herman Wolf. Suas suspeitas derivam da existência de um ancião alemão, residente na Patagônia,

que dizia ter esse nome e que chegou ao país em um submarino. A lista de comandantes de U-Bootes não inclui alguém chamado assim, mas sim um certo Heinz Wolff, que, por certo, se destaca como um comandante de submarinos: capitaneou o U-974, U-Boote classe VII-C da 7ª Flotilha, entre novembro de 1943 e 9 de abril de 1944, época em que se supõe combateu, embora jamais tenha afundado, ao menos oficialmente, um único navio. Nessa data seu U-Boote figura como afundado pelo submarino norueguês *HnorM Ula* ao norte do Porto de Stavanger, com um saldo de 48 mortos e apenas oito sobreviventes, entre os quais se encontrava Wolff. Desde então, comandou o U-985, da mesma classe e flotilha, que não combateu, mas foi atingido, em 23 de outubro, por uma mina própria. Gravemente avariado, o U-985 chegou até Flensburg, porto em que Wolff teria permanecido à disposição do BdU até o fim da guerra.

69. A memória assinala que a embaixada dos Estados Unidos, em nota datada de 18 de julho, "agradeceu profundamente a justa mas generosa decisão (de entregar-lhe o U-Boote e todos os seus tripulantes) adotada pelo governo argentino, confiando que ela seria calorosamente acolhida pelo governo americano". Do mesmo modo, "a embaixada de Sua Majestade Britânica", em nota da mesma data, expressou a certeza de que Londres haveria de "compartilhar seu caloroso agradecimento pela forma amistosa com que o governo argentino resolvera o assunto". Aparentemente, os três governos haviam chegado a um profundo e amistoso acordo.

70. A mensagem era clara: a União Soviética, que havia se recusado a declarar guerra ao Japão, sabia ao que se expunha se ousasse estender sua influência ao Mediterrâneo. Os comunistas gregos, que haviam enfrentado valentemente os invasores nazistas, seriam massacrados pelos paraquedistas britânicos. O marechal Tito, chefe da resistência dos povos eslavos do sul — a Iugoslávia — rompeu com Stalin e tentou uma difícil equidistância entre ambos os blocos, de modo a preservar a independência da jovem federação.

71. Schäffer descreveu, em Mar del Plata, as características dos U-Bootes da classe VII-C e como seus 14 torpedos eram carregados e voltou a explicar detalhadamente em suas memórias. Para sua armação, o U-Boote atracava "em um cais previsto para tal fim. Primeiro, eram carregados os torpedos de proa por uma escotilha especial e depois, por outra (escotilha), na popa, eram carregados mais dois", um dos quais se colocava no tubo lançador e um segundo, "um torpedo de reserva", era posto debaixo das pranchas. Para terminar com o procedimento, "no fim, se distribuíam dois torpedos em um depósito estanque e resistente à pressão, localizado no convés". Em outras palavras, cinco torpedos eram carregados nos tubos lançadores — quatro na proa e um na popa; mais cinco, em idêntica proporção, debaixo das pranchas e mais dois "sobre elas, protegidos por um piso de madeira". Deixou assim expressamente estabelecido que no interior do submarino eram carregados 12 torpedos e que usual-

mente se levavam mais dois em um compartimento estanque, no convés. Caso se pretendessem usar esses torpedos de reserva, o submarino devia emergir para, com uma pequena grua, removê-los e fazê-los entrar pelas escotilhas.

72. Mallea e Manrique declararam *off the record*, e assim o reproduziram os jornais, que, "*de comum acordo com os Aliados*, a Marinha argentina havia ficado com dois torpedos em caráter de doação". Se isso tivesse acontecido, poderia alegar-se que o U-977 zarpou da Noruega com 12 torpedos em vez de 14, fato pouco provável, embora possível, já que dois dos 14 torpedos estavam distribuídos em compartimentos externos.
73. Os editoriais de *La Prensa* e de *La Nación* recordaram, no sábado 18, que, segundo as informações recolhidas na costa no fim de julho, os submarinos avistados eram no mínimo três.
74. O segundo, provavelmente refeito na véspera, começava em 1º de julho. E, como já se verá, entre outras coisas haviam sido adulteradas as condições climáticas reinantes quando o U-977 chegou ao Equador, em 4 de julho.
75. Quanto aos submarinos convencionais, seria necessário esperar até 1950 para que um estadunidense conseguisse navegar submerso durante 21 dias. Percorreu, nesse prazo, a distância entre Hong Kong e Honolulu — 8.370 quilômetros — menos de um terço da exaltada por Schäffer e seus amáveis interrogadores. O próprio Schäffer afirma que qualquer submarino do tipo VII-C que navegasse submerso à módica velocidade de nove nós ficaria sem baterias "ao cabo de uma ou duas horas". Que dizer, então, do U-977, cujas baterias defeituosas — de acordo com seu relato — conservavam apenas 70% de sua capacidade original!
76. Os quase três meses transcorridos entre a redação do "relatório final" da comissão investigadora e sua convalidação pelo Ministério da Marinha sugerem um surdo porém aceso debate sobre a convalidação da hipótese do autoafundamento. Nesse longo período, o governo dos Estados Unidos repôs com sobras a perda material do cruzador.
77. A comissão investigadora atribuiu o atraso a "falhas nas comunicações radiotelegráficas entre os navios que participavam do apoio à ponte aérea Dacar–Natal e as estações de rádio da Marinha do Brasil em Recife e Natal", segundo afirmou o contra-almirante Torres Dias em uma detalhada exposição em requerimento do Serviço de Documentação da Marinha, que assim respondeu ao pedido expresso de um dos autores.
78. Segundo a fonte, o desembarque havia ocorrido "duas semanas e meia" após o término da guerra na Europa. A tradução do espanhol não teria colocado uma armadilha para o redator? Será que a fonte não teria dito dois meses e meio? Em todo caso, Schäffer se beneficiou, porque de outra maneira as datas o incluíam comodamente como possível responsável por esse desembarque.
79. Conjunto de leis sancionadas pelo Congresso em 1966, por iniciativa, sobretudo, do representante John Moss, democrata pela Califórnia, que, 11 anos

antes, havia apresentado o primeiro projeto de lei. Depois dos atentados do 11 de setembro, suas disposições foram esvaziadas pelo governo do presidente George W. Bush por meio de distintos estratagemas relacionados à onipresente "segurança nacional". Em abril de 2002, o jornalista estadunidense Bill Moyers disse em seu programa de televisão *Now* (PBS): "Sempre há que lutar para averiguar o que o governo não quer que saibamos. Trata-se de uma luta que estamos perdendo mais uma vez. George W. Bush não apenas estripou o Ato dos Registros Presidenciais e o Ato da Liberdade de Informação; também bloqueou, de todas as formas, o acesso público. Não se trata de que pretenda fechar a porta aos historiadores e aos jornalistas somente, mas também ao Congresso e a vocês, o povo e seus representantes. Dizem-nos que é assunto de segurança nacional, mas não é isso. Impedir que descubramos as possibilidades de acidentes em fábricas químicas não é um assunto de segurança nacional; trata-se de encobrir os erros dessa indústria. Guardar os segredos das reuniões com os executivos da indústria de energia não é um assunto de segurança nacional, mas se trata de ocultar os memorandos confidenciais enviados à Casa Branca pela Exxon Mobil, que demonstram a influência que as empresas petrolíferas exercem na política deste governo com respeito ao aquecimento do planeta. E nos inteiramos da existência desse memorando, diga-se de passagem, graças ao Ato de Liberdade de Informação. Que descanse em paz" (texto original em inglês: *www.pbs.org/now/commentary/moyers4.html*).

80. Encarregada de embasar as acusações contra os chefes do lado vencido. Em 8 de agosto de 1945, após árduo debate, os governos dos Estados Unidos, da União Soviética, da Grã-Bretanha e da França instituíram o Tribunal Militar Internacional dos grandes criminosos de guerra, pontapé inicial, não isento de grandes contradições, para a formação de uma Corte Penal Internacional (CPI) permanente, como a que se organizou no raiar do século XXI, com a oposição dos Estados Unidos, da Rússia e China.

81. Datado do dia 21 e também censurado. Da trabalhosa leitura parcial do pacote, sobretudo de 12 folhas — são muitos os parágrafos riscados, presumivelmente os mais importantes — se depreende que o FBI manteve agentes mobilizados em Buenos Aires e Montevidéu durante quatro anos, buscando estabelecer o paradeiro de Hitler. Afirma Muchnik em *Negocios son Negocios*: "Recentemente liberados do segredo, 731 documentos do FBI provam que os serviços de investigação americanos suspeitaram que Hitler havia sobrevivido à queda de Berlim — maio de 1945 — e conseguido fugir para a Argentina a bordo de um submarino. Por quatro anos, essa versão foi considerada possível pelo FBI e até mobilizou seus agentes em Buenos Aires e em Montevidéu".

82. O subsecretário das Relações Exteriores e Culto argentino, Lucio M. Moreno Quintana, remeteu ao Ministério da Marinha, no dia 20, a cópia de um memo-

rando da embaixada dos Estados Unidos recebido nessa mesma data. Em sua nota de apresentação, Moreno Quintana explica que se referia "à possibilidade de que se houvesse estabelecido comunicação entre o território argentino e as tripulações dos submarinos alemães U-530 e U-977 anteriormente à sua rendição".

83. Quase 11 anos depois, em 9 de julho de 1956, Fernández Suárez seria — na condição de chefe da polícia de Buenos Aires e sob pretexto de um abortado contragolpe militar — o executor da aplicação da "lei de fugas" e do fuzilamento de um grupo de militantes peronistas no depósito de lixo da localidade de José León Suárez, na Província de Buenos Aires. Esse fato levaria o jornalista e escritor Rodolfo Walsh a investigar e publicar em capítulos, no diário *Mayoría*, sua obra-prima, *Operación Masacre.*
84. Isaac Rojas gostava de contar essa passagem. Dez anos mais tarde, com a patente de almirante, encabeçaria o golpe militar que acabou com o governo de Perón. No entanto, ao contrário de Tropea — e a exemplo do general Augusto Pinochet com relação ao governo do socialista Salvador Allende — durante quase todo o governo de Juan Perón (1946-1955), longe de manifestar-se como um rebelde, Rojas comportou-se de forma disciplinada.
85. História real de uma revolta ocorrida numa aldeia espanhola registrada pelo escritor Lope de Veja no século XVII. (*N. do T.*)
86. Na véspera, um despacho da United Press havia divulgado declarações do deputado Raúl Damonte Taborda, ex-presidente da CIAA e furioso antiperonista. Denunciava que "a revolução militar na Argentina era um complô nazista para reconquistar a supremacia mundial". E acrescentava: "Além dos submarinos alemães conhecidos como chegados à Argentina, outros foram afundados depois de sua chegada pela própria tripulação para não serem entregues aos Aliados. Esses submarinos, indubitavelmente, traziam políticos nazistas, técnicos e possivelmente Adolf Hitler".
87. Atendendo a um pedido do Serviço de Documentação da Marinha do Brasil, que remeteu uma cópia do manuscrito de Torres Dias em 17 de julho de 2002.
88. Ver "A tragédia do *Bahia*", do vice-almirante Saldanha da Gama, em *História Naval Brasileira*, volume quinto, tomo II, Serviço de Documentação Geral da Marinha, Rio de Janeiro, 1985, página 412.
89. "O mistério do cruzador *Bahia*", revista *Navigator,* nº 15.
90. O mesmo se disse da corveta *USS Eagle 56*.
91. Publicada pela Marinha do Brasil em *A Marinha em revista,* nº 26, julho de 1949.
92. "O naufrágio do cruzador *Bahia* e a hipótese de seu torpedeamento", *Revista Marítima Brasileira,* nº 4-6.
93. Ele acrescentou: "Reservo-me ainda, na qualidade de testemunha visual da tragédia, apegar-me cada vez mais à hipótese de uma explosão acidental. Um ataque com torpedos teria tido consequências muito localizadas no casco do navio, acompanhado de uma inevitável coluna de água que não se produziu".

Porém, o que aconteceu, precisamente, é que Torres Dias *não* foi testemunha visual da tragédia, já que se encontrava na sala de máquinas. Por esse motivo não pôde saber se houve ou não houve coluna de água e tampouco se os disparos que escutou provinham da metralhadora nº 7 ou de outra arma.

94. Eichmann foi sequestrado em Buenos Aires pelo Mossad (serviço secreto israelense) em 1960, julgado em Tel-Aviv, condenado à morte e enforcado. O julgamento foi objeto de um interessante ensaio de Hannah Arendt, *Eichmann en Jerusalén*, também conhecido como *La banalidad del mal*.

95. Em 2003, foi lançado um filme a esse respeito que, no essencial, está baseado na verdade histórica. Trata-se de *Sueños atómicos*, de Omar Quiroga.

96. A história foi narrada por Jorge Camarasa em *La enviada*. Eva Duarte e uma amiga, ambas de 15 anos, tiveram a permissão das mães para aceitar o convite de dois jovens ricos para viajar a Mar del Plata — nenhuma das duas conhecia o mar — de automóvel. Durante o trajeto, os jovens tentaram abusar delas e como as moças resistiram foram abandonadas nuas na estrada. Evita jamais perdoou Freude por ter cometido essa inconfidência, verdadeira fofoca, com o seu marido. A partir de então, a estrela do espião louro começou a empalidecer. Além disso, e indo contra a opinião de Santander, Burnside e Laurence, o aparecimento de *Mi Mensaje* — o testamento político de Eva Perón, que durante 32 anos havia sido dado como perdido — demonstra cabalmente o quanto o seu ideário era antagônico ao dos nazistas e fascistas.

97. Quando, em 1960, um comando do Mossad sequestrou Adolf Eichmann, os agentes da Coordenação Federal foram diretamente à casa de Becker, no Barrio Parque, o mais caro da cidade de Buenos Aires, repleto de embaixadas e também conhecido como Palermo Chico. Nesse mesmo dia, ele declarou na sede da Rua Moreno 1.417 que Eichmann havia chegado à Argentina em 14 de julho de 1950, a bordo do paquete *Giovanna C.*

98. Uma das filhas de Rudi Freude casou-se com o economista Tomás Liendo, filho do ministro do Trabalho da última ditadura militar e secretário de Coordenação Econômica do ex-ministro Domingo Cavallo.

99. Provavelmente o informe oficial brasileiro sobre as causas do afundamento do *Bahia* não tenha sido digerível para a inteligência da Marinha dos Estados Unidos. Por isso, talvez sentiu-se necessidade de inventar um documento pretensamente irrefutável e por isso recorreram ao clima. Porém as supostas diferenças entre os registros oficiais meteorológicos dos aliados correspondentes a 4 de julho de 1945 a 30° de longitude oeste sobre a linha do equador — a Estação 13 —, o consignado por Schäffer, e as declarações dos sobreviventes do *Bahia* não existiam: todos se referem a um tempo muito bom.

100. O comandante Gomes Cândido da Marinha de Brasil oferece o seguinte exemplo: "Um caso notório é o do famoso comandante Prien, que depois de Scapa Flow descreveu com detalhes as grandes avarias que lhe teria causado o cruza-

dor *Norfolk*, atingido por um de seus torpedos no Mar do Norte. Churchill destaca sutilmente essa distorção em sua obra magistral sobre a Segunda Guerra [no qual recorda que] o torpedo explodiu na esteira do cruzador sem causar-lhe danos".

101. Nascido em 1902, Gehlen havia sido um dos principais lugar-tenentes de Canaris na Abwher e desde abril de 1942 dirigia o FHO, onde se concentravam os especialistas no Exército Vermelho e em seu serviço secreto, o GRU. Foi um dos promotores da organização do Exército Branco, formado por russos, que combateu efemeramente seus compatriotas com uniformes e armas fornecidas pela Wehrmacht. "Os cossacos de Hitler", como os alemães chamaram o exército sob o comando do general Andrei Andreivich Vlassov, era uma força composta por quase 200 mil exilados russos e ucranianos ferozmente anticomunistas. O *Führer*, que desconfiava sistematicamente de qualquer eslavo, ordenou o seu desmantelamento apenas dois meses depois.
102. Grande parte do seu êxito se devia, ao que parece, ao fato de que, depois de rever com avidez as listas de prisioneiros da Gestapo, pedia que seus interrogatórios lhe fossem enviados, analisava-os e selecionava os agentes do GRU e da KGB que poderiam servir-lhe. Oferecia-lhes uma nova identidade em troca da colaboração com o FHO e até mesmo, em algumas ocasiões, quando o aprisionamento era muito recente e não haviam sido difundido, a possibilidade de ganhar dinheiro se trabalhassem a seu serviço como agentes duplos. Os prisioneiros não tinham alternativa: Hitler havia ordenado que fossem fuzilados imediatamente.
103. Diante dos onipresentes espiões da SS, justificou seu procedimento pela necessidade de preservar a documentação dos intensos bombardeios que atingiam a cidade.
104. Gregorio Díaz Dionis. A citação corresponde a um artigo publicado originalmente na revista espanhola *Razón y Fe* em 1993 e reproduzido em *La economía del delito al servicio de la política*. O autor é um estranho argentino residente na Espanha, expulso da Esquerda Unida por sabotar os esforços do juiz Baltasar Garzón para julgar militares argentinos acusados de genocídio.
105. Segundo os serviços secretos da RDA, o BND chegou a contar com quatro mil antigos membros da SS e do SD.
106. Particularmente Martin Bormann, e não mais Hitler, pois o Intelligence Service era o autor do libreto que acreditava na morte do *Führer* no *bunker berlinense*.
107. Usou-se como pretexto para operação desse porte a busca de jazidas de urânio e outros minerais. Segundo as informações oficiais, apenas 197 homens desembarcaram e ergueram um minúsculo acampamento, chamado "Pequena América". A expedição regressou rapidamente para os Estados Unidos com as mãos vazias.
108. A angústia de Schäffer não era exagerada. Cinco anos mais tarde, em 1952, pouco antes de assumir a presidência dos Estados Unidos, Eisenhower se sairia com um "Nós não pudemos obter sequer uma piscada de evidência tangível

sobre a morte de Hitler. Muita gente acredita que ele escapou de Berlim". E, sem dúvida, o FBI continuava tentando localizar seu paradeiro.

109. Trata-se de guia elaborado para a Livraria de História Moderna — o registro da Grande Guerra europeia criado em 1915 por industriais alemães — por Jürgen Rohwer e editado em inglês pelo Naval Institute Press. Reúne todas as incidências da guerra submarina a partir do cotejo dos arquivos alemães com os da Grã-Bretanha, dos Estados Unidos e do Canadá. Esses dados são supervisionados por ex-comandantes das frotas submarinas desses países, da Itália e do Japão.

110. O primeiro submarino que Schäffer comandou, pelo período de quase todo um ano — até meados de dezembro de 1944 — foi o U-148, do tipo II-D, como o U-977 pertencente à 21ª Flotilha. Tratava-se de um submarino apto apenas para o combate costeiro. Até o aperfeiçoamento do radar, os U-Bootes do tipo II-D operavam perto das costas das Ilhas Britânicas, mas a partir de então careciam, na prática, de mais utilidade do que a de servir para treinamento de tripulações. A 21ª Flotilha, sob o comando do capitão-tenente Hans Leilich, estava dedicada exclusivamente à instrução de futuros tripulantes. Curiosamente, o U-148 foi o primeiro submarino a ser afundado pela tripulação, em 2 de abril de 1945, quando Dönitz mandou executar a Operação Regenbogen.

111. Isso é o que ele diz. Por razões óbvias, não podia referir-se à sua condição de oficial do U-172 em sua acidentada excursão em águas brasileiras.

112. Segundo o mapa, o U-977 partiu de Kiel em fins de abril e em seguida, em data indeterminada, de um porto norueguês próximo a Oslo rumo à zona da base britânica de Scapa Flow. Após uma breve travessia em direção ao norte da Irlanda, e de receber sucessivamente a ordem de Dönitz de render-se e do Almirantado de navegar na superfície com uma bandeira negra, em 8 de maio, terminada a guerra para todos os efeitos, teria regressado à Noruega para desembarcar parte da tripulação em uma ilha próxima ao Porto de Bergen. Em seguida, teria retrocedido em sua rota e, sempre submerso, depois de ultrapassar as Ilhas Britânicas e navegar paralelamente à costa de Portugal rumo ao sul, atingido as Ilhas de Cabo Verde.

113. Deve-se recordar que, durante a travessia, Schäffer percebeu com nitidez "a detonação de cargas de profundidade ou de minas", que atribuiu ao fato de que "outros submarinos estavam sendo perseguidos". É provável que após o afundamento do *Bahia* Schäffer tenha buscado refúgio entre os rochedos de São Pedro e São Paulo e que, nessas circunstâncias, tenha sido um dos dois submarinos detectados pelo destróier *Babitonga,* quando tentava atravessar, subrepticiamente, a linha equatorial, em companhia de outro ou outros U-Bootes.

114. As reformas do U-530 para transportar uma enorme quantidade de combustível, função que já havia desempenhado, poderia explicar por que, como insistiu Wermuth, teria zarpado com 13 torpedos, quando os submarinos da classe

IX-C/40, como o seu, carregavam habitualmente 22. Outra possibilidade inquietante, e que não pode ser descartada, é que o U-530 tenha sido modificado para disparar "bombas voadoras" V-1 sobre Nova York ou outra cidade da costa atlântica. Em qualquer caso, era evidente que havia disparado todos os torpedos ou a maioria deles em águas americanas — sete dos 13, havia declarado Wermuth aos oficiais argentinos — ainda que, por incrível que pareça, nunca tivesse acertado o alvo.

115. A intuição do comandante Gomes Cândido foi assombrosa, uma vez que não dispunha de um dado-chave: que Schäffer já havia navegado em águas brasileiras e que tinha motivos de sobra para desejar vingar-se da impiedosa perseguição que ele e seus camaradas haviam sofrido por parte da Marinha do Brasil em geral, e do *Bahia* em particular.

116. Trata-se de uma "licença poética" da tradução, pois os U-Bootes não levavam canhões desde fins de 1944, quando ficou claro para o BdU que os lobos cinzentos já não poderiam atacar suas presas a partir da superfície. Trata-se, na verdade, de uma metralhadora antiaérea de 37 milímetros.

117. Publicada por Kraft em *Submarinos alemanes en Argentina*.

118. É possível que a adulteração tenha sido cometida na base de Mar del Plata. Wiese, o mais veterano a bordo, era um dos contatos naturais com a Armada. Ele admitiria que já mantinha boas relações com oficiais da Marinha argentina desde antes da guerra, quando o navio *ARA Moreno* visitou a Alemanha. A exemplo de Schäffer, uma vez terminado o calvário de interrogatórios, Wiese estabeleceu-se na Argentina.

119. Claro que Schäffer não disse isso tão abertamente. Queria desvencilhar-se do afundamento do *Bahia* e argumentou que o erro se havia originado enquanto navegava em imersão, nas proximidades da Islândia, como consequência do fato de que o céu estava nublado nas poucas vezes em que emergira de noite.

120. Durante o golpe de setembro de 1955, o almirante Rojas estabeleceu seu comando no cruzador *17 de Octubre*, antes denominado *Phoenix*. Pertencia à US Navy, e havia estado em Pearl Harbor, onde não foi alcançado pelas bombas. O cruzador foi rebatizado posteriormente como *General Belgrano*.

121. Quando o radical desenvolvimentista Arturo Frondizi chegou à presidência da nação em 1958, graças aos votos peronistas, Manrique passou a atuar como diretor do Liceu Naval. Antes de que se passassem dois meses, voltou-se contra o novo presidente, a quem tachou de marxista, acusação que provocou sua passagem para a reserva. Fundou então um jornal, *El Correo de la Tarde*, que se dedicou a demolir as bases de Frondizi. No seu papel de diretor do vespertino, teve tempo para participar nos Estados Unidos de conspirações contra o ditador dominicano Leónidas Trujillo e contra o governo revolucionário de Cuba. Trujillo governava com mão de ferro o país com apoio americano, até que seu furor homicida e o fato de ter se apropriado de mais do 70% do território dominica-

no e de 80% da raquítica indústria nacional o fizeram perder os favores do presidente John Kennedy. Manrique se vangloriava de ter redigido o documento da Organização dos Estados Americanos que condenou sua tirania, pouco antes de, com os auspícios da CIA, um grupo de conspiradores assassinar Trujillo em maio de 1961. O ubíquo Manrique se encontrava em Miami pouco antes de, nesse mesmo ano, a CIA lançar a fracassada tentativa de invasão de Cuba, episódio que os americanos chamam de Baía dos Porcos e os cubanos de Praia Girón. No ano seguinte, convertido em defensor da Aliança para o Progresso — a iniciativa de Kennedy para conter a expansão da revolução cubana no continente — Manrique participou do golpe militar incruento que derrubou o presidente Arturo Frondizi e colocou no seu lugar o maleável primeiro-vice-presidente do Senado, José María Guido, que lhe encomendou uma missão secreta em Washington: convencer a Casa Branca a reconhecer o seu governo. Depois de deixar a direção de *El Correo de la Tarde* em meio a acusações de negócios escusos — armas — com o Estado de Israel, Manrique se encontrava na República Dominicana quando eclodiu, em 1965, uma rebelião cívico-militar que repôs em seu posto o presidente constitucional, Juan Bosch, derrubado por um golpe militar. Depois de qualificar o movimento como "castrista", os Estados Unidos invadiram o país com 35.000 *mariners* que sufocaram a insurreição, preparando a subida ao poder, em eleições arranjadas, para um antigo partidário de Trujillo, Joaquín Balaguer, a quem Manrique considerava seu amigo. Em 1968, visitou a Iugoslávia, onde se entrevistou com Jopep Broz "Tito", presidente comunista dissidente e cofundador do Movimento dos Não Alinhados, Josep Broz, "Tito", e em seguida viajou para Praga para encontrar-se com o presidente e líder reformista Alexander Dubcek, nas vésperas da invasão da Tchecoslováquia pelos tanques soviéticos. Manrique, que se gabava do seu "olfato de jornalista", chegou ao Chile antes das eleições presidenciais de 1970, ganhas pelo socialista Salvador Allende, enquanto a CIA, estimulada pelo presidente Richard Nixon e pelo secretário de Estado, Henry Kissinger, fazia o impossível — até mesmo patrocinar o assassinato do chefe do Exército, general René Schneider — para evitar que o novo presidente assumisse o poder. Em 1970, o general Aramburu foi assassinado por guerrilheiros peronistas. Manrique, um de seus herdeiros políticos, foi recrutado como ministro do Bem-Estar Social pelo general Roberto Marcelo Levingston, que substituiu, como ditador, o general Juan Carlos Onganía. Renunciou pouco depois, mas reassumiu o cargo assim que o general Alejandro Agustín Lanusse substituiu Levingston. Durante essa gestão, promoveu uma intensa campanha baseada na legalização e estatização das apostas, com o proclamado objetivo de favorecer os aposentados, iniciativa que o converteu em figura pública. Durante essa etapa, participou da operação secreta encarregada de restituir a Juan Perón os restos de Evita e se apresentou como um dos dois candidatos oficialistas às eleições presidenciais de março de 1973. Foi então submetido a um intenso bombardeio jornalístico. Em um aceso debate televisivo, perguntaram-lhe sobre seus vínculos com a CIA: "Por que não me perguntam logo se sou bicha?", respondeu.

122. Naquelas eleições — ganhas, com quase 50% dos votos, pelo justicialista Héctor Cámpora, o que supunha o fim de 18 anos de exílio e da proscrição para Juan Perón — Manrique obteve dois milhões de votos, muito atrás do segundo colocado, o líder radical Ricardo Balbín.

123. Depois de apoiar o cruento começo da ditadura militar instaurada em 1976, Manrique se afastou da cena política. Em 1983, após a estrepitosa derrota nas Malvinas, os militares argentinos autorizaram a realização de eleições e voltaram para os quartéis. Manrique se apresentou como candidato a presidente pelo pequeno Partido Federal, que havia fundado em 1975. Embora tenha fracassado, aproximou-se paulatinamente de Alfonsín, a cujo serviço colocou seu assento de deputado. Alfonsín o nomeou, em seguida, secretário de Turismo, cargo no qual se destacou por divulgar as belezas naturais da Patagônia.

124. Para sempre ficará pairando a dúvida de se entre os papéis de Manrique não se encontravam, por exemplo, o diário de bordo e os livros de navegação do U-530.

125. Os atestados de morte de Hitler e de Eva Braun não deixaram de conter informações precisas, muito caras à idiossincrasia germânica. Segundo a Resolução 2/48/52 de 25 de outubro de 1956, emitida em Berchtesgaden, Hitler expirou em 30 de abril de 1945, às 15h30, e Eva Braun dois minutos antes, às 15h28.

126. "Konrad Kujau diz ser autor dos *Diários* de Hitler, e o jornalista que o comprou para a *Stern* acaba na cadeia", por José Comas, correspondente em Bonn, no *El País* de 28 de maio de 1983.

127. Trevor-Roper tinha sido nomeado comandante de Peterhouse da Universidade de Oxford, que tinha iniciado a resistência. Desde então, os seus opositores o chamavam "Lord Faker" (Lorde falsificador, em trocadilho com o título de *Lord Dacre* ou *Barão Dacre de Glanton*, que a rainha lhe concedeu em 1979). Do mesmo modo, a revista satírica *Private Eye* o apelidou de "Hugh Very-Ropey" (algo como Hugo Trambiqueiro). Trevor-Roper foi um colaborador regular do jornal *Sunday Times*, jornal que, recomendado por ele, pagou uma grande soma para os direitos de publicação dos supostos *Diários*, o que acarretou o fim da sua colaboração e uma série de processos.

128. "Submarinos alemanes en Mar del Plata", por Miguel Ángel Mojáno, publicado no nº 72, de abril de 1973. Embora o artigo contenha numerosos erros, cabe reconhecer em Mojáno sua condição de precursor como pesquisador de um assunto silenciado durante anos.

129. Esse método, que logo foi abandonado por seu alto custo, explicou Massey, consistia basicamente em injetar nos navios afundados um material mais leve do que a água, o *styropol*, similar ao *telgopor.*

130. Desde meados dos anos 1950 e até a implosão da União Soviética, sucessivos governos usaram a real ou suposta presença de submarinos russos em águas argentinas como recurso para desviar a atenção de notícias embaraçosas e fatos políticos mais tangíveis.
131. Thatcher conseguiu se manter no cargo de primeira-ministra por mais oito anos.
132. Essa fragata foi alvo de um atentado com explosivos, perpetrado por mergulhadores da guerrilha peronista Montoneros, em 27 de agosto de 1975. Havia sido lançada ao mar pouco antes e ainda se encontrava nos estaleiros de Río Santiago.
133. Compilada pelo contra-almirante (RS) Héctor A. Martín, Tomo III, Departamento de Estudos Históricos Navais, impresso em 1992 pelo Departamento de Artes Gráficas do Serviço de Hidrografia Naval.
134. Quando soube que seria atacado, Gómez Roca ordenou evacuar a ponte — permaneceu ali, junto ao timoneiro — e abrir fogo com os canhões de 40 milímetros, informou a Armada. A ponte do *Sobral*, "inflada" pelos mísseis, encontra-se em exibição no Museu Naval de Tigre.
135. Cal é, na atualidade (2003), com a patente de contra-almirante, comandante da Aviação Naval.
136. A ideia de criar uma comissão semelhante havia começado a desenhar-se depois que, em 1992, o então ministro do Interior, José Luis Manzano, determinou a abertura dos expurgados "arquivos nazistas" da Polícia Federal. Um ano depois, Di Tella fez o mesmo com os da Chancelaria e em 1996 tornaram-se públicos os livros de assentos contábeis do Banco Central.
137. Beraja convidou Pou para integrar a Ceana, em um momento em que o seu banco experimentava um processo de formidável expansão. Pouco depois, porém, ambos trocariam insultos e ameaças quando o Banco Central assistiu, impávido, à quebra do Banco Mayo, a instituição financeira que mais havia crescido durante o governo de Menem.
138. Faltam os comentários sobre o transporte de espiões e comandos em U-Bootes. Em apoio à sua tese de que jamais chegaram à Argentina, Newton destacou que "pelo menos até agosto de 1944 estava proibida toda atividade de submarinos classe U ao sul do paralelo 28°, aproximadamente na altura dos estados brasileiros de Santa Catarina e Rio Grande do Sul" e também que, a partir desse mês, haviam cessado as "radiomensagens alemãs clandestinas (provavelmente lidas, em sua totalidade, pelos criptógrafos aliados)" enviadas da Argentina.
139. Recordou que isso ocorreu enquanto "alemães bem conhecidos, que haviam desaparecido da Argentina desde 1939, saíram à luz repentinamente" em Córdoba, na Patagônia e em Buenos Aires, e também que em março de 1945 o FBI buscava incansavelmente na Argentina Alfred Rosenberg, teórico do antissemitismo do Partido Nazista.

140. Um agente do MI-6 negou ao correspondente em Londres de um jornal argentino que tivessem sido conduzidas operações secretas destinadas a evitar que os primos ianques se retirassem da Europa, deixando os ingleses sozinhos diante do urso soviético, e a fazer com que se envolvessem na luta contra o novo inimigo.
141. Newton felicitou-se pelo fato de Lang ter sido exposto por seus rivais nos serviços secretos de inteligência americanos. Em outras palavras, concedeu total crédito às enganosas explicações que a US Navy lhe tinha dado por meio do ex-adido naval Webb.
142. Os interrogatórios, afirmou, duraram exatamente 86 dias.
143. Quanto ao destino dos dois U-Bootes, Newton assinalou que o "U-530, que havia sido parcialmente sabotado antes da rendição, teve de ser submetido a reparos em Río Santiago antes de partir para o norte. No fim de 1945 ou princípios de 1946, o U-530 e o U-977 foram afundados, entre outros cem submarinos classe U no Atlântico Norte, segundo o acordado pelos governos britânico e soviético".
144. É impossível não comentar esse absurdo. A distância entre os dois pontos é de quase três mil milhas náuticas e a velocidade máxima de um submarino do tipo IX-C/40 era de 20 nós. No caso do U-530, que havia disparado — ou se havia desfeito de — todos os seus torpedos e carecia de canhão, podia alcançar os 22 nós. Uma simples divisão entre aquela distância pelas 144 horas com as quais o U-530 contou para percorrê-la dá como resultado uma média de 20,7 nós, velocidade evidentemente acessível. Os comboios, obrigados a navegar ao ritmo dos navios mais lentos, superavam, no geral, os 12 nós. Cabe perguntar como os U-Bootes fariam para atacá-los se sua velocidade máxima fosse de 6,5 nós.
145. No nosso leal saber e entender, na data de edição deste livro se desconhecia o destino de 55 U-Bootes: U-1, U-22, U-47, U-54, U-86, U-104, U-116, U-122, U-180, U-184, U-193, U-196, U-206, U-209, U-240, U-246, U-296, U-325, U-337, U-338, U-355, U-364, U-376, U-381, U-398, U-396, U-420, U-455, U-479, U-482, U-519, U-529, U-553, U-578, U-602, U-647, U-650, U-666, U-669, U-683, U-702, U-703, U-740, U-745, U-851, U-855, U-857, U-865, U-921, U-925, U-1020, U-1021, U-1055, U-1191 e U-1226.
146. Documento nº 84/139 do Ministério de Relações Exteriores e Culto da República Argentina.
147. De 14 de abril de 1939.
148. Em Comodoro Rivadávia, os velhos trabalhadores petroleiros garantem que os U-Boote eran abastecidos de combustível nas instalações da petroleira alemã Astra nos días de domingo, a fim de não chamar a atenção.
149. Uma publicação da própria empresa (Antonio María Delfino S.A. Naviera y Comercial) faz a seguinte narrativa: "Por volta do ano de 1899, o governo argentino decide levar a cabo uma política de maior presença do país nos terri-

tórios patagônicos que se encontravam praticamente despovoados (...) Respondendo a essa solicitação, Don Antonio M. Delfino promove a assistência de uma empresa alemã para que, sob o pavilhão nacional, prestasse um serviço regular aos portos da Patagônia (...) que seria prestado sob a denominação de Línea Nacional del Sud, que anos mais tarde se transformaria em Argentina Compañía General de Navegación".

150. E-mail remetido por asesoratlantico@hidro.gov.ar e assinado pelo capitão de ultramar Juan R. de Carranza. Diz assim: "Em nome do Sr. Chefe da Segurança Náutica, agradeço o informe que nos foi enviado a respeito do navio alemão *Ussukuma*. Com base em seu informe, desenvolveu-se uma busca minuciosa de antecedentes em colaboração com o Serviço de Hidrografia Britânico, chegando à conclusão de que o navio afundado na posição latitude 39° 24' S, longitude 57° 15' W de nossas cartas náuticas H.200 e H.210 é o *Ussukuma*. Dado o tempo que levou a busca de nossos antecedentes tão velhos como a correspondência com o UKHO (com o mesmo problema), demorei em responder à sua solicitação. Como consequência do averiguado e em atenção aos senhores historiadores, que como os senhores estão interessados nesses eventos é que incluímos nas cartas de referência o nome das naves afundadas na zona, em sua posição aproximada. Essas novidades serão publicadas em nosso próximo Folheto de Avisos aos Navegantes, que lhe faremos chegar com o agradecimento por seu interesse nos dados náuticos.

151. NARA RG-38. *Interrogations of U.Boat Crews-Officers*, de 24 de julho de 1945, nº 915-400.

152. Não se pode descartar, porém, que o *Babitonga* tenha afundado algum, nem tampouco que um dos submarinos tenha retrocedido e desembarcado clandestinamente nas costas colombianas — para em seguida ser desmontado ou vendido por contrabandistas — como asseguram algumas versões.

153. Os arquivos descobertos por Almada, que havia sido ferozmente torturado pela polícia de Stroessner, permitiram reconstruir a história da Operação Condor, que coordenou sequestros, torturas, assassinatos e desaparecimentos de opositores por parte das ditaduras militares que governaram os países do Cone Sul latino-americano durante os anos 1970.

154. São membros honorários da Fundação Internacional Raoul Wallenberg — numa longa lista de primeiros mandatários, ex-primeiros mandatários e prêmios Nobel da Paz — o ex-presidente dos Estados Unidos Gerald Ford, os ex-primeiros-ministros de Israel Shimon Peres e Ehud Barak e o cardeal primaz da Argentina, Jorge Bergoglio. Constam como membros efetivos, entre outros, o escritor Marcos Aguinis, o banqueiro e ex-embaixador argentino nas Nações Unidas Emilio Cárdenas, o cientista político Carlos Escudé, a historiadora Beatriz Gurevich, o embaixador Juan Archibaldo Lanús, o dirigente socialista Norberto Laporta, o jornalista Julio Saguier, o empresário Alejandro Romay e Manuel Tenembaum.

Em seu conselho de direção encontram-se, entre outros, o historiador José Ignacio García Hamilton e os jornalistas Gustavo Jalife e Nicholas Tozer.

155 Passados mais de cinco anos desde o lançamento do livro, Tozer tem um novo motivo de surpresa. "Não apenas nenhum funcionário governamental fez o menor comentário sobre o narrado por Aunsworth-Davis/Creighton como também foram feitas pouquíssimas resenhas do livro. Ao que eu saiba, em que pese o seu evidente interesse, o livro não foi reeditado nem traduzido. Tudo o que aconteceu em torno dele é muito, muito estranho", comentou um dos autores.

156. Os autores supõem que a Armada tomou a decisão de descolar-se definitivamente do péssimo informe da Ceana redigido por Newton, no que, insolitamente, não teve participação.

157. Na hora de mencionar as pessoas que havia conhecido nos Estados Unidos, Schäffer, pelo visto um galã, indicou oito, quase todas mulheres e de Cleveland.

158. É provável que o U-Boote atacado pelo *Bocaina* tenha sido o U-530, já que um de seus tripulantes diria em Mar del Plata, de acordo com a tradução dos oficiais argentinos, que o cruzamento do equador havia sido "bastante duro".

159. Novamente o testemunho de Schäffer é definitivo. Referindo-se ao U-977, um submarino de concepção mais antiga de que o U-530 e com seus motores avariados, dissipa qualquer dúvida acerca de que velocidade os U-Bootes podiam alcançar na superfície: "Ambas as máquinas duas vezes com toda força adiante! Quase 17 nós. As máquinas esquentaram, seus gases de descarga são apenas visíveis... Ambas as máquinas a máxima força para frente! Restam ainda três escalas de máxima potência e a seguir o acoplamento dos motores eléctricos. Só em casos de emergência recorre-se à potência adicional desses últimos". Schäffer ilustra leigos e neófitos: "Faz duas horas que corremos à máxima potência. Se não fosse pela limitação imposta pelo consumo de combustível, poderíamos continuar nessa velocidade durante toda uma semana." Foi isso, precisamente, que Wermuth fez! Reformado como navio abastecedor, o U-530 não tinha as limitações de combustível do U-977. Navegou cinco ou seis dias a toda máquina e por essa razão os motores estiveram a ponto de fundir-se. O informe técnico da Marinha argentina afirma que os motores haviam sofrido "uma tentativa de sabotagem", mas se na verdade essa tentativa ocorreu, foi para encobrir que tinham sido superexigidos.

160. A inspeção dos mecânicos argentinos comprovou que os compressores funcionavam mal.

161. Em data recente, a denominada Comissão Bergier, organizada pelo governo suíço para esclarecer a atuação desse país durante a guerra, revelou que na Confederação Helvética se fundia o ouro proveniente do saque, que, em seguida, era "lavado", trocando-o por divisas tanto na Espanha como em Portugal e na Argentina.

Bibliografia

75 Jahre, Photo-und Kinotechnik (1862-1937). Zeiss-Ikon, 1937.

Luftbild Topographie. Berlim: Hansa Luftbild GMBH, 1936.

Alemania Central, Reichs*bahnzentrale für den Deutschen eiseverkehr*. Berlim, 1936.

ABSHAGEN, Karl Heinz. *El almirante Canaris*. Buenos Aires: Espasa-Calpe, 1952.

ALEMANN, E.F. *Reise durch Deutschland*. Buenos Aires: Verlag Alemann y Cía, SAGI y F, 1947.

ALLEN, Martin. *El rey traidor*. Barcelona: Tusquets, 2001.

Así fue la Segunda Guerra Mundial (dir. Basil Liddell Hart e Barrie Pitt). Buenos Aires: América Norildis Editores S.A. e Anesa, Noguer, Rizzoli, 1972.

AZIZ, Philippe. *Los criminales de guerra*. Barcelona: Dopesa, 1975.

BARKER, A.J. *Armas suicidas*. Madri: San Martín, 1975.

BECKE, Carlos van der. *Destrucción de una infamia*. Buenos Aires: Edição do autor, 1956.

Bertelsmann Weltatlas. Frankfurt: Druck der Karten e K.G. Lohse; *Gesamtherstellung*. Berlim: Fritzsche-Ludwig, C. Bertelsmann in Gütersloh, 1954.

BESYMENSKI, Lew. *La muerte de Hitler*. Madri: Luis de Caralt, 1970.

BIX, Herbert. *Hirohito and the Making of Modern Japan*. Nova York: Harper — Collins, 2001.

BLAIR, Clay e Joan. *Guerra de submarinos*. Buenos Aires: Javier Vergara Editor, 1982.

BONNÍN, Peré. *Los últimos días de Hitler*. Barcelona: Planeta, 1995.

BRAUN, Gustav. *Meine Reise nach Südamerika (Hindenburg LZ 129)*. Colônia: J.Hus, 1937.

BRICKHILL, Paul. *Los destructores de diques*. Buenos Aires: Emecé, 1960.

BULLOCK, Allan. *Un estudio sobre la tiranía*. Milão: Mondadori, 1965.

BURNSIDE, Patrick. *El escape de Hitler*. Buenos Aires: Planeta, 2000.

BYRNES, James F. *Speaking Frankly*. Nova York: Harper and Brothers, 1947.

CAMARASA, Jorge. *Los nazistas em la Argentina*. Buenos Aires: Editorial Legasa, 1992.

_______. *Odessa al Sur*. Buenos Aires: Planeta, 1995.

_______. *La enviada*. Buenos Aires: Planeta, 1998.

CARDOSO, Oscar; KIRSCHBAUM, Ricardo e KOOY, Eduardo van der. *Malvinas. La trama secreta*. Buenos Aires: Sudamericana-Planeta, 1984.

CHURCHILL, Winston S. *La Segunda Guerra Mundial*. Buenos Aires: Ediciones Peuser, 1953. [ed. bras. *Memórias da Segunda Guerra Mundial*. Rio de Janeiro: Nova Fronteira, 1995]

CORBIÈRE, Emilio J. *Estavan entre nosotros*. Buenos Aires: Ediciones Letra Buena, 1992.

CREIGHTON, Christopher (John Aunsworth-Davis). *OpJB. The Last Great Secret of the Second World War*. Londres: Pocket Books,1997.

DAMONTE TABORDA, Raúl. *Ayer fue San Perón*. Buenos Aires: Ediciones Gure, 1955.

DÍAZ DIONIS, Gregorio (coord.). *La economía del delito al servicio de la política*. Madri: Ko'aga Roñe'eta, 1999.

Diccionario enciclopédico de la guerra (org. general López Muñiz). Madri: Gesta, 1958.

EICHENGREEN, Barry. *La globalización del capital. Historia del sistema monetario internacional*. Barcelona: Bosch, 2000. [ed. bras. *A globalização do capital, História do sistema monetário internacional*. São Paulo: Editora 34, 2000.

ELTING, John e MULLIGAN, Timothy. *Wolf Packs*. Barcelona: Time-Life e Ediciones Folio, 965.

FARAGO, Ladislao. *Aftermath, Martin Bormann and the Fourth* Reich. Nova York: Simon & Schuster, 1974.

FRANKLAND, Noble. *Bombardeo de Europa. Su devastación*. Madri: Editorial San Martín, 1979.

GARCÍA LUPO, Rogelio. *El Paraguay de Stroessner*. Buenos Aires: Planeta, 1990.

______. "La segunda muerte de Martin Bormann", *Co&Co*, nº 4, Barcelona, junho de 1993.

GELLATELY, Robert. *No apenas Hitler*. Barcelona: Crítica, 2002.

GLATZER, Ruth. *Berliner Leben 1648-1805*. Berlim: Rütten & Loening, 1956.

GOÑI, Uki. *Perón y los alemanes*. Buenos Aires: Sudamericana, 2001.

HELFRITZ, Hans. *Im Land der Weissen Cordillere*. Berlim; Darmstadt: Deutsche Buch-Gemeinschaft, 1952.

INFIELD, Gleen B. *La vida secreta de Hitler*. Buenos Aires: Crea,1981.

______. *Skorzeny: Hitler's commando*. Nova York: St. Martin Press, 1981.

JACKSON, Robert. *Submarines of the world*. Cingapura: Amber Books Ltd., 2001.

JAMES, Daniel. *Resistencia y integración. El peronismo y la clase trabajadora argentina 1946-1976*. Buenos Aires: Sudamericana, 1990.

JOELSON, F.S. *Germany's Claims to Colonies*. Londres: Hurst & Blackett, Ltd., 1939.

JOHNSON, Paul. *Tiempos modernos*. Buenos Aires: Javier Vergara Editor, 1988. [ed. bras. *Tempos modernos: o mundo dos anos 20 aos 80*. Rio de Janeiro: Instituto Liberal, 1990.]

KARR, Jane van der. *Perón y los Estados Unidos*. Buenos Aires: Editorial Vinciguerra, 1990.

KELLER, Werner. *Und die Bibel hat doch recht*. Düsseldorf: Econ-Verlag GMBH, 1961.

KERSHAW, Ian. *Hitler (1936-1945)*. Barcelona: Editorial Península, 2000.

KORN, Guillermo. *La resistencia civil*. Montevidéu: Editorial Ceibo, 1945.

KRAFT, Helmut J. *Submarinos alemanes en Argentina*. Buenos Aires: Editorial Puma, 1998.

______. *La infiltración nacifascista en Argentina*. Buenos Aires: Editorial Sociales Arg., 1939.

La Segunda Guerra Mundial. Barcelona: Time-Life Books Inc;. Ediciones Folio S.A., 1995.

LAURENCE, Ricardo E. *Tripulantes del Graf Spee en tres atrapantes historias*. Rosário: Edição do autor, 1999.

LUNA, Félix. *Perón y su tiempo*. Buenos Aires: Sudamericana, 1992.

MASER, Werner, *Hitler: Legend, Myth & Reality*. Nova York: Harper & Row, 1974.

MEDING, Holger, M. *La ruta de los nazistas en tiempos de Perón*. Buenos Aires: Emecé, 1999.

MUCHNIK, Daniel. *Negocios son negocios*. Buenos Aires: Grupo Editorial Norma, 2000.

NEWTON, Ronald. *El cuarto lado del triángulo*. Buenos Aires: Sudamericana, 1996.

ORONA, Juan V. *Escritos políticos y militares*. Buenos Aires: Edição do autor, 1966.

SANTANDER, Silvano. *Técnica de una traición*. Buenos Aires: Antygua, 1955.

SCHÄFFER, Heinz. *El secreto del U-977*. Buenos Aires: Edição para o pessoal da Marinha de Guerra argentina, 1955.

SHIRER, William. *The Rise and Fall of The Third* Reich. Londres: Bison Group, 1987. [ed. bras. *Ascensão e queda do Terceiro* Reich. Rio de Janeiro: Civilização Brasileira, 1964, 4 v.]

SCHMID, Karl. *Eisgipfel Unter Tropensonne*. Berlim: Deutsche Buch-Gemeinschaft, 1951.

SELLERS, Charles; MAY, Henry e MCMILLEN, Neil. *Sinopsis de la historia de los Estados Unidos*. Buenos Aires: Fraterna, 1992.

SVERSKY, Alejandro P. de. *El poder aéreo: clave de la supervivencia*. Buenos Aires: Editorial Guillermo Kraft Ltda., 1945.

SHELTON, William R. *Man's Conquest of Space*. Washington: National Geographic Society, 1967.

SMITH, Howard K. (sucessor em Berlim de William L. Shirer). *Último tren de Berlín*. México: Editorial Nuevo Mundo, 1942 [ed. Bras. *O último trem de Berlim*. São Paulo: Summus Editorial, 1978.]

STEINERT, Marlis. *Hitler*. Buenos Aires: Javier Vergara Editores, 1999.

TARPLEY, Webster G. e CHAITKIN, Anton. *George Bush. The Unauthorized Biography*. Washington: Executive Intelligence Review, 1992.

TEMIN, Peter. *Lecciones de la Gran Depressión*. Madri: Alianza, 1995.

THYSSEN, Fritz. *I paid Hitler*. Nova York: Cooperation Publishing Co., 1941.

TREVOR-ROPER, Hugh R. *Hitlers Letzte Tage*. Zurique: Verlag Amstutz, Herdeg & Co., 1948.

VIDAL, Gore. *La idad de oro*. Barcelona: Grijalbo, 2002. [ed. bras. *A era dourada. Narrativas do Império*. Rio de Janeiro: Rocco, 2001.]

WIESENTHAL, Simon. *Justicia, no venganza*. Buenos Aires: Ediciones B, 1989.

WILMOT, Chester. *La lucha por Europa*. Buenos Aires: Círculo Militar Argentino, 1959.

ZOLLER, Albert. *Douze ans après d' Hitler.* França: Fayard, 1952.

FONTES

Embaixada dos Estados Unidos da América
Embaixada do Reino da Noruega
Embaixada do Reino da Dinamarca
United States National Archives & Record Administration
Agregadoria Naval da República do Brasil na Argentina
Estado-Maior da Armada Argentina
www.uboat.net

Índice Onomástico

O texto deste livro foi composto em Sabon,
desenho tipográfico de Jan Tschichold de 1964,
baseado nos estudos de Claude Garamond e
Jacques Sabon no século XVI, em corpo 11/15.
Para títulos e destaques,
foi utilizada a tipografia Frutiger, desenhada
por Adrian Frutiger em 1975.

A impressão se deu sobre papel off-white
80g/m² pelo Sistema Cameron da
Divisão Gráfica da Distribuidora Record.